ハンス・ヨナス「回想記」

Hans Jonas, Erinnerungen, Insel

ハンス・ヨナス=著

盛永審一郎・木下喬・馬渕浩二・山本達=訳

東信堂

Hans Jonas
Erinnerungen
Nach Gesprächen mit Rachel Salamander
Vorwort von Rachel Salamander
Geleitwort von Lore Jonas
Herausgegeben und mit einem Nachwort
versehen von Christian Wiese
© Insel Verlag Frankfurt am Main und Leipzig 2003
All rights reserved
Japanese Translation Rights Arrangement
through The Sakai Agency, Tokyo

Published by TOSHINDO PUBLISHING CO., LTD.
1-20-6, Mukougaoka, Bunkyo-ku, Tokyo, 113-0023, Japan

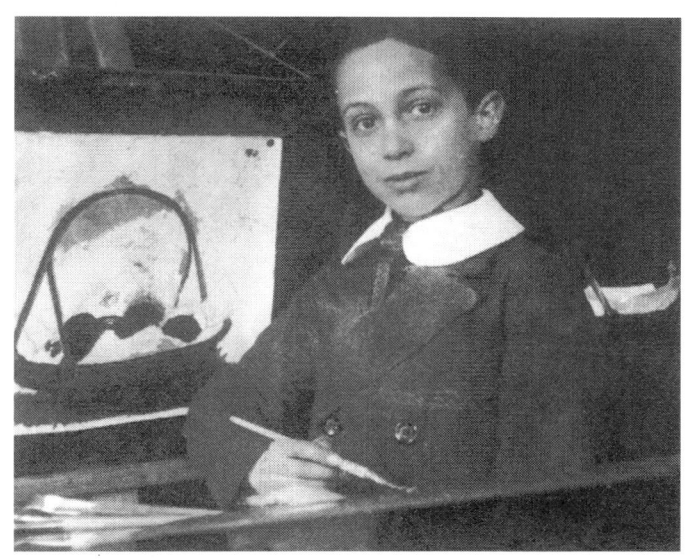

1　メンヘングラートバッハのハンス・ヨナス。1916年（私蔵）

2　母、ローザ・ホロヴィッツ、ハンス・ヨナスのスケッチ。1923年（私蔵）
3　ハンス・ヨナス。自画像1923年（私蔵）

4　メンヘングラートバッハの生家（私蔵）
5　メンヘングラートバッハのシナゴーグ、カール通り、15-17、今日のブリュッヒャー通り。迫害で1938年にナチス親衛隊が建物を台座にいたるまで焼き払った。（シュタインハイム研究所のジダール写真資料）
6　ラビ、ヤーコプ・ホロヴィッツ、ハンス・ヨナスの母方の祖父（シュタインハイム研究所のジダール写真資料 No. 3143）

7　ハンナ・アーレント。1927年（ハンナ・アーレントの遺蔵）

8　ギュンター・シュテルン（アナス）とハンナ・アーレント。1929年頃（ハンナ・アーレントの遺蔵）

9 エトムント・フッサール（シュタインハイム研究所のジダール写真資料 No. 675）
10 マルティン・ハイデガー。1933年 (J. B. メッラー出版社とカール・エルンスト・ポエシェル出版社、シュトゥットガルト、1986年)

11 エトムント・フッサールとマルティン・ハイデガー。1921年 (J. B. メッラー出版社とカール・エルンスト・ポエシェル出版社、シュトゥットガルト、1986年)

12　ヨナス・コーン（シュタインハイム研究所のジダール写真資料 No. 4176)

13　ドイツ・パレスチナ準備委員会1928年。前列右から：委員長ハインリッヒ・グラーフ・ベルンシュトッフ、ハイム・ヴァイツマン教授、カール・フォン・シューベルト、シューベルトの後方左、アルバート・アインシュタイン、シューベルトとヴァイツマンのあいだ、書記カタリーナ・オーアイム、ベルンシュトッフの後方左、銀行家オスカー・ヴァッサーマン、その隣、クルト・ブルーメンフェルト、ドイツシオニズム連合の議長。（シュタインハイム研究所のジダール写真資料 No. 945)

14　メンヘングラートバッハのハンス・ヨナス。1933年（リスル・ハース）

15 ゲルショム・ショーレム（シュタインハイム研究所のジダール写真資料 No. 872）

16 リヒャルト・リヒトハイム、家族と。(シュタインハイム研究所のジダール写真資料 No. 864)

17 ゲオルゲ・リヒトハイム (シュタインハイム研究所のジダール写真資料 No. 796)

18 ユダヤ旅団。1944年（私蔵）
19 ユダヤ旅団の兵士のハンス・ヨナス。1944年（私蔵）

20　ルドルフ・ブルトマン（私蔵）

25 ハンス・ヨナスと彼の家族、ニューヨークで。1966年（私蔵）
26 ハンス・ヨナスと娘アヤラー、イスラエルで。1967年（私蔵）

27 ニューヨーク、ニュースクールでハンス・ヨナス。1968年 (ペーター・モーア)

28 ハンナ・アーレント(ケーテ、エルンスト・フュルスト、ラマート ハーシャロン、イスラエル、私蔵)

29　エルンスト・ブロッホ（シュタインハイム研究所のジダール写真資料 No. 4080）

30　ニュー・ロシェルの庭で、ハンス・ヨナス　1980年（私蔵）

31 レイモンド・クリバンスキー、ハンス・ゲオルゲ・ガダマー、ハンス・ヨナス、ハイデルベルクで。1986年(ハイデルベルク、ミヒャエル・シュバルツ博士資料)
32 リヒャルト・フォン・ヴァイツェッカーとハンス・ヨナス、ドイツ書籍出版業界平和賞の授与の折(私蔵)

33 ハンス・ヨナスとローレ・ヨナス、フランクフルト・アム・マインで。1987年(ブリギット・ゼールバッハ、ケーニヒスヴィンター)

xxiii

34　ハンス・ヨナスとメンヘングラートバッハの市長、ハインツ・フェルトヘーゲ。1988年（メンヘングラートバッハ、ウド・デヴィース）

35　ハンス・ヨナス、1988年（私蔵）

ローレ・ヨナスの序文

　この本の序文を書くようにと私は頼まれました。私がハンス・ヨナスの思想に何を言い足すことができるのか、疑問です。ただ私は、50年以上も結ばれていた夫の特徴の幾つかを示すことを試みてみましょう。

　いにしえの人たちは、驚きはあらゆる哲学の始まりだと申しています[*1]。私の夫の場合、このことはとても顕著でした。夫はナイーブでしたが、そのために夫は事柄を、以前には誰も考察しなかったかのように、新しく見ることができました。そのように言ってもよいと思います。だから、夫は十分に引用していないという非難をときどき受けていました。そのとき夫は、彼の友人、ゲルショム・ショーレムの箴言の一つを挙げています。「みずから考えることが豊かにする」。

　夫は世界を、新しい、驚きの目で考察しました。一歳半になる孫の勇敢な第一歩に、また私たちの家の庭での荘厳な日没に感激し、あるいは偉大な詩人たちのすばらしい詩に興奮しました。そうした詩から彼は多くのものを老齢になるまでそらんじて引用することができました。

　夫は三人の子供たち、アヤラー、ヨナタン、ガブルエルの大好きな自慢の父親でした。

　彼は、彼の世代には特有の、今はなくなりつつある、あの人文主義的な教養を身につけていました。彼はホメロスをギリシャ語で、キケロをラテン語で引用することができました。高等学校の生徒のときヘブライ語を学びました。そして、預言書が彼のお気に入りでした。アメリカでは、遅く40歳代に身につけた英語が、彼の言語手段となりました。そして、アメリカの専門家た

ちは夫の英語にある種の完璧さを証明しています。『責任という原理』*2 を書いたとき、70歳代で初めて彼は母国語［ドイツ語］に戻りました。

　他の男たちが美しさや魅力によって魅惑するとしたら、夫は言葉によって魅惑しました。私はまだ覚えています。私が、彼を1930年代の終わりにパレスチナへ初めて夕食に招待したときのことを。そこには、とりわけオリーブがありました。そして彼は一本のオリーブを高くかざして、これを賛美する演説をしました。ホメロスに出てくるギリシャの英雄たちの香油の話に始まり、旧約聖書における大司祭のもとでの油の使用を経て、ゲーテの『西東詩集』にまで及びました。

　1940年から45年まで、彼はイギリスの軍隊に応募しました。彼は武器を手にとってヒトラーと戦おうとしました。軍隊時代に、図書館から離れた彼は当然のごとく──負傷や死が身近でした──生についてよく考えました。そして、そこから自然科学への関心が生まれました。私は彼の願いで、基本的な自然科学の文献を戦場に送りました。──チャールズ・ダーウィン、アルドス・ハクスリー、ジョン・ホールデン、そして他にもたくさん、パレスチナで手に入るものは何であれ。

　この思索の成果が、戦場からの「教説の手紙」*3 に最初に結実しています。「教説の手紙」から、のちに『有機体と自由』という本が生まれました。後続の版では『生という原理』という表題を与えられました。自然科学への愛や獲得された知識は、その後アメリカで深められました。そしてそこで、彼は主として自然科学者や数学者との付き合いにいそしみました。私たちが1955年に引っ越したニュー・ロシェルには、本当にたくさんの自然科学者や数学者がいました。リチャード・クーラントの願いで、ニュー・ロシェルへ引っ越してきたゲッティンゲンの数学者たちがいました。リチャード・クーラントは数学研究所の元所長でした。彼はドイツを1933年に去り、そして週末に彼の研究所の数学者たちとニュー・ロシェルで議論をするのが好きでした。

　1969年に、そのほかにヘイスティングスセンター*4 が付け加わりました。ハンス・ヨナスはそこで特別研究員となり、友だちを見つけました。精神科学や自然科学の仲間が出会い、倫理上の問題を議論し、驚いたことに、互い

に傾聴し合いました。
　ヨナスは熱狂的な、情熱的な教師でした。――このことを彼の初期の生徒の一人、ハワード・マコーネル（Howard McConell）は、オタワのカールトン・カレッジ*5で、自分の勉学期間を振り返って次のように表現しています。

　　　私の最もすばらしい思い出の幾つかは、ハンス・ヨナスと結びついています。彼の授業において、哲学は生き生きとした、魅力的な科目でした。私たちは大きな道徳的、かつ宇宙的問い、タレス以来の思想家たちが従事し、そしてどの世代も新たに対決した問いへの答えを永遠に求め続けていると、彼は私たちに言っていました。

　夫の仕事には三つの位相が見分けられます。『グノーシスと後期古代の精神』についての研究を、夫は「資格課題作品」――歴史的仕事と呼んでいます。『有機体と自由』において、彼は現在に目を向けています。そして『責任という原理』において、彼は未来についての彼の関心を言葉にしました。彼はそのころ75歳でした。――諸力のいかなる衰えも、感じられませんでした。そして彼がまだ若かった頃の好戦性がいっそう大きな義務に道を譲らねばならなかったというありさまを、しかしまた問題の緊急性が彼に大きな研究の力を要求したというありさまを見ることは、すばらしいことでした。
　彼がドイツにいた20歳代に、最高の教師――エトムント・フッサール、マルティン・ハイデガー、そしてルドルフ・ブルトマン――をもったということはよく知られています。それは彼にとって一つの基準となりました。彼はその基準を飽くことなく見習い続けました。しかしこの基準は、彼をけっして満足させるということはありませんでした。85歳の誕生日に寄せた一つの詩に――彼はときどき詩を書きました――次のような行があります。

　　　あなたと私は、私が必ずしもいつもではないとしても、ときどきはベストをつくしたということを知っています。今や長い長い安らぎの時であります［原文は英文］。

彼は死に対してどんな不安も抱いていませんでした。彼の様子は『死すべき運命の重荷と祝福』という論文において書いたとおりでした。「私たちの誰に関しても、私たちはこの地にほんの短いあいだしか留まっていないということ、そして私たちが期待をかける時間には交渉しえない限界が定められているということ、そうしたことについての知が、とりわけ、私たちの日々を数えながら、その日々をそれ自身で値打ちのあるものとして生きる、そのための原動力として必要であろう」[*6]。私は、彼がそのように振る舞ったと思います。

ラッヘル・ザラマンデルによる前書き

「愛する神が君とともに考えた本だということは明らかである」
（『責任という原理』の1章の講義ののちにハンス・ヨナスへ、ハンナ・アーレント）。

　1979年秋にヨナスの本『責任という原理』が世に出たとき、発行者のジークフリート・ウンゼルト自身予想することができませんでした。ここにまったく異例な売れ行きになりそうな一冊の哲学的著作が、世間に生まれ出るなどということは。20世紀ドイツ語圏でアカデミックな哲学者の本が、この『科学技術文明のための倫理学の試み』ほど早く、広く流布したことはたしかにありません。このような結果に一番驚いたのは、ハンス・ヨナス自身でした。ヨナスは、1930年代から古代グノーシス[*1]についての重要な研究の著者として、関心をもっている読者に対してしか知られていませんでした。このヨナスが、ヒトラーのせいで西側の諸国へ移民せざるをえなかったドイツ系ユダヤ人の哲学者たちのなかで、戦後、ドイツ連邦共和国で認められた誰の身にも——ギュンター・アンダース、ハンナ・アーレント、マックス・ホルクハイマー、アルフレッド・シュッツ、あるいはレオ・シュトラウスが挙げられます——起こらなかったことを体験しました。ヨナスはマスメディアのスターとなったのです。このスターは、世界の未来についての会議という会議で本当に引っ張りだこでした。ヨナスとのインタビューの期日を求めて人々は殺到しました。カトリックの学術協会も福音主義の学術協会も、彼が姿を現すことなしには1980年代のプログラムを埋めようとはしませんでした。

　一冊の本が、これほど時代に合って出版されることはまれでした。ヨナスのテーマは、時代の精神に的中していました。時代の精神は、「成長の限界」[*2]後、オイル危機後、エコロジー的な色調を帯びていました。すなわち進歩に懐疑的で、たえず拡大する科学・技術的世界がはらむ危険を十分に意識して

いました。近代の企てや、自然支配が進むことによる人間の解放や、あらゆる先駆者たちのユートピアは、新時代の始まり以来、屈服させる示唆力を失いました。進歩は悲運として経験されました。この宿命論に、ハンス・ヨナスは人間生命の正常性の防御を対置させました。プラトンやカントで鍛えた思惟が、強大となった知やこれまでの限界のすべてを乗り越える自然科学がもつ力を理性的に取り扱うことが、誘発する問いと答えを与えようとしました。科学盲信も技術に敵対することもともに拒絶しながら、ヨナスは中間の道を進みます。ヨナスの責任の倫理学は、技術革新あるいは新しい研究実験が招来するあらゆる行為の結果を理性的に評価することに賭けています。自己を公にさらけ出すヨナスの気負いのない仕方、あらゆる修辞や奇をてらうだじゃれを放棄する姿勢は、ここ三年間に見られる遺伝子技術の議論の不毛な興奮とは気持ちよいほど異なっています。今日の研究にひそむ非人間的な可能性をパニックを起こさずに指示するハンス・ヨナスの静かな声が、今日の喧騒には欠けています。

　私がヨナスと知り合った状況とは？

　ハンス・ヨナスが人目を引いたのは、彼の形姿によるよりも、印象的な言葉によってでした。私たちがミュンヘンで出会ったとき、彼はほぼ80歳でした。それほど背の高くない男が私の前に立っていました――私たちはほとんど同じ背の高さでした。その男の精神的聡明さに引きつけられました。非凡な言葉の力を身につけていて、彼はすぐに印刷にまわせるように語りました。50年にわたる移民生活、そして外国語で書いたり学んだりしたことも、彼のドイツ語を傷つけることはできませんでした。反対に、今日ほとんど見いだすことができないドイツを思い起こさせるものを、彼は軽くライン風に色づけられた用語法で保存していました。そのようなドイツは、計画されたように完全に滅ぼされたとは言いませんが、戦前のユダヤの教養ある市民と一緒にナチスに恐れをなして逃亡し、移住したのです。1980年代の中頃のヨナスについて私が一つ気づいたことは、彼自身にドイツ連邦共和国におけるドイツ語の展開や出来事へのつながりを失ったという気持ちが起こっているということでした。彼は、週刊誌「ディ・ツァイト (Die Zeit)」を長年にわたっ

ラッヘル・ザラマンデルによる前書き　xxxi

て予約購読してきましたが、それを取り消すことを検討しました。というのは、あまりにもたくさんの新しい表現や事態がそこに見いだされたからです。これらの表現や事態を、彼はもはや正しく理解することができませんでした。70歳という年齢で書き始めた『責任という原理』を、彼は数十年の禁断を経たのちにふたたびドイツ語で書きました。そのあいだヨナスは──1930年代の終わり頃──エルサレムのヘブライ大学の講師としてたいへんな時間を費やして、ヘブライ語での講義をやっとのことで自分のものとしていました。彼はカナダやアメリカの哲学教授として、英語で文書の名人の域に達していたのはたしかです。でも、彼はあまりにもドイツ語のアクセントで話したので、自分の出身を隠すことはできませんでした。しかし彼は、事柄を母国語で適切に表現することができましたし、彼が「かなり年をとった」事情に直面すると、時間が彼にとって重要な問題になり始めました。そこで彼は、成り行き上『責任という原理』をドイツ語で書くことを決心しました。しかし彼はこの書の前書きで、考えられる言葉の批判をあらかじめ見越して述べています。「最も時代に合った事柄を」時代に合わない、それどころか「古風なフランケン語」*3 として特徴づけられるスタイルで把握したかった、と。

　まさしく圧倒的な反響がありました。この年老いた男に、ついにドイツでの遅ればせの承認と偉大な名誉が与えられました。

　私たちの道が交差したのは1983年でした。そのときハンス・ヨナスは、ルードヴィッヒ・マクシミリアン・ミュンヘン大学に最初のエリック・フェゲリン（Eric-Voegelin）の客員教授として招聘されていました。二人が出会うために格好の前提がそろっていました。シュテファン・ザットラー、すなわち私の夫は、エリック・フェゲリンのもとで研究していました。彼は、非ユダヤ人の政治学教授で、1938年アメリカへ移住しましたが、1958年から1969年までミュンヘンで学びました。シュテファンは、ヨナスとフェゲリンの古代と近代のグノーシスについての論争をあまりにもよく知っていました。ハンス・ヨナスの講義に通ったのち、2月末、ハンスとローレは、シュテファンと彼の兄弟フローリアンとともにシュヴァービングの飲食店に食事に行くことを約束しました。シュテファンが私に語ったことによると、ヨナス夫妻は、

二人ともたいへんな興味を抱いて私のことを尋ねたということです。しばらくしてある日、夫妻は本屋にいる私を訪ねました。幸運にも私は、夏の少し前に『グノーシスと後期古代の精神』の二巻と取り組んでいました。ハンス・ヨナスは、アカデミックな仲間のほかに、後期古代の精神的運動に真摯に従事している人間がいるということ、そしてヨナス自身が表現したように、なおのこと「非常に若い婦人が」[そうしているということ]に、幾ら驚いても足りるということはありませんでした。シュテファンとハンス・ヨナスの友情は、プロティノスについての絶望とともに始まりました。シュテファンは、プロティノスについて研究していて、ヨナスと討議するのが大好きでした。ヨナス自身、みずからのプロティノスの章を終わらせてはいませんでした。ギリシャ語でホメロスを朗読した際に、シュテファンがともに唱和することができたとき、哲学者の驚きは大きかったのです。私たちが、彼によって暗唱された詩や文学からの関連する箇所を受けとることがなければ、彼との出会いはけっして起こらなかったでしょう。教養のある戦前の社会においてふつうであったように、上流のユダヤの若者たちは、ゲーテやシラーの詩の一節をそらんじていました。同様にハイネの一節も。ハンス・ヨナスは、亡くなるまでの私たちとともにいた年月、彼の思い出のなかに貯蔵したドイツの教養的財産で、非常に多くの夜会を魅惑したということです。

　シュテファンと私は、彼が物語ったものが好きでした。彼が思い起こさせるものは、すでに長いあいだ存在していなかった世界を再生させました。ハンス・ヨナスとともに、教養のあるかつてのドイツユダヤ人のあの偉大な精神が、現在していました。その精神は、ありとあらゆるこの世の方向に押し流されていて、故郷や先祖伝来の文化から離れて異郷の世界に通じていました。しかるに、それら精神がここではわれわれに欠けていました。ハンス・ヨナスは、その最後の代表者の一人として、ドイツから追い出されたものをわれわれの前に輝かしくつれ戻しました。彼が語った同行者の多くの人と同様に、ヨナスは[ユダヤの]正統的な伝統にまだ結びついていたとしても、以前に[ドイツ]同化した家庭、愛国的であることがためらわれなかった家の出でした。メンヘングラートバッハの著名な紡績工場主である父親は、ユダ

ヤ教信仰のドイツ市民の中央連合に属していました。しかるに息子ハンスは、1918年以後シオニスト*4に属することを公言していました。それが、彼をのちに憂慮すべきものから守るはずでした。彼の父は、1938年に「ちょうどよい時に」亡くなりました。彼の母は、1942年にアウシュヴィッツで殺されました。彼が母の死について聞き知ったのは、戦後になってからでした。シオニストとしてハンス・ヨナスは、時代の徴をよりよく理解していました。そしてすでに —— 1933年秋に —— ドイツを去り、英国を経てパレスチナへ行きました。

そこでヨナスは、運命の仲間と出会いました。エルサレムのヘブライ大学において、ゲルショム・ショーレムとマルティン・ブーバーに、通りでは、あちこちさまよい歩くエルゼ・ラスカー・シューラーに。毎週開催される文学サークルでトーマス・マン、あるいはゲーテのスタイルでドイツ語のテキストを執筆することのほうが、ヘブライ語で自分の講義をすることよりも簡単なだけ、それだけ彼には気に入りました。知的な紳士のグループは知性をそなえていました。ゲルショム・ショーレム、ケーニヒスベルク出身の物理学者シュムエル・ザムブルスキー、新聞記者ゲオルゲ・リヒトハイム、その父リヒャルト・リヒトハイムは、ドイツ・シオニズムの共同設立者でした。古典文献学者ハンス・レヴィ、そしてエジプト学者ハンス・ヤコブ・ポロツキーは、誰がドイツの詩人の文体を最もよく表現しているかを求めて張り合いました。»Pilegesch« —— その愉快なサークルは仲間の頭文字にしたがってそのように命名された —— は、ドイツ語で「神殿娼婦」を意味するが、このサークルが解消したのは、男たちが結婚したときです*5。

ヘブライ大学で二つの哲学講座が確保されていました。哲学的概念をヘブライ語に翻訳することは、ヨナスにとって難儀なことでした。政治的状況はますますふたしかさを増していました。第二次世界大戦中の、イギリス軍の兵士としての5年後、ハンス・ヨナスはイスラエルの自主独立戦争(1948/49年)でもう一度入隊せざるをえませんでした。その後、彼は用兵にはもう飽き飽きしました。1949年に、ヨナスはモントリオールにあるマギル (McGill) 大学で、1950年オタワにあるカールトン・カレッジで教授に就きました。最後に

彼はニューヨークの近くに移動しました。そこでは、ヨナスによって高く評価されたカール・レーヴィットが生活し教えていました。彼は、ハイデガーの弟子たちすべてのなかで最も才能ある人と見なされていました。そこにはまた、ヨナスの最も好きな学友であるハンナ・アーレントが生活していました。最後(1955年)に彼は、マンハッタンにある社会調査のためのニュースクール*6に招聘されました。そこで1959年まで哲学を教えていたアルフレッド・シュッツの同僚となりましたが、その関係は必ずしも対立がないとは言えませんでした。シュッツは、フッサール現象学によって刻印されていたのに対し、他方ヨナスは、マルティン・ハイデガーのフッサールに対する反乱によって影響されていました。かくして20年間、ドイツ哲学の議論がハドソン川で続けられました。1976年定年退職するまで、ヨナスはニュースクールで学者と研究者として充実した生活をしました。

50年代に、ハンス・ヨナスとハンナ・アーレントは互いにふたたび道をともにする人となりました。それができたのは、ただ、彼らそれぞれの伴侶が二人を評価したからです。ローレ・ヨナスは、二人のあいだで『エルサレムのアイヒマン』(1963)について生じた激しい争いののち、比較的長い膠着状態を経て心からの友情を得たと言われています。もともと二人は、マールブルクでの新約聖書学者ルドルフ・ブルトマンとマルティン・ハイデガーのもとでの共通の学生時代からお互いによく知っていました。事前の話し合いの際に、彼女——パウロのゼミでキリスト教へ改宗させることを試みるなんてとんでもないということをはっきりとブルトマンにわからせた若い勇敢な女子学生——をハンス・ヨナスはすでに尊敬していました。彼女はユダヤ人であり、そうあり続ける。ハンス・ヨナスは、彼女のなかにドイツの「反抗的ユダヤ人」を見ました。彼がハンナ・アーレントと二人の深く賛美した「ハイデガー教授」とのあいだに生まれた愛の関係の最初の証人になったとき、彼は激しく心が揺さぶられるのを我慢しなければなりませんでした。

ハンス・ヨナスは話がハイデガーに及ぶと、ひどく人間的に失望させられた思いに捉えられていました。ヨナスは1924年フッサールからハイデガーへと、フライブルクからマールブルクへと場所を変えました。哲学の新し

いスターのもとへ。哲学に興味をもつ人は、その当時ハイデガーのとりこ（Bannstrahl）になりました。そのなかには多くのユダヤ人がいました。ギュンター・アンダース、ヘルベルト・マルクーゼ、ジャンヌ・ヘルシュ、そしてエマヌエル・レヴィナス。のちにまた、教師の魔術から逃れることができたのはごくわずかでした。ハンス・ヨナスは切り抜けました。彼はみずからのグノーシスの本のために、ハイデガーの「実存論的」方法をまだ実り多いものとして駆使しました。彼の師ハイデガーが恥ずべきことに国家社会主義と結びついたことを把握できませんでした。彼は哲学にものすごい情熱をもって取り組んでいました。それは、まさに真理と取り組むことが魂を高めるということから出発していたからです。「哲学者はナチの陰謀に引っかかってはならなかった」。「時代の偉大な哲学者」の一人が、ましてそうであってはならなかった。ヨナスはそこに、「哲学の破局」そのものを見ました。その言葉でヨナスは、1933年のフライブルク大学の学長として最も評判のよくない就任演説[*7]を念頭においていただけではありません。師フッサールに対するハイデガーの態度に対しても、彼は許すことができないと思いました。大学図書館に足を踏み入れてはならないし、利用してはならないと、ユダヤ人としてフッサールは名誉を傷つけられたのです。ヨナスは変革の時代における哲学の政治的危機を強調しました。その危機は、運命的に個人を存在のその都度の運動のなかへ投げ込んだのです。

　1945年、ハンス・ヨナスがふたたびドイツの地に足を踏み入れたとき、「**一人の男を訪問することはできない**」ということがわかりました。それはハイデガーです。1933年のドイツからの別れの際に、彼は凱旋軍の兵士としてのみ戻ることを自分に誓いました。そしてそのようになりました。彼は、イギリス将校の制服で「みずからの尊厳を自覚した一人のユダヤ人として」誇りを抱いて帰還しました。みずから進んで、彼は5年間ヒトラーに敵対するユダヤ旅団で戦いました。イタリアとオーストリアを越えて、彼はイギリスの連合国とともにドイツへ進駐しました。彼がすぐに訪れたのは、カール・ヤスパースでした。ヤスパースは模範的な態度をとりました。ヨナスは、すべてがすべてドイツの哲学に絶望させられたのではありません。戦争中ヤス

パースは、ハイデルベルクでユダヤ人である妻のそばに留まりました。二人はこの時代に、いつも毒を携行していました。「最悪の場合」のためにでした。ヨナスは、とても心から感動して再会の挨拶をしました。ヤスパースが邪魔されるのを許さなかった昼休みの「聖なる時間」に、ヨナスは扉をたたきました。ヤスパース夫人は扉を開け、彼をかまうことなく夫のところへ通しました。「私たちがまだ生きているということが私たちの負い目だ」[*8]というヤスパースの叫び声を、ヨナスはむせび泣きながら復唱しました。

その後ヨナスは、マールブルク在住のルドルフ・ブルトマン——ゲッティンゲンにある彼の出版社ルプレヒト——を訪れました。この出版社は、ヨナスに即座にグノーシスの二巻の契約を要求しました。ハイデガーと出会ったのはずっとあとになってからでしたが、ふたたびヨナスは幻滅を感じました。ヨナスは「救いになる言葉」を期待しましたが、それは起こりませんでした。20分後、ヨナスは立ち去りました。

私たち——シュテファンと私——には、体験した歴史のこの貴重な財産を保存し、伝えていくことがますます必要となりました。しかしハンス・ヨナスは、哲学者たる者が自伝を書くということをあまり評価していませんでした。にもかかわらず、1983年盛夏、初めてヨナスを書店に招待することに私は成功しました。自分が体験したものが本当に一般的に興味があるものかどうかというヨナスの懐疑を、私はある程度追い払うことができました。満員の暑い部屋のなかで、聴衆のまなざしは彼の唇の動きに注がれました。ハンス・ヨナスは自由に話しました。それは、あらかじめ作られてあるかのように聞こえました。私たち二人だけでなく、ドイツの聴衆が彼の人生録を記録したがっているということを突然ヨナスは経験しました。

その後「ヨナス一家」は、毎年ドイツへやってきました。たいてい6月に。ローレ・ヨナスは、今日もそれを続けています。私たちは多くの時間を一緒に過ごしました。オーバーバイエルン地方へ自動車旅行をしました。そして主としてヤマドリタケ[*9]を出してくれる旅館に立ち寄りました。アメリカではそれは手に入らなかったので、ハンス・ヨナスは、食べすぎるほど喜んで食べました。この企画で私が気づいたことは、彼は子供のような驚きを当

時ももっていたということです。彼が何か物事を初めて見るような場合は、そのようです。彼の「あー驚いた、本当に」が私たちを会話へと駆り立てました。私たちは、「ヨナス一家」を友人や家族に引き合わせました。そして私たちがニューヨークに滞在するときは、ヨナス一家をいつも訪問しました。ヨナス一家はニューヨークから列車で30分北方のニュー・ロシェルに住んでいました。庭付きの木でできた家々が、この場所の特色ある景観を作り上げています。ここには数学者や自然科学者が幾人か住んでいました。彼らは、ニューヨークやハドソン川沿いのヘイスティングセンターで教鞭を執り、お互いに活発なやりとりをしていました。ヨナス家の白く塗られた家に足を踏み入れると、別の時代に、別の場所に入り込んだような気になります。格調の高いビーダーマイヤー様式*10で整備された居心地のよい部屋、ドイツやユダヤの精神史の主要な著作をいっぱいにそなえた図書室が、まさにアメリカにいるということを忘れさせました。最上階で驚かせたのは、若い芸術大学の学生ハンス・ヨナスの美しいスケッチでした。私たちはヨナスの子供たちと知り合いになり、パーティーを一緒にしたり、大事な誕生日を——そして最高潮としては——1987年10月にドイツ書籍出版業界平和賞の授与をお祝いしました。私たちは彼らの若い友だちとなりました。この状況を、ハンス・ヨナスは一度次のように表現しました。私たちは彼らにとって「二匹の若い犬が迷い込んで居着いて、大事な存在になっている」ようだ、と。

　私たちにとって話の種は尽きることがありませんでした。すべてのことがテーマとなりましたが、とりわけハンス・ヨナスがこの二、三年取り組んでいた問題——私たちの現代の生命状況を克服するという問題——がテーマとなりました。彼の思想は、彼の本においてそうであるように、解き放たれた科学技術に見合う倫理学をめぐっています。この倫理学では、人間は傷つきやすい自然、危険にさらされた未来に対して、責任を引き受けなければなりません。「人間は責任をもつことができる存在、私たちによく知られた唯一の存在である。人間は責任をもつことができることによって、責任をもつ」。この命法は（「できる〔能力〕そのものがべき〔義務〕をもち合わせている」）私の座右の銘です。ハンス・ヨナスのすばらしい写真とともに、この命題がポスター

として書店にかかっています。そして多くの人々に読まれ、感銘を与えています。

　しかしまた、完全に世俗的なことが、たとえば私たちの幸せが問題となりました。ハンス・ヨナスは繰り返し、私たち――シュテファンと私――が、長年の共同生活を合法化すべきだということをたいへん重要だと考えていました。彼の鋭い問いを、もうかわすことはできなくなりました。そこでハンス・ヨナスとローレ・ヨナスの後見のもとで、1990年6月に私たちは結婚しました。私の兄とともに、ハンスは結婚立会人として署名しました。「フッパ (Chuppa)」、つまり結婚式の天蓋はニュー・ロシェルにあるヨナスのサクランボの園にありました。婚礼の食事の折のスピーチでは、何度も感激の涙でとぎれながら、ハンス・ヨナスはドイツ－ユダヤの共同生活の高さと深さを訴えました。

　1989年9月に、私たちは最も集中的な時を過ごしました。ついに私は、多くの場面で長い年月耳にしてきた彼の人生史をもう一度総括的に語らせることに成功しました。私はそれをテープレコーダーに録音しようとしました。ローレが同意した以上、もはや録音することに邪魔になるものはありませんでした。ヨナス家の人々はいつものように、イギリス公園から遠くないビーダーシュタインホテルに住んでいました。2週間以上私たちは、毎日200という番号のついた1階の二つの部屋で会いました。交代しながらシュテファンと私は、ハンスにもう一度人生を尋ねました。彼の人生は、時が経つうちに私たちの人生の一部にもなっていました。1時間30分以上は会合は続きませんでした。ハンス・ヨナスは、このときすでに肺気腫で苦しんでいました。それにもかかわらずヨナスは、タバコを楽しむことをやめようとはしませんでした。規則的な間隔でタバコに火をつけました。思慮分別にしたがって二、三服だけ吸って、タバコの箱のなかに入れておいた小さなハサミで残りを切り取りました。ローレは、お茶かコーヒー付きのクッキーを出してくれました。時折私たちは、ハンス・ヨナスがつねに身につけていた銀の携帯容器からシュナップ酒をいただきました。33巻いっぱいに録音されたテープが完成しました。そこからハンス・ヨナスの言葉で一冊の本を作ることは、印刷

にまわしうる彼のスピーチがなければできなかったでしょう。文書化された［テープを文字におこした］テキストを読んで私たちは印刷文書を手にしました。私たちの問いはよけいになりました。ハンス・ヨナスだけが発言を許される定めでした。

　1992年5月から6月に、私が催したシリーズ「世紀の終わり」のあいだに、ローレの援助で私はハンス・ヨナスに最後の大きな公開講演をさせることができました。『世紀の終わりにおける回顧と展望』[*11]は、みずからの力に絶望していた89歳のヨナスに、ミュンヘンにある満員の摂政宮劇場にたえまない歓呼をもたらしました。演説は本として出版されています。

目　次／ハンス・ヨナス「回想記」

口絵写真　　　　　　　　　　　　　　　　　　　　　　　　　　ⅰ
ローレ・ヨナスの序文　　　　　　　　　　　　　　　　　　　　xxv
ラッヘル・ザラマンデルによる前書き　　　　　　　　　　　　　xxix
　「愛する神が君とともに考えた本だということは明らかである」
写真一覧　　　　　　　　　　　　　　　　　　　　　　　　　　xlii

Ⅰ　体験と出会い　　　　　　　　　　　　　　　　　　　　　3

第１章　戦争時代のメンヘングラートバッハでの青少年時代　　　5
第２章　栄光の夢　　　　　　　　　　　　　　　　　　　　　　31
　　　　──シオニズムへの道
第３章　哲学とシオニズムのあいだ　　　　　　　　　　　　　　54
　　　　──フライブルク−ベルリン−ヴォルフェンヴュッテル
第４章　マールブルク　　　　　　　　　　　　　　　　　　　　81
　　　　──ハイデガーとグノーシスの呪縛圏のなかで
第５章　亡命、逃避、そしてエルサレムの友人たち　　　　　　　100
第６章　戦争の時代の愛　　　　　　　　　　　　　　　　　　　129
第７章　「最も深い語義におけるユダヤ戦争 (bellum judaicum)」　150
第８章　破壊されたドイツを旅する　　　　　　　　　　　　　　177
第９章　イスラエルから新世界へ　　　　　　　　　　　　　　　206
　　　　──アカデミックな活動の開始
第10章　ニューヨークにおける交友と出会い　　　　　　　　　　239

Ⅱ　哲学と歴史　　　　　　　　　　　　　　　　　　　　　263

第11章　ハイデガーとの訣別　　　　　　　　　　　　　　　　　265

第12章　生命の価値と尊厳　　　　　　　　　　　　　　275
　　　　――有機体の哲学と責任の倫理学
第13章　「これらすべては言い淀むことである」　　　303
　　　　――アウシュヴィッツと神の無力
第14章　ローレ・ヨナスへの教説の手紙 (1944〜1945)　312
原　注　　　　　　　　　　　　　　　　　　　　　347
訳　注　　　　　　　　　　　　　　　　　　　　　379

付　録　　　　　　　　　　　　　　　　　　　　395

クリスチャン・ヴィーゼによる後書き　　　　　　　397
　「だが世界は、私にとって敵地ではまったくなかった」
　　原　注（後書き）　　　　　　　　　　　　　　433
　　訳　注（後書き）　　　　　　　　　　　　　　438
年　表　　　　　　　　　　　　　　　　　　　　　441
文献目録　　　　　　　　　　　　　　　　　　　　445
人名索引　　　　　　　　　　　　　　　　　　　　457
地名索引　　　　　　　　　　　　　　　　　　　　492
あとがき　　　　　　　　　　　　　　　　　　　　503
訳者分担・略歴　　　　　　　　　　　　　　　　　508

写真一覧

1　メンヘングラートバッハのハンス・ヨナス。1916年 (i)
2　母、ローザ・ホロヴィッツ、ハンス・ヨナスのスケッチ。1923年 (ii)
3　ハンス・ヨナス。自画像1923年 (ii)
4　メンヘングラートバッハの生家 (iii)
5　メンヘングラートバッハのシナゴーグ (iii)
6　ラビ、ヤーコプ・ホロヴィッツ、ハンス・ヨナスの母方の祖父 (iii)
7　ハンナ・アーレント。1927年 (iv)
8　ギュンター・シュテルン（アナス）とハンナ・アーレント。1929年頃 (v)
9　エトムント・フッサール (vi)

10　マルティン・ハイデガー。1933年 (vi)
11　エトムント・フッサールとマルティン・ハイデガー。1921年 (vii)
12　ヨナス・コーン (viii)
13　ドイツ・パレスチナ準備委員会1928年のメンバー (viii)
14　メンヘングラートバッハのハンス・ヨナス。1933年 (ix)
15　ゲルショム・ショーレム (x)
16　リヒャルト・リヒトハイム、家族と (xi)
17　ゲオルゲ・リヒトハイム (xi)
18　ユダヤ旅団。1944年 (xii)
19　ユダヤ旅団の兵士のハンス・ヨナス。1944年 (xii)
20　ルドルフ・ブルトマン (xiii)
21　ヤッファでのハンス・ヨナス。1946年 (xiv)
22　ハンス・ヨナス。1953年 (xiv)
23　ハンス・ヨナス。1953年 (xv)
24　マルティン・ブーバー、ヤーコプ・タウベスとハンス・ヨナス、ニューヨークで。1958年 (xv)
25　ハンス・ヨナスと彼の家族、ニューヨークで。1966年 (xvi)
26　ハンス・ヨナスと娘アヤラー、イスラエルで。1967年 (xvi)
27　ニューヨーク、ニュースクールでハンス・ヨナス。1968年 (xvii)
28　ハンナ・アーレント (xviii)
29　エルンスト・ブロッホ (xix)
30　ニュー・ロシェルの庭で、ハンス・ヨナス　1980年 (xx)
31　レイモンド・クリバンスキー、ハンス・ゲオルゲ・ガーダマー、ハンス・ヨナス、ハイデルベルクで。1986年 (xxi)
32　リヒャルト・フォン・ヴァイツェッカーとハンス・ヨナス、ドイツ出版協会平和賞の授与の折 (xxi)
33　ハンス・ヨナスとローレ・ヨナス、フランクフルト・アム・マインで。1987年 (xxii)
34　ハンス・ヨナスとメンヘングラートバッハの市長、ハインツ・フェルトヘーゲ。1988年 (xxiii)
35　ハンス・ヨナス、1988年 (xxiv)

【凡　例】
1　本書は Hans Jonas, Erinnerungen, Insel, 2003 の訳である。
2　部・章などの区切りは原著にしたがった。
3　原注・訳注は、巻末にまとめた。なお、原注は原著にしたがい、訳注は＊印を付して数字を本文に入れた。
4　原文のイタリックは、書名の場合を除き、ゴチックで表記した。書名の場合は、『　』あるいは、"　"を付した。
5　（　）は、原著にしたがった。
6　なお、わかりにくい単語は適宜（　）内に原語を挿入した。
7　【　】は、編者が、必要に応じて補ったもの、また［　］は、訳者がその単語の意味を補ったものである。
8　索引は、原著にしたがい、人名のみとした。なお、簡単な人名解説を加えた。また地名については簡単な説明と地図をつけた。

ハンス・ヨナス「回想記」

I
体験と出会い

第1章　戦争時代のメンヘングラート
　　　　バッハでの青少年時代

　私の青少年時代において深く刻み込まれた出来事の一つは、第一次世界大戦の勃発だった。私はその当時11歳で、ギムナジウムの生徒だった。第3学年だったので、すでに世界の出来事についてある種の印象を抱いていた、と私は思う。戦争が起こったのだ。私の子供時代に新聞に記載されていた。──たとえば、第一次世界大戦に先立って起こったバルカン戦争では、1912年と1913年にギリシャ、ブルガリア、セルビアがトルコと戦争をした。そしてトルコが打ち破られたのち、同盟国が敵となった──ブルガリアがギリシャ、セルビア、ルーマニアと戦争を始めたのだ。いずれにせよ、はるか遠くの世界では戦争だった。そしてそのときさらに一つの大きな世界的出来事が起こった。それは、空想をたくましくさせる点では、遠いトルコでの戦争という出来事をはるかに超えていた。それはタイタニック号の沈没[*1]だった。この巨大な船は、大西洋上への最初の旅路に就き、氷山に追突し、多大な人命を喪失した。新聞を隅から隅まで読み、大人や世界中がそれについて語ったように、それがどんなショックを引き起こしたかを、私ははっきりと覚えている。もっとも全体としては、とても退屈だという印象を私はもっていた。何か重要なことが起こったとしても、それははるか遠くのことだった。それを近くで体験したのは他の人々であった。バルカン半島にいた兵士と住民たち、あるいは遠く太平洋上の人々であった。しかし私は、おのれの運命に不満だった。すべてがうまくいっていながら、現実の喧騒にはただ歴史の本のなかでしか、時折は新聞のなかでしか出会わない、そういう時代や世界のなかに生み出されたおのれの運命に不満だった。

われわれが体験した最善、最美なもの、英雄的なもの、厳かなものは、過去に起こったことだった——たとえば、ギリシャ・ローマ時代に、ドイツや、ヨーロッパで過去に、ナポレオンの時代に起こったことだった。当時私はギリシャ神話を読み始めていた。特にホメロスの叙事詩を読んだ。もちろんトロイ戦争については、ドイツの英雄伝説や神話と同様に知られていた。しかし、古代にはなおいっそういろいろなことがあった。マラトンにおける会戦、ギリシャ人のペルシア人に対する闘い、隷属に対する自由の勝利、大カルタゴ戦争があった。私は、のちにそれを読んだと思う。なぜなら私は、ギムナジウムで歴史の授業が何から始められたのかをもはや正確に覚えていないからだ。グスタフ・シュヴァーブの『古典古代の最も美しい伝説』は、たとえば宗教の授業において教わった聖書物語よりも、はるかに強い印象を残した。もっとも聖書物語は、私をのちに聖書の独自の発見に導いた。さしあたりそれは、むしろ、われわれが獲得した機械的に教わる知識だった——アダム、イブ、蛇、そしてノアの洪水、ノアの箱船、それから父祖アブラハム、イサク、ヤコブ、とりわけヨゼフと彼の兄弟について、ダビデやソロモン王の物語について。しかし思えば、ギリシャやドイツの伝説は、少年時代おおいに私の想像力を掻き立てた。青少年向けの図書は、その当時挿絵入りだったが、私は今でも絵の幾つかを覚えている。たとえばギリシャ人のトロイに対する戦い、あるいはバルドゥル、トール、ヴォータン、そしてフェンリスヴォルフが描かれているゲルマンの神話伝説[*2]からの絵。それはたぶん空想のおかげで非常に生き生きとしていた。

　世界的重大事件について私が意識したのは、当然のことだが、突然自分の国が戦争に突入したとき、つまり1914年8月1日だった。子供に特有の愚かな考えで、私はついに何かが起こったという感情をもった。そのときまで、私は恵まれた条件のもとで成長していた。何十年このかた平和しか知らず、経済的に繁栄している国で、父親が尊敬されている工場主で、ユダヤ協会の構成員として人望のある裕福な家の子供として育った。ユダヤ協会の人々は、長い休みには大きなトランクをもって北海へ出かけていた。そしてこの平和が永遠に続くだろうと信じていた。年がくるたびに、大人になるという目標

に近づいた。たしかにおそらく父と同じようなことはしないだろう。しかし本質的に何もかもこれまでと変わらないだろう。——すなわち外側にある世界の情勢と、そこに埋め込まれている人々の安全性において変わりがないであろう。私は何かそのような感情をもっていた。というのはその当時抱いていた残念な気持ちを、私はちょっと恥ずかしい気持ちで、今でも思い出すからだ。なぜ残念かというと、一つの偉大な時代に生きることが私には恵まれていなかったからである。偉大な時代では、人々は英雄的精神を示すことができたし、勝利、ひょっとしたら敗北があったし、いずれにせよ何か重要なことが起こった。そうした出来事に、私が関与することができていたら、あるいはそれどころか一つの役割を演じることができていたら、もちろん英雄的な役割、また犠牲の役割すら演じることができていたら、と回想するからである。私はわずらわされることもなければ、逃れるという必要もなかった。しかし何かが起こる定めであった。

　サラエボでオーストリアの皇太子が殺されたとき、私たちは家にいた。およそ四週間、状勢がつねに切迫したまま続いた。そしてそれからとうとう8月1日がやってきた。その日に——予期はされていたのだが——戦争が起こった。私の最初の戦争体験は暑い8月の日に始まった。東から部隊の輸送列車が流れ込んだ。そして行軍する部隊もいた。鉄道だけでは西部国境での動員と行進を果たすことができなかった。歩兵隊部隊がグラートバッハを通って進軍してきた。そして民家に宿泊した。私たちはマルク・ブランデンブルク出身の3人を泊めた。私はどれくらい彼らが歩いてきたのか知らなかった。もちろん彼らは大部分の道程を鉄道で進んだ。しかし、列車に場所を空けるために途中でおろされた。そして最後の残り——メンヘングラートバッハからオランダ国境の近く、リエージュへ——は歩いていかなければならなかった。それが、前線では最初の軍事目標であり、前線の部分はわれわれの故郷の町の近くにあった。往来は激しかった。しかし私は午後いつものように市立水泳施設へ出かけた。その施設で私は少しまえに遊泳基本試験合格者となっていた。私が着いたとき、すべての敷地が移動部隊のための要撃陣地に変更されていた。そして水浴用品と水泳パンツを腕に抱えてやって来る私を

見て、水泳施設の管理者が尋ねた。「坊主、何をここでしたいんだい？」「僕泳ぎたい！」答えるや否や私は大目玉を、いわば平手打ちを食らった。「おまえはここから立ち去るのだ。われわれはここで別のことをしなければならない」。それが戦争の始まりだった。悲しかった。私は本当に恐ろしい平手打ちを食らった。管理者は気がちがったように興奮した。彼は突然にいっさいのことをしなければならなかった。そして私は邪魔をした。私たちのもとで一夜を過ごした兵士たちのことを覚えている。マルク・ブランデンブルク出身の二人の歩兵、二人の大男だった。お互いに行進で傷ついた足を治療し合っていた。一人は、上等兵だった。私たちのところで最もよい部屋を手にした。そして、あとで初めてわかったことだが、彼はこの短い滞在のあいだに私たちのなかでとりわけ美しい少女といい仲になった。彼女はこの友情にたいへん期待したが、それは実らなかった。のちに彼女は神経的虚脱に陥った。なぜなら、とうとう彼は彼女に一通の手紙を書き、彼にはこの件を続ける意志のないことを知らせたからだ。彼は、結婚していたということを彼女に告げたかどうか、私は知らない。いずれにせよ、彼は書面で彼女と別れた。すべては戦争の最初の日々の結果だった。

　たしかに、それからもちろん、生活は型通りに先へと進んだ——学校も。この夏に私たち家族が休暇で出かけることはなかったと思う。いずれにせよ私は何も覚えていない。戦争が起こったとき、私たちはみな家にいた。私の父は即座にケルンへ出かけた。私たちの地方を所轄する主要部隊の調達庁へ出かけたのである。そして軍隊にとって重要となるだろうテント用布地の反物や他の布地の供給にそなえた。父は本当にそのことを始めた最初の一人だった。私がやがて経験したように、彼は膨大な注文を携えて戻ってきた。その結果、私たちの工場のおよそ120台の織機がフル稼働されただけではなくて、メンヘングラートバッハにある他の織物工場も彼の注文を処理するために稼働した。そんなわけで商売はたいへん順調だった。そしてまた前線でもすべては優勢に進んだ。「ディッケ（デブの）・ベルタ（Dicke Berta）[*3]」が行動を起こしたとき、リエージュは陥落した。私たちは遠くからその砲声を聞いた。その当時クルップ社が開発し、この名をつけた22センチの曲射砲、

秘密兵器。というのは、ベルタはアルフリート・クルップの夫人の名前だったからである。この兵器は、それまでに生産され、そしてどこかで使用されていたもののなかで最も重い大砲だった。ほとんど垂直に、そして非常に正確に落下するこの曲射砲の力で、リエージュの要塞の巨大な鉄筋コンクリートの砦は爆破された。ベルギー人に準備ができていなかったというのは本当ではない。リエージュは当時最も近代的な原理で築かれた要塞で守りを固めていたが、「ディッケ・ベルタ」の弾丸で粉々になった。そして勝利に次ぐ勝利だった。

　戦争が始まった最初の週にユダヤ人のあいだでも愛国主義がどんなに際立っていたことか、そのことを示す一つのエピソードがある。メンヘングラートバッハにいる私の一番年上の従兄弟であるエーリッヒ・ハース、つまり私の父の長姉であるベルタ伯母さんの息子は、亡命後バーミンガムで心理分析家として活動したのだが、彼は戦争が勃発した際にはギムナジウムの最上級に在籍していた。彼は自分の出番になるまえに、戦争が終わるかもしれないとひどく不安がっていた。なぜなら勝利というものは、直接的に突然に起こるからである。通常だったら、彼は最初にアビトゥア［大学入学資格試験］を受け、それから招集されただろう。しかし、18歳ぐらいの生徒たちのあいだには、いわゆる脱アビトゥアを試み、自由意志で志願するものたちもいた。私の従兄弟エーリッヒは、学生時代、病気がちであり、ある件で一度サナトリウムに入れられていたので、この自由志願という可能性をもちろん見逃す手はなかった。私は思うのだが、彼は年齢的にはまだ完全に志願できるクラスではなかった。自由意志で志願するとしても、彼は採用されないかもしれないということを、彼と彼の父は真剣に憂慮した。若い人々の自由意志での志願は、すごく供給過剰になっていたからなおさらだった。したがって彼の父は彼とともに軍医の診断を受けるためにケルンへ出かけた。軍曹の指揮監督のもとでその診断は行われていたので、軍曹に好意的に取り計らってもらうために、私の伯父アドルフ・ハースは、金貨を軍曹に握らせていた。それでエーリッヒは、戦争の任務に適していると宣言された。こうして彼は軍人になった。そして、彼に何か起こるということもなく、4年奉仕した。当時、

国防軍に入れるために買収が行われていた。ところが、のちには買収によって国防軍に入ることから人々を守るよう試みられた。第一次世界大戦中に自由意志によるユダヤ人の参戦が平均以上に高かったということについては、二つの説明ができる。一つは、ユダヤ人が職務放棄の非難にさらされたくなかったというのではなくて、ユダヤ人は善良な市民である[1]ということを示そうとしたことに起因するものであった。まったく別の、ずっと客観的な説明もある。すなわち次のようなものである。ユダヤ人は社会的には、自由意志で志願できる層に属していた。一方労働者階級においてはそのようなことはできなかった。特定の教養層には、愛国主義や自由志願という理念が、労働者階級の場合よりもいっそう強く根づいていた。労働者階級は、立場上、出しゃばることができなくて、みずからの順番になるまで待つことができるだけだった。だがユダヤ人は大部分が労働階級ではなくて、イデオロギー的には愛国主義に最もかぶれやすい教養のある中流階級に属していた。このことが、何ゆえに、パーセントの上で他の住民グループにおける以上に、多くのユダヤ人が自由意志で志願したかということを説明してくれることであろう[2]。

　1914年、祖国決起の気分がわれわれの心を捉えているなかで、穏やかな性格であった私の母だけは、どんな死も、ケガも、不具も、そして、戦争と結びついたいっさいがっさいをすでに悲しんでいた。理論的な、原則的な平和主義からではなくて、単純に、同苦から、あふれるばかりの人間性から「恐ろしい、恐ろしい！」と。もちろん母は、ドイツ軍の勝利と無事を祈ったが、同時にそもそも戦争が起こったことを悲しんだ。私の父はこの点でナイーブであり、ドイツの住民の99.9パーセントとともに、大きな戦争の興奮をともにしていた。ドイツ人は試練に十分に耐え抜くだろう。そして父は、ヨーロッパにおいてドイツが特別な役割を演じなければならないことを運命が本当に要求している、とも確信していた。公式見解は、防衛戦争だということだった。すなわち、私たちは、孤立しており、以前からわれわれに対する戦争を計画してきた敵の大同盟に対して、戦争を遂行しているのであって、私たちは防衛している。他方では、もともとたんなる防衛を超え出ていく勝利

への希望が支配していた。だが、私は何も新しいことを言っているわけではない。おそらくどの歴史書にも書かれているように、今や、子供じみた感情が——この感情は私がすでに描写したように、やれやれこの味気ない、退屈な平和の時代が去り、われわれは何者であり、何をなしうるのかということを、われわれは今ようやくふたたび示すことができたといった感情である——われわれは攻撃され、「包囲された」という意識を伴って表れたのである。「たくさんの敵、たくさんの名誉、しかしわが身を守らなければならない」。第三に、偉大な勝利品が手招きした。前線からは勝利の報告がさしあたり集められた。報告がやみ、突然静かになった。四週間後、進撃は止まった。進撃はパリに届かなかった。それからマルヌ［セーヌ川の支流］へと後退した。

　われわれの家族のなかには、［戦争に］完全に酔いしれることをともにしない一人の人がいた。私の伯父レオだった。彼は、私の母の少し年上の兄弟、当時まだ未婚の兄弟であり、デュッセルドルフで医師をしていて、最も賢い人間だった。彼は、私の人生で光り輝く存在だった。戦争が始まって、この数週間のあいだに、彼は二つのことで他の人とはちがっていた。第一に、イギリスがわれわれに敵対するなら、われわれは勝利することはできないという見解だった。ヨーロッパのある種の人たちのあいだでは、たしかにイギリスはたいへん尊敬されていた。そして伯父は、イギリスがわれわれに敵対するなら、この戦争はすでに望みのないことだと思った。第二に、彼はまったく実際的に振る舞った。彼が即座に心中思ったのは、ドイツの新聞はもうこの瞬間から信頼することができず、新聞の報道は彼に偏った像を提供するだろう、ということだった。しかし、彼は情報を得たいと考えたので、戦争のあいだじゅうスイスの新聞を一紙購読した——それはドイツで許されていた。こうして彼は中立の国から以下の情報を得た。すなわち、マルヌでの事態が大きな転換点となったということ、そしてドイツの進軍はそこで止まっただけではなくて、何か失敗があって、ふたたび撤退しなければならなかったということを知った。そのようにして、彼の根本的な懐疑は確認された。実に彼はそのように考えたただ一人の人だった。

　レオ伯父は、クレーフェルトに住む最高ラビ[*4]・ヤーコプ・ホロヴィッツの

たった一人の息子だった。もともとはクラーカウ出身で、ブレスラウでラビのセミナーに通い、そして西欧へやってきたのはそのあとだった³。高い教養を身につけた男、自分を自由ユダヤ人と心得ていた。それにもかかわらず彼の家では、もちろん、カシュルート(Kaschrut)＊⁵の法、料理の戒律(Speisegesetz)が守られていた。私の母は、早いうちから家事を引き受けざるをえなかった。なぜなら彼女の母、つまり私の母方の祖母——この祖母は、私が生まれる前に、母の婚約の前に死んでいたので、私は何も知らなかった——は、母に、まだ年端もいかない少女の頃に父の家事、つまりラビの家事のきりもりをするという役割の手ほどきを与えた。彼女はこのことに非常に苦しんだ。しかも実際の重荷にだけではなくて、とりわけそこに装われた見せかけというものに苦しんだ。なぜなら彼女は、彼女の父が本当はそのように考えていないということ、ただ彼の立場上すべてが厳格に守られなければならないということを、正確に見抜いていたからである。それゆえに彼女は自分に誓った。「もし私が結婚するなら、私の家にはこの種の台所や律法のこうした形式の維持はないようにしよう」。彼女はなかなか結婚しなかった。彼女はすでに20代の半ばだった。それは当時としては非常に遅かった。そしていつも、やもめとなった父のそばで家事をきりもりするレースヒェン・ホロヴィッツだった。ついに彼女の兄、つまり私の伯父レオが、ボン大学で医学を研究していたときの学友であるオットー・ヨナスとかいう名前の人と知り合いになった。オットーは、私の父の弟だった。私の父——ボルケンという名前のヴェストファーレンの小さな田舎町で、そこに父の小さな会社があったのだが、十人兄弟姉妹の長男だった——は、早くから仕事をしなければならなくて、年下の兄弟に対してある種の父親代わりを引き受けていた。父は、彼自身が非常に熱望していたこと、すなわち学問するということを、年下の兄弟たちにかなえさせるという、忠実に果たすべき義務をもっていたし、それを自覚していた。加えて、嫁入り支度をしてやらなければならない三人の姉妹がいた。当時は、嫁入りの持参金なしには娘に良い結婚を世話することはできなかったからだ。彼自身は、そのために、9年制ギムナジウムの第7学年次後に学校をやめ、商店で働いたため、大学入学資格試験を受けることができなかっ

た。父が、家族や会社に奉仕することでアカデミックな専門教育の夢を犠牲にせざるをえなかったということは、彼の人生の大きな悔やみだった。けれども父は、最後に会社の会長になった。彼の弟たち、私の幾人かの叔父たちは、父に対してどこかアンビヴァレントな態度をとっていた。それは、権威ある位置に就いている誰かにたくさんのことを負っているとき、たいていそうしたものであるのと同様だった。学問をした兄弟は三人いる。二人は弁護士、一人は医者になった。他の兄弟は商人になったり、外国へ行ったりした。二番目の兄弟は会社の若社長になった。そしてさらに工場を発展させた。

　会社は、前世紀も終わりになったばかりに、私は1896年頃かと思うが、ボルケンからメンヘングラートバッハへ移住した。なぜならそこは、機械化の時代に紡績工場が興隆し、労働力と、交通上の産業の環境も整っていたからだ。ところで、私の母が育ったクレーフェルトにも紡績工場があった。しかし絹が木綿よりも細いのと同じように、クレーフェルトは、グラートバッハよりも品質が良かった。クレーフェルトはラインのリヨンだった。メンヘングラートバッハはラインのマンチェスターだった。ここでは、たとえば、「ジェノヴァ・コールテン」が生産されていた。このあぜ織りの素材は、しばしば労働着に用いられた。そのほかに、植民地との貿易のために多くのものが生産されていた。とりわけプリント模様の綿素材は、「グラートバッハの粗悪品」として特徴づけられるほど、非常に悪趣味のものだった。しかしそれは、大きな利益を上げた。われわれは木綿ではなくて、リンネルやダマスク織りを作った。いわば木綿と絹の中間にあたるものだった。

　私の父が一番愛し、最も才能があると見込んでいたのは、彼の弟オットーだった。父がその弟を一度ボンに、彼がそこで学んでいるあいだに、訪ねたことを、のちになって話してくれたことがある。オットーは父を案内してまわり、大学と病院を見せた——そのとき父は泣き出した。「私があきらめなければならなかった世界だ」というわけなのである。ところが、それ以上のことが起こった。オットー・ヨナスとレオ・ホロヴィッツが——二人は仲良しだった——あるとき彼らの家族関係について語った折に、レオ・ホロヴィッツには妹がいるということがわかった。そのとき、私の父より17歳年下だっ

たオットーは言ったのである。「私には兄がいます。兄はまだ結婚していません。彼は、私たち全員の世話が終わらないうちは結婚をしません。父はすでに年をとりすぎていたので、兄が責任を引き受けたのです」。事実、私の父は、三人の妹を結婚させ、兄弟を費用のかさむ大学教育に送り込むまで、結婚するのをいわば断念していた。父には全部で九人の兄弟姉妹がいたが、そのうちの一人はまだ子供のときに死んでしまっていた。だから私には、ヨナス側に五人の叔父と三人の叔母がいた。他方母方には、伯父が一人だけだった。この伯父については、まだもっと話をしなければならないだろう。レオ・ホロヴィッツとオットー・ヨナスは、こうしてお互いに見つめ合った。「二人を相互に引き合わせませんか」。「そいつは良い考えだ」。そんなわけで実現した。ヴェストファーレンのボルケン出身で、数年前ニーダーライン河畔のグラートバッハに会社を移転したことにより、グスタフ・ヨナスはクレーフェルトに嫁取りとして現れ、私の母と知り合いになった。そして彼らは結婚した。そのとき1900年だった、と私は思う。なぜなら、1901年には最初の息子、つまり私の長兄が生まれたからである。

　そんなわけで、レースヒェン・ホロヴィッツはグスタフ・ヨナス夫人となった。そして一風変わった夫婦ができた。私の父は、ずんぐりした小太りの、脚の短い男だった。力強い上半身と広い肩幅、美しい額をもった大きな頭、がっしりした太り気味のエネルギッシュにテンポを速めることができる、短いがまっすぐな脚をもった男だった。彼はスパルタ教育を受けて成長した。そして生涯つましく生活していた。しかし、彼は食べるのが好きだった。そしておいしい焼き肉、ごちそうに喜びを見いだしていた。彼は非常に賢明で、古典作家を知っていた。すばらしい図書館を所有していたが、図書館にはまりこむ時間はもち合わせていなかった。完全に会社の仕事に没頭していた。それにもかかわらず、彼は教養に大きな価値をおいていた。たんに交友関係上、ライン方言流の抑揚を身につけたわれわれ子供たちとは異なり、父はラインの高地ドイツ語を話した。ユダヤの表現なしに、いわんや「ユダヤ的ドイツ語」の要素などまったくなしにである。「非ユダヤ人」(Goj)[*6]という言葉は私たちの口にけっして上らなかった。かくして「頭のおかしい(メシュガー

meschugge)」「図々しさ（フッパー Chuzpe）」のような言葉はもちろん知っていたけれども、けっして使うことはなかった。私は、両親が家で話をしていて誰かについて、たいへん図々しいなどと言ったりしたことを思い出せない。それが禁じられていたかどうかは知らない。そんな言葉遣いはまぎれもなく無教養であって、われわれのあいだでは洗練された標準的なドイツ語が話されていたのだ。そのことは、少しユダヤなまりで話すことでユダヤ人と思われて目立ちたくないということとは少しも関わりがなかった。——否、そういう試みすら家にはなかった。なぜなら、私の父も母も家でそういうドイツ語を身につけなかったからだ。何世代もこのかた田舎に息づいていたのは、古いドイツのユダヤ人気質だった。ヨナス一族は、故郷の小さな都市、ボルケンのなかで、すでにかなりまえから、もしかすると少しユダヤなまりで話がされていた教区民よりも少し上の階層であると自分たちを見なしていた。だから、ヨナス一族は教区民のあいだで「ボルケンのホーエンツォレルン家*7の人々」というあだ名をつけられていた。それはもちろん、百パーセント友好的とは言えない、尊敬と嘲りが入り混じったものだった。ヨナス一族は尊大だと陰口された。というのは、ヨナス一族は教区民の多くの人々のしきたりを、見たところ必ずしも共有したわけではないからだ。こうして彼らは、自分たちの結婚をボルケンのなかに限ることなく、自分たちの伴侶をある程度の距離をおいたところに探した。たとえば、エシュヴァイラーに。私の父が、自分の青年時代や親族の関係について物語ったすべては、ボルケンの範囲を超えていた[4]。

しかしそれにもかかわらず、ユダヤ人以外の者との結婚は完全にありえなかった[*8]。とんでもないことだった。第一次世界大戦のあいだに初めて起こったことだが、私の父の兄弟の一人であるマックス叔父さんが、混血婚をしたのだ[5]。この叔父さんは商売をしにイタリアへ出かけ、他の人と麦わら帽子工場を開いたが、戦争勃発の際に徴集された。しかし、前線へは行かなかった。叔父さんはすでに中年だった。やっと戦争の終わりになって除隊させられたとき——最後にはシュレージェンに駐屯させられていた——、彼は非常に敬虔なキリスト教徒の家庭からキリスト教徒の嫁をつれてきた。叔父はそ

のことの責任を引き受け、自分の兄弟みんなにクリスチャンと婚約した次第を知らせた。その頃私は、自分の耳で聞いたことがある——それは1918年だったから、私はもう15歳だった。すなわち、私の叔母たちの一人、つまりケルンのそばのレッヘニッヒ (Lechenich) 出身のエルフリーデ叔母、ヘルマン・シモン叔父の奥さん、でも旧姓ヨナスの叔母さんが言った言葉だ。その言葉はたいていは作り話でしかお目にかかれないような、「死んだ父さんはさぞかし悲しむだろう」という言い種であった。それが叔母のコメントだった。信じられるだろうか。しかし、その言葉を私は自分で耳にした。そのとき、この哀れな嫁はヨナスの家族全員によって嘲りの目にさらされなければならなかった。彼女がその叔母のところへやってきたとき、叔母は彼女に、どうかユダヤ人になるようにと忠告した。それに対して嫁は答えた。その答えもまた、結局書物のなかでしか見いだされない答えだった。すなわち、「私は自分の宗教を衣服のように着替えることはできません!」と。変わらないままだった。彼女はクリスチャンの、叔父はユダヤ人のままだった。彼女は彼にとって良き妻だった。彼につきしたがってボリビアへ移住した。私にとって、それからというもの彼女はクララ叔母さんとなった。しかしさしあたって、彼女の出現は大騒動を引き起こした。

　私の父へ話を戻すと、父は義理堅い、勤勉な男だった。けっして無理をしなかった。平凡な人生を享受することが、彼にはぴったりだった。彼は好んでよく食べた。しかし、特別にすばらしい食事である必要はなかった。父が一生のうち、一度でもカキを食べたことがあるのかどうか、私は知らない。たぶんないだろう。なぜなら父は正統ユダヤ的に育てられたからだ。父の実家は、ユダヤの習慣に関して言えば、非常に厳格であった。それは父にのちのちまでも影響を与えた。たしかに父は、普段シャバット (Schabbat 安息日)[*9]にシナゴーグ[*10]へ出かけるようなことはなかった。ただ大きな祝祭日には出かけた。父は土曜日に、半日工場で働いていたことを覚えているような気がする。しかし私は、父と贖罪の日に、あるいは新年の祝日 (ローシュ・ハシュナー Rosch Hashana)[*11]に、あるいは他の祝祭日に、シナゴーグへ行った。その限りでは、父にとってこのことは真剣な事柄であり、それを父は本当に心底から行っ

ていたということを感じ取ることができた。ヨム・キプール（贖罪の日）*12には、父は厳しく断食をした。けれどもラビの娘である私の母は、われわれの家が、彼女自身の習慣にふさわしいほどには、あまりユダヤ的に営まれていないのではないかと懸念していた。父は私にしばしば次のように話してくれた。まだ結婚していなかった頃、父は商用旅行中――会社の用事でハンブルクあるいはベルリンまで客を訪ねて旅をすることが多かった――、料理の戒律を厳格に守ったと話してくれた。つまり、小さな町では一日、あるいは一週間の長さで、たとえば調理された卵、ジャガイモ、乳製品だけで滋養をとり、肉を禁じるということだった。多くの都市には、たしかにユダヤの宿屋やホテルがあった。しかし父は、たいてい一般のホテルに泊まった。父がホテルのレストランで調理された卵、ジャガイモ、バターからなる夕食を出してもらったということ、そして誰かが他のテーブルから父のほうへやってきて、父が信仰に捧げた犠牲に対して尊敬の念を表したということは、一回だけではなかった。父が自分の世帯をもったそのときから、私の母は逆説的な仕方で、カシュルート（食餌法）を遵守するのをやめた。それにもかかわらず、豚肉が私たちの食卓に上ることは一度もなかった。肉は、もちろんユダヤ人の肉屋から買われた――牛肉、鶏肉、子牛の肉。だが、たとえば同じ食卓で肉と乳製品をとるのを厳格に禁止するようなことは、わが家ではあてはまらなかった。規則すべてを、私は必ずしも学んだわけではない。にもかかわらず、私たちは完全にそろった二組、すなわち食器セット（Geschirr）とナイフ・フォーク類（Besteck）をもっていた。私たちは、それらを《milchig》と《fleischig》と名づけていた。他の地方や人々のあいだでは――いまではイディッシュ語で――《Milchding》や《Fleischding》と呼ばれていた。私たちのところでは本当にそのように話すことはなかった。しかし《milchig》なものと《fleischig》なもの、すなわち食器セット（Geschirr）とナイフ・フォーク類（Besteck）は、なお調度に属していたけれども、食卓における区別は厳守されていなかった。とりわけ旅行に出かけたとき、私たちは北海沿岸の、あるいはアイフェルにある非ユダヤ的保養施設（クアホテル）に立ち寄り、そこで出されたものを食べた。可能な限り、豚肉、あるいはハムをとることをもちろん避けた。私の子

供時代すべてを通じて、一度も燻製のハムを食べた覚えがない。その代わり、私たちは燻製の肉を食べた——ビュンドナー・フライシュ［乾燥した塩漬け牛肉］と似ていて、牛肉からできている燻製肉 (Neuenahrer)。しかしハムは食べなかった。私たちのあいだでは受け入れられない大事があった。豚を食べてはいけないということである[6]。

　私の両親の個性は、きわめて対照的だった。私の父は——体つきからして——とりわけたくましく見えた。父は私にとって男性的力の権化だった。父は小柄だったが、そのことに子供の頃の私は気づかなかった。父はどこかしら権威的な立ち振る舞いをそなえていた。そしておそらく、家族のなかで最長老としての立場を通じて、支配者の役割をいつも演じていた。けれども父は、その厳格さにもかかわらず、ものすごくやさしかった。父はひたすら権威を行使したのではなくて、怒りっぽい気性ももっていた。何かが父を本当に怒らせると、彼は発作を起こしたかのように怒った。額に青筋を立て、髪の毛は逆立ち、とてつもなく烈火のごとく怒ることがあった。怒りが通り過ぎると、もちろんまた完全に元どおりになった。いつもほんのちょっとのあいだのことだった。本来父は、長いあいだ憤りをもつようなことはなかった。父は本当に怒ることによって、溜飲を下げたのだった。ときどき父の怒りの発作はあまりに強かったので、母は、父が心臓発作を起こすかもしれないと心配した。母は言った。「後生だから、そんなに興奮しないで」。父は立ちどころにまた気を静めて、その後は、すべてが正常に戻るのだった。

　それに対して母の場合は、このようにして溜飲を下げることがなかったので、すべてがずっと長いあいだ続いた。いずれにせよ、母は多くの点で父と反対だった。第一に、母はほっそりとしていた。そして私が知っている限り、母は少女のような姿をしていた。きゃしゃで、魅惑的な足取りで、高い鼻をもつうりざね顔であった。高い鼻、それは母にとって悩みだった。なぜなら高い鼻は、たしかに同化と反ユダヤ主義の時代には負担だった。というのは、大きな鼻はユダヤ人を表していると少なくとも主観的に思いこまれていたからである。しかし彼女は、非常に美しいプロフィールだった。私たちの家には石膏の胸像が置かれていた。富裕な中流の家にはどこにでもあるような古典

的な装飾である。おそらくそれは、古典的なプロフィールをもつダイアナの頭部のコピーだった。そして私は、子供の目ではつねにそうであるように、それは母の肖像、大理石の胸像であると確信していた。芸術家が、ただ鼻を少しだけまっすぐに、高くならないように造作したのだろう。私の母は、シュレージェンの教養ある家の出であり、すでに若いときから情熱的に音楽を演奏していた母自身の母と同様に、音楽の才能がたいへん豊かであった。それに対して父はまったく音楽の才能がなかった。簡単なヘブライの歌を、金曜の晩に、あるいはハガダ (Haggada) *13 を朗読したペサハ (Pessach 過ぎ越し) *14 で、いつもまちがって歌っていたほどであった。私は、父が一度も正しく歌うのを聞いたことがなかった。父が「弥栄あれ、勝利の栄冠高き (Heil dir im Siegerkranz)」*15、あるいは「世界に冠たるドイツ (Deutschland uber alles)」*16 を披瀝するときもである。たぶん父は、詩にはるかに興味をもっていた。詩に精通していた。そしてかつて一度朗読した。しかし音楽はまったくだめだった。その結果、母にとってたいへん大きな価値をもっていたものを、父は共有することができなかった。父はやさしい人だったので、母の音楽好きに応じるために、もちろんあらゆることをした。戦争時の納入により多大な利益が入ったとき、購入された大型の品物のなかで最も目立ったものは、大きなブリュートナー (Blüthner) *17 のグランドピアノだった。それまであったピアノと交換された。

　愛情に満ちた母は人生に苦しんだ。しかも世界の謎ではなくて、世界に非常に多くの苦悩があるということ、非常に多くの貧しさや不幸があるということで、苦しんだ。母は世界の苦悩に対し、なみはずれた関心を示した。そして母は、できる限り、それを和らげようとした。つらい仕事をし、お金の使い方が渋い父は、そうした母をときどき制止しなければならなかった。だから母は、家計費をこっそりと切り詰めて、幾らかの金銭を困窮した不特定の人たちに寄付した。母は一度私にそれを打ち明け、説明したことがある。「おまえのお父さんは、心から善良な人だ。けれどもお父さんは、私があまりに無茶をすると思っている。しかし私にはそれが必要なの」。しばしば母は余分なお金を、母側の親類、東部——ガリチア——に留まり母に援助を求めて手紙を書いてきた親類、あるいはある叔母や従兄弟に送った。その従兄弟に

は、心労の種である息子、もし負債を支払わなければ懲役刑が差し迫った、しつけの悪い息子がいた。母はそれを見過ごすことができなかった——だからお金を送った。大きな金額である場合は、父はもちろんそれを知らなければならなかった。そうなると、またしても、小まめに与えるという母の可能性が切り詰められた。もちろん、母はいわば父の慈善をおおいに要求していたというのに。私が推測することができる限りでは——両親は子供たちとそれについて語らなかったけれども——、両親は、彼らの感性に関して言えば、非常に異なっていた。父は、体つきから見ても、ある種娯楽への喜びから見ても、感性的な人間であったので、感性的な愛に大きな喜びを感じていた、と私は思う。一方、母はたぶんそれを恥じていた、と思う。反面、母は喜んでやさしさを表現しようとした。父は、自分が育った流儀のせいで、感情を示すことに慣れていなかった。私は、彼らがソファーに座っていた様子——母が父にもたれかかり、父がどこか困惑して腕を母のまわりに置き、母の肩をさすって、「そうだ、そうだ、それでよい」と言っていた——をまだ覚えている。父は、どのように振る舞ってよいのかわからなかった。というのは父が生まれ育った家庭は、自分の感情に身を任せるのではなくて、努力を怠らず、勤勉で、感情生活においても多くの規律を課される、そのような家庭だったからである。父の母はとりわけ高い教養を身につけた婦人であったとうかがえる。シラーやゲーテをいわば自分流に身につけているような人だったにちがいない。父が保存していた一通の手紙のなかに、それは感じとることができる。ボルケンの街なかには、文化系のギムナジウムはなかったので、父はその当時親戚宅に——低部ライン地方にあるエシュヴァイラーであると私は思う——身柄を預けられた。その地でギムナジウムに通うためである。父は非常に優秀な生徒だったので、4学年ののちにすぐに飛び級クラスへ進級した。こういうわけで父の母は、十人子供をもうけたけれども、読書のための時間を未だにもっていて、ひょっとしてゲーテの母であるラット夫人が書いたかと思われるような一通の手紙を送った。すばらしいドイツ語の散文で書かれた、高い教養を身につけた夫人の手紙で、父の母は父に祝辞を述べ、賞賛していた。しかし——私はその文章を覚えているのだが——戒めてもい

た。「あなたは思い上がってはならないし、うぬぼれてもならない。神はあなたにこの天賦を与えた。私は、あなたがこの天賦の才能を正しく用いることを期待する。しかし、今はそれについて誇ってはいけない」。すばらしい手紙だった。父はそれを一度だけ見せてくれた。その家族は教養豊かであった。だが、私の母が表したような感情はその家族には存在しなかった。父と叔父は、みな高い知性をもっていた。職業で成功していた。しかし、私の母や母の兄弟レオと比べると、どこか性向というところで、たぶん人生の目的というところで素朴だった。私自身、この意志の強い、感覚的な、行為へと方向づけられた本性を幾らか受け継いだ。しかし私は主としてホロヴィッツ[の血筋のほう]であると思う。

シュレージェン地方の親類に関して話すと、母には叔母、つまり［私の］大叔母がいた。この大叔母は、ドイツではよく知られている。すなわちフリーデリーケ・ケムプナーである。「シュレージェン地方のナイチンゲール」としても著名である。この金持ちの夫人は、シュレージェン地方の田舎の領地で生活し、人類の出来事を詩的な形で受けとり、取り憑かれたように、これやあれやの状況についてコミカルで、狂信的で、センチメンタルな詩を書いた[7]。大叔母は有名になった。詩をまとめたものを出版したとき、家族は当惑して、発行部数すべてを買い占めた。著書が絶版であるということが彼女に伝えられたとき、彼女は励まされて増補版を出版するほどだった。ベルリンに滞在している同名の劇評家でもあるジャーナリストは困り果てて、あだ名ケムプナーを失わざるをえないほどで、今後は自分を、ケル、つまりアルフレート・ケル（Alfred Kerr）と名づけたのだ。たとえば、私は一つの詩を覚えている。その詩は自称大叔母のものだが、たぶんどちらかと言えば彼女の詩のパロディーである。「自然の母により、ポプラのモールが延びている。左に樹、右に樹、そのあいだに余白、後ろに小川が流れる——ああ」。風刺的な戯れ歌として彼女が書いたものではないかという疑いは当然である。しかし「猛獣使い」というような詩は特徴的である。猛獣使いの娘が大蛇とともに舞台に登場し、ある日、大蛇（boa constrictor）によって観客の前で飲み込まれる。娘の名前はヨハンナだった。「彼女は死んだ、しかし彼女に外傷はなかった」[8]とそ

の詩は終わっている。まったく慰めごとだ。のちに私はエルサレムで蔵書家、ゲルショム・ショーレムと知り合いになり、彼がカバラ*18のほかに文学上の狂気的な事柄にも興味をもっているということを知った。そこで、私は言った。「私の家族にもこのような変人がいた。フリーデリーケ・ケムプナー、私の母の叔母、つまり私の大叔母」。そのとき彼は言った。「彼女は君の親類かい。私の蔵書に欠けている彼女の本を調達してくれないか」。その頃、すでにナチの時代であったが、私はエルサレムから母に手紙を書いた。「私の友人ショーレムが、私たちにフリーデリーケ叔母さんがいるということを聞いたら、執拗なほどこれに関心をもちました。家に彼女の本がありますか。お母さんはまだ一冊おもちでしょうか。彼はその本を送ってくれることを切に願っています。私は彼にその本をあげたいのですが」。私は、「あなたの気の狂った叔母フリーデリーケの一冊の本」と表現した。それに対して母は私に一通の手紙を書いてよこした。その手紙で母は、非常にまれなことだったが、叱責する調子をとった。「いいえ、私はもう一冊ももっていません。おまえが彼女のことを『私の気の狂った叔母』と呼ぶことを私は認めません。子供時代、私は何度も彼女の所有地を訪ねました。彼女はたくさんの善行をなした気高い婦人でした。彼女を笑いものにしてはなりません」。ついに私は、彼女が本当に尊い婦人だったということを知らされた。たとえば大叔母は、独房監禁刑の廃止を押し通したのだった。彼女は、独房監禁刑が絶対に非人間的であると思って、これに反対するプロパガンダをパンフレット——詩的に、一部は韻文、一部は散文[9]——で展開した。大叔母は手をゆるめなかったので、ついにヴィルヘルム１世皇帝に謁見を許され、そして独房監禁刑は刑の執行から消えた。

　母は同じように思いやりのある人だった。母には、とりわけ次のような個性があった。世界のなかの苦しみが、美しいものよりも母を引きつけた。母はとかく、人は喜ぶよりも苦しむのが多いのにちがいないと考えがちだった。一度計算してみれば、この世には何が大きいか、——不幸のすべてか、それとも幸福のすべてか、といういにしえからの問いがある。私は、母はまちがいなく最初のほうを選ぶと確信している。父は、それについてはたぶんほと

んど考えなかった——父にとってはとりわけ、人間が管理することができる範囲内でうまくいくことが問題だった。父は、そのためにあらゆることをした。父はファミリー的人間だった。父は、私たちの近い、あるいは遠い近親者において会社がうまくいかなくなったり、破産が差し迫ったとき、多額の金で穴埋めをすることが幾度もあったということを、私は知っている。しかるべく努力すれば、この世界は成果を得るのに適している、と父は全体としては思っていた。父にはオプティミズムへの傾向もあった。たとえば戦争では、父は母と異なり、母の兄——この人について私はもっと物語るだろう——と異なるのは言うに及ばず、長いあいだなお勝利を信じていた。個人的な事柄でも、父はオプティミズムの傾向があった。一方母の場合、いつでもペシミスティックな傾向がまさっていた。それはきっと、母が恐ろしくつらい経験をしたこととも結びついていた。長兄のルートヴィヒにあっては、子供の頃に病気が認められた。その病気は、数年にわたる実験の結果、高名な医者たちの一部では治療不可能と証明されていた——進行性の関節の硬直化だった。父にも、母にも、それはたしかにゆゆしきことだった。とりわけ母にとってはそうだった。母は、自分の人生の残りをこの子のために、この子とともに生きる心構えをした。というのは、この子が永続的に、いっそう強く援助に頼らざるをえないだろうということは明らかだったからである。彼は14歳と半年で、事故のあとに死んだ。彼の背骨は、転倒をもはやくいとめることができなかったほど硬直していたので、その事故は致命傷になった。ヴェルダンでの戦闘のとき、1916年の3月か4月に彼は自分の部屋の床で足を滑らせた。そしてこの転倒が、結局のところ致命的な脳挫傷を引き起こした。母はその後、鬱状態になった。そして、完全に一年のあいだソファーの上でまったく受動的で無気力に暮らした。家族、とりわけ二人の成長する息子たちの世話をするためには、主婦であり母であることの職責を果たしていなければならなかったときに、このことは起こった。奮起しなければならない、ふたたび世の中の人々のために生きなければならない、苦痛に身を任せていてはいけない、と母に最終的に力強く勧めたのは、母の兄、レオだった。そのとき母は、せめてもの慰めとして音楽へと逃れた。それからのちに、母

と私のあいだには良い、思いやりのある関係ができた。しかしこの数年のあいだ、結局のところ私は母の不在をそれほど強く感じたわけではなかった。兄は、私が13回目の誕生日の一ヵ月まえに死んだ。私が1916年の5月にバル・ミツバ*19［ユダヤ教の成人式］になったとき、私はどっちみち、両親から独り立ちすることを望み、母の目が自分に注がれることをまったく必要としない年齢になった。その結果として、私は、そのことで苦しんだ3歳年下の弟とは異なり、弟が感じたほどには、このあいだに、母がいないということを感じなかったのである。

　私のバル・ミツバ、そのことを私はよく覚えている。兄の死によって暗い影が落とされたからだ。兄と私のための共同のバル・ミツバの祝いとなるはずだった。まあまあの健康状態だった頃は、兄は病院やサナトリウムで治療を受けていた。兄のバル・ミツバは何度も延期されなければならなかった。その結果、私たちはそれを一緒にしようということになった。一緒にバル・ミツバの授業を受けた。兄が突然に亡くなったとき、悲しいバル・ミツバになった。喪に服した家の祭りだった。もちろん、グラートバッハの家族であったすべての人たちがそこへ招待された。シナゴーグにおいてだけではなくて、私たちの家でも夕べの祝いの食事が用意された。そして詩が読まれた。とりわけ私の5歳年上の従姉妹、リスル・ハースは、この折に比較的大きな詩を朗読した。彼女の兄は、時期を逃さずして、早めに賄賂によって軍隊に入り、前線でルートヴィヒの死について知らされたエーリッヒ・ハース（彼が次の休暇のときに私の母を抱きしめ、そして「ルートヴィヒがかわいそうだ」と言ったときの様子を、私はまだ覚えている）である。彼女は、きわめて知的な娘で、親類の女性のなかで私の最高の友だちだった。その詩には、私の人生のおかしなことや注目に値することいっさいが表出されていた。それらは報告するだけのことはあった。

　このときにすでにはっきりとしてきたのは、戦争への熱狂的な希望が満たされないだろうということだった。そして興ざめが蔓延した。それぞれの戦局で、困窮が生じるたび、興奮はいたるところでなえてしまった。はじめの2年間の高揚した時代は、勝利が遠のき、恐るべき喪失が増大し、前線がすっ

かり膠着することにより、ますます反対へと方向転換した。そこにあるのは、ただ互いの殺戮だけであった。しかし、もうどんな運動も事実を歪めて描くようなことはできなかった。いつ終わるかも見当がつかなかった。飢えが始まった。すべてが乏しかった。特に飲食物が乏しくなった。生活の最低条件の枠が引き下げられた。何とかして闇で卵とかバターを少し手に入れるために、人々は田舎へと向かった。たしかに、耐え抜く意志はどうにか残っていた。ときおり、上層部からは、もちこたえさえすれば、かろうじて切り抜け、ついには勝利するだろうという意見が流布された。しかし様相は、ここカトリックの地方での街頭風景にますます似つかわしいものとなった。そこでは中年や年老いた婦人たちが巡礼で行列をなしていた。連禱を唱えるのがはてしなく耳にされた。「聖なる神の母マリア、いまわれわれ罪人のために祈れ、そしてわれわれの死の瞬間に。アーメン。汝は女性たちのあいだでたたえられた。汝の身体の結実、イエスはたたえられた。アーメン」。戦争の終わりを祈願する行列だった。そこには恐ろしいほどの窮乏が表出されていた。

　私自身驚いたことに、ドイツの戦争目的に関して何か重大な問題があるということを初めて耳にしたのは、次のときにだった。すでに上級ギムナジウムの生徒たちの幾人かは、――しだいにますます多くなった戦時国債のために――徴募官として家や会社に行き、男たちに戦時国債に署名することを説得するために、派遣された。この巡回の折に、私はユダヤの小さな商店主のところへ行った。この男は、明らかに、もともとドイツ・ユダヤ協会に属していなくて、東から移住してきた。彼はドイツ語で話した。しかし生粋のドイツ人というようにではなかった。私は彼がポーランド出身だと思った。私はまた、どんな種類の仕事だったかも忘れた。肉屋、それとも何か他の小さな店、いずれにせよ小さな生業だった。誰もが何らかの犠牲を払わなければならなかった。それで私は彼のところへ行った。彼がユダヤ人だからではなくて、ただこのあたりの特定の通りの割り当てを私が受けていたからである。私は彼に、学校が私を遣わした旨を告げた。実際私は、証明書のようなものを携行していた。そして私は、新たな戦時国債で戦っているわれわれの同胞を支えることが、いかに重要であるかを彼に説明した。そのとき彼は、ブロー

クンなドイツ語で私に言った。「私からはだめ、私からはだめ」「なぜだめなの」、私は尋ねた。すると彼はポケットからコインを取り出し、私に片側を示し、尋ねた。「どんな鳥だね」。そこで私は「鷹」と言った。「フム、鷹はどんな鳥だね」。私は彼の罠にはまって答えた。「肉食鳥[略奪する鳥]」。彼が言うには、「そのとおり。肉食鳥は食べる。ひったくり、所有し、国をもとうとする。だから私から金は受けとれない」。私は考え込みながら帰宅した。私に納得のいくことがあった。私は、少しは準備ができていた。ただ私は、このように素っ気ない言葉で、はっきりと語るのを聞いたことがなかった。私たちに、学校で戦争の野心的な目標が説明されたのは、1917年頃だった。「第一にわれわれはブリー（Briey）とロンウィー（Longwy）の鉱石（Erzbecken）と産業の拡張を必要としている。そしてもちろん、東に新しい開拓地をとらねばならない」。戦争の最初の二年間に定められたものほど広くはないが、大ドイツの国境が引かれていた。相変わらず諦めきれない領土の獲得を出発点としていた。ドイツの理想が根本においてすでに失われていた時代、いずれにせよいかなる現実の勝利ももはや期待されなくて、参加者が互いに折り合いをつけざるをえなかった時代。しかし戦争指導者の誰もが、自国民に対してそのことをあえてする勇気はなかった。

　ドイツの側をつねに肯定するという私自身の愛国主義には、遅くとも第6学年においてひびが入った。私たちのラテン語の先生で、第1学年から私たちの面倒を見てくれていた年老いた正教授エルンスト・ブラッセは、自分のクラスに毎日、授業開始に「戦争の舞台で何か新しいことはあるか」と問いを発するという習慣を取り入れた。そしてそれから誰かが手を挙げ、最新のニュースを種に何かを報告した。それについて簡単に語られた後、授業が始まった。この問題の日に、私の級友カール・ポルツェルトが手を挙げ、言った。「運河でイギリスの輸送船が撃沈されました」。「その通り」。やさしい男だが、たいへんな愛国者で、典型的ドイツ人[10]であるブラッセは言った。「その通り。非常によいニュースだ。その際、本当に多くの人がおぼれ死んでいればいいね」。この瞬間に何かが私のなかに芽生えた。思案せずに、私は手を挙げ——何かを話すことの許可を請わなければならなかった——そして、つか

えながら口に出した。「本当にそんなことを望んでもよいのですか」。そのときブラッセは一瞬いくぶん唖然とした様子で私を見つめた。そして言った。「そうか、それはキリスト教的でないと君は考えるんだね」。私はそれに答えた。「私は**人間的**でないと思うのですが」。彼の顔は赤くなった。彼は、困惑しているということに気づいて赤くなった。私はそのことをけっして忘れないだろう。彼は私に言った。「そうだ、ヨナス、君はたしかに完全に正しい。本当に悪いことだ。しかしまさにひとは非情に、冷酷になる。そしてならねばならない。なぜなら一度考えてごらん。もし戦場へふたたび戻ってきて、前線に投入されると、われわれの若者を撃つ——彼らはそう信じているにちがいない。だから、われわれの兵士ではなく、敵を見舞ったほうがよりよい」。たしかに、なんと完全に反論の余地のない議論であることか。しかし、このことが私にとって転回点だった。休み時間になってから、級友が二、三人私のところへやってきた。そして少し笑いながら言うには、「君とブラッセのおもしろい対話だった」。私はたった一人のユダヤの生徒だった——それから、「あー君は、それはキリスト教的でないと考えるんだね」というコメント。

　戦争の転機は、父の会社にそれほど特別な影響をもたらさなかったが、食糧の供給には影響を及ぼした。母は一年中何の配慮も示さずに、いっさいをメードの手に任せていた。父は莫大な金額を支出して、闇市——そのように呼ばれていたのだが——で買いだめし、缶詰あるいはほかにあったものを買い占め、そして食料貯蔵室に納めた。それにもかかわらず、私たちは十分に食べることはできなかった。のちに明らかになったことだが、母が気力を失っていたあいだに、メードが家から食料をどんどんもち出したということだった。おまけに警察も家にやってきた。そんなわけで私たちは腹を空かせていた。少なくとも栄養不良だった。そのことは私の弟の身体に途方もなく悪く働いた。弟は戦争の最後の年にひどい発疹ができた。いずれにせよそれにより弟の成長にまた悪い影響が及んだ。

　この時代に、私はたくさん読むだけではなくて、絵を描くことを始めた。私はメンヘングラートバッハの一番の絵描き、カール・コーネンのもとで絵の勉強をした。彼はデュッセルドルフ・アカデミーで勉強し、一流の絵描き、

正規の肖像画家でもあった。油絵の小さな作品を描いたが、その絵の一つも残っていない。のちに私は版画に飛びついた。そして本当にうまいデザイナーで版画家だった。しばらくのあいだ、私は画家になろうかとさえ考えた。そのとき私がはっきりと認識していたことは、それはたいしたものではないということだった。おまけに私は、ますます哲学に魅了されていった。造形の領域に対照される思想の王国に。それにもかかわらず、造形芸術への思いは一生涯私から離れることはなかった。私は芸術史の大学でも学んだ——これが私の哲学とならぶ副専攻分野の一つだった。私は時代に十分通じていると思う。そして油絵がどの時代のものか一瞥してわかる。私が最初に絵のレッスンの時間をもったのは、おそらく13歳のときで、1916年のバル・ミツバのまえだった。そして私は戦争の終わりまでこのレッスンを受けた。少なくとも2年間、いやもっと長かったと思う。この画家のアトリエで、私は一週間に一度、午後を過ごした。このアトリエで、私はメンヘングラートバッハのボヘミアンたちと知り合いになった。このなかに、注目に値する詩人、ハインリヒ・レルシュ、労働階級出身のメンヘングラートバッハの住人がいた。彼は鍋釜製造者で、自分自身の鍛冶屋をもっていた。しかし同時に才能豊かな詩人、独学者、ドイツで労働者の詩人として有名だった。この詩人——日焼けした顔をした小さなやつ——が、アトリエでときどき自分の詩を朗読した。それは催し物ではなくて、誰かが一緒にいたとき、いわば、まだホットな作品を取り出し、朗読した。戦争が始まったとき、彼は一挙にドイツで有名になった。なぜなら彼は、この戦争をドイツ全体に広まった詩で歓迎したからである。その詩は次の言葉で始まっていた。「母よ、私を行かせよ、私を行かせよ【すなわち、前線に】」。そしてどの節のあとにも繰り返しがあった。「ドイツは生きなければならない。われわれが死ななければならないときでも。私を行かせよ、母よ、私を行かせよ」[11]。彼はその後、みずからの愛国主義的な詩の作品集を刊行した。それらは戦争によって着想を得ていた。タイトルは、「汝よ！　君の血を燃え上がらせよ」。それが彼の詩の冒頭だった[12]。彼はさらに繰り広げた。画家コーネンのアトリエで数年経つうちに朗読していた詩は変化した。とりわけヴェルダンの言語道断な、ますます無意味な戦闘の

あいだに変貌した。その戦闘は何ヵ月も続き、フランス軍とドイツ軍に最大の損失をもたらした。レルシュはある日やってきて、「ヴェルダン」というタイトルの詩を朗読した。この胸苦しさをまえにして、完全に無意味に相互に殺し合うということに直面しての、ひどくペシミスティックな詩を朗読した[13]。もう私は、戦時国債に署名することを断っているあのユダヤの男の心変わりを待つ必要がなかった。しかしここでは何かが変わった。レルシュのような男は、ドイツ政治へのどんな批判も行わずに、この戦争の恐怖と無意味さを表現した。

　ところで、叙情詩や詩を暗唱することに対する私の愛着は幼い頃に始まった。私は、ギムナジウムの先生が私の家を訪問したことをまだ昨日のことのように覚えている。それは、学校祭の折に講堂で全生徒をまえに詩を暗唱する気があるかどうかを尋ねるためだった。先生は説明した。「君はとにかく非常に上手に詩を朗読する」。この詩は同時代の、恐ろしい詩で、イギリスに対する戦闘でのドイツ潜水艦の成果を祝った詩だった。そこに誤った行があったのをまだ覚えてる。このＵボートが交差し、遠くから敵の船を選り分けた様子がそこでは述べられている――Ｕボートは当時の駆動装置を付けて、たいていは水の上だけを走ることができ、ただ限られた時間だけ水の下にいることができた――、それから叫びが上がる。「Ｕボートが沈むよ(Sinkt!)」と。普通のささやきが講堂中に響き渡る。「たいへんだ。Ｕボートが」。詩句の意味は、Ｕボートが潜るということであったが、韻をふむために「Ｕボートが沈む」と言う必要があった。私の詩作への関わりは、したがって幼い頃から始まった。私はたいへん気に入った詩を速くそらんじることができ、そしてその詩を好んで暗唱した。その際、敵の船が沈没することについての悲壮な詩は嫌ではなかった。もちろん私は、シラーの詩をそらんじていた――「鐘」と「かいつぶり」。この年代に、私はテオドール・シュトルムやアーダルベルト・シュティフター、シュテファン・ツヴァイク、トーマス・マンの初期の短編を読んだ。私はフランツ・ヴェルフェルに夢中になった。私はその頃、彼を時代全体を通して最高の詩人と見なしていた。しばらくすると私はそうは思わなくなったが。私はハインリヒ・ハイネが好きだった。そして、エー

ドゥアルト・メーリケの幾つかの詩をそらんじた。その詩は私の人生の友となった。11月革命の頃から、印象主義者の詩人たちにいっそう親しみを覚えた。彼らはそれまで秘伝の読者のために書いていた。私はとりわけ『人類の黄昏』[14]という題の付いたクルト・ピントゥスの著作集を覚えている。それは、私に夢中になった少女たち、踊りのけいこ仲間たちの献辞を付けて初版本でプレゼントされた。私はその頃、1919年か20年頃、私の両親の促しにより──というのは私にはまったくその気がなかったから──グラートバッハとオーデンキルヘンのあいだのライト（Rheydt）にあるダンス教室に通った。普通ユダヤの少年や少女が通っていた。私にとって詩ははるかに重要だった。フランツ・ヴェルフェルとならんでそこにいたのは、ヴァルター・ハーゼンクレーファー、ヨハンネス・R・ベッハー、そして一人のユダヤの詩人だった。彼は、短い彗星のような経歴をもっており──イヴァン・ゴル──、偉大なユダヤの詩を多くの側面から書いた。私は最初の行から最後の行までそらんじることができた。私はその詩をラインラントにあるユダヤ少年団の会議で朗読した[15]。当時このような集まりに参加するために、人々はあちこち歩きまわり始めていた。そこにはマルティン・ブーバーの精神が力強くはためいていた[16]。

第2章　栄光の夢
——シオニズムへの道

　戦争に批判的なレオ伯父、私の母とならんで最も重要なホロヴィッツは、聡明な、きわめて賢い、博識の、学問的な関心を抱いている男だった。彼は医学を学び、医師として胃病を専門的に扱った。しかし、デュッセルドルフでの診療では特に大きな成果を上げなかった。なぜなら彼は望まれている「患者の扱い方(bedside-manner)」を意のままにできなかったからである。彼は懐疑家だったので、しばしば次のようなことが起こった。誰かが苦しんで彼のところへ来ると、彼はその人に「それは医学がまだそれほど正しく精通していないことである。私は君たちに少しは指示できる。しかしわれわれによってまだ認識されていない事柄、あるいはマスターされていない事柄が問題である」と説明するのであった。おそらく患者は、自分に勇気と確信を吹き込んでくれる医師に喜んで診てもらうことであろう。でも彼は、われわれがまだ確信をもてないような範囲のものごとに深くとらわれていた。そしてこれが言葉となって表れた。それにもかかわらず彼はうまく切り抜けていた。そしてついに結婚もしたし、十分な暮らしもした。彼ほどの才能をもってすれば、もっと大きな役割を演じることができたことであろう。しかし注目すべきことに、彼の野望は公的権威よりも知識欲へ向けられていた。たとえば戦後すぐに、私は1919年の春だと思うのだが、調査旅行——皆既日食の観察を目的としてイギリスからブラジルへまわる——の機会に、突然に巨大な見出しでアルバート・アインシュタインが世界史の新しい精神として新聞雑誌で賛美されたとき、以下のことが判明した。すなわち、レオ伯父さんは1913年以来アインシュタインの相対性理論と取り組んだということ。それ

について一語も言及せずに。その相対性理論は彼にとって完全に周知のものだった。彼の奥さん、ドーラ伯母は、「レッチェン（彼女の夫レオに対する愛称）は恐ろしい。私は一片の紙も家のなかに放置できない。だってあとで私が見つけるのは、公式でいっぱいになった紙ですもの」と言った。彼は数学が好きだから数学をやった。そして純粋な興味からアインシュタインの理論の学術的刊行に従事した。彼は、老後を移住した娘のもとで過ごしたが、ついに92歳でその地、チリのサンチャゴで亡くなったとき、私は、従兄弟宛てに一通の長い悔やみ状——レオ伯父さんの評価——を書いた。そこで私は一種の告白、伯父さんが私の人生において何を意味したのかということについて告白した。そこにはたとえば次のような表現がある。「彼は理性を気高いものと考えたが、理性が人々に行き渡ることを軽視した」。

　レオ伯父の結婚は非常に遅かったが、結婚する以前には、伯父は毎週末デュッセルドルフから、われわれのところ、グラートバッハへやって来た。少なくとも一晩をわれわれのところで過ごした。彼のただ一人の妹とその家族の家に泊った。伯父は私の成長にも関与した。しかし私を教えようとか、影響を及ぼそうとか、試みはしなかった。私と語り合い、私の身に起こったことに耳を傾けてくれた。伯父が訪れたあるとき、伯父は私がフェリックス・ダーンの分厚い本、『ローマをめぐる闘い』——東ゴートの時代とビザンチウムについて述べている——を読んでいるのに気がついた[1]。伯父は尋ねた。「転換期に興味があるのかい」。私は「はい」と答えた。「それでは、次に来るときは、おそらくおまえがそれに代えて、あるいは追加して読むことができるものを持参しよう」。次のとき、伯父は大著をもってきた。それは、エドワード・ギボン[2]『ローマ帝国の崩壊と没落の歴史』と題された、どのページも2段組みで印刷されたものだった。「一度読んでごらん」、と伯父は言った。「きっとこの本の精神と散文はおまえをおもしろがらせるだろう」。こうして伯父は、独特なやり方で私をフェリックス・ダーンからギボンへ、ヴォルテール信奉者に仕向けた——このようなやり方で、伯父は私に知的に影響を与えた。けれどもなんと言っても、伯父の精神的な役割は、伯父みずからの創作した物語を語るということにあった。これは毎週続けられた。その際伯父は、何

かある文学を底本として創り出したのかもしれない。しかし大多数は、伯父自身がみずから考え出した。そこに知的な種類の談話が加わった。奇妙なことに、伯父はしばらくのあいだ、魔女裁判の歴史を取り上げた——伯父が言ったように、それは彼の合理主義者としての関心と関連があった。伯父は18世紀の人間、合理主義の全盛期の人間だったと誰かが言うなら、それはたぶん伯父の知的な場所を記述するのに最適だろう。伯父をおもしろがらせたのは、そもそもどうして魔女裁判が起こったのか、そして何がそれを終わりに導いたのかということである。その当時、魔女裁判についての比較的大きな著作が公刊されていたらしい[3]。ある日、伯父は私に次のように言った。「ねー、ハンス、私が魔女裁判についての研究で解き明かしたことは、何かに対して理性の根拠を申し立てなければならない人がつねに他人を納得させる、というようなことはけっしてないということなんだ。けっしてそうではない。事態は別ように進展する。ある種の意見がすたれてしまうのは、若者たちが啓蒙人、理性的な人の意見のほうに耳を傾けるのであって、別の人の意見にではないというただそれだけの理由による。それに比べて同世代の人々は互いにはけっして納得し合わない。魔女裁判を愚行として見抜いた人は、いつも、より教養のある人、より賢い人であるのが必然だった、とも考えないほうがよい。むしろ魔女の存在を現実として見なした人々が、それを示すために、しばしば極度に難解な種類の非常に複雑な基礎づけを行った。それは、なるほどナンセンスであったが、しかし脳の力を傾注するという点では、相手にまさっているとは言わないまでも、たしかに引けをとらなかった。しかしその後、この古い魔法の存在をもう信じない若者たちが成熟する。こうして新しい意見が価値を認められる。しかし、論証そのものが納得させるということによってではない」。この考えは、やがて別の例で正しいことが、私に確認された。たとえば、プトレマイオスの体系をあまりにも固く信じているので、そうした中世の思想家をコペルニクスの根拠が納得させることができないという抵抗の例である。私は有名なケースを思い出す。ガリレオが1610年、少なくともコペルニクス後しばらく経ってから、ヴェネツィアで彼の敵手であるアリストテレス学説の信奉者コロンベ (Ludovico della Colombe) に、木星の

月や他の確証を見させるために、彼の望遠鏡をのぞくよう要求したとき、この敵手は拒絶したというケースがある。

　というわけで、私はレオ伯父から多くのことを学ぶことができた。私が伯父から学ばなかったただ一つのことがある。それは、伯父がもっているイデオロギーに対する懐疑である。その代わりに、私は本当にすぐにイデオロギーにとらわれた。しかも社会主義的、あるいはマルクス主義的イデオロギーではなくて、シオニズム的イデオロギーによってである。レオ伯父はシオニズムに反対していたのではなくて、どんなイデオロギーに対しても不信の念を抱いていた。そのことは、特に1918年の11月革命において示された。伯父は、帝政の支配が終わり、今や新しい政治の概念の出番だということをよく理解していた。しかし伯父は、救済の教義を固く信じる気にはなれなかったので、それに対しても同じ疑いの目を向けた。伯父は支配権に対するドイツの使命という帝国の夢に、そしてすべての帝国主義的・国家主義的ロマン主義に対しても、懐疑的な態度をとった。伯父は、マルクス主義的幻影あるいはロマン主義と思われたものに対しても、懐疑的な態度をとった。伯父はこの種の思慮深い懐疑によって傑出していた。この懐疑は、他人を改心させたり、教導したりすることをまったく試みなかった。ローザ・ルクセンブルクが立ち上がり、そしてスパルタクス団 (Spartakus)[*1] の反乱が始まったとき、伯父は端的に言った。「そんなにうまくいかない。処方箋で世界はそう簡単に変わるものではない」。伯父はシオニズムに対しても同じ冷たい懐疑的な拒絶の念を抱いていた。「そうだ、それは非常に良いと私は思う。しかし、もしそれが今本当にユダヤの問題をすべて解決するだろうと期待するなら、おまえは誤っていると思う」。伯父の考えはまちがっていなかったかもしれない。しかしその当時私は、その言葉に耳を傾けることができなかった。

　私のシオニズムの時期は遅くとも第一次世界大戦後に始まった。私のギムナジウムの最上級のときである。父にとっては遺憾であった。私は、レッヘニッヒにいるいとこを除くと、家族のなかでただ一人のシオニストだった。ドイツ共和国の宣言後、若者たちの見解が右と左のあいだに別れる時代において、私がたとえば熱狂的な社会民主主義者になったとしても、あるいは

ひょっとして自分自身のためにマルクス主義を認めたとしても、まったく自然なことであったであろう。スパルタクス団の反乱、ローザ・ルクセンブルクとカール・リープクネヒトの殺害後、事態はその当時まだ海のものとも山のものともわからなかった。一方の側には、フリードリヒ・エーベルトやグスタフ・ノスケのような人物が、他方の側には、カップ暴動 (Kapp-Putsch)[*2]が起こり、そして右と左の運動が形成された。しかしそのあいだに、私はもうとっくに何か別のことに遭遇していた。なぜなら、私が教科書だけではなく自分自身の本を探し求める上級学年に進んだとき、私の読書歴のなかにユダヤ教を見いだしていたからである。

　私の同級生には、ずっと以前から、私がユダヤ人だということは、もちろん明らかとなっていた。別のユダヤ人の生徒が私のクラスに入ってきた短い期間は別としても、私は唯一のユダヤ人だった。学校に私が非常によく理解し合っていた友だちはいた。私がユダヤ人だということは、私も他人も意識していた。なぜなら、その当時幾つかの出来事が起こったからである。私は父から怒りっぽい気性を譲り受けていた。男子生徒として、まさしくかんしゃくもちだった。何かの機会が引き金になったり、誰かが偽りの発言をしたりしたときはいずれにせよそうだった。ナチ以前の時代を回想すると、習慣的な反ユダヤ主義のようなものがあった。反ユダヤ主義は、若者のあいだで普通であるように、すでにささいな嘲弄的な言葉に、攻撃のなかに現れていた。ユダヤ人を笑いものにする冗談が絡んでいる場合には、むかっ腹が立った。怒りの発作が起こったとき、頭に血が上り、私は文字通り目の前が真っ暗になったように思う。そして、私は関係者に飛びかかった。体格や力の相違は重要でなかったので、私は侮辱する人に飛びかかった——私が気づいたように、それは非常に威嚇的であったので、最も強い人でさえも何も関わろうとはしなかった。私が席を隣にしていた、メンヘングラートバッハ市の最初の助役の息子であるカール・ポルツェルトが、クラスの仲間に言ったことを今でも覚えている。「ヨナスのような男には気をつけなければならない。誰かが軽率な発言をしようものなら、この男はすぐにそいつに襲いかかる」。私が怒りっぽいと、級友には警告された。そのことがあとあとまで私について

まわった。しかし私は、自分が敗北するほどの強敵にぶつかったことがある。それは私のヴォルフェンビュッテルの時代だった。これについて私は報告しよう。そのとき、私はパレスチナへ行く準備のため、農業の専門教育を受けていた。私たちは一つのグループだった。そして周囲の若者たちは、そこでユダヤ人が働いているということを知っていた。ある祝典の前夜、私は一人で通りに沿って歩いていた。青年のグループが私の傍らを通りかかったとき、そのうちの誰かが反ユダヤ的な言葉を発した。それに応じて、マカベア家の怒り (Makkabäerzorn)*3 が私を捉えた。そして私は、発した男に飛びかかった。それは彼をほとんど蹴散らしてしまうほどであった。しかもそのとき、別の男が手出しをした。そして私は、一日中腫れた目にさせられたものすごい一撃を食らい、地べたに倒れた。そして別の男たちがさらに続いた。それでもとにかく私は、満足感を覚えた。私は別れぎわに一人が、問題を起こした奴に向かって言うのを聞いた。「なぜおまえはそんなことをしなければならなかったんだ。おまえは馬鹿か。おまえが新しい洋服を身につけていなかったなら、私はおまえに加勢しなかっただろう。そのときおまえは地べたで終わっていただろう」。新しい洋服のために、その代わりに私が地べたで終わらざるをえなかった。それは私の怒りの発作だった。しかしまさにユダヤに関することだった。私の生徒時代のすべてを通して私が意識していたのは、私は少数派に属しているということ、そして人は少しも我慢しなくてよいのであり、私たちは完全にその一員になりきってはいないということである。この強い防御のプライドが、私の生涯のあいだじゅう維持されていた。

　ある種のアウトサイダーの感情が、ありとあらゆるユダヤへの敵意を感じさせるものによってますます強められた。たとえ比較的穏やかな形だったとしてもそうである。私の父母の家ではその当時ユダヤの問題について語られていた。特に反ユダヤ主義について語られていた。父は、自分が時代の流れとともにますます少数者になるだろうという考えを抱いていた。たしかに跳ね返りがあるけれども、全体として歴史はわれわれの側にある、なぜなら寛容が育まれ、狂信主義や信仰の差異の重要性がそもそも消滅しつつあるからである、という考えを抱いていた。父は、モーゼス・メンデルスゾーン以来

の解放のイデオロギーと、それに付属する夢とに結びついたオプティミズムをもっていた。途中で不愉快なことがあっても、それに関係なく、最後にはいっさいが改善という結果になるという確信である。私は、ラーテナウが殺された瞬間を覚えている——私はすでにベルリンで学んでいた。「ヴァルター・ラーテナウを射殺しろ。いまいましいユダヤ野郎」と、それ以前からスローガンにうたわれていた[4]。私は家へ激しい手紙を書いた。この手紙のなかで、私はこの殺しについての怒りをぶちまけた。そしてこの殺しを、われわれユダヤ人がドイツのなかでは出る幕がないということの証明と見た。われわれに対する憎しみがそのような結果へと導いた。私は、父が次のような返事をくれたのをまだ覚えている。労働者階級がラーテナウの殺害を理由に大きな同情ストに入ったということ、何しろ庶民の感情がそれに反対しているということを、私は見落としてはならない、と。父は残念ながら正しくなかった。しかし父の手紙は、彼流の反応の仕方を表現していた。この事件は非常にすさんだものであり、その際、反ユダヤ主義が決定的な役割を演じていたにしても、その全体像はやはり、私が示すほどには、それほどは恐ろしくない、と父は考えた——共和制および左翼社会民主党の側の反応と労働者側の反応は反対を示している、と。父は根本において、肯定的にものを見る傾向があった。ユダヤ問題は、父にとっては、より良い時代、われわれがその時代を体験しえないことがあったとしても、結局はやってくるだろう時代を待ち続けなければならないという結果に落ち着いた。したがってユダヤ問題は父にとって、まだ厳然と続いているが最後には終わるであろう反ユダヤ主義の問題だった。

　その際、父はたしかに反ユダヤ主義に直面した。父の旅行中や、普段のつながりや、父の行く先々での付き合いで、そうであった。反ユダヤ主義は結局、生活上の事実だった。そして反ユダヤ主義は——たとえそれがいかなる激しい攻撃的な形態をとらなかったとしても——態度としていつも現前していた。メンヘングラートバッハにおけるユダヤ共同体は全部でおよそ300の家族——おそらく1200人——から構成されていた（ライトやオーデンキルヘンには別の共同体があった）。この共同体は裕福で、基本的によく統合されていた。

ユダヤの小学校のほかにも、躊躇なしに一般の学校へ通うことができた。私もちろんそうした。シナゴーグ外での独自のユダヤ文化的催し物は、シオニズムのサークル内だけの行事であった。私たち子供はときどきユダヤ人ではない隣人の家に招待された。そこで私は、クリスマスツリーのあるクリスマスを知ることができた。それに対して、私の両親の家ではそのようなケースはなかった。私たちにユダヤ人以外にも客はいたが、私の両親は一度も招待したことがない。クリスマス以外のことでも、万事は念入りに別々に進められた。ただ一つだけ例を挙げる。メンヘングラートバッハにはいろいろな社交団体があった。工場主たちや学者を含む名士たちのカトリックとプロテスタントの団体――しかもカトリックの人たちのための「クラブ」、プロテスタントの人たちのための「保養所」、そしてユダヤ人が結集した「協会」という団体。それは攻撃のない分け隔てであったが、境界は引かれていた。のちに、メンヘングラートバッハで私の名誉市民称号の授与に際してのパーティがその「保養所」内で催されることがあった。そのパーティで私の従兄弟であるエーリッヒ・ハースは、「君は、ヨナス叔父さんが『保養所』の会員だったということを知っているかい」と尋ねた。そのとき私は言った。「冗談じゃない。ユダヤ人は誰も入れなかったからね」。「しかし、ヨナス叔父さん、つまりメンヘングラートバッハ在住のヨナス・ベンジャミン・ヨナスは、50年のあいだ『保養所』の仲間だった。[ユダヤ人として]彼一人だけはね」。叔父は市会議員だった。そして市会議員として、「保養所」に参加するよう誘われた。そこで叔父は名前だけそうした。叔父がその名義をしばしば使用したかどうかは、疑わしい。しかしそれでも、叔父は「保養所」の会員だったことには変わりがない。

　このヨナス・ベンジャミン・ヨナスは父の叔父だった。私の祖父、ヘルツ・ヨナスの弟で、私が人生のはじめに出会った人である。1830年生まれの祖父は、1815年に**亜麻布織工：B．ヨナス会社**を創設したベンジャミン・ヨナスの息子だった。祖父の妻は、すでに述べたように、私が生まれたときに亡くなっていた。祖父は1907年に亡くなった。彼が会社でもう働かなくなったとき、退職して美しい村、メンヘングラートバッハで生活した。祖父の

弟、ヨナス・ベンジャミン・ヨナスは、レオ伯父さんとはまったくちがったやり方であるとしても、同じく私の人生に大きな影響を与えた。レオ伯父さんは、偉大な思想家、知識人、学者だった。一方、ヨナス・ベンジャミン・ヨナスは信者の典型、ユダヤ教を自分の人生の最も重要なこととした真の信仰者だった。私が彼のことを知ったときには、すでに長いあいだやもめだった。彼には子供が一人もいなかった。以前に彼はグラートバッハで皮革製品の会社を所有していた。私は皮に特有の汚水溜や加工の匂いが今でも身についている。のちに彼は、会社から身を引き年金生活者として快適な状態で過ごした。同胞全体のなかで、さしあたってはユダヤの共同体で、それから一般的な市民のあいだで、彼は早い時期から大きな尊敬を勝ち得ていた。何十年間というもの、彼は市会議員だった。再三再四選ばれた。三等級の宝冠章——プロイセンの勲章の一つ——あるいはこれと同等のものをもらった。そして40年のあいだ、最初は共同体の議長、その後は名誉議長だった。この大叔父から、私は真の宗教的生活とは何かを学んだ。第一に、大叔父は生活の秩序と規則を厳格に守った。第二に、彼は現実に足を踏み入れた。収穫感謝祭のあいだ、彼は7日間、自宅の裏庭で生活した。そこには木の葉だけでおおわれた小屋が建てられていた。その小屋に彼は、朝から晩までシナゴーグのなかにいないときは、座っていた。あるときは石油ストーブをもっていっていた。なぜならすでに年の終わり近かったからだ。シナゴーグでは、ちなみにグラートバッハにあるただ一つのシナゴーグ[5]では、大叔父は共同体の全構成員にとって、なるほどみなが倣ったわけではないとしても、崇拝し尊敬する手本であった。共同体は圧倒的に自由であったとしても、彼は手本であった。彼のために、彼を傷つけないために、ヘブライ語で、伝統的な神の儀式で、正統的ミサが維持された——ただ説教はドイツ語だった。パイプオルガンはなかった。というのは、オルガン演奏が年老いたヨナス氏の感情を過度に傷つけるだろうことを知っていたからである。その代わりにわれわれには、ポーランド出身の合唱指揮者である美しい青年がいた。彼はすばらしく上手に歌った。贖罪の日に、ヨナス・ベンジャミン・ヨナスは、敬虔な人々すべてと同様に、白い死者に着せる衣を着た。一日中断食しながらシナゴー

グで過ごすというだけではなく、ときどき座るだけでほとんどの時間を立ちつくすよう命じられている、と彼は見なしていた。数年が過ぎたとき、祈りを捧げるほかの人たちは、このことをますます心配するようになった。「ヨナス氏のような男はいかにそれを切り抜けるだろうか」。とうとう人々は彼に哀願した。彼がせめて着席してくれたらと。というのは、他の人々は、彼のことがひどく心配になると、彼らの注意が贖罪の日のミサからそらされてしまうからである。それから、ミサでは人々が床にひれ伏す礼拝式の瞬間がある。そのときこの年老いた男は震えた。そこで人々はふたたび彼を助け起こさなければならなかった。彼には聖者のような雰囲気があった。私はまだ今でも覚えていることがある。ますます血の気が引いてゆく風貌の大叔父ヨナス・ベンジャミン・ヨナスが、信徒のまなざしを一身に引きつけた。彼は、贖罪の日になると、捧げの祈りミンハー（Mincha-Gebet）[*4]の際に締めくくりの預言書（ハフタラー Haftara）[*5]を読むために呼ばれた。すなわちヨナス（Jonas）本を読むために。

　まだ若かった頃、私は宗教の事柄においても、反抗的で批判的な考えを繰り広げることを始めていた。私は尋ねた。「ヨナス叔父さん、贖罪の日に叔父さんはどうして本当にそんなことをするの。私はわからない。本当に一日中祈りを捧げ、神のことだけ考えることなんてできないよ。思いは何か他のものへそれていくよ。本当にいつもただ神のことを考えるなんてできないよ」。そのとき大叔父は、私に言った。「たしかに人間はそうしたものだ。もちろん他の思いが頭に思い浮かぶなら、集中はやんでしまう。しかしそこで、私は一つの手段を見いだした。何度も、私を祈りや贖罪の日の意味へと注意を現実に引き戻すような手段である」。そして、それから大叔父は私にあることを示した。それは、私が多くのユダヤ人に尋ねたけれども、真実であるという証拠を、けっして見つけ出すことのできないものだった。それは、見たところ彼がまったく一人で考え出したことだった。彼は言った。「私は、何か別のことを考えていることに気づくと、そのとき自分の指の爪を押しつける。そのとき何が起こるかい」。私は「爪は白くなる」と言った。彼は言った。「そうだ。爪は白くなる。そうすると、そのことは死を思い起こさせる。

私たちは死ななければならないということ、そして神の前にいるということを。そのときふたたび私は、一心不乱の状態に戻る」。それはすばらしい、忘れられない瞬間だった。そして私がそれについて物語るとき、今でも涙が出てくる。それが、私の大叔父ヨナス・ベンジャミン・ヨナスだった。彼は、92歳か93歳という年で、1932年の晩秋に死んだ。二ヵ月前にはナチが政権をとったし、六年前にはメンヘングラートバッハのシナゴーグが燃え、ついに壊された[6]。彼は、私の青少年時代では最も重要なユダヤ人らしい人物だった。とにかく敬虔を、心の敬虔をかたどる像だった。彼は偉大なユダヤの学者では全然なかった。私は、彼がタルムード[*6]を勉強したとは思わない。ヴェストファーレン出身の西ドイツのユダヤ人は、厳格に規則を守るユダヤ人だった。しかし無学だった。彼らはユダヤ教について研究はしなかった。たとえば、東におけるタルムードの学塾（イェシヴォート Jeschiwot）[*7]がそうした研究のケースである。教養のある「東のユダヤ人」の目から見れば、彼は、**地の民**（アム・ハ・アーレツ am ha-arez）[*8]であり、ユダヤの知に関して無教養だった。ユダヤの知は、たえざる研究によってだけ獲得され、生き生きと保つことができる。しかしこの学問は、ここ北西ドイツのユダヤの文化には属さない。南ドイツにおいても変わらなかった[7]、と私は思う。正確に観察すると、必要なものは格律だった。もちろん、安息日の礼拝において読み上げられた聖書、**フマーシュ**（*Chumasch*）[*9]、モーセ五書——付け加えて預言書、トーラーののちに読まれたハフタラー——は知られていた。私に影響を与えたのは、ユダヤ人であることを自覚していた私の両親のほかには、とりわけ、ヨナス・ベンジャミン・ヨナスの率直な敬虔の形だった。私が大学に入ったので、彼のもとにいとまごいの訪問をしたとき、大叔父は「よきユダヤ人であるように」と言って、私を送ってくれた。

　このような影響とならんでとりわけユダヤの伝統についての講読が、私にユダヤ教に取り組むことへのインスピレーションを与えた。このことがまた私のシオニズムを強めた。さしあたり私は、インドの哲学や普遍的宗教史、とりわけ遠い東の宗教にはらはらしながら出会う段階があった。そして私は少し老子や仏陀をドイツ語で読んだ。それに加えて私は、まだ未熟な若者の

頃、もちろん、フリードリヒ・ニーチェの『ツアラトストラはこのように語った』に興味をもった。私は今では、これをニーチェの著作のなかできわめて価値の低いものと見なしている。だが、ますますユダヤ教が私のまなざしのなかにはいってきた。その頃の私は、思考と感情の両面で三つの読書の複合により強く規定されていた。まずもってイスラエルの預言書に出会った。しかも宗教の授業の部分としてではなくて、それと関わりなく、いわゆる宗教史学派の著作の講読を通してである。この学派はユリウス・ヴェルハウゼン、ヘルマン・グンケル、フーゴー・グレスマンや他の研究者たちによって創立されていた[8]。福音——とりわけ旧約聖書——神学内部でのこの運動は、学問的－文献学的立場をとっていたけれども、のちに私の人生で一定の役割を演じることになるゲッティンゲンの出版社ヴァンデンヘック・ループレヒトから翻訳・注釈書を出版した。これを私はたいへん感激して読んだ[9]。その書のなかで私は、歴史的文脈に連なるイスラエルの預言者を見いだした。だから大事なのは、聖書、神の真理のいわば無時間的な啓示ではなくて、歴史のなかで起こったもの、肉と血からなる形姿である。それら形姿は、内的霊感と人格の投入のもとで、彼らの世界のなかで彼らの言葉を鳴り響かせる。彼らの声は私に強く語りかけた。そして私に、イスラエルの遺産を生き生きとさせた。それは、それまでのどんな礼拝や宗教の授業もなしえなかったことである[10]。このような講読が私の最初の学問的著作へと導いた。預言書の倫理学に関する少なくとも60ページにわたる自筆の論文へと導いた。私はこの論文を、のちにベルリンで学生になりたての頃、ガールフレンドに読ませたことをまだ覚えている。それは彼女をたいへん熱中させた。もちろん原稿は、1933年の私の移住の際に家に置かれたままであったので、失われてしまった。それが私には悲しい。なぜなら、その原稿は17歳の興奮と未熟さで書かれたものであったが、学問的野心に満ちていたからだ。というのは、単純に聖書の私の講読を反映したものではなくて、宗教史学派の調査に基づいていたからである。

　私は預言書を、その当時、現代の歴史的研究のめがねを通して読んだ。しかしインスピレーションと歴史的実存とは私の視点では両立した。預言書に

現われているものは、私にとって神の言葉であった。しかしそれは人間の言葉としてであった。ところで私は、聖書をこの版で読み始めたときには、もはや聖書を字義通りには信じていなかった。私は、すでに批判的啓蒙の段階を通り抜けて、むしろ全体を時代遅れと見なす傾向にあった。したがって私には壊されるべき無批判な軽信はなかった。反対に、史実的－批判的学派によって再現された預言書の研究は、むしろ聖書への積極的関係をふたたび私に与えてくれた。聖書には今とここでまじめに受け取ることができる何かがあると言うことを、私はまさしく現実主義的な、時間のなかに食い込んだ叙述、プロテスタントの聖書批評家の叙述から学んだのであって、時間を超えた啓示信仰の無時間的に教条的な叙述からは学ばなかった。まさしく歴史的な観点が、私に聖書を生き生きとさせた。その当時、私のなかに私の人生を通して影響を与えた認識が芽生えたが、それは、神の言葉はただ人間の口を通して鳴り響くことができるという認識だった。民族全体が雷鳴のなかで聞いたシナイでの声、モーゼが耳にして言葉で表現したもの、とりわけ預言者たちが聞いたもの——それらの証言は、たしかにいつも「ヤハウェはこのように語った」という言葉で始まる。そしてそれらが告知する仕方は、今や私にとって、そこにおいて神的なものが地上で言葉となる様式の典型だった。神によって選ばれた精神の持ち主たちが神の声を聞き、神の意志を伝える一瞬の霊感であった。その際、預言者たちは、群衆が聞きたがることを言わなくて、誰も聞きたがらないことを、そして誰をも驚かせることを大きな危険を冒して告げ知らせる。彼らは何か新しいものをもってやってくる。それはたいてい心を乱すものであって、建徳的なものでも、日曜の説教でもなく、人間に彼らの仲間に対する頑固な、あるいは無思慮で冷酷な振る舞いをやめさせるために、物事の経過を揺さぶりながら打ち破るものである。大きな不幸が突然身に降りかかり、慰めと激励が必要になったあとに、ようやくのこと預言者の課題は変わり、彼の言葉が必要とされた。諸々の霊を奮い立たせるために。しかしそれまでは、預言者は大衆に受けない者、神の精神によって満たされたエクスタシー的な説教者、まさに期待されたものの反対を告げ知らせる者だった。それはシナゴーグにいる現代の説教者、あるいは今日教

会にいる聖職者とはちがっていた。神の言葉の真正な告知者だった。その当時私を魅惑したのは、説教者たちが政治、戦争、権力、社会的不正、弱者の抑圧について語ったことを別にすれば、告知が行われたときのいろいろな状況だった。そうした状況には、有名な忘れがたい場面がある。その場面は、どんな仕方で諸々の書が成立したのか、そして保たれてきたのかを示している。すなわちエレミヤ*10が、幾年ものあいだ告げ知らされてきた言葉すべてを文書で保持するよう決心したという出来事である。彼はそれら言葉を、彼の友人であり記録者であるバルクに口述した。そしてその巻物を、エルサレムのヨアキム (Jojakim) 王の冬宮へ送った。バルクは、体を温めるために木炭の火を盛った火鉢のそばに立った王に、また王のまわりに集まった延臣に、エレミヤの言葉を朗読した。バルクがページの終わりにいたるたびに、王は懐中ナイフを取り、ページを切り取り、それを火鉢に投げ入れた。巻物が火によって無となるまで続いた。王はエレミヤの言葉で驚かされることはなかった。バルクは隠れ家にいたエレミヤのところへ戻り、自分に起こったことを話した。すると、すべてをもう一度口述するよう、神はエレミヤに命じた——だから私たちは今「エレミヤ書」をもっている【「エレミヤ書」36章参照】。このような物語が私にたいへん影響を及ぼした。——私は、この預言者の伝統につながっていることを誇らしく思うとともに、この伝統を背負っているという感じ、そして私は、啓示が成立する仕方に、すなわち人間の内的な聴力を経由するまわり道に魅了されていた。外に声が鳴り響いたとき預言が始まるのではなくて、預言は人間の心、内的な耳に基づいている。ただまれにだけ目がある。イザヤ*11の招聘のビジョンにおけるように【「イザヤ書」6章】。しかし一般に、預言者たちが耳にするのは言葉である。たとえばエレミヤは、自分が使命に堪えられないと感じていながら、それでも、告知の圧力のもとに立たされている。あるいはアモスは、彼のすばらしい言葉をもっている。「ライオンが吠える。誰が恐れないか。主人が語る。誰が預言しないだろうか」【「アモス書」3章8節】。これを聞いた人は回避できなかった。彼は告げ知らせざるをえなかった——それが私にとって啓示の意味だった。

　私の読書資料であったのは、したがって、一方では神によって選ばれたも

第2章　栄光の夢　45

のとしての預言書だった。そのほかに私は、マルティン・ブーバーの「ユダヤ教についての三つの物語」と『バール・シェムの伝説』[11]——それらは当時完全に私を夢中にさせていた——の講読により、現代のユダヤ教をこの神の伝道の新たな担い手として発見した。第三番目の位置に来るのが、旧約聖書やユダヤ教あるいはユダヤの伝道と一見関わらないもの、すなわちイマヌエル・カントだった。私はカントをすでにギムナジウムの生徒のとき読んでいた。どうして私がカントを、よりにもよって『道徳形而上学原論』を手に取ったのか覚えていない——その気難しい表題が私をそそのかしたと思う。『純粋理性批判』は、たしかにその当時私の理解の地平をはるかに超えていた。しかし『道徳形而上学原論』——結局のところカントの道徳は、聖書の精神によって導き出されていて、定言命法とシナイの言葉はどこか連関しているということは疑いがない。いずれにせよ、私は類似性をかぎつけた[12]。私の関心がこのような事柄に向けられているということに気がついたとき、私にこの著作をレクラム文庫版でもってきてくれたのは、たしかにレオ伯父さんだった。『道徳形而上学原論』は、私が人生を通じて忘れなかった稲妻のような言葉で始まる。「およそこの世のなかで、いや考えられる限りこの世の外でも、無条件に善と見なされ得るものは善意志を除いてほかにない」[13]。それは、私がその当時それで生きることができる糧だった。そして、1918年の11月革命と1921年早春のギムナジウム卒業試験のあいだの年月が、私の精神的方向が決定される重大な時期となった。

　私の世代の多くの人に、社会主義はたいへん道徳的で知的な魅力を及ぼした。一方、マルティン・ブーバーは私をシオニズムへと導いた。しかし、彼は私がシオニストとなった最初の原因ではなかった。はじめから、私には強いユダヤの意識があった。それについては私は話した。その意識に、当代の大事件により先鋭化された政治的意味が付け加わった。そして第三に、私は反ユダヤ主義の毒性による影響を与えられていた。反ユダヤ主義は、帝国の崩壊、ドイツの戦争の敗北、ワイマール共和国の設立、ベルリンでのスパルタクス団の蜂起——いたるところでユダヤ人が積極的に極端な左翼で参加した——と結びついて、新しい、憎しみで満ちた、攻撃的な性格を帯びた[14]。

いつものようにユダヤ人たちを少しカリカチュア化したり、辱めたり、嘲笑したり、あるいはユダヤ人から距離を取ったりするというのではもはやなくて、本当に、積極的に敵となった。そのとき私が気づいたのは、われわれはもはやその［戦後ドイツの］一員ではないということ、われわれに敗北や革命の混乱の罪が着せられたということ、そして「卑劣な陰謀 (Dorfstoßes)」の張本人と見なされたということである。ユダヤ人であるフーゴー・プロイスがワイマール共和国の憲法を起草したということを、私自身は必ずしもふさわしいと思わなかった。「憲法をドイツ人が作成するべきである。なぜなら、私たちが攻撃のとばっちりを受けるべきではないからである」[15]。ようするに、私にはユダヤ人の国家意識が育った。この意識によると、私たちはユダヤの信仰をもったドイツ市民であるのではない。そうではなく、われわれは一つの民族集団である。なるほど、この集団はドイツ文化の知識をすべての他の人とともに受け入れることができた——すでにその当時ゲーテや他の古典作家について私の知識は級友の大半に勝っていた——、しかしそれにもかかわらず、本当はそこには属していなかった。この相違の感情が、誇りと次のような思いとに共鳴して、私をシオニズムへと導いたのだ[16]。すなわち、解放の運動と同化の運動におけるこれまでの議論のありようが役に立たなくなったという思いである。

　父と最も激しく衝突したのは私がシオニストであることを公言したことについてである。ユダヤ人であるということを自覚して、そのことをけっして隠さなかった父は、多年のあいだ、ユダヤ信仰のドイツ市民中央団体［C.V.］グラートバッハ・ライト・オーデンキルヘン地方支部の会長だった。三つのユダヤ教区が栄えていた。この地方のユダヤ人のなかで、教区のほかにユダヤ連合の仲間である人は誰もが C.V. に所属していた[17]。私の父は、政治的にはドイツ民主党に近かった。というのは社会民主党は工場主にとって問題外だったし、シュトレーゼマンの政党は少々右へ傾きすぎたからである。その頃私も、選挙権をもつとすぐに DDP［ドイツ民主党］を選んだ。その点で私は、父の手本に忠実であり続けた。しかし私がシオニズムに属したことに関しては、彼は我を忘れて怒った。よりにもよって彼の息子が、グラートバッハ、

ライト、オーデンキルヘンのユダヤ青年のただ一人として、シオニストになるという狂気に襲われるとは。そしてわれわれがパレスチナに自分たちの国家を建設し、われわれをそこに移住させることに加担するという狂気に襲われるとは。[父とのあいだには]ものすごい闘いがあった。同時に私はその頃ドイツ表現主義に魅了されていた。とりわけフランツ・ヴェルフェルの熱狂的な読者であり、朗読者だった。彼には、「父と息子」というタイトルの詩がある。「怒った昼食の暗闇、目と目は出会い、鋼鉄のような争い」[18]。それは私たちの家の状況だった。母は震えた。昼食の最中にしばしば売り言葉に買い言葉でけんかが始まった。母は座っていた。母が泣いているのかどうかわからなかった。しかし、いずれにせよ震えていた。私は、父が短気であるとすでに述べたけれど、父はものすごい憤りで怒り出した。私はその点で、父にひけを取らなかった。しかし他方、父は心のやさしい、好意あふれる男だった。そしてとうとう父は、私がシオニストであるのをやめようとしないこと、そのあいだにシオニストの地方支部が創設されるに至ったことがわかった挙げ句に、私に尋ねた。「私にどうか一度説明しておくれ、ハンス。シオニズムのようなものがあることを君はどうやって知ったんだい」。そこで私は言った。「私はそのことを正確にお話ししたい。『ドイツ帝国において』という雑誌の購読からだ」。それはC.V.[19]の団体雑誌だった。その内容は本質的に、反ユダヤ主義の記録、公衆の啓蒙・抵抗・裁判訴訟による反ユダヤ主義の闘い、そしてシオニズムの誤った道に対する闘いの報告から構成されていた。私が父に話したように、この購読は、私にシオニストの使命の真理を認めさせた。父はこの瞬間に、心の気高さを口に出さなければならなかった。「だとしたら、私はもう何も言うことがないよ」。

　ギムナジウムの8年生のとき、すでに私に明らかであったのは、シオニズムの核心を信じることが問題ではなくて、実践的な課題が大切だということである。それは政治を意味する。つまりシオニズムの理想を実現し、まずもって心と精神を獲得するという試みを意味している。突然──1919年あるいは1920年に──ラインのヴァーレンダーからやって来た一人の精神科専門医がこの地に居を定めようとしているという知らせが広がった。彼は、

ザリー・レーブ博士といい、シオニストであるという噂が先行した。「ユダヤの精神科医がやってくる。彼はシオニストだ」。家具運搬車がまだ家の前に止まっていた。そのとき私はすでにその場にいて、彼の手伝いをしていた。まだ荷下ろしがなされているあいだに、私たちは、シオニストの地方支部メンヘングラートバッハ・ライトの創設について相談した。支部は彼の住まいでの集会で始まった。そこに二、三の人が参加した。ところで、その際誰がいたのか興味深い。もちろんユダヤの上層階級出身の者は誰もいなかった。私はユダヤ共同体の支配者層では異端者だった。「したがって、グスタフ・ヨナスの息子がその集会で頭をおかしくさせられた。そこでいったい何が起こったんだい」。ザリー・レーブに対する憎しみは非常に強くなった。ある日私に知らされたように、上流ユダヤ人の社会——若いシオニストの地方支部の集会が開かれた彼の住まいに面したシラー通りにある——のどこかでは、誰かが「今やすべてが窓際にいて、こちら側へつばを吐いている」と言い放ったほどである。それはもちろん冗談だった。しかしそれは、気風を再現していた。すなわち、ドイツに同化し、恵まれた地位にあったグラートバッハのユダヤ人のあいだに支配的だった気分を、描写していた。私以外には、私ぐらいの年齢でユダヤ人下層階級出身である若干の人々がシオニストのグループに属していた。つましい小さな商人たち、しばしばまた、もともと東からやって来たのではないユダヤ人たちも、したがって付き合いもなく十分に社交能力もない人々が、属していた。私が自分の地位を引き下げて、シオニズムの意見にはまり自分を低い社会階層に分類したことで、父が非常に不幸だったのは言うまでもない。ちなみに、上流のユダヤ人社会においてシオニズムの目的で集まるようなことは、メンヘングラートバッハではのちの世になっても、完全に見込みのないことだった。私はまだ覚えていることがある。1933年4月1日のユダヤ非買同盟のあとに、私がユダヤ青年団の集会で移住計画について話したとき、ユダヤのライト上流社会の出身である一人の人が（彼は、私が何年ものあいだすっかり夢中になっていたエルゼ・ベンヤミンの弟だった）「われわれドイツのユダヤ人は、移住することを望まない」と明言したのである。彼は移住をきっぱりと退けた。その頃シオニズムは、まだドイ

ツへの裏切りと見なされていた。母はのちに私に話してくれた。ユダヤの婦人たちは道で母に声をかけ言うには、「あなたの息子は正しかった。真の預言者だった」と。しかしそのためには、ニュールンベルクの立法やその他いろいろな迫害が必要だった。自分たちの立場が現実にどのようであるかを認識するためには、グラートバッハのユダヤ人にとってはあまりに状況が恵まれすぎていた。

　正確に思い出すなら、われわれの地方支部は10人そこそこだった。成人した夫婦は二組だけだった。そのうちの一組は、特別に述べておく価値がある。というのは、婦人は、旧姓ベルガーで、著名なシオニストの指導者ユリウス・ベルガー[20]の妹だった。彼女は結婚してメンヘングラートバッハへ移住した。夫と一緒にやって来た。それから教頭フレーリッヒの娘がいた。彼女は下層階級出の男と結婚していた。その他に若干の若者、そして私がいた。月におよそ一度の割でわれわれは会った。レーブとは私はもっとしばしば個人的に会った。私にとり重要なことは、彼がユダヤ組合連合 (KJV)、シオニストドイツ大学学生組合の上部団体に属していたということだった——同化した人が属していたユダヤコーポレーション連合・集会 (K.C.)[21] とは異なっていた。ここにははるかに多数の学生が属していた。

　私がメンヘングラートバッハのシオニズムに属していたとき、ベルリンにある中央ドイツシオニズム連合 (ZVfD) の使節が、講演あるいは金集めのためにときどき来た。もちろんわれわれは、ユダヤ民族基金の小さな青い缶をすべての家に設置した。その缶を使って、ユダヤ人の入植事業を支援するために、パレスチナに土地を買うために、植林するために、お金を集めた[22]。私のギムナジウム卒業資格試験を記念して、父は私の願いで12本の木を寄贈した。それはパレスチナで私のために植林された。その証書を、私は長いあいだ所有していた。この贈り物が示したように、そのとき父との和解が生じた。反ユダヤ主義が膨張するにつれて、父は、私のなかに生じたこと、シオニズムにとってプラスになるものをいっそう理解するようになった。ただ一つのことだけが父には不満足だった。父は言った。「どうせ新しいユダヤ共同体がパレスチナ、祖国に建設されるとするなら、どうか宗教も含めてであっ

てもらいたい」。しかしシオニズムは、ユダヤ教における真に世俗化の運動であった。テオドール・ヘルツルの『ユダヤ国家』[23]、しかしまたレオン・ピンスカー[24]のしばしば引用されるシオニズムの著作、アハード・ハーアーム[25]やその他の著作も、完全に世俗化された立場に立っており、ユダヤの伝統を国家の伝統として尊重していた。良いドイツ人がニーベルンゲンの歌[*12]を知らなければならないのと同様に、その伝統を人々は知りつくしていなければならない。しかし彼らは、ユダヤ人であることが信仰に結びついているということ、ユダヤの民がいわばモーゼの宗教への信仰告白によって成立するということからは出発しなかった。父は、彼らのそうした考えを鵜呑みにしようとは思わなかった。父はみずからは現実に宗教的生活を営んでいなかった。しかし父は「パレスチナへ戻るなら、人はすべてを、ふたたびまじめにとらなければならない。そうでなければ、私は、なぜわれわれが特別な生活を営まなければならないのか、わからない」と言った。

　東ヨーロッパ出身のシオニストたちが私の視野に初めて入ったのは、私がのちにベルリンで勉強したときだった。しかし私は、次の折に小さな先触れを感じていた。すなわち、それは、シオニズムの指導的人物の一人であるゲオルク・ランダウアー[26]が——私はのちにエルサレムで彼と懇意となった——ベルリンからラインラントへ来ることを望んでいるということを聞いたときだった。ドイツのシオニストたちとちがい、彼は、メンヘングラートバッハ支部では代表することのできなかった労働者のシオニストを代表していた——私は、若い労働者（Hapoel-Hazair）[27, *13]だった、と信じている。同化したドイツ系ユダヤ人一族の出であるランダウアーは教養があり、賢く、この方向に属している数少ないドイツのシオニストの一人だった。私は当時、彼に会うためにケルンへ出かけた。彼はそこで一時的に事務所を開いていた。そこで彼は、東ヨーロッパから素通りして行く避難民たちと会った。彼らはロシア革命と東ヨーロッパでの戦後の迫害のゆえに、西へ、アメリカあるいはパレスチナへと移住した。あるやせ衰えたポーランドのユダヤ人が、どうしたら、これから先パレスチナへ行くことができるかをランダウアーに相談しているのに、私は居合わせた。そのとき初めて私は、東から来たばかりのユ

ダヤ人と会った。しかし側頭部がカールした (Schläfenlocken) 正統派ではなくて、左派だった。ランダウアーがはじめは少し彼を興奮させたのを、私はまだ覚えている。「いったい君は何をほっしているのか」。そのとき、この男は言った。「私はパレスチナへ行きたい」。「いったい君はそこで何をしたいんだい」。「私はそこで働きたい」。ランダウアーはそれから彼に助言し、証明書、推薦状、資金のうえでも組織的に彼に手を貸した。私はここで初めて、東から来たばかりの、アメリカへ移住したり、ドイツに留まるのではなくて、パレスチナへ行くことを望んでいる人と出会ったのである。その男は、即座に真剣にパレスチナ移住に取り組んだ。一方、私は大学生となり、そしてシオニストの学生組合で、なるほどパレスチナと将来のユダヤの共同体について語りはするが、しかし実際に移住するよう準備することはほとんどない、ただ吠えるだけの人たちと出会った。

　その当時、シオニズムの仲間のなかでアラブの人々のことで頭を痛めている人は誰もいなかった。「われわれは彼らから国を買い取る。なんと言ってもわれわれはそのための代金を十分に支払う。ほかの誰がこの沼地に支払う用意のある金額よりもはるかに高い金額で」と言われていた。われわれは、パレスチナにいるアラブ人が、なんとかこれから先もそこで生活することができるだろうという意見だった。われわれがそれを買い占めるだろうという考えだった[28]。そのことがどういうことなのか、初めて本当に考えられるようになったのは、1929年、ヘブロンでの大規模な虐殺のあとであった[29]。しかしアラブ人が、バルフォア宣言[*14]、それとともに始まったユダヤ人の移住、そして土地買い占めに対して暴力を使用せずに反応するまでは、われわれは彼らの存在をたかをくくって無視した。恥ずかしいことだが、私が認めざるをえないことは、私もそれについてはたいして考えもしなかったということ、そのうえしかも、奇妙な軍国主義的な夢を抱いていたということである。われわれは自分たちに対して大きな役割を夢見がちだった。それは、われわれがアメリカ的栄光の夢と名づけたものである。ニューヨーク市民には、このような表題をもつ一連の風刺漫画があった。若者あるいは若い世代が自分たちの将来の偉業について考え出すことを題材としていた。私の最初の「栄光

の夢」は、医師になることだった。兄の病気の治療法を開発することだった。しかしこの夢は、さらに発展した。「兄が健康なら、私たちは二人で一緒になってカストールとポルックス[*15]のように偉業をなしとげることができるだろうに」。はじめに一度、私は彼を治療しなければならない、それから私たちはともに世界を驚かすであろう——どんな手段で。私は宇宙へ飛び立つことができるような手段を発明するだろう。そして私たち——兄と私——は宇宙のなかを調査し、そして地上へ帰還する最初の宇宙飛行士になるだろう。そのとき、もちろん盛大に祝われるだろう。兄がまだ生きていた頃、私はそんなことを想像していた。私はしばしば兄のことを考えて夜眠れずに、むせび泣いていた。なぜなら私には兄の病気がますます進行していくのが明らかであったからだ。私［の治療］により完全に生きる力を取り戻す兄と私が（夢の中では主として私は発明者だったと思う）宇宙へ乗り出した最初の人となるだろう。私はまだ覚えている。その頃私はすでに物理学を学んでいたので、真空のなかではプロペラでは何もすることができなくて、前進運動にはただ一つの手段、すなわち推進による前進運動——ロケットの原理——だけがあるということを知っていた。私にはすでに理解できた。しかし私が思い描いたのは、上へ垂直に進むのではなくて、次第に速力を出しながら、飛行機のように舞い上がり、それから螺旋状に地球のまわりをぐるぐる旋回し、——ますます速度を上げ、ついに軌道に達し、そこから接線上に宇宙空間へ投げ飛ばされる、というものだった。私は自分で思い描いたことをまだ覚えている。一日、あるいは一週間カプセルのなかで飛びまわり、それがどんなに恐ろしい心の負荷や困窮を生じるかを思い描いた。そしてそれから最後に宇宙空間から救い出されるかのようにどのようにしてふたたび地球へ戻ってくるのかということを覚えている。そのことを、私は夢見た——最初の栄光の夢だった。第一次世界大戦後の時代に、ドイツでシュタールヘルム[*16]や国家社会主義のような組織が成立したときに（最初はまだ非常にまじめには受けとられなかった）、しかしまた好戦的にも反ユダヤ的な義勇軍というものが成立したときに、私はすでに予想していた。つまり、われわれドイツにおけるユダヤ人は、直接に肉体的な攻撃にさらされるであろうということをである。私

がそのとき思い描いたのは、射撃を学び、武器をあてがい、家に立てこもり、このユダヤの敵の武装した攻撃にわれわれが抵抗する様子である。それは夢想だった。しかし、いずれにせよ人々は抵抗した。「武器なしにはありえないのだ」。同時にこのようなやり方で尊重を勝ちえることが問題だった。それから私にシオニズムが芽生えたとき、この戦略はせいぜい一時的な間に合わせであって、パレスチナへ移住することこそが本当は大事だということが、すぐに私には明らかとなった。私は思い描いた——それが私の究極の栄光の夢だった。なぜなら、このような夢を断念するほどに、私は十分にリアリストになっていたからである——私は武装したユダヤの軍隊の先頭に立って、さまざまな地方でガルート（Galut）*17 が形成され、婦人や子供たちに伴われて、敵対的なヨーロッパを通り、陸路でボスポラスを越え、小アジアを通り、パレスチナまで突き抜けるだろう、と。私は、この夢のなかでユダヤの希望を失った民の残りの軍司令官だった。そして恐ろしい迫害のあとにみずから脱出し、今や彼らの父祖の地に到達した。それはフェルディナント・ラサールの青年時代の夢でもあった、ということを数年後に読んだとき、私は幾らか驚いた。彼がユダヤの武装一団の指導者としてパレスチナをユダヤ国家のために手に入れるだろうというまさに同じ夢だった[30]。ジークムント・フロイトの青年時代の英雄がハンニバルであったということを、私がずっとあとになって、すなわち数年前に初めて読んだとき、私はちょうど同じようにうれしいほど驚かされた。しかも、私の学校時代においても、ハンニバルが私の偉大な歴史的英雄だったが、［フロイトの場合と］同じ根拠からだった——「アーリア人」*18 をこらしめて、セム族をそれほど簡単に取り扱ってはならないことを示した偉大なセム族*19 の最高指揮官[31]。それは非常に大胆な連想だった。この連想が私の回想にとって名誉となるのかどうか、私にはわからない。

第3章　哲学とシオニズムのあいだ
—— フライブルク—ベルリン—ヴォルフェンビュッテル

「ハンスは勉強するだろう」ということは、父にとってはじめから明らかだった。父は、私が会社で一緒に働くだろうなどとは少しも考えていなかった。「会社にとっては残念なことだ」。父自身勉強への野心、憧憬、適性をもっていたので、父は自分の才能ある息子ハンスがこれを実現してくれることを望んでいた。私が生活の資を得るために勉強したのかどうかは問題ではなかった。誰かを金にならない職業、たとえば哲学者という職業に就かせるだけの利益ぐらいは、会社は十分に生み出してくれるだろう。哲学を学び、おそらく大学の私講師になる息子をもつゆとりがグスタフ・ヨナスにあるということについて、私は思いつくことすらなかった。当時周知であったことは、私講師は一人では生活を維持するのに足りなくて、自分の財産をもっているか、金持ちの女性と結婚するかしなければならないということだった。私が勉強するだろうという考えに、父自身は深い満足を覚えていた。研究が純粋であればあるほど、すなわち、弁護士や医師ならたしかにいつももたらしたような、金儲けへのありふれた関心からいっそう離れていればいるほど、それだけいっそうよりよかった。そこには古いユダヤの伝統に由来する何か大切なものが生き続けていた。この伝統によると、学問を身につけた息子が最上の息子だった。何しろ、裕福なユダヤ商人の功名心とは、以前には次のようなものだったからである。自分の娘が、模範的な生活態度の卓越したタルムード研究者[*1]と結婚した。神学に専念し、その後に舅によって一緒に養われる、そのような男と結婚した。それは家族にとって名誉を意味した。「金を稼ぐことを十分にできる家」。したがって何か大切なもの、とりわけ自分

ができなかった勉強をすることができるという憧憬が、父にはいつも働いていた。それに加えて、単純に私への大きな愛が、父の大きなやさしさがあった。そのために、父は私に、自分の研究を自由に選んで、私がほっするあいだ好きなだけ研究するように提案した。そして私は、その提案を十分に活用した。というのも私は、1921年に研究を始め、1928年にドクターの学位を取ったからだ。私がドイツの大学で過ごしたのは7年間だった。

　哲学、芸術史、宗教を研究したいということが私に明らかとなったのは、本当のところ、ギムナジウム卒業資格試験を受ける二、三年前のことだった。その際宗教は、世界宗教とならんでユダヤ研究をも含んでいた——したがって比較宗教史のようなものを研究したいと思っていた。フライブルクを、私は研究の場所として選んだ。なぜなら、とても美しいと評判だったからである。でもとりわけ、そこには有名な哲学者エトムント・フッサールが教えていると聞いたからである。なぜ私がフライブルクではなく、ハイデルベルクやマールブルクへ行かなかったのかと質問されるなら、私はただユダヤの諺で答えることができる。「私は、同じ時に二つの場所にいることができる鳥なのか」。私はフッサールのもとに行きたかった。だから私は、ハイデルベルクへ行くことができなかった。マールブルクは本当のところ、問題になりえなかった。なぜなら、パウル・ナトルプはその当時すでに退職していたし、ヘルマン・コーヘンは1918年に亡くなっていたからである。彼がなお生きていたとしたならば、マールブルクは真剣に考慮の対象であっただろう[1]。ハイデルベルクはまったく異なっていた。そこはいわゆる「クレープデシン (Crêpes de Chine)」であった[*2]——アルフレート・ヴェーバー、フリードリヒ・グンドルフ等々がいた。そこへは、金持ちのユダヤ人の少女たちがベルリンからやって来た。しかし哲学はまじめに考えられていなかった。ハインリヒ・リッケルトは、その当時退職していた。心理学出身のカール・ヤスパースは、哲学としての名声をまさに得ようとしていた。ヤスパースは、なみはずれて魅力があり、刺激的な思想家という印象深い人物であったけれども、ハイデガーほどには根源的な哲学者ではなく、そしてまたフッサールほどに力ある思想家でもなかった。むしろ——私にとって最後の決着を与えてくれたの

は、フッサールや南のシュヴァルツバルト［黒い森］だった。私がフライブルクのシオニスト組合に参加するだろうということは、すでにそれ以前に明らかだった。この組合の名前は IVRIA だった。ヘブライの組合である[2]。父は、私にまだ保護が必要であると見なしていたので、ある商用旅行の折に、フライブルクで必要なすべての用意を整えてくれた。私は、その都市が父のルート上にあったのかどうか知らない。しかし父は、エルザスに得意先があった。フライブルクには商人の友だちがいた。この友だちは父を、その地のレヴィー医師に引き合わせた。その息子は大学で医学を研究していた。そして IVRIA 組合の会長だった。父は私に、ある程度レヴィー医師の世話を受けるように勧めた。父は、ある退職した医者が妻とともに住んでいる、ちゃんとした家に私のために家具付きの部屋、いわゆる学生の下宿部屋をまえもって借りてくれていた。私がフライブルクへ来たとき、だから父は、とうに私のために地ならしをしていた。そして、落ち着くことができたのである。私は、やがて医師としてパレスチナへ行った、ほかでもないレヴィーが、一度私にからかうように尋ねたときのことを思い出す。私の父が早くから私のために宿舎の世話をやき、私のために最高の付き合いを問い合わせた、そのようなことをどうして私がそのまま認めることができたのか、と。

　大学で私は、一般に最初のゼメスターで可能であるだけのたくさんの聴講届けを出した。したがって第一に、フッサールの近代哲学史についての入門講義。コースはデカルトから始まり、イギリスの経験主義者やヴォルフやライプニッツを含んでいた。しかし、カントのまえで終わった。フッサールは、その当時すでにかなり高齢で、哲学の新しい方法として名高い現象学[3]の創始者だった。そして彼は、それに見合うように近代哲学史も教えた。フッサールはたとえばジョン・ロック、デーヴィット・ヒューム、あるいはジョージ・バークリーが意識の研究あるいは認識論においてどこまで達したのか、どのような問題を彼らは解くことができなかったのかを示したとき、次のような規則的な言いまわしがその後に続いた。「この問題にどのように着手することができるのかを、近代現象学がはじめて示した」[4]。デカルト以来の近代の哲学者は、誰もある一点でそれぞれの視点で挫折した。初めて現象学がその

点を克服することができた。多くの本、とりわけフッサールの有名な論理学研究が読まれた。それは本当に偉大な著作である[5]。現象学的哲学についてのイデーンという彼の著作は、人々が精を出して読んだ古典だった。ところで、フッサールの講義には、フッサール夫人が座っていた。そして、学生たちが注意深くしているかどうかを、ぬかりなく見張っていた。夫人が座っていると、私たちは熱心に書き、聴講しなければならなかった。そして、私たちがもごもご言うと、夫人はそれを通報した。フッサールのゼミナールに、私は最初のゼメスターでは学生としてまだ参加することを許されなかった。私はその代わりに、若い私講師マルティン・ハイデガーの初級ゼミナールを聴講した。私は最初のゼミナールですぐにハイデガーに就いた。ハイデガーは、もちろんフッサールよりもはるかに難解だった。しかし彼もまた輝ける教育者だった。テーマは、偶然の成り行きで、アリストテレスの『霊魂論』[『*De Anima*』あるいは『*Peri psyche*』][6]だった。そして私がハイデガーに申告したとき、最初の問いは、「あなたはギリシャ語が読めますか」だった。私は「はい」と答えた。「それならよろしいです」。それが私の最初のハイデガーとの出会いだった。いわば運命の出会いだった。フッサールにおいて明らかだったことは、彼が著名な年老いた大学者であるということ、しかし彼の思惟はいわば完成していたということである。そしてフッサールは、真理にますます接近するために、哲学がしたがわなければならない方法を所有していると信じていた。フッサールは、どの問いにも同じやり方で取り組んだ。そしてその限り、あまり刺激的ではなかった。むしろ教導的だった。それに対して、講義でその当時の私にほとんど理解できなかったハイデガーが、ゼミナールでは非常にわかりやすかった。そして良い教師として、学生たちを取り込んだ。ハイデガーは、学生たちにテキストの一文を読ませ、そして尋ねた。「あなたはそれをどのように理解しましたか。アリストテレスはそこで何を言いましたか。彼がそこで用いているこの言葉は何を意味していますか」。それはすばらしく、また、私にとってもわかりやすかった。

　ハイデガーの講義は、私の記憶ちがいでなければ、アウグスティヌスの『告白録』を取り上げていた[7]。彼はとても大きな大型本を、腕の下に抱えて講

義室へやってきた。そして、ラテン語のテキストと向き合った。私が思い出すには、私は彼の解釈から理解したものはほとんどないに等しかったけれども、ここではのるかそるかの決定が行われていたという、ハイデガーは徹底的に作品と取り組んだという、否むことのできない感じを覚えた。だから何かが私のなかに生じた。私はその当時、ハイデガーに関して、そしてそれがどれほど難しいことであったかという経験について、一通の手紙を書いた。私は彼を手本にして行った。しかしその後、私は結びつきを失った。もはやハイデガーが本当のところ何を考えているのかよくわからなかった。しかし、私がけっして失わなかったことは、私が理解しなかったとしても、それはたいへん重要だという感情だった。そしてそのようなときに、カール・レーヴィットと初めて出会った。彼はその頃、私よりずっと先を行っていて、すでに博士の学位を取っていた。彼は一度、ハイデガーのもとで講演を催した。理解しがたさという点で、この講演はハイデガーと争ったが、深い意味をもっていて同じ感銘を与えた。第一次世界大戦で肺に銃創を受けた[8]レーヴィットは、小さな声で話したが、ハイデガーと同様に思案しながら語った。私はまだ覚えているが、ハイデガーはたいへんな注意と尊重を払いながらこの講演に耳を傾けていた。そして終了後、講演に対して意見を述べた。意見のすべては、私の理解を超えていた。しかしそのなかのあることが胸に堪え、私の心を貫いた。すなわち、それは途上にある哲学という確信だった——私の意識は哲学的成果の証だったのに、私の耳は哲学的努力の証だった。その際、ハイデガーの深い思案はきわめて創造的だった。そして私たちは、ほんの少しのあいだも、それがただの虚構にすぎないのではないかという疑いを抱かなかった。私がまったく理解しなかったというなら、それはもちろん少し誇張した表現である。なぜなら、ときどきは多少であるとしても理解できたからである。しかしながら、総じて私は秘密［奥義］の前に佇んでいるのを感じた。たとえ共に知に与る者になることに価値があると確信していたとしても。それは私の勘だけではなかった。他の学生たちも、ハイデガーの暗示的な言葉によって呪縛されていた。その際、他の学生たちが私よりもはるかに多く理解していたのかどうかは、まったくたしかではない。しかしその当時、

それ［ハイデガーの奥義］はまことに重大なことであるという印象が蔓延していた。ハイデガーは、すでに『存在と時間』のおかげである種の隠れた名声を得ていた。そして事情に通じている人たちのあいだでは、ここに一人の哲学者が新しい道を歩いているという噂が広まった。「その途上で哲学が学ばれなければならないのだ」。

　フッサールやハイデガーとならんで、フライブルクでは、ほかに一人の哲学者がいた——ヨナス・コーンである。彼は、有能な男ではあるが、偉大な哲学者ではない。彼はある程度、フッサールの陰に隠れてかすんでしまっているということに悩まされていた。とりわけコーンは自分の名前で苦しんだ。その名前を変えるためにはあまりにも誇らしすぎたのだが、その名前は彼にユダヤ人の烙印を押し、ユダヤ人であることを呼び覚ました。ユダヤ人であることの足跡は、彼にはもはや精神的には存在していなかった[9]。コーンの息子——少し私よりも年配で、コーンのゼミナールに出席していたが——は、ゴットシャルク（Gottschalk）と改名していた。それは母方の名前だった、と私は思う。なぜなら、言うまでもなくユダヤ人の名前であるからだ——しかし少なくとも［息子の名前は］コーンではなかったのだ。私ははじめから、ヨナス・コーンの機嫌を損ねた。というのは、私はその頃、何かが尋ねられたときは真理でもって答えるべきだ——完全に誤った考えだ——という素朴な見解をもっていたからである。私はヨナス・コーンを訪問した。というのは私は、プラトンの対話編『テアイテトス』をテーマとする彼のゼミナールの履修登録を望んだからだ。彼は親しげに迎え入れ、そして私に尋ねた。「何があなたをフライブルクへ動かしたのですか」。私は、「エトムント・フッサールが」と答えた。この二語のあとに私は、驚いたことに、彼の顔がぴくっと震え、彼の親しげさが消えたのに気づいた。彼は、少しも不作法な態度にならなかった。しかし、すぐに私が気がついたのは、はじめの愛想の良さがもはやなくなったということである。そしてその後、私が彼のゼミナールを聴講することは少し惨めな状態になった。私が発言の意思表示をし、少し語ろうものなら、彼には私が居合わせることが根本においてかなり不快だということを、私は彼の顔から感知した。私は語るべきではなかっただろう、とあ

とで考えた。フッサールの哲学のゆえにフライブルクへやってくるということは自明のことである、とその頃の私は思っていた。フッサールは有名人だった。一方、ヨナス・コーンが有名な哲学者であると主張するような者はこれまで誰もいなかった。

　ところで、フッサールがユダヤ人だということは、何の役割も演じていないし、フッサールにとってほとんど意味をもたなかった。一つの物語が、そのことを特に美しく示している。私が二、三年後に、ヴォルフェンビュッテルでの挿話的な出来事——それについてはあとで語ろう——のあとで、ふたたびフライブルクへやってきたとき、私はそのあいだにギュンター・シュテルンと親しくなっていた。私は、すでに最初のゼメスターで彼に気づいていた。しかしその頃私は、彼に近づく勇気がまだなかった。だから遠くから、私は彼を尊敬していた。私は、彼が誰なのかを知っていた。そして彼をすばらしいと思っていた。彼は、私より一歳年上で、したがって私よりも一年前に勉強を始めていた。そのうえ彼は、有名なハンブルク大学教授ウィリアム・シュテルンの息子だった。そして目立って天才的な若者だった。そんなわけで私は、彼に向かい合うと震えがひどく止まらなくなるほどであった。ウィリアム・シュテルンとエトムント・フッサールは相互に知り合いだった。だからギュンター・シュテルンはフッサールの家に出入りしていた。本当のところ、私が彼と知己になったのはベルリンだった。そこで私たちは、エードゥアルト・シュプランガーによるカントの純粋理性批判についてのゼミナールに一緒に出ていた。私が議論に参加したゼミナールに出席したあとで、ギュンター・シュテルンは戸外で私に声をかけてきた。そして私の寄与に幾らかの賛辞を述べた。そのとき私たちの友情が始まった。1923年、フライブルクで私たちは親しい友だちとなった。ある日彼が私に冗談で、フッサールが彼に私を用心するよう警告したと話した。フッサールは、私がシオニズムの学生組合 IVRIA にいるということを知った。そして彼の観点からすれば、ユダヤ学生組合の会員であることは教条の墨守 (Orthodoxie) と同じ意味であった。私は、ようするに、信仰を明言したユダヤ人だった。そしてそれは哲学と両立しなかった。哲学者としては、いわば真理を自分の側にあると要求す

るような特定の信仰のとりこになってはならない。シュテルンはもちろん信仰に伝染されるべきではなかった。ようするにそれが、フッサールのシオニズムに対する考えだった。その考えは、ユダヤ問題に対する彼の理解がどの程度であったのかを、また彼がどのくらい世間知らずであったのかを、示している。フッサールは洗礼を受けたプロテスタントとして、彼自身がユダヤ人であることを何も知ろうとしなかったというだけではない。彼はまた、ユダヤの信仰に固執するような者はいかなる哲学者でもありえないと考えた——彼が受け入れたキリスト教も哲学と両立しないのではないかという考えを、奇妙なことに彼はもち合わせていなかった[10]。

そうしたフッサールがそのほかでも示したように、彼は公の生活や政治の案件では結局幼稚な人だったし、その点でドイツの教授層全体を表す象徴的な人物だった。ところでフッサールは、ドイツ生まれではなくて、モラヴィアのプロスニッツ出身だった。そこでは、フッサールは「頭のおかしな叔父、エトムント」と見なされていた——私がのちに、ニューヨークで私たちと親しくなったコロンビア大学のドイツ語学者ルートヴィヒ・カーンのレセプションの際に、同じくモラヴィア出身のある政治学者から耳にしたことである。この政治学者はトマス・ホッブスについての研究を準備していた。彼はマサチューセッツのケンブリッジにあるウイデナー（Widener）図書館のカード式索引で、一区切りすべてがエトムント・フッサールのものであるのを偶然に見つけた。彼は私に尋ねた。「あなたにその名前は価値がありますか」。私はしかりと答えた。彼が続けるには、「私たちの故郷ではいつも、ドイツのどこかで哲学教授になった『頭のおかしな叔父、エトムント』について語られていた。そのほかの点では、彼について何の情報もなかったし、彼について耳にすることもほとんどなかった。驚いたことに私は、ボックス半分がフッサールによるかフッサールに関するタイトルで満たされているのを見た。フッサールは、やっぱり多少は意義があるにちがいない」。そこで私は想像した。「ここに一人の男がいる。その男はドイツの哲学を逆転させ、雑誌すべてが彼の哲学の前進に寄与し、あまたの哲学者が自分たちのライフワークをフッサールのイデーンに方向づけた。そしてここに彼の甥の息子が

いて、彼は尋ねる。『頭のおかしな叔父、エトムント』は哲学で何かをなしたのか、どうかと」。フッサールはしかし、特徴ある歴史が示すように、完璧なドイツの枢密顧問官(Geheimrat)で、教授となった。その当時彼のもとで、マーヴィン・ファーバーという名前のアメリカの学生が勉強していた。彼はのちに、『現象学年報』(*The Journal of Phenomenology*) という雑誌の編集者、いわばアメリカでのフッサールの代弁者となった[11]。フッサールは、それがファーバーの使命であるだろうと自覚したので、ファーバーを保護した。だから彼は、とうとうフッサールの家に出入りするようになった。フライブルクで医学を勉強していたファーバーの兄弟は身長が高いだけでなくて、スポーツマンで専門教育を受けたボクサーだった。学生組合の色を身につけたある学生がドライザム川の上にかかる橋で彼にわざとつきあたり、反ユダヤ主義の文句で彼を侮辱したとき、彼はこの学生をつかみ川に投げ込んだ。聖霊降臨祭の寸前に、フライブルクの学生たちはすべて休暇の準備をしていた。休暇中には、たとえば、黒い森への大きな散策、ボーデン湖あるいはスイスへの旅行が、企てられた。ファーバー兄弟は、しかしパリへ行くよう決心した。フッサールは、このことを聞きつけたとき、彼らに言った。「あなた方はいかがわしい都市に出かけてはならない」。フッサール、この愛国主義者のドイツ人にとっては、パリは敵の都市、ヴェルサイユ条約の都市だった。ドイツの教授連や枢密顧問官たちはこのようだった[12]。

　私はさしあたり夏学期だけフライブルクに留まった。そこはすばらしいところだった。しかしフライブルクでは、私にとって非常に重要であるユダヤ研究を行うことは不可能だった。ユダヤ研究のためには、ドイツにおいてただ一つの場所があった——ベルリンにあるユダヤ教学大学である。そこは高度にアカデミックな水準を保っていた[13]。19世紀に自由ユダヤ教が形成された。それは、理論的領域でも時代に即応しようとして、ユダヤ教の研究を、ユダヤ教習所の伝統的形式の代わりに、現代文献学や歴史学の精神でもって形成した。だから私は、1921年と22年の冬学期にベルリン大学とユダヤ教学大学に同時に登録した。そこではたくさんの優秀な人々が学んでいた。レオ・ベックやイスマール・エルボーゲンがいた。私の人生において、少し

ばかりタルムードを学んだ唯一の時期だった[14]。そのほかに私は、ハリー・トルチナー——現代ユダヤ聖書釈義の領域で専門家のあいだで著名な学者——の講義とゼミナールに聴講届を出した。けれども、とりわけユリウス・グットマンが私にとって個人的に重要だった。彼は中世ユダヤ哲学の専門家だった。特にスペイン—アラブ時代の専門家だった。その時代においてはイスラム教徒とユダヤ教徒の共同生活が全体として真に調和的だった。したがって、ユダヤ人の生活は自由に展開された。アラビアーアリストテレス哲学とならんで、その頃また、ユダヤのアリストテレス主義も生じた。その最も重要な形としてマイモニデスが挙げられる。私は今でも、ユダ・ハーレーヴィ（Juda Halevi）の『ハザルの書』（*Sefer Kusari*）*3——南ロシアにおけるハザーレ民族（chazarischen）の支配者の宮廷でユダヤ教、キリスト教、イスラム教のあいだで戦われた論争についての歴史的フィクション——についてのグットマンのもとでのコースのことを覚えている。その論争は著者［ハーレーヴィ］にとって、ユダヤ教の哲学的熟慮の実証のための文献的手段として役立った[15]。私はのちにエルサレムでグットマンの家を訪れたけれども、彼は哲学的精神の持ち主で、親切な人で、真の学者だった。彼は、哲学的にはみずから創造的であることはなかった。しかしカント学者として、近代哲学を中世のユダヤ哲学の解釈に適応した、著名なユダヤの学者だった[16]。

　ベルリン大学で、私はさらに哲学を研究した。とりわけ、エードゥアルト・シュプランガーに師事した。彼はフッサールやハイデガーに匹敵するほどではなかったとしても、すばらしい精神の持ち主だった。そのほかにプロテスタント神学部には聖書—宗教史学派の非常に優れた旧約聖書学者がいた。とりわけフーゴー・グレスマンとエルンスト・ゼリン[17]がいた。私は彼らの講義やゼミナールに聴講届を出した。私は、エルンスト・トレルチや、もちろんまた、反ユダヤ主義者だったが著名な古代史家だったエードゥアルト・マイアーも聴講した。私はマイアーのギリシャ史に聴講届を出し、後期アレキサンドリア時代についての講義を聴いた。その時代にマカベウスの乱が起こった。私は、彼がマカベア一族をヘレニズムのシリア人と対立させて、否定的に述べたありさまを、また、新しいハスモン家の国をいわばスケールの

大きな追いはぎによって成立した[18]ようなある種の侵略国として描いたことをまだ覚えている。それはそうとのちに私は、オイゲン・トイプラーからマイアーについて非常に嫌な話を聞いたことがある。トイプラーはとりわけローマ史に精通している古代史家で、プロイセンのユダヤ人であるが同時にまたユダヤ国粋主義者であり、のちにアメリカへ移住しシンシナティーにあるヘブライ・ユニオン大学で古代史を教えた[19]。しばらくのあいだ彼は、マイアーのもとで助手をしていた。そして彼に明らかであったのは、この反ユダヤ主義者[マイアー]は同時に礼儀正しい男だったということである。マイアーは、いわば世界史のなかでのユダヤ的要素に対して反感を抱いていた。しかし彼は、トイプラーを徹頭徹尾公正にふさわしく取り扱った。ある日トイプラーはマイアーに、「枢密顧問官、私はあなたをおもしろがらせる最も興味あるものにぶつかりました」と言った。それからトイプラーは、ある文献からカルタゴ史の一つの事件をマイアーに報告した。ローマの使節がやってきた。カルタゴ人はその要求に非常に憤慨して、使節を殺し、その死体をカルタゴの都市の門に釘づけにした。その話を受けてエードゥアルト・マイアーは言った。「そうだそうだ——典型的なセム族の残忍さだ。注目すべき事件だ」。それからトイプラーは続けた。「すみません、枢密顧問官、今私は少し事実を変えてしまいました。それは本当はカルタゴではありません。バルバロッサ*4へのロンバルディアの都市の使節でした。そして彼がミラノの都市の門に彼らを釘づけにしたのです」。その出来事が本当であるのかどうか、私は知らない。しかし私に、トイプラーがみずからその出来事を話してくれた。エードゥアルト・マイアーを根本的にだますことに彼は成功したのだった。

　ベルリンはその頃、暴動、紛争や困窮、極端に対立する運動によって揺り動かされていたとしても、大都市として、世界の都市として巨大だった。そこでは本当に、けっしていつも愉快だというのでないが、恐ろしくはらはらさせるような何かが起こっていた。自宅からの財政上の支援のおかげで私は、動物園通り地区で満足のいく家具付きの学生寮で生活することができた。そこでは本当にうまくいっていた。しかし私は、ベルリンという現象に対して心の面で十分にそなえができていたというのではない。そのことを、おかし

な事件が説明してくれるかもしれない。私はある日、いとこのエーリッヒ・ハース——当時ベルリンで医学を学んでいた——と町を歩いていたとき、彼に話しかけた。「街頭の風景がすばらしいと思う。クーアフュルステンダム通りを通り過ぎる人々。いつも彼らはぶらついている。見てごらん、この粋に装った婦人たちを」。すると彼は言った。「ハンス、娼婦だよ」。私はびっくり仰天した。私は、エレガントな婦人たちだと思っていた。婦人たちは、粋で魅力的な、当時の状況でさえも本当に短いスカートを、メンヘングラートバッハやフライブルク・イム・ブライスガウでは着たことがないようなスカートを披露していた。おまけに首や帽子の周りに毛皮のモール。私は、「それはエレガントなすばらしい世界だ」と思った——街娼の女であるというのは、私のいとこによって初めて説明されなければならなかった。

　その頃、ベルリンでの政治生活は息をのむようだった。私が過ごしたベルリンでの三つのゼメスター——1921年から22年にかけての冬から1923年春までの——は、激動の時代だった。1922年の夏にヴァルター・ラーテナウの殺害があった。そのあとで、これに抗議する10万人もの社会民主党員の人たちが通りを行進した。そして抗議のためゼネストが宣言された。敗北した世界戦争の余波がいたるところで表面化していた。交通機関はまだ停まっていた。荒れ果てた道を徒歩で行かなければならなかった。寒かったし、通りの照明は粗末だった。まわりには飢えと困窮が支配しているのは、火を見るより明らかだった。しかしまた、新しい政治的構想とその試みの激しさや新鮮さが感じ取られた。大学ではとりわけ反動が支配していた。そして、われわれの教授たちは失墜した君主制の側に立って、ヴェルサイユの押しつけられた協定を非難し、あらゆる左翼の理念を拒絶したということは疑いがなかった。それに対して、私が運動に加わったシオニズムの仲間ではヴェルサイユ条約は話題にならなかった。われわれは、それは自分たちと関係がなくドイツ国民の問題であるという気がしていた。もちろん誰にとっても明らかだったのは、どんな理性的な契約も存在しないのであって、とりわけ賠償金の支払いはインフレへと、われわれみなが苦しんだ経済的状態へと導いたことである。しかし、ヴェルサイユ条約でわれわれに本当に興味がある唯一の

ことは、1917年のバルフォア宣言がある程度新しい世界秩序の一部、すなわち第一次世界大戦の結果として創設された国際連盟の基礎の一部だったということである。国際連盟は正式にイギリスに、パレスチナを委任統治領として支配することを、しかもそこで土着の住民の権利を守りながらユダヤ国民の祖国的場所を建設するという条件をつけて、委嘱した。それはある程度、国際法の部分となった。その限りにおいてわれわれはもちろんヴェルサイユ条約を肯定した——ドイツに関わる点においてではなくて、とりわけ戦争中にイギリスによって一面的に与えられたユダヤ人への政治的約束に関して肯定した。だからわれわれみなは、もちろんイギリスに賛成した。なぜならイギリスはわれわれにパレスチナの門を開いたからである。

　私の私的な生活と社会的な生活は完全に、シオニズムに傾倒する大学生の周辺のなかで完全に行われた。そして私はほとんどもっぱら、マカベア団体のなかで動いた。ベルリンには四つの異なった団体があった、と私は思う——マカベア（Makkabäa）、ハスモネア（Hasmonäa）、そしてユダヤ人学生漕艇会があった。この漕艇会はシュプレー川とハーフェル川を漕いで、そしてわれわれが「筋肉・ユダヤ人（Muskel-Juden）」と名づけた団体であり——一方マカベアは、もっと「知的・ユダヤ人（Intelligenz-Juden）」であった——、ブラウ・ヴァイス（Blau-Weiß）[*5]と同様に、ドイツ・ワンダーフォーゲル運動の手本によって強く影響されたユダヤ・ワンダー運動[20]であった。私は、結局のところユダヤ人以外の学生たちとは付き合わなかった——ベルリンには非常に大きな、多様な形態のユダヤ人世界があったので、それを狭いと受けとめることなしに、ユダヤ人世界のなかに完全に留まることができた。ユダヤ人の強いプレゼンスが、もちろん著しい反ユダヤ主義を大学生のなかにも引き起こした。このことは、フライブルクでは考えられなかった。こうしたユダヤ的環境や大学とは別に、ベルリンには劇場の生活があった。それは、最も多様で更新力をもつもので、私が二度と経験することはなかった。私たちは芝居小屋へ、民衆舞台へ、あるいは創造的に新しい演出がなされていた、こうした劇場の一つへ行った——たとえば、エルヴィン・ピスカートルによる演出。すばらしかった。上階のギャラリーに座るか、あるいは長時間立つことをい

第3章 哲学とシオニズムのあいだ 67

とわなければ、学生は比較的安いお金で参加することができた。それが本当の文化の体験だった。雑多のユートピア的、政治的、世界観的グループをもったこのベルリンで、新種の実験の欲望や近代性をそなえた最高の芸術的生活が生まれた。著しい数の、近代的、左翼‐知的芝居があった。たとえば、エルンスト・トラーの大衆人[21]。それとならんで、宣伝色濃厚な特徴をそなえたもの。他方私たちは、途方もなくおもしろいシェークスピアの上演を見ることができた。あるいは1921年から22年、1922年から23年にかけての大晦日に大劇場でジャック・オッフェンバックの『地獄のオルフェウス』をマックス・ラインハルトの演出で見ることができた。それは、私がこれまでに見た最も美しい上演の一つだった——マックス・パネンベルク、オイゲン・クロッパー、ケーテ・ドルシュが出ていた。私は、フリッツ・コルトナーを見た。重要なドイツの女優や俳優たちのすべてを目にした。次のように言えるかもしれない。激しい時代だった。しかし、おそらくドイツの文化的生活の最も実り多き瞬間の一つだった。そこにおいていっさいが——表現主義のように——それまで体制批判的生活を導いたいっさいのものが、今や革命によって公然と目標にされた。

　シオニズムの世界にあって、哲学者としての私はむしろ例外的だった。仲間の多くは医学あるいは法学を学んでいたし、別の仲間は国家経済学を学んでいた。だが、もう一人哲学を学んでいる者がいた。彼は私より二、三歳年上で、私たちが最初に出会ったあと、すぐに博士論文を書き始めた。レオ・シュトラウスと言った。私たちのあいだの隔たりは大きかった。しかし、私たちは互いに認め合っていた。あるときまた彼の仲間に一人の若い哲学者［私］が加わったことは、彼にとって非常に興味深かった。私たちは互いに親しくなった。彼は第一級の哲学的精神の持ち主だった。当代の哲学の後継者にあって最も強い性格の一人だった。彼はみずからの道を早くから進んだ。彼は、私のような意味で研究の大部分をハイデガーのもとですませているというハイデガーの生徒ではなかった。しかし彼は、フライブルクでハイデガーと知り合いだったし、はじめから、ハイデガーはおそらく現代の最も重要な哲学者であるだろうと確信していた。彼は、マールブルクから遠くない、ヘッセ

ンの小さな町キルヒハインの出身だった。彼の父は、由緒ある農村のユダヤ人だった。たしかにみずからは土地を耕作しないが、しかし穀物を商い、片手間に牛や鳥を飼っていた。私は一度生家に彼を訪ね、彼の父と知り合いになったことがある。母親はすでに亡くなっていた。彼が育った家屋敷は、大きな納屋のような建物をそなえた田舎の農家だった。そこには穀物が蓄えられていた。彼の生家は因習的だった。そこで彼は、深く苦悩しながら青年時代の伝統的教育から身を引き離した。哲学をみずからの基準にすることは、彼にとって容易ではなかった。すなわち、あらゆる偏見的独断的断定から、神と世界の究極的問いへまなざしを向けることでみずからを解放することは容易ではなかった。哲学することにとって自由が不可欠であり、自由は特定の宗教あるいは啓示、あるいはそもそも一なる神への信仰と両立しない。哲学者でありえるためには無神論者にならねばならない。こうした自由、精神的必然性は、彼を生涯のあいだ苦しめた。彼は、たしかにこの決断をした。しかし彼は、次のような感情から逃れることはできなかった。すなわち、正しさが究極的には証明されえないような何か大事を、彼が始めたという感情である。この感情は、何度も彼をある根本的な懐疑のなかへ突き落とした。確固たる信仰命題を否定することと結びついている理性的啓蒙の道は真理にふさわしいのかどうか、人間にとって救済であるのかどうかという懐疑である。彼は、いわば無神論者であることの必然性で苦しんだ。このことを、亡命における一つの体験が私に示してくれた。私が1933年にイギリスに来たとき、彼もまたそこにいた。そして私たちは引き続きしばしば会った。レオ・シュトラウスは当時若い奥さんと初婚のときの小さな息子とロンドンで生活していた。ある秋の日——たぶん1934年だっただろう——、私たちはハイドパーク［ロンドン］のなかを散歩した。私たちはしばらく黙ってお互いに並んで歩いた。突然、彼は私のほうを向いて言った。「私は恐ろしい」。「私も」、と私は言った。なぜか。ヨム・キプール (Jom Kippur)、贖罪の日だった。私たちは二人ともシナゴーグへ行かずにハイドパークを散歩していた。それは特徴的だった。私にとってよりも彼にとってずっと特徴的だった。なぜなら私の場合、根本的信仰を剥すことはずっと容易な事柄だったからだ。というの

も、もともとすでに私の両親がそのことをやっていたからだ。そして私は、このような事柄について自由に考える環境のなかで成長したからだ。しかし彼の場合、彼を苦悩させるものがあった。「私は殺しのようなことを犯した。あるいは忠誠の誓いを破った。あるいは私は何かあることに対して罪を犯した」。この「私は恐ろしい」は、本当に彼の心の底から出てきていた。しかしこの主題が、私たちの友情ある会話をとりしきってはいなかった。彼は私と同様に確固たるシオニストだった。そして、ユダヤ宗教の維持と結びつかない世俗の運動としてシオニズムを理解していた[22]。しかし私たちは、とりわけ哲学の話をしていた。彼はこうした歳月における、私にとり最も鋭く深い会話のパートナーの一人だった。彼がベルリンから去ったとき、私たちは間隔を開けてしか会わなかった。彼は家から財政的に十分な援助を受けていなくて、急いで勉強を終えなければならなかった。そこで、彼はハンブルクへ行き、1921年にエルンスト・カッシーラーのもとで新カント主義のテーマで博士論文を書いた。彼は彼自身の目でこのテーマをなんなく片づけた[23]。彼は1925年、ベルリンにあるユダヤ教の科学アカデミーに仕事を見つけた。それまでのあいだは、彼はフランクフルトにあるユダヤの教習所で無給で働いた。彼はそこでイスマール・エルボーゲンとフリッツ・バンベルガー（Fritz Bamberger）によって編集されたメンデルスゾーンの著作の記念出版の刊行に加わった。1933年、もちろんいっさいが中断させられた[24]。私たちの友情は亡命中も続いた。シュトラウスは1932年以来、アメリカ合衆国へ移住するまえ、フランスやイギリスで生活した。

　私はベルリン時代に、シオニズムの運動との関連で最も緊張する出会いや体験をした。最もおもしろい出来事が起こったのは、1924年、ユダヤ組合連合とブラウ・ヴァイスとのあいだに合併が企てられたときだった。しかし、この両者の組織のスタイルは非常に異なっていた —— 一方はドイツ連合に由来する学生連合であり、他方は青少年運動からのワンデリング同盟 (Wanderbund) であった。といってもなんとかして両方の側に、力を合わせる必要が芽生えた。私は、KJV［ユダヤ組合連合］の一種の仲介人としてブラウ・ヴァイスに入会し、その大きな徒歩旅行をともにし、その歌も歌った。そ

の歌は、私の今日の見解ではドイツの民謡ではなくて、青年運動によって霊感を与えられた疑似・古風なドイツのリート（Liedwesen）に属するものだった。たとえば、「僕たちはガイアーの黒い群れ／ハイ・ア・ホ・ホ！（Wir sind des Geyers schwarze Haufen/ Hei a ho ho!)／暴君と戦おう／ハイ・ア・ホ・ホ！（Und wollen mit Tyrannen raufen/ Hei a ho ho!)」という歌。私は、16世紀の農民一揆運動における騎士フローリアン・ガイアー（Florian Geyer）の従者たちがそのようなものをけっして歌わなかったと、そしてそれは、あとに模作された作品だと確信している。けれどもその当時、私たちはみんな信じて疑わなかった。これは古いドイツの一揆の歌、徒歩傭兵の歌だ、と。なぜその歌が多くの人々にそれほど気に入られたかというと、ドイツのワンダーフォーゲル運動からの由来によってのみ説明可能である[25]。私たちは何か独自のものがほしかった。ユダヤの伝統はこのような歌をけっして提供しなかった——ヘブライのシナゴーグ*6の歌は活発な徒歩の活動にとにかく合わなかった。そして東欧のユダヤ・社会主義運動に由来するイディッシュ語*7の闘いの歌は、その政治的心情に関しては、ふさわしいものではなかった[26]。

　当時ベルリンでユダヤ組合連合、すべての大学、そしてブラウ・ヴァイス指導者層の代表者たちからなる大きな集会が行われた。「指導者層」は、そこではすでにほとんどファシズムの手本にしたがった組織だった。なぜならムッソリーニの指導原理がその当時、このユダヤ民族青年運動とその狂信的な信奉者たちにある種の魅力となっていたからだ。学生運動において私たちは、それに対してひとえに批判的な精神の持ち主だった。みなが、自分の考えでシオニズムに到達し、ユダヤ史を理解し、学ぶことを試みたアカデミー会員だった。ようするに、こうした二つの異質のパートナーが会議で落ち合うはずだった。私は、KJV［ユダヤ組合連合］の側からそのための動議を提出するよう依頼されていた。私の仲間エルンスト・シモンは、完全にドイツに同化した家庭出身であるけれども、ユダヤ教へ戻り、みずからの思想を宗教的シオニズムへと発展させたのであるが[27]、彼は統一することに反対するセンセーショナルな大演説をした。その演説は、私がかつて耳にしたなかで最高に雄弁なできばえの一つだった。その演説は、一時会議に破局をもたらし

そうだった。そこで、その演説はブラウ・ヴァイス側により巧みに止められた。シモンは、ブラウ・ヴァイスにより具現された新しい異教に対して激しく反対し、警告した。私たちはユダヤであらねばならない。しかも大きなユダヤの伝統の意味でそうであらねばならない。しかるにブラウ・ヴァイスのロマン主義は同化現象であり、私としては支持できない立場である、と。それはみごとな演説だった。出席者にゲルショム・ショーレムもいた。彼は同様にヤジを飛ばした。そして激しく合併の主張に反駁した。けれども、彼は本当は何も言うべきではなかった。というのは、彼はたしかにすでにシオニストとしては著名であったが、その集会で統一することになっていた二つの団体のどちらにも所属していなかったからである。私がショーレムを見たのは、ここが初めてであった——彼の巨大な手で、大声を上げて交渉に割って入り、私たちアカデミックなシオニストたちを、この命取りになるような結合に入ることから守ろうとした。この結合は、ただ「脱ユダヤ化傾向」と現代の同化したユダヤ人の疎隔過程をさらに強化することになるであろう、と。私はその頃、まだショーレムと個人的な知り合いになっていなかった。彼を一定の距離を置いて観察していた。ショーレムの容姿、語り方、叫び方、身振りは、感銘を与える要素とグロテスクな要素を同時にもっていた。しかし彼には、なみはずれて個性的に思索する、オリジナルな、最も深く精神的動機に満ち満ちた人格性の特質が現れていたことは疑いがない[28]。

　その頃、私たちベルリンのシオニストに影響を与えていた最も重要な人物を尋ねられるなら、マルティン・ブーバーとフランツ・ローゼンツヴァイクが挙げられるだろう。私たちのあいだには、ブーバーによって強い感銘を与えられ、ハシディズム[*8]へのブーバーの関心を共有していた人々がたくさんいた[29]。雑誌「ユダヤ人 (*Der Jude*)」の発行者として、そしてヴィクトール・フォン・ヴァイツゼッカーとともに雑誌「創造者」の共編集者として、彼は非ユダヤ、ユダヤを問わず世間によく知られた人物だった。同時にブーバーは、強いユダヤ的な知らせを告げた。その知らせは、なるほどいかなる観点でも正統的かつ保守的ではなかったが、積極的熱狂的にユダヤ的だった。それに対してローゼンツヴァイクは、はるかに秘教的な人物だった。彼の著作

『救済の星』は、真剣に取り組むべき読み物と見なされていた[30]。しかし当時私自身は、その本をエルンスト・ブロッホの『ユートピアの精神』[31]とまったく同じように読んでいなかった。フランツ・ローゼンツヴァイクについては、とりわけフランクフルトにあるユダヤの教習所の創設に示唆を与え、ブーバーとともにそこでは独自の精神的勢力だったということが知られていた[32]。彼の病気もよく知られていた——彼の麻痺は進んでおり、彼はすでにほとんどもはや話すことができなかったが、それにもかかわらずさらに法外な影響を行使していた、ということが知られていた。しかしその影響は非常に小さな範囲に限られていた。レオ・シュトラウスのようにローゼンツヴァイクとまじめに取り組んだ人もいた[33]。私は哲学的態度と同様に、全ユダヤ的態度に基づいて、そうするべきだったかもしれない。けれども私自身はそうすることをそれほど無条件に必要であるとは思わなかった。私がその頃承知していたのは、ローゼンツヴァイクがブーバーとともに、ヘブライ語の聖書をドイツ語に翻訳するというこの奇妙な大胆な企てを追求しているということだけだった。奇妙というのは、この翻訳によって聖書が新しく贈与されるはずであったこのドイツが、ユダヤ人に対して見る見るうちに敵意のある態度をとったからである。一から十まで悲喜劇に近かった。なぜなら、その仕事がもう少しで完成しそうだったとき、ドイツのユダヤ民族は死にかけていたからだ。その当時私は、ドイツのユダヤ民族にはいかなる未来もない、したがって聖書をもう一度ドイツ語に翻訳することは重要な課題ではないという、預言的な感情をもっていた——私はそれを一種のアナクロニズムと見なしていた。ブーバーやローゼンツヴァイクはドイツのユダヤ民族がさらに使命をもっているということから出発したのに対して、私はむしろ、フェリックス・タイルハーバーの考えや、ドイツのユダヤ民族の没落——しかも暴力によってではなくて、同化、出生率の低下、混血婚によって——を前提した他の人々の考えに与していた[34]。ちなみに私は、今日までブーバーやローゼンツヴァイクによる聖書翻訳の要求はなるほど興味深いものではあるが、かなり疑わしいものとして、ほとんど正当性のない、あまり意味のない実験と感じていた。そしてドイツ語は、ヘブライの聖書の原音声 (Urlaut) に合っているとい

う彼らの決定にけっして賛成ではなかった。しかしとりわけ私には、その計画は特に重要であるとは思われなかった。というのも私は、ユダヤ民族の未来を完全に別の場所に見ていたからである[35]。

　遠距離であったにもかかわらず、私たちはKJV［ユダヤ組合連合］において東欧のユダヤ教徒*9のシオニズムに対する意味と取り組んだ。ドイツのユダヤ人の視野に入ってきたのは、ただ手を貸すことが必要となったときだけである。ドイツにおいては、すでに早くからさまざまな援助団体が結成されていた。これら団体は、ゲットー*10と専制ロシアにおける弾圧から逃れたさまよえるユダヤ人に援助を続け、彼らをハンブルク・アメリカ・航路でさらに新世界へ送るために、彼らに船の乗車券を購入した。これらのユダヤ人たちは、成功した、同化したドイツのユダヤ人にとって歓迎される増員ではなかった。ドイツに、特に大都市やとりわけベルリン ―― そこの穀物倉庫地区では東ユダヤの住民が生活していた ―― に彼らが留まるならば、そこに異国風のユダヤの連中が入植させられるということを恐れた。その異質性が人目を引いた。私たちが、「特殊用語・隠語」として特徴づけ、そしてドイツ語のゆがみと見なしていたイディッシュ語は、彼らの衣服や振る舞いと同様に好まれなかった。ようするに、彼らはより劣った種類のユダヤ人と見なされた。彼らを人々は援助し続ける用意があった ―― 一部は彼ら自身のために、一部はユダヤ人の連帯性から、一部はしかしまた彼らをやっかい払いするためにであった[36]。ドイツ的にしつけられた若いユダヤ人は、ほとんど彼らと交際しなかった。そして東欧のユダヤ人を両親にもつ子供たちが、私たちの仲間であるのはごくまれだった。だから個人的に接触することもほとんどなかった。それにもかかわらず、それは東欧のユダヤ民族を発見する第二の形となった。特にシオニストたちにとって、そしてその結果、私の経験にとっても重要であった。第一次世界大戦のあいだに、ドイツ出身のシオニストたちは、オーストリア隊 (Oberostkommando) において東ヨーロッパのユダヤ人と知り合いになった。サミー・グローネマンと他の人たちは帰郷し、民族ユダヤについて報告した。これは、ドイツのユダヤ人の場合とは完全に別の仕方でみずからをユダヤ民族と感じていた[37]。ドイツ軍のなかでそれ自体ヘルツ

ル的性格だったユダヤの仲間——ウィーン風、フランス風、リベラル風の混合——は、ユダヤ人の大量の入植による暫定的占領地域で、衝撃を受けた。そして同時に次のような発見で興奮させられるという体験をした。それは、東欧では民衆的なユダヤ教が独自の慣習、独自の芸術、独自の叙事詩、独自の詩、そして独自の、一部はシオニスト的あるいは社会主義的政治的運動を兼ねそなえている、という発見である。ようするに、ここで私たちは、次のようなユダヤ教に出会った。すなわち、このユダヤ教と私たちはなるほど今後も個人的に一緒になることは多くはなかったが、そのユダヤ教のパレスチナの入植に対する意味についてはいっそう確信させられた。というのは、パレスチナにおける新しいユダヤの共同体の建設の大部分は西と中央ヨーロッパ出身のわれわれアカデミカーによってではなくて、東ヨーロッパにおけるユダヤの大衆に由来するということを、私たちは認識しないわけにはいかなかったからである。その限り、私たちにとって東のユダヤ民族は、シオニストの思想で高く評価されるべき要素だった。このことが意味するのは、言われているように、私たちがしばしば東ユダヤのグループとベルリンで出会ったということではない。しかし私たちは、東ユダヤで住民がもつ元気の良い、独自の民族体験によって満たされたシオン[*11]憧憬やシオン決意よりも、自分たちのシオニズムがはるかに抽象的だったということを意識させられた。

　私は、ベルリンに在住する大部分が反シオニズムであるユダヤの大市民階級とは、東欧のユダヤ人と同様にほとんど接触しなかった。最後まで、シオニストはドイツのユダヤ教において少数派だった。その結果私は、みずからシオニズムを決断したことによってこの集団から排除された。しかしながら、シオニストと非シオニストのあいだに、ある種の共同作業が存在した。1921年、ケレン・ハイェソッド (Keren Hajessod)【ユダヤ民族基金】[*12]を使って、パレスチナへの入植を支援するための超党派的組織が創設された。その組織では、非シオニスト的人物もパレスチナにおける土地と入植の買いつけのために尽力した。この国際組織は、一部はハイム・ヴァイツマンの指導によって支援されており、そのドイツの支社には、クルト・ブルーメンフェルト指揮のもとできわめて重要な使命が割り当てられていた。いつもはたいてい反シオニ

スト的であったドイツのユダヤ教を、また財政豊かで同化した、かつ文化的に指導的であったドイツのユダヤ教を、少なくとも実践的目的のためにシオニスト派と関係づけるという使命だった。私自身一度、この大胆な企てに少し関与した。パレスチナ基金の集会が行われた。非常に洗練された集会だった。そこには有名な人々が姿を現した。個人的な招待がありさえすれば入場することを許可されていたので、客の一人になることは名誉だった。ユダヤ学生組合は、このような集会においてつねに整理係員を提供した。ある日私は、アルバート・アインシュタインがパレスチナの移住の件で語るはずになっていた比較的大規模の集会に整理係として割り当てられた。私はホールにいて、客を迎え入れ、招待状をチェックしていた。そのとき、燃え上がるような、灰白色の髪をした一人の男が入ってきた。その髪は少し乱れていたけれども、彼の頭のまわりを威風を漂わせなびいていた。もちろん誰もが、このような機会には黒い洋服を身にまとっていた。肩はふけだらけだった——それがアルバート・アインシュタインだった。私は彼を迎え入れ、そして彼を最初に、玄関に置かれていた一つの机に連れて行き、彼に机の上に展示してある帳面に記入するように頼んだ。私は彼が言ったことをまだ覚えている。「いったいそいつは何だ。あーそうか、それはたぶん来客記念帳だな」。そして彼は、彼らしい政治的無頓着さで署名をした。なぜなら、彼にはこの瞬間まったく次のことがわかっていなかったからである。そこでの彼の署名が記念帳への記入どころか、アインシュタインがパレスチナの件で同意したという重要な記録として受けとられたということが、である[38]。

　ベルリンでの私の学生時代は、シオニズム活動や私の研究とならんで、その当時文学上、精神上で起こっていた多くのことを受容した時期だった。私たち、シオニズム上の、あるいは哲学・アカデミック上の友だちグループのすべては、もちろんのことトーマス・マンの『魔の山』を読んだ。誰もが、何らかの機会に、引用したり、そこからたった今理解されたことをほのめかしたりした。ここ『魔の山』、そして『ヨゼフと彼の兄弟』には、フッサール自身は別としても、現象学派全体よりも豊かなものがしばしば潜んでいる——トーマス・マンの一ページは、意識の志向作用における対象世界の構成

についての論文全体よりももっと深い洞察を含んでいる。[トーマス・マンは]大詩人だ。私はもちろん『世界劇場』*13 を読んだ。もっとも、たいていは拒絶反応を抱いた。なにしろ、ドイツの政治・文化的利益の審判員としてクルト・トゥホルスキーがあえてした役割を、シオニストとしては誰も十分に担うことができなかったからだ。私たちは次のような感情をもった。ある種のドイツのいさかいがあり、そこに私たちは関わるべきではないのであり、裁判官や首唱者であるべきではないという感情である。強烈な読み物は、それに対してカール・クラウスの『人類の最後の日』だった——第一次世界大戦のあいだに生じた大きなドキュメントであり、ドイツ語で表されたたぶん最も重要な戦争への抗議であり、フランスにいるアンリ・バルビュスと対をなすものである[39]。私の友人、ゲルハルト・ネーベルはカール・クラウスの賛美者だった。しかるに私は、彼［クラウス］には徹頭徹尾一面性を、誇張を多く見つけたし、独善性や虚栄心を見つけた。とりわけ私は、ユダヤ教に対する彼の不実な関係とある種のユダヤの自己嫌悪への彼の傾向を共感できないと感じた。しかし、彼が出世願望を動機に鞍替えしたのではなくて、一時的に現実にカトリシズムから引き寄せられたと感じたという事情を、私は是認した[40]。しかし『人類の最後の日』——ウィーン人でない私は、ローカルなウィーン風へのおびただしいあてこすりを理解することができなかったけれども、私が読み通した大きな著作だった。カール・クラウスの『炬火 (Fackel)』に収められたエッセイの多くも、私はすばらしいと思った。私は今でも、ウィーンにおける黒人というエッセイを覚えている[41]。詩も覚えている。彼はたしかに偉大な詩人ではなかった。しかし若干の詩は、彼にとってある仕方で成功している。本当に相当な頭脳の持ち主にだけ可能であるような仕方で——たとえば、イマヌエル・カントの『永遠平和について』*14 という論文についての詩のように。論文自体ではなくて、あるあとがきか、あるいはのちの手記においてカントは書いている。人間の事柄が悲惨に進む瞬間でも、言葉はおおいにそれを変えうるという希望を捨ててはならない。義務は遠い将来のために改善への道を示すことを命じる。『しかも私心のない好意で』。なぜなら私たち自身はこれらの時代をまるごと体験しないということはたしかなことだ

第3章 哲学とシオニズムのあいだ　77

からである。ペシミズムや、特に国際政治における悲しい世の成り行きの認識や、まったく私欲のない希望——おそらく何かが、私たちの子孫の状態をきっと好転させるということに寄与するだろうという希望——が混じり合っている。カール・クラウスは第一次世界大戦のさなかにこの詩を書いた。私に印象を残した時代の偉大な詩に数えられるこの詩は、以下のように述べている。

> イマヌエル・カントの言葉のようなものを／涙をこらえきれずにまなざしは読んだことがない。／神のもとで天のいかなる慰めも上回らない／この墓碑銘の聖なる希望に。／この墓は崇高なるあきらめ／「私にとって闇となり、光となる！」／人間であることに苦しんでいるすべての生成のために／不死のものが死ぬ。彼は信じ、感謝する。／暗い日との決別を彼に明るくする／君にもう一度太陽が輝くかもしれないということが。／今日とこの世の地獄の門をくぐり／信頼しながら彼は永遠の平和へ夢を見続ける。／彼はそのように言い、そして世界はふたたび真理である／そして神の心は私に「しかも」と打ち明ける。／文書に基づくようになる——信仰が関与するならば／そうすると約束した幸福が君たちに与えられる。／おお、不幸から君たちを精神へと救い出せ／君たちに君たちからよい道を指示する精神へと！／なんという人類！なんたる高貴な牧人！／あきらめる人が惑わさない者に災いあれ！／ドイツの狂気において世界が／世界が呼んだ最後のドイツの奇跡を逸するとき、災いあれ！／かつて星にまで一人のこびとは達した。／彼のこの世の王国はただ一つ、ケーニヒスベルク。／だが、それぞれの王の城と妄想を超えて／世界全体の忠実な家臣は歩く。／彼の言葉は刀剣と力を超えて命じる／そして彼の保証は負い目と夜を呼び起こす。／そして彼の心の神聖な曙光は／人間が人間を殺すという血のあやまちを退ける。／世界大戦において言葉は彼らの心に焼きつけられたままである。／イマルエル・カントの永遠平和のために！[42]

私が4ゼメスター——1ゼメスターをフライブルクで、3ゼメスターをベルリンで——勉強したあとで、自分の人生の目標のなかで、パレスチナへの移住に関連する部分を実現するべきときが来た、と私は思った。ハフシャラー（Hachschara）*15 組織があった。その組織は、パレスチナで職業の変革や農業の仕事を準備しようとした若いユダヤ人のために、農夫あるいは大規模園芸農家で徒弟としてのポストを得るチャンスを与えた。多くの人はそこで孤立せずに、グループで働いた。盟友のなかで、ハフシャラーへ行くことを告げたのは私一人だった。そして1923年の3月から10月までの期間、さまざまな家庭からのほかのドイツ系ユダヤ人とともに、ヴォルフェンビュッテル、ケールベランガー3番地のリヒャルト・グラーベンホルストのところへ派遣された。この地方には大規模な農業を営む農家はなかった。むしろ、片手間に小さな範囲で穀物を生産し、家畜、とりわけ豚を飼育する大きな園芸農家がいた。この豚は自家用に潰され、冬期間に足るだけの十分な量の薫製ハム・ソーセージが作られた。けれども肝心なのは、果物の木、野菜、大きなイチゴ畑、アスパラガスの苗床、果物の低木がある畑だった。就業日は早朝、朝食のずっとまえに、アスパラガスの季節にはとりわけ朝まだ暗いうちに始まった。そしてイチゴの収穫の時期には、私たちは毎週苗床のなかを袋地で膝をついて進み、熟したイチゴを摘み取った。私のボスは、しばしば一緒にサクランボの木の上高くに座り、私たちがサクランボを摘み取っているあいだ、人生の意味や類似の事柄について、私と哲学の話をした。最も素朴な人でもそれについては熟慮している。その際、こうした男はさらに究明するために、学んだ哲学者をしばしば用いたがる。私にとって、そうした農作業は非常につらい仕事の時間だった。というのは、私はこの種の身体的な労働にそもそも慣れていなかったからだ。しかし私は、学ばなければならないものをほぼすべて学んだ。こうして私は、たとえば馬の鋤を操ることができ、そしてまっすぐに畝を立てることができた。私の賃金は、賄い付き下宿で少しの小遣い銭だった。私は屋根付きの小さな部屋に、ようするに一台のベットと一脚の椅子をそなえた屋根裏部屋にいた。私はほぼ14時間働いた。それからベットに沈み込み、たちまち深い眠りに落ちた。

リヒャルト・グラーベンホルストは背の高い男だった。彼は戦争のあいだ、ゴスラーの狙撃隊、精鋭・歩兵・連隊に奉仕した。彼が私に話してくれた戦争の経歴のなかで、私が覚えている二つのことがある。彼はいつだったか以下のような言いまわしをした。「窮したときには、パンがなくともソーセージはおいしい（背に腹は代えられぬ）」。私はそれを笑った。そのとき彼は言った。「それは聞こえるほど笑えることではまったくない。パンなしのソーセージは長く続けば人の身体によくない。人がそれを食べるのは本当にただ困っているときだけだ。ルーマニアの出征のあいだに進撃は非常に早く進んだので、食糧の補給はついていけなかった。ルーマニア人は豊かな農場をもっていたので、私たちが行くところ、どこでも豚を刺し殺し、新鮮な肉を焼いた。しばらくしてから私たちは重い胃痛になった。肉だけでは私たちは生きることができない。パンがそれに必要不可欠だ。だから、パンなしにソーセージを食べるのは、本当に困ったときだけだ」。いつか別のときには、私たちは野にいたが、彼は遠くから雷雨が近づいてくるのを見た。私たちは稲妻が光るのを見た。雷が鳴った。そのとき彼は言った。「私たちは今帰ったほうがよい」。私たちは持ち物、馬、鋤をとり、農家に戻った。そこで私はあえて、どうして君はそんなに神経質なのかと言った。彼は堂々たる大男なのに、こっけいだったからである。そのとき彼は言った。「あなたにそれをいいましょうか。世界大戦以来です。私にあまりに砲撃を思い起こさせすぎます。戦争以来、雷雨の時は不安に襲われるのです」。

　この地方の農夫にとってハフシャラーはたいへん得な組織だった。というのは農夫たちはそれにより無料の労働力を手にしたからだ。私たちがユダヤ人であるということは知られていた。なぜなら、ほかには、この条件で働く気があるような変人はいなかったからである。私の雇い主は、ほかの農夫に対して彼のユダヤ人たちを自慢した。多くの農夫が言った。「私も喜んでユダヤ人をもちたい」。そこでハフシャラー組織の人々が新たに徒弟としてのポストを求めたら、彼らは全部肯定的な答えを得た。私たちは、すぐに町中、村中に知られた現象になった。そして時代の注目に値するものの一つと見なされた。全体として見れば、私たちは尊敬の念をもって受け入れられ、ある

種名声を博した。私たちは、なるほど見習いではあるが、熱心で、そして安価な労働力であると評価されていた。豊かに過ごせた唯一のものは食事である。私たちは、この時代に都市で可能であったよりもよりよいものを食べることができた。パンにのせるソーセージやハムを、よそではどこでも手にすることができなかったということを、私はまだ覚えている。食欲は飽くことを知らなかった。私が働いていた農夫は、私にもちろんしつこく尋ねた。そして私の父が工場主であることを聞いたとき、彼は首を横に振って言った。「なぜ君はここで重労働をしなければならないんだい。君は、勉強をさせてくれるお父さんがいるじゃないか」。私は農夫にそれを説明しようとした。しかし農夫は、おそらく考えただろう。「まあいいや。神の園には考えられる限りのありとあらゆる動物がいる。だから、厳しい労働をし、それからパレスチナへ行くことを実行しようと固く決心するヤツもいる——このような境遇で生きることを自賛する代わりに」。農夫はしかし最後に私に、哲学に戻るようにと、忠告を与えた。そして言った。「君はたしかに立派な態度でよく働いた。しかしまったく君のやるべきはそんなことではない」。私はただ彼にうなずくことができるだけだった。私は実際に立派に振る舞った。そして私は、この仕事をしたことを、グループから離れて他の人々と触れ合ったことを喜んだ。その際少女もいた。若者たちのあいだにはれっきとした体力自慢の者も二、三いた——私が驚いたことは、「筋肉ユダヤ人」のたぐいとそこで知り合いになったことである。私はただ一人の大学出だった。ヴォルフェンビュッテルで私に明らかとなったのは、パレスチナへの自分の意図から生じたものといえども、私が農場へ行ったことは、ある種の無駄遣いだったろうということ、そして身体よりも頭を使ってもっと何かをなしとげることができるだろうということだった。

第4章　マールブルク
——ハイデガーとグノーシスの呪縛圏のなかで

　そのあと私は、1923/24年の冬学期に向けてもう一度一年間ヴォルフェンビュッテルからフライブルクへ行った。当地で私は、フッサールのもとで学位を取ったギュンター・シュテルンと再会し、さらにルドルフ・カルナップやマックス・ホルクハイマーと知り合いになった。ホルクハイマーは、一学期間フッサールのゼミナールに参加し、驚いたことには、まったく場ちがいなヘーゲル哲学をそこにもちこんだ。しかし、そのあいだにハイデガーはマールブルクへ招聘され、彼の弟子たちもみな彼とともに移ってしまっていたので、私もまた大学を替えなければならないことがまもなく明らかになった。そこで私は、最初のフライブルク学期時代から知っていたゲルハルト・ネーベルに、そのあいだに何があったのか、ハイデガーはどのような講義をしたのか、次学期に何が計画されていたのかを尋ねた。彼が当時、『存在者と本質について』に関するゼミナールのことを語ってくれたのを今でも覚えている。そのゼミナールでは、このトマス・アクィナスの論考が、のちのスコラ哲学者カエタヌスの注釈とともにラテン語で読まれ、一学期間にわたって論議されたのだという[1]。その後、つながりを保つために、私もこの論考を研究した。1924年の秋に、私はマールブルクに来た。私はまもなく議論の仲間にふたたび加わることができたが、哲学の学生のなかには、盲信的で高慢な態度をとり、すでにほとんど神的な真理を所有していることを自任するハイデガー崇拝団があって、私には耐えがたいものだった。これは哲学などではなく、宗徒的な事柄、私が最も深く嫌悪する新しい信仰であった。これらの若いハイデガー崇拝者たちの出身地はさまざまで、なかにはケーニヒスベ

ルク出身者が若干いたが、その多くは若いユダヤ人であった。私には説明がつかないけれど、これがまったくの偶然だったとは思えない。しかし、この［ハイデガー崇拝者と若いユダヤ人との］親和性はおそらく一方的であった。若いユダヤ人たちが自分に殺到することが、ハイデガーの気に入ったかどうかは私は知らない。しかし、彼自身はまったく非政治的であった。この点では、彼ののちの自己弁護は正しい[2]。彼はけっして政治的な人ではなく、自分の政治的な選択肢を吟味したりはせずに、単純に民族的な革新運動に引き寄せられたのである。この点についてはまた語ることにしよう。いずれにせよ、当時マールブルクに広がっていたのは健全な雰囲気ではなく、あたかもハイデガーがツァディーク（義の人）[*1]、奇跡のラビあるいは導師ででもあるかのように、ルバヴィッチ派[*2]のラビに対する信者の関係のようなものであった。この心酔のなかに生きていた誰よりもハイデガーに対してはるかに近しい関係にまもなく入ることとなるハンナ・アーレントでさえ、十分な距離感をもって、この種の聖者崇拝を不快に感じていた。その頃、たちまち気の合うようになったわれわれ二人は、この種の高慢で排他的なハイデガー耽溺に対して身震いしたのである。

　この馬鹿騒ぎに与しないもう一人の懐疑的な人間がいた。ヴァルター・ブレッカーである。彼は知的な学生で、ハイデガーは彼に何か弱みをもっていたらしく、他の者にならば許さないようなことを彼には大目に見ていた。すなわち、ブレッカーはギリシャ語がまったくできず、またそれを学ぶことが必要だとも思っていなかった。一言もギリシャ語ができないのに、どうしてハイデガーのもとでアリストテレスを研究することができたのか、私には今でも不可解である。しかし、ブレッカーはそれをやりとげた。数十年後、独特な状況のもとで私がハイデガーと再会し、思い出話を語り合ったとき、彼は、私と同様にゆっくりと学問をしたブレッカーがついに学位を取ったときの口述試験で起きたことを話してくれた。ハイデガーは『形而上学』のなかのあるテクストを彼のまえに置き、それを彼に解釈させようとした。「ところが」とハイデガーは語った。「ブレッカーは机の下で足で私をつついたのだ。そう、彼はギリシャ語がまったくできないこと、だからこのテクストを彼に

出してはならないことを、私はすっかり忘れていたのだ。そこで私は、そのテクストをすばやく引っ込めて、別のものを彼に与えた」。ブレッカーはのちにキールの著名な教授になった。彼は戦後、私を同僚としてその地に呼ぼうとした。だが、私はドイツの大学へのすべての招聘を——もっと魅力的なマールブルクへの招聘も——断った。ところで、私はブレッカーとはとてもうまくいった。何しろ、彼は心酔者でも宗徒でもなく、賢明で冷静沈着、しかも同時にユーモア溢れる人だったからである。彼とハイデガーの関係は切れることがなかったが、それは実際、ハイデガーと訣別する理由が彼には私よりはるかに少なかったからである。ハイデガーが死んだとき、ギュンター・アンダースが彼に、ハイデガーの埋葬のためにメスキルヒに行ったのかと手紙で尋ねた。ブレッカーはこう答えた。「いや、ハイデガーの古カトリック派の埋葬に私は行かなかった。古参のニーチェ主義者で無神論者の私は場ちがいとなっただろうから」。そのほかに、ブレッカーと私は一つの情熱を共有していたが、結局、前進のために二人とも同時にそれを捨てた。すなわち、チェスに熱中していたのである。われわれはひんぱんにチェスを指し、それはいわば放蕩のようなものだった。しかしある夜の一時すぎ、われわれは顔を見合わせて、突然叫んだ。「これじゃ、だめだ。このままなら、とても学位作業に取りかかれない」。われわれは一、二分チェスを指すのをやめ、そしてその後二度と指すことはなかった。

　このようにわれわれは、勉学をきわめてまじめに受けとっていた。そして、ハイデガーの講義やゼミナールについていくには多くの作業が必要だったので、時間を惜しんだのである。それでも、私はマールブルクで特に二つの友情を育んだ。ブレッカーは彼の本性として、知的にはよく理解し合えるけれど、内的で個人的な事柄はあまり口に出さない距離を保つ男だったが、私はゲルハルト・ネーベルとは真の友情関係を結んだ。ネーベルは、メンヘングラートバッハの私の家に訪れたこともあった。彼は私の母をおおいに褒めた。しかし、マールブルクで最も決定的だったのは、私が1924年に知ったハンナ・アーレントとの出会いである。彼女は当時18歳だった。もちろん、彼女はすぐさま私の注意を引いた。実際、そうならなかった人がいただろう

か。これはたいしたことではない。われわれの気が合ったのは、互いに共感的であったということを別にすると、われわれだけがルドルフ・ブルトマンの新約聖書のゼミナールに加わったユダヤ人メンバーだったことと関係していた。そのゼミナールに集まっていたのは、もちろん福音書神学者や保証つきのゴジーム［ユダヤ人から見た異端民族］であった。だが、われわれ二人はまず神学者ではなく哲学者であり、とりわけキリスト教徒ではなくユダヤ人であって、本来そこに求めるものは何もなかったのである。ハンナはユダヤ教を知らない自覚的なユダヤ人、すなわち一般にアム・ハアレツと呼ばれているものであった。しかし、彼女はまた、「反抗的ユダヤ人」でもあった。彼女が私に話してくれたところによると、彼女は次のようにブルトマンに自己紹介したという。当時、学期のはじめには教授の面会時間に個人的に出頭して、ゼミナールに参加する許可を得なければならなかった。ハンナは彼に、自分が何者であるか、また、たった今哲学の勉強を始めたばかりであることを説明し、それに対してブルトマンは、おおいに歓迎しますと言った。ハンナはこう続けた。「しかし、一つはじめからはっきりさせておきたいことがあります。私は反ユダヤ的言動を許しません」。これに対して、無比のオルデンブルク人[*3]であるブルトマンは穏やかに答えた。「アーレントさん、もしそんなことが起こっても、あなたと私が共同してそれを克服できると思いますよ」。驚くべきことだ、はじめから教授に対して公言したユダヤ人女性の戦闘態勢は。こうして彼女はブルトマンの突飛な弟子になった。たしかに、彼女よりも私のほうがはるかに真剣にブルトマンのもとで学んだけれど、それでも彼女はおおいに新約聖書に関心をもっていて、何学期も彼のもとで学び、のちに戦争後もブルトマンを訪れ、つねに敬意をもって応対した。

　ブルトマンのゼミナールでのアウトサイダー的状況から、われわれはまもなく結束することになった。さて、彼女がどんなふうに魅惑し、引きつけ、呪縛する人格であったか、どんなに例外的存在であったかは、多言をようすまい。それを知るのに、なんら特別の眼力も必要なかった。それは彼女の眼や顔立ちにまざまざと書かれていたのである。そのうえ彼女にはおおいにひとを引きつけるところがあり、また明らかに私も彼女が気に入った。われわ

れは早急に親しくなっていった。私は彼女ときわめて緊密な友情を結んだので、マールブルクの私を訪ねてきたときにハンナのことも知った私の父が、われわれの関係を誤解して、ケーニヒスベルクの仕事上の関係先を通じてアーレント家に関する情報を集めさせたことがあった。これはもちろん、ハンナの母にただちに伝えられた。ハンナはたいへんおもしろがってその話をしてくれた。付け加えておくと、私の父はきわめて肯定的な報告を受けた。しかし、われわれの長くて愛に満ちた関係を語るとき、肉体的な愛の関係はけっしてなかったことを強調しておかなければならない。私はその理由をしばしば尋ねられた。というのも、ハンナ・アーレントが男たちにとって魅力的であったのには十分な証言があり、また私は女性に対して気が多いという事実にも十分な証言があるからだ。それにもかかわらず、われわれの場合は、そうではなかったのである。これについてはあとで語ることにしよう。はじめはまず、一緒に同じレストランへ昼食のために定期的に行った。当時は一日の食事の一回はレストランで取り、あとは下宿で自炊するのが普通だった。はじめの二回か三回の昼食のあと、ハンナが私に「私たちのあいだの協定を提案したいの」と言った。彼女は良き市民の家庭の出身で、よくしつけられていた。「あなたがまだ食べているあいだに、私が煙草を喫いはじめてもよいという特権を認めてほしいの」。この特権を彼女は生涯にわたって利用した。彼女はとても煙草を喫いたがり、私はいつも食事が遅かったからである。

　私が彼女を守ることになるということも、むろんわかっていた。ハンナには傷つきやすい面があって、男性の厚かましさに対して防御の必要を感じていた。このレストランでテーブルについていたときに起こった出来事を覚えている。別のテーブルから学生組合に属する学生がわれわれのほうにやってきて、直立不動の姿勢をとり、靴の踵を音高く打ち合わせ、自己紹介して、ハンナに「御同席をお許しいただけますか」と言った。ハンナは驚愕した眼で私を見、私は「だめだ」と言った。これに対して彼は、もう一度靴の踵を打ち合わせ、お辞儀をして引き下がった。ハンナは「ありがとう」と言った。われわれはおおいに話をしたが、それは彼女が信頼できる人を必要としていたからである。われわれがエロティックな関係にならなかったことに寄与し

た一つの要素がこれである。信頼される人であると同時に恋人であることはできないのだから。私は彼女の腹蔵のない相談相手となり、そしてそれをきわめて厳格に守ったので、ハンナの生前には、ある事柄を自分自身の妻であるローレにさえ語らなかった。絶対に他言しないという約束のうえでそれを知ったのだ、と私は自分に言い聞かせたのである。他方、彼女もまた時が経つにつれて私の側にある種の防御の必要があることを発見した。たとえば、ある種の事柄においては彼女よりも私のほうが感じやすいということである。たとえばナチ時代の報告とか収容所に関する報告のことになると、彼女はしばしば私の妻に「これはハンスに向いていないわ」と言った。すなわち、彼女は英語で言うタフであった。彼女は強い心をもっていて、この世のぞっとするような事柄でも、私にはできないと思うような仕方で直視することができた。心の奥底を揺るがすような事柄は、私からあまりにも平静さを奪ってしまうので、そうした事柄からいささか私を守らなければならないことを彼女は知っていた。

　当時マールブルクで、われわれは毎日会っていた。講義で一緒だったし、ともに食事に行き、私は彼女の家を訪ねもした。金があまりなかったので、彼女はいささか寒い屋根裏部屋に住んでいた。彼女は、そこに小さなネズミを見つけ、一日の一定の時刻に定期的に出てきて餌を取るように訓練した。マールブルクにはケーニヒスベルク出身者が数多く学んでいて、その人たちと部分的にはよい関係にあったけれど、ハンナはきわめて孤独だった。私は親しい友人だった。しかし、彼女にとって本当に近しい唯一の人は、彼女を訪問することができなかった。それはマルティン・ハイデガーその人だった。私はハンナ自身の口から、ハイデガーと彼女の関係がどのように始まったのかを聞いている。それは、私が数十年にわたって胸に抱いてきた秘密の一つである。しかし、長い年月を経た今となっては、これについて語ることが許されるだろう[3]。ハイデガーの内輪の評判にしたがった多くのケーニヒスベルク出身のユダヤ人と同じく、ハンナは1924/25年の冬学期に哲学のほやほやの新入生としてハイデガーを目指しマールブルクにやってきた。ハンナが私に打ち明けてくれたところによると、この最初の学期のあるとき、彼女は

勉学に関することでハイデガーを訪ねなければならなかった。面会時間はすでに日の暮れる頃で、ハイデガーが明かりをつけていなかったので、部屋のなかは薄暗かった。話を終えて、ハンナが退出するために立ち上がり、ハイデガーが彼女を戸口まで伴ったとき、予期せぬことが起こった。ハンナの言葉では「突然、彼は私の前に跪いた。私が身をかがめると、彼はその跪いた下のほうから腕を私に向けて差し延ばし、私は彼の頭を両手に受け入れた。そして、彼が私にキスし、私が彼にキスした」。

こうして、ことは始まった。それは教授による女学生誘惑のありきたりの始まりではなく、また、教授を誘惑しようとする女学生の恋の冒険心でもなかった。それは、感情の次元において、きわめてドラマティックに繰り広げられた。この感情の次元がこの二人の関係にはじめから絶対に例外的な性格を与えたのである。ハイデガーが彼女に惚れ込んだ。彼女はそのようなただ一人の人ではけっしてなかった。あとで初めて知ったことだが、彼は時折女学生に興味を抱いていた。そして私は、それに抵抗した女学生のことを聞いたことがない。しかし、これらの交際は別のものだった。それらは跪きから始まったわけでもなければ、アンナとの関係のように生涯に影響を及ぼすこともなかった。ここで[ハンナとハイデガーの関係で]始まったあるものからは、両者ともに根本においてはけっして離れることがなかった。のちの話だが、講義のあと、ある人が私に、ハンナ・アーレントが戦後あんなに早くハイデガーの国家社会主義を許したことをどう説明できるか、と質問した。「それは一言で答えることができる。愛だ。愛は多くのことを許す」と私は言った。

私の妻は、ハンナの生前、私が彼女にこの話をけっしてしなかったことを証言できる。普通、自分の妻にはすべてを語るものだ。しかし、ハンナはこの最大の秘密の瞬間を私に語るという特別の信頼をもって私に敬意を表してくれたのだから、私は沈黙の義務があると感じていた。そして彼女の死後、少ししてから、初めてそれを語ったのである。「突然、彼は私のまえに跪いた」。彼女自身が、それ以前から彼に引きつけられていると感じていたかどうかは私は知らない。誰かがエロティックな関係を考えたとすれば、それはおそらくハイデガーだったろう。もちろん、彼女はわれわれみなと同じくハイデガー

の呪縛のなかにいた。彼は、彼女にとって魅惑的な思想家であり、教師であったと思う。しかし、彼女の側に、愛しているという思いだけが、あるいはただ秘められた関係だけがあったとは私は信じない。しかし、このことについては確たることは何も私は言えない。このことについては、ハンナと私は何も語らなかったのである。彼女は、この出来事を少しあとに私に伝えた。まだ冬が終わるまえに、私はそれを知った。どうしてそうなったかは、私のまったく内密な生涯の思い出の一つである。この冬のある日、ハンナが病んで微熱が出たので、私は彼女の部屋を訪ねた。彼女はベッドに横たわっていなければならず、私はしばらく彼女の話し相手になっていた。そして私が彼女のベッドに座ったとき、互いに愛情をもち性を異にする人間のあいだではほぼ不可避的なことが起こった。ハンナは美しかったし、私もいとわしくはなかった。こうしてわれわれはキスし、私は彼女をつかのま抱いた。彼女はベッドに横たわり、私はベッドのへりに座りながら、寝間着の彼女を……。しかし、私はそこで別れを告げた。それは別れの挨拶だったのである。たしかに、それは挨拶のほかに明らかにエロティックな色合いをも含んでいて、われわれの友情が愛の関係に変化する始まりとも思えた。しかし、私は当時、行儀が良く繊細だったので、そのような状況を悪用しようとは思わなかった。それは本来別れの挨拶にすぎなかった。ところが、私が別れを告げ彼女の回復を願って戸口に向かうと、突然彼女が「ハンス」と呼んだ。私は彼女のほうに向き直った。「ハンス、もういちど戻って、座って。だめなの、あなたに話さなければならないことがあるの」。

　私は戻って、彼女のベッドの横の椅子に座った。そこで、ハンナはハイデガーと自分の関係について語った。その瞬間から、ハンナと私のあいだにエロティックな関係があってはならないという定めになった。こうしてハンナは、私にとってタブーとなった。それこそ彼女がほっしたことだった。だから、私が希望を抱いたりしないように、彼女は私に打ち明け話をしたのである。彼女は私が好きだった。そして、ハイデガーがいなかったら、愛の関係が展開したかもしれないことに疑いはなかった。といっても、そのあと私がそうした展開を、挫かれたが熱望されていた可能性とみなしたというわけで

はない。むしろ、そういったことを考えること自体がまったくなくなったのである。われわれの友情のなかで――互いに挨拶したり別れたりするときには、われわれはむろん抱き合ったりキスしたりするわけだが――私は、こうして課せられた限界を超えようというたんなる誘惑すらも感じることがなかった。われわれの友情が壊れるのを防ぐために、彼女は、さもなければ語らなかったであろうことを私に語らざるをえなかった。私は、それによって彼女の完全に信頼できる相手となった。そこから生涯にわたる友情が成立したのである。

　学位論文から成長した、私の最初のやや大部の学問的著作『グノーシスと後期古代の精神』の根は、1925年から1933年までにある。これについては別のところでよりくわしく述べてあるので[4]、簡潔に話すことにしたい。ひとが私の哲学について語ろうとすると、どっちみちそれはグノーシスではなく、哲学的生命論に関する私の論究から始まるのである。これに比べれば、グノーシスに関する私の著作はたんに職人試験の徒弟の作品にすぎない。すなわち、それはハイデガーの哲学、特に実存論的分析とその人間の現存在の解釈手段および理解を特定の歴史的素材、この場合は後期古代のグノーシスに適用したにすぎない。それはたしかに、特にこの現象に関心をもつ哲学者がまだ誰もいなかったから、それまで企てられたことのない興味深い唯一の試みではあった。したがって、後期古代という探求分野に対して特別の貢献を意味するオリジナルなものも明らかになった。しかし、ここで働いていたのは、ヨナスの自立した哲学だとは私は言わない。そうではなく、私は自分の学んだものを適用して、特定の歴史的素材に新しい光をあて、それを貫通し、ハイデガーの実存論的分析によってはじめて可能になったような仕方で解釈したのである。簡潔に話せば、私はある日ブルトマンの新約聖書のゼミナールで、「ヨハネ福音書」の gnosis theou すなわち神認識の概念について報告するという課題を受けとり、その作業を進めるうちに（部分的にはグノーシスに対するブルトマン自身の関心にすでに刺激を受けていたが）、やがてこの概念世界のいっそう広い宗教史的背景に入っていった。こうして思いもかけず、私のテーマは特に新約聖書的な事柄をはるかに超え出てしまった。しかし、

こうしてできた奇怪なゼミナール報告にブルトマンは強く引かれ、それを私の学位論文のテーマにするよう励ましてくれた。私が、自分は新約聖書学者になるつもりはありません、と異議を唱えると、彼は「ハイデガーと相談させてください」と言った。これによって、私がハイデガーのもとでグノーシスの現象について学位を取るだろうということが明らかになった。それに、ゼミナールにおけるハイデガーのすべての作業は原典に関係していたから、彼のもとでの学位取得がしっかりと原典に関係したものでなくてはならないというのも特別なことではなかった。ハイデガーの哲学の授業は歴史的な方向づけをとっていたが、それは哲学史的ということではなく、原典を哲学的省察のための挑発として真剣に受けとめるという意味である。ハイデガーのテクストを貫通し甦らせる独特なテクスト解釈のやり方はまったく特別で刺激的なものだった。その限りにおいて、濃密な原典研究の必要性は、ハイデガーのもとでの学位論文に普段に求められたであろうものと無関係だったのではない。

　ハイデガーが私の作業に関心をもっていたかどうか、私は探り出せなかった。彼はきわめて寡黙だった。ときおり彼は、私の作業の進行について報告させたが、そのイニシアティブはいつも私のほうにあった。それはたいてい休暇中のことだった。私は夏休みに一度か二度シュヴァルツヴァルトのトットナウベルクにハイデガーを訪問し、私がどれほど進んだか、作業がどういう方向をとっているかを述べた。そうすると彼はうなずいて、「それでよい、そのままお続けなさい。まったくそれでよいと思いますよ」と言った。このテーマについては、彼よりも私のほうがはるかに多くのことを知っていたので、彼にはもともとあまり言うべきことがなかったし、また、私の探求の手堅さについては、彼の友人であるブルトマンを信頼していた。しかし、私の試みが哲学的に彼の気に入ったことは、疑いない。哲学的テクストをハイデガーの眼で考察することは、ハイデガーの弟子にとって自明のことだった。しかし、私があのような現象——あのように荒々しく、哲学的思考にとって異質なもの——をハイデガーの手段を駆使して取り扱い、そこから、まさにこの方法によってしか引き出せないような意味を引き出そうとしたことは、

おそらく彼を喜ばせ、ある種の満足で満たしたのであろう。ただし、そのために彼が自分自身でグノーシスに特別な興味をもつようになったとは思わない。それに、私は当時たしかにグノーシスをハイデガーに対をなす古代と見なしていたが、しかしその逆には考えなかった。ハイデガーの幾つかの実存的洞察が、すでにグノーシス派の人々のもとであらかじめ表現されていただけではなく、ハイデガー自身がその思考において現代の一種のグノーシス的現象だったという考えは、ずっとあとになって、私がハイデガー崇拝からはるかにいっそう自由になったときにはじめて意識された[5]。

1928年の秋、私はハイデガーのもとにできあがった博士学位請求論文を提出した。すべて手書きで、おびただしいギリシャ語とラテン語のテクストつきだった。哲学部の副査はギムナジウム教師同然の人で、否定的な態度をとり、それに手をつけることすらできなかった。ハイデガーはそれにはお構いなく、やがて、その副査を完全に圧倒する審査報告書を書いた。しかし、それまでには数ヵ月が過ぎてゆき、そして私はハイデガーから何も聞かされなかった。私は自分の師にして判定者である人の判断を、少なくとも一言を、なんらかの反響を待ち続けた。私はこの冬、しばらく離れていたマールブルクに帰っていた。受講証を十分に集め、学位論文のテーマを見つけたあと、私はハイデルベルクへ、のちにはまた、ボンとフランクフルトへ行っていたのである。私は持続的にマールブルクに腰を落ち着けたくなかったし、またできなかった。それが混乱に陥ることだったのである。さて、こうして私は、ふたたびマールブルクでハイデガーの言葉を待っていた。ある夜、私はコンサートに行き、自分の席に座っていると、そこにハイデガーがやって来て、同じ列の自分の席に着くためには私のまえを通らなければならなかった。私のまえを通りながら、彼は「あなたの仕事はすばらしい」と言った。そして行ってしまった。彼は待ち続ける学位候補者をこのように扱ったのである。ここに座っている人は数年にわたる作業がどう評価されるかを震えながら待っているということなどは、彼の想像をまったく超えていたのだと私は思う。私の最終口頭試験は1928年2月29日だった。実際、この年は閏年で、私の博士号試験の日は四年に一度しか回ってこない。最終結果が伝えられたとき、

私は郵便局へ行って、同じ文言の二通の電報を打った。一つは両親宛、もう一つはケーニヒスベルクのハンナ・アーレント宛で、文言は「賞賛つきの優等 (Summa cum laude) で学位取得」だった。郵便局の窓口で頼信紙を手渡す瞬間に、肩越しに私のほうを見た学生が「あなたがとてもうらやましい」と言ったのを今でも覚えている。同じ日の午後、ケーニヒスベルクから「優等おめでとう (Summis cum gratulationibus)。ハンナ」という文言の返信電報が来た。以来われわれは、何かお祝いの機会があるたびにいつもラテン語で祝辞を述べあってきている。たとえば、1974年の秋にわれわれの友情の始まりの50年目を記念して、私は彼女にイスラエルからラテン語で電報を打った。これは私が書いた唯一のラテン語のテクストである。「50年の最も親しい友にいつも捧げられた友 (Amicissimae quinquaginta annorum amicus semper dedictus)。ハンス」。

教師としてのマルティン・ハイデガーについては、私のエッセイ「個人的な体験としての学問」に書いたが[6]、私は個人的な交際において彼がどのようであったかは、彼と個人的にはほとんど交流がなかったので、語ることができない。ガダマーやレーヴィットは別であったろう。しかし、一度だけ私はトットナウベルクの彼のヒュッテに泊まったことがある。私はハイキングでそこへ行ったのだが、彼が泊まるよう勧めてくれたのである。彼のヒュッテにはひとが泊まれる小さな寝室のようなものがあった。ハイデガーはこの高地を快適に感じていて、それにまたきわめて開放的だった。おそらく彼とのハイキングが計画されていたのだろう。しかし私は、彼の他の多くの学生のように冬に彼とスキーをしたことがない。

ところで、このハイデガーのヒュッテ訪問の際に、たった一度シオニズムについて彼と話し合ったことがある。私はちょうど、1929年の夏に第16回シオニスト会議が開催されたバーゼルからやって来たところだった。彼にその会議の話をすると、彼は私にそもそもシオニズムとは何かを少し説明させた。彼は何も知らず、「シオニスト会議――いったい、何をするのですか。すべては大きなテントのなかで行われるのですか」と言った。私は「いや、ひとが泊まる会議用の建物、ホテルがあるのです」と答えた。このように彼はまったく独特で素朴なイメージをもっていて、シオニスト会議をいわば軍

の野営テントの一種のように思い描いた。そもそも政治的な会議が何かを彼は知らなかった。そのような時、シオニスト会議のほかに、社会主義者会議も、他の考えられるすべての集まりもあった。しかし、ハイデガーはそうしたことについて何も知らなかった。自分の弟子の一人が、ユダヤ人をドイツからパレスチナへ導こうとする運動を肯定しているということが、いったい彼の意識に入っていたのかどうかもわからない。これは理論的には、大部分ユダヤ人哲学者からなっていた彼の学派が国外脱出によって解体するかもしれないことを意味するのだが、ハイデガーがそれについて考えたことはなかっただろう。とはいっても、彼のユダヤ人の弟子たちのなかで、シオニストは私だけだった。いずれにせよ、ハイデガーのユダヤ人弟子のうち、他の誰かがシオニズムに固執していた──逆に、──とは聞いたことがない。たしかに、私はのちにパレスチナで彼らのうちの数人と会ったが、しかし彼らは、まだ選ぼうと思えば選べたときに自分から選んでそうしたわけではけっしてない。おそらくハイデガーは次のように考えたのだろう。ユダヤ人のなかにはそのような夢想家もいる。その仕事を**賞賛つきの優等**(summa cum laude) と評価して、アカデミーの教師が弟子に与えうる最高の称賛を与えた弟子のハンス・ヨナスもまあその一人で、結局はパレスチナに行くだろう。まあ、それも良い。そのときには、まさにハイデガーの弟子がパレスチナに就職することになるわけで、おそらくはその地に自分の教説を広めてくれるだろう、と。多くのユダヤ人がドイツから出ていく、あるいは出ていかざるをえなくなることによって、ひょっとするとドイツでの自分の地位に支障が出るかもしれないという考えは、当時の彼にはなかった。ハイデガーはその準備をまったくしていなかった。ついでに言っておくと、彼は折にふれてユダヤ人の弟子たちを助けさえしたのである。たとえば、のちにパウル・オスカー・クリステラーがニューヨークで語ったところによると、彼が国外に出てイタリアに向かったとき、その道を準備し、また推薦状によって彼が当地にポストを見つける助けをしたのはハイデガーであったから、彼は何もハイデガーを責める点はないという[7]。いや、ハイデガーはけっして個人的な反ユダヤ主義者ではなかった。おそらく、彼の弟子のなかにあれほど多くのユダヤ人がいた

ことは、彼にはほんの少しだけ居心地が悪かったのだろう。しかしそのわけは、その状態がいささか一面的で、彼と同種類の人が十分にそこにいなかったという意味においてである。ハイデガーのまわりで反ユダヤ主義が語られたのは、彼の妻が民族的青年運動の出身であることが知られた限りにおいてにすぎない。彼女が彼に何度もうるさくせがんで、「マルティン、どうして聞こえないふりをするの、なぜいつまでも若いユダヤ人にとりかこまれているの」と言ったのかもしれない。エルフリーデ・ハイデガーが反ユダヤ主義的傾向をもっているという噂は聞いたけれど、どこからそれを知ったのかを私は言えなかった。それにしても、彼女にはユダヤ人女性に対して嫉妬する十分な理由があった。実際、彼女はいつか自分の夫の愛人について聞き及び、これに対してとうてい宥和的な感情で反応できなかっただろう。

　マールブルクにおける私の学位取得の頃にハイデガーをとりまいて集まったサークル——ほぼ12人から15人の哲学者たちで、そのなかには、ハンナ・アーレント、ゲルハルト・ネーベルと私のほかに、さらにカール・レーヴィット、ハンス・ゲオルク・ガダマー、ゲルハルト・クリューガーとギュンター・シュテルンがいた——の目立った特徴は、われわれ全員が非政治的だったということである。例外はギュンター・シュテルンで、彼はフッサールのもとで学位を取得したあと、当時ハイデガーのもとで研究し、哲学的に彼の影響を受けていたのだが、政治的に左翼的傾向の社会批判的思想家になっていった。ハイデガーの望楼から見ると、社会の歴史や時代の政治的出来事の焦眉の問題に対しては何も言うべきものはないので、これだけでもう彼はハイデガーから離れることになった[8]。それとは反対に、社会主義は私の理性には合わなかったので、私にとってはけっして現実的問題とはならなかった。社会主義の草創期であるロシア革命の頃、私もある種の魅力を感じていたので、ドイツの十一月革命のあと、ドイツの社会主義共和国がどのようなものでありうるかを思い描いてみたことがある。しかし、暴力的な革命、社会の全面的な転覆そしてプロレタリアートの独裁によってしか歴史は前進できない、と私が信じていた明確な時期があったとは言えない。グスタフ・シュトレーゼマンのドイツ国民党やドイツ民族派の目標よりも、社会民主党の目標のほ

うに私が共感していたのは自明である。もしこの選択肢しかなかったのなら、私はむろん社会民主党を選んでいただろう。実際には、私はドイツ民主党に投票し、リベラルないし左派リベラルでさえあった。社会主義よりはるかに強く私を憂慮させたのが、ユダヤ人の運命だった。それはおそらくときおりストレッタのようだったが、私はまさに世界的諸問題の解決のための定式を求めたのではなく、ユダヤ人の離散的実存が——人間的、心理的そして政治的に——やがては保てなくなり、シオニズム的な解決を助けにして克服されなければならないという点に集中したのである。私の政治的要求はこれとほぼ一致していた。そして、ドイツにおける反ユダヤ主義の増大とヒトラー運動の上昇は、この私の確信をさらに強めただけだった。

　非政治的な点について言えば、ハンナ・アーレントも例外ではなかった。それも、彼女が政治的な家庭の出身であった——彼女の母は初期の社会主義者で、ローザ・ルクセンブルクを賛嘆していた——にもかかわらず、そうだったのである[9]。即自的［アンジッヒ］には、彼女には政治的に——しかも社会主義的に——行動する前提はそろっていた。しかし彼女にとって、彼女の思考と存在のなかの哲学的なものの力は、いわばこの［政治的］領域すべての排除を意味したのである。初期のキリスト教徒たちと比較することができるだろう。彼らは世界を逃れて神との直接な交わりのうちにみずからの完成を見いだすために、世界に背を向け、あるいは荒野に行った。ハンナ・アーレントの哲学もそうだった。それは、現実生活の雑踏や多忙からおのずと離れた精神と心情の領域だった。彼女は政治的なものをヒトラー現象の圧力のもとで——彼女の夫であるギュンター・シュテルンの影響もあって——はじめて再発見しなければならなかった。この夢見がちで汚れのない哲学的現存在に現実がきわめて荒々しい仕方で押し入ってきたときにはじめて、政治的な領域が彼女のまえに開けたのである[10]。彼女は、私の政治参加であるシオニズムを、いわば良き友ハンスの愛すべき弱点として、おもしろがりながら寛容に見ていた。「子供にほしいものを与える。あなたの場合は、シオニズムがそれなの。男たちにはそういうものがなければならないのね」。

　この世界全体は、そしてユダヤの世界も彼女の関心を引かなかった。ユダ

ヤに政治的関心をもつことは、労働者階級やドイツ国家の運命、あるいはその他の日々の次元に属するものに対する関心と同じく、彼女には無縁だった。それは、みずからの思考が別の領域で動いている哲学者にふさわしいことではなかった。私の学位論文のテーマ「グノーシス」は、ハンナ・アーレントの仕事「アウグスティヌスにおける愛の概念」よりも潜在的には千倍も政治的だった[11]。時代の出来事に注意を払わず、どれほど浮き世離れした生活がマールブルクで送られていたかを、人々はまったく思い描くことができないだろう。悲運なことだった。

　学位取得のあと私がハイデルベルクに来たときには、事態はすでに変わっていた。何しろ当地では社会学が栄えていて、社会的政治的世界の現実に少なくとも原則的な関心をもつことがなければ、マックス・ヴェーバーやカール・マンハイムの弟子であることはできなかった。こうして、この時期に私の視野は広がり、私は社会学に、特に近代世界へのまなざしを当時一変させたマックス・ヴェーバーの研究『プロテスタンティズムの倫理と資本主義の精神』に行きあたった[12]。しかし私は、自分がマックス・ヴェーバー識者になったとは言えない。とりわけ私の関心を引いたのは彼の『宗教社会学論集』で、そのなかで彼は古代ユダヤについても論じていた[13]。他方で、たとえば彼の学問の価値自由性の理論は、私には哲学的に不十分と感じられたので、特別な印象はもたなかった。とはいえ、社会哲学ないし政治哲学の諸テーマが突然私を捉えた。それは、私がハイデルベルクではカール・マンハイムのサークルに属していたからである。彼は私にある種の期待をもっていて、おそらくは自分の知識社会学のためのメガホンになるであろう哲学者を獲得したことを喜んでいた。私は一、二学期のあいだしっかりと協力し、1929年にチューリッヒで開かれた国際社会学者会議に——すでに若い博士として——参加した。私はこの会議で公に登場した[14]のだが、会議そのものはかなり騒然と進行した。特にハイデルベルクにおけるマンハイムの同僚のアルフレート・ヴェーバーが会議の席でマンハイムをこっぴどく叱責したからである。彼はそれまでずっと、マンハイムがいわば自分の鼻先で押し進める学派形成に怒っていたのだ[15]。しかしこれは、私が社会学の領域で——当時重要な精神

と見なしていたマンハイムへの忠誠心から——演じた唯一の賓客の役割である。私は、人格的には彼をつねに愛すべき人物と思っていたが、彼自身がきわめて重要と見なした彼の仕事については、まもなく疑いを抱くようになった。

　この頃、私は助手のポストを求めず、市井の学者として生活していた。グスタフ・ヨナスの息子［である私］にはそんなことが、すなわち、さらにあちこちの大学で生活することが許されたのである。まずなすべきことは、公刊のために学位論文を練り上げることだったので、私は良い図書館と精神的な交流に恵まれた環境を何より必要としていた。そこで私は、ハイデルベルク、パリ、フランクフルトそしてケルンに移り住んだ。ケルンで私は、1932/33年の冬にヒトラーの勝利を体験することになる。私は1928/29年の冬——すばらしい学位取得の一種のご褒美として——パリにいた。私はソルボンヌで勉強がしたかったし、何よりもパリを、フッサールが「邪悪な都市」と呼んだパリを見たかった。ソルボンヌ街10番地のペンションで私はハンス・ヨルク・フォン・ヴァルテンブルクと出会い、部屋を接して住むことになった。私は彼の叔父の名前を、私が学問を始めた頃にヴィルヘルム・ディルタイとパウル・ヨルク・フォン・ヴァルテンブルク伯の往復書簡が出版されて聞いていた[16]。この往復書簡は当時大発見と受けとられたが、それは、ディルタイの著作の最もオリジナルで重要な思想、特に解釈学が、シュレージェンのクライン・エールス出身の高い教養をもった男であるヨルク・フォン・ヴァルテンブルク伯に由来することがわかったからである。それはまるで爆弾が落ちたようだった。「哲学史における最大の死後の恥辱」と誰かが言った。そのヨルク・フォン・ヴァルテンブルク伯の甥と私は、友情を結んだわけである。彼は私よりやや若く、まだ勉学中だった。われわれの関係はたしかに共通のパリ滞在期間を超えては続かなかったけれど、この期間に、われわれはおおいに話し合った。たとえば、私の詩への関わりにおいて、私は彼に重要な認識を負っている。彼は自分の子供時代や家庭環境について話してくれた。彼の父は、おそらくヨルク家ではあたりまえに見られていた偉大な文学的教養と精神性の伝統のなかで育った。ハンスの話によると、彼が学校から

帰ってくると、父が「今日は何を学んだの。国語の時間はどうだった」と尋ねた。「ゲーテの詩『漁師』を学びました」。「じゃあ、できるかな」。「もちろん」。

父がその詩を暗誦するよう促したので、彼は朗詠し始めた。

「水は鳴り水はたぎる、／漁師一人岸に坐し／しずかに浮標をまもりいる……」*4。

そこで彼の父が言った。「ちょっと待った。そこはそう詠むのではない」。

そして今度は、彼の父が非常にゆっくりと暗誦した。そのとき初めて、これがどういう詩であるのかがわかったという。

「そのとき以来、私はこの詩をドイツ語の最も貴重で不滅の宝に数えています」とヨルク・フォン・ヴァルテンブルクは言った。ハンス・ヨルク・フォン・ヴァルテンブルクは感受性の強い若い男で、当時私に多くの個人的な事柄を打ち明けてくれた。この間借りした部屋の壁には、明らかに彼がパリまで携えてきたと思われる二枚の絵が掛かっていた。一つはもちろんタウロッゲンにおける彼の祖先ヨルク・フォン・ヴァルテンブルク伯を描いたもので、この人は有名なタウロッゲンの協約を結んだ人物である。この協約によって、プロイセンはナポレオンのモスクワ撤退以後、突然ロシア側についた。解放の始まり、老練の一撃だった。もう一つは――聞いて驚くなかれ――アルコリ橋上のナポレオン・ボナパルト、若き将軍の偉大な一枚の絵だった。すなわち、若きヨルク・フォン・ヴァルテンブルク伯はナポレオンの崇拝者だったのである。こうして、彼の部屋には彼の祖先とその偉大な敵の絵が掛かっていた。私は亡命時代に折にふれて考えた。

「ハンス・ヨルク・フォン・ヴァルテンブルクはどうなったのだろうか。彼はどう振る舞ったのだろうか。どうやってナチスの時代をくぐり抜けたのだろうか」。

彼の兄パウル・ヨルク・フォン・ヴァルテンブルクが、1944年7月20日のヒトラー暗殺計画に関与して処刑されたことは、私も知っていた。ずっとあとになって初めて、私はハンスがどうなったかを知った。[彼の兄]パウル・ヨルク・フォン・ヴァルテンブルク伯の未亡人マリオン・ヨルク・フォン・ヴァルテンブルクがその本『静寂の強さ』のなかで、義弟は第二次世界大戦のは

じめの頃、すでにポーランドで倒れていた、と語っている[17]。おそらく彼は母のお気に入りの息子で、母はその死にたいへん悲しんだ。彼は、この恐ろしい戦争の多くの死者のうちの一人だった。

　ヒトラーが権力を握る以前は、私は基本的に私講師のポストを目指していた。大学教授資格獲得とアカデミックなキャリアによってしか、私は両親の家の援助から最終的に独立できなかったであろう。実際、私はこのことについて一度カール・ヤスパースと話したことがある。しかし、おそらく彼には哲学的もしくは個人的に［私より］はるかに近い人がいたため、彼は拒絶した。私には、面倒を見てもらえそうな人がいなかった。フッサールはすでに年をとりすぎていたし、そうでなくとも、自分からハイデガーに鞍替えした者のために尽力する気は彼にはなかっただろう。ハイデガー自身は、こうしたことについてきわめて控えめだった。そのうえ、フッサールが引退した1928年に、ハイデガーは彼本来の影響圏であるフライブルクへ戻っていた。

　そもそも公式には、新しい大学教授資格請求論文を仕上げたうえでなくては、大学教授資格の取得のことを考えることはできない。しかし私は、当時まだ博士論文の公刊に取り組んでいたので、どこまでが博士論文で、どこからが大学教授資格請求論文になるのかがはっきりしなかった。というのも、私は似たテーマで作業をさらに続けたかったからである。ところが、大学教授資格請求論文のテーマは、新しい独自のものでなければならないということが不文律だったので、1928年のなかばから1933年の1月まで、ドイツでの最後の年月のあいだ、私はいったいどのような作業をすべきなのかがはっきりしなかった。根本的には新しいテーマを探さなければならなかった。しかし、結局は世界の出来事がこの問いを余計なものにしてしまった。ヒトラーが権力を掌握したあとには、大学教授資格の取得などもはや問題にならないことが確定したのである。

第5章　亡命、逃避、そしてエルサレムの友人たち

　1929年以降世界大恐慌が進むなか、ヒトラーが選挙で最初の勝利を収めたときにはじめて、私はやっとナチスの脅威を意識した。誰もがそれを見ていたが、それにもかかわらず「ひと」は――というのも、これは私だけでなく、残念ながら典型的に知識人にあてはまったから――ヒトラーをある程度みくびっていた。また、国家社会主義運動、突撃隊、ゲッベルスの集会そして旗の海などの野卑全体含めて、彼が代表していたものをみくびっていた。人々はその危険性を正しく真剣に受けとめていなかったのである[1]。国家社会主義的な思考が全体として増大していることは感じられたけれど、私はこの連中が実際に権力を掌握するよりもむしろ右翼保守派と反動派が支配するようになるのではないかと考えていた。1932年の末にはもちろん、ナチスが政権につくにちがいないことが明らかになった。ドイツ国民のあれほど多くが何度も、しかもますます大量にナチスに投票するなら、民主主義と議会制度の原理に即して彼らが政権につき、その実力を示すことになるのは不可避だと私は考えた。1月30日から31日にかけての、あるいは1月31日から2月1日にかけての夜、メンヘングラートバッハのフリートリッヒ皇帝ホールで謝肉祭の大仮装舞踏会が催された。それはちょうど謝肉祭の期間だったのだ。謝肉祭は宗旨、党派、階級の区別をすべて超えて祝われ、また私はその当時すでに、仮面が与えてくれる自由を楽しみ、かわいらしい娘たちと踊ることがどんなにすばらしいことかと思うことができたので、私も参加していた。そこで祝い、飲み、踊っていると、ヒトラーが首相に任命されたという知らせがホールに広がった。家に帰り、母に言ったことをまだ覚えている。

「神に感謝を。ついにここまで来た。これが、このペストからもう一度逃れるただ一つのやりかたなのでしょう。やつらは数ヵ月のうちに破産してしまうでしょう。やつらはともかくここまで来なければならなかった。しかし、やつらは狂気じみた連中なので、まもなく破産するでしょう」。

そのとき私は数ヵ月と言った。おそらく、これ以上にまちがった預言はあるものではない。そして、私はまもなくその誤りに気づいた。ナチスが権力のポストを次々に奪い取り、アルフレート・フーゲンベルクとフランツ・フォン・パーペンを窮地に陥れて権力をますます強力に独占し安定させる仕方を見て、私は考えを変えた。とりわけ4月1日には、事態がどれほど長く続くのかということにはまったく関係なく、少しでも自分の体面を保つユダヤ人は、この地に留まることはできないということがはっきりした。私は、われわれの肉体的生存までが脅かされるとはまったく考えていなかった。実際、当時はまだ、われわれすべてを殺す計画は立てられていなかったのである。当時、われわれのうちの誰もヒトラーの『わが闘争』を読んでいなかった。ただし、はるか後年になってギュンター・シュテルンは「私は、『わが闘争』を読んで、それがたいへん危険であることをすでに認識していた人々のうちの一人だった」と言った。しかし私は、当時そんなことを彼の口から聞いたことはなかったから、どれだけ彼の言葉を信じていいのか、彼の記憶ちがいではないのかと疑っている。いずれにせよ、私は、そんなものを読むのは絶対に自分の品位を下げることだと考えていた。少しでも精神的に自負をもつものなら、そんなに身を落としてまであのような汚物を飲み込むことなどしない。むろん、これはまちがいだった。しかしその後、突撃隊の連中がユダヤ人の商店や弁護士事務所や医師の家のまえに立ち、「ユダヤ人」「ユダヤ人の店で買うな」「ユダヤ人にボイコット宣言」「ユダヤ人ボイコットの日」などと書かれたプラカードを掲げている[2]のを見て、私はドイツを捨てて──自明のこと──パレスチナへ行くことを決心した。私は4月1日にこう決心したのだが、あとはそれを慌てず騒がず実行に移すだけのことだった。というのも、当時はまだまったく正規の形で国外に出ることができ、そのうえ自分の財産のある額──大きなものではないが──を携えて出ることさえ

もできたのである。こうして私はパレスチナへの移住証明書、しかもいわゆる「資本家証明書」ないし「千ポンド証明書」を手に入れた。その申し込みは移住割り当てとは別に取り扱われた。1000パレスチナ・ポンド、等価換算して1000イギリス・ポンド（当時の相場でほぼ12000マルク）の所有を証明できたものは、ナチス政府から振替許可を得た。その際、ユダヤ人の出国先として、パレスチナはナチス当局によって奨励さえされていた。アメリカへ亡命するには、そのような額で同じ許可を得るのははるかに困難だったのである。当該の者になんらの支障もない、すなわち政治的な追及を受けていない場合には、その者は金を外国の銀行へ直接送ることができた。そうした証明書とまさにこの有名な1000ポンドを用意して、私はまずイギリスに向かった。というのも、私の『グノーシスと後期古代の精神』の第一巻が当時ゲッティンゲンで印刷中で、私はさらにその一、二章を終わらせなければならなかったからである[3]。校正のやりとりにはドイツに近いほうが良かったし、とりわけ、これからなすべきテクスト作業を良い条件のもとで行うために、私はロンドンのように図書館関係のことが保証されている場所に住みたかった。それに対してパレスチナでは、おそらく当地の事情に慣れることに私の注意の大半が奪われ、またヘブライ語の習得に力を集中しなければならないことが予想された。とりわけ、エルサレム大学の図書館がそもそもどのような本を所有しているのか、私は知らなかった。こうして私は、一年半のあいだイギリスに滞在し、そこから自分の本の印刷を監督したのである。そのうちに1934年になった。この時期には、私はもはやドイツの地に足を踏み入れず、すべてを郵便ですませた。私はオランダに旅して、グラートバッハ出身のある人と会い、またパリに旅して、そこで亡命生活をしていたハンナとギュンター・シュテルンを訪ねた。そして、さらにパレスチナに向かうまえに、私は両親と申し合わせてスイスで会った。私がドイツに初めて戻ったのは、1945年7月である[4]。

　ドイツを離れた日のことを私はくわしく覚えている。それは8月末、晩夏のすばらしく美しい日だった。両親と私は、わが家の庭のあちらこちらを歩いていた。すべての準備は整っていた。鉄道の切符や旅券はあったし、トラ

第5章 亡命、逃避、そしてエルサレムの友人たち 103

ンクの荷作りもできていた。その後私がイギリスからパレスチナに向かう頃になされるパレスチナ宛の家具の運送の手はずも整っていた。われわれが夏に庭を歩いている——これが一緒にいる最後の機会だ——と、何か合図でもあったかのように、われわれみなが突然すさまじくすすり泣き始めた。これまでは、どの出来事にも、国外脱出の決心にも涙は流れなかった。ところが、ことがここまで進み、最後の30分、最後の10分となると、われわれはひどく泣き始めたのである。そして、私はひそかな誓いを立てた。征服軍の兵士としてでなければ、二度と戻らないという誓いを。すでに述べたように、私の想像力にはある種の軍事的な特徴がある。そして私は、ユダヤ人は、まさに柔弱で臆病な弱虫と見なされているからこそ、侮辱された面目を血によってしか洗い清められないと思った。ユダヤ人のボイコットがはっきり示されたわれわれの経済的生存の脅威や、さまざまな出来事で示唆されたゲットー化の脅威はまったく別にしても、このとき私を捉えていたのは、私の名誉が傷つけられたという根本的な感情だった。われわれの市民権が剥奪され、われわれユダヤ人がいっそう国家のためにその他の法律的な嫌がらせを受けることによって、人間としての名誉が傷つけられたのである。私は本能的に、これは武器を手にしなければ相殺されないと感じた。これに対しては武装した答えしかない、今でこそ不可能だが、必ずそうしなければならない、と。この特にユダヤ的で個人的な感情には、世界のためにも、ドイツとヨーロッパのためにも、このペストはただ戦いによってしか排除できないという、より普遍的な洞察ないし予感が結びついていた。そのとき以来、私がイギリスに到着したときにはすでに、結局、国家社会主義がヨーロッパの最終的な運命となるか、それとも、不可避的にヨーロッパ戦争とならざるをえないか、そのどちらかであるという見解を私はますますはっきりと主張した。そして、イギリスとパレスチナで私の亡命の年月が流れるあいだに、この戦争は、長引けば長引くほど、それだけいっそう困難な戦いになるだろうが、場合によっては、時宜を得た軍事的介入によって——たとえば、1936年のラインラントの再占領のときに——かなり早くこの幽霊もどきの現象に決着をつけることができるだろう、とますます確信するようになった。そして事実、西側の

諸勢力ないしソヴィエト・ロシアを含めた他のヨーロッパの諸勢力がきっぱりとした態度をとっていれば、すべての災いを避けることができたと思えるような機会は何度もあったのである。だから、ついに戦争が始まったとき、自分がただちに兵役を志願することは私には自明だったけれど、この戦争がまだ勝てるものなのかどうか、もはや確信がなかった。しかし、少なくとも戦って滅びなければならないと私は考えた。私は、戦争を待ちこがれ、戦争が早く来れば来るほど、それだけ良い、すなわち、それだけ少ない犠牲とそれだけ大きな確率で戦争に勝てると考えていた人たちの一人だった。ことがついにここまで進んだとき、イギリスがもう一度たじろがなかったことを私は喜んだが、同時にこう考えた。「今やドイツはすでに優位にあるし、はるかによく準備ができている。もしもこの戦争が、戦の神が報い罰するように推移するなら、勝つのはドイツにちがいない。何しろ、ドイツが戦争にそなえて実際の努力をしてきたのに対して、他の国は幻影をまき散らしてその準備を怠ってきたのだから」。私にとって、宥和政策をとるチェンバレンは悪夢であり、破局であった。チェンバレンの代わりに私はウィンストン・チャーチルに賭け、彼がイギリスでまだ一般に受け入れられていなかった頃からすでに彼の支持者だった。彼が最後まで自分の意志を貫いてくれることが私の唯一の希望だった。これは正しかったわけだ。私はこのほかにもやがて確証される多くの歴史的預言をしたけれど、また何度も馬鹿げたへまもした。たとえば、ヒトラーの呪縛が六ヵ月もすればおのずと消えるだろうと考えたのがそうである。しかし多くの点において、私は細部にいたるまで正鵠を射ていた。たとえば、戦争中、アメリカがすでに参戦していて、1943年のスターリングラードにおける降伏以後、主導権が連合国側に移っていたときのことである。問題は、西部方面において連合国側がどこに侵入するかということだった。私はただちに北アフリカを考えた——アルジェリア、モロッコ、アメリカ軍の最初の上陸はそこになるだろう。いまでもよく覚えているが、その侵入の知らせを受けたとき、私は軍のキャンプにいて、エルサレムかハイファに電話をかけてこう言った。「さあ、君たちはなんと言う。僕はそう言ってなかったか。」

しかしもう一度、夏の庭の別れの場面と私の家族の話に戻ろう。私の両親が当時、私と一緒に国外に出る決心をしなかったことには、多くのやむをえない事情が絡んでいた。私はそれについて父と話し合った。

「売って、工場を金に換えることはできませんか。まだ買い手が見つかるのでは。そして外国へ行けませんか。パレスチナに織物工場を建てたら、どうでしょう」。しかし父は、それはできないと言った。その後、父がすでに病んでいることがわかった。彼は老いていて、結局1938年1月に癌で死んだ。しかし、身体の状態がもっと良かったとしても、この一歩を踏み出すことは父にはほとんど不可能だったろう。パレスチナで織物事業を新たに始めること、ドイツで支配的だった諸般の情勢のもとで清算廃業すること、これはたしかに、ユダヤ人にとって慣れたことではなかったし、そもそも気の遠くなるような損害と引き替えにしか実現できないことだったろう。けれども、それはもちろん正しいことだったし、このドイツに留まったり、あとで殺されたりするよりははるかに良いことだったろう。これについて話したとき父は、「私はパレスチナのおまえにできるだけ多くの金を送ってやろう」と言った。そして父は、これを何度か——大きくなるばかりの損害を被りながら——やりとげた。結局パレスチナで引き出されたのは、ドイツで払い込まれたもののほんの一部にすぎなかった。途中でナチスが、いよいよ公然とその持ち分を取ったのである。それでも、長期間にわたってわが家からの仕送りがあった。しかし残念ながら、生身の両親自身はそうならなかった。一度だけ両親がパレスチナに訪ねてきてくれたことがある。私たちは、1936年の過越祭をエルサレムで一緒に過ごした。父と母は、マルセイユかトリエステ経由の船でパレスチナに来て、ほぼ三週間滞在し、そしてふたたび家に戻っていった。父はすでに歩くのも困難で、震えながら杖をついていた。父は病を抱えていたが、それにもかかわらず、息子との再会と、父祖の地であるパレスチナを見て過越祭の祝宴の夜をエルサレムで祝ったことに深く感動していた。祝宴が開かれたのは、私の従兄弟ハインツ・シモンの家だった。彼は父の姉妹エルフリーデの息子で、レッヘニッヒ出身だが、同じくエルサレムに住んでいた。彼の両親も同じ船で訪ねてきたのである。二組の両親はふたたび戻っ

ていった。シモン夫妻を待っていたのは破滅だった。彼らはその後、追放された。私の場合は、父が1938年に死に、母はその後殺された。このように、当時はまだ外に出ることができたのだが、彼らは移住証明書をもっていなかった。しかし、それも当時はまだなんとかできたはずで、もう少し早く試みれば、すなわちパレスチナなり他のどこなりへの入国申請に多額の金を出すことができれば、それだけより良いチャンスがあった。長く待てば待つほど、それだけ困難になり、最後にやっと脱出した人たちのポケットはまったく空か、10マルクしか残っていなかった[5]。

　父の死後、しばらく母は私の伯父のレオのもとで暮らした。彼は、魅惑的で才能豊かだけれど病弱な女性と結婚し、その後男やもめとなっていた。彼の子供たちは私よりかなり若かった。彼の息子ハンス・ホロヴィッツは商人になり、オランダに出国していたが、ついに運命が彼を捕らえ、東方へ追放された。これに対して彼の娘ロッテは、娘の頃にすでに家庭教師としてリスボンのある家庭に行き、ポルトガル語を習得していたが、デュッセルドルフ出身の若い男と結婚した。彼らは出国して、サンチアゴ・デ・チリに落ち着いた。1933年4月1日にレオ伯父の家のまえにも突撃隊が立っていたが、彼は診療を諦め、メンヘングラートバッハに引っ込んだ。1938年に、私の母はしばらく彼のもとで生活した。しかし彼はそのあと、戦争が勃発する直前に時宜を得て、娘によりサンチアゴにつれ出され、当地で最高齢に至る晩年を娘や孫・曾孫と過ごした。私は戦後ふたたび彼と連絡をとり、なお手紙のやりとりがあった。

　私の母は一人ドイツに留まり、もはや出国がかなわなかったため、恐ろしい運命に苦しむことになった。この大きな不幸の原因となったのは私の弟だった──彼に責任があるわけではないが。彼は私より三歳年下で、いつも心配の種となる子供だった。そして亡命中でも、彼は生計を立てる能力のないことを露呈してしまった。たしかに彼は、いつもまじめに職探しをしたのだが、ついにパレスチナに来るまでは、一つのポストでうまくやってゆくことができなかった。彼はパレスチナでやっと、たとえばホテルのドアマンとか、それに類した仕事でつましい生計を立てることができた。しかし、次の

ことを除いて、これについてくわしい話をするつもりはない。彼はフランスとイタリアのどこでも仕事を見つけて生計を立てることができず、自分を不幸で孤独に感じたため、両親の家に戻ってきた。両親の家は、彼にとってつねに外の世界でうまくいかないときに逃げ込む巣だった。ところが、彼は水晶の夜[*1]に捕らえられ、ダッハウに移送されてしまった。この頃母は、国外脱出の準備ができていた。父が1938年1月に死に、母はパレスチナへの移住証明書も乗船切符も手に入れ、いわゆるリフト、すなわち、すべての家具が付属品ともども詰められた巨大な木製の容器もハンブルク港で船への積み込みを待っていた。そこで母は1938年11月に、自分の息子がダッハウにいるかぎり、移住証明書を使って国外に出るつもりはないと知らせてきた。というのも、ナチスが、他国への入国許可証——それによって、強制収容所から釈放後一週間以内にドイツを離れることができるような——を提示できるものだけが、ダッハウから出られると通告したからである。そのため母は、委任政府が発行したパレスチナへの移住証明書をゲオルク・ヨナス名義に書き換えさせるように私に求めたので、私としてはそうするほかなかった。弟は1939年1月にパレスチナに到着し、それ以後そこで生活した。私はただちに、もう一度母の移住証明書を取るために必要な手続きに取りかかったが、それは二つの理由で難しくなっていた。一つは、1939年のいわゆる白書の発行以後イギリスが慎重になり、パレスチナへのユダヤ人移住者数を厳しく制限したことである——よりにもよって、移住証明書が最も必要とされた時期に。しかしイギリスにも、けっして反ユダヤ的でも反ユダヤ主義的でもない理由があって、それはパレスチナにおけるシオニズムのプログラムに反対するアラブ人の活発な反乱に関係していた。実際、たいへんな流血沙汰にまでなっていたのである[6]。私は、当時すでにハガナ[*2]に属していて、ユダヤ人移住地に対するアラブ人の攻撃に対する防衛にあたっていた。アラブ世界全体に大きな利害関係をもつイギリスは、植民省と外務省の所管する政策を、これらのファクターによって決定していた。ユダヤ人移住の制限もまさにその一つだったのである。もう一つの理由は、私がいわば弾薬を使い果たしてしまっていたことである。私がまえに母の移住証明書を請求できたのはただ、私が

移住する際に携えてきた資金によってだった。それによって母は、一般割当とは別に扱われる特別割当になり、こうして証明書を手に入れたのである。ところが、母がそれを息子に譲ったあとには、私の千ポンド移住者としての特権はつきていて、今度は通常の申請手続きを取らざるをえなかった。そして、いつになったら母の番になるのか、見当がつかなかったのである。もちろん私は、このプロセスを非合法な手段で早めるために、可能なすべてのことを試してみた。わずかの賄賂を贈ってみたが、効果はなかった。ペルシアかキューバかその他どこかでなら、金で入国ビザを買えると約束する人たちにも会ってみた。この代理人たちは、自分自身何かができると実際に信じているのか、それとも、近親者のために脱出の可能性を探しているパレスチナの人の絶望を利用しているのか、そのどちらかだった。私は、XかYの土地でなら、なんとかできると約束したある人に、かなりの金額を二度支払った。だがその後、二度と彼の消息を聞かなかった。しかし、1939年9月1日のイギリスの宣戦布告——私はこれを大歓迎した——とともに、母のためにまだ何かができる可能性はすべてなくなった。それでもまだしばらくは、オランダを経由して母と手紙をやりとりすることができた。オランダの中継地に宛てて手紙を書くのだが、この場合は、私の従兄弟ハンス・ホロヴィッツがそれだった。彼に私は手紙を送ると、彼がそれを新しい封筒に入れて母に送った。しかし、1940年5月のドイツのオランダ侵攻とともに、中立国同士にだけ可能だったこの通信も途絶えてしまい、直接の連絡はもはやなくなった。その後、私がイギリス軍にいたとき、赤十字を通じて、母がウッチに、当時の言い方ではリッツマンシュタットのゲットーにいるとの報告を受けた。それが、私が母の消息を聞いた最後となった。母の最期について初めて知ったのは、私が1945年以降グラートバッハに来たときである。それは実際、暗い物語であり、私の人生の大きな悲哀である。母の運命とでもいうべきこの傷はけっして癒えることがなかった。私はそれをけっして乗り越えることができなかった。私の子供たちはそのことを知っている。いとわしいことだ。話が私の記憶しているあることに及んだり、映像が映し出されたりするなど特定の機会に、発作的なむせび泣きの嵐が私を襲うのだ。これはどうするこ

第5章　亡命、逃避、そしてエルサレムの友人たち　109

ともできない。私の母は、この世で最も慈愛に満ちた人だった。そして私のレオ伯父、私の尊敬し愛するレオ伯父は戦後、リマから私に宛てた手紙のなかでこう書いている。「このひどい戦争で私は二人の最も愛すべき人を失った——私の妹と私の息子を」。

　母に関する心配を別にすれば、エルサレムでの私の生活は快活な精神の息吹に包まれていた。私が、1935年の過越祭に父祖の地へ向け友だちに迎えられながらやって来たのだが、それはすばらしい場所だった。私が過越祭のときに到着したのは、マルセイユ発アレクサンドリア経由ヤッファ行きの海上輸送の出発時刻に基づく偶然にすぎない。そのうえ船は、アレクサンドリアで二日停泊した。私はその機会を利用して、当地でレオ・シュトラウスの姉妹のベッティーナ・シュトラウスと、ハイデガーのもとでの古い学友ゲルハルト・ネーベルに会い、そして彼と一日かけてカイロへ行った。こうして私は［ヤッファに］到着した。港には——もちろんヤッファには港と呼べるようなものはなく、それは沖合の停泊地で、ボートを使って上陸するのだった——うれしいことに、ゲオルゲ・リヒトハイムが来ていた。彼は私の若い友人で、私に恩義を感じており、私も彼がとても気に入っていた。彼は私より、ほぼ10歳ほども若く、非常に尊敬されたドイツのシオニズム指導者リヒャルト・リヒトハイムの息子だった。リヒャルト・リヒトハイムはドイツにおけるヘルツル信奉者の第一世代に属し、ドイツのシオニズムの生成期に卓越した役割を果たした。彼は真正のヘルツル・シオニストで、宗教の改新とかその他の神秘的あるいは社会主義的な飾りをいっさい求めなかった。そんなものは何もなかった。彼にとって重要だったのはきわめて明瞭に、ユダヤ人の国家的大義であり、パレスチナにおける主権国家としてのユダヤの復活だった。しかし彼は結局、政治的市民的中道に属したドイツ・シオニズムの主流から右に旋回し、ウラディミール・ヤボチンスキーの、すなわち、もともとポーランドとロシアを故郷とするいわゆる修正主義の信奉者になった[7]。いずれにせよ、リヒャルト・リヒトハイムはすでに私のシオニズムの生成期に大きな影響を私に及ぼしていた。というのも、シオニズムのプログラムを古典的なドイツ語散文ですばらしく明晰に、また卓越した仕方で述べたドイ

ツ・シオニスト協会の書物は彼の手によるものだったからである[8]。そのうえリヒャルト・リヒトハイムは第一次世界大戦期にシオニズムの歴史においてきわめて重要な役割を果たした。だが、それが私の個人的な記憶にあるのは、彼にコンスタンチノープル出身のすばらしく美しい妻がいたことを私が語りたいというだけのことにすぎない。リヒトハイムは戦争中、世界シオニスト機構の代表としてまったく公式にイスタンブールに生活し、大使のような役割を引き受けていた。彼はトルコにおけるシオニズム使節であり、これはいわばキー・ポジションだった。というのも、1917年12月9日にエドマンド・アレンビー将軍指揮下のイギリス軍がエルサレムに進入するまで、トルコがパレスチナの支配権をもっていたからである。イギリスがパレスチナ問題で指導的な役割を引き受けた瞬間から、トルコにいたリヒトハイムにはもはや課題がなくなった。しかしそれでも、彼は時期を失せずにトルコにあったシオニスト機構の貸しを金(きん)に換え、中欧諸国の一般的な崩壊からそれを救った[9]。戦後ベルリンに戻ったとき、彼はイスタンブールのセファルディム*3共同体出身の妻を伴っていたが、彼女の母語はちなみにスパニオールの言葉ではなく、ギリシャ語だった。イスタンブールには、ギリシャ語を交際語とする市民層がいたのである。彼女の家で、ラディノ語*4がかつて話されていたのかどうかを探り出す機会はなかった。イレーネ・リヒトハイムは実際、すばらしく美しい女性だった。夫妻には二人の子供がいた。ゲオルゲと名づけられた息子とミリアムという名前の娘である。二人ともひょろんと背が高くて手足も長い、しつけが良すぎて貴族的なところのあるグレーハウンドのようだった。ゲオルゲは輝かしい分析的な知性をもっていて、卓越した弁舌家・著作者だったが、父とはちがってマルクス主義者だった。父のほうは抜きんでた大ブルジョアで、いっさい仕事をしなくともよいという幸福な境遇にあり、無給のシオニズム政治家、生成するユダヤ人国家の政治家であるという贅沢を自分に許すことができた。ゲオルゲは、もちろん貴族的マルクス主義者だった。すなわち、マルクス主義の教説を確信し、労働者階級の側に立ち、そしてプロレタリアートの独裁さえも肯定するが、あらゆる流血沙汰や暴力行使には本質的に無縁であるような人間だった。しかし彼は、社会主義の勝

第5章　亡命、逃避、そしてエルサレムの友人たち　111

利を助けるために必要と彼に思われたことすべてを是認した[10]。ところが私は工業の出身である。私はいつも自分の家の工場で、工場労働者であるとはどういうことなのかを見てきた。私は労働者のタイプを知っていた。そこで一度、こう彼に質問した。「ゲオルゲ、僕に言ってくれ。君は今、労働者階級の運命の話をした。マルクスとエンゲルスの勉強をしたわけだ。だけど君は一度でも工場に、企業にいたことがあるのかい」。

　彼は「いや、一度もない」と言った。

「労働者階級について知るためには、君はそこに身をおくべきだった。何しろ君はそれに全身全霊を捧げようとしているのだから」。

　彼は言った。「それは必要ない。それについて知るべきことはすべて統計に載っているのだから」。

　これが彼の型どおりの答えだった——このまったく拍子抜けするほどシニカルで自己風刺的な率直さが。彼の洞察は、すべて抽象を通して成立した。彼はそもそも、プロレタリアートの運命を実際に体現している人間を知らなかった。ゲオルゲはきわめて知的だったけれど、その他の点では人生に対してあまり良い装備を整えていなかった。というのは、彼は人間関係——特に異性に対する——に問題があり、言ってみれば、本能的なものに対する過剰な懐疑とアイロニーに悩んでいた。彼は、世界に対してある距離を置いて生きていて、たしかに世界を観察はしているのだけれど、世界に対してまさしく地上にふさわしい根源的な関係を見つけることができなかった。女性に対しても同様で、彼が惚れ込むのはいつも、その恋の実らないことが保証されているような女性だった。恋の実らないことが、彼が大きな愛に満たされるためのいわば前提条件だった。彼は何度も何度も恋をしたが、結局どれも実らなかった。これはなんらかの形で彼の人となりと関係していた。私が彼の妹のミリアムをエルサレムで知ったのは、彼女が偉大なエジプト学・コプト学者ハンス・ヤコブ・ポロツキーのもとで学んでいた頃だったが、彼女はその後、国際的に認められ優れたエジプト学者になった[11]。しかし、彼女もまた独身のままだった。彼女はいつも、いわば生まれながらに「オールド・ミス」で、私には彼女がいつか夫をもつだろうとはほとんど考えられなかった。な

ぜなら、それは彼女のスタイルに反していたからである。そして実際、彼女はそのスタイルに忠実であり続けた。

　私がゲオルゲ・リヒトハイムをロンドンで知ったのは、私の亡命生活の始めの頃、ロンドンでペンション暮らしをしていたときだった。そのペンションをとりしきっていたアニー・ローゼンブリュートは、リヒャルト・リヒトハイムと同世代のシオニズム指導者の一人フェリックス・ローゼンブリュートの妻だった。フェリックス・ローゼンブリュートはのちにピンチャス・ローゼンと名乗り、イスラエル国の初代法務大臣となったが、彼の家族全部がドイツ・シオニズムの指導層に属していた。だがそのなかで、おそらく彼が一番の重要人物だったであろう[12]。彼は、きわめて魅力的で機知に富む、そしてチャーミングな女性と結婚したが、不幸なことに、彼女は反シオニストだった。彼女はシオニズムがまったくの誤りであると考え、夫がすでに30年代の始めからパレスチナで暮らしていたにもかかわらず、そこへ同行することを拒んでいた。1933年に亡命せざるをえなくなったとき、彼女は、すでに夫が暮らしていたパレスチナではなく——彼らはただ別れて生活していただけで、離婚したわけではない——ロンドンへ、成人に達しかけた二人の子供をつれて向かった。その折、彼女はメンヘングラートバッハ、モーツァルト街9番地を中間停車場とし、旅の途上わが家に泊まった。というのも、私はすでに彼女と親しくなっていて、そのうえ彼女に夢中だったのである。言ってみれば、私は彼女に惚れ込んでいた。彼女は魅惑的で魅力的な女性だった——しかし、牙もそなえていた。だから、たとえば夫との関係において彼女は譲らず自分の立場に固執し、そしてその立場が「いや、パレスチナではない」だったのである。彼女は、ロンドンでゴールダーズ・グリーンにペンションを開いた。カール・マンハイムや、その他のロンドンにやってきた知的でアカデミックな亡命者たちもしばらくそこで暮らした。たとえばアドルフ・レーヴェンシュタインなどもそうである。そして、ゲオルゲ・リヒトハイムもその家の友人としてそこに出入りするようになった。私は、そこでゲオルゲを知ったのである。私は彼の母も訪問したが、女性の美しさにきわめて敏感だった私は、騎士的求愛を眼に見えるように彼女に示した。中年の美しい女性に

とって、このような若い男から賛美され敬慕されることはまことに気持ちのよいことであろう。もちろん、彼女はまず第一に母であって、私の賛嘆を次のように利用した。ある午後、彼女は私をお茶に招き、私が彼女の息子のゲオルゲと友人になることを望んでいると伝え、彼女は私にこう言った。「あの子が、あなたよりはるかに若いことはわかっています。そして私は、あの子があなたを尊敬していることを知っているのです。あの子はあなたの話をしています。あなたのことが気になっているのです。私にはわかっているのですが、あの子には友だちがとても必要です。何しろ孤独な若者で、もしあなたがあの子の友だちになってくだされば、それはあの子にとってとてもよいことです」。

　まずもってイレーネ・リヒトハイムに対する愛——といっても、私が彼女を賞賛したのはなんらかのエロティックな意図によるのではなく、ただ美しく情緒豊かで敏感な女性の賛嘆者としてにすぎない——から、私は「喜んで。私もたいへん満足です」と答えた。だから、ゲオルゲと私のあいだの友情は、この母の祝福のもとに結ばれたのである。その後まもなく私は、自分が非凡な若い友人を見つけたことを知った。彼が、私よりもほぼ半年先にパレスチナに行くまで、われわれはロンドンで多くの時間を一緒に過ごした。その彼が、ヤッファで私の上陸を待っていてくれたのである。

　私の記憶では、私はただちにテルアビブからエルサレムに向かい、そこにもすでに私を待っていてくれる人がいた。私は過越祭の前日にエルサレムに到着し、すぐにシオニズムの同志でのちに友人となったエルサレム出身のハンス・レヴィのもとに出頭した。彼はKJVのメンバーではなく、同盟の仲間でもなかったから、君 – 僕と言い合うことはなかった。しかし、彼はブラウ・ヴァイス*5で活動したことがあり、だから私と同様に古参の、しかも学生時代からのシオニストだった。彼は古典文献学者で、ヴェルナー・イェーガー、ウルリヒ・フォン・ヴィラモーヴィッツ・メレンドルフ、そしてベルリンの偉大な古典文献学者エードゥアルト・ノルデンの弟子だった。そして、すでにヘブライ大学への任命書をポケットに入れてエルサレムにやってきていた。そのあいだに彼は、私の『グノーシスと後期古代の精神』を読んでく

れていたので、この本は私より先にエルサレムへの道を見つけ、私がこの知識人サークルに近づく準備をしてくれていたのである。レヴィは、まえもって私に手紙をくれ、住まいが見つかるまでの何日かは自分のところに泊まってもいいと申し出ていてくれた。そこでさっそく、私はハンス・レヴィのところに泊まった。その後まもなく私は、哲学者のフーゴー・ベルクマンを訪ねた。ヘブライ大学の哲学の教授を勤める彼はプラハ出身で、フッサールの先駆者フランツ・ブレンターノのもとで学んだ[13]。これまた私の本をすでに知っていたベルクマンは、おおいに敬意をもって私を受け入れてくれた。当地で同様に、私を待ち受けていたのは、ハンス・ヤコブ・ポロツキーである。私はそれまで彼に会ったことはなかったが、彼はゲッティンゲンからやってきて、コプト語[*6]のマニ教[*7]文書の出版に指導的に参画していた。20世紀の最初の30年間に発見されたパピルスには、一群のマニ教文書が含まれており、そのなかにはマニ自身の書いたものもあった。その原文は取り返しようもなく失われてしまっていたが、コプト語訳でそれが今また現れてきたのである。これらの文書はベルリンのプロイセン国立図書館に収められていた。そして、プロイセン学術アカデミーがこれらのテクストの出版を計画したとき、当時すでに老いていたドイツのコプト語専門家でカール・シュミットとかいう人（別のシュミットと区別するために、かんたんに「コプト – シュミット」と呼ばれた）がコプト学の若く新しい才能、すなわちハンス・ヤコブ・ポロツキーを、このマニ教文書の出版の主要協力者として雇った[14]。ポロツキーは、のちの世代の宗派文書だけでなく、この宗教の創始者自身のオリジナルな文書をはじめて含んだコプト語のマニ教文書に関する仕事によって、それにまた、マニ教の優れた紹介において、ただ文献学的問題だけでなく、マニ教の教説そのものに取り組んだことによって有名になった[15]。私がロンドンにいた1934年に、ポロツキーはまだゲッティンゲンにいて、ハンス・ヨナスの『グノーシスと後期古代の精神』を出版社から受けとった最初の人たちの一人だった。彼はもちろん、ハンス・ヨナスが何者なのかを知らなかった。彼が属していたのはドイツのアカデミックな世界ではなく、「エジプト学」という風変わりな専門領域だった。そこには、哲学の分野で何が起こっているのかを知る

者はいなかった。ゲッティンゲンのゼミナールで、彼が助手を務めている教授が、彼にこの本を示した。「これがたった今、配達された本だ」。そして彼らは互いに顔を見合わせた。「ハンス・ヨナス、ユダヤ人ですか」。そこで教授は、彼に「それを探り出すのは簡単だ」と言って受話器を取り、ファンデンヘック・ルプレヒト社に電話をかけて、ハンス・ヨナスのことを尋ねた。

「彼はユダヤ人ですか」。それに対する答えは「そうです。彼はユダヤ人です。ですが、とても行儀の良いユダヤ人です」だった。こうして私は、特別に行儀の良い人という名誉ある証言を私の出版社にしてもらった。

その本を──おそらく賛嘆しながら──読んだポロツキーは、私と会うのを待ちかねていた。彼はまもなく、私と知り合いになるために、ハンス・レヴィの家に現れた。ポロツキーもそのあいだにレヴィと同じくヘブライ大学で──エジプト学を──教えるようになっていたから、彼らは友人だった。彼は私に、「私はあなたのご本であなたをまったくちがった風に考えていました」と言った。「で、どんな風にですか」と私が尋ねた。「タルムード学者のように、まったく内にこもって考え込んでいるような風にです」。

彼を驚かせたのは、当時私が発散していたある種の若さだった。これは長らく私に付着していて、そのため、まずいことに、私はいつも実際よりも若く見られ、あまり尊敬されないのだった。私がきわめて長いあいだ、友人たちから縮小詞で「ヘンスヒェン［小ハンス］」と呼ばれた──むろんこれは私を怒らせた──のも、私が、本来一人前の男として受けとられなければならない時期にも、少し子供っぽく見えたからである。それに反して、ポロツキーはきわめて大人びていた。声はとても低く、力強いバスで、顔はハンス・ザムブルスキーが「ある文献学者のポートレート」という詩で描いたとおりだった。

　　彼は沈黙している。彼を圧しているのは重要な事柄と、
　　わずらわされたくないという願い。
　　やがて彼がにわかに語り始めると、
　　その事柄が低くてよく響く声で告げられる。

ふくろうのそれのように鋭い彼の顔は
　黒い眼の暗い輝きにくまなく照らされて、
　このうえもなくどっしりとした円柱のうえに安らっている。
　この身体は彼の精神的実質のかたどりだ。

　彼にまだ欠けているものはただ一つ。
　顔のまわりに濃くて黒いひげがはりめぐらされれば、
　彼は見知らぬ遠い国の皇帝か裁判官に似るだろう。

　それに対して私は童顔だった。少しとばして数年後の話だが、世界大戦を生き延び、長らく音信不通だった友人に再会したあと、私は、ハイデルベルクにカール・ヤスパースを訪ねた折、ドルフ・シュテルンベルガーにも会った。彼は私に次のような話をしてくれた。「知ってるかい」と彼は言った。「そのあいだに君の名前が一度浮上したことがあるんだ。1943年だったと思うが、僕は講演でパリにいた。ドイツ軍占領下のパリには、ドイツ文化の催しがあったんだ。（付け加えておかなければならないが、ドルフ・シュテルンベルガーは彼のユダヤ人の妻とともに戦争中ずっとドイツに留まり、また妻を救うことができた）講演のあと、パリのドイツ軍管理局の文化司令部があったホテル・ジョルジュ５世に滞在していたエルンスト・ユンガーが僕をもてなしてくれた。ホールに入っていくと、奥のほうに航空兵の制服を着た人が足を広げてソファに座っているのが見えた。上等兵なのか伍長なのかはわからない。いずれにせよ、将校ではなかった。彼がじっと僕を見つめているので、僕は彼に近づいて『どこかでお会いしたことがありますね。私はあなたを存じ上げているにちがいない』と言った。それに対して彼は『もちろんですとも、ハイデルベルクのヘンスヒェン・ヨナスの家でお会いしました』と言った」。
　それは、わが友ゲルハルト・ネーベルだった。彼は、たしかにいつかハイデルベルクに私を訪ね、その折、私を通じてドルフ・シュテルンベルガーと会ったのである。しかし、この話をしたのは「ヘンスヒェン」のためにすぎ

第5章 亡命、逃避、そしてエルサレムの友人たち　117

ない。エルサレム［の話］に戻ろう。そういうわけで、ポロツキーは私に言った。「そうです。私はあなたをこんな風には思っても見ませんでした」。

　彼は私を知ったことをたいそう喜び、こうしてポロツキー－ヨナス－レヴィ──»PIL«──の友情が始まった。われわれはただちに定期的に会うクラブをつくり、それを頭文字によって»PIL«と名づけた。PILは象を表すヘブライ語なので、象をわれわれの記号とした。いまでもニュー・ロシェルのわが家にはたくさんの象のフィギュアがあり、当時われわれが生み出したものを銘してくれている。このクラブにはまもなく他のメンバー、すなわち、ゲオルゲ・リヒトハイム、物理学者ハンス・(シュムエル)・ザムブルスキー、そしてもちろん、ゲルショム・ショーレムが加わった。ショーレムが正規会員として受け入れられたとき、彼は「これは名前で明記されなければならない」と言った。それなら»PIL«の代わりに何が良いかと彼に問うと、彼はただちに一つの名前を用意した。»Pilegesch«──聖書のなかで、神に仕える神殿売春婦を示すヘブライ語である。

　ゲルショム・ショーレムも、私のエルサレム到着を待っていた一人だった。私は彼をすでに数年前に、まだヒトラーの時代になるまえに、母とのイギリス旅行の途上ロンドンで知った。私の学生時代の終わり頃とドイツの若い研究者としての時期、母と私の関係はきわめて緊密で、それに父がもはや旅を好まなかったので、なんども一緒に旅をした。私たちはお互いによく理解し合っていた。それは実際、すでに成人したが、まだ束縛のない息子と母の魅惑的な関係だった。どのようにしてショーレムと会うことになったのか、詳細は忘れてしまった。覚えているのは、彼がパレスチナからロンドンを訪問したことで、そのとき誰かが──マルティン・ブーバーだったと思う──私がすでにロンドンに向かっており、そしてショーレムがまさにそこにいるのなら、それは会う絶好の機会だと思いついたのである。

　こうして私は、母と一緒にショーレムを知ることとなった。彼がわれわれのいたホテルを訪問し、そこで私とローザ・ヨナスに初めて会った。われわれは話し合い、彼は会った瞬間から私の計画にたいへん興味をもってくれた。それは私が学位を取ったあと、しかし『グノーシスと後期古代の精神』の第

一巻の完成のはるかまえのこと、おそらく1930年頃のことである。そして私の思い出す限り、彼は、私がこの著作の進み具合を実際に知らせた唯一の人である。彼はまず序論と第一章を見て、それを賞賛する手紙をよこした。その後、私は一章また一章と彼に送り、彼はその本に魅了されてしまったが、やがてそれについての優れた評価を書きよこした。これはのちにきわめて役に立った。そのなかで彼はとりわけ、この著作の生成過程にますます関心をつのらせ、これを見守っていると言ってくれた。そして、私が送る章ごとに彼の印象は肯定的になり、ますますこの著作をただ満腔の賛意と敬意を払うしかない作品として評価するようになった、と。次の文も覚えている。「章が続くごとに、この著作とそのオリジナリティに対する私の賛嘆は高まった」[16]。

この接触の機会を与えてくれたマルティン・ブーバーも——私は彼に本を送呈しなかったけれど——私の本を褒めてくれた最初の人たちの一人だった。彼は当時——1934年——まだドイツにいた。彼は大の蔵書家で読書家だったから、この本をただちに手に入れたにちがいない。というのも、まだその同じ年のうちに、だから私がパレスチナに行くまえに、私はロンドンで彼からとても温かい励ましの手紙を受けとったからである。そのなかで彼は、私の本をとても興味深く読んだと書き、そのあとに次の文があった。「私は、本書を現代の最も重要な精神史的書物の一つと見なしています」。

この言葉は文字どおりそのままである。私は、今日なおその手紙を保管している[17]。またこの頃に、私が本を送ったオスヴァルト・シュペングラーからの手紙も届いた。私はあらかじめ、序論のあるパラグラフに彼の注意を喚起しておいたが、そのなかで私は彼にふさわしい敬意を払ったのである。すなわち、学問のアウトサイダーである彼が天才的な直観によって、現代の歴史的な、とりわけ教会史的な研究の内部では認識されていないようなこの時期のある特徴を認識した、と。私がむさぼり読んだ『西洋の没落——アラビア文化の諸問題』[18]の第二巻で彼は、グノーシスの思弁に表現されている当時の近東の現象を新しい文化の初期時代に数え、そしてこの新しい文化を、それがやがてイスラムで頂点に達するという理由で、「アラビア文化」と名づけ、ゲルマン的西方のファウスト的文化と区別して「魔術的文化」と性格

づけた。これらの概念は別として、彼はこれがたんに古代の終わりではなく、当時何か新しいものが形成されたことを認識していた。私のグノーシス解釈の根本モチーフもまさにこれであり、古代の古典的意識とは決定的に異なる新しい意識がここに出現したことを示そうとしたのである。だから私は彼に敬意を払い、そしてミュンヘンからの彼の手紙を受けとった。そのなかで彼は献本に感謝し、こう述べている。

　「それは世界史の最も重要な時期の一つです。それにもかかわらず、それはこれまで十分に注目され研究されたためしがありません。私がそれについて述べたことは、あなた以外に理解したものはおりません。あなたのオスヴァルト・シュペングラー」。

これが彼に赦された最高のお世辞だった。
　こうして、私よりもある評判のほうが先にエルサレムに着いていて、友人のサークルは早急にできあがった。この友人サークルの重要な共通点は、全員が独り身だということだった。そもそも未婚であったか、あるいは離婚したばかりであったか、あるいはザムブルスキーの場合のようにきわめて痛ましい理由から——彼の妻は心を病んで、施設で生活していた——パートナーと離れて暮らしていた。彼は、その後離婚したと思う。ショーレムの最初の結婚はちょうど破綻したところだった（彼の後継者はフーゴー・ベルクマンで、彼はのちにショーレムの別れた妻エシァと結婚した）。男の付き合いには時間がかかるので、われわれが束縛されていないのは好都合だった。家で妻が待っていて、安息日の午後は、男たちの際限のないおしゃべりよりも自分にあてるよう主張することはなかった。その後、年月が経つにつれ、一人また一人と結婚ないし再婚すると、それはサークルの繁栄にとってかなりの障害となることが判明した。われわれは少なくとも週に一回、安息日の午後に集っていた。私はハンス・レヴィと一緒に昼食を取っていたので、彼とは毎日会った。たいていは——彼のために料理してくれる人がいたから——彼の家で、たまには私の家で。そのときには、私の家主のエルランガー夫人が料理した。ハ

ンス・レヴィは私の最も緊密で信頼のおける友人だった。それに対してハンス・ヤコブ・ポロツキーは、誰もあまりに自分に近づくことを許さない人間だった。互いにすべてを語り合うような友人関係は、単純に彼の性に合わなかったのである。ショーレムの知人・友人関係はとても広かったので、彼はどれか特定の関係にあまり濃密にかかわることはできなかっただろう。この年月のエルサレムの精神的風土はすばらしかった、と私は言わざるをえない。年齢においても精神的な発展においても、われわれはみな最盛期だった。われわれの誰もがそれぞれに興味深かったし、またわれわれはみなちがっていた。そしてわれわれは互いによく理解していた。われわれが諧謔に満ちていたことは、われわれのサークルで生まれた詩が記録している。ハンス・ザムブルスキーの筆によることが多かったが、たくさんのユーモラスなポートレートが描かれていた。一連の詩はショーレムに宛てられていて、彼はその個性と研究領域のために、われわれの作詩術の格好の対象となった。それは次の三つの例が示すとおりである。

　　　　　　　ショーレムに（1940年1月15日）
　汝、蒙昧主義者の池の漁師よ、
　夢見るように口ごもりながら語られた言葉を汝はフォルムとして解釈し、
　錯綜した言葉の混乱を手際よくつながれた長い文に変える、
　精神の高貴な宝である意味を惜しみなく低次の素材に与えながら。
　ゾハールのくすぶる黒い煙から
　汝は真の光の領域へ浮かび出なければならない、
　フランク主義者[*8]の腐りかけて毒を含んだ果実が
　汝にそのひそかな業を果たし終えるまえに。

　　　　　　大きな猫背の人（G. S.）──（1943年9月）
　彼が抗弁を許さない声で命令調に語り、
　自分の後に誰も登ってこないよう気遣いながら
　山頂を攻略しようとする。

誰かが勇気をふるって、全力で、見かけばかりでも距離を縮めようと、
彼と丁々発止と一戦を交える、
スポーツの場合のように、何もできなくなるまで。
まわりは満足。やがて、不注意に投げつけた言葉が短絡推理のように働き、
彼は当惑して口を動かすばかり、
完全に沈黙した口はただ、かいなく筋肉で語るばかり。
彼の眼はさまよい、おびえ、そして、ゆっくりとまわりに拡がりはするが、
ちっともしっかりしていない火のようにくすぶる。
同様に、自分が日々演ずる気の抜けた芝居に急に嫌気がさす
フランク主義者もときには出現したことだろう。
そこで突然、彼はファサードの陰で、払い清められたもののみに
ふさわしい知を示すのだ。

神秘説の教授（1947年11月）

矛盾に満ちた人生は彼の頭脳にとってさえ
はるかに高く理解を超えていたので、
それに比べれば、中世の蒙昧な精神の不条理や葛藤も
彼にはほとんど合理的に思われた。
彼はあらゆるがらくたに意味を見て、
とっくに捨てられていた遺産の管理人になり、そこに平安を見いだした。
何しろ、魔法にかけられた観念の方が生存の重荷よりも柔らかだったし、
殻を剥ぐようにして、変造されたテクストから意味を取り出すのは
修道院に逃げ込むようなものだったから。
あの遠く離れた辺境地帯に彼が安らったのは、
測りがたい人生が、このうえなく敬虔な倒錯や
過剰なオカルト的異端によってけっして捉えられないことを知っていた
からだ。

このような詩を朗読するユーモラスな瞬間を別とすれば、われわれは限り

なく議論することができた——あらゆること、すべてのことが問題になった。たしかに、特殊な専門的能力が求められるような特定のテーマもあった。たとえばカバラの世界やグノーシス的な後期古代の世界の知識が前提にされるときには、それはとりわけショーレム、ポロツキー、そして私を結びつけた。これに反してザムブルスキーは物理学者だったが、そのうえ高い教養をそなえた男で、他の多くのことを知っていた。古典文献学者のハンス・レヴィもギリシャ・ローマ文化の後期古代の現象を専門としていた。彼の大著——残念なことに、彼は戦争末期にその途中で心臓梗塞のため死んだ——は、いわゆる『オラコラ・カルダイカ』、すなわちキリスト紀元2ないし3世紀のカルデアの神託と称する宗教的教化文書の擬碑文的集成に取り組んでいた[19]。ようするに、われわれはみな語るべき一家言をもっていて、それを実際たっぷりと語ったのである。われわれの会話で注釈を加えた日々の出来事をまったく別にしても、退屈な瞬間やテーマの欠如など一度もなかった。そしてこれは、すべてドイツ語で語られたのである。われわれはここにおり、聖なる都市エルサレムに、シオニズムによってユダヤの民族生活の更新のために選ばれたパレスチナに、ユダヤ人入植地の住民と一緒に集っていた。私とまもなくこのサークルに入会を許されたゲオルゲ・リヒトハイムを除けば、全員がヘブライ大学で活動し、程度のちがいはあれ、とても立派なヘブライ語を話した。特にショーレムとザムブルスキーがそうだった。ところが、私的な会話では、われわれはドイツ語に固執した——といっても、ドイツ的なものとの結合からではなく、単純にそれがわれわれの自然な言語で、それによって一番よく表現できたからである。ショーレムのような熱心なシオニスト・ユダイストでさえ、本当はヘブライ語で話さなければならないと要求したことはなかった。ドイツは今や邪悪な国でわれわれの最大の敵なのだから、ドイツ語を話してはならないとする愚かさに対しては、われわれは完全な抵抗力をもっていた。まともに考えれば、二度と個人的なサークルにおいてもドイツ語を話さないと名誉のため誓った人は、ある意味でヒトラーに、彼にありもしないドイツ語独占権を認めたことになる。また、自分があらゆる権利をもっている遺産、すなわち自分自身の言語で表現するという遺産を拒否した

ことになるのである。

　私自身は、予備教育ができてなかったわけでもないのに、ヘブライ語にとても苦労した。私は学校時代の最後の数年間には現代ヘブライ語の学習を始め、学生時代を通してそれを続けたが、それはたんに読むことと文法習得で外国語をマスターしようというやり方だった。この地点からグノーシスについてヘブライ語の講義を作成するまではかなり遠い。私が結局、ヘブライ大学で多時間にわたる授業の教育委託を受けた――それはたしかに教授職への招聘のために空いたポストではなかったが、それでも私の講義に関心をもつ人は十分にいた――とき、一回分の講義の準備をするのに、まる一週間かかった。内容に半日、ヘブライ語にするのに残りの時間すべてである。私はもう一度授業を受け直し、語学上の顧問を雇った。この高給のヘブライ語の文章家は、私と一緒に講義の準備をした。すなわち私の講義のヘブライ語を訂正した。1938年に、私はヘブライ語ではじめての講演をした。それはエトムント・フッサールの亡くなった年だった。彼の訃報は、もちろんただちにエルサレムに届き、人々は、ヘブライ大学で記念講演をしなければならない、何しろフッサールの弟子ハンス・ヨナスがいるのだから、と言った。こうして私は、エルサレムのヘブライ大学で催されるエトムント・フッサール記念アカデミー祭で記念講演を行うよう依頼された。一時間の講演の準備に、この最初の公共のヘブライ語の講演「フッサールと存在論の問題」のまえほど仕事をし、苦しみ、戦ったことはない。というのも、彼の哲学全体を評価することになっていたからである[20]。

　ところで、私には固定した収入がなかったが、準備しておいた自分の金で遊んで暮らせた。当時のパレスチナほど安く生活できるところはなかったのである。のちの私の妻ローレは女中として働いていて、2ないし3ポンドで暮らさなければならなかったが、私は金持ちの若者で、月に6ポンドを支出できた。人々の暮らしはまことに無欲で原始的だった。多くの家の家具は空になったオレンジの箱でできていた。ここエルサレムでは、われわれはそれで満足していたのである。ハンス・レヴィは、もちろん正式の教授の給料を得ていたが、それとても潤沢なものではなかった。ポロツキーとショーレム

も同様だった。ゲオルゲ・リヒトハイムは、早くからエルサレムの英語の日刊新聞「パレスチナ・ポスト」、のちに改名して「エルサレム・ポスト」にちょうど良いポストを見つけていた。だから、職業的には彼はとてもうまくいっていた。彼はエルサレムのさまざまな精神的な人物と生き生きとして知性に強く彩られた友情を結んだけれど、それにもかかわらず、ある種のアウトサイダーの役割に留まった。これは、彼がなんらの正規の学習もせず、ただ読書と思索によって実に精神的に興味深い個性を作りあげた高い才能の独学者だったことと関連している。原典を倦むことなく読んでマスターしていたマルクス主義運動、特にマルクス主義イデオロギーの歴史の領域をおそらく別にすれば、彼はどの領域においても確固とした知の基盤をもっていなかった。彼の私生活は、おそらく彼が生まれた不幸の星、すなわち何人もの女性に対する実らない関係に支配されていた。彼が女性に惚れ込んでも、それはけっして両性の自然な出会いにはならなかった。たとえば、われわれの友人ザムブルスキーが、離婚歴のある若く美しい女性ミリアム・ザムブルスキーと二度目の結婚をしたとき、ゲオルゲ・リヒトハイムは即座に彼女に惚れ込んだ。ミリアムも彼が好きであったけれど、彼女こそがとうとう性的な孤独から救ってくれる女性かもしれないという彼の思いは実現しなかった。私がこのことに触れたのは、彼女が彼の生涯で比類ない役割を演じたかもしれないからではなく、これは彼にはいつものことだったからである。われわれは誰しもある種の同情をもってそれを見ていた。私とミリアム・ザムブルスキーの関係はうまく行っていたので、彼女は私にこう話した。「私の状況は奇妙でつらい。彼のことは好きだし、彼がふさわしい女性を選ぶのを見たいとも本当に思っています。けれど、それは私じゃない」。

　彼女は彼に好意をもっていたと言える。ところが彼は、彼女が自分にまず差し出され、それから不調に終わる大きな願望実現のチャンスだと思いこんでしまった。そしてこれが、いわば見本のような状況、彼が繰り返し生み出すいつもの体験なのであった。彼の下す愛の選択はつねに、それが実現に至りえないことがはじめから確定しているような選択だった。彼は、戦争中ずっとエルサレムにいて、「パレスチナ・ポスト」の外交政策担当編集者として働

いた。のちに国際政治の通信員としてロンドンへ移った。彼はその後、マルクス主義の歴史では目立って成功した専門家になり、マルクス主義イデオロギーの展開に関する、たとえば、フランスにおける社会主義とマルクス主義のプログラムと党派の歴史に関する本を公刊した。これらの本は、この領域で書かれた最善のものとされている[21]。その限りでは、彼の生涯は成功だった。しかし彼は、依然としてきわめて孤独な人間であって、男性に対しては生き生きとした友情や知的関係を育んだが、女性に対しては実ることのない恋愛を繰り返した。彼がますます抑鬱になっていった理由の一つは、たしかに女性だった。そのうえ彼は、自分のなかの著作家としての源泉が突然涸れてしまったと思った。彼はどこかで新著に取りかかっていたが、これまで恩寵を受けたかのようにたやすく書けたにもかかわらず、もはやまともなことを何一つ思いつかないことに気づいた。これも彼の憂鬱の一因だったろう。しかしさらに、きわめて危険となる要因が加わった。彼は不眠症に苦しみ、どんどん催眠薬の服用を増やしても、もはやまともな夜の安らぎにつけなくなった。当時、成功したフリーの著作家として、ゲオルゲはさまざまな招待を受けた。こうして彼は、少なくとも一年をアメリカで、時折東海岸で、それもニューヨークで過ごした。彼はニューヨークのコロンビア大学から期限付きの教育委託を受けていたのである。その後、彼は西海岸へ行き、しばらくサン・フランシスコで仕事をした。そこで彼はスーザン・ソンタグに会い、それが彼を大きく揺るがした最後の大きな愛の一つとなった。彼女も彼を好きだったけれど、彼はきっぱりとした拒絶を受けた。それでも彼は、しばらくのあいだ彼女の呪縛のなかにいて、私との内緒話で彼は遺言で彼女に何をしてやれるか、私にその執行人になる気があるか――私はなると約束した――を議論したほどである。しかしその後、彼は明らかに遺言をもう一度変えた。というのも、ついに彼の最期が来たとき、彼女の名前はもはやどこにもなかったからである。輝かしい才能を与えられた生涯が、この場合どのように呪いを負わされ、絶望に差し向けられていたかを例示するため、この点にも触れておこう。イギリスに帰ってから、彼は最後の女性との関係に入った。それは彼の最初の愛への回帰だった。ロシア系のユダヤ人インナ・アリ

アンは、私のまちがいでなければ、彼の妹の学校仲間で、すでにその頃彼は彼女に恋していたのである。彼がどこに住もうと、そこにはセム風ではなく、スラブ風のこの美しい若い女性の像があった。それでも私は、彼女がユダヤ人だったとほぼ確信している。彼女は、彼の生涯のロマンティックな人物で、二人が長い長い年月のあいだ離れていたあと、次のようにして彼の生涯にふたたび現れた。彼がパレスチナにいて、世界と女友だちの広野に歩み出した頃、彼女はイギリスで暮らしており、そのあいだに結婚していた。彼がイギリスで彼女に再会したとき、彼女は夫を亡くしたばかりだった。彼女はロンドンではなく、ケンブリッジかオックスフォードで生活していた。そこで、彼はもちろん頻繁に足を運んで、彼女を訪問し、彼女も彼を友人として受け入れた。その後、彼は年月が経つにつれて、かつて指示した遺言のおそらくすべての条項を変更した。やがて彼女が死病に罹っていることが判明した。細かなことはもう覚えていないが、そのときすでに彼は、彼女の死が自分にとって何を意味するかを語った。「そのときは私も死ぬ。彼女が亡くなったら、それは私の死でもあるのだ」。
　そのときには、彼が彼女の死の床の脇にいて、彼女の手をとりながら、女性との最後の愛の体験をするだろうということは予見された。そして彼女が亡くなったあと、彼はこの体験に忠実であり続けた。手紙のなかで、またロンドンやアメリカで個人的に会ったときに彼は何度も、もはやもちこたえられない、死にたいと言った。私はそこで、そのような話をする者は自殺などしないと考える許しがたい過ちを犯した。完全なまちがいだった。彼の親しい友人たちの住む家に、彼はきれいな部屋をもっていた。彼らはある朝、彼がベッドで意識を失っているのを見つけ、そして置き手紙が自殺であることを証言していた。しかし発見が早かったため、胃を洗浄して、彼の意に反して蘇生させた。その一年後、友人たちが黙認するなか、彼は自分の意志をとおすのに成功した。見かけのうえでは彼は友人たちを旅に出しただけだったが、彼らは、帰ってきたときに彼が死んでいるのを見つけることを知っていた。彼は彼らに、もはや自分の救命のために何もしないように切願し、彼らはその約束を、ただその現場にいないことでやっと守ることができたのであ

る。こうしてゲオルゲ・リヒトハイムは、つねに不幸だった人生から切り離された[22]。多くの人が彼に好意をもったけれど、彼はいつも自分を孤独で、社会のへりに位置して、それに属さない観察者だと感じていた。私にとってそれは——特に私は自分を責めていたので——大きな打撃だった。のちに知ったことだが、彼とユルゲン・ハーバマスのあいだに友情があって、彼は何度もハーバマスのもとを訪ねていた。ハーバマス夫人が私に語ってくれたところによると、「そう、このわが家でもそうでした。彼が訪ねてくると、ますます不眠症がひどく絶望的になっていて、自殺したいと言っていました。そこで私は彼に言ったのです。『お願いだから、わが家ではやめて。お断りよ』。こう言って彼に禁じたのです」。

そのうえ彼女は、自殺したいという彼の気持ちは心理的なものであり、彼をそこに追い込むような医学的状態はなかったと確信していた。それはまさに絶望、生きることに対する一般的な絶望だった。生きることに苦しみ、本当に生きる試みが実らないことに苦しみ、そしてそれがその人自身に深く根ざしているために、何もその人の助けになりえないというようなことを、私は彼以外の人間で経験したことがない。

エルサレムの他の友人たちは、正常に自分を生活に組み込んでいた。彼らは非凡な個性をもっていたけれど、生活の形成においてはまったく普通の道を歩んだ。全員が結婚ないし再婚し、多くが子供を得た。それによってわれわれのサークルは次第に緩くなっていった。土曜日の午後は次第に荒廃し、会話の材料はつき、そして会合自体にもはやかつてのようには人が集まらなくなった。それについて、1945年6月のザムブルスキーのすばらしい詩がある。

 安息日は、その流れがますます弱くなり、
 ついにはつきてしまう水のように過ぎていった。
 のちの年月は最初の時代の色あせた反映にすぎず、
 最初の時代は、すでにはるかな過去となっていたので、
 のちの年月は、それをひそかに神聖化するほどだった。

まばゆい決闘や学術的な討論が思いがけず起こることはまれになった。
しかし、まばゆい決闘や学術的な討論はしばしばまた、
それらに対してけっして干からびることのない沈黙の訓練だった。
それらが実り豊かであれば、沈黙はそれらを理解した。
そして、沈黙と言葉の輪のなかで、一つのものが仮借なく
進んでいった、時という一つのものが。

　われわれのサークルの衰退にはもちろん、それぞれがますます自分の仕事の課題と家族生活に没頭していったことが影響していた。このサークルが花盛りだったのは、ほぼ1935年から1945年までの時期だった。私が帰還したときにも、サークルはまだあり、それどころか拡大していた。というのも、多くの人が補充され、また女性も受け入れられたからである。もっとも、ミリアム・ザムブルスキーを別にすると、女性たちはたいてい出席しなかったが。それでも、それはもはやかつてのサークルではなかった。戦争の終わりとともに、そもそも大きな時代が終わったように、われわれのサークルもその頂点を越えたのである。たしかに、周知のようにイスラエル国家の生成は、この年月に嵐のように経過したので、パレスチナのエシューブ[*9]にとって緊張に満ちた新しい時代が始まり、そしてしばらくは世界史から離れてゆったりとした環境に入りたいという、戦争から帰還したときに抱いた私の憧れは満たされなかった。しかし、エルサレムのわれわれの会合がもはや成り立たないということは、おのずから明らかだった。

第6章　戦争の時代の愛

　第二次世界大戦前の時代に戻ろう。リヒトハイムが新聞社で働き、私の他の友人たちが大学で教えていた頃、私は軍隊に志願していた。両親が訪ねてきていた1936年の過越祭の折に、委任統治政府とユダヤ人移住計画に反対するアラブ人の蜂起が始まった。両親が旅立った直後、私は非合法のユダヤ地下自衛組織ハガナに自由意志で参加した。ハガナはすばらしい司令部をもっていたけれど、武装は貧弱だった。われわれが使ったのは隠せる武器、つまり身につけ衣服で隠して運べる武器だけだった。拳銃、連発拳銃、手榴弾といった携帯武器である。ある拠点ないし家から別の家へ、これらの武器を運ぶ仕事はたいてい娘たちが受け持った。というのも、イスラム法が生活を強く支配し、さらには委任統治政府の治安部隊すらも拘束していたこの地域では、女性の身体検査は女性だけが行うことができたからである。警官やイギリス軍が娘を厳重に検査するとは考えられなかったので、娘や女性が拳銃、手榴弾、爆薬を衣服のなかに隠して運んだ。男たちの仕事は、夜にキブツ*1や田舎に散在するユダヤ人居住地をアラブ人の攻撃から守ることだった。アラブ人ゲリラは、山か田舎の隠れ場に潜んでいて、夜だけ孤立した居住地を攻撃したので、都市の内部で騒ぎが起こることはまれだった[1]。私は、エルサレム近郊の居住地の平らな屋根のうえで幾夜も過ごしたが、そこでは朝になると、乾ききった夏でさえ、すっかり露に濡れて目を覚ますのだった。何年にもわたるハガナ時代全体を通じて、私は一度も実際の戦闘に入ったことはない。ただ、いつも準備はしておかなければならなかった。それによってわれわれは、居住者が夜に眠り、昼に働くことができるようにしたのである。

人々はおそらく、われわれ市民はそれでも日々の仕事をすることができるとか、あるいは、われわれの日々の仕事は、田舎で守らなければならないものに比べれば、重要ではないと考えていた。

『グノーシスと後期古代の精神』の第二巻の継続作業は、もちろんこれによって支障をきたした。それでも、これは私の希望に添うものだったのである。武器訓練で私が学んだのは、さまざまな構造の拳銃を使いこなして標的に向けて発射することと手榴弾の安全装置をはずして投げることにすぎない。その際、一定の軍事指令系統に組み込まれるわけで、これはそれ自体で兵士教育を意味した。しかし、すべてのことが非合法、秘密であり、地下で行われた。私のサークルで、ハガナで活動したのは私だけだった[2]。ザムブルスキーやポロツキーはエルサレムで兵役についたけれど、広い田舎のあちこちに派遣された敏捷なハガナのメンバーではなかった。だからこの点については、私はサークルのなかで例外だった。ところで、騒動が始まって以来エルサレムでは、治安上の理由で委任統治政府が外出禁止令を出していて、これは夜の7時ないし8時から翌朝の5時まで続いた。これによって、もちろん治安部隊には街路のコントロールが容易になったが、人々は夜を家で過ごさなければならない羽目になった。ポロツキーの場合、これは結婚という結果になった。ペンションとして住んでいた家で、彼はある娘を知り、そして結婚したのである。われわれはいつも、ポロツキーの結婚はアラブ人の蜂起とわれわれに課せられた外出禁止令の「副作用」だと感じていた。

エルサレムでこの時期に、どこかで本当の戦争が起こるだろうということが私には明らかだった。ヨーロッパ情勢の進展に応じて、すべてが戦争に向かっていくか、それとも、戦争にならないとすれば、ヒトラーの力が増すごとにわれわれに対する危険が大きくなるか、そのどちらかだという確信が私のなかに育っていった。さらに、ヒトラーが求めている力を実際にヨーロッパの内部やヨーロッパを超えて獲得するなら、パレスチナへの移住事業は終わりになると私は恐れた。だから私は、連合国がもはやたじろがない瞬間が来るのを待ち設けた。周知のように、この瞬間はチェコスロヴァキアが倒れたあとの1939年の晩夏にやってきた。ポーランドに対するドイツの脅威の

増大こそあらためて決定的な瞬間であり、この国をヒトラーの犠牲にすべきでないなら、ヒトラーに停止を命じなければならない。この展開を見ながら、ゲオルゲ・リヒトハイムは、まだ8月の段階で私に「つづけざまに強硬に出られれば、イギリスはまたたじろぐだろう」と言った。何しろ彼は、一時期にはイギリスで育ったのだから、彼のほうが私よりはるかによくイギリスを知っていた。ショーレムが、無条件にゲオルゲ・リヒトハイムに賛成したので、私はこのとき初めて歴史的な賭けをした。イギリスとフランスは、必要な場合にはポーランドの主権と統合を擁護し弁護するという援助条約を結んでいた。状況が逼迫してきた頃、エルサレムの友人サークルは一致して、チェンバレン氏とダラディエ氏は最後の瞬間にはやはりまた折れるだろうという意見だった。そこで私は、とても賭け好きだったショーレムと賭けをした。大の甘党だった[3]彼が勝った場合、1ポンドのアマンド菓子かチョコレートを獲得し、それに対して私のほうは、彼が結婚していたファーニャ・ショーレムが調理する鴨の丸焼きを獲得することにした。ファーニャ・ショーレム、旧姓フロイト、現代ヘブライ語を話すガリチアの家庭出身の彼女が彼の二番目の妻だった。私がエルサレムに来たとき、私はまだファーニャ・フロイトだった彼女を知った。誰もが、彼女はすごい娘だと言った。彼女はたしかに女性としての魅力はなかったけれど、しっかりとした人間で、そのうえまぶしいほどのヘブライ語学者だった。それは当時、巨大なプラスだった。私は、しばらく彼女にヘブライ語の授業を受けた。ショーレムでさえ、ヘブライ語については彼女の優越を認めていた。彼女の夫になるかもしれないと想定された人はいろいろいたけれど、結局ショーレムがそうなった。私が今、話題にしている時期には、この結婚はすでに数年を経過していて、ファーニャも――鴨の丸焼きを私に約束したのは彼女なのだから――いわば賭けの仲間だった。誰が勝ったかはご存じのとおり、私である。イギリスは今度こそ屈しなかった。そのあいだ、私は軍事活動に携わっていたが、じっと賭けの行方を見守っていた。休暇の折、私はショーレム家に招かれた。それにもかかわらず、私は自分の勝ちの喜びをいささか裏切られたように感じた。というのも、彼らは多くの友人たちを招待しており、私が鴨の丸焼きの大きな塊に

ありつくことはなかったからである。まあ、よしとしよう。賭け好きで甘党のショーレムのこのエピソードは、われわれの Pilegesch サークルの1939年12月5日にできた愉快な詩に取り込まれている。

 ショーレムにはデーモンたちがついていて
 彼の家に転借人として住んでいる。
 彼はしばしば彼らについて報告し、
 こうして彼らのたしかな名声を根拠づけてやる
 ――これを聞くのは愉快だ――ので、
 彼らは彼に感謝の義務を負っている。
 たしかに、彼らは彼の甘味の支払いを断れない。
 しかしそのかわりに、小悪魔たちはやがて来るすべてのことを
 結婚、離婚、戦争と平和、その他人間に起こるすべてのことを
 彼に知らせてやる。
 それに基づいてショーレムは賭けをする。
 むろん相手はもう助からない。
 こうして、隠れたものたちは彼から不安や憤激や、その他の雑費を省いてやる。
 彼はもう歯のへりでつややかなアマンド菓子を味わっている。

 しかし、ふたたびまじめな事柄へ戻り、また二、三年さかのぼることにしよう。1937年の2月、私はたまたま仮装祭の舞踏会に出くわした。私は家へ帰る途中、ドイツ系ユダヤ人のきりもりするペンション・ハーゲルベルクの横を通り過ぎた。私が昼食をとる美しいアラブ風の家である。私自身はあるドイツ系ユダヤ人の家族、歯医者のエアランガー博士とその妻のもとで暮らしていた。彼女は明らかにドイツ系ではなく、南アフリカ系のユダヤ人だった。シオニストの家庭の出身で、まだ若い娘の頃、父によってパレスチナ訪問に送り出され、そこで、ちょうど――ドイツで「ヒトラー・アリヤ」[*2]の進むなか――移住してきたばかりのエアランガーを知った。夫妻はアラブ風の

第6章　戦争の時代の愛　133

石造りの家のきれいで広い部屋を貸していたが、その家は厚い壁と高い天井のため、夏でもそう暑くならず、快適だった。その家はアビシニア区の、預言者街 (Rechov Ha-Neviim) に遠くないアビシニア街 (Rechov Ha-Chabaschim) にあった。そのあたりはアラブ風の家ばかりだったが、住んでいるのはイスラム教徒ではなく、キリスト教徒アラブ人だった。彼らはキリスト教の宣教師によって改宗したイスラム教徒ではなく、もともとキリスト教徒だった住民の残りで、かつてイスラムの大勝利行進の際にも改宗せず、まわりのイスラム教徒よりも自分たちのほうがよいと見なしていた。彼らはしばしば教養のある人々であり、当然のことながら、いっそうヨーロッパ指向だった。というのも、オスマン帝国が存続し、イスラム教に支配された社会で少数派として暮らすかぎり、フランスや他のキリスト教勢力こそが彼らを支援したからである。近東、とりわけレバノン、またパレスチナのキリスト教徒はその教養から、他のアラブ人よりもヨーロッパへの強い親しみをもっていた。彼らはユダヤ人に家を売ったり貸したりしたので、エルサレムの多くのユダヤ人は、アラブ風に建てられた家でアラブ人を隣人として暮らしていた。私が住んでいたのと同じアビシニア街に、そのペンション・ハーゲルベルクはあった。仮装祭の夜、そこにさしかかったとき、光のさした窓から舞踏会が催されているのが見えた。赤いブラウスを着たある娘が踊っているのを見て、「私も入ろう」と考えた。私はその女性をすでに一度見たことがあった。ある日、友人のハンス・レヴィと預言者街を歩いていると、チェルケス族[*3]風の帽子をかぶった若い娘に出会った。彼女はいささかものおじした眼でわれわれを見た。レヴィが礼儀正しく帽子を脱いだので、私は「いったい、誰だ」と聞いた。「彼女は大学で僕のラテン語ゼミナールに出ているのさ。女学生、ヴァイナーさん」。

　これが私の生涯の決定的な瞬間だった。この瞬間とそのあとに起こったことを理解してもらうには、少し後戻りし、私の当時の感情状態について語らなければならない。ドイツを離れるまえ、私はゲルトルート・フィッシャーとの大きな愛の物語を体験した。彼女はシュトゥットガルト出身の若いシュワーベン人女学生で、私は彼女と1929年に――だからすでに学位取得後に――ハイデルベルクで知り合いになった。それまでの私の生涯で最大の愛が

私を不意打ちしたのは、ハイデルベルクでめぐり会っていたハンナ・アーレントとギュンター・シュテルンの見ている目のまえでのことだった。ハンナがハイデルベルクにいたのはカール・ヤスパースのもとで学位を取ろうとしたからであり、ギュンターがそこで一学期を過ごしたのは大学図書館を頼りとしていたからである。1928/29年の冬にパリに滞在していた頃、ある日私は、彼らが結婚することに決めたという知らせを受け取り、たいへん感激した―何しろ、私の最善の友人と最善の女友だちのことだったのだから。さて、1929年の秋、私があらためてハイデルベルクで過ごしていたときのこと、私は二人とレストランで昼食をとっていた。するとそこへ若い娘が入ってきて、われわれのテーブルのほうに向けて遠慮がちな挨拶をし、そこに座っていたハンナとギュンターも慇懃にそれにうなずき返した。そこで彼女は、食事を注文するためにテーブルについた。まったく一人で、孤独に、内にこもった様子で、彼女は即座に何かの本に眼を沈めた。「いったい、誰」と私は尋ねた。ハンナが「ゲルトルート・フィッシャーという、とてもかわいい人」と言った。彼女の父ヨハンネス・フィッシャーは手仕事職人の身分から這い上がり、ジャーナリストおよび政治的な巡回演説家として民主主義のために尽力したシュトゥットガルトの有名な民主主義的政治家で、フリードリヒ・ナウマンの信奉者、のちのドイツ連邦大統領テオドール・ホイスの協力者だった。ゲルトルート・フィッシャーは魅惑的な娘で、私はただちに完全に心を奪われてしまった。食事のあいだ私は、たえず彼女のほうに眼をやらざるをえなかった。たまに彼女が顔を上げると、私の視線に出会わなければならず、彼女はすぐまた眼をそらすのだった。やがて彼女が立ち上がり出ていったとき、私はハンナとギュンターに「これで失礼する。さようなら」と言って、彼女を追った。彼女が私のはるか前方を歩いて行くのが見えた。彼女は脇道に曲がり、ネッカー橋をわたった。そして、ネッカー河対岸の森におおわれた山に登っていった。そこはジグザグの登り道で、私は一定の距離をおいて彼女についていった。最後に彼女は道を離れ、枝のあいだの下草のなかに何かを探していた。そこで、私は道から彼女に声をかけた。「ひょっとしたら、何かあなたのお役に立ちませんか。今は待降節。お手伝いしましょ

う」。こうしてわれわれは一緒に待降節の飾り環にふさわしい樅の枝を集めた。そしてふたたび山を下った。それから数年続く大きな愛の物語は、このようにして始まったのである。1929年の待降節の時期から1933年のはじめまで、私は全力をつくして彼女に求婚した。彼女は、たしかにきつい拘束のなかにいた。彼女はとてもキリスト教徒らしい性格だったし、また彼女が精神的にひどく苦しんでいたある若い男を救おうとしていて、そのため彼の恐ろしくひどい仕打ちに耐えていたことも彼女の聖母のような性格の一つだった。のちに彼女は、精神分析の助けを借りて彼から離れたが、それは私がすでにパレスチナに向けて出国し、彼女を視野から失ってからはるかあとのことだった。それでもわれわれは情熱的な関係をもっていた——私のほうは情熱的に、彼女のほうは譲りがちに、そして次第に心を込めて。だが彼女はいつも、自分は自由ではない、この恐ろしい男の心を救うという課題に不実になることは許されないと留保した。彼女はドイツ文学を学んでいたが、それが自分に合っていないと感じていて、そのかわりに写真家になることを考えついた。そこで私は、「まあ聞いて。僕にはグラートバッハにリスル・ハースという従姉妹がいて、彼女はプロの写真家なんだ。たぶん君を弟子にしてくれると思うよ」と言った。こうして彼女はグラートバッハにやってきてリスル・ハースとよく話し合い、リスル・ハースが彼女に自分の教育を受けるように勧めた。私をとても愛してくれた気立てのよい亡くなった両親は、それが彼らにとって、特に母にとって困難だったにもかかわらず、彼女を一年間わが家に住まわせることにしてくれた。第一に、ゲルトルートはユダヤ人ではなかった。彼女は私の両親に共感していたけれど、これは彼女にとって問題だった。第二に、彼女には軽い肺結核があり、これまで病気にはさんざん苦しめられてきた私の両親は、私が病気の娘と結婚することを恐れた。彼女にとてもよくしてくれたリスル・ハースでさえ、いつもこう言っていた。

「彼女がよい写真家になって成功するかどうかはわからない。だって、彼女の指は汗で湿っているから。ところが写真乾板（当時はすべてガラスの乾板だった）をつかむときには、指に汗があってはだめなの。彼女の状態次第ね」。実際には、彼女は結局完治した。

1933年に、彼女が私とともに出国するかどうかという私と彼女にとっての大問題がやってきたが、彼女はこれを拒否した。彼女に故郷を捨てる気はなかったし、また、私が彼女に執着しているほど彼女は私に執着していなかった。彼女は私の恋人になってはいたけれど、それでもまだ独特の神経症的な仕方であの男に隷属していた。彼は、彼女を心理的に責めつけ、また自分自身と他人を苦しませるサディストであった。しかし、これが主な理由ではなかった。彼女が私と一緒に来ようとしなかった最も重要な理由は、彼女がユダヤ的な環境に適合しないだろうという、おそらく正しい考えだった。彼女はキリスト教徒であり、また生涯そうあり続けた。私は、のちにも彼女と連絡を取り合っていたのである。仮に彼女が当時、この瞬間に私を裏切ってはならないという考えに打ち負かされ、一緒に来ることを自分に強いたとしたら、彼女はおそらくとても不幸になっていたことだろう。パレスチナのユダヤ人社会を支配する、この頑健で、ユダヤ的に実証主義的・民族主義的な雰囲気のなかで、彼女は孤独に感じたことだろう。しかし、私が出国したときの感情は、あのように真剣に女性をふたたび愛することはできないだろうということだった。それに取って代わったのは色事で、その機会に不自由はしなかった。何しろその頃は、女たちが私に微笑みかけてきて、たやすく女友だちを見つけることができる時代だったのである。白状しておかなければならないが、それはたいてい若く既婚の女性だった。私のメンヘングラートバッハ時代の最後の年月においてすでにそうだった。私はずっと、ひどく内気で臆病だったのだが、あるとき突然、自分が女たちに与える影響に気づいた。こうした女たちの一人が決然とことを引き受け、私を誘惑して私から不安を取り除いてくれた。私は、そのときたぶん21歳だっただろう。私と同年輩の者たちは当時すでに自分たちの征服と夜の冒険を自慢していて、私はそれを嫉んでいたのだから、私はとても奥手だった。これらの若い女たちはいつも私よりやや年上で、おそらくすでに子供が一人か二人いた。そしてこの放縦な若者には、彼女たちを引きつける何かがあったのだ。ようするに、ゲルトルートとの関係が展開する以前、私は多くのこのような関係をもっていたのだが、ゲルトルートとの関係は他のすべてを背景に押しやってしまった。

ゲルトルートが私の生活から消えたとき、私は今や真の愛を知った。これは一度しか体験できないのだと感じた。

　1933年に別れが来た。私が出国するまえ、われわれは一緒にシュペッサルト地方をワンデルングした。ユダヤ人の若い男とキリスト教徒の若い娘は夫婦と称して、宿屋に泊まった。ある日の昼頃、食事をとるために飲食店に立ち寄った。広間には他のワンデルングの客があちこちに座っていた。当時、自動車旅行はまだなかったので、人々はワンデルングしたのである。しかし、子連れの家族や土地の人もいて、食べたりビールを飲んだりしていた。われわれがついたテーブルにも、おそらくその地の木こりだろう、何人かの屈強な男がいて、歌を唄っていた。そのなかに「ユダヤ人の血がナイフから流れると、それだけいっそうすばらしい」という韻を踏んだ歌があった。それが鳴り出すやいなや、私は「さあ、おまえたちのナイフを抜くがいい。ここにおれがいる。ここにいるのはユダヤ人だ」と言った。突然の沈黙。そして彼らの一人が語を継いで言った。

　「おれはこの地の監督者だ。おまえたちは幸運と言うべきだ、ここで命令権をもっているのはおれなのだから。さもなければ、おまえたちはひどい目にあったことだろう。さっさとこの地を去れ。おまえたちに誰かをつけて、おまえたちをおれの領地の境にまでつれていかせ、おまえたちがこの地を去ったことをたしかめさせる」。

　客はみなひどく狼狽していた。それは私にとって完全な道徳的勝利だったが、非常に危険だった。他の客たちの顔にそれが読みとれた。これまたワンデルングに来ていた、幼い子をつれた夫婦のことを覚えている。彼らはたしかに沈黙していたけれど、狼狽して見守り、こんなことが起きたことをひどく恥じていた。ゲルトルートは幸運なことにゲルマン的には見えず、黒い髪と黒い眼で、ユダヤ人として通すことができた。これでわれわれは助かった。自分が恐ろしい危険のなかにいることは明らかだったから、ゲルトルートは全身で震えていた。それとは反対に、私はひどく挑発された気がしたので、彼らに直接「おまえたちのナイフを抜け。お望みなら、ここでユダヤ人の血を流すことができる」と言ったのである。歌を唄っていたこの若造たちは明

らかに唖然としていた。その一人が「おれたちが唄っていたのは民衆歌じゃないか」と言ったのを覚えている。それに対して私は「民衆歌などではない。私と私の同胞に敵対する歌だ」と言った。われわれに同伴することになった男は、水をかけられたプードルのように当惑しながら、黙ってとぼとぼとわれわれの横を歩いた。ゲルトルートと私は凱旋行進のように出発し、彼が何か言おうとすると、私は彼に「何も聞くつもりはない」ことを示してやった。最後に彼は「一緒に行かなければならないのはここまでだ」と言い、これから先のワンデルングの説明を始めた。これは彼にとってひどく気まずいことで、彼が自分を恥じていることは明らかだった。私はこうして、人々が自分の行いの本来の意味をあらかじめ明らかにすることなく、このようなことに引き込まれ、参加してしまう見本を見た。居合わせた人にとって、そのことが明らかになった瞬間だった。いずれにせよ、派遣されたこの男が命令の遂行にまったく気乗りがしていないことは明白だった。彼がその際に精神的な苦痛に耐えていたとは言わないが、彼には辛かったはずである。そして彼は小声で別れを告げ、われわれに良い旅を願ってくれた。彼が去るやいなや、ゲルトルートが「ひどいことになったかもしれないのに」と言った。そこで初めて私は、自分が許しがたい仕方で彼女を危険にさらしたことに気づいた。

これが、われわれの別れのシュペッサルト地方ワンデルングだった。われわれはその後、私がすでにロンドンにいた頃、もう一度チューリッヒで会った。私がパレスチナに行く直前である。彼女がドイツを離れられないと言ったあと、私はもはや彼女を駆り立てなかった。私はただ彼女に聞いただけだった。彼女は「だけど、私はあなたを待っているわ。これからも待っているわ」と言った。私は箱いっぱいの彼女の手紙をもっていたし、彼女も同様に私の手紙をもっていた。のちに、何年も経ってから再会したとき、彼女は「あなたの手紙はみな焼いてしまった」と言った。しかし、彼女が焼いたのではなく、爆撃で焼けてしまったのである。それとは反対に、彼女は私に、なんらかの不運で自分の手紙がナチスの手に入ったら、それは自分の終わりを意味するから、手紙を破棄するようにと切願した。写真はなおさらだった。私は彼女を撮ったすばらしい写真をもっていたが、なんとしても破棄しなければなら

なかった。そこで私はいつだったかエルサレムで、わが家の寝室で私が撮った彼女の一連のみごとな写真——彼女の身体はすばらしく、神のように美しかった——すべてを痛みをこらえながら焼却した。箱に隠して私の多くの本とともにエルサレムに置いてあった彼女の手紙は、その後いつかの引っ越しの折になくなってしまった。

　さて私が、エルサレムでチェルケス族風の帽子をかぶり、おどおどした目で教授に挨拶した、この若い娘ローレ・ヴァイナーを見たとき、内面の声が聞こえて、私に「私がかつて断念し、二度とふたたび起こりえないと信じていたものがここにある」とささやいた。顔立ちが心的なものを表しているこのタイプの女性——面長な顔、やや悲劇的な調子で深い厳粛さをたたえた目つき、そしてある種のものおじ——が私のお決まりだったのは、私の母に似ていたからにちがいない。仮装祭の夜、音楽が流れ出るアラブ風の家の横を通りかかったとき、私はこの女性を見つけ、そしてその家に入っていった。まもなく彼女は私と——舞踏につきもののお愛想からわかるとおり——激しく踊ったけれど、ずっと私と踊るつもりはまったくなく、求められれば、他の人とも踊った。そんなときには私は壁際に立って、それを注視していた。私の知人で、これまたそのあたりに住んでいたある若い既婚女性が私のほうにやって来て、「ヨナス、しっかりして。自分を笑いものにしないで。彼女はたしかに魅力的だけれど、彼女が他の人と踊っていても、そんなに不幸そうにのぞかないで」と言った。その夜、私は他の誰とも踊らなかった。彼女が空くやいなや、私は彼女に踊りを求めた。そして、われわれは繰り返し踊った。彼女がのちに語ってくれたところでは、彼女もまた、まもなく「この人こそふさわしい人だ」という感情をもったという。しかし、終わりになって、私はいささかショックを受けた。真夜中をはるかに過ぎて午前2時か3時ころ、人々が帰りはじめていると、きわめて見栄えのいい金髪で眼鏡をかけた若い男がわれわれのほうへやってきて、私に「この淑女を家まで送っていただくよう、あなたにお願いしてもよろしいでしょうか」と言った。私は「いったいなぜ、あなたにそんな権利があるのですか」と問い返した。そして外に出るやいなや、私は「あの人は誰ですか。どうして彼は、あなたを私に預け

るなどという出過ぎたまねをしたのですか」と聞いた。すると彼女は「私は彼と結婚しているのです」と言った。「え、何」と私は言った。彼女はうなずいた。「そうすると、あなたのお名前はなんと」。「クラウゼです」。彼女は「でも、それ以上の意味はありません」と言った。すなわち、当時は「証明書結婚」といわれるものがあったのである。訪問ビザしかもっていないが、移住手続きの長い苦労は省きたいと思う者は、結婚によって永続的で合法的な移住者になることができた。だから、たいていは男だが、多くの若い人が証明書を携えてやってきて、滞在を合法的なものにするために若い娘との結婚を準備していた。そのような偽装結婚はやがていつか解消されるか、それとも本当の結婚になったが、その場合にはもう一度正式な結婚式が執り行われるのだった。ローレの場合、彼女の両親の移住の折に手ちがいがあって、彼女は一時的な滞在許可しかもっていなかった。ハンス・クラウゼはKJVに属する若い男で、──ローレの父もKJVのメンバーで古参のシオニストだった。私は最初の夜に、自分がかつてブラウ・ヴァイス青春時代にレーゲンスブルクの彼女の父ジークフリート・ヴァイナーの事務所に泊まったことがあるのを思い出した──エレオノーレ・ヴァイナーと結婚する用意があることを申し出た。だから、不遜にも彼女を私に預けるなどというずぶといまねをしたこの男は、やはり公式には彼女の夫なのだった。

　踊り通したこの夜以後、われわれはときどき会った。そして、彼女に私への愛が芽生えたことは明らかだった。残念なことに、私は自分がもはや本当の恋ができないと思いこんでいたので、実際に親密な関係になるような試みはいっさいしなかった。というのも、彼女が遊び相手になるような娘でないことはわかっていたからである。われわれは一緒に何度も長い散歩をした。エルサレムの月光のもとでも散歩し、それから私は彼女を家の戸口まで送っていき、別れのキスをした。しかし、すでに言ったように、官能的な関係にはならなかった。私は自分にそれを禁じたのである。彼女が私の側の真剣な一歩を待っていることに気づいたときには、一人の女性に最終的に、持続的に、また専一的に結びつくことは私にはもはやできないこと、私が体験したような愛は生涯に二度は不可能なことを彼女に説明した。彼女があとで認め

たことだが、これはローレに対して怖じ気づかせるのではなく、むしろ励ます効果を与えた。なぜなら彼女は「彼にそれが一度できたのなら、彼は二度もできる。私はただ待てばよい」と考えたからである。あとで彼女は私にこう言った。「あなたがかつて感じた感情を私に語ってくれたあとでは、私は一瞬たりと、あなたがもうその感情を鍬い返さないというくどい話を信じなかったわ。そのように感じることができる人は、この能力を失ったりはしない。それはまもなく帰ってくるのよ」。そして、彼女は正しかった。

　しかしその後、私は何ヵ月もパレスチナを離れていた。ほぼ毎夜にわたるハガナの兵役をこのまま果たし続けるなら、グノーシスの本の第二部を終わらせることはできないことが、1937年の秋に明らかになった。そこで私は秋にパレスチナを離れ、当時イタリアの支配下にあったロドス島で冬を過ごした。当地で私は、イタリア軍部隊と高慢なファシズム的植民地行政の空騒ぎを見た。しかし、ロドス島はすばらしい場所だった。私はペンションで暮らした。古典古代学の優れた図書館をもつ考古学研究所があり、私はその図書館を仕事場とした。1938年1月、私はそこで父の死の知らせを受け取り、2月にエルサレムに戻った。パレスチナでも手に入れることのできたドイツ・シオニズムの新聞「ユダヤ展望」に載ったため、友人たちは私の父の死をすでに知っていて、弔意を表してくれた。私が帰ると、家主のエアランガー夫人は、私の友人ローレ・ヴァイナーがそのあいだに結婚したと伝えた。実際、彼女はこの冬のあいだに、夫ハンス・クラウゼ――金髪のハンス――の新たな、真剣な申し込みを受け入れ、今度は正式な結婚式を執り行っていた。彼女は今や現実のクラウゼ夫人であって、たんに書類上のクラウゼ夫人ではなかった。もちろんこの状況のもとでは、彼女との関係を復活させることは困難、というより不可能だった。ところが、ことは以下のように進んだのである。エアランガー夫人がこの話をしたとき、私は思わず「ああ神様、こんどは私が自分で彼女を遠ざけてしまった。自分を責めるしかない」と漏らしてしまった。その後まもなく、すでに小さな女の子がいたエアランガー夫人が二番目の子を産み、保母としてエレオノーレ・クラウゼを雇った。彼女はハダサ[*4]でその教育を受けていた。私と私の行状にきわめて強い関心をもっ

ていたエアランガー夫人はローレに会うと、何よりもまず「あなたが結婚したことをハンス・ヨナスに話したら、彼はこう言ったのよ」と言った。のちにローレは、私に「その瞬間、力が抜けたわ。めまいがして、無力になる不安を感じた」と語った。彼女は今やエアランガー夫人の口の軽さによって自分の本来の希望を知った。彼女はとうに夫に幻滅してしまっていたので、われわれはふたたび会うことが可能になっていた。それに加えて、彼女はこの告知によって一種の励ましを得たのである。戦争が勃発するまで、われわれはしばしば会って、長い散歩をした。私が忠実に彼女を家の戸口まで送り届けると、彼女は夫が待っている自分の階へエレベーターで上っていった。戦争が勃発しなかったら、私が早急に志願しなかったら、それはさらに続いたかもしれない。彼女は「彼が戦争に行くのなら、私はそのまえに自分を彼に捧げたい」と内心でつぶやいた。以前に彼女がそんなことを自分に許したためしはなかった。しかし、戦争が迫っているのを見て、彼女は、また私の恋人になりたいと思ったのである。そして1940年の夏、そうなった。

　フランスが降伏したあとにやっと、イギリスはわれわれの志願を受け入れ、われわれの要求したパレスチナのユダヤ人部隊を創設する準備ができた。私は兵隊検査を受けて採用され、エルサレムからテルアビブに向かう道の途中の低部平面地にあるサラファントのイギリスの訓練キャンプから、後始末をするために、もう一度エルサレムに戻った。ローレに会って、私は「明後日、訓練に出発する」と告げた。そこで彼女は、私の部屋に来た。彼女の結婚はまだ続いていたけれど、それ以来われわれは一心同体となったのである。戦友たちは軍事キャンプの私のベッドの横に彼女の写真が立っているのを見た。われわれが外国にいた頃、ハイファ近郊のあるキブツのメンバーだった戦友が休暇でパレスチナに帰った。彼が夜ハイファの街を歩いている——翌朝にしか彼のキブツの牛乳運搬車で帰れなかったのだ——と、通りに若い女性が立っているのを見かけ、「ローレさんじゃありませんか」と話しかけた。彼女ははじめ拒絶的だったけれど、やがて「どうして、どこから、それをご存じなのですか」と聞いた。彼は「ハンス・ヨナスのベッドの横のあなたの写真を見たことがあるんです」と言った。彼は彼女を、彼女の顔を知っていた。

こうして彼らは、翌朝5時にキブツの牛乳運搬車が来るまでのすべての時間を、街をあちこち歩きまわって過ごした。このエピソードは、まだ他の男と結婚していたにもかかわらず、彼女が当時すでに私と結びつけられていたことを示している。彼女を知らない人が路上で彼女をそれと認めた。「これはやはり、ハンス・ヨナスが自分のベッド横に立てていた写真の娘さんだ。彼が兵嚢に入れてもち歩いていたあの写真の娘さんだ」。その後1943年に離婚が成立した。彼女の夫は彼女を愛していたから、離婚に大反対だったが、彼女はついに彼の同意を取りつけた。われわれの部隊が移動し、この地を離れることになるという噂を聞いていたので、われわれはやや急いで結婚した。そのため、離婚後9ヵ月という儀式的に指定された期間を待つことができず、私が外国へ行くまえに、いささか履歴の陳述を偽って結婚した。

　それにしても、以前には私は自分がもう愛することができないとローレに言っていたのに、その後こうした強い絆を結ぶことになったのは、どうしてだったのか。休暇がおりると、いつも私は彼女と会っていた。それでもまだ私は、決定的な言葉を言っていなかった。ずっと言っていなかった。1942年、われわれはテルアビブの南の、バト・ヤムだったと思うが、ある海辺で会った。そこの小さなペンションに部屋を取り、翌日の午前に海に泳ぎに行った。この海岸には危険な底流があることを、私は知らなかった。誰も、ペンションの主人もそれを言ってくれなかった。われわれが泳いでいると、私は突然、自分が沖へ流されているのに気づいた。私はそれに逆らおうとしたが、私より流れのほうが強かった。足が海底につかなくなり、私はますます強力に深いほうへひきさらわれていった。そこで私は、まだ立てるところにいたローレに向かって「ローレ、すぐ戻って助けを呼んで来て。もう戻れないんだ」と叫んだ。この瞬間に、私の生涯の決定的なことが起きた。なんとも言えない不安な眼をしながら、彼女は私が言ったのとは正反対のことをした。私のほうに向かって泳ぎ出し、私の手をつかみ、私を引き戻してくれたのである。彼女は自分自身の生命を危険にさらして私を溺死から救ってくれた。彼女の眼には「そうならなければならないのなら、私はあなたと一緒に溺死する」という意志が明らかに表れていた。彼女があとで語ってくれたところによる

と、そのとき彼女の頭を「彼がいなければ、すべては無に等しい」ということがよぎったという。浜に戻ると、私は疲れきって横になった。おそらくあと二、三秒しかもたなかっただろう。それからわれわれは、ペンションの部屋へ引き返し、荷物を詰め、エルサレムに向かった。私はショーレムの家に泊まるつもりだった。私はエルサレムの部屋を明け渡していて、休暇の際はいつも友人の家で寝たのである。私が到着すると、みなその晩の盛んなパーティーを期待していたけれど、私はファーニャに「ファーニャ、パーティーに参加できないよ。ひどいことがあって、僕は横にならなければならないんだ」と言った。そしてベッドに横たわり、通路をとおしてパーティーの騒音を聞いていた。私は、自分がまだ生きていることになんとも言えぬ快感をおぼえた。幸福に満ちて横になるとともに、自分自身についてはっきりとわかってきた。言葉で表せば、それは「汝愚か者よ、おまえはいったい、まだ何を待つのか。おまえの生涯の伴侶が誰かは、はっきりしているではないか。汝無知なる者よ、おまえの目を開くのにおまえを必要としたか」というところだろう。1942年9月3日、私は彼女に結婚を申し込んだ。その日は彼女の誕生日だったので、私は花と祝いの言葉を携えてきて、彼女に、「僕の奥さんになるかい」と尋ねた。それにローレはなんと答えたか。「まったく狂気の沙汰」。何しろ私は彼女に何度も、自分はもう女性と結びつくことができないと請け合っていたので、彼女を説得するのにひどく手間取った。しかしついに、彼女は「一つ条件があるわ」と言った。「どんな」。「子供が欲しいの」。「約束する」。とはいえ、そのとき子供のことは、まったく私の頭になかった。そしてさらに、私は「僕のほうでも、どうか、言わせて。僕は離婚されるようなタイプではない、と」と言った。こうしてわれわれは彼女の誕生日に、子供と離婚なしという相互協定をもって婚約した。1943年にわれわれはハイファで結婚式を挙げ、その14日後に私は、これからお話しするように、戦争に行った。キプロスとエジプトを経由して行ったイタリアから私が帰還したのは、やっと1945年のことだった。この離ればなれの時期は、私がイタリアからローレに送った詩に表現されているだろう。それは戦争のなかから発せられた言葉であり、恋人や妻から引き離された兵士の誰もが見る夢である。

目覚めたまま横たわり、君のことを考える、
僕の精神は平穏に、心は幸福に、眼は姿に満たされる。
僕の生活は君において鎮まり、
そこには僕と君しかいない。
僕のまわりの男たちの呼吸が聞こえる、
テントは眠りにくい。
夜のテントのなかで、幾重にも隔てられて、
夢見ながら、あるいは目覚めながら、深いため息をつく。
夜風が梢を鳴らし、
テントの壁幕がかすかにふくらむ。
君の面差しがなんと甘美にウィンクすることか、
君の身体が星の光のなかでなんと真珠色に輝くことか。
闇に差し出された僕の手のなかで君の心臓が鼓動する。
愛する人よ、と君はささやく、
今あなたが私を起こすのは、なぜ。
僕は今君のことを考えている、
君が僕を起こしたのは、なぜ。
いとしい心よ、眠りなさい、
まだ目覚めのときではない。
君のことを考えたのだから、僕もまた、
僕たちをまだ光から隔てているこの短い夜を眠って過ごそう。
だが、僕は星々に向かって微笑みかける、
僕は自分が一人ではないことを知っている。
僕に君がいないことはなく、
君に僕がいないことはないのだから、
安らかに僕は眠りにつく。

私がこの詩行を今でも暗誦できるのは、これが私にとっては、私を感謝の

念で満たすわれわれの愛の美しさと深さの表現だからである。われわれが多くの点でとてもちがった気質であることも、なんら障害にならなかった。たとえば、自分たちの生涯を振り返ってその明暗を比較考量するような場合に、はっきりする。私の思い出について語り合ったとき、ローレはこう言った。「それではあまりに、何もかもうまく行きすぎの成功物語になってしまうわ。実際の人生には困難なことや心配なこともたくさんあるし、ときにはどうなるのかわからない大きな恐れもある。それが表されていないわ」。

それに対して私はこう答えた。「僕の母を亡くしたことと、どのユダヤ人もホロコーストで受けた仕打ちを別にすれば、僕の人生や世界との関係に何か悲劇的な要素を見つけようとするとなると、大捜索をしなければならないよ。もちろん世界には恐ろしいことも起きるけれど、世界は僕にとってけっして敵対的な場所じゃなかった」。

たしかに私も生きてきた途上で不幸に苦しんだことがあるけれど、根本においていつも肯定的だった生存そのものに対する私の全体的な態度が、それによって変わったためしはない。もちろん、どの人の人生にも——最も楽観的で肯定的な人の人生にも——深い不幸の時期があり、私も思春期に自殺を考える局面を通り抜けたことがある。しかしこれは重大なことではなく、生理学的成長に由来する扇動の一つであって、結局ふたたび治まってしまう。それに対して、ローレの世界感情と自己感情はもっと憂鬱で悲劇的である。私は「見ることの高貴さ」というとても愛着のある論文において、世界に対するこの種の朗らかな肯定の信仰告白を行っておいた[4]。この肯定の基礎は、生命にはつきものの恐ろしいこと残酷なことにもかかわらず、存在は感覚に対して自己を開示し、見る者のうちに賛嘆と驚異を引き起こすので、見る者は結局は存在を肯定的に迎え入れ、それによって存在の充溢や豊富と自分の感受性の内的連関を証言することになるという確信である。これによって私が意味しているのは、宇宙の神的な秩序についてのなんらかの特別な形而上学的な表象などではなく、目覚めて体験している有機体——感じて見て認識する働き——は、見て認識して感じるに値するものに出会っており、意識をもち感じて生きているもののうちには結局すでに肯定が含まれているという

単純な事実である。人間は問われることもなく、この世界に投げ入れられ、よそよそしく敵対的な、さらには不条理な世界に向き合うのだという疎外感情が私をまともに襲ったことは一度もない。

　しかし、ローレのほうはこの疎外感情を深く抱いている。彼女は若い娘の頃、とても苦しんだ。彼女は、あるとき父のところで、彼が戦争からもち帰った連発拳銃を見つけた。彼は第一次世界大戦の兵士だった。彼女自身が有意味な人生に対して設定した基準を彼女は満たさず、人生は生きるに値しないとの結論に達したある日、彼女は自殺する決心をした。幸いなことに連発拳銃は失敗したが、彼女はそれをすでにこめかみにあて、そのうえ連発拳銃はカチという音まで立てた。ただ幸運にも発射はしなかったのである。私がこれを述べるのはただ、彼女が絶望していたことの印としてであるにすぎない。しかし、これは彼女の若い娘時代のことだから、たいして重大なことではなく、むしろ私の思春期の嵐に対応するものだろう。私が彼女を知った頃、彼女はいつも目にある種の悲劇的で憂鬱な表情をたたえていた。それを見ると、いつもある女性の顔、私の母の顔が浮かんだので、それは私をひきつけた特徴の一つだった。そして母の表情が悲劇的だったのは、彼女がのちに悲劇的な運命をたどったこととはまったく関係なく、彼女が根本においてつねに悲劇に彩られた生存感情をもっていたからである。ローレは傷つきやすかった。そのうえ、ひどい苦労をしていた。愛すべき男ではあるけれど、彼女の父は、一家が十分な準備を整えて出国できるように配慮したりはせず、まるで逃亡者のように貧しい者としてパレスチナに到着した[5]。だから、ローレは両親を助けるために、がつがつ働かなければならず、保護された生活からパレスチナの移住者の粗野な現実へ放り込まれたのである。

　そしてその後、私への愛と私たちの結婚という幸福がやってきた。しかし、私にはよくわかっていることだが、当たりくじをひいたのは私であり、私と一緒に暮らすことはけっして砂糖をなめるようなことではなかった。どうも、私には勝手気ままなところがあるようだ。われわれの生活で多くのことが、私にとって、私のさらなる前進にとって、私の精神的成長にとって、私の知的人間的交際にとって、正しく最善であるものを基準にして決められた。

このため残念ながら、やがてお話しするわれわれのアメリカ移住のあと、彼女は友人をイスラエルに残してこざるをえなかったから、しばしば孤独を感じることとなった。われわれが1955年以降暮らしたニュー・ロシェルでは、彼女の生活は、けっしてまともにそこにいることのない夫に支配された。彼女が三人の子供を育てているあいだ、夫はニューヨークで教えているか、家にいても書斎にいるかだった。そのため彼女は何かの職業に就いて、そこに自己実現を見いだすことができなかった。たしかに、私が前進したことや、われわれが家族を築きすばらしい家庭をつくるのに成功したことを見るのは、彼女にとって大きな満足だった。またたしかに、彼女は私の友人たちに尊敬され愛されていた。それでも根本においては、彼女が孤独を感じたのはまれではなかったと思う。私は彼女の生活の中心だったけれど、必ずしも十分に彼女と一緒にいたわけではなく、学者や著作家の生活にありがちなように、自分のなすべきことに集中していた。晩を彼女と一緒に過ごす代りに、私はしばしば深夜にいたるまで、呪縛され苦闘し、何度も悩みながら自分のテクストに取り組んだ。そのため、私は彼女に多くの助けをこうむり、彼女がいなかったら、おそらく自分の仕事を実現する力と根気をもつことができなかったのに、彼女にあまりにも不十分なお返ししかしてこなかった。たしかに愛はあったけれど、十分なお付き合いというお返しはしてこなかった。なるほど彼女は、私がやろうとしたことを肯定した。それどころか彼女はわずらわしい督促者だった。しかしそれは犠牲でもあった。けれどもその後、彼女はまさしく私のそのような生き方に自分の幸福を見いだし、まさにそれを期待しているのだと私は自分に言い聞かせるようになった。こうしてわれわれの愛の物語には、結婚というものに共同作業もついていることを私が何度も忘れた、という告白が含まれている。そのうえ、年月を経てわかってきたことだが、理性を頂点に置くような人、理性的に考え論ずる人の気に入られるようにすることは、ローレにとって必ずしも容易ではなかっただろう。ものごとを考察したり、世界や自分の人生を体験したりする際のこの理性的なものの一面的な優位に、彼女のなかの何かが ── 一方では賛嘆しつつも ── おそらくつねに抵抗しただろう。私のほうはいつも明るく、ときにはお

そらく明るすぎたのに対して、彼女は闇と光の入り混じった感情世界を保ち続けた。

第 7 章　「最も深い語義におけるユダヤ戦争（bellum judaicum）」

　　子供の頃、彼は大会戦地図のうえにかがんで座り、
　　心の眼で、武器でいっぱいの平原と、
　　そのすぐ隣に、いわばつかめるほど近くに、
　　沿岸に浮かぶローマの三段オール船を見た。
　　敵船を引き寄せるひっかけ鉤を船縁から伸ばしたその船は
　　海戦で勝利をおさめて帰ってきたところだ。
　　しかし、のちにこの若者を捉えたのは別のものだった。
　　それはかつて神秘的なエクスタシーによって、人々を
　　この世からいっそう高い光へと運んで行った。
　　彼は、プロクロスが語る真の存在のあれらすべての相を研究し書きつけ、
　　そして、まわりを精神によって照らされて、
　　それらがあったよりも多彩に描き出した。
　　やがて戦争がやってきて、この男をヌースから物体界へ投げ返した。
　　書物と書斎から遠く離れて、高空の敵を見張りながら、
　　彼は子供の頃の夢を実現し、大砲のかたわらで子供に戻った。

　私の40歳の誕生日の折にゲオルゲ・リヒトハイムが捧げてくれた「哲学者の運命」という題のこの詩は、私が数年間グノーシス研究から離れることとなった真剣な状況を快活な仕方で表現している。1939年9月のドイツに対するイギリスの宣戦布告は私にとって大安堵の瞬間だった。いまこそわれわれの生き残りのために、少なくとも戦うことができ、もはや相手側の弱さのた

めにことがやむことなく進んでいくのを、ただ見守らなくともよいとわかったからである。私はまず第一に席について、「この戦争へのわれわれの参加。ユダヤの男たちへの言葉」という題の呼びかけを草した。それは「いまこそわれわれのとき、これこそわれわれの戦争である」という言葉で始まっていた。私はそのなかで、われわれの生き残りをたんに他の人々の努力と犠牲に負うのは許されないことを説明し、われわれ自身が目に見える仕方で貢献しなければならないと要求した。これまでわれわれに対してなされたこと、現在われわれを脅かしていること——当時はまだ血の根絶のことまでは考えなかった——について語った。

「戦争となれば、すべてのユダヤ人の命にかかわることになる」と言う人もいた。しかし私は、すでに起こったこと、そしてヒトラーが勝てば、不可避的に起こるだろうことを思い浮かべ、パレスチナがけっして安全な対岸ではなく、むしろ反対に、まさしくそこから戦いを始めることのできる地点であることを明らかにしようと試みた。こうして私は、ナチス・ドイツに対する戦争への参加をユダヤの男たちに呼びかけた——まさにヒトラーによる追放の犠牲としてパレスチナに来たものだけでなく、ユダヤ民族のすべての息子たちに呼びかけた。この宣言は文字通りには次のようになっていた[1]。

　　いまこそわれわれの時、これこそわれわれの戦争である。今こそ、このひどい年月のあいだ、われわれが心に絶望と希望をないまぜにしながら待ち設けてきた時である。われわれの民族に対するあらゆる侮辱と不正、あらゆる物体的強奪と道徳的冒涜を無力に堪え忍んだあと、今こそついに、武器を手にして不倶戴天の敵と対峙することの許される時である。名誉回復を要求し、おおいなる決算によって、最初に支払ったわれわれの勘定を相殺する時である。まずわれわれの敵であった、そして最後までわれわれの敵である、この世界の敵を打ち倒す戦いに進んで参加する時である。

　　これこそ、それによってのみこの災悪が世界からふたたび除かれる戦争である。この戦争がなければ、この災悪はとどまることなくはびこり

続け、ついにはわれわれを絶滅するだろう。だから、これはわれわれの戦争なのだ。われわれはこの戦争に対して初子の権利と義務をもっている。この戦争はわれわれのためにも戦われるのだから、われわれもまたこの戦争をともに戦わなければならない。われわれはこの戦争をわれわれの名において、ユダヤ人として、ともに遂行しなければならない。その成果によってわれわれの名は復興するだろう。戦争において支払うわれわれの犠牲の用意は、いまヒトラー主義に宣戦を布告した国々の息子たちのそれより低くてはならない。個人の品位、民族的名誉、政治的な熟慮のどれもが等しく、この戦争へのわれわれの完全な参戦を命じている。それはわれわれの義務であり、そして男の名に値する男にとっては要求でなければならない。

　この年月の個人的な体験から生まれた各人の感情——われわれの人生の荒廃感とか、心の奥底で燃えさかる、われわれになされた侮辱についての感情とか、当然の復讐欲とか——については語るまい。しかしわれわれは、ヒトラー主義に対するこの戦争が、どうしてわれわれの民族の大義なのかは語りたい。実際この戦争は、われわれの民族の絶対的な意味での大義なのである。ある民族が、ヒトラーによって戦争に挑発されたとすれば、それはまさしくわれわれの民族である。民族が名誉と利害によって、戦争を始め、最大の犠牲を払っても、それを遂行するように義務づけられているとすれば、それはまさしくわれわれの民族である。われわれこそが、いまヒトラーに対抗して連合した国々のどれよりもはるかにひどくヒトラーに攻撃され、絶滅の脅威にさらされている。われわれでこそ比較にならないほど**すべて**が賭けられている。あの国々では、彼らの民族的な、あるいは文化的な、あるいは帝国的な生存のあれこれの利害ないし、あれこれの局面が賭けられているにすぎない。あの国々が脅かされているのは、本質的であるにせよ、地上における彼らの位置の**部分**にすぎない。それに対してわれわれについては、世界原理にまで拡大しようと努めるナチス原理が、われわれの人間としての尊厳とこの地上での生存そのものの可能性という中心を標的にしている。最初の日

以来、われわれはナチス原理の形而上学的な敵であり、名指しされた犠牲なのである。あの原理かわれわれか、そのどちらかがなお存在するかぎり、われわれに平安は許されない。

したがってわれわれの場合、賭けられているのは部分ではなく、全体である。それは実際、われわれに対する**全面的な**戦争なのである。われわれの政治的、社会的、あるいはイデオロギー的な形式がなんであれ、**われわれは端的に人類として否定されている**のである。だから、いかなる調整も、いかなる妥協も不可能である。われわれの生存そのものが、ナチス的なものの存在と両立しえない。ここで支配しているのは、神話的なものにまで拡張された対立であり、それはただどちらか一方の絶滅によってしか終わらない。他のいかなる民族も**このような**状況にはない。あらゆる場合に、この力とのなんらかの調整――不承不承であるにしても――が考えられるし、また実際試みられてきた。ところが、われわれに幸いなことに、今や妥協の用意は限界に達し、「ここまでだ、それ以上はだめだ」という叫びが響きわたったのである。これこそまさに、ついにこの戦いに入るという熱望した可能性をわれわれに与えるものである。

もし現在ユダヤ人国家が存在していたとすれば、それはイギリスとフランスに追随してヒトラーのドイツに宣戦布告する第一の国家でなければならなかっただろう。しかし、それが存在しないということは、われわれがみずからをドイツと戦争状態にあると見なさなければならないという根本事実をなんら変えるものではなく、また、戦争遂行国の市民と同様に振る舞う、すなわち**戦線**において持ち分を果たすという義務をわれわれに免除するものでもない。

本当を言えば、われわれはすでに6年まえからこの戦争のなかにいる――受動的にだが。1933年に**われわれ**に対してこの戦争は布告され、そしてそれ以来、やむことなく、ますます冷酷に、ますます空間的な範囲を広げて、したがってまたわれわれの側の廃墟をますます拡大させて、われわれに対するこの戦争は遂行されてきた。これまで、それは**一方的**

な戦争だった。われわれとわれわれの名に対してなされた仕打ちを、われわれは無力に見守り耐えなければならなかった。思い出そう、何千ものユダヤ人が殺され、何千ものユダヤ人の心が悲嘆にくれさせられ、何千ものユダヤ人が略奪され、痛めつけられ、追放された。自殺に追い込まれた。家畜のように荷積みされ、無に突き落とされた。絶望を乗せた逃亡船を、今世紀のあの地獄図絵を、考えよ。上海を考えよ。われわれの名が辱められ、われわれの価値がおとしめられ、われわれのシナゴーグが焼かれ、われわれのいとも聖なるものが冒涜されるのを、ただ見ていなければならなかった。われわれは市民だったのに、動物以下におとしめられ、どの小僧もわれわれに唾を吐きかけることが許された――われわれはそれに耐えなければならなかった。子供たちの無防備な心さえも、その血のなかのまことに悪魔的なこの憎悪の犠牲として折り曲げられているのをわれわれは見た。この苦しみはわれわれの心に焼き込まれて生きており、沈黙することはありえない。いかなる抵抗も不可能だった。いわんや戦う試みなどとても不可能だった。われわれは、われわれの悲惨になお嘲弄を加える、最も破廉恥な力に委ねられた。

　いま個人の運命として描いたことは、集団的な規模では、民族的な運命として現れる。恐怖の年が続くにつれ、ゴラー【ディアスポラ】[*1]が核を占める国々のよく発展した大きなユダヤ人共同体が破壊され、地上から根絶されていくのをわれわれは見た。われわれの**あらゆる**生存に対する絶滅戦争が世界中で布告され、やむことなく進んでいくのを見た。われわれは苛酷な敵に拠点を次々に明け渡さなければならなかった。**ユダヤ的なもの**が存在したり、**ユダヤ人**が生活したりすることができない世界、またユダヤ人にとってそこで生活することに**価値**がないような世界が広がり始めた。ナチス国家に隣り合っているというだけで、ユダヤ人解放の基礎がナチス国家の国境の外でも解体され始め、そしてナチス国家から遠く離れたところに暮らすユダヤ人でさえも、まだまだ自分に順番のまわってこないはずの戦慄を学んだ。彼らはみな足下の大地が揺らぐのを感じた。しかし、ユダヤ人**解放**の地位――ユダヤ人国家を目指す

シオニストもこれを放棄してはならない——が危うくされたばかりではない。**ゲットー**ユダヤ人の再来がすでに多くの人々の脳裏をよぎったが、そうしたユダヤ人にすら、このシステムでは余地がなかっただろう。政治的に打ちのめされたユダヤ人にローマ教皇庁が扉を開いた教会への退却をも、勝ち誇ったヒトラー主義はその犠牲者に——その犠牲者にその気があると仮定しても——許さないだろう。焼かれ破壊されたシナゴーグがその証明である。「パリサイ的」[*2]ユダヤも「サドカイ的」[*3]ユダヤも、国家社会主義に規定された世界では、**ともに**等しく不可能である。ゲシュタポの靴の踵に踏みつけられて、精神的生活はもはや成長しない。全体主義的国家はその構造の内部に、固有のものが成長できるような無差別の空隙を残さない。それは身体に対してと同様に心に対しても容赦しない。したがって、そのアンティセミティズム[*4]が意味するのは根絶ということでしかありえない——あるいは、それよりさらにひどい究極的な侮辱ということでしかありえない。

　さらに、アンティセミティズムというこの「国内政治的」原理は必然的に対外政治的な道具となる。悪魔的な運命がヒトラーの勢力膨張を正確にも、まさしくユダヤ人が大量に住む地域へと駆り立て、こうして根絶マシーンにたえず新しい材料を供給するように、ヒトラー主義は、それが登場する際にしたがった法則そのものによって、その**世界政策のすべての**道において繰り返し**われわれ**に目をつけるように——たいていは、われわれがなんらかの重要性をもっている場合に——**強いられている**。したがって、ゴラーについて述べたことは、われわれがとかく悲劇的法則の例外と見なしたがるエレツ・イスラエル[*5]にもあてはまる。自分を欺くまい。**この**敵にとっては、屈服させられたユダヤ人よりも、毅然としたユダヤ人のほうが耐えがたいにちがいない。この敵はその影響力が及ぶ限りつねに、まさに**自由な**ユダヤ人の政治的民族的な自己実現である主権の展開や固有の力による最高の人間的成長を許してはならない。そのようなことを許せば、自分が描いたユダヤ人の無価値の像に対する生きた反駁となるからだ。現実政治的にも、この敵が当地のわれわ

れに遭遇しなければならなかった。ナチスが世界勢力となってしまえば、パレスチナのユダヤ人は例外を享受するどころか、遅かれ早かれナチスの完全な衝撃を耐え抜かなければならなくなるだろう。

　だから、**ナチスが勝利をおさめた**世界でも、われわれの未来のこの芽が成長する、あるいはたんに保存されることが可能だ、などとはけっして信じないように。**打ち倒されたディアスポラの砂漠**のまっただなかでも —— al chorban hagaluth【ディアスポラの破壊を見ながら】——ユダヤの花のオアシスは当地でなお存続できるとか、自由が消失した世界のまっただなかでもユダヤの自由は活動できるとか、敵対的な力に支配された世界においてもユダヤの自立性の島は保たれるとか、というような小パレスチナ的妄想にけっして耽らないように。むしろその反証はすでに与えられている。この騒動のなかで、保護供与国はその背後に見える**より大きな脅威**を前にして退いた。そして、これすらまだヒトラーの遠い影だったにすぎない。われわれにとって「オリエントのヒトラー」が現実に何を意味するのかは、まだアルメニアの運命の比喩でしか思い浮かべられない。

　われわれを待ち受ける世界は、それがすでに現実となっていない限り、このように見えた。結局は、われわれのディアスポラも当地の民族的生存も、同様に洗い去ってしまうような大洪水が迫っていた。そのすべてのなかで、最も絶望的で内心を切り裂くものは、われわれに宣告されているかのように見える絶対的な無防備性の意識だった。いかなる個人も、いかなる民族も、心を傷つけることなく長期的にこれに耐えることはできない。虐待された者は賤民になる。われわれのうちの多くは、この災悪は万能であって、その前進を妨げることができるものは何もないという考えに、すでに馴染み始めている。宿命論の感情が心にはびこり、人を麻痺させた。絞め殺しの大蛇ボアの無気味な成長と、そのまなざしに射すくめられた犠牲者たちのほとんど魔術的な麻痺を見て、この運命から逃れることはできないという宿命論的確信が、すなわち、**民族としてのわれわれに定められた死の判決は回避できない**という宿命論的確信が

第7章 「最も深い語義におけるユダヤ戦争 (bellum judaicum)」　157

広がった。憎悪と重苦しい没落の予感に満ちた空気のなかで、呼吸は次第に苦しくなった。

　しかし、われわれのうちには、運命が戦いと仕返しの機会を与えてくれるまでは、二度とこの世界で心地よく感じたり、その美を喜んだりはしないと誓い、その時を待った人も大勢いた。今こそ、この時が来たのだ。これは、われわれの大きなチャンス——政治的なチャンスであると同時に、道徳的なチャンスである。

　このチャンスは政治的には、ユダヤ民族がその息子たちを投入してその持ち分を果たしながら、自分に向けられた災悪を回避することができるということを意味する。そしてそれによって、すなわち、ユダヤ民族がヒトラーに対抗して連合した諸勢力の前線において目に見える形で、また同等の危険を冒し同等の犠牲を払って、ヒトラーの打倒に参加することによって、地上における市民権——しかも、世界中における生活権ならびにエレツ・イスラエルに対する特別な要求権——を新しく勝ち取るということを意味する。このチャンスは道徳的には、われわれの自尊と世界の尊敬のために、われわれがただ無力に怒りを飲み込むだけの賤民ではなく、自分の人生をわが手に握り、そして反撃することも心得た男であることを立証できるということを意味する。もしも、他の民族を戦わせてわれわれの問題を解決し、そして彼らの手から回復された同権という贈り物、あるいはたんに不倶戴天の敵の排除という贈り物だけでさえも受けとろうなどと考えるなら、その瞬間にわれわれは、国家社会主義に否定された自分の名誉を本当に失ってしまうことになる。

　われわれの歴史にヘルツルが登場した意味は、彼が今後そのようなゲットー的態度——諸民族の嵐がわれわれの頭上をざわめき過ぎていくよう、ひたすら頭を引っ込め、その際何が自分に生じるかをただ待っているような態度——をわれわれにとって不可能にしたことである。シオニズムはゲットー民族に国家建設を呼びかけることによって、この民族を主体として諸民族の闘技場に導き入れ、その民族に**みずから行為する歴史的な実存**の敢為の**義務**を負わせた。それにもかかわらず、ディアス

ポラの状況がこれまで、諸民族の争いにおいて、われわれがその一方の側に与することを阻んできた。ところが、国家社会主義は対外政治的な決定を阻むこの残余を取り除いてしまった。それは聞き逃しようもない明確性をもって、われわれに世界の**一方の**側を指示し、われわれが興亡をともにする前線を示した。今回は、民族という全体的人格としてのわれわれの立場の明晰性を阻むような、どのような忠誠の葛藤もないのである。

これは、ユダヤ人が戦いに参加する近代の最初の戦争ではない。しかし、**ユダヤ民族がユダヤ民族として**戦いに参加する最初の戦争である。そのちがいは明らかだ。解放以来、われわれの民族の息子たちはヨーロッパの諸民族の多くの戦争において、あらゆる側について戦ってきた。しかし、**われわれのガルートの歴史上**、ユダヤ民族が諸民族の戦争においてその息子たちにより、全体として一方の側について、しかも最も自分自身に関わる大義のために戦うことができたためしはない。今こそ、そのケースがやってきたのだ。それが**この**戦争の歴史的に新しく、一回的な点である。したがって、これはわれわれにとって最も深い語義における「ユダヤ戦争（bellum Judaicum）」であり、われわれの国家が存在しなくなって以来、最初のそれである。しかし、あの最後のユダヤ戦争とは反対に、このユダヤ戦争は——われわれはそう願っている——破局の戦争ではなく、ユダヤの破局からわれわれを救う戦争である。ユダが世界に対立するのではなく、ユダが世界とともに、世界の敵に対立するのである。

この戦争はまた、比喩的な意味で近代の最初の**宗教**戦争でもある。この**理念的**側面は、戦争を遂行する政府のすべての意図や計算を超えて、戦線の配置そのものに基づいている。必然的に、また自覚の程度とは関係なく、これは二つの**原理**の戦争となる。その一つの原理がキリスト教的西洋的人間性という形で、世界に対する**イスラエル**の遺産をも管理しているのに対して、もう一つの原理は人間を侮蔑する力の崇拝であり、この遺産の絶対的な否定を意味する。これをはじめに理解したのは、国

家社会主義である。というのも、国家社会主義がキリスト教をヨーロッパ的人間性のユダヤ化と判定し、**その形而上学的**アンティセミティズムに引き入れたからである。教会がこれを理解したのは、ユダヤに対する**この**戦いを、――ようやくはじめて――ユダヤに根ざす教会自身の精神的な基礎に対する攻撃と感じたときである。宗教から解き放たれた近代ヨーロッパの理性的人間的文明にしても、その衝動の制御、良心の倫理、人間への敬意という点で結局は、啓示を源泉とするあの偉大な精神的遺産の末裔である。これらの価値すべての敵としての、最も深い意味での**異教**としての国家社会主義はこうして、キリスト教戦争が同時にユダヤ戦争でもありうるという、見かけ上の逆説を成就したのである。ヨーロッパの以前の宗教戦争はキリスト教内部の戦いであり、われわれユダヤ人には関係がなかった。ところが、この戦争は反異教の戦いそのものであり、そしてその基本的な単純化によって突然、われわれユダヤとキリスト教的西洋的文化を結合する共通の基礎が目に見えるようになった。われわれの種族が太古になしとげた歴史的偉業、すなわち人類の倫理化に対する不朽の貢献もまた、この戦いにおいて呼び出されている。たんなる自己保存をはるかに超え出るこの意味においても、この戦争はユダヤ戦争であり、われわれに持ち場につくよう呼びかけるのだ。

　この戦争へのわれわれの参加は、どのようなものであるか。個人のレベルではもちろん、近代戦の遂行を直接的、間接的に構成するすべての領域において、参加しなければならない。しかしここでは集団的なこと、絶対的なことが問題なのであるから、参加の極端な形式である軍事的な形式についてだけ語ることにしたい。われわれが願い希望するのは、**ユダヤ人部隊**がユダヤ人部隊として身を現し、連合国軍とならんでともに戦うこと、しかも、**われわれの**敵である第三帝国の軍隊と直接にぶつかる場所でそうすることである。一言で言えば、われわれは**西部戦線のユダヤ人軍隊**をほっする。さまざまな土地でチェコ人軍隊、ポーランド人軍隊が形成されつつある。これらの民族のどれよりもひどい仕打ちを受けたわれわれが、主なる戦場で彼らの旗とならんでわれわれの旗を示さ

ないとすれば、それはユダヤ民族にとって永遠の恥辱となる。われわれはユダヤ民族にこの行為を、この男らしさの証明を、自分自身の運命を支配するためのこの貢献を期待する。

　この軍隊は全ユダヤ人軍隊、すなわち、世界中のユダヤ人の軍隊でなければならない。その新兵補給の基盤はヒトラーの勢力圏外のディアスポラ全体であり、とりわけ、ヒトラーの専制政治によって追われた人たちの集合地すべてである。この追放された人たちは、もしもわれわれがユダヤ人の名誉感情の点でまったくまちがっているのでなければ、この呼びかけに対して進んで耳を傾けるはずである、それどころか、それをもどかしく待っていて、歓呼しながら受けとるはずである。われわれはさらに、世界のユダヤ人貯水タンクのうち、最大で、近年の打撃のあとでも唯一無傷のままのそれ、すなわちアメリカに希望をかけている。

　そのような全ユダヤ人軍隊に、**パレスチナ**も代表を送らなければならない。ユダヤ人のうちで政治的に最も成熟したグループとしての、**国家的に解放された**唯一のグループとしてのパレスチナには、ユダヤ人全体に対して率先垂範するという高度な義務がある。パレスチナはゴラーの危険を避ける避難所ではなく、ゴラーの前衛部隊である。シオニズムはけっして小パレスチナ的要件ではない。パレスチナのこの全ユダヤ的義務はエシューブにとっては**付加的**義務である。それは、当地のわれわれの立場を守ることとなんら矛盾するものではなく、より高い観点から見て補完するものである。それぞれの地方をまず第一に守る、という自然な優先順位に異論を唱えるつもりはない。しかし、それを口実にして、パレスチナのユダヤ人男性の力がこの民族的格闘のなかでまったくたんなる**駐留部隊**の役割だけで満足したり、たんに当地の可能な発展を期待することが、各人の犠牲をいとわない意志を限定することに対する安易な免責の助けになったりしてはならない。

　今日の条件のもとでは、ある地の現実の境界がはるか遠くにあるということも可能である。まったく地方的な局面だけを見ているなら、パレスチナが世界的な決定に現実的に巻き込まれていることにも、世界のユ

第7章 「最も深い語義におけるユダヤ戦争 (bellum judaicum)」　161

ダヤ人に対するパレスチナの道徳的な課題にも、公正に対処できない。それは現実的に国家的な思想の挫折であり、全イスラエルにとってのChaluziuth【パイオニア的存在】というシオニズムの真の意味を前にした、パレスチナの挫折である。パレスチナについての決定も、ヨーロッパの戦場で下されるだろう。パレスチナに対するわれわれの要求の新たな正統化は、そこでしか取り付けられない。反ヒトラー戦争の全ユダヤ人軍隊に、パレスチナ部隊――その大きさについては何も言えない――が欠けてはならない。シオニズムの核心はHaggalujoth【ディアスポラからのユダヤ人の結集】というこの軍事的キブツにおいて代表されなければならない。

　パレスチナのユダヤ人の力を正しく配分するように配慮するのは、このアピールの結果――それは小さすぎることはあっても、大きすぎることはありえない――を洞察力によって評価できる責任ある部門の仕事である。それは、このアピールが目指している**より危険な**ポストへの**個人的な決断**の問題ではない。各人は、境界が自分のまえにあるのかうしろにあるのかをほとんど判断できないだろう。各人はただ、自分に何をする**用意がある**のかを問えばよい。各人の決断は究極的には人間的決断であって、政治的決断ではない。自分と同じような人が**多すぎる**かもしれないという懸念によって、より困難な課題の選択を回避する人はいないだろう。多すぎる場合は簡単に解決できる。広範な仕事に志願した人はいつでも、より限定されたどの仕事へも派遣されるだろう。逆の場合はそう簡単ではない。

　われわれの内的な態度と外的な位置を明らかにするために、もう一つ言っておきたい。ユダヤの政治的な勝利やわれわれにとって大切な目的の促進について、われわれがこの戦争の結末に何を期待する――そのような希望を抱くのは各人の自由である――にしても、それを**条件**としてわれわれの参加に結びつけてはならない、ということである。いったい誰に対する条件なのか。純粋にユダヤ的観点から見て、これは「われわれの戦争」だということが、われわれの公理である。だから、われわれ

は他人の大義に対してわれわれの参加を**申し出て**、その際に見返りの問題を立てるのではなく、はじめから、そしていっさいの選択の余地なく、われわれが当事者**である**場面で、自分の持ち分を果たさなければならないのである。「私が与えるから、あなたも与えるように (do ut des)」という態度は、ユダヤ民族の最も固有な大義としての、この戦争という前提そのものを歪曲することになる。われわれはこれを肝に銘じるべきであり、また外部にこの点についての誤解をいっさい生じさせてはならない。戦うことによって、われわれは報償を期待して他人を助けるのではなく、われわれの絶滅を回避し、われわれの名誉を回復してみずからを助けるのである。戦いへのわれわれの参加の告知は、それにさまざまな要求を結びつければ、ただ価値を落とすだけである。もともと、われわれの大義が基本的にこの戦争に含まれているのであり、そして全世界がそれを知っているのである。われわれがその側に立って戦いたいとほっしている人々と同様に根源的に、それどころかもっと根源的に、われわれはこの戦争を統率するグループである。だから、われわれがまず彼らのグループを選び、同盟者として彼らに加わるというのではまったくない。逆である。ヒトラーに対する彼らの宣戦布告が、とうにわれわれに課せられていた自分自身の戦争を、今やわれわれの側でも**実行する**機会を**われわれ**に与えてくれたのである。われわれの同盟の基礎は、この戦争は「ヒトラー主義が破壊されるまで」続くというイギリス首相の宣言である。それ以上は必要ない。ヒトラーの抹殺は目的それ自体である――現下にあっては、**全目的そのもの**である。そしてわれわれは、われわれの参加の**要求**（われわれの参加の「申し出」ではない）を、ヒトラー抹殺へのわれわれの第一次的関心によってしか基礎づけることができない。したがって、全体としてのユダヤ民族にとって、これ以外の戦争目的は存在しない。そのための尽力は限定されてはならず、無条件でなければならない。この目的に向けた共同活動がわれわれに可能とされた瞬間、それどころか、この目的そのものが初めて可能となった瞬間は、たとえ計算が他の場合にはわれわれの最も正当な関心事だったとしても、計算のための瞬間で

はない。こうしてわれわれは脇目を振らずに、ただ一つの成果以外を計算せずに、この戦争に入っていかなければならない。そのときにだけ、ユダヤ民族がその新たな歴史において行った最初の戦争は純粋な**防衛**戦争だった、とわれわれは言うことができるだろう。

　ユダヤの男たちよ。世界大戦を自覚的に体験した世代は、軽率に戦争に入っていったり、戦争の恐ろしさについて幻想を抱いたりすることに対して、免疫ができている。しかし、そのことを知り**つつも**――この知識に、6年間にわたるヒトラーの侮蔑についての知識が付け加わる――われわれは、ユダヤ人がこの戦争を受け入れ、そしてその最も困難な戦場で、われわれの主要な敵を直視できる戦場で、ともに戦わなければならないと誓約する。参加を決心するために、われわれは戦争の結末についてのなんらかの確言で自分をたぶらかす必要もない。選択肢がどうであるかを知れば、それで十分だ。西側勢力が勝てば――われわれはそう信じている――ヒトラーは滅び、ユダヤ民族に生きる**展望**がふたたび開ける。ヒトラーが勝てば、それはわれわれの滅亡――他のすべての場所と同じく当地でも――を意味する。その場合には、われわれは少なくとも戦いながら滅びたい。そのように強大な歴史的過程のはじめにいながら、近い目標の彼方を見やって、その後の世界はどうなるだろうかと問うのは怠惰である。行為にとっては、ヒトラーの打倒という近い目標だけで十分すぎるほどだ。われわれの子孫がいつの日かわれわれを恥じることのないように、振る舞おう。

　私の呼びかけはドイツ語で起草されていたので、主としてドイツ語圏からの移住者にしか届かないことはわかっていた。そこで私は、行商して歩くことにした。私はまずエルサレムで会議を開くように取り計らった。それはドイツ・シオニスト界出身の名士の一人で、私の先輩同志であるグスタフ・クロヤンカーの家で【1939年10月6日に】開催され、大勢の人々が集まった[2]。集まった人々自身はたしかに軍事活動にとっては問題にならない人ばかりだったけれど、この大義を促進するためには、彼らの道徳的な支援と影響が必要だっ

た。出席者全員がただちに、ユダヤ人は連合国側に立って、目に見える仕方で参戦するように試みなければならないという考えに賛成した。その際に模範となるのは、第一次世界大戦においてアメリカのユダヤ人志願者によって構成されたいわゆる「ユダヤ人部隊」であり、この部隊は当時——すでにバルフォア宣言の印において——イギリスの旗のもとでパレスチナ攻略に協力した[3]。しかし、もちろん今回の相手は、その勝利がわれわれの絶滅を意味するようなユダヤ民族の敵でもある世界の敵である。とりわけ意見が一致したのは、われわれは無条件に、どこか周辺ではなく戦場の目立つ中心に能動的に居合わせなければならないという点だった。私は当然、戦いの中心は第一次世界大戦のときと同じく、フランスになると考えていた。というのも、私はフランス軍とイギリス派遣軍の質の良さをあてにしていて、それがヒトラーの強力な軍事的な敵になるであろうと望んでいたからである。フランスの早急な崩壊など、当時は誰も思いもよらなかった。

　このサークルを説得したあと、私はドイツ出身の他のユダヤ人の助けを借りながら、私の呼びかけ文の若干の写しを配布した。しかしそれは、ヘブライ語で書かれていなかったので、当時あまり多くの人に届いたとは思えない。私の考えでは、最も重要なことは軍へのつながりを獲得することだったので、しばらくそれに努力を注いだ。私はイギリスの軍事司令官やその副官と協議し、われわれの熱望を申し述べた。すなわち、さまざまな種類の武器をもつ部隊組織を創設し、ユダヤ人がそれに自由に志願できるようにすること、ユダヤ人はイギリス軍の指揮下に入るが、ユダヤ人組織として同定できるよう自分の旗をもって戦えるようにすることである。私は、すぐさま「われわれは西部戦線に投入されることを考えています」と言った。イギリス側の反応は、「われわれは自分の仕方でことを進めます」というまったく冷たいものだった。丁重な振る舞いを別にすると、たとえば、われわれの熱望を少なくともロンドンに伝えるという激励の言葉もなかった。つまるところ、これは私的な発案にすぎず、その背後にあるべき権威があまりに欠けていたのである。ふだんはイギリス人に対する国際シオニズムとエシューブの代弁者として機能していたユダヤ機関(Sochnut)も、当時はこれに関与していなかったし、

第7章 「最も深い語義におけるユダヤ戦争 (bellum judaicum)」

私はここからも励ましをもらえなかった。彼らは「これは、われわれが適切なときに正しいやり方で当局とともに取り組む政治的案件です」と言って、このようなことを下から、なんの権威づけもなしに試みることをけっして認めようとはしなかった。ユダヤ機関がパレスチナの特殊な利害関心を念頭に置いていて、ユダヤ人の闘争力ということなら、なんでもシオニズムの大義に結びつけてしまうことは明らかだった。ところが私の考えでは、この戦争はシオニズムの地方的な利害関心を超え出るものだった。われわれはそれまでアラブ人の活発な攻撃にさらされていたが、これがやんだのはただ戦争が始まったからにほかならない。戦争が始まって、当地のイギリス軍の力が強化され、介入のためのより大きな全権が与えられたために、アラブ人の蜂起はいわば鳴りやんだのである[4]。パレスチナないし近東は今や戦場に、あるいは少なくとも潜在的な戦場になった。実際にそうなったのは、イタリアが――周知のようにまだ1939年ではなく、1940年に初めて――参戦したときである。ドイツは、さしあたり近東に足場をもっていなかったが、イタリアは植民地リビアの宗主国だった。しかし、それはともかく、近東が潜在的な戦場になるだろうということは明らかだった。私はこの時点で、ユダヤ機関の計画を知らなかったけれど、武装したユダヤ軍がまさしく当地に存在することが重要となるような状況が生じるかもしれないのに、われわれの軍事力をパレスチナから離れた戦争に投入するという着想に、ユダヤ機関がけっして感激していないこと――これがユダヤ人側のためらいの決定的な要素だった――を私は意識した。こうした考えすべてに反対して私は、ヒトラーが勝てば、われわれがパレスチナで地方的に行ったすべては無用となり、他方、連合国が勝てば、パレスチナにおけるわれわれの尽力のための運動の自由も与えられるだろうから、われわれの運命を決定するのはまず第一にこの戦争の結末であると主張した。私の見るところでは、優先順位ははっきりとヒトラー打倒にあったのだが、しかしユダヤ人の側からそれに対する反論を受けた。ユダヤ人の役職についている人たちとの議論のなかで、彼らは「われわれは何よりもまず当地の自分自身を強化し、敵対的な勢力がやってきた場合に、武装できているようにしなければならない」と言った。テルアビブにお

ける議論では、ある人が私に異論を唱えてこう言った。「赤軍がいわば射程範囲内にいる。彼らはいわばひとっとびにロシア南西国境からペルシアに入ったり、黒海沿岸に上陸したりできる。これはきわめて切迫した危険な状況であり、われわれが第一に恐れなければならないのは、ひょっとするとヒトラーではないかもしれない」。そんなことが人々の頭をよぎっていた。

　イギリスに丁重かつ友好的に断られたあと、ヴァルター・グロスと私は、エルサレムのフランス総領事との話し合いを求め、西部戦線のフランス軍最高司令部にユダヤ人志願者からなる戦力を提供したいという希望――私はフランス語でその準備をしておいた――を申し出た。その際われわれは、この部隊はフランス軍の指揮下に立つが、自分自身の旗を掲げて戦う――「軍隊の名誉のために (pour l'honneur du drapeau)」――ことを強調した。総領事は丁重かつ友好的で、「はい、他国籍者の自由志願には道があります。外人部隊です」と言った。そこで私は、それがまさしくわれわれの望みではないことを説明した。外人部隊ではなく、自分自身の旗を掲げたユダヤ人部隊だ。フランス軍の制服――よろしい、フランス軍の指揮――よろしい、フランス軍の将校――よろしい、だが外人部隊ではないのだ。しかし、外人部隊という提案が、われわれに対する最大限の譲歩だった。そして、それは動かなかった。こうしてわれわれの努力は滞ってしまった。ユダヤ機関もイギリスとフランスの司令部も、当時この大義に耳を傾けようとはしなかった。他方で、ユダヤ機関の支援がなければ、戦争のさまざまな出来事の進行を見守る以外に何もすることができないということも、ほぼ明らかだった。ところがその後、戦争の進行を長く待つことはもはやなくなり、結局はイギリスが突然孤立するという事態に導いた1940年の周知の出来事が起こったのである。

　私の突撃を後押ししてくれたのは、大きな組織がなくとも、そのようなことを始め、また貫徹できると信じる高揚したディレッタントの小グループだけだった。われわれはこの理念に酔い、それはただちにユダヤ人の矜持と犠牲をいとわぬ心に訴えかけ、その結果、じりじりとチャンスを待っていたユダヤ人青年の声が、ただちにわれわれのもとに集まるだろうと信じていた。しかし、これはあてはずれだった。そのうえ、どのユダヤの組織もわれわれ

を支援しようとはしなかった。舞台裏で何が進行しているのか、私は知ることができなかった。持ち前の優れた政治的知識と風刺的な気質をそなえたゲオルゲ・リヒトハイムは私に、政治の力学がまったくちがった方向に動いているのに、私は世間知らずの馬鹿者パルジファル*6のように事態に馬で乗り入っていると説明してくれた。実際、そのとおりだった。友人たちは私の振る舞いに強い印象を受けたが、ことが進まないのを見て──私のためではなく、彼ら自身のために──ほっと安堵した。その後、事態が進展して明らかになったことだが、さしあたりヴァルター・グロスを別にすると、志願したのは実際、私だけだった。そのグロスも1939年9月と1940年8月のあいだは停滞した。すでに子供が一人いた、とても意志の強い彼の妻ローラがすばやく、また用意周到に妊娠したからである。彼女は、夫のヴァルターがハンス・ヨナスの突拍子もない行動に与するのを妨げようとしたのである。

　フランス崩壊のあと、ユダヤ機関とハガナから、イギリス軍最高司令部とのあいだになんらかの協定がなされ、パレスチナ志願兵部隊が設立されたという知らせが届いた。人々はサラファントに行って、軍事医学的検査を受けることができるようになった。私も行って、兵役可と判定された。すでに37歳だった私は、もはや歩兵になるほど若くはなかったけれど、**第一パレスチナ対空砲兵隊**(First Palestine Anti-Aircraft Battery)に採用された。当時志願できたのは歩兵、砲兵、工兵そして空軍だったが、サラファントでは地上勤務だけだった。パイロット養成教育は、イギリスで卒業しなければならなかっただろう。志願兵の諸部隊は、統一的な司令部のもとには置かれず、散在させられた。歩兵部隊が北アフリカに投入されたのに対して、対空砲兵隊はハイファで、ヴィシー派のフランス人が、ドイツの側に立って戦うようになっていたダマスカスとベイルートからの空爆にそなえさせられた。私が訓練を受けた砲兵隊は、若いユダヤ人で構成されていた。その一部はヒトラーから逃れてドイツ、オーストリアそしてチェコスロバキアから来た新しい亡命者だったが[5]、ハガナから志願するよう要請されたキブツ出身の男たちもいた。その目的は、将来のユダヤ軍を軍事的に養成するために、あらゆる種類の武器について経験を蓄積しておくことだった。ユダヤ・シオニズムの当局者の

関心は主として戦後の時期に向けられていた。その結果、ハガナがいわば、誰がイギリス軍で訓練を受け、誰がパレスチナに留まるべきかを配置したのである。たとえばローレの兄弟のフランツは、この地でより必要な人間であるという理由で、志願する許可をえられなかった。こうして私の砲兵隊は、私のように自分の自発的決断から志願した個人的な志願兵と、ひそかにユダヤ組織によって選抜された志願兵からなっていた。キブツ出身者は、すべて後者のカテゴリーに属していた。彼らのなかには、すでにこの地で生まれて農業のなかで育ったサーブラ*7、ヒトラーとドイツのユダヤ人を遠い世界のことと思っている力強い若者にして優れた兵士がいた。他方には、みずから彼の地から来て、なお彼の地に暮らす自分の家族の運命を気にかけるあまり、直接に自分が脅かされていると感じる人々がいた。彼らのなかに、メッス出身の志願兵でヘブライ大学の植物学者のポストを放棄した、私以外では唯一のアカデミカーがいた。彼はミハエル・エヴェナリ、もともとはヴァルター・シュヴァルツという灌漑の専門家で、ネゲヴの緑化をライフ・ワークとしていた。私よりやや若い優れた男だった。軍事的な事柄については、彼は私よりはるかに優れていて、結局、特務曹長 (Sergeant Major) ——将校以下の階級で最高の地位——になった。彼は、幹部でない兵士に属していたいという——まさに私と同じ——理由で、将校教育のためにイギリスへ行くことを断った[6]。戦争が続くなか、実際に軍事的な才能をもった多くの人がイギリスの将校コースへ派遣されたが、彼らが戻ってきたとき、われわれはとうにイタリア出征を終えていた。彼らのなかに、私が特に高く評価し、その後の生涯においても付き合いのあった人がいた。彼はアメリカ生まれだったが、すでに子供の頃にシオニストの両親とパレスチナに来ていた。そしてキプロスとイタリアで、のちにはまた、独立戦争でも私の直属の上官である曹長だった。彼はもともとはジョセフ・レヴィンといったが、ジョセフ・ニーヴォーと改名した。彼はのちにイスラエル軍の将軍になった。私は彼を知ることで、実際に命令をくだすことができる人と、ただしかるべき兵士であろうとする善い意志をもつにすぎない人のちがいを目のあたりにした。私は自分を後者に数えている。それに対してジョセフ・レヴィンは、自分の生命にいかなる

第7章 「最も深い語義におけるユダヤ戦争(bellum judaicum)」 169

恐れも抱かないかのように、砲火のなかでも冷静を保ち、そして自分の身を危険にさらしながら同時に命令をくだすことができる人だった。この二人の人、エヴェナリとレヴィンを、私がまるまる5年以上も一緒にいた戦友として特に名前を挙げておきたい。私はのちに彼ら二人と再会した。会ったとき、われわれは互いに抱き合った。共通の戦争体験によって強固な絆が鍛え上げられたのである。私は今でも、何年もあとにジョセフ・レヴィン――そのあいだにニーヴォーになっていた――に再会した様子を覚えている。彼はすでに立派な軍歴を経ていて、1956年のシナイ出征と1967年の六日戦争において将軍だった。その後、政界に入り、ヘルツリヤの市長になった。彼がアメリカを訪問したときに、私は一度会ったことがあったが、その後は何年も互いの様子について聞くことがなかった。私に語ってくれたところによれば、彼がある日ラジオを聞いていると、彼の妻が突然「あらハンス・ヨナスよ、この声は」と言った。実際、私はまさしくラジオが伝えた会合でイスラエルにいた。私は自分のヘブライ語を総動員しながら、ハイファにおける小さなパネル・ディスカッションに参加していて、それが伝えられたのである。そのあと私は彼らの招待を受け、心からの友だちが生まれた。

　中欧出身のメンバー同士はドイツ語で語り合ったにせよ、われわれの対空砲兵隊においては一般にヘブライ語が話された。われわれの上官――正式の将校――はさしあたりイギリス人だった。しかし、われわれのうちで最も軍事的な才能のあるものが将校教育のためイギリスに派遣された結果、パレスチナ出身のヘブライ語を話すユダヤ人将校が、ますますイギリス人将校と入れ替わることになった。われわれはまず、ハイファの精油所を防衛するためにこの地に駐屯していたが、その後、同じように爆撃を受けていたキプロスに移された。ドイツ軍がおおいに戦果を上げていた北アフリカ戦役は、イギリス軍の補給のための地中海航行にとって持続的な脅威であり、キプロスは重要な拠点だった。キプロスで私は、近代ギリシャ語を学び始め、ワインの売店でホメロスを暗誦して、キプロス島のギリシャ人農民の大喝采を博した。それはキプロスでのすばらしい一時だったが、私は現実に激戦が行われている所に行きたかったので、次第に我慢がならなくなった。私は、みずからの

イギリスへの移動を申し出て、そこからヨーロッパ大陸進入に参加しようとした馬鹿者たちのグループの一人だった。それは実らなかったが、そのかわりに、われわれは別のきわめて決定的なことを獲得した。すなわち、チャーチルが将官たちの反対を押し切って、ユダヤの大義とわれわれの戦争参加の道徳的な意味を認め、そして異なる種類の武器をもつ散在した諸部隊を一つの軍事組織にまとめるよう促してくれたのである。こうして1944年9月に**ユダヤ旅団グループ**（*Jewish Brigade Group*）が公式に成立した[7]。ユダヤ人部隊がそこここに散在して、北アフリカやトブルクや西部砂漠で戦いに参加した——しかもその際、砲兵隊はただ本拠地に駐留していたにすぎない——のと、固有のユダヤ旅団が存在したのとでは、大きなちがいだった。そのうえチャーチルは、われわれが固有の目印——金色に刺繍されたダヴィデの星のついた青と白の旗——をもつことさえも命じてくれた。さらにチャーチルはこの旅団を、イギリスの戦力の他の部分からトレード申請できるよう開放してくれたので、われわれは突然イギリス、南アフリカ、カナダ、オーストラリア、ニュージーランドから殺到した若いユダヤ人兵士たちを受け入れることになり、もはやたんにパレスチナに留まらず、現実にユダヤ旅団となった。このトレードのチャンスをどんなに多くの人々が利用したかは、驚くほどだった。

　空軍以外のすべての種類の武器を包括していた**ユダヤ旅団グループ**は結局、最終戦闘に投入されることになった。というのも、われわれはイタリアに転置されたからである。実際、ヨーロッパ大陸進入はまず南から行われた。決定的な局面はノルマンディーだったが、まずなされたのは、私がまえに述べた賭けで預言したように、北アフリカ上陸であり、その瞬間から、次はわれわれの番だということが私にはわかっていた。旅団はまずあちこちで形成され、船で輸送されて、1944年に南イタリアで初めて完全に合流した。私はそのあいだに自動対空射撃の専門家になっていて、特に射撃の力学と修理の教育を受けてからは、わが砲兵隊の射撃長の地位を引き受けていた。われわれはまずアレクサンドリアへ行き、そこから西部砂漠の周縁にあった軍の教育用の大キャンプに入って、野戦砲の取り扱いを学んだ。対空射撃砲——スウェーデンのボフォス砲——に加えて、われわれは最重要な武器として、

イギリス軍の主要野戦砲である75ミリ野戦砲を受けとった。これは重い大砲とはちがって、比較的たやすく扱える可動的な大砲で、歩兵部隊のラインのすぐあとの前線に投入される。この訓練は数週間続き、その後われわれは帰還休暇を与えられた。というのも、今後のわれわれの派遣先からは、もはや帰還休暇が不可能なことが明らかだったからである。こうして各人が、あわただしい順番で3日間の別れの休暇を取った。手紙で帰還を予告することはできなかったので、船で輸送される最初の一団が、仲間から「私がいつ帰るかを妻か、誰それに伝えてくれ」という依頼を受けた。ローレもまた、私の帰還についてそのような告知を受けとった。私は長らく休暇をとっていなかったが、それは、いったん国外に出てしまうと、そうでなくともまれな休暇がいっそうまれにしかとれなかったからである。われわれはアレクサンドリアから鉄道で出発し、ポート・サイドから大きな家畜運搬専用車でスエズ運河を越えた。シナイ半島を北上し、早朝3時にハイファの駅に到着した。そこから私は、荷物とともにカルメル山にゆっくりと登った。海抜200ないし300メートルあたりの山腹に、ハイファの一部でユダヤ人しかいないハダル・ハル・カルメルがあった。私はローレが3階の部屋にいることを知っていたので、上のほうに光が見えたとき、われわれの合図の口笛を吹いた。ローレは窓を開け、そして降りてきて家のドアを開いてくれた。これが最後の休暇になることはわかっていたので、私は彼女にあらかじめ手配させて、カルメル山の最上最高のホテルに、われわれのための部屋を2ないし3夜とっておいたのである。そしてローレが朝目覚めると、私はベッドのなかの彼女の隣ではなく、なんと床に横たわっていた。軍の生活を過ごすうちに、私は固い床板に横たわることに慣れきっていたので、ベッドのやわらかい敷き布団ではまったく眠ることができなかった。そこでローレが寝入ったあと、私は床にわずかばかりのものを敷き、やや固めの敷き布団のうえで——タイルのうえで——寝たのである。

　そしてそのあと——アレクサンドリアに帰ってから——イタリアに行った。われわれはタラント、すなわちイタリアの長靴の足の甲に位置する古代のタラントに上陸し、そこから北に移動した。「ユダヤ人部隊が近づいてい

る」という話がすばやく伝わっていたので、われわれが到着するとどこでも、ユダヤ人が隠れ家から出てきた。われわれは当時すでにヨーロッパのユダヤ人の運命について噂を聞いていた。というのも、この秘密を暴こうとする試みが幾つかあったからである。そのなかの一つがイタリア出身のシオニスト、エンツォ・セレニの有名なミッションである。彼はフランスの敗北のあと、誓いを立てて自分の平和主義と関係を断ち、イギリスの秘密機関に協力していたが、1944年5月にパラシュート降下者のグループとともにユーゴスラビアに飛び降り、パルチザン・グループと接触しようとした。セレニはその際ドイツに捕らえられ、のちにダッハウで殺された。彼のグループの大半も生命を落とした[8]。東欧からやっと伝わってくる消息は、曖昧かつ不正確で、それがどれほど真正なものなのか、誰もわからなかった。明らかなのはただ、ドイツに占領された地域で、恐ろしいことが起こっているということだけだった。追放についてもわれわれは聞いていた——ユダヤ人の地域がまるまる空になったのだから、戦時においてさえ、それを隠しておくことなどできはしなかった。しかし、彼らがどこに行ったのか、また彼らに何が起こったのか不明なことばかりだった。われわれはゲットーについて、また強制収容所についても知っていたが、ガス室については何も聞いたことがなかった。イタリアでやっとわれわれの目が開き始めた。実際、前進すればするほど、それだけいっそう恐ろしいことをわれわれは聞いたのである。しかしわれわれはまた、イタリア人が多くの場合どれほどユダヤ人をかくまい、世話し、ゲシュタポから守り、ある場所から別の場所へひそかに逃がしてくれたかも知った。それまでも私は、つねにイタリアに愛情を抱いてきていたが、イタリアに対するその愛は、当時イタリア人たちに対する愛に転化した。オランダ人も含めたヨーロッパの他のすべての民族に比較して、イタリア人の特徴は、彼らがけっして国家に従順ではなかったことである。彼らの心には深く根差したアナーキズム的な要素が息づいていたので、彼らはローマから発せられた法律や指令をそのまま守りはしなかった。村人であろうが、都市の市民であろうが、平凡なイタリア人は、究極の人間的な事柄については国家によって干渉されることが少なかったという点で、ドイツ人とのあいだに

は天地の開きがあった。つまるところ、イタリアの発明であるファシズムでさえも、人が自分と同じ人間に対して責任を負った事柄について、市民を欺くことはできなかった。われわれは目に涙の溢れる話を聞いた。あるときわれわれは、当時おそらく17か18歳の娘をつれたある母親に出会った。二人は——彼女たちはドイツ出身で、父はいなかった——イタリアに逃げてきていて、何年もあちこちを彷徨っていた。ついに追放がイタリアにも拡大され、直接ドイツのゲシュタポによって監視されるようになったとき、彼女たちはある村にたどり着き、非合法にも、生活物資配給カードももたずに、そこに避難所を求めた。彼女たちが到着したあとの日曜日に——彼女たちはある農民の家に避難していた——主任司祭は教会の説教で「追われている人たちが、いま私たちのもとにいます。その人たちは私たちの保護を求めてやってきました。そしてキリスト教徒の義務は、その人たちを守るように命じています。私の教区の信者たちは、誰もその人たちがいることについて語ったり、外部に報告したりしてはなりません」と言った。そしてそれは実際に厳守された——人々は彼女たちに食べ物を与え、かくまったのである。このような場合に援助をしたのは、しばしば下級の聖職者で、他方、教会の高位の権威は沈黙していた。

　イタリアにいたドイツ軍部隊が1945年4月29日に降伏し、戦争が終わったとき、われわれはセニオでの戦闘——これは私が参加した比較的大きな唯一の戦闘で、ドイツの戦線を突破して終わった——のあと、前進中だった。そしてわれわれは解放者としてボローニャに入り、娘たちのキスを受けた。ところで、ローレとの結びつきは何ヵ月、それどころか何年にもわたって、手紙でしか可能ではなかった。私は二種類の手紙を書き、またそれをそのようなものとしてはっきり示した。すなわち愛の手紙と「教説の手紙」[*8]である。後者において私は、野外の任務中に自分の哲学を展開し始めた。本から遠く離れ、学術的な研究作業のための手段もない状態で、私は哲学者が本来取り組むべき問題に投げ出された。すなわち、自分自身の存在と、人をとりまく世界の存在の問題である。有機体が存在することは、存在の教説にとって何を意味するのか、そして意識、感情、精神をも含めた有機体的存在の本質は、

生命に対してどのような意味を含んでいるのかについて、私は考え始めた。こうしたことすべてを、私は手紙のなかで展開した[9]。自分の現在地は軍事機密だったから、それを軍事郵便で伝えることは許されなかった。それでも私は、それをしばしば暗号化してローレに伝えることができた。われわれがローマにいて（ローマはとっくに征服されていたから、これはけっして特別な秘密などではなかった）ヴァティカンのコレクションを訪れたとき、私はローレに絵はがきを送った[10]。かつてヴァティカンのどこかの部分を飾っていたが、のちに取り払われてしまったフレスコ画の残りがそこにあった。すなわち、メロッツォ・ダ・フォルリ（Melozzo da Forli）——音楽を奏でる天使。*Melozzo* は名前、*da Forli* はそれが作られた土地を示す。無邪気な絵。心からの挨拶。君の愛しき人。のちにわれわれは、ラヴェンナから遠くない所にしばらく駐屯したが、そこを流れるセニオ川に沿って戦線が形成されていた。われわれの主な屯営地はフォルリだった。そこで私は、手紙の一つでローレに、ヴァティカンからこの天使の絵を送ったことを思い出させさえすれば、よかった。それで彼女には、われわれがフォルリにいることがわかった。このように絵の助けを借りて検閲の裏をかくこともできるのである。

　最後にわれわれは、北イタリアのウディーネに舎営した。そこで私は、この戦争で知ったうちで最もすばらしい話を聞いた。その都市の市場でわれわれは——私と何人かの戦友で、そのダヴィデの星のついた青と白の肩章でユダヤ兵と認識できた——二人の老いたユダヤ人女性に話しかけられた。彼女たちは、われわれにドイツ語ができるかと尋ねた。そこでわれわれは、彼女たちと一緒に、ちょうど市の日で、たいへんな人出のウディーネの真ん中に座り、そして彼女たちの話を聞いた。彼女たちはトリエステの出身だった。トリエステは第一次世界大戦の終わりまでオーストリアに属していたが、オーストリアの敗北ののち、イタリア領となった。ドイツではユダヤ人迫害が真っ盛りであった頃も、ムッソリーニがヒトラーの反ユダヤ政策をすぐに採用はしなかったので、彼女たちはトリエステでまだなんとか保護されていた。しかしついに、トリエステにも追放の脅威のときがやってきて、彼女たちはさらに南へ行く決心をした。さらに南へ、本来のイタリアに行けば、そ

第7章 「最も深い語義におけるユダヤ戦争 (bellum judaicum)」

れだけいっそう安全になるだろう、というのがユダヤ人のあいだの合い言葉だったようである。彼女たちは手荷物、装身具、現金だけを荷造りして、南に向かう汽車に乗るために駅へ行った。プラットホームに行くために切符を呈示する改札口に近づいた瞬間、彼女たちは駅員と並んでゲシュタポかイタリアの補足機関の警察官が立っているのに気づいた。途方に暮れて立ちつくし、どうすべきかを考えていると、イタリア人の鉄道員の一人が彼女たちに目くばせして、改札口の規制を受けずにプラットホームに行ける場所を教えているのが見えた。一言も発せられたわけではなかった。その鉄道員は何が起きているかをとっさに察知したのである。そのあと彼女たちはウディーネで下車し、住まいを探した。見つかったのは家具のない屋根裏部屋で、ベッドさえなかった。それでも彼女たちは警察に通告されることもなく、そこに隠れていることができた。といっても、彼女たちの来たことが近隣に知られていなかったわけではない。彼女たちが来た二日二晩後、大きな貨物自動車がその家の前に停まった。何人かの男たちが敷き布団つきの二台のベッドを車から降ろして階段を運び上げ、彼女たちの部屋のドアをノックした。彼女たちが震えながらドアを開けると、男たちは、トリエステの大司教猊下が彼女たちの状況を知り、生活を少しでも楽にするためにこれを送ったと言った。それ以後、彼女たちはこの屋根裏部屋で暮らし、そして装身具を一つまた一つと売って、闇市で生活必需品を買い入れた。当然のことながら、彼女たちには生活物資配給カードがなかったからである。彼女たちの資産がほぼ尽きかけたある日、彼女たちは市の他の一画で闇市の女商人がラードを売っているのを知った。急いでそこへ行き、法外な値段で1キロのラードを買って家にもち帰った。日が暮れたあと、ドアをノックする音が聞こえた。彼女たちが恐怖に満ちてドアを開けると、午前に脂身を買ったあの女商人が立っていて、「どうか、私をおゆるしください。今朝あなたがたは私のところでお買いあげくださいました。私はあなたがたのことを存じませんでした。あとで、あなたがたがどなたで、どこに住んでいるかを聞かされました。あなたがたからお金をいただくわけにはいきません」と言った。女商人は彼女たちの手に金を返すと、背を向けて去って行った。この話を姉妹であるこの二人の婦

人は私に語ってくれた。そして最後に「これでおそらくおわかりでしょう、なぜ私たちがパレスチナに行かず、イタリアの人たちのもとで晩年を過ごしたいかを」と言った。もちろん、われわれは行く先々で、生き残った人たちに、パレスチナに向けて出国しなければならないと言い、また誰がその助けになるか、そしてそれをどう実現できるかを助言することを課題としていた。明らかに、ユダヤ旅団の他のメンバーもすでに彼女たちにそれを勧めていた。ところが彼女たちは、この地に留まることをほっする理由として、この美しい話を語ってくれたのである。この話は、私がイタリア人に対して本当に特別に温かい感情を抱いている理由を示している。実際、私は多くのそのような話を聞いたのである[11]。

第8章　破壊されたドイツを旅する

　私たちは、ウディーネに短く滞在したあと北へ向けて移動したのであるが、北へ行けば行くほど恐ろしいことが私たちの耳に届くようになった。およそ1万から1万2千の男たちからなる旅団全体が、その全装備——総車両、大砲、弾薬車——を伴ってアルプス山脈のオーストリア側を横切り、ガルミッシュ・パルテンキルヘンでとうとうドイツ領土に入った。5月の終わりか6月のはじめの頃、ウルムへ向かう途中のことだったのだが、アウグスブルクの近くでアウトバーン[*1]に乗るまえに、私たちはユダヤ人たちで急に溢れかえった街道を通り過ぎた。ユダヤ人たちで溢れかえったというのは、近く——ランツベルク——に連合国が解放した収容所があり、その収容所には強制追放された人々（displaced persons）が今まで収容されていたからである。その地では、ユダヤ人部隊がその収容所に向かっているという話がまたたくまに広がっていた。人々が収容所から続々と溢れ出て街道沿いに立ち、私たちに歓呼の声を浴びせた。私たちが停車すると、彼らは私たちを抱きしめ、ダヴィデの星[*2]にキスした。彼らはアメリカ人によってすでに解放されてはいたが、彼らが武装したユダヤ人——殉教者や犠牲者ではなく勝利者としてのユダヤ人——に出会ったのはこの地なのである。私たちは自分たちに与えられたコーンビーフ、えんどう豆、コーヒー、チョコレートといった配給食糧や、自分たちがもっていたいっさいを分け与え始めた。その旅団の通行は滞ってしまった。軍事規律のために、そして交通技術上の理由で、10分後、私たちは移動をさらに続けねばならなかった。そして、解放された者たちは、しばらくしてもなお私たちのあとを追ってかけてきた。この出来事は、生き

残った者たちと私たちとの初めての大規模な出会いであった。彼らがむせび泣きながら私たちに語ることができたことはあまりないが、この数少ない事柄を通じて、私たちは東ヨーロッパでユダヤ人を支配していた恐怖に初めて直面したのであった。ドイツのユダヤ人はそこにはいなかった。そこにいた彼らは、大部分がポーランド出身であり、イディッシュ語を話していた。しかし、私たちのなかにはイディッシュ語を理解する人々が何人もいた。イタリアでは、それが噂だということを理由に私たちが予感していたにすぎないことがあった。あまり時間はなかったにもかかわらず、私たちはそのことを初めて具体的に聞き知ったのである。そして、アウシュヴィッツ、トレブリンカ等々の名前を初めて耳にしたのである。

　私たちは、カールスルーエとプフォルツハイムを経由してさらに走り続けたのだが、その途中で廃墟となったドイツの幾つかの都市を通り抜けた。それらの都市は、少なくともアウトバーンからは廃墟のように見えた。ドイツをめぐる私の旅の途中で、私はのちにゴーストタウンにも等しい多くの場所を見た。特に、カッセルは月面の風景——あたり一面の穴ぼこと聳え立つ瓦礫の山——のようだった。この光景を眺めたとき、私は二度と体験したいとは思わないが、黙っていたくもないと感じた——歓声を上げるような、満足した、あるいは少なくとも半分満足した復讐の感情を抱いたのである。それは、心のなかの高貴ではない感情の部分に属するものであるが、私は次のような考えでいっぱいになった。つまり、ここで生じた恐ろしいこと、私たちの親族に対して加えられた恐ろしいことについては、少なくとも、まったく復讐が終わっていない状態が続いていたわけではないという考えである。私の人生のなかで最も幸福であったのはどんなときかと問われたら、次のように答えたかもしれない何年かが私の人生にはあった。つまり、「この瞬間——正義や神の裁きと見なすことができる破壊されたドイツの街々を眺めたとき」という答えである。今なら私はそんなことはもう言わないであろう。何しろ、私は自分の人生のなかで、これ以上の幸福な瞬間を体験したからである。しかし、さきの答えが躊躇なしに私の答えであったかもしれない何年かが、私の人生には存在した。幸運なことに、それはそのまま続きはしなかった。

このように南ドイツと西南ドイツを通り抜けていったのだが、その途中で私は朝のトラックの積み込みの際に唯一の「戦傷」を負うことになった。私は朝、出発の際に再積み込みの監督をしていた。そのとき、丸いガソリンタンクが上からこちらのほうへ転がってきて、私の頭にぶつかったのである。私は深く口が開いた傷を負い、血まみれで近くの野戦病院に運び込まれた。私たちはすでにライン川左岸におり、ザールブリュッケンへ向かう途上にあった。私はこの野戦病院に2、3時間留まり、どうにか治療してもらい、そのあと、まだ少し血が滲んでいる大きな白い包帯を頭に巻いて、自動車でザールブリュッケンに向かった。ザールブリュッケンで、ふたたび私の部隊に出会った。そこから私たちは、大きな自動車隊列となって北東フランスを通ってリールへと移動を続けた。これらのトラックにはそれぞれ指揮官がおり、運転手の横の前部座席に腰掛けているか立っているかした。私は軍隊的序列からすれば上級下士官であるので、兵卒とはちがってトラックの運転手の隣に座っていた。ある街を通過したとき、私たちはユダヤ人旅団としてではなく連合国の部隊として、歓声を上げる人々のそばを通り過ぎた。私は鉄製ヘルメットの代わりに包帯を頭のまわりに巻いていたので、大きな喝采の的となった。つまり、戦闘で頭に傷を負ったのだと判断されてしまった。そのため、人々は私を指差し、特に私に拍手喝采した。こうして私はまったく根拠のない英雄的輝きを身にまといながら北フランスを通り抜けることになったのである。リールは、そのあと私たちの休息場所の一つとなり、続いてベルギーのトゥールネが休息場所となった。しかし、私たちはトゥールネからすぐにまた出発することになった。そして、神のなすところはいかなるものか。私たちは、最終的な宿舎をフェンローで見つけたのである。フェンローは、私の故郷であるメンヘングラートバッハから20キロ離れたところにあり、オランダ国境の向こう側にある。フェンロー、それを私は子供時代から知っている──そこには自転車で行くことができた。そこに国境を越えて行き、コーヒーを飲んだりオランダのチョコレートを買ったりしたものだ。ドイツの降伏ののちおよそ1月半して、私は生まれ故郷の街への最初の訪問をフェンローから始めたのであった。

オランダへ向かう途上で、私たちは繰り返し戦争の出来事について情報を受けとっていた。それどころか、途中では、私の仲間の何人かが夜にひそかに抜け出し、田舎のどこかのドイツ人の家に侵入し、そこの人々を殺害するということさえ起きた。このことも、私たちをドイツでの占領任務に動員するのではなく、オランダに駐屯させるというイギリス司令部の決断につながった。大ざっぱに言うと二つの事件が起きた。オーストリアを通過行進している際のことである。私たちの歩兵隊の何人かは、武装親衛隊[*3]の人々がアルプスの山小屋のなかに潜伏していたのを探し出すことに成功した。しかし、その歩兵たちは彼らをただちに連行せず、自白を引き出すために彼らを一晩にわたって拷問した。なるほど歩兵たちは彼らを殺害はしなかったが、相当に恐ろしい状態で放置したのである。もう一つの出来事は、ドイツのどこかで夜の休息中に起きた。つまり、私たちのうちの何人かがこっそり立ち去り、ある家族に対して報復行為をしたのである。その家族が、それまでに特別に罪を犯したのかどうか、私はまったく見当がつかない。この結果、旅団の任務目的が考え直された。そして、私たちはオランダに宿営することになった。しかし、私たちは自由に動きまわることができたし、収容所から出てきたユダヤ人の生き残りと当然、接触をもつようにもなった。ユダヤ人の生き残りの何人かは、彼らの収容所では監督囚人[*4]であった別の生き残りについて相当の不快感をもって語った。「もし私がそいつを見つけて、まだ生きていれば、私はそいつに報復するだろう」。私の仲間の何人かは一種の調査機関を組織していて、この機関はシステマチックにデータを収集し、それを何らかの収集部署に渡していた。そのデータのなかには、私の幼少時代からの馴染みである、メンヘングラートバッハ出身のあるユダヤ人家族の親族の名前が含まれていた。パウル・ラファエルソンというこの男に対する報復を誓った人々とは私自身は話をしなかったが、彼の名が含まれていることをこっそりと教えてくれる人がいた。何しろ、私は同じ街の出身だったからである。以下、別個に述べようと思っていることであるが、メンヘングラートバッハに向けて出発したとき、私はイギリス人の都市駐留部隊指揮官を訪問した。そのとき私は、たんに上級下士官ヨナスであるだけでなく、今では

第8章　破壊されたドイツを旅する　181

彼の軍事的統治下にある都市にかつて住んでいた市民でもあった。駐留部隊指揮官は、モーツァルト通りの都市司令部をヘルマン・アシャッフェンブルクの家のなかに設置していた。この家は、短い邸宅通りのなかで最も良い家であり、この通りにはかつて私たちの家もあった。こうして私と指揮官との会話は、私の慣れ親しんだモーツァルト通りで行われた。その会話のなかで、二つの事柄がまだ私の記憶にある。一つは、指揮官が私に次のように言ったことである。すなわち、「ミスター・ヨナス」――私たちはこの時点では軍隊的な関係になかったから、指揮官は私に「ミスター」で呼びかけたのである――「あなたは一つ知らなければならないことがあります。私は教えることができます。つまり、ナチはけっして存在しなかった。誰もかつてナチであったことはなかった。ナチのようなものはけっして存在しなかった。自分がかつてその政党のメンバーであったことや、あるいはナチであったことを率直に告白しようとするような人物を、あなたはここで見つけることはないでしょう」[*5]。ついでながら、とてもイギリス的な発言である。指揮官がそのように話したときの極度に軽蔑的な声が、私にはまだ聞こえる。さらに彼は次のように私に質問した。「教えてください、ミスター・ヨナス。あなたはラファエルソンという名前を知っていますか。彼はメンヘングラートバッハのユダヤ人コミュニティーの古いメンバーなのですか」。「はい、知っています」。「彼について何か教えていただけますか」。それに対して私は答えた。「それほど知りません」。ラファエルソンは、青年時代には評判が良くなかったし、戦争のまえには詐欺の罪で警察とトラブルを引き起こしていた。「彼は帰還した生き残りの一人です。そして、彼は今ここのユダヤ人コミュニティーの主要なスポークスマンです。私は幾らか疑っています」。そこで私は言った。「そのとおりです――あなたはたぶん何か耳にしましたね」。そのとき指揮官は言った。「はい。しかしそれが本当かどうか、私は知りません」[*6]。何も証明することはできないが、ラファエルソンについて何か聞いたことがあるということを、私は指揮官にはっきりと言った。しかも私は、級友たちに質問することもできるし、もっと多くのことを知った場合には、指揮官に知らせることもできると、はっきり言った。ところで、そうこうするあいだに、

ラファエルソンは私がメンヘングラートにいることを耳にしていて、私を昼食に招待してくれた。ラファエルソンは、モーツァルト通りの私たちの家で最後の最後まで庭の管理をしていたことを語ってくれた。そして彼は、私の父の最後についても語ってくれた。

　「彼は庭で椅子に腰掛けていました。そのとき、彼はかろうじて少しだけ身動きができたのですが、次のように言いました。『この茂みはまだ手入れをしなければいけない、この部分の芝はまだ手入れをしなければいけない』」。彼がそのとき話したことは、1938年1月に亡くなった私の父が、1937年の夏と秋にはまだ庭で椅子に座っており、庭仕事をして多少の金を稼いでいたラファエルソンと会話をしていたということであったが、それは私が心に思い描いていたこととまったく同じであった。ラファエルソンの家には、ほかでは手に入れることができないようなすばらしい昼食が用意されていた。ラファエルソンは、帰還したあと一人のキリスト教徒の女性と結婚していた。チェコスロヴァキアではあちらこちらの収容所に誰がいたのかを私はラファエルソンに尋ねたのであるが、当然のことながら私は彼を尋問することはできなかった。私にはそれは不明確な事柄のままだった。しかし、ともかくも私は彼の歓待を受けたのであり、私がドイツのなかでありついた最高の食事を享受したのである。というのも、ラファエルソンは特別なルートを持っていて、すばらしい食糧を手に入れ、提供したからである。私はその二、三年後にカナダで、パウル・ラファエルソンという名の人物の処刑について新聞で読むことになった。それによると、その人はある強制収容所での重大な残虐行為に関する戦争犯罪人裁判において罪を犯したことが証明されたのであるが、チェコの裁判所の要求に基づいてイギリスの駐留軍当局によって引き渡され、絞首刑を宣告されたそうである。それが正当であったかなかったかを言うことは不可能である。というのも、監督囚人たちは、たとえ他人の命を犠牲にしてでも、ある程度は自分で自分自身の命を守ろうと奮闘したからである——プリモ・レーヴィは『溺れるものと救われるもの』というすばらしいエッセーのなかで、ユダヤ人がほかのユダヤ人に対して何を加えたのかをあからさまに記述した[1]。そのとき、私はふたたびラファエルソンのこと

について考えなければならなかった。ラファエルソンは、どうやらそのような役割を果たしたらしい。それどころか、最終的にラファエルソンに不利となる重大な証拠を収集するような情報伝達網を作り出すことに私が役立ったことで、同時に私ももしかしたらラファエルソンの判決に貢献したのではないかという考えが生じたのであるが、それが私にとってどれほど不気味なことだったかを、私はまだ覚えている。

　結局はみずからの運命に突然襲われることになった一人の生き残りとの出会いと比較すれば、私の母の死の知らせのほうが当然にも個人的にはひどく深刻だった。私が初めてメンヘングラートバッハに帰ったとき、どこにユダヤ人教区のセンターがあるのかと尋ねた。かつてシナゴーグが建っていたところが、今や空き地になっていたのだ。シナゴーグは水晶の夜[*7]に焼け落ち、そのあと取り壊されていた。しかし、センターがどこかに設立されていて、そこでは帰還中のユダヤ人や旅行中のユダヤ人たちがお互いに報告し合い、情報を交換することができた。その場所で、私は母がどのような状況になっているかを知ろうと試みた。私がエルサレムで赤十字から手に入れていた母についての最後の知らせは、リッツマンシュタット——それゆえルージ——のゲットーで生活しているというものであった。私がセンターに到着したとき、そこは私がまだ会ったことがない人々でいっぱいだった。だが、そこにはどこかで私が見たような気がする一人の女性がいた。彼女は私が尋ねてまわる様子や、私が自分をヨナスという名で呼ぶ様子を聞いていた。そのとき彼女は質問してきた。「おや、あなたはあのハンス・ヨナスさんですか」。そのあと彼女は突然泣き出し、こう言った。「私はルージであなたのお母さんと一緒にいたのですが、でも、あなたのお母さんはそのあと1942年にアウシュヴィッツに向けてふたたび移送されました」。それ——アウシュヴィッツに向けてという言葉——が何を意味するかはわかりきったことであった。こうして私は母の死について知ったのである。そのことを私に知らせてくれたその女性は、娘と一緒に生き残った——彼女たちは第一に労働能力があったし、第二に親衛隊看守 (SS-Personal) に性的奉仕をするよう強制されるほどに十分若かったのである。しかし、こんなことを質問することはできなかった。

つまり、「どうして、あなたとお嬢さんは生き延びることになったのですか」という質問である。この女性はいずれにしても私の母の身に起こったことを泣きながら私に話してくれた。これらの日々のなかで注目すべきだったのは、メンヘングラートバッハの人々は私の言うことを、つまりユダヤ人たちに何か危害が加えられたということを簡単には信じようとはしなかったことである。私がモーツァルト通り9番地にある私たちの家を訪ねたとき、新しい持ち主は私にこう言った。「ああ、ハンス・ヨナスさん。ところであなたのお母さんはお元気ですか。お母さんについて何か聞きましたか」。私は答えた。「彼女は殺されました」。「殺されたですって。誰が彼女を殺したというのですか。なにしろ年老いた女性が殺されることはないのですから」。「彼女はアウシュヴィッツで殺されました」。「冗談じゃありませんよ」とその男性は言った。「彼女は移住させられたのです。そのようなことはありえないのですから」。彼は事実を直視することを単純に拒んでいるのであった。彼が私のほうに腕をまわし、次のように言ったとき、それが私にはどれほど不快に思われたかを、私はまだ覚えている。「しかし私はあなたにお願いします。あなたはすべてを信じる必要はないのです。いや私は知っています。それは移住だったのです。そして、もしお母さんが亡くなっているのなら、それはひどく残念なことです。しかし、あなたがそこで殺害とガス室について語っていることは、たしかに残酷な内容の物語ですが」。それは1945年夏、モーツァルト通りでのことだった。それから、私は父のとても美しいデスクがその家に残っているのを見た。そして、「あなたはその机がほしいですか。もって帰りますか」と彼が質問したとき、私は言った。「いえ、いえ。私はほしくありません」。私はすぐに立ち去った。私はその男性に耐えることができなかった。しかし、私は家のなかにいたのである――それが最後であった。

　そのあと私は、キリスト教徒の友人のうちの何人かを訪ねた。彼らについて私は、彼らが何にも関与していなかったということだけでなく、彼らがナチス体制に対してきわめて深く敵対していたことも知っていた。画家のクルト・バイアーラインは私が誰よりも会うことを望んでいた人であるが、残念なことに終戦の二ヵ月まえに亡くなっていた。彼は私よりも1歳若かった。

私は、ヒトラー以前の最後の数年のあいだに彼と親しくなっていたのであり、彼とはすばらしい会話を交わしていた。彼は純粋な魂の持ち主であり、たとえ偉大ではないにしても良い画家であった。彼の宗教的な探求は、彼をゼーレン・キェルケゴールに導き、カトリックの出であったにもかかわらずある種のプロテスタント的敬虔さに導いたのである。彼が駅で機関車と貨車の操車をしていた際に空襲に遭い、2台の車両のあいだで押し潰されてしまったことを、私は知っていた。彼の同僚であるハンス・リューネンブルクはまったく非のうちどころのない家庭の出である有能な画家であったが、彼は次のように話してくれた。彼はバイアーラインに、亡くなる少しまえに尋ねたそうである。アメリカ人が近くにいるのだから、バイアーラインが今、理屈抜きで逃げることはありえないのかどうか、と。しかしバイアーラインは答えたそうである。「ああ、今はそうする必要はもうない。いずれにしても魔術はすぐに終わるし、そのとき私たちはみな自由なのだ」。さらに、バイアーラインは付け加えたそうである。「そのときは、ハンス・ヨナスが戻ってくるだろう。私たちはよなよな園亭のなかに座り、人生の意味について語り合うだろう」。のちになって、バイアーラインの妻が自分の夫の手紙を渡してくれた。彼が戦争中に自分の妻に宛てて書いた内容は、その人がどのような人間であるかを印象的に示すものであった。彼はたとえば1943年6月29日に次のように書いた。「私たちの美しい故郷にあるすべての都市の完全な破滅は事実である——私にとっては理解できないままであり続ける事実。私は、最近の破壊について見たことを手掛かりに、私はすてきなケルンがどんな様子であるかを頭に思い浮かべることができる。そうだ、ユダヤ人の教会の破壊を許容したような民族は、自分たちに伝え残された教会を所有するのにさえ値しない」。1943年6月には軍事郵便の手紙のなかで次のように書かれている。「報復が始まった。そのことに私は意味を見る。それどころか、贖われるべきものが相当多く存在している。今や私はグラートバッハが廃墟となることを毎夜覚悟している。50年にわたって存立してきたものが一夜にして崩壊することを覚悟している。ああ、私の愛する人が守られたままでいますように。神がますます大きくなっていくこの破滅から私たちを守ってくださ

いますように」。のちの手紙では次のように書かれていた。「君もケルンについての報道を耳にしてしまっているだろう。そこでは本当に嘆き悲しむことができる。どれほど大きな不幸に私たちはまきこまれてしまったことか。誰がいつ、どのようにして私たちを不幸から解放するのだろう。私たちがもつことになるのは、ほんのわずかのより良い見通しにすぎないだろうが、それをもつようになるまえに、まだ無限に多くの苦しみが生じるにちがいない。私はいつも思う。大多数の人間が理解力を持ち、恐ろしいことは出来事の周辺にだけあればいいと。それなのに恐ろしいことが中心——破滅と滅亡という意味だけをもった中心なのである。非人間的な偽りのイデオロギーが未だにあまりに強く作用しており、そうしたイデオロギーは、積極的な力によって支えられているという想像を人間たちに与えている」等々。それはナチ時代のまっただなかに書かれたのであり、かつ彼は非人間的な偽りのイデオロギーについて語っているのである。「哀れで馬鹿なドイツ民族。しかし無邪気であるわけではない。今私は考えている。いつどのようにしてグラートバッハの市民は、煙によって炎症をこうむった自分の目をこすってきれいにし、灰の山のなかにはもう全財産がないことに気づくだろうかと。だから彼ら市民たちは、出来事のただなかにあるときには、そのことを心に思い描いてはいないだろう。しかも私は恐れている。これが、つまり清算が遅くなるだろうと。というのも、そのように賛美したサタンを人々はそんなに急には追い払いことができないだろうから」。この手紙のなかには驚くべき箇所がある。聖書についても、しかも旧約聖書の「詩篇」について書かれている。「なんという民族。イスラエル民族だけがそのような神との関係をもっている」。彼はまさにこの時代に公然とユダヤ人の肩をもった。偉大である[2]。

　誰かがメンヘングラートバッハで、私の母を最後に見かけていなかったのか、私は調べた。そのとき私は、すでに言及した画家の姉妹であるヘッティ・ギーア - リューネンブルクという女性のところに行くべきだ、と誰かに言われた。というのも、彼女は私の母が抑留されるちょうどまえの夜に私の母に会っていたからである。だから、私は彼女のところに行った。ある晩——と、彼女は私に語った——兄弟が彼女のところにやってきて、こう言った。

「君はヨナス夫人のところに行かなければならない。私が聞いたところでは、彼女は明日早くに東に移送されることになっている。私は行くことができない。私はどっちみちゲシュタポ*8の監察下にある(ハンス・リューネンブルクは大きな不信感をもって「国民害虫」(Volksschädling) と見なされていた)」。彼女は多くのユダヤ人に慰めを与え、たとえば彼らに食糧をもたらすことで彼らの手助けをしていた。そのために彼女は私の母のところにやってきたのであり、最後の夜を母のところで過ごしたのである。彼女には母を少しだけ慰めようと試みることができたにすぎなかった。そして、彼女は道中で母を守ってくれるはずのカトリックの聖人のロケットを母にもたせてくれた。彼女は言った。「残念ながら、そのロケットは役には立ちませんでした。しかし、それが私にできたすべてなのです」。彼女の腕のなかで私は自分の母のことを悲しんで泣いた。彼女は私を子供のように慰めた。そのとき私がどのように言ったのかを、まだ覚えている。「私はドイツ民族が犯したこの罪をけっして許すことができません」。そして彼女は答えた。「そうです。そのことを私たちも許すことができません」。

　そのとき私は、メンヘングラートバッハで友人たちと出会ったわけだが、そのことについて語ろうとすればいろいろなことを語りうるであろう。しかし、私は一つの出来事に限定することにしたい。私はカトリックの家庭出身の若い女性に再会した。その女性は、私が移住したとき、ちょうど初期の就学年齢であった。彼女はブリギッテという名であった。再会のときは18歳で、最後の学年をすでに終え、彼女のおばの家で生活していた。私は彼女のおばと1933年以前に親しくなっていた。ブリギッテが学校でドイツ文学についていったい何を学んだのか、そして彼女がコンラート・フェルディナント・マイヤーを知っているか、私はブリギッテに質問した。彼女はこの名前を聞いたことがなかった。当時、彼女は大きな本棚がある家に住んでいた。そして私は、その本棚にマイヤーの作品集があるのに気づいた。それで私は言った。「それなら、私は君にコンラート・フェルディナント・マイヤーの何かを朗読してあげましょう」。私は「燃やされた両脚 (Die Füße im Feuer)」という題名の詩を紐解いた。この詩は、フランスのユグノー時代*9に由来する雄大

で長編の詩であり、宗教迫害と拷問について扱っている詩である。ある嵐の夜に国王の使者が南フランスのどこかの館にやってきて、宿を求める。館の主人は使者に一つの部屋を割り当てる。翌日、使者が主人に別れを告げるとき、使者は主人に問いかける。「あなたは私を知っていますか」。もう一方の男〔主人〕は今や、自分が誰を相手にしているかを知っている。何年かまえ、宗教迫害の時期に、使者はこの主人の妻から彼女の夫の隠れ家をつきとめようとしていた。彼女が拒んだとき、使者は彼女が死んでしまうまで彼女の両脚を残り火のなかに突っ込んだのだ。ところで使者は、そのことを知らずに、みずからの敵の手のもとに赴いたのであるが、夜には、そのことが幻覚のように彼に明らかになる——燃やされた両脚。館の主人が彼に危害を加えることもなく彼を立ち去らせたとき、使者は言う。「主人よ、あなたは賢いお人であり、まったく思慮深いお方です／そして私が偉大な国王の僕であることをご存知である／お達者でね。永久に」。これに対して館の主人は答える。「あなたが言うとおりだ。偉大な国王のもの／今日はこうなってしまった／私には国王への奉仕が難しいものに……　あなたは私にとっては悪魔のようだ、殺したから／私の妻を。それでも、生きなさい……　復讐は私のものだと、神は言っている」。雄大で、恐ろしい一篇の詩。のちに私はケンブリッジでもういちどブリギッテを訪ねた——駐留軍のイギリス人兵士が彼女に夢中になり、彼女をイギリスへとつれ去ったのである。私が彼女に電話をかけ、「もしもし、ハンスです。まだ覚えていますか」と言ったとき、彼女は答えた。「あら、どうしてそのようなことを——もちろんです。何しろあなたは、あのとき「燃やされた両脚」という詩を朗読してくれたのですから」。そして、彼女が私に語ってくれたところによれば、彼女はドイツ語教師として働いており、生徒たちは全員、彼女のもとで「燃やされた両脚」の詩を学ばなければならないということであった。

　もちろん、私はグラートバッハでは、私たちの工場が建っていたホーフ通りも訪れた。というのも、この工場がそのあとどうなっているか、私はとても知りたかったからである。私は巨大な瓦礫の山を目のあたりにした。会社は私の父の死後アーリア化*10されていた。もしもその会社が戦争ののちも

第8章 破壊されたドイツを旅する　189

まだ営業している企業だったとしたら、私は連合国のもとで通用している法令に基づいてその価値を評価し、支払いを要求することができたであろうに。しかし、爆撃されて破産してしまっているような男については、期待することができることなど何もなかった。ところで、私は二、三年後にオタワで、私の学生のなかにいたカナダ空軍のかつてのパイロットと知り合いになった。彼とは私の自宅で一緒にいる機会があったのであるが、そのとき彼は私に尋ねた。「ヨナス教授はいったいドイツのどの地域の出身ですか」。私は言った。「その街は、言ったとしてもたぶんあなたの聞いたことがないようなところです――メンヘングラートバッハの出身です」。それに対して彼は言った。「メンヘングラートバッハですか。そこは、私が1945年3月13日に飛んだ最後の爆撃任務の標的でした」。この大規模な攻撃については、友人たちがグラートバッハで身震いしながら私に語ってくれていた――それはこの戦争で最も恐ろしい夜だったのである。だから、私は彼に質問した。「あなたもこの攻撃が引き起こした損害について何か知っていますか」。彼は答えた。「はい。というのは、その日は、私たちの攻撃がどの程度有効であったかを見つけ出すために空中撮影をする偵察機がそこに向けてつねに飛んで行ったからです」。そのとき私は言った。「その地がどんな様子だったかを、私はいまあなたにちょっとお見せしましょう」。私はデスクに行き、一つの大きな封筒を取り出した。グラートバッハにはもうとりに行くべきものがないことをもう一度私に突きつけるために、グラートバッハの私の弁護士がプレゼントしてくれた写真が、その封筒にいっぱいつまっていた。私たちのかつての工場の写真が示していたのは、機械も織機も含めて瓦礫以外の何物も存在しないということである。「あなたには見えますね」と私は言った。「これはかつて父の工場でした。そして、あなたの徹底的な仕事のおかげで、私は自分の財産に対する補償を手に入れることができませんでした」。これに対して、この魅力的な若い男性は遺憾の意を表すように私をじっと見つめ言った。「お気の毒です。ヨナス教授」[*11]。私は答えた。「気の毒に思わないでください[*12]。まったく反対に、私はあなたがしたことに感謝しているのです。私がもしパイロットだったとしたら、私も同じことをしていたでしょう」。そ

れはこのような珍しい偶然の出来事のうちの一つであった——よりにもよって、亡命した哲学教授が、自分の生まれ故郷の街を爆撃した学生に出会ったのである。

　どちらかというと、私の陰鬱で暗いヨーロッパ滞在はかなり長く延びることになった。動員解除はゆっくりとしか行われなかった。私がパレスチナまで送り返されるまえに11月になった。パレスチナに行くまで、私は依然として兵士としてヨーロッパに留まった。フェンローにある私たちの軍隊宿営地においては、私にはほとんど軍事的な義務はなく、むしろたいていの場合に自由時間があったし、占領されたドイツのなかだけではなくベルギーや北フランスのなかをも動きまわるために私が自分で移動手段を調達できるなら、個人的に移動する自由がかなりあった。私はときどき歩哨警備をしたが、たとえば戦時捕虜の尋問の仕事にはまったく関わらなかった。その当時、アメリカ、イギリス、フランスによる軍事統治が行われていた際には、特別な部局が存在していて、そのなかで人々は、のちに非ナチ化*13と呼ばれることになるものに従事していた。私はこの仕事をしないですんでいた。私自身は当時ドイツの浄化や刷新に対する構想をまったくもっていなかった。ドイツ民族があっさりと悪魔のところに行こうとも、私にはかまわなかったのである。私の感情に従えば、ドイツの罪はあまりにひどいものであったので、唯一相応の振る舞いがあるとすれば、それは公的な悔い改めの進展（öffentliche Bußgänge）と普遍的な［全国民的な］罪の自覚であったであろう。しかし、友人たちを別とすれば、私たちが接触したたいていのドイツ人は実際に起きた出来事を認めようとしないか、自分が関与してはいなかったことをたえず確認するかのいずれかであった。誰一人として自分がそれをしたと認めようとはしなかった。ドイツ人から耳にする言葉はたいてい反感を起こさせるような媚びへつらいであった——というのはドイツ人は、いまでは勝利者として彼らを支配し、彼らに恩恵を施すべき人々に取り入ろうとしていたからだ。それでドイツ人たちはたえず確認する。つまり「たしかに恐ろしいことに、私たち全員を不幸に導いたのは、このヒトラー、この愚か者だったのです。私たちには参加する以外のことはまったく残されていなかったのです」。私は、

理性を失わされたことについて告白するのをたったの一度も耳にしたことはない。むしろ耳にしたのは、無実を断言する騒々しい声や、「いいえ。やはり、そのようなことを信じることはできません」という白日のもとで生じたことを否認する声ばかりである。

　私は、この敗北し侵略され征服されたドイツのなかをずいぶんとあちこち旅した。それは公用旅行ではなく、私がそのための休暇を請願した旅行であるが、この休暇があっさりと許可されたのである。比較的短いより道をする場合には、私たち自身の軍事輸送が私の自由になった。私はゲッティンゲン、マールブルク、ハイデルベルクを目指したより長い旅を企てた。鉄道は走ってはいたが、誰も乗車させなかった。しかし、イギリスの制服を着ていれば、連合国の乗り物で移動することができた。こうして、私はそのようにしてアメリカないしイギリスの自動車を手に入れることができ、その自動車であちこちを転々と移動した。その際、交通上の偶然からほとんど一回しか順路がないことが判明した。まず、私は以前に一度も行ったことがなかったゲッティンゲンに向かった。1735年以来ヴァンデンヘック・ループレヒト社という古い会社がゲッティンゲンに存在していたが、これに所属している私の本の発行人のうちの一人に、私はそれまで会ったことがなかった。私は、ただ老社長——当時はヴィルヘルム・ループレヒト——と文通し、私の原稿と校正刷りのやり取りをしていただけだった。『グノーシスと後期古代の精神』の第一巻を出版したのち、私は第二部のためにエルサレムから新たなテキストを送るという取り決めが出版社と交わされていた——出版社は、『哲学的‐神秘的グノーシス』という副題を受け取り、新プラトン主義と、新プラトン主義から強く影響を受け、エジプトの砂漠で開花した初期キリスト教の修道士神秘主義の編集に取りかかっているはずであった。私の見地からすると初期キリスト教の隠者は、グノーシス的精神の継承ないしはキリスト教的な変形なのであった。私が扱おうと考え、すでに多くのメモを作っていた最後の思想家は、エウアグリオス・ポンティコスという名の人で、初期キリスト教の修道士神秘主義の大家の一人である。彼はまちがいなく新プラトン主義に影響されていたのであるが、彼の恍惚状態や、存在のより高い領域へ上昇する

ようにという彼の指示に関して言えば、彼は一般的なグノーシス的連関のなかにぴったりあてはめることができる——というのは、「グノーシス」という概念を初期キリスト教的な異端の特定のグループの名としてのみ理解するのはもうやめて、魂と生存の普遍的な原理として、いわばこの時代全体の実存的カテゴリーとして理解する限り、そのように言えるからである。グノーシス概念をこのように拡大することに基づいたからこそ、私はグノーシス派に対して激しく論争を挑んだプロティノスのような男や、その主要な弟子であるポルピュリオスを『グノーシスと後期古代の精神』の全体像のなかに一緒に取り入れることができたのである。そのために、私はエルサレムから次々に新しい章を送らねばならなかったし、出版社は次巻を印刷しようとしたのである。私がイギリスからパレスチナに移住したときには、発行者たちはすでに第二巻の印刷を開始していた。別の言葉で言えば、そのときすでにボーゲン[*14]が積み上げられていたのである。さらなる章が植字されたが、やがて組版の状態で進行が止まった。なぜなら、水晶の夜ののち、私は出版社との連絡をいっさい中断し、校正刷りをもはや送っていなかったからである。おそらく彼らは暗黙のうちにそのことで私に感謝さえした。なぜならば、さらに進めていたならば、それはたぶん彼らを当惑させることになっていただろうからだ。ことを進めることができないということを、彼らは私にみずからは一度も伝えなかった。他方で私自身にとって明らかだったのは、私はもうドイツでは何も出版してもらえないし、もらいたくもないということであった。それにもかかわらず、数年を費やした私の知的な作品の一部がゲッティンゲンに置かれているという意識は、戦争の数年のあいだ私にはぬぐえなかった。私はロドスでオリゲネスの章を書き終えていたが、この章を草稿の形でもっているにすぎなかった。それは、私が当時ショーレムに捧げた比較的大きな独自の論文であって、戦争が終わったあとすぐにスイスで、オスカー・クルマン編の『神学雑誌』に掲載された[3]。しかし、この論文はループレヒトに届くことはなかった。刷り上ったボーゲンと組版中のボーゲンはどのようになってしまったのだろうかという思いが、戦争のあいだときどき私の想像力を掻き立てていた。すべて燃えてしまったのだろうか。すべて潰さ

れてパルプ紙にされてしまったのだろうか。ともかくも、これは各ページにだいたい六つの異なった活字を必要とする出費のかさむ手組み植字の32ページであったので、「すべてが失われた。すべてなくなった」ということを私が聞かされたとしても、驚かなかったであろう。だから、私はこの独特の感情を抱いてゲッティンゲンに向かったのである。

　私は、アメリカの軍隊運転手の脇に座ってジープで移動したのであるが、そのときの様子の一部を今も記憶している。この運転手はあまりに無謀にハンドルをきるので、「神様、戦争の5年間、私は今まで切り抜けてきました。私がやられることになっているのは今なのでしょうか」と考えるほどであった。彼の運転スタイルが私にとってどれほど恐ろしいものであったかを、今でも記憶している。しかし、彼がすばらしい運転手であり、自分の行ったことを正確に知っていたことははっきりしている。ゲッティンゲンでは、私はただちにイギリスの兵士として現地司令官に連絡をとり、宿舎を割り当ててもらった。そのあと、ヴァンデンヘック・ループレヒト社へ出かけた。このこととの関連で、私は一つの夢について語らなければならない。私は［パレスチナに］移住して以来、何年にもわたって執拗に繰り返された幾つかの夢を見た。そのうちの一つはヒトラーと彼の振る舞いに関係するものであった。もう一つの夢のなかでは、私は発行人を訪ねるためにイギリスの制服を着てゲッティンゲンに行くのであった。しかし、夢のなかでのゲッティンゲン行きはまだ戦争の最中のことであった。そして私は突然自分に言うのだった。「めっそうもない。なんという狂気の沙汰、おまえは容易に見抜かれる」。私が夢のなかでどのようにしてゲッティンゲンに行ったのか、パラシュートを使ってなのか、それとも似たような危険な仕方でなのか、私は知らない。しかし、いずれにしても私は敵の軍隊の一員として突然ゲッティンゲンに現れたである。そして私は、誰であるかが見抜かれたならば、ただちにドイツのユダヤ人としてナチによって逮捕されるであろうことを知っていた。しかし、そのとき私は自分に言った。「ああ、ここは制服でいっぱいだ。多少異なった見かけの制服を着た人物がまだいても、それは注目を引かないだろう。ひょっとすると、私がイギリスの制服を着ていることを誰も見抜かない

かもしれない」。そのあと私は通りをさまよいながら、むなしくヴァンデンヘック・ループレヒト社を探していた。私は、かつてゲッティンゲンで暮らしていたことのあるハンス・ヤコブ・ポロツキーにエルサレムでこの夢について語ったのであるが、そのとき彼は笑ってこう言った。「これにもまして簡単にわかるところはないですよ。それは劇場通りにあります。ゲッティンゲンに住んでいる人なら誰でも、その出版社の建物がどこにあるか知っています」。ポロツキーが言ったことを私が覚えていられるという事実が示しているのは、なかばできあがり、なかば印刷されたか、さもなければ事実上失われてしまった原稿探しが、戦争のあいだ強く私の関心を引いており、そのために夢のなかにまで私を追いかけてきたということである。同時にこの夢が示しているのは、ドイツへ帰還するということについて、私が反ドイツ的な軍隊の兵士として登場するというふうに思い描いていたということである――それに加えて、私がそれまで自分の制服を少なくとも隠したことはないということが、夢のなかでこのような恐ろしい軽率さとして現れたということである。

　さて私は現実のゲッティンゲンにやって来た。出版社の建物を見つけるのは少しも難しくなかった。私はベルを鳴らした――イギリスの戦闘服で身を包み、名誉勲章を胸に着けて。私は特別な英雄的行為によってではなく、たんに参加したというだけでこれらの勲章を手に入れたのであるが、それにもかかわらず、私は高位の勲章を与えられた兵士として登場させてもらったのである。面会を許可された私は、自分の名を名乗ることなく次のように言った。「私はヴィルヘルム・ループレヒトさんとお話がしたいのですが」。彼は二年まえに亡くなっている、と告げられた。それで私は、彼の後継者と話をすることを求めた。短い中休みの時間が過ぎた。そのあいだ、私は古風に家具がそなえ付けられた出版社屋の美しい部屋で待っていた。その後ドアが開き、青年ヘルムート・ループレヒト――彼は私とだいたい同じくらいの年齢であった――が入ってきて、いぶかしげに私を見つめて質問した。「どういう御用でしょうか」。それは卑屈ではないが、しかしためらいがちで、多少自信がなさそうな感じであった――当時の状況では、イギリスの制服を着た

人物が支配人と話すことを望んだ場合には、支配人がただちにやってくるのがあたりまえであった。さきほどの質問に対して、私は言った。「ループレヒトさん。私は長い道のりをやってきて、ようやくあなた*15に出会いました。私の名前はハンス・ヨナスです」。するとこれが巨大な効果を発揮した。「あなたがハンス・ヨナスさんですか。私たちは数年来ヨナスさんを待っていたのです」。そのとき彼が私に語ってくれたことは、私の人生の、保存するに値する歴史に属すものである。「はい」と、彼は言った。「あなたの作品である『グノーシスと後期古代の精神』は私たちの最も重要な本の一つです。戦争の最初（彼は私には1940年かそれぐらいの年を挙げていた）の頃は、私たちは、その作品を書籍販売から引き上げてしまって、在庫を安全な場所に移すほうがより賢いことだと考えていました」。そのために、在庫はどこかの山の洞窟に疎開させられた。そこで私は質問した。「それで第二巻の幾つかの部分はどうなりましたか」。これに対して彼は答えた。「それも疎開しています」。そのように語ることで彼が念頭においていたのは、第一にすでに印刷がすんでいるボーゲンのことであった。「それと、私がまだ校正していなかったものは、すでに活字が組まれていたのですか」。「はい。それが私たちにとって大問題でした。毎年、出版社の会議で、この両方のボーゲンの植字についてどうすべきか、問題になりました。というのも、私たちは活字にかなり余裕がなくなっていたからです。だが、その都度、私たちは次のような決定に到達したのです。『だめだ――戦争はそのうち終わりを迎えるだろう。そして、いつかふたたびヨナス博士が現れるだろう。そうすれば私たちは事を前進させることができる』」。というわけで、この決断は――リスクとコストがあっただけに――稀有なことであったが、何よりも誠実さがなした本当に偉大な行為であった。

　たしかに彼らもまた英雄ではなかった。のちにヘルムート・プレスナーのような古いゲッティンゲンの人は、ヴァンデンヘック・ループレヒト社でさえ妥協し、当時の文学に譲歩していたことについて、私に説明してくれた。そうした妥協がなかったら、もしかしたら彼らは会社に留まることさえできなかったであろう。しかし彼らは、ハンス・ヨナスの『グノーシスと後期古

代の精神』を犠牲にして妥協したのではまったくない。彼らは言った。「私たちはその書物を危険にさらしたくなかったのです。私たちはそれを保持したかった。私たちはヒトラー時代が長く続かずに終わるだろうと考えていました」。これらの会議は、千年王国が千年間は続かないだろうということが次第に目に見えるようになってきた戦争の数年のあいだに行われた。ヘルムート・ループレヒトは紳士であった。告白教会[*16]のメンバーであり、信心深い男であった。そして彼の妻は、ザクセン人や東プロイセン人、すなわちヘルンフート派の人たちからなるもっと信仰のあついプロテスタントの特別な共同体[*17]の出身であった。彼女はかつて私に言ったのだった。「シナゴーグが燃えたとき、私の母はこう言いました。『主なる神は私たちにそのことの試練をくだすでしょう。私たちは、そのことのためにありとあらゆる償いをしなければならないでしょう』」。とにかく私は、ただちに心のこもった接待を受け、ループレヒトの家に招待された。彼の家は、古いビーダーマイヤー様式の家具がすばらしく美しくそなえ付けられていたが、そうしたループレヒトのようなきわめて裕福で恵まれた境遇の人々でさえ、当時は相当に質素な生活をしていた。さて、ヘルムート・ループレヒトが私の著作の印刷を続行しようと即座に提案したとき、私は彼に大きな苦しみを加えねばならなかった。私は彼に言った。「私はほかならぬ故郷の街であるメンヘングラートバッハからやってきました。そこで私は、母に何が降りかかったか聞きました。私は、そのことを知っていますので、そしてユダヤ人の運命についてそれがどのようなものなのかを別のところで聞いていますので、今ではもうドイツの出版社で出版することはできません」。私は、彼の顔に深い悲しみが刻まれた様子を今でも覚えている。「しかし、それは私たちにとって重い衝撃です。私たちはあなたにこの数年のあいだずっと信義を守ってきたのですから。あなた[*18]がご自身の著作を私たちのもとで続けて発行するということを、私たちは期待することはできないのでしょうか」。私は答えた。「ヴァンデンヘック・ループレヒト社としてならば、大丈夫です。しかしドイツの出版社としては、だめです。私の母を殺害した国で出版することはできません」。引き続く会話のなかで、出版社の技術スタッフの誰かに意見が求めら

れた。彼は私に質問した。「よろしいです。あなたは本当のところどのようなことを思い描いているのですか。いったい著作をどうしたらよいのですか」。私は言った。「わかりません。しかし、ドイツでないどこか別の場所で著作が出版されることになるでしょう」。それに対して彼は言った。「ベルンのゲブリューダー・フランケというスイスの親しくしている出版社がありますが、もしそこが引き受けてくれたとしたら、どうでしょうか。あなたの著作の印刷が私たちの印刷所で進められるならばよいのですが。なぜなら、私たちの印刷所で印刷がすでに始まってしまっているからです。しかし、彼らが私たちとのそのような共同作業を受け入れ、その本の発行人としてサインしてくれれば都合がいいのですが」。私は言った。「よろしいです。そのことについて話をさせてください」。私はさしあたりその件はそのままにしておいた。しかし、私はループレヒトともう一つの取り決めをした。初版のうち約300部がまだ残っていることが判明した。私はそれらの本をドイツ以外の別の場所を介して売らせたいと思っていたので、これらの本を、生き延びていたオランダの遠い親戚にまず送らせた。そのあとで、私はライデンのブリル商会と連絡をとった。この会社は、『グノーシスと後期古代の精神』の第一巻の残部の販売を引き受けることを承諾してくれた。こうして若干の遅れのあと、残りの本はブリル商会によって購入され、私は取り分を受けとったのである[4]。

ところで、そのときゲッティンゲンでループレヒト家との個人的な親交が始まった。私は二、三日ほど思春期の子供たちがいる家族のもとに留まり、尊敬された客として迎え入れられた。そのあと、私はマールブルクに向けてさらに南に行こうと考えた。ループレヒトは私に言った。「ああ、そうですか。あなたはこれからマールブルクに行き、ブルトマンを訪ねるのですね。それなら、お願いがあります。ブルトマンは私たちが彼に送付することができないでいる一冊の本を待っているのです」。

ヴァンデンヘック・ループレヒト社は、戦時中にルドルフ・ブルトマンのヨハネ福音書註解を刊行していた[5]。まだ民間の郵便事業がなかったので、彼は私にその本をもたせたのである。私の記憶が正しければ、その本はこの

注釈の新しい版であり、ブルトマンはまだそれを手に入れていなかったのである。だから私は、マールブルクに行った。もちろんそこでは、ブルトマンの住まいを最初に探さなければならなかった。というのは、彼はそうこうするうちに転居していて、そのとき美しい邸宅街であるカルヴァン通りのシュロースベルクに住んでいたからである。その場所に行き、私はある日の午前、玄関口でベルを鳴らした。そうすると、ブルトマン夫人が私のためにドアを開けてくれた。私は一言も言わず、彼女をじっと見つめただけだった。ようするに、そこに立っていたのはよそ者、つまり頭にはふちのない平たい帽子をかぶり、カーキ色の軍服を着たイギリス兵だった。彼女は私を一、二秒ほど見つめた。すると、彼女は私が誰であるかが突然わかり、そして叫んだ。「ヨナスさん、ヨナスさん。あなたはヨナスさんです。ヨナスさん」。涙と言葉が急転直下、彼女からほとばしり出た。そして、彼女は思いきり泣きはじめると同時に語りはじめた。「ああ、あなたがやってくること、あなたがそこにいること。私たちはあなたについて、じつにしばしば話していたのです。そして、あなたがまだ生きていること、あなたがこの戦争を切り抜けることをいつも願っていました。それはとても恐ろしい時間でした。私たちはとても恐ろしいことを経験しました。本当に恐ろしかった。私たちは勝利を望んではいなかったのです。私たちは敗北を求めて祈ったのです」。そのあと彼女は付け加えた。「私の娘は夫をロシアで亡くしました」。そうしたことすべてを彼女はごたまぜに語り、そのあとで言った。「来てください。入ってください。私の夫はあなたをたいへん愛しています。彼はあなたのことをいつも話していました」。それは、私自身が一言も言う必要のないような最高にメロドラマのようなシーンであった。「来てください。来てください」。そして、彼女は夫の部屋のドアをノックし、言った。「ルドルフ、お客さんです」。

私は彼の仕事部屋のなかに入った。彼はいつもと同じようにデスクに向かっていた。彼は年老いていて、栄養不良のせいでうずくまっていた。襟元はあまりにゆるすぎた。彼の痩せ衰えた顔は青ざめていた。上着の袖は彼にはだぶだぶであった。しかし、彼の顔は安らぎに満ちているように見えた。彼はすぐにデスクから立ち上がり、不自由な片足を引きずって——彼は生ま

れつき内反足であった——私のほうへと歩いてきて、すぐに言った。「ヨナスさん。ヨナスさん。ようこそ」。私を目にしたことは、彼にとっては明らかに大きな喜びであった。こうして私たちは部屋のまんなかに立ち、最初のぎこちない挨拶の言葉を交わしたのである。「ご機嫌いかがですか」。「私にはわかります。あなたはとても立派な兵士だったにちがいありません——たくさんの勲章を身につけていますね」。私は12年前、彼が当時住んでいた家で最後に昼食をとったことがある——それは、私の移住をまえにした別れの訪問であった。私は、就学期にあり一人まえになった彼の三人の娘たちと一緒に食卓をともにした。マールブルクへの旅の途中、列車に揺られながら新聞で読んだことを話したのであるが、私はそのことをまだ覚えている——つまり、全ドイツ盲人協会 (der Allgemeine Deutsche Blindenverein) が、非アーリア人メンバーの除名を決定してしまったということを、私は話したのである。彼の顔が突然真っ青になり、何も言わずにただ頭を振るだけだった。私はそうした彼の様子をまだ覚えている。私は、急にレトリックが噴き出し、言った。「よろしいですか。ブルトマンさん。永遠の暗闇を目のまえにすると、人間たちのもとに存在する最も結束が固いもの、盲目というこの運命。最も結束の固いものが、この運命を防がなかったのです……」。そのあと私は彼の顔を見た。そして、私は気づいた。語る必要などまったくなかったのだ。彼はここで起きたことを理解していたのだ。

　さて、いまの私は、ループレヒトが私にもたせた包装された本を小脇に抱えてそこに立っていた。すると、注目すべきことが起きた。彼はその本を指差し、私に質問した。「私は、この本がグノーシスの第二巻であることを期待してもいいのでしょうか」。すぐに私のなかに何かが生じた。つまり、私がドイツに帰還して以来私の心を占拠していた恐ろしいような悲痛さとならんで、何か安らぎのようなものが私の心のなかにもう一度入り込んできたのである。こんな経験はこれが初めてのことだった。愛情に満ちた誠実さ——自分の教え子ヨナスによって始められたグノーシス書は完成することが可能だという希望を、全世界の没落、最も恐ろしい破局、ドイツの破壊を乗り越えて捨てなかった——がこのように表現されるのを目のあたりにして、私は

和解のチャンスがもう一度あることに初めて気がついた。和解するには、私のなかで脅かされ揺さぶられていたこと、つまり人間を信じるということが必要だったのである。この瞬間に生じたのは、ドイツ出身の人間に対する信頼関係の回復であった。数えきれないほどの回数、私は次のシーンを記憶のなかで思い浮かべた。つまり、私たちはそこに立っていた。ブルトマンは、彼の側では一つの出会いというまったく思いがけない事実によって、完全に興奮させられて立っていた。感情豊かではあるが、無内容な挨拶の言葉のほかには最初は何も言うことができなかった先生、青ざめてやつれた敬愛する先生の登場によって金縛りにあったかのように、私も立っていた。そのあとで「私は、これがグノーシスの第二巻であることを望んでいます」という一言。

　1933年までは、尊敬する教師と教え子の関係と、教師から高く評価される教え子と教師の関係が、私たちを結びつけていた。教師はこの教え子に大きな期待をかけていただけでなく、すでに若干の期待が実現されているのを見ていた。しかもそれ以来、私たちのあいだの親交は大きくなっていた。私たちは友人として話しかけることができます、とある日彼は言った。そのとき以来、彼はいつも「親愛なる友へ」と手紙に書いた。のちになって彼は、妻と一緒にアメリカへやってきて、客として私の家に滞在したこともあった。私は、ドイツを何度も訪問したが、その折にはマールブルクを訪れたし、ブルトマン家ではつねに歓迎される客であった。私たちはすばらしい会話をした。1976年、私はルドルフ・ブルトマンの追悼式ののち、彼の娘であるアンチェ・ブルトマン（彼女は戦後アメリカに移住しており、ニューヨーク州のシラキュース大学では図書館員、その後には図書館学の教授となった）と一緒に飛行機でヨーロッパからアメリカへ戻った。そのとき私たちは彼女の父について、そして私に対する彼の関係について話した。彼女は私のほうを向いて、「彼はあなた[*19]を愛していました。そう、ハンス・ヨナスの一冊の本、それはいつもブルトマン家の大事件でした」と言った。だからブルトマン家は、アカデミックな追悼式の際に主要な講演者として誰を希望するかと神学部の学部長に聞かれたとき「ハンス・ヨナス」と言ったのである。もちろん、ブルトマン神学の教え子の一人もそこに居合わせなければならなかった——有

名な新約聖書学者エーリッヒ・ディンクラーが故人の著作について話した[6]。私は、「信仰の可能性をめぐる戦いのなかで。ルドルフ・ブルトマンの思い出、ならびに彼の作品の哲学的側面についての考察」という題名の講演をした。そのなかで私は、ブルトマンという人間に対して敬意を示したが、また脱神話化という彼のテーゼに対して自分の考えを哲学的に表明し、没後の対話ではあるがそのなかで、次の問いに光をあてた。つまり、何ゆえにブルトマン――神学者として――は、近代自然科学の成果を過度に承認することから出発して［脱神話化という］この道を歩み、この道に対して哲学がそうする以上に多くの真理の力を認めたのかという問いである。ここ［追悼講演］では、哲学者［ヨナス］が神学者を近代自然科学の成果と方法に降伏し続けることがないように守ったのであり、形而上学上のさまざまな事柄において自然科学の真理要求によっておとなしく畏怖の念を与えられるままでいることがあまりないように、神学者を勇気づけたのである。これは逆説的な状況であった。この講演は、私にとってのブルトマンの意義について多くのことを話題にしている。しかし私が彼に対して哲学的に言わなければならなかったことも示している[7]。

　ところでブルトマンは、すでに1934年に『グノーシスと後期古代の精神』の第一部が出版されたときに、そのことを認めていた。その本は彼の手による序文をつけて出版された。この序文はきわめて大胆なものであり、そのなかで彼は、グノーシスに関する私の著作からどれほど多くを学んだかを書いている[8]。ナチが権力を握るまえに、彼はこの序を書くことを発行人にすでに約束していた。そのきっかけとなったのは、私の処女作『アウグスティヌスとパウロ的自由の問題――キリスト教・西洋的な自由概念の成立への貢献』が公に受け入れられたことであった。この本は、ハイデガーのもとで行われたアウグスティヌス・ゼミでの研究発表が始まりとなった小さな研究である[9]。ハイデガーは当時この研究発表にとても感銘を受けたので、この研究発表についてブルトマンに話をした。ブルトマンは草稿を請い求め、彼の発行人であるヴィルヘルム・ループレヒトに対して、私の仕事を『宗教と新旧約聖書文献の研究』シリーズに掲載するように提案した。この有名なシリーズはユリ

ウス・ヴェルハウゼンによって設立されたもので、そののち最初にヘルマン・グンケルが、あとにはルドルフ・ブルトマンが編集することになった。私はこのシリーズのうち初期の本を幾つかすでに読んでいたが、このシリーズがいつか自分自身の出版の主要な舞台になるだろうなどと予感してはいなかった。1907年にはそのシリーズのなかで、福音書神学者ハンス・シュミットのヨナ書に関する宗教史的な論文が出版された[10]。それは、ヨナという聖書上の私と同名の男を問題としているのですでに私の関心を引いていた優秀な研究であり、しかも私はこの研究から宗教史的にも非常に多くのことを学んだのである。そのあと、そう時間が経たないうちに、ヴィルヘルム・ブセの著作『グノーシスの主要問題』が出版された[11]。そして私は、このシリーズで初めて公に紹介されることになった。ただし、そのあとで次のことが起きたのだが。神学雑誌における『アルグスティヌスとパウロ的自由の問題』の最初の書評は、非難に満ちた結果となった。著名なプロテスタントの教会史家であるフーゴー・コッホは傍若無人な振る舞いに憤慨しながら次のように書いていた。そのなかでは誰かが、理解できない難しい言葉——ハイデガー的な言葉が念頭にある——でアウグスティヌスについて書いていると。この書評では、ハイデガーの言葉づかいについての最初の争いが、いわば私を見せしめにする形で行われていたのである。その批評は次の文章で終わっていた。「近代的なヨナスはドイツ語の神聖な精神に逆らっているがゆえに、大きな魚の腹のなかに三日三晩拘束するのにふさわしい」。その批評はまったく内容に立ち入らず、「被投性」のような言葉の怪物を数え上げているだけだった。被投性という言葉については、今日では誰ももはや憤慨することはないが、その言葉は、当時ドイツのアカデミックな散文の古い擁護者にとっては腹立たしい事柄を意味していたのである[12]。ブルトマンはアウグスティヌス論文の出版のまえに、その当時、最初は短い学術論文のスタイルで出版された私のもっと大きな著作［『グノーシスと後期古代の精神』］もそこで印刷されるという同意を出版社から手に入れていた。コッホの批評のすぐあとで、ループレヒトがブルトマンに対して書いた手紙によると、ループレヒトは、グノーシスについての当時まさに完成しつつあった私の作品を、同じようにこのシ

リーズで刊行するという約束をどうしても取り消したいと考えていた。というのも、この作品はループレヒトにとって、今やあまりにいかがわしいものに思えたからである。これに対してブルトマンは返事を書いた。「もしあなたが私の判断を信頼しないのであれば、私は『宗教と新旧約聖書文献の研究』シリーズの編集者の仕事を辞めます」。それは1930年のことだった。もしそういうことになっていたなら、神学の世界におけるブルトマンの地位のゆえに、それは小さなスキャンダルを呼び起こしていたであろう。「しかし、もし私の判断があなたに幾らかでもより多くの信頼を与えるか、あなたを安心させるのであれば、この本が初めて出版されるときには、これに序文を提供することをここであなたに約束します」。これに対して、ループレヒトは言った。「やれやれ、あなたがその本にそれほど執着するのでしたら、お好きなように」。というわけで、1934年にブルトマンは彼の約束を果たした。

　私はマールブルクで他の人たちも訪ねた。ブルトマンは私に言った。「あなたはかつてユリウス・エビングハウスのもとでも勉強したことがありましたか」。事実、私はすでにフライブルクで——ハイデガーがマールブルクにいたときで、私の農業についての付論を書いたすぐのちのことであった——カント学者エビングハウスのもとで、幾つかの講義と一つのゼミナールの聴講届を出していた。それどころか、私たちは当時喧嘩をしていた。彼は、ヘーゲルから真理の真の源泉であるカントへと戻っていった喧嘩好きのオーソドックスなカント学者であった。私が彼に対して幾らか批判的な関係にあったのはやむをえなかった。というのは、彼はカント的なものから逸脱するような考えを許さなかったからである。彼は、カントの教説の幾らか暴力的ではあるが非常に鋭く明晰で正確な解釈者であった。

　「あなたは彼のところに行けばいいのです」とブルトマンは言った。「彼は実際にすばらしい振る舞いをした人たちのうちの一人なのです」。私は二、三日前にたまたまユリウス・エビングハウスのラジオ講演についての記事をドイツ語の新聞で読んでいた。その講演で、彼はドイツの責任問題について意見を表明していた。意見表明は大きな道徳的力を持った言葉で行われた。私はそれらの言葉のなかでも一つの言いまわしをまだ記憶している。それに

よれば、ドイツは戦争によって、『永遠平和のために』という著作で定式化されているカントの政治倫理の原則、つまりいかなる戦争においてものちの講和条約締結を不可能にするようなことを企てることは許されない、という原則に対して罪を犯してしまった。これを背景にして、エビングハウスはこういうふうに言う——それは当時はかなり一般的ではない言明であったが——ドイツはその戦争行為によって罪を犯し、そうすることで国際的な法共同体の外に出てしまった。したがって、連合国がドイツ人と講和条約を結ぶためにドイツ人のために一肌脱ぐということは考えられないことである、と。「講和条約の権利を私たちは失ってしまった」[13]。

　私たちはお互いに心から歓迎し合った。そして私は、ナチ時代にエビングハウスがとった毅然たる態度に対する尊敬の念を彼に表明した。というのは、それほど自由に語ることができなかった時期でも、彼は妥協しない態度を保ち続けていたのであり、そのことをブルトマンが話してくれていたからである。そのあとで、エビングハウスは私がけっして忘れられないことを言った。「やあ、ヨナス」と彼は言った。「しかし、私は一つあなたに言いたいことがあります——カントがいなければ、この時代をそのように乗り切ることは私には不可能だったでしょう」。それはあたかも、キリスト教徒が「主イエス・キリストがいなければ、私はそのようなことを行うことができなかったでしょう」と言っているかのようであった。そのとき突然、生きた哲学とはどういうものかが私に明らかになった。それとは対照的に、非常に重要で独創的な思想家、哲学者であるハイデガーは姿を消してしまった。哲学というものが、正しいかどうかが公共的に証明されるような、きっぱりとした生き方や行動の仕方への義務も負っているということを理解していたのは、カント学者であって実存哲学者ではなかったのである。その後も私は、マールブルクにいるときはエビングハウスのもとを繰り返し訪れた。彼は私に対して教導するカント学者であることをけっしてやめなかった。かつて私がマールブルクで哲学の講演に招待されたとき、エビングハウスも出席していた。高齢ではあるが、まったくの不撓不屈の力をもっていた。小柄な男だが、身体をまっすぐにして立ち、燃えるような目と火を吐くような語り口をもっていた。

彼はローレと私を駅まで送ってくれた。私たちはすでに車内にいたが、彼はそのあいだプラットホームに立っていて、私に対して別れの言葉として次のように言った。「ヨナス。私はまだあなたにこのことを言いたいと思います。もしあなたが私のカントのゼミで当時もっと注意を払っていたとしたら、あなたは昨日あなたの講演のなかでこれこれのことを言わなかっただろうに」。彼は相変わらず何かをたしなめる教師だった。この教師は、私が正しい課題をまだ学んでいないので、ひょっとしたら私をどうにかひとかどの人物にすることができるかもしれないという思いをもっていた。彼は、ひとたびカント擁護の決定をくだしたあとでは、この決定についてもはや二度と前言をひるがえすことのないような一面的な、それどころかある意味では偏狭な思想家であったが、それなりに注目すべき男ではあった。

第9章　イスラエルから新世界へ
——アカデミックな活動の開始

　1945年11月に、私はエルサレムへ向かい、妻のもとへと、そして交友仲間へと戻った。そして私は、自分が戦争のまえに営んでいた生活を再開しようと試みたが、住まいを見つけることは恐ろしく難しかった。というのは、エルサレムでは過去5年間どのような家も新たに建てられていなかったからである。ローレがオランダ人キリスト教徒の看護婦から聞いたところでは、ユダ丘陵の、エルサレムの上側に位置するアラブ人の村イッサウィーヤに一軒の家が空いていた。私たちはアラビア語を話すユダヤ人の弁護士の助けを借りて、村長と賃貸料について交渉した。彼は三人の妻をもつ威厳のある老年の男性であった。「あなたのような学者が私の家に住んでくだされば、私にとっては名誉なことでしょう」とその村長は言い、私に賃貸料を要求するつもりはないことを私にほのめかした。そのあと私は、私たちからお金を受け取らなければならない、と彼を説得した。その後、この老人は承諾し、法外な値段を要求してきたが、私たちの弁護士は幸運にもそれを値切ることができた。もっとも私が、手押しポンプ（シャワーを使用することができるようにするために、これを使って地中の天然水だめから屋根のタンクに水を汲むことができる）を修理するという家主の約束を契約書に組み入れなければならないということに固執したとき、彼はひどく気分を害してしまった。彼は言った。「あなたは私の約束を取り付けてある。あなたは何のためにそれを書面で必要とするのですか」。手押しポンプだけでなく、同時に水だめそのものも問題であった。私たちは水だめを利用することが許されたが、彼の家族にもそれを使う権利が認められていた。こうして、彼の家族はロバやときどきラクダを

連れて私たちの水だめにやってきた。その際に明らかになったのは、村落の住人の半分が村長の家族に属しているということであった。

　私たちは、住人たちの感嘆のまなざしを浴びながら、何百冊という本を携えてその家に入った。私はアラビア文字で書かれたコーランを1冊もっていた。村長は、ときどきこの家を訪ねてきたが、そのときはこのコーランを確認して、満足気であった。彼はユダヤ教の祝祭日の最中にも私たちの家に訪ねてきた。そのような機会には、私はアラビア風のスタイルに従って三度手をたたくのを習慣にしていた。これに応じて、ローレがトルコ式のコーヒーを小さなカップに入れてもってきた。そのあと彼女はおとなしく引き返していった。そこは家父長制的な世界であった。三杯目のカップは訪問の終わりの合図であった。自分の夫と彼の別の妻二人を精力的に支配していた村長の妻が、ローレをときどき訪れた。私たちの家はとても美しかった。それは、円天井と二重の壁でできているので、戦争まえにエルサレムで建てられたような、夏には燃えるように暑く冬には氷のように冷たい近代的なコンクリート建造物とは完全に異なったものであった。もちろん電気も水道もなかった。私たちの窓からはユダ丘陵や、それどころかときにはおよそ90キロ離れた死海を見ることができた。オリーブの林が私たちの家を囲っており、収穫期には夜回りが私たちの家の陰で寝ており、泥棒が熟したオリーブを盗まないように警戒した。もちろん、各ユダヤ人入植地からそれほど離れたところに住むことは危険だと見なされていた。というのも、1938〜39年の暴動がまだ忘れられていなかったからである。一人の友人は、私たちの葬式に行くなどと嫌味たっぷりに約束したが、私たちは若くて幸運で、隣人に対してとてもよい関係にあった。

　終わりは突然やってきた。1948年にイスラエル国家の樹立が宣言され、戦争が勃発したとき、警告するために村長が私たちの家にやってきた。「私たちの住民はあなたたちを愛し尊敬しています。しかし、別の人々が境界線の向こう側からやってくることを、私は妨げることができません。私はあなたたちの敷居で眠りましょう、そして私の命をかけてあなたたちを守りましょう。もしそれがうまくいかない場合には、私自身の息子が亡くなったと

きにそうしたように、私はあなたたちが流した血の復讐をします」。私たちには明らかだった。彼は私たちが去ることを望んでいた。だから、私たちはトラックを借りたのである。村落の住人のほとんど全員——男たちも女たちも——が、本をできるだけ早く積み込めるように手伝いをしてくれた。私たちには多くの時間はなかった。エルサレムのアラブ人地区を車で通過する最中にアラブ人が私たちに発砲しないようにするために、踏み段に立って同乗しようかと村長の息子の一人が申し出た。私は断った。重苦しい気持ちで私たちは、トラックに荷物を積み込み、イッサウィーヤでの生活に別れを告げた。私たちは、アラブ人とユダヤ人とを長いあいだ分け隔ててきたとされる有名なアーモンドの木の門についにたどりついた。私たちはレハヴィア地区でアルファーシー通りに新しい居所を見つけた[1]。

　1948年という年は、私たちに実存的決断を要求した。私は、戦後のエルサレムでは実際には足場を固めることができずにいた。たしかに、私はふたたび大学で非常勤講師になってはいたが、哲学のための確実な教授の職は視界のなかになかった。かなりの時間、私はエルサレムにあるイングリッシュ・カウンシル・オブ・ハイアー・スタディーズ (English Council of Higher Studies) で歴史と哲学を教えていたが、このチャンスはイギリスの委任統治の解消とともになくなってしまった。これに加えてもちあがったのは、私が今度はイスラエル軍によって独立戦争に新たに引き入れられるということである。というのも、私は5年間イギリス軍に仕えていたし、かつ砲兵隊の経験の持ち主であったからである。私たちの娘アヤラーの誕生、私がいつか精神的な仕事に戻ってくることができるとすればそれはいつかという焦眉の問題、1948年6月にユダヤ人部隊の中隊長としてジェニン (Dschenin) で戦死した[2]ローレの兄弟の死、アラブ人はイスラエル国家とけっして折り合いをつけることはないのではないか、いつも戦争があるのではないかという危惧——これらすべてが、私たちの状況についてよくよく考えるきっかけとなった。私は、当時すでにアメリカ合衆国で生活していたレオ・シュトラウス宛てに手紙を書き、次のように尋ねた。カナダか合衆国で落ち着いて研究しアカデミックな生活へ向けて歩むことができるようにするために、私が少なくとも一時的に

イスラエルを離れるのを彼が手助けできるかどうかと。遅からず私は、レディ・デーヴィス基金 (Lady-Davis-Foundation) の招待状を手に入れた。この基金は、私がモントリオールで教え研究することができるように、私に5000ドルの年間奨学金を与えてくれたのである。

　1949年の夏に、私はとうとうイスラエル軍から帰休の命を受けた。私たちは——スイスでの短い滞在のあと——1歳近くなった娘を連れてマルセイユから船でカナダへと向かい、誰一人知人のいない国——新大陸で心の落ち着きを取り戻した。カナダへの渡航は、イスラエルからヨーロッパへ帰還するのとはまったく別のものであった。私たちは、驚くほど温かい心からの歓迎を体験したのであり、カナダ人が移住者を侵入者としてではなく、むしろ自分たちの巨大な国の入植のために歓迎すべき増員として受け入れる人々であることを知るに至ったのである。私たちがケベックで船から降ろされたとき、海岸通りの隣には列車が用意されていて、乗客は全員この列車を使ってモントリオールに向けてさらに輸送された。私たちが車内に座っていると、外では女性たちが列車に沿って歩き、「ここにはどこか赤ん坊をつれたお母さんたちはいませんか」と叫んでいた。窓越しにミルク入りの瓶が手渡されたり、オムツだとか、この相当長い鉄道旅行を私たちのために楽にしてくれるようなものが入った包みが手渡されたりした。この心遣いとそれらに表現された思慮深さにローレが魅了されていたことを、私はまだ覚えている。私たちがモントリオールの駅に到着したとき、そこにはサミュエル・リスクとその妻、そして彼らの8歳くらいの娘がいた。彼らはそこで一、二時間ほど列車の到着を待っていたのであった。サミュエル・リスクはエルサレム・ヘブライ大学後援会会長であるサミュエル・ブロンフマンの秘書であり、この身分で私たちの出迎えに行くように指示されていた。リスク夫妻はすばらしい仕方で私たちを受け入れ、私たちの住まいへとつれて行ってくれた。その住まいは、あるユダヤ人教師が休暇のあいだじゅう私たちの自由にさせてくれた小さな夏の別荘であった[3]。

　モントリオールで私たちは、みずからの移住者としての運命のゆえに多くの同情を受けた。もちろん、私は、ユダヤ教徒のなかでは、イスラエル軍か

らさっそうと除隊したレジスタンスの闘士、イスラエルの復活のために聖地でみずからの命をかけたレジスタンスの闘士という名声も博していた。当初から、私たちにとても興味をもった人々がいた。私はレディ・デーヴィスに会った。彼女は自分の奨学生たち——ついでに言っておくと、けっして全員がユダヤ人であったわけではない——と個人的に知り合いになることを望んでいた。それに比べて、カナダで最も豊かな人々のうちの一人であるサミュエル・ブロンフマンとの付き合いが、ずっと表面的であったわけではなかった。彼は、自分の名前—— Bronfman、すなわち Branntweinbrenner［火酒醸造業者］——がすでに表現している事業によって、自分の富を手に入れていた。彼はカナダのウイスキー王であった。彼の会社の名前はシーグラムと言い、今日でもなおアメリカ大陸における大きなウイスキー製造業者のうちの一つである。酒類製造販売禁止の時代には、カナダの国境を越えて合衆国へのウイスキーの密輸が行われたが、それは極端に儲かるものだった。この密輸を通じて、ブロンフマンの会社はたいそう儲けたのである。私が到着したときには、彼らはウイスキーの生産だけを行っているわけではもはやなく、当時開発された大きな油井の一部を巧みに手に入れていた。多くの人に「ミスター・サム」と呼ばれていたサミュエル・ブロンフマンは、感じの悪い男ではなかった。まちがいなく彼は、禁酒と国境密輸の時代には犯罪者の世界と結びついていた情け容赦のない実業家であった。私は詳細をけっして聞いたことはなかったけれども、次のような陰口が聞かれた。ブロンフマンのようなやつらは、犯罪者の世界のなかでは、ありとあらゆる事柄に、一部は血なまぐさい事柄にもまきこまれてきている、と。そうこうしているあいだに、彼らはその富のおかげで一流の階層に属すことになったのであり、多額の寄付金を使ってその富の正統性を認めさせたのである[4]。たしかに、それは特殊ユダヤ的なものではなく、むしろアメリカ的な成り上がり者根性（Emporkömmlingtum）の一部であった。たとえば、ジョン・D・ロックフェラーは、幾つかの大学全体が存続するような巨額の寄付をしているが、そのような成り上がりが、必ずしも平和に洗練されて成立するわけではないことを示す一例である。みずからのいかさま師的に手に入れた富を慈善的あるいは文

化的目的のためにのちに使うことでその富を純化する、これらの「盗人実力者」の寄付意欲がなかったとしたら、メトロポリタン美術館やメトロポリタン・オペラ劇場、そして他のきわめて多くの文化的施設の存在はまったく考えられなかったであろう。こうしたことはすべてアメリカの社会的・経済的なイメージに属すものであり、私たちは、このイメージをカナダにおいて初めてブロンフマン・ファミリーという形で学び知ったのである。

　私たちはすぐにブロンフマンの家に招待された。一人の執事がドアを開けてくれた。そしてそこでは、概して外面的にはとても上品に時間が過ぎた。サミュエル・ブロンフマンはとても慈善的で、特にユダヤ人のことのために巨額のお金を寄付していた。彼はシオニズム運動においてたいへん活動的であり、エルサレム大学が発展するのに大きな役割を演じた。エルサレム大学では、建物全体に彼の名前がついている。同時に、精神的な教養に関して言えば、彼は本当に低俗であり、ほとんど下品と言えるほどであった。私たちは、リスク夫妻やさらに二、三人の友人たちと一緒に昼食に招待された。そのあとはアングロサクソン的な慣習にしたがって性別ごとに別れ、男性たちはタバコを吸いに別の部屋に移った。女性たちは、もう誰もそこにはいなかった。ブロンフマンは言った。「いまから猥談をします。一人ひとりが猥談に幾らか参加しなければなりません」。私はそんなことを今まで一度も経験したことがなかった——ましてやユダヤ人の家では、そんなことを経験したことなどあるはずがなかった。まさに比較的低い身分からのし上がって、秀でた才能とビジネス上の知性はもっているものの、精神的な教養には欠けているような成金であった。精神的な面に関しては、野心は正しい教育を受けるべき立場にある子供たちに向けられた。こうしてのちには、息子の一人、エドガー・ブロンフマンはアメリカの一流大学の一つであるイエール大学に通って、世界ユダヤ会議の代表となったのである。その息子は、イエール大学で研究を継続することが許されるか否かがかかった一定の試験に合格しなければならなかったのであるが、彼の受けるその試験科目の一つが哲学であった。モントリオールでは、私はすばらしい歓迎を受けたが、それはブロンフマンの指示によるものであった。それに対してブロンフマンは、何らかの代償を要求

し、息子が哲学の試験に通るように準備させることができるかどうかを私に尋ねてきた。私はもちろん同意した。ブロンフマンは、その報酬をたっぷりと払ってくれた。このようにして、知的で熱心な青年であり、みずからの試験に問題なく合格したエドガー・M・ブロンフマンは、しばらくのあいだ私の個人的な生徒となったのである。そして私はいわば、彼がアメリカ系ユダヤ人の指導的人物の一人へと登りつめていくことにも同時に貢献したことになる[5]。

ようするに、私たちのカナダ生活は最初モントリオールで始まった。そのあとすぐに、私の妻が妊娠していることが明らかとなった。妊娠はパリか、あるいはル・アーヴルからケベックへの渡航中でのことにちがいなかった。妻の妊娠は、当然にもアカデミックなポストを手に入れる緊急性を高めたのであるが、これはレディ・デーヴィス基金の力ではどうにもならないことであった。私は自分でこのことを調整しなければならなかった[6]。その際に、私は新しいカナダ人後援者の助けを得た。後援者のなかにはジーゲルという名前の男がいたのであるが、彼はモントリオールに比較的大きな靴会社を所有していた。彼の息子は、エルサレムにいたとき私の友人であるエルンスト・シモンの家でしばらく手厚いもてなしを受けていたことがあったので、彼はパレスチナから到着したばかりのユダヤ人に対して特別な恩義を感じていた。彼は、私たちのためにしかるべきものを見つけ出そうと相当苦労してくれ、最初に私をあるクラブの昼食に招待してくれた——それは、ブナイ・ブリス・ロッジ*1だったと思う。そして彼は、マギル大学の一人の教授をその昼食に招待した。モントリオールにはもう一つの大学があった。それはフランス語系カトリックのモントリオール大学であり、一方マギル大学のほうはいわばケベックの住民のうち英語を話す人たちの知的、精神的な後ろ盾であった。フランス語を話し教養のある少し下層の住民が多数派を形成している東カナダのアカデミックな世界のなかで、マギル大学は特別な役割を演じていた。遠く離れた田舎、つまりケベック市郊外に広がる広大な平地にあるマギル大学が、かつての空軍キャンプを大学キャンパスに変えたものであることは明らかだった。何年にもわたって戦争に行き、カナダ法にしたがって

兵士となり国家から学資を出してもらう請求権をもつようになった、比較的年をとった多くの既婚の学生たちのために、バラックで小さな住宅が設けられていた。他の建物のなかには教室や研究室があった。ドーソン・カレッジは、期限付きの大学であり、国家が資金を出す学術的な教育を退役兵士世代に受けさせるという使命を果たしたならば、すぐに解体されることに決まっていた。

靴商人ジーゲルが昼食に招待した男性は、化学の教授でドーソン・カレッジの学長であった。私は彼と上首尾の会話をし、すぐに彼にたいへん気に入られた。一番彼の気に入ったのは、たぶん私が哲学を教えることができることであった。このようにして、私たちはまだ昼食の最中であるのにお互いに握手し合い、「決まり」と言った。彼がそのような契約をすぐに決定する権限ももっていることは明らかだった。そして私は、この昼食から家へ戻ったとき、私たちが冬をどこで過ごすことになるかをローレに伝えることができた。晩夏のあいだ、私たちはモントリオール市外の湖のそばにある夏用の小さな別荘で暮らした。その年が過ぎ去り、寒くなり始めたとき、私たちはドーソン・カレッジのキャンパスに引っ越した。引っ越しとともに本当にすばらしい時間が始まった。誰もが私たちを心から歓迎してくれたのだ。そこでは、小さな子供が暖かいパレスチナからカナダの冬のまっただなかにやってきたという噂が、あっというまに広まった。若い女性たちがすぐにローレのもとを訪れて言った。「あなたの小さな女の子にはスノー・スーツが必要ですね」[*2]。その後、別の子にもう小さくて合わなくなったばかりの厚い裏地付きのスノー・スーツが、ローレに贈られた。私たちは各々が、それによって冬支度ができるような贈り物を手に入れた。私たちには、住宅宿舎 (Wohnquartier) に改装された仮兵舎の一つが割り当てられた。私は学生ではなく教授だったので、私たちは二つのアパートを手に入れたのであるが、二つのアパートのあいだには両方をつなぐドアがついていた。だから、私は若干特権的な地位にあったことになるが、私たちはほかの点では既婚の若い学生たちと一緒に共同生活を送っていたのである[7]。このおかげで、私たちはカナダの気質、生活様式、習慣、心理学を初めてのぞき見たのである。カナダは、私たちがのちに知る

ことになる合衆国とはまったく異なっていた。しかし、何よりも、生活への態度、政治信条、そしてキリスト教の形態もヨーロッパとはちがっていた。たとえば、ローマ・カトリックのケベックをのぞくと、大教会の覇権が行き渡っていなかった。学生たちはたいてい長老派[*3]であるかバプティスト派[*4]であって、そうでなければもっと小さな宗派に所属していた。キャンパスでは、小さな子供を抱えた若い家族が多く生活していた。そして、ローレが妊娠しているという噂があっというまに広まったので、考えうるすべての援助が私たちに差し出されたのである。

　ドーソン・カレッジでは、私は哲学概論の授業をした。当然私の英語はまだベストではなかったが、学生たちは感激していた。そのことを私は、自分自身に正しく説明することができなかった。しかし、ローレが報告してくれたところでは、私が「キャンパスのベスト教師」(the best teacher on the campus)であると学生のあいだで言われていると、女子学生の一人がローレに言ったということである。私は同僚、特に自然科学者ととてもよく話が合った。私は、夕食や教員のパーティーに多く招待され、私たちは故郷にいるように感じた。そして私たちは、一人の人間にとって人生で本当に一度しか許されていないものを――初めてのカナダの冬に――体験した。いずれにしても私たちは、中央ヨーロッパや北ヨーロッパの出身ではなかった。むしろ私たちは、それまでの人生の最後の15年を本物の冬が存在しないような国で過ごしてきた。ローレにとっては、池が凍るような厳しい冬はどうにか幼い頃の記憶のなかにあった。なるほど私はヨーロッパで戦争の冬を体験したが、カナダの冬のようなものは、私にとってもまったく新しいものであった。降雪が始まった。そこではひとたび雪が降ったなら、雪はふたたび溶けることがなかった。毎週、毎月、除雪車が街路を、車道あるいは歩道を通行可能にしなければならなかったし、道の両脇には雪の壁が積み上げられた。雪は足の下でぎしぎし音を立て、夜は長く凍てつくように寒かった。ドーソン・カレッジはケベック市郊外の平地の上にあったので、風がキャンパスの上を吹いてびゅーびゅー鳴った。夜には北極光がきらめくということが何度も起こった。それまで私は、北極光についてただ本で読んだり、写真を見たりしただけだった

が、いま私たちはそれを見たのである。というのも、カナダの東部は相対的に北極の近くに位置し、そのため私たちは最も壮大な北極光の目撃者となったからである。私たちはこの冬に感激した。同僚の一人か二人が私に質問した。「ところで、私たちの冬について何か言うことがありますか」。私は言った。「すばらしいです」。「なんですって。すばらしいですって。よろこんで私の分も差し上げましょう」。私たちがカナダの冬をすばらしいと思ったことに、彼らは完全に驚いていた。あとになってから、私もむしろ同僚と同じように考えるようになった。最初は、冬はまだすばらしかった。しかし、二度目は、冬がいかに長く続くか、春と夏がいかに短いかを私は嘆いた。カナダにいればいるほど、それだけいっそう冬が嫌いになる、あるいはそれどころか冬を恐れ始めるのである[8]。

　私はモントリオールへの冬の移動のことを覚えている。ドーソン・カレッジはモントリオールからおよそ50から60キロ東にあった。そして、その街に出かけるときに、私がつねに利用したバスがあった。ある日私は、レイモンド・クリバンスキーに会うためにモントリオールに向かった。彼は、ハイデルベルク時代からの知人であり、マギル大学で教授として教えていた。彼の研究の重点は古典ギリシャ哲学の領域にあった。彼は野心的な青年で、シュテファン・ゲオルゲの門弟である。彼は、髪型と身のこなしなど全体の雰囲気がゲオルゲにとても似ていた。彼は才能があり、ガリ勉であった。私がハイデルベルクで出会った当時、彼は、自分がハイデルベルク・アカデミーのために遂行したマイスター・エックハルトのラテン語の著作とニコラウス・クザーヌスの著作の編集にすでに取り組んでいた[9]。ヒトラーが権力を奪取したあと、当然彼からは編集権が取り上げられた。彼はマギル大学からの招聘を受けていたので、彼の亡命の道は、すでにもうカナダへと導いていたのである[10]。たしかに私たちは、けっして親しいわけではなかったが、専門が同じであったし、ヒトラー時代からの亡命者であるという運命を共有していたので、ハイデルベルクの思い出話を交わすために私が彼に連絡をとるのは自明のことだった。私が電話をしたとき、彼は言った。「ファカルティー・クラブにお茶を飲みに来てください」。というわけで、私は上記の日にモン

トリオールへの長い道のりを引き受けて、ファカルティー・クラブでレイモンド・クリバンスキーと一緒に、お茶とお菓子を少し口にした。見たところ彼は、私のことを心からは歓迎していなかったようで、むしろ常勤の教授として、いわば無職であった同僚が居合わせているせいで、どちらかと言えば不愉快な表情をしているようであった。私たちは4時半頃に会う約束であった。6時近くに鐘の合図を聞いたとき、クリバンスキーは言った。「あなたには今許していただかなくてはなりません。ここでこれから夕食をとりますから」。これがきっかけで私は解放され、つるべおとしの暗い冬の夜に帰郷の旅を始めたのである。それは、私のなかに刻み込まれた幾つかの記憶に数え入れられる。鉄道の車内にすでに座席を見つけてしまっている人が誰であれ、あとから乗り込んできた乗客に親しげに挨拶するなどということは、けっしてありえないことなのだ。注目すべきは、彼が業績豊かな男であったということである。ようするに彼は何も恐れるべきものがなく、すべてがうまくいったのであり、つねに何らかの仕方で彼のために仕事がしやすくしてあったのである。亡命したのち、彼はロンドン大学キングス・カレッジの名誉講師に任命されたし、ヴァールブルク研究所のメンバーとなり、そこでプラトン主義が中世において及ぼした影響を研究する巨大プロジェクトを指導的に担当した[11]。私が知っている限りでは、彼は無一文になったことはけっしてなかったにちがいないし、あるいは自分の職業上の将来がどうなるかについて心配したこともなかったにちがいない——それに引きかえ、彼と同じような幸運をもったことのない人々から懸念される援助要請が問題となるやいなや、彼はひどく小心者になった。

　私がアカデミックな世界とのつながりを得ることを期待したもう一人の人物——というのも、私がドーソン・カレッジでただ一時的な地位を見つけたにすぎず、このカレッジが学年末には財政上の理由から閉鎖され、マギル大学への私の約束された受け入れがおじゃんになるだろうということは明らかだったからである——は、ドミニコ会[*5]修道士のペール・ファリボーであった。彼はドミニコ会の雑誌で1935年と1936年に大きな論文を発表しており、その論文のなかで、カトリックの立場から50ページにわたって私の著書に

徹底的に取り組んでいた——彼は、必ずしもすべてに賛成しているわけではなかったが、すばらしい集中力と敬意をもって取り組んでいたのである[12]。それは、分量という点のみならず、訴えかける強さに関しても、私がおよそそれまで手に入れたなかで最大の批評であった。ドイツの雑誌は当時は沈黙を貫いていた。なぜなら私の本は微妙な事柄だったからである。つまり、もしドイツの雑誌が私の著書を賞賛すれば、彼らは、ユダヤ人の著者であり亡命者である者の作品を賞賛したことになるし、もし彼らが私の著書を非難すれば、反ユダヤ人の世間の論調に同調しているという疑いに身をさらすことになるからである。最も有名な書評機関の一つである『日時計』誌だけが、ハーバード大学の有名なアーサー・ダービー・ノックに私の本を批評するように依頼した。彼は、知的かつ批判的で、大部分は慇懃に拒絶する書評を書いたのであるが、そのなかでは、特に歴史的‐文献学的な側面に力をさいていた。というのも、彼には私の哲学的な試みが手に負えなかったからである[13]。ほかには、二、三のオランダ語とフランス語の短い批評があるだけだった。そのために私は、この雑誌の出版社として知らされているオタワにあるドミニコ会修道院に手紙を書いた。そして、私が今カナダにいること、とても詳細に注意深く好意的に私の著書に取り組んでくれたペール・ファリボーに個人的に会いたいことを、ファリボーに伝えたのである。しかし、私が返事を受けとることはなかった。あとになって、私は他人の助けを借りずにすでにオタワのカールトン・カレッジにポストを見つけていたのであるが、ある日、私は修道院に電話をかけた。私は修道院長と話すことになった。彼はすぐに言った。「ああ、あなたはヨナス教授ですね。私はあなたの名前をよく知っています。私たちの兄弟ファリボーは、当時あなたの本にとてもくわしく取り組んでいました」。私は言った。「そうです。そのために電話したのです。私は少しまえにペール・ファリボーに一通の手紙を書きましたが、まだ返事を受けとっていません。私は望んでいます。彼はけっして亡くなってなどいませんね」。「はい」と、修道院長は若干ためらってから言った。「彼は亡くなってはいません。しかし、彼はあなたに返事をすることができません」。彼が精神病にかかり、ドミニコ会の施設で生活していないことが明らかにされた。

それはそうと、私がこの物語を語るときにはいつも、私は次のように言われた。「彼はあなたのグノーシスの仕事に夢中になって、頭がおかしくなったのでないのならいいのですが」。

　ドーソン・カレッジは、ある意味で夢のように美しい場所であった。私たちは暖かい小さな世界のなかで暮らしていたのである。その世界は外に向けては厳冬から守られていたし、その世界のなかではすべての人が根本において仲間であった。私たちのところにはだいたい千人の学生がいた。哲学は主専攻科目ではなくて、学士号のための学術上の前提条件を満たすことができる選択科目に数え入れられていた。哲学は選択科目であったにもかかわらず、私は、熱心にノートをとり生き生きと討論する熱中した学生たちがいるかなり大きなコースを受けもっていた。ドーソン・カレッジで、私の娘アヤラーは2歳から3歳まで成長した。私たちが到着した当時は、彼女はまだ歩くことができなかった。朝、私が髭を剃るため男性用の共同浴室に行くと、彼女は私の隣で私の足取りにならって四つん這いになって進み、そして言ったのだった。「ひげそり、ひげそり (shave, shave)」。そのあと私は髭を剃り、いつも彼女の鼻に少量の泡をつけてやった。私が髭を剃る場に居合わせることが、彼女にとっては大きな幸せだったのである。[12～2月の] 冬のあいだに、彼女は歩けるようになった。その後、私たちは息子ヨーンの誕生を待ち受けるときがやってきた。5月のはじめ学生の一人が、私たちを車で大学の近くのサン・ジャン (St. Jean) にあるカトリック系の病院につれていってくれた。私は、病院では一緒にもってきた本を抱えて座っていた。というのも、アヤラーの出産の際にはまるまる一晩、そして早朝まで時間がかかったからである。私はアヤラーの出産を、まだ戦争の最中だったときにイスラエルで一緒に体験していた。その本は、コンラート・フェルディナント・マイヤーの本であった。私は、何かの物語を読み始めた——それはユルク・イェナッチュ (Jörg Jenatsch)[*6] だったと思う。私はまだ第一章を読んでいたのだが、そのとき医者が廊下をやってきて言った。「男の子です」。彼はその言葉をなんともついでのように言ったので、私は質問した。「何ですって。私の子ですか」。彼は言った。「それは知りません。でも男の子です」。

ローレは、カトリックの看護婦のすばらしい看護を受けながら、この病院で1週間を過ごした。私があとで支払わなければならなかったのは、25ドルというほんのわずかの金額であった。ローレが入院して退院するまでのあいだ、アヤラーはパパと二人きりでいた。私たちがそのアヤラーに会いに家に帰ったとき、私はアヤラーのために大きな人形をもち帰った。私は言った。「お母さんが帰ってきたよ。お母さんが人形をもってきてくれたのだよ」。ところが、隣の部屋から赤ん坊の甲高い叫び声が響き始めた。アヤラーはこの声にすぐに耳をそばだてた。アヤラーは人形を手から落とし、隣の部屋へ走っていった。アヤラーは、その赤ん坊が家族の新しいメンバーであることをすぐに理解した[14]。二、三日して、私たちは正式な割礼を行った。この地域にはユダヤ教の教区もシナゴーグもなかったので、私はモントリオールから一人のモヘール[*7]に来てもらった。そして、ユダヤ人の友人たちと小さな祝い事をした。

　私たちの息子が生まれたときには、私はすでにオタワのカールトン・カレッジに翌年の職を見つけていた。私は、ケベックからおよそ70から80通の手紙を大西洋岸から太平洋岸のすべての大学に書き、勤務を申し出た。私が受けとる回答はほとんどの場合「しばらくいかなるポストも空かない、あなたの興味深い申し込みを、将来もしかしたらあるかもしれな場合に使用するために書類にして保存しておく」というものだった。オタワからだけ提案が来た。それは、私がマクスウェル・マコドラム学長との面談に大学の負担で来てもよいというものであった。私は面談の際に幾つかの信用保証書を提示した。そのなかには、マルティン・ブーバーの手紙、ショーレムの手紙、『グノーシスと後期古代の精神』の幾つかの書評、エルサレム大学で講義を受けもっていたことを示すエルサレム大学の証明書が含まれていた。私は提示することができる格別に顕著なアカデミックな経歴をまだもっていなかったが、マルティン・ブーバーの名前は特に大きな印象を与えた。マコドラムがブーバーの手紙を見たとき、ようするに、すべてがすでに決まってしまったのである。そのカレッジは二、三年前に初めて設立されたばかりで、まだ発展段階にあった。そして、哲学はポストがまだ十分に確保されていなかった。しかし、

一人の哲学者がすでにそこにいたので、下級のポスト (Junior-Stellung) しか空いていなかった。マコドラムは私に言った。「そもそもあなたは、私が提供しなければならないポストと比較してあまりに優秀です。しかし、私は予算からは助手の地位にしか給与を支払うことができません。あなたに助手のポストを提案することが許されるのかどうか、私にはわかりません」。これに対して私は答えた。「学長、以下のことは私に明らかなのです。私は、新しい移住者として何らかの不利益を我慢しなければなりませんし、そもそも変則的な仕方でアカデミックな生活に入ったことに対しては代償を支払わなければなりません。ですので、私は少ない給料のために働く準備ができています。しかし、『助手』という肩書きをいただいたなら、この大陸における私のアカデミックな経歴をはじめから台無しにしてしまうでしょう。ですから、私は別の肩書きをいただかなければなりません」。これに対して彼は言った。「なるほど。しかし私はあなたに『准教授』という肩書きを与えることはできません。というのは、そのためには、私が支払えないような相応の給料が必要だからです」。「もしかすると一つ肩書きが作られるかもしれません」。「あなたはどのようなものを念頭に置いていますか」。「もしかしたらゲスト・プロフェッサー (Guest Professor) とかヴィジティング・プロフェッサー (Visiting Professor) とか、序列そのものについては何も意味しないような何かそういった肩書きです」。これに対して彼は言った。「それならば、私がそうした肩書きを作ることが法的に許されるかどうか、まず照会してみなければなりません。すみません」。彼は5分ほど席をはずし、大学の弁護士と連絡をとり、弁護士に質問をした。そのあとで彼は戻ってきて言った。「イエスです。私たちはそれを行っても大丈夫です。あなたがご自分の肩書きを選んでください。何がいいですか。ヴィジティング・プロフェッサーですか。ゲスト・プロフェッサーですか」。私はすぐに考えを練り言った。「ヴィジティング・プロフェッサーにします」。このようにして私は、自分の初めての正式なアカデミックなポストを手に入れた。ところで、このポストは一年か二年のちに准教授の身分に振り替えられる予定であった。私はようやく入口 (Entree) を見つけたのである——それは1950年5月のことだった[15]。

教員や学生との関係に関して言えば、カールトン・カレッジでは私はとてもうまくいっていた[16]。私よりはるかに若く、プリンストンで博士号をとっていた少し尊大な同僚がいて、私は彼と特に親しい交友関係で結びついていたわけではなかったが、共同作業は支障なくうまくいった。私は特に哲学史を教えた[17]。それでも、カレッジという小さな世界よりも興味深いものがあり、それは、私がこの時期に作った知人たちである。最も重要だったのは、ドイツ系ユダヤ人小説家ヤーコプ・ヴァッセルマンの未亡人であるマルタ・ヴァッセルマンとの出会いである。彼女は彼の二人目の妻であり、彼の死後、C. G. ユングのもとで心理学を研究していた。精神分析の経験によって彼女は、マギル大学で何年か教鞭をとったのちで、オタワできちんとした生活基盤を作り上げ、そこで指導的な精神分析医となった[18]。彼女は、自分の社交上の生活を豊かにすることができる新しい人物がやってきたことに素早く気づいた。彼女はサロンのようなものを開いており、私たちはそこに招待された。彼女がいつも日曜日に行われる会合で手に入れようとしていたのは、芸術や学問出身の興味深い人々を頼りにしてオタワのなかで探し出すことができるようなものごとであった。たとえば、ある日の彼女のパーティーで、人目を引くすてきな夫婦が現れた。わし鼻をした、巨体で背の高いブロンドの男性と、足の長いほっそりとした女性であった。王子ユスポフのことであるということは明らかになった。その人は誰だったか。グリゴリー・エフィモヴィチ・ラスプーチンの殺人者の息子なのだ。1916年に小さな貴族サークルの内部で決定された暗殺計画の実行者は、フェリックス・ユスポフ公爵だった。彼の息子は、のちにカナダに移住し、ナショナル・リサーチ・カウンシルの化学者になったのである。

もう一つの興味深い交友関係は、私を、ウィーン出身のルートヴィヒ・フォン・ベルタランフィとつなぐものであった。彼は、もともとはハンガリーの貴族の出で、私と同じようにレディ・デーヴィス基金の援助で亡命学者 (refugee scholar) としてカナダに来ていた。彼は自分の家族の由来と、一人のおばについてかつて私たちに語ってくれた。このおばは館に住んでいて、金でできたおまるをまだもっていたのである。金のおまる——そのようなものが存在

するということを私たちが知っているのは、ただルートヴィヒ・フォン・ベルタランフィを通じてなのである。彼は、傑出した生物学者であり、ある教団が経営しているカトリック系のオタワ大学 (Universite d'Ottawa) にポストを見つけていた。しかし彼は不承不承のカトリック教徒であり、当座は付和雷同しないわけにはいかなかった。なぜなら大学は、その学部のメンバーがしっかりと頻繁にミサに出かけているかについて強く注意を払っていたからである。そのために彼は、熱心に教会に通うことで、カトリックの信仰に対して少しだけ敬意を払っていた。彼の妻と彼は、私たちにとって本当の友だちになってくれた。彼は多くの分野にわたって教養のある男であり、強い哲学的関心を持っていた。しかし彼は、特に現代の理論生物学の発展に重要な役割を演じた。彼は開放システムの理論を発明し、この新しい構想を数学的に定式化することができたのである[19]。閉鎖システムに対立する開放システムの一例となるのは、生きた有機体である。なぜなら有機体は——物質代謝を通じて——その環境と交換関係にあるからである。このことは、有機体的なものに関する私の哲学のなかで私自身が熟考していたことであった。そして彼は、生物学的ー数学的側面からそれに近づいていた。それで私たちは、自然、生物学的システムの本質、有機体の生存様式について二、三の重要な考えを交換した。彼がついでにニコラウス・クザーヌスについての著作を書いていたことは、彼の関心がどれほど多面的であったかを示している[20]。私たちを結びつけたのは、精神的な交友関係であった。私はオタワでは、討論することで本当に報われるような、そうした哲学者を見いだすことができなかっただけに、いっそうそうであった[21]。この時期に私は、どのみち生命哲学の仕上げに取り組んでいたので、その限りでは、生物学者を友人として得たことは特別に幸運な出来事であった。

　私の最初の小さな調査旅行は、この時期の何年かに行われており、それはカナダから合衆国の北東部、とりわけニューヨークへ向かうものであった。それから電車でシンシナティに向かった。そこには、メンヘングラートバッハ出身の私のいとこが一人住んでいた[22]。シンシナティには、のちに私に名誉博士号を与えてくれたヘブライ・ユニオン・カレッジ (Hebrew Union College)

第9章 イスラエルから新世界へ　223

──ユダヤ宗教研究所 (Jewish Institute of Religion) があった。そこではすばらしい学者たちが参加した改革運動についてのラビによるセミナーが開かれていた[23]。シンシナティで私は、以前から知っていた何人かの人々を訪ねた。そしてたまたま私は、私のいとこの家でレオ・ベックに出会うことになった。レオ・ベックは、私と同じようにセミナーに出ている最中で、幾つか講演をしていた。彼はうれしそうに私に挨拶をした。しかもそれは、第一には『グノーシスと後期古代の精神』という私の本のせいではなく、クレーフェルト出身のホロヴィッツ家との古い関係のせいなのであった。彼は私に言った。「あなたのおじいさんであり、私の友人であるヤーコプ・ホロヴィッツがなくなったとき、私がそこに居合わせたことを、あなたはご存じですか」。私は言った。「いいえ。それは知りませんでした。私は祖父が亡くなった状況しか知らないのです」。彼は言った。「私はあなたにそのときのことを正確にお話しすることができます。というのも、私は目撃者だったのですから。あなたのおじいさんは亡くなるほんの少し前に、クレーフェルトの上級ラビ職を辞めており、医者をしているあなたのレオ伯父さんのもとで退職の身を過ごすためにデュッセルドルフに移ったのです。そして最高に機知に富み立派な演説者であったあなたのおじいさんは、デュッセルドルフのブナイ・ブリス・ロッジで一つの講演を行いました。私は最前列に座っていました」。つまりレオ・ベックは当時デュッセルドルフのラビであって、そのあと初めてベルリンに行ったのである[24]。「その講演が何を扱っていたか、私はもはや覚えていません。しかし、最後に彼は言いました。『さてみなさん。おしまいです』。そのあと彼は崩れるようにうしろに倒れたのです。彼の息子は二つ飛びで演壇に登り、彼を受けとめました。そして彼は息子の腕のなかに横たわりながら、亡くなりました。このようにしてあなたのおじいさんは亡くなったのです」。私はこの物語をすでにレオ伯父さんから聞いていたが、しかし今度は、私は、テレージエンシュタット*8を生き延びてきた有名な尊敬すべきラビ、レオ・ベックにシンシナティで会い、その物語をもう一度聞いたのである。シンシナティで私は、さらにアリストテレス学者であるオイゲン・トイプラーにも再会した。私は彼とはプロイセンのシオニストとして、あるいはシオニストのプロ

イセン人としてベルリンで知り合いになっていた。彼は私に言った――（いかにもトイブラーらしい）「だから、あなたは戦争に参加し、ヒトラーに対抗して戦いました。そしていま、あなたは新しいポストを探さねばなりません。それが聞き入れられないとは。機関銃を使ってあなたを雇うよう学部に強制してもいいくらいです」。

　旅の途中で、私はシカゴも訪ねた。そこで私はレオ・シュトラウスとの交友を新しくした。シュトラウスとの交友関係は手紙で継続してきたものであった。私が最後に彼に会ったのはロンドンであった。彼は亡命の初期にはロンドンに滞在していた。そのあとで、彼は1930年代の遅くにアメリカへの道を見つけていた。彼――ひどく浮世離れした神経質な男――が、まだピルグリム・ファーザーズの時代であるかのように、大西洋を渡航するためにどれほど準備したかを、彼はおどけた姿で私に話してくれた。彼は「サウスウェスター」[*9]を購入した。笑いながら私に語ったように、彼は、大西洋の嵐に抵抗するために完全に船乗りの装備をして近代的な洋行汽船に姿を現したのである。そのあと彼は、最初のアカデミックな住まいをニューヨークのニュースクール・フォア・ソーシャルリサーチに見つけ、そうこうしているうちにシカゴにたどりついた[25]。ところで私は、シカゴでアメリカの大学の序列について幾らか学んだ。アメリカの大学というのは、たいていは私立で、通常は比較的大きな法人によって設立された機関であって、自発的寄付金によって維持されている。シカゴ大学はこの国で最も有名な大学に数え入れられる。ツタのからんだ古い建物でできているいわゆるアイビーリーグの大学は、ほとんどが東海岸にあった――たとえば、ハーバード、イエール、プリンストン、あるいはロードアイランドのブラウン大学。20世紀のはじめには、恐ろしいまでに富豪となったロックフェラーがブラウン大学に多額の寄付金を申し出た。しかし大学側が血のついたお金は受けとりたくないとロックフェラーに手紙を書いたとき、ロックフェラーは、**アイビーリーグ**には属していないシカゴ大学に彼の申し出を提示したのである。大学側は次のように言った。「そのお金が汚れていることを私たちは知っています。しかし、私たちがそれをきっときれいにするでしょう」。大学側は、大学の成長に十分

第9章　イスラエルから新世界へ　225

に貢献することになったお金を受けとったのである。レオ・シュトラウスと再会したことによって、東海岸、つまり大西洋岸に位置するアナポリスで教育機関 (Lehrstätte) とのつながりができた。ドイツ人移住者の出でレオ・シュトラウスの信奉者であり友だちであるヤーコプ・クラインという名前の人物がそこのメンバーであった。彼は、シュトラウスと一緒にユダヤ人知識人たちのもとで保守的な政治哲学を育成していた——シュトラウスは、少なくとも初期にはムッソリーニの信奉者で[26]、ムッソリーニがまだ反ユダヤ主義でなかったときの信奉者であった。反革命的なシュトラウスは非常に保守的だったので、彼は、私のグノーシス書を読んだ際に、グノーシスのなかに革命的な要素が隠されていることに直観的に気づき、私に次のように書いてよこしたのである。つまり彼は、私と個人的に交友するなかからは、私が本当は偽装した革命家であることにまったく気づかなかったと。ところで、ギリシャ数学に関する優れた研究によって際立っていたヤーコプ・クライン[27]は、小さな新機軸のカレッジの学部長に就いていた。シュトラウスは、私が招聘を受けられるようにと、クライン宛ての手紙を私のために書いてくれていた。クラインは私にとても関心を示してくれたのだけれども、すでに二人のユダヤ人の亡命学者を招聘していたので、そのあとでは、勤め口はものにならなかった。学長は私に説明した。「私たちはユダヤ人の招聘をこれ以上行うことはできません。いつか私たちは、ヨーロッパからやってきたユダヤ人亡命者のための収容場所という烙印を押されてしまうでしょう」。もしかしたら、それは私にとっては幸運だったかもしれない。というのも、そのカレッジは、完全に口述を旨とする教育機関であって、そこにいたならば自分の本を書く自由は私にはなかったであろうからである。

　私はオタワから、ふたたびヨーロッパでの連絡をとった。私は1952年に哲学の国際会議のためにブリュッセルへ向かった。それは、私が兵士として過ごした時期以降では、最初のヨーロッパ訪問であった。会議では、ハンス・ブルーメンベルクが私に話しかけてきた。彼は青年で、当時キールからやってきていて、私の古い研究仲間であるヴァルター・ブレッカーのメッセージを私にもってきてくれた。「彼はあなたの著書『グノーシスと後期古代の精神』

を知っていますし、それをとても評価しています。あなたがキールへの招聘を検討してくださるかどうかうかがうように、彼は申しております」。そのとき初めて、私が逃げ出し、あるいは立ち去った国から、追放された国から、そのような申し出を受けとったのである。私は言った。「よろしいです。私はそのことをじっくりと考えましょう」。のちに、このことがきっかけとなってブレッカーとの文通が展開した。この文通は、最終的には私の『ノー』で終わった。私は、自分が招聘を拒否するであろうことをはじめから知っていた。しかし、キールで私に対して招聘が提案されていることを、別の場所で示すことができるようにするためにも、文通に時間を費やしたのである。この旅で私は、ブリュッセルに滞在しただけでなく、その周辺も旅した。そのあとで、ハンス・ブルーメンベルクやドイツから来たほかの何人かの若い哲学者は、私と一緒にブリュージュへ向かい、私たちはそこでレースを購入したのであるが、そのときの様子を私はまだ覚えている。さらに私は、ドイツ、正確にはミュンヘンに向かった。当時私は、少年時代の恋人であるゲルトルート・フィッシャーがミュンヘンに住んでいることを知っており、私は彼女の住所を突きとめていた。ハンナ・アーレント——私はしばしばカナダからニューヨークへ出かけたので彼女にときどき会っていたのである——は、彼女がミュンヘンで行った講演について私に話してくれていた。「講演ののち、誰かが『芸術家の部屋』にいた私に電話をかけてきました——誰だかわかりますか。あなたのゲルトルート・フィッシャーなのです。しかし、そうこうしているうちに彼女はクローカーという名になっています。彼女は私のところにやってきて、わっと泣き出したのです。私との再会のあいだじゅう、ずっと泣いていました」。バーミンガムに住んでいる写真家で、私のいとこであるリスル・ハースからも、私はゲルトルートが生きていることを聞いていた。私は彼女に手紙を書き、私の訪問を予告した。そして私たちは駅で出会ったのである。当時——1952年——は、まだミュンヘンの大部分が破壊されたままであり、駅もまだ壊れている部分があった。ゲルトルートとの再会は心を揺り動かすものであった。私は、どうして1945年に彼女のもとを訪ねなかったのか、関係を築こうとまったく試みなかったのかを彼女に説明

した。同じことはさまざまな他の人たちにも当てはまった。ここで生活してきてドイツの破壊を耐えた人に対して、ドイツの敗北を喜びドイツの都市の破壊を肯定した人との出会いを要求するというようなことが、私に許されるのかどうか、私にはわからなかったのである。彼女は言った。「なんてナンセンスなのでしょう。何しろ、あなたは私に会ってほしいと言うことができたでしょうに。だって、私はそんなこと［ドイツの破壊など］にもかかわらず、爆弾を投下した人たちの側についていたのであって、爆弾を受けた人々の側についていたのではなかったのですから」。もちろん私は、ゲルトルートがけっしてナチに共感してはいなかったことを知っていた。だが、私は考えたのだった。ことが彼女自身の故郷の、その街の、その教会の、その建物の荒廃に関わるのであってみれば、おそらく彼女の連帯意識が負けて破壊されたドイツに向かうのは当然であると。そうこうしているうちに、ゲルトルートは結婚し、娘を一人もうけたのであった。私たちは、イギリス庭園に行き、中国風の塔でベンチに座り、ここ数年のうちに体験してきたことを語り合った。私たちがどれくらいの時間そこに座り、ひたすら語り合ったか、私は覚えていない。ようするに、このようにして、この関係は立て直されたのである。ローレは1年か2年後にドイツを訪れた。なぜなら、彼女の両親がそのあいだにイスラエルからドイツに引っ越してきて、父親がドイツで弁護士としてふたたび活動し始めたからである。彼は、補償金の支払いを担当する組織のために働き、最終的に弁護士としてレーゲンスブルクに腰を落ち着けた。ローレの母親が病気になったとき、ローレは母親を訪ねるためにオタワからドイツへ一ヵ月出かけた。しかし、ローレはゲルトルートと知り合いになることを目論んでもいた——こうしてローレとゲルトルート、すなわち私の人生のなかで重要な役割をそれまで果たし、そして現に果たしていたあの二人の女性が出会ったのである。私はその場に居合わせなかった。のちに、ゲルトルートは、ローレとの出会いについて感動した手紙を私に書いてきた。それが長い交友の礎石となった。

　よくよく考えてみれば、エルサレムに戻らず、私の将来をアメリカ合衆国で探すという最終的な決断は、オタワ時代にくだされた。ヘブライ大学で正

教授の職が手に入るかどうか、あるいはフーゴー・ベルクマンの後任に就けるかどうか、そうしたことの見通しについて、私はショーレムに手紙で何度も問い合わせをしていた。1952年の秋に二つの哲学正教授職のうち一つを任せるという申し出を伴ったヘブライ大学の公的な手紙を、私は1951年に手に入れた。それはショーレムが促してくれたおかげである。同時にショーレムは、空きポストが生じたとき彼が推薦したのだと私に伝えてきた。「その人［ヨナス］は本当に戻ってくるのでしょうか」という疑念を含んだ質問が、彼にすぐに向けられたそうである。ショーレムは私に書いた。「そうなので、私は力をつくしましたし、あなたならそのような招聘にしたがうだろうということを、私はあなたに代わって保証しました」。というのも、彼は私のことを古くからの、忠実なシオニストとして知っていたからである。エルサレムに戻らないというのは、だから、私が内的な戦いのあとでようやく行った決定であった。イスラエルから退去するということは、チャンスに関わる問題であった。それはつまり、私が将来に行うであろうことについて完全な自由を私に認めるチャンスなのであった。しかし、この申し出を拒否したなら、それは［ヘブライ大学からの］最終的な切り離しを意味するであろうことは明らかであった。だから私は、事態を熟慮した。「私には今二人の小さな子供がいる。子供たちには平和に生活させたいし、生活の苦境に陥らせたくない。子供たちは、ものが乏しいイスラエル、私たちがスパルタ式の、不自由の多い生活を送ることになるであろうイスラエルにさらに長い期間いることになる」。このようにして経済的、政治的な熟慮が行われた。しかも、私の家族への配慮とならんで、私にだけ関係する別の考えも生まれてきた。「今、私はようやく港を見つけた。なるほど、私はこの港に対して特別な心情的つながりをもっていない。しかし私は、そこでようやく安らぎをもつだろうし、何か公の業務や戦争状況にまきこまれることもないだろう。私は、ここでは物事を容易にその成り行きに任せることができる。すべてが、私なしでも立派に進んでいく。［他方］エルサレムにいれば、つねにとにかく何か特別なことが私のもとにもちこまれるであろう。エルサレムではノーということができないのだ」。さらに私は、英語で出版し始めたばかりであった。エルサレ

ムには、私がその分野ではそれほど成功しなかったヘブライ語の亡霊がふたたび忍び寄っていた。エルサレムにいれば、私はまた苦労してどもりながら話さなければならなかったであろうし、分相応な、思想穏健な、ある程度は尊敬に値する散文に徐々にしかたどりついていなかったであろう。私は考えた。「神のおかげで、私はそうこうしているうちに49歳になった。そして、まさに私のアカデミックな経歴の始まりにいる。いま、もう一度転換するというのか。あんまりだ。もう一度転換するためには、私の人生は十分に長くはない。そうだ、もし絶対的な必然性が存在するのであれば、人はまさに転換しなければならない——しかし、私にはその必要がない」。そして、次のような考えも最後に私を驚愕させたのである。つまり、私たちはイスラエルでは幾つかの戦争をしなければならなくなるだろうが、私は息子がその戦争の一つにいつか出征するのを見ることになるだろうという考えであり、さらに、私の義兄弟がそうした戦争の一つで死ぬのを見たというのに、今度は息子の出征を見るであろうという考えである。私は、今では平和な世界のなかで生活したかったのである。すなわち、私の決断は、理性的で道徳的には正しいが、他面ではエゴイスティックでもある考慮が混じっていた。私は考えた。「もう一度は嫌だ。もう一度、再出発というのは嫌だ」。

　だから、私は断ったのである。しかも、不器用で、利口ではない手紙を通じてである。ローレはいつもそのことで私をとがめた。どこが不手際だったかと言えば、それは私が真実を語ったことであり、なぜ私が受諾できないかを説明したことであった[28]。その手紙に対して、私はヘブライ大学の学長秘書から憤慨した返事を受けとった。そして、私のためにつくしてくれたショーレムは完全に我を忘れ、私が当時断ったことについて私をけっして許さなかった。しかしマルティン・ブーバーは、そうした事柄においては他の人々に勝っており、私にこう言ったのである。「私はあなたの返事の手紙がおおいに気に入りました。そのような提案に否定的に答える他の人というのは全員、きわめて遺憾にも自分がその提案を受け入れられないことについて、ありうるすべての高潔な理由を見つけるものです。あなたはあっさりと簡単に真実を言ったのです。そしてその真実は完全に納得できるものでした。そし

てあなたは、そうする適切な権利をもっていたのです」。なぜエルサレムの人たちがそのように激しく反応したのかは明らかであった。というのも彼らは、私が拒否したことを古くからのシオニストに対する背信行為と感じていたからである[29]。ヘブライ大学はこのあと十分に復讐した。次のことを思い描いてほしい。バルフ・スピノザの没後300年を記念して、1977年にエルサレムで国際スピノザ会議が開催された。そのとき私はスピノザについて研究し発表していた。つまり私は同時代の哲学者のなかでは、スピノザを本当に熱心に理解し、彼について研究している数少ない学者のうちの一人であった[30]。そのうえ私は、以前には誰も考えたことのなかったようなある講演を申し出た。この講演はプログラムのなかで比類なきものになっていたであろう——つまり、スピノザならびにニールス・ボーアの後継者における心身問題についての講演である[31]。ともかく、興味深い構想であった。しかしナータン・ローテンシュトライヒは、残念ながらプログラムにもう余裕がない、すでにすべての講演が埋められている、と私に返事を書いてきた。もし私が会議に聴講者として参加するならば、もちろんそれは歓迎されたであろうが。会議まではまだ二、三ヵ月あった。プログラムを変更することは簡単にできたであろうに。

　どうやら私はヘブライ大学の会議にはふさわしくないようだった。というのも、私は最終的にヘブライ大学を裏切り、その申し出を拒否していたからである。ヘブライ大学と関係がなく、パレスチナで実際に生活をしていなかった人たちは、まったく別様に扱われた。たとえば、のちの私の同僚になるアロン・グールヴィッチは、1930年代に彼の人生のなかでただ一度3ヵ月間エルサレムにいたことがあり、ヘブライ大学で職にありつこうと試みたことがあった。しかし大学側は、他のすべての人にもそうだったように、遺憾の意とともに彼に次のように言った。「だめです」。彼は旅を続け、最終的にアメリカに上陸した。彼がエルサレムの事柄に対して、あるいはヘブライ大学に対して示した唯一の関心は、亡命者としてポストを手に入れるという試みであった。フーゴー・ベルクマンのための記念論文集を準備することが問題となっていたとき、アロン・グールヴィッチは寄稿論文を書くように誘わ

れたのである。他方、私のほうは、ベルクマンと文通し、論文を交換し、私の仕事に対して彼から大きな関心をもたれたのに、記念論文集に対する要請は受けなかった。のちに私は、私がそのことを残念に思っていること、私が代表として参加していないのは私のせいではないことなどを、ベルクマンを訪問した際に説明しなければならなかった。というのも、彼は私のことを気に入っていて評価しており、私の書いたものすべてを読んでいたからである。私が彼に贈った、特に彼の気に入った論文に基づいて、彼はこう言った。「それがヘブライ語では出版されていないというのは一つの不幸です」。しかし、私が記念論文集に寄稿できなかったのは、やはり大学の復讐であった。ヘブライ大学との関連では私は、どこでも発言を許されない定めだったのである。それどころか、事態は進展し、ショーレムの記念論文集の際にも、私が寄稿論文を書くように誘われることはなかった。それにもかかわらず、ショーレムは何度も何度も私を引用していたし、私のグノーシス書は彼の仕事のなかで何らかの役割を演じていた。アメリカかイスラエルかでその次にショーレムと再会した際に、私はショーレムに言った。「ショーレムさん、私があなたの記念論文集に代表として参加していないのは残念です。私は要請されなかったのです。要請されていれば、もちろん私はあなたに栄誉が与えられるようにしたでしょう」。そのとき彼は答えた。「ヨナスさん、愛しいヨナスさん。あなたが私たちを見捨てたあとでは、このことであなたが驚く必要はないのです」。私は答えた。「まあ、待ってください、ショーレムさん、いま私にもう一度言ってください。あなたの栄誉のために私の論文を捧げていたなら、それはあなたを喜ばせていたでしょうか、それともちがうのでしょうか」。そのとき彼は完全にくじけておとなしくなり、言った。「はい。論文が捧げられていれば、喜んでいたでしょう」。

　それらすべての出来事にもかかわらず、私はショーレムと交際を続けることができた。彼はそれ以後、ときどき一人の男［ヨナス］を罵倒したが、彼は私とまったく同じようにこの交友関係にこだわった。彼はしばしばアメリカにやってきたのであるが、そのときは私と落ち合ったり、私たちの家にやってきたりした。そのたびに彼は指をつきあげ、言うのだった。「ヨナス、エ

ルサレムではあのことであなたを許していないし、けっして許さないでしょう。あのことによってあなたが私に加えた影響がなんだったかを、あなたは知っていますか」。彼に与えた影響は、彼にとって明らかに特別の役割を演じていた。「私は恥をさらしたのです。『ヨナスはきっと来ます』と私は言ったのです。そしてその後、あなたはやってこなかった」。彼はこれに付け加えた。「今でもなお、文学部はあなたが拒否した影響から立ち直っていません。私たちは、今日まで同じ実力を持った人を見つけていません。私たちのもとで古代哲学を教えるのにふさわしい人は誰もいないのです。あなたが私たちに与えた影響は、そういうことなのです」。これに対して私は答えた。「うん、よろしいです。ショーレム。今は、話を続けましょう」。ようするに彼は、大げさなお愛想を言うことで、自分の怒りを薄めたのである。私はかつてエルンスト・シモンにそのことを語ったのであるが、そのとき、彼はこう言った。「あなたがわかっているように、それは真実です。ショーレムは本当にあなたを高くかっています。そして、そのことが同時に、あなたがやってこなかったことを彼がなかなか許す気になれない理由なのです。彼の怒りのなかには、同時に承認があるのです」。

　しかし彼は、私をけっして許さなかったとしても、アイヒマン論争の際にアーレントと絶縁したときと似たような根本的な仕方で、私と絶縁することはなかった。彼はそのあともときどき、彼が私に対して本当に怒らなければならなかったときでさえ、私に好意を抱いていることを何度もわからせたのであった。怒らなければならなかったというのも、彼は恨んでいたにちがいないからであり、恨んでいたことをときどき私にわからせなければいけなかったからである。彼が怒ったあとで、私は「承知しました (Allright)」と言った。ところで、この分裂した関係は、私たちがライバルであると言われていたことにはまったく関係なかった。というのも、私たちがライバルであるにはショーレムの自意識はあまりに過剰であったからである。彼が誰かをライバルと見なしたかどうか、私は知らない——ようするに、彼は自分のことを非常に強く信じて疑わなかったので、自分自身に対する疑いというものは、彼にとってはまったく未知のことであった。どのような点で、私はライバル

であるはずだとされたのだろうか。ユダヤ教(Judaicis)という点なのだろうか。言うまでもなく、そのことは問題にならなかった。哲学については、私のほうが彼以上に理解していたことを、彼ならばたぶんあっさり認めたであろう。そのことを認める代わりに、彼は、私のこの優越を心にのしかかるものとして感じるどころか、むしろ哲学それ自体を十分に評価しなかったのである。一例を挙げよう。1935年にエルサレムでマイモニデスの生誕800年が始まった。私は、ユリウス・グットマンをベルリン以来ユダヤ教学単科大学から知っていたが、彼がスコープス山にあるヘブライ大学の野外円形劇場で——だから野外で——祝賀講演を行った。ショーレムがこの機会全体について、そしてマイモニデスについて否定的な見解を表明したときの様子を、私はまだ記憶している。「マイモニデスは、最も疎遠で希薄化され、理性(ratio)と抽象によって血をなくしてしまったユダヤ教である」。それに対して、彼が解釈するような神話を伴ったカバラが肉と血なのであって、マイモニデスのようなアリストテレス主義は、水で薄められたユダヤ教の形態であった。この形態は、アブラハム・ガイガー、レオ・ベックとともにユダヤ教学のほぼある段階に位置づけることができるのだそうである。マイモニデスのアリストテレス主義は彼にとって純正のユダヤ教ではなかった[32]。

　ショーレム自身がユダヤ教に対して信心深い関係をもっていたかどうかについて、私たちは長年あれこれと考えてきた。そして、誰もその謎を解くことはなかった。彼の最も近い友人でさえもそうであった。それは、私たちのPilegeschサークル*10にも、ゲオルゲ・リヒトハイムや私にもあてはまった。彼が何を信仰していたのか、彼がどの程度信仰しようとしていたのか、しかし、信仰できなかったのか。彼はそのことについて一度もはっきりと説明しなかったので、ショーレムの謎が一つ未解決のまま残ることになった。しかしショーレムが確信していたのは、もしユダヤ教がそもそも興味深いもの、力に満ちたもの、生き生きとしたもの、重要なもの、刺激的なもの、創造的なものを提供するとすれば、それはカバラの領域に見いだされるべきであって、マイモニデスや同時代人のもとには見いだされえないということであった。たしかに彼は、宗教的ではなかったが、ヘブライ大学で教える場合に無

神論者であることは許されなかった。戦争ののち、私のための教授職が問題となったとき、彼は、神を信じているかどうかと私に質問したのであるが、私はその様子を記憶している——この質問は学者が学者に対して行った、どことなく不適切な質問である。それに加えて彼は、私のグノーシス研究があまりにキリスト教的な特徴をもっているので、私が性急に別のテーマを探さなければならない、と考えていた。それは、彼が行ったたわいもない質問であり、彼の数多い逸脱のうちの一つであった。ショーレムには逸脱する偉大な才能があった。彼は最も不可能な事柄を言ってのけたり、しでかしたりすることができた。そして、あとになってそのことについて彼に釈明を求めると、彼は「えっ、私はそんなことを言ったことはないのですから」と否定するか、あるいは「でもそれは冗談のつもりでした」と主張するかのいずれかであった。私は、前述の質問をあのときはなんとかして払いのけた。——私が覚えているのは質問だけである。なぜなら、私にはその質問がひどく不適切に思えたからである。だが今では、私の答えは覚えていない。それはおそらくひどく退屈なものである。

　すでに述べたように、私の「裏切り」にもかかわらず、ショーレムはいずれにせよ私に対する抑制された好意を抱き続けた。小さなエピソードがそのことを示している。彼は、アメリカを訪問した際に、私にヤーコプ・タウベスの件について物語った。ショーレムはタウベスに深い憎しみを感じていた。あるいは、少なくとも彼を弾劾する判断を表明していた。そして、この判断はけっして根拠がないものではなかった。彼の観点からすれば、タウベスは業績や知識を偽る法螺吹きであり精神的なペテン師であった[33]。彼は、私に次のようなことを語った。「このタウベスがエルサレムでやったことを思い浮かべてください。彼は私のゼミナールで、私があるテキストの新しい解釈を述べているのを聞いたのです。その後一週間もしないうちに、彼はエルサレムでの公的な講演のなかで、私の解釈をこのテーマにかんする彼の新しい発見として披露したのです。それを思い浮かべてください」。私は言った。「ショーレム。しかし、そのことは、彼に腹を立てるわけにはいかない証拠です。彼がまったく意識的なペテン師ではないことの証拠です。エルサレム

において、あなたの鼻元で、しかもあなたの講義をすでに聴いていた人々のまえで、あなたの解釈をもう一度述べること——このことが示しているのは次のようなことです。つまりタウベスは、自分が新しく聞いたものが自分の考え出したものである、と即座に自分自身に思い込ませているのです。私なら、この話は彼に対する許しとして理解して、非難としては理解しないでしょう」。ショーレムは私の解釈によって感銘を受け、次のように言った。そして、彼がそう言ったがゆえに、私はそのことを語るのである。「そうです。あなたはいつも非難された者に味方する騎士であり続けました」。彼は以前にすでに、愛情に満ちた批判的な仕方で、私の愛すべき騎士的本性をとがめていた。「だからヨナス、あなたはドンキホーテなのです」。この瞬間と、この瞬間に対して彼が示した反応の仕方が私に教えてくれたのは、彼が変わらずに私のことを好んでおり、私のうちに賞賛すべきものを見いだしているということである。

　ヤーコプ・タウベスは、ショーレムに私のことをこのように認めさせてくれたわけであるが、私は彼とは1949年に初めて近づきになった。私は、ボストンにあるアメリカ哲学会東部支部の年次大会の機会に、ニューヨークにいるカール・レーヴィットも訪問したいと考えていた。タウベスはそのことを嗅ぎつけていた。彼はある手紙のなかで、私の著作が彼にとって重要な役割を果たしていると私に書いてきた。彼は西洋の終末論に関する論文で博士号を取得したのだそうである。この論文は、私のグノーシス書によって決定的に影響を受けており、そうこうするうちに本として出版されたということだった[34]。もし私たちがニューヨークで会うことができるならば、彼はこれをおおいに歓迎するだろうということであった。この出会いのまえに、私はレーヴィットに質問した。「言っていただけませんか。あなたはヤーコプ・タウベスさんという人を知っていますか」。「もちろん」とレーヴィットは言った。「もちろん、私はその人を知っていますよ」。「タウベスについて何か教えていただけませんか。彼は私に手紙を書いてきました。私は彼について何も聞いたことがありません。しかし彼は、自分が書いた本を引き合いに出し、私に会いたいという希望を表明しています。その本を知っていますか」。

「はい、はい」とレーヴィットは言った。「私はその本を知っています」。「教えてください。それはいい本ですか。その本は幾らか役に立ちますか」。そのとき彼は笑いながら言った。「その本は本当に良い本です。それは不思議ではありません。半分があなたについて、もう半分が私についてなのですから」。ところでタウベスは、ふたたび出版するということはなかったが、彼の経歴はアカデミズム（academici）における私たちの時代の大きな驚異的物語に属するものである。最も主要で貴重な諸機関が、一本の博士学位請求論文をもとにして、彼にまんまとひっかかったのである――コロンビア大学で彼は教授の職に就き、のちに彼はベルリン自由大学で正教授になった。この論文は、1947年に出版され、たしかにとても良いものではあった。私が思うには、彼には才能があったし、ごまかしのない仕方で出世することもできたであろう。しかし、それは彼にとってはあまりにつらかったか、あまりに退屈であった。

　タウベスはハーバードでは就職口を見つけるのに苦労した。アーサー・ダービー・ノックと、マールブルク大学の教授の息子であるドイツ人歴史家・政治学者カール・J・フリードリヒの手を借りて、彼がそのハーバードでいっぱい食わされた様子を示すすばらしい話がある。フリードリヒは、その話を私に語ってくれた。タウベスはハーバードに登場し、ひどく偉そうにした。彼はすべてのことについて精通していた。夕べの催しの際に、あるいは知的なサークルにおいて、どのようなテーマが議論されるのかはどうでもよかった――彼は、テーマについてつねに言うべきことを持っており、彼の寄与は奇抜なものであった。疑いを抱いていた人たちの何人かが、彼のことで感情を害し始め、お互いに言い合った。「いつか彼の悪行をやめさせよう」。

　こうしてある日、とある会合で、中世のスコラ哲学者であるヒルデスハイムのベルトラムの霊魂論が話題になった。ベルトラムは、トマス学派とスコートゥス学派のあいだに位置する興味深い中間形態に属している。最初の意見交換のあいだ、タウベスは黙ってそれに耳を傾けていたが、その後、彼はたいへんよく事情を心得ているような態度を示し、ヒルデスハイムのベルトラムの霊魂論に対するすばらしい寄与を語り、徹底した広範囲の知識によって

参加者を驚かせた。それは、そのような人はまったく存在したことがなく、彼はこの歓談の目的のために見つけ出されたのだ、と彼に伝えられたほどの驚きであった。これがハーバードにおけるタウベスの経歴の終わりである。それにしても彼は猫のように、いつもどんな困難をもうまく切り抜けた。

　しかし、私は付け加えなければならない。カールトン・カレッジ時代に私のグノーシス書の英語版を書くようにという要請が私にきたのであるが、このことのかなりの部分はヤーコプ・タウベスのおかげなのである。ユニテリアン派*11教会の出版社であるボストンのビーコン出版がグノーシスに関する本の執筆の依頼を実現させたのは、彼なのである。のちに、彼は一度言った。「ヨナスさん、多くの人々が私に恨みをもつ理由があることを私は知っています。しかし私は、あなたに対しては本当にやましいところはありません。私があなたに対して悔やんだり、恥じたりしなければならないようなことは何もないと信じています」。私はそのとおりであることを彼に対して証明し答えた。「タウベスさん、私もあなたに対して含むところはありません」。グノーシスに関する私のテーゼの英語版のために尽力してくれたもう一人の当事者は、フィリップ・リーフであった。彼は、スーザン・ソンタグの最初の夫で、精神分析について哲学的に熟考し、フロイトに関する良い本を書いた知的な男である[35]。もちろん彼の妻のほうがもっと有名な女性になったが、彼は尊敬すべき知識人であった。当時、彼はビーコン出版の編集顧問を本業としていた。そしてタウベスが、彼に英語版の計画への注意を喚起した。その英語版は1958年に出版されたが、その本[36]の成立にあたって重要な役割を演じたのは、ジェイ・マクファーソンである。私は、彼女と一緒に英語のテキストを仕上げた。彼女は、私にとって生涯にわたる女友だちとなった。彼女は私の哲学の講義で私の注目を引いた。彼女は黒髪の若い女性で、その髪はゆるみなく結ばれていた。そして、上半身は修道女の肩掛けのようなものをかけて修道女ふうにしていたが、彼女の足が見える下半身は、左右色の異なった長靴下と左右別々の靴を履いていた。どうやら、自分の外見に最小限の注意しか向けていなかったらしいが、彼女は集中力を切らさない聴講者であった。そして、彼女がなみはずれた人物であることは、すぐに明らかに

なった。彼女は才能のある詩人で、小さな詩集を発表し、二、三年のちに、続けてもう一冊の詩集を発表した[37]。彼女は詩に与えられる国家的な賞を受賞した。子供時代は気難しかったジェイは、いろいろな点で情緒的に非常におどおどした性格になった。しかし彼女は、私たちの家の雰囲気のなかでは特に心地よさを感じ、私たち夫婦の仲間に加わったのである。今や、私は彼女のなかに英語の名手を発見したのであり、この名手は英語に加えてこのグノーシス的なテーマに対して精神的な共感をも抱いていたのである。彼女の才能は哲学的ではなかったが、この神話世界は彼女の性に合っていた。のちに、彼女を指導する教師役に、有名なカナダの文学理論家ノースロップ・フライがなった。彼はウィリアム・ブレイクに関する有名な本を書いていた[38]。彼女は彼のところで博士の学位をとり、そのあとトロント大学で英文学の教授となった。

第10章　ニューヨークにおける
　　　　　交友と出会い

　私は1955年に、ついにニューヨークのニュースクール・フォア・ソーシャルリサーチの招聘を受け入れた。このことを学長であるマコドラムに伝えたときの様子を、私はまだ覚えている。彼は言った。「私がアメリカの諸機関と競争することは不可能です。私はあなたをここに引き留めておきたい。しかし知っています。私はアメリカの諸機関と同じだけの額をあなたに申し出ることができないのです」。私の給料は、オタワでは最初の2500ドルから5500ドルへと上がっていて、今では8000ドルになった。その際はっきりとしていたのは、ニューヨークの8000ドルはオタワにおける5500ドルよりも価値が低いということである。ニューヨークへの私の招聘はどのような経過であったのか。ニュースクールは私を何度もサマースクールのために雇っていた。それが一種の嫁探しであることは、すぐに明らかとなった。彼らは、誰かを任用しようと念願し、二つの出所を通して私のことについて知っていた――一人はレオ・シュトラウスで、彼らのところで教えていたが、そうこうするうちにシカゴに行ってしまった。もう一人はカール・レーヴィットで、ハイデルベルクに行っており、彼が去った埋め合わせをすることが肝要であった。そのために私は、そこで講義をした。ここは、感じの良いカールトン・カレッジよりもとても興味深い学部であり、ニューヨークにおける学生層は、素直で感じが良く熱心なカナダの生徒たちに比べると、ずっと大きな刺激であった。これは私にとって明らかだった[1]。私の二度の試験的雇用のあと、ニュースクールには強固なヨナス・グループが生まれた。なるほど、現象学の代表者を自任していたアルフレッド・シュッツ[2]は、レーヴィット

の退職によって空席になったとはいえ財政的にはまだ確実なものとなっていない教授職を、アロン・グールヴィッチで埋め合わせることを支持した。グールヴィッチはシュッツの友人であり、**現象学における** (*in phenomenologicis*) 精神的な兄弟であった。彼は当時ブランダイス大学にポストをもっていた。彼はロシア‐ユダヤ系の出身であり、フライブルクではハイデガーのもとで研究したことがあった。そのあと彼は、パリに行き、フランスに現象学に対する関心が初めて形成された時期に、パリで特にモーリス・メルロ・ポンティと協力していた[3]。その後、彼は二、三ヵ月間エルサレムにやってきたが、じきに、自分が大学に何も見つけることができないだろうと気がついた。そのあと、彼はパリからアメリカへと渡り、そこでほかの人と一緒にハンナ・アーレントの交友関係に加わったのである。ハンナは自分の交友関係では、亡命の際にパリで彼女とともに生き、耐え、希望し、恐怖した人たちに対してとても誠実であったので、アロン・グールヴィッチもまた個人的に彼女に歓迎されたのである。もっとも彼は、自分のロシア現象学とこれに結びつく正統信仰――彼は視野の狭い正統派のフッサール研究者であった――をもっていたから哲学的には彼女から遠くにいた。［シュッツの後押し］にもかかわらず、彼は、シュッツの死のあとで初めてニュースクールにやってきた。というのも、ニュースクール・フォア・ソーシャルリサーチの哲学科の常勤教授としての招聘が最初にくだされたのは、私に対してだったからである[4]。私たちはそのあとで親密な同僚となった[5]。しばらくして、私たちには政治学科と共同でもう一つの教授職をつくる可能性ができ、ハンナ・アーレントが面接にきたことがあった。そのとき、私は彼女の任命を支持したが、グールヴィッチは反対であった。ハンナは、そもそも自由な著述家であり続けようとしていたので、どこにも安定したアカデミックなポストをもっていなかった。彼女は、結局、彼女の時間とエネルギーの半分だけを要求する中途半端な身分を受け入れ、二、三ヵ月ほどシカゴ大学の社会思想委員会 (Committee on Social Thought) で過ごし、残りの期間はニューヨークで生活した[6]。

　この社会思想委員会は型にはまらない仕事をするものであり、その構想からして学際的な委員会なのであった。この委員会は私を、客員教授職で

あったか非常勤教授職 (Teilprofessur) であったか、一時的に雇用したことがあり、のちには私に常勤のポストを申し出てくれた。そのときは、私がニュースクールを去るという大きな誘惑に駆られた唯一の機会であった。というのも、もしシカゴ大学のポストが与えられれば、それは私のアカデミックな評価にとって有益なものであっただろうし、シカゴ大学ならばおそらくもっと良い学生層を教えられたであろうからである。しかし、当時私はすでに60歳であったし、規則で決められた65歳の退職の年齢に近づいていた。この年齢は、大学の特別決定によって最大で68歳まで延長可能であった。私は遅くなってからアカデミックな職業に就いたし、子供も遅くなってからもうけたので──1955年には私は52歳で三度目の父親となった──、68歳での定年退職は私には許されなかった。そのために、シカゴへの招聘について交渉する際には、定年問題が決定的要因となった。大学院の重鎮の一人である私の親友アドルフ・ローウェは、私より10歳年長であり、私をニューヨークに引き留めるためにあらゆることをしようと決心していた。彼は、私に対して特別な申し出をすることについて、ニュースクールの執行部を納得させたのである。彼自身が当時まさに定年退職しており、アルヴィン・ジョンソン・チェア (Alvin-Johnson-Chair) という特別な教授職をもらっていた。これは通常の学部の諸規定から少しはずれるものであった。彼が提案したのは、私を彼の後継者に任命するということであり、通例では通常の学部のメンバーには認めることができない特別な条件を私に認めるということである。大学側は、次のように私に約束した。私は、通常の勤務年限を超えて、私が望む期間だけ教授職を果たすことができる、ただし、私が精神的にもはやその職を果たすことができないという結論に三人委員会が達した場合は別である、と。シカゴ大学は私にそうした条件を保証することができなかったので、決断がくだされたのである。結局、私は、そのあと1976年になって73歳で定年退職したので、それゆえ全体としては21年間──1955年1月から1976年秋まで──ニュースクール・フォア・ソーシャルリサーチで教えたことになる[7]。

　ニューヨークへの引っ越しが意味していたのは、私が小さな田舎から首都へと、そして、ニュースクール・フォア・ソーシャルリサーチのようなとて

も興味深く活発な機関へとやってきたということだけではなかった。同時にそれは、私の家族にとっての新しい生活の中心になったということも意味していた。偶然のいたずらで、私たちはニュー・ロシェルに腰を落ち着けることになった。1952年の夏のことであった。私たちは、サマースクールへの招待の際に、オタワからウェストチェスター郡のラージモントへと自動車で移動したことがあった。そこでは、カール・レーヴィットが、夏のあいだ自分の家を私たちに自由に使わせてくれた。ラージモントからマンハッタンへは自動車か鉄道が使えた。レーヴィットは、私たちの面倒を少しだけみてくれるように友人たちに頼んでいた。このようにして、私たちはドイツ出身の二人の数学者と知り合った。私がニュースクールのあのポストを受け入れたとき、私たちはニュー・ロシェルに腰を落ち着けたわけだが、彼らはそのことに対して責任があった。そしてそれだけではなく、彼らは、私たちの将来の交友関係の中核にもなったのである。ラージモントに最初にいたのは、クルト・フリードリックスと彼の妻ネリーであった。彼は、周知のようにかつては数学のメッカであったゲッティンゲン大学の出身であった。20世紀、ゲッティンゲン大学においてゲハイムラート［高級官吏の称号］ダヴィッド・ヒルベルトは数学の大物であった。彼は比較的若い数学者たちのサークルを自分のまわりに集めていた。数学研究所の幹部でヒルベルトの右腕であったのは、リチャード・クーラントであった。彼は、ユダヤ教を最も好んで否定したがっていたようであるが、それにもかかわらずユダヤ人の血筋であった。クーラントが当時ギムナジウム教師であったフリードリックスを発掘し、ゲッティンゲンに呼んだのである。フリードリックスは、みずからの才能をとても早くから示したので、28歳でブラウンシュヴァイク工業大学の数学教授になった。1933年2月に、彼は大学のダンスパーティーでネリー・グリュンと知り合いになった。彼女は際立った美貌のユダヤ人女性であった。彼女はなるほどブラウンシュヴァイクで育ちはしたが、もともとはリヨンの出身であった。フリードリックスは彼女に執拗にダンスを申し込んだ。そして、彼女はやっと自分のテーブルに戻ったとき、彼女は言った。「ああ、この若い学生はまるっきり踊るのをやめるつもりがないわ」。これに対して、彼女の友人たちが言っ

た。「学生ですって。あなたはあの人が誰なのか知らないの。あの人はこの大学の一番若い教授なのよ」。

この夜、この二人の運命は決まったのだった。フリードリックスは、彼女と婚約することがすでに国家に敵対する行為であり、「人種恥辱罪 (Rassenschande)」*1 と見なされた時期にそうしたのである。このキリスト教徒家族の名誉のために言われなければならない。つまり、ネリーは心から歓迎されたのであり、それどころか家族は、息子がドイツの大学における数学の正式な教授としての地位を彼女のために投げ出したことを承認したのである。ネリーはフランス国籍をもっていたので、妨害されずに移住を準備することができた。彼女はニューヨークに行き、彼はそのあとを追った。彼はニューヨークで、すでに触れたリチャード・クーラントが設立していたニューヨーク大学の数学研究所に職を見つけた。クーラントは、自分が雇ったすべての数学者に対して、彼らがニュー・ロシェルに移らなければならない、という条件を課した。というのは、クーラントはニュー・ロシェルに協会を開きたいと考えていたからである。こうして、亡命したユダヤ系、非ユダヤ系の重要な数学者全員がそこに住むこととなった。

このサークルには、たとえばリップマン・ベアースが含まれていた。彼はリガの出身で、プラハで博士号を取得していた。彼は流暢にロシア語を話し、ロシア文学を偏愛していた。彼は秀でた数学者であり、のちにアメリカ数学会の会長になった。彼は当時、東欧ブロックから学者を救い出し、アメリカにつれてこようとおおいなる情熱をもって試みていた。彼は、苦境に置かれた数学者を救い出すために繰り返しソビエト連邦へと旅行した。こうした数学者は、すでに明らかであるように、ほとんどユダヤ人であった。彼自身は昔ながらの左翼であった。私はかつて、今世紀の私の英雄はウィンストン・チャーチルであると言ったことがあるのだが、そのとき彼が次のように述べたことをまだ覚えている。「おやおや、あなたのような知的な人間が、かくも保守的である人物をそもそも崇拝することができるということに、私はとても驚きます」。彼の観点からすれば、善良な人間というものは、知識人である場合には特に左翼的でなければならなかった。ユダヤ教は彼にとっては

まったく意味をもたなかった。むしろ彼は、もともと社会主義的−反シオニズム的同盟主義者サークルの出身であった[8]。私はかつて彼に質問したことがある。「私はあなたが無神論者であることを知っています。あなたがユダヤ人であるという事実は、そもそもあなたにとって何か重大なことを意味しているのですか」。彼の答えは次のような内容であった。「すべてです」。それは記憶すべき瞬間であった。ユダヤ人であることへのこのような執心は、おそらく彼がそのための理論などを作ることはまったく不可能であったような何かなのであり、むしろ、まさに存在の深みから立ち上がってくるような、合理的には基礎づけることができないような事実なのであった。そのあとで皮肉にも次のようなことが起きた。エルサレムで会議があり、彼はその会議に参加するためエルサレムに向かったのであるが、その旅の途中で、彼の娘が伝統的なユダヤ教にとらわれたユダヤ系アメリカ人の数学者に惚れ込んでしまったのである。帰ってきたあと、彼はこう言った。「古い神が私に復讐をしたのです。そして、厳密に正統派である婿を私に贈ってきたのです」。

ニュー・ロシェルでは、ヴィルヘルム・マグヌス、トルーデ・マグヌス夫妻がとりわけ私たちの友人となった。私たちは彼らとフリードリックスの家で知り合いになり、とても好感が持てると感じたのである。当時、彼ら自身ははじめ私たちを招待することを躊躇した。なぜなら、彼らはドイツ出身のキリスト教徒であったので、私たちがもしかしたら彼らに対して含むところがあるかもしれない、と思っていたからである。ヴィルヘルム・マグヌスは古くからの教授一家の出身であった。彼の母はユダヤ人たちと親しくしていた。彼は30年代のなかばにプリンストン大学への招聘を受けとった。彼は、ナチに徹底的に反感を抱いていたので、アメリカに留まるにはどのような可能性があるかを、プリンストン大学に問い合わせた。大学側は彼に次のように説明した。「親愛なるマグヌスさん。あなたは引き返すことができます。あなたは結局はアーリア人なのです。あなたは脅かされてはいません。私たちは、あそこを去らねばならない人々のことを第一に考えなければなりません」。彼はこのことに納得したので、ドイツに戻り、フランクフルトで数学の教授職についた。彼は以前はフランクフルトで研究しており、そこでゲシュ

タルト心理学の共同創設者であるマックス・ヴェルトハイマー[9]や、のちに移住し同じようにニュースクールにやってきた他の人たちと知り合いになっていたのである。彼は、そのあと戦争中は遠隔通信 (Telefunken) に従事し戦争に役立つ仕事を遂行しなければならなかったが、結核患者だったので兵役から免れていた。戦争の時期全体を通じて、彼と妻はお互い話し合っていた。「もし私たちが生き延びるのなら、ドイツから去りましょう」。リチャード・クーラントが戦後すぐに自分の研究所にマグヌスを呼び、彼は他の人たちと同じようにニュー・ロシェルに行き着いたのである[10]。私たちがどこに移らねばならないかが問題になったとき、特にマグヌス夫妻との心からの交友が私たちにニュー・ロシェルで家を購入する気にさせたのである。それ以来、私たちの交友関係の全体が数学者たちによって支配され続けた。このことは、私にとってはとても喜ばしいことだった。というのは、当然彼らは全員自然科学に対する強い親近感をもっていたからである。自然科学の発展を理解したいという私の強い欲求は、ヴィルヘルム・マグヌスやクルト・フリードリックスとの長い会話によるよりも、もっと良い仕方で満たされることはできなかったのである。さらにフリードリックスは、哲学に対する古くからの満たされない愛着を抱いていて、今やこのサークルに哲学者が一人現れたことは幸運なことであった。ヴィルヘルム・マグヌスの家では、これらすべてにまさるすばらしいことが付け加わった。つまり、私がドイツではギュンター・シュテルンやドルフ・シュテルンベルガー以来もう作れなかったような交友関係というものが生まれたのである。

　ニュー・ロシェルとは反対に、私たちはマンハッタンでは主に精神科学者、社会科学者と関わらなければならなかった。彼らのなかには――アロン・グールヴィッチと彼の妻を除くと――政治社会科学の大学院の古い軍馬であるアドルフ・ローウェが数え入れられた。彼は私の世話をしてくれた。彼はアメリカでレーヴェ (Löwe) からローウェ (Lowe) へと改姓しなければならなかった。入国管理局の職員の決定である。職員は言った。「レーヴェですか――私たちはそれをローウェと書きます」。私はすでにカール・マンハイムを通じてロンドンにあるローゼンブリュートのペンションで彼や彼の妻と知り合

いになっていた。私は、私の仲間でない限り、そもそも経済学者と関わったことがなかった。しかし、彼は知り合ったときから私に対する旺盛な関心を示した。そして彼は、私に対して責任があるとつねに感じていた。あたかも、私が成長したことを彼はまったく理解していないかのように。「そこにいるのは青年ヨナスだ。ヨナスに正しい道を教えてやらなければなるまい。彼はありうるすべての愚にもつかないことを考えているから」とローウェは考えていたかもしれない。彼は、私がタバコを吸うことにいつも気をもみ、そのせいで私が身体を壊すと考えていた。私が兵役に志願したことについても、彼はたぶん完全に不必要なことだと感じていた。なぜなら、私はなすべきもっとましなことがあるのに、と彼に思われた。同じことが結婚や出産にもあてはまった。かくして、彼はニューヨークにおいても私に対してあらゆる助力を惜しまなかった[11]。その後の私たちのニューヨークの年月では、友人そして対話相手としてしばしばパウル・ティリッヒがハンナ・アーレントのサークルに登場した。彼は当時、ヨーロッパと同じようにアメリカでも有名になっていた――美貌の男性であり、印象的、精神的な深みをもった美しい、背の大きな非ユダヤ人[*2]であった。ハンナは大晦日には定期的に友人たちを集め大きなパーティーを開いたが、これにさえもティリッヒは現れた。そのときは、彼はもうユニオン神学校の神学教授としては活動しておらず、シカゴ大学に移っていた。そして――1964年に亡くなるまで――世界とアメリカの多くの場所を旅して回った。

　しかし、このニューヨークの年月のなかで一番重要な交友関係は言うまでもなくハンナ・アーレントとの関係であった。私は彼女とふたたび縁を結ぶことができた。戦争中に私はロンドンからパリに渡って彼女を訪ねたが、そのとき彼女はまだギュンター・シュテルンと結婚していた。彼はすでにギュンター・アンダースという作家名を名乗っていた。なぜなら、シュテルンという名前を聞くだけで、ただちに彼が有名な心理学者であるウィリアム・シュテルンの息子であると烙印づけられてしまうからである[12]。彼は言われた。「君は別の仕方で (anders) 名乗ってもかまわないよ」。そこで彼は言った。「よろしい。私はアンダース (Anders) と名乗ります」。そのあと彼のペンネーム (nom de plûme)が正式に彼の名前になった。彼らは、ハイデルベルクで結婚したのであるが、ヒトラーが権力奪取するまえの最後の数年はベルリンで暮らしていた。ハンナは、少し彼に仕える立場を取り、彼の仕事を手助けしていたのであるが、彼らの共同作業は徹底しており友情に満ちていた。そのあいだに彼女は同時に、ラーエル・ファルンハーゲンに関する彼女のすばらしい仕事[13]をひそかに書いていた。ギュンターは、ここですばらしい伴侶を見つけたと想像していたが、彼女が彼を凌ぎ、彼から独立して精神的にさらに発展していたことには気づかなかったのである。このことは、やがてパリで明らかになった。ハンナは、パリの亡命者のあいだですぐにおおいに注意を払われる人物となった。彼女は当時、ドイツ系ユダヤ人の亡命を手助けするユダヤ人組織で働いていた。何年かにわたって彼女はユース・アリーヤ[*3](alijat ha-noar)のために活動していた。その会長はヘンリエッタ・ゾールドであった[14]。ギュンターの姉妹であるエーファ(ミヒャエリス)・シュテルンは、ロンドンへ移住し、そこからユース・アリーヤを指導したが、アーレントのほうはいわばパリの下部本部に携わっていたのである。ギュンターは、パリでは少し脇にそれており、女王の夫君の役を演じ始めていたが、これは功名心や虚栄心の強い男であるギュンターにとってはまさに耐えがたいことだった。さらに、ハインリッヒ・ブリュッヒャーが登場することになる。彼は、ドイツ人亡命者であり、スパルタクス団の蜂起に関与し、ベルリンの左翼‐マルクス主義的運動の知的な派閥において一定の役割を果たしていた——自分自身をとても興味深い知識人へと形成したきわめて才能に恵まれた独学者であった[15]。のちにアーレントはみずからのシオニスト活動の成り行きで二、三週間エルサレムの私の家に滞在した。大規模にフランスが破壊されたあとで、私は、彼女がギュンター・シュテルンとともに無傷でアメリカに到着したことを耳にした。戦争の時期には、私たちは手紙のやりとりを続けていなかった。私は1949年から1950年にかけての冬に——クリスマスと新年のあいだに——カナダに向けて行ったわけであるが、私はすぐにニューヨークへと旅をし、そこでハンナや私の友人ギュンターと再会した。そうこうしているうちに、彼らの婚姻関係は解消された。ハンナにとても執心していたギュンターにとっ

てはたいへん残念なことになった。ギュンターがハンナに執心していたことは、ハンナが亡くなったときに明らかになった。私が当時彼からもらった手紙は、一人の夫が妻を悼むかのような響きがした。彼は慰めようもなかった。彼はそのうちに彼女に関するいとうべき敵意に満ちた事柄を語ることもあった。そうであるにもかかわらず彼は、彼女の死によって非常に深くショックを受けていたのであり、彼女の死を、彼が最も愛した女性の決定的な喪失として経験したのである。

　私は1949年のクリスマスの頃にギュンターと再会したのであるが、そのときすぐに古い交友関係がふたたび生じたのである。私は、以前から知ることのなかったことが彼のもとに生じていることを、たしかに理解した——苦しみの表情である。すべてのことが、彼に不利になるような運命にあったのである。アメリカは彼を粗末に扱っていた。彼はあらゆる点で孤独であった。そうこうするうちに、彼はふたたび人生の伴侶を見つけたのであるが、彼女は、私がニューヨーク市のホテルにいた彼を訪ねた当時は、彼のもとにはいなかった。彼女は、おそらくまだカリフォルニアにいたのである。彼はカリフォルニアから比較的最近になって戻ってきたばかりであった。戦争のあいだ、彼はカリフォルニアで工場労働をしていた。しかし彼はまだ、アカデミックな世界で足場を固めるつもりでいた。彼は、しばらくのあいだニュースクール・フォア・ソーシャルリサーチで講義をし、メトロポリタン美術館で美術史の指導をし、私が優れたものだと思った一、二本の論文を公刊していた[16]。しかし彼は、気難しくわがままな知識人であったので、なかなか職を見つけることができずにいた。かくして、彼は最終的に工場労働者としてカリフォルニアにたどりついた。アメリカ的な生産方法に関する彼の知識は、本質的にこの数年の職業体験によって形成されていた。彼はルサンチマンに満ちたアメリカ像を超えていなかった。こうしたアメリカ像は、私たちがチャーリー・チャップリンの映画『モダン・タイムス』で知っているような、完全に魂を失い半自動的で機械的な生産操業のなかで労働者の疎外された地位を経験したことによるものである。彼は、現代の生産方法のこの部分が、すべての西洋社会に存在するということに気づいていなかった。彼にとっては、その部分

は、アメリカという名前や彼の悲惨な戦争体験と結びついたままであった[17]。ウィーン出身である彼の二番目の妻は、のちに、彼がオーストリアへ行ったことを心配していた。彼は、しばしば大学のポストが申し出られたにもかかわらず、けっして西ドイツには定住したいとは思わなかった。しかし彼は、ウルブリヒトのドイツ*4へも行きたくはなかったので、その結果、ウィーンに定住することになり、のちにその場所で妻と別れた。

　ニューヨークを訪問した同じときに、私はハンナとも再会した。彼女はそうこうしているうちに、ハインリッヒ・ブリュッヒャーと結婚していた。第一印象では、彼は私の考えでは彼女のとりまきにすぎなかった。のちに、私たちがニュー・ロシェルに移ったとき、ローレと私は彼とも親しくなった──ローレは私よりももっと親しくなった。なぜならば、ブリュッヒャーは彼女に大きな敬意を示したからである。私は、彼女よりも少し距離をとった。おそらく何らかの嫉妬の気持ちからであろう。ギュンター・アンダースに比べると、ブリュッヒャーは、私にはとびきり上等の選択肢であるようには見えなかった。しかし、年数が経つにつれて私が気づいたのは、彼が彼女にとって多くのことを意味しているということ、そしてそれは本当の恋愛だったということである。ハンナは、かつてブリュッヒャーと自分との関係について私に話し、その関係を次のように表現した。「私は自分の人生でそもそも二人の男しか愛しませんでした──マルティン・ハイデガーとハインリッヒ・ブリュッヒャーです」。ハイデガーとの訣別は、彼女が博士の学位取得を決意し、道徳的な理由から彼との関係を終わらせなければならないという感情をもったときに生じた外面的な訣別であった。彼女は、ハイデガーの賛成を得て、ハイデルベルクのヤスパースのもとへと向かった。なぜなら、彼女は自分の恋人を、博士論文執筆者の指導教授とすることができなかったからである。しかし、ハイデガーへの愛はけっして弱まることはなかった。たしかに彼女は、ヒトラー時代初期のハイデガーとは内面的には疎遠になっていた。この時期に、彼女はハイデガーがどのように振る舞うかを体験しなければならなかったのである──だが、私はそのことについては彼女と一度も話すことがなかった。私が知っているのは、彼女が戦争のあと比較的早くにそのこ

とについて彼を許したということだけである[18]。彼女が、戦後すぐのある年にフライブルクで講演をしたとき、ハイデガーが彼女のもとを訪れた。彼女は、ドイツを訪問して[19]おおいに注目された最初の人たちに属する。彼女は、ドルフ・シュテルンベルガー、ヴィクトール・フォン・ヴァイツゼッカー、カール・ヤスパースによって創設された雑誌『ヴァンドルンク(Wandlung)』において、全体主義の起源に関する彼女の後年の作品につながる最初の準備作業[となる論文]を公刊していた[20]。フライブルクでの彼女の講演ののち、彼女のホテルのドアをたたく音がした。するとハイデガーが、「私は呼び出しに応じて来ました」と言いながら、そこに立っていた。しかし、彼女が私に率直に話してくれたように、二人は自分たちの感情にとても圧倒されていたので、実際に呼び出しに応じるという結果だったのかどうか、私は疑問に思っている。彼女の誠実なハインリッヒは、それを我慢しなければならなかった。というのも、彼女はそのことをハインリッヒに隠しておかなかったし、彼自身が現代的な婚姻の自由を束縛なく利用していたのでなおさらであった。彼は彼女の愛を確信することができた。しかし、ハイデガーに対する新たに始まった関係は、彼女の人生においていまふたたび一つの役割を演じることになった。

　ようするにハンナは、ブリュッヒャーの放蕩*5の性に合っていなかった。というのも、彼女は誠実な心の持ち主であったからである——ハイデガーは一つの例外であった。多くの人々に言い寄られたにもかかわらず、彼女はハイデガー以外けっして関係をもたなかった。彼女はとても思いをよせられていた。彼女は自分の身に起きたことを、ときどきおもしろそうに私に語ってくれた。ある日——彼女はユニオン神学校で講義をしていた——彼女は学部のメンバーを自動車で家まで送った。「突然、彼が私にとびかかり、私を抱きしめキスし始めたのです。そのとき私は彼に言いました。『おやおや、ねえ君、いまはちょっと自制してください』」。彼女は、優越感をもってユーモアたっぷりに対処し、彼の出過ぎた振る舞いをたしなめたのである。「おやまあ、しかしそれはひどい話だ」と私が言ったら、彼女はこう答えた。「彼は、自分が私に夢中になっていることをとにかく何とかして表現しなければなら

なかったのです」。これに私は答えた。「しかし、よく考えてみれば、自分の夢中な気持ちは別に表現のしようもあるのです」。ハンナは少しのあいだ沈黙し、いたずらっぽく私を見つめ、こう言った。「そうする**しかなかった**のです」。それがハンナなのであった。ところで、彼女はフェミニズムの運動には反対であり、私にかつて言ったのだった。「私は徹底的にそれに反対です。私は自分の特権を失いたくはありません」——つまり、男性が奉仕する女性の特権。しかし、ある観点からすると彼女はフェミニズム的であった。つまり、女性は男性に比べて強力であり生命力に満ちているだけでなく、結局のところ、人間の事柄や世界に関してより多く知り理解してもおり、他方で盲目、誤謬、ないし迷妄がむしろ男性のほうの短所なのだという見解において、彼女はフェミニズム的であった。たしかに彼女は男性に対して大きな好意を抱いていたが、これはある種の寛容の感情と一体であった。「男たちをさまざまなことで大目に見てあげなければなりません。男たちというのはともかくそういうものなのです」。私の場合は、彼女は私の特異さについての理解を早くに育ててもいた。彼女は私の特異さについて何度もからかった。しかし、いつもとても愛情に満ちた仕方で。

　マンハッタンにおける私たちの社交的関係の中心となったのは、ハンナ・アーレントのまわりにできたサークルであり、このサークルに私はいつも招待されたし、しばしばローレと一緒に招待された。ハンナと私はとても気の合った同士だった。しかし、彼女はローレにも心を引かれていた。そして、「あなたは幸運を手に入れました。しめたものです。あなたは幸運を手に入れました」と私に何度も断言した。そうしたうさん臭い敬意を、彼女は私に表したのである。この言葉は次のような含みをもっていた。つまり、私が受けるに値する以上の幸福、また私のもとで期待することができる以上の幸運という含みである。彼女はこれまでの人生において、あるときは私をおもしろがり、あるときは私を心配しながら寛容な態度で、どのような女性が私を燃え上がらせるかを眺めていたのである。そして彼女は、私がのちにやっと結婚した女性が、私に関して心配すべき事柄のすべてを上回っていることに気づいたのである。彼女とその夫はローレがとても好きだったので、親密な交友

関係が成立した。しかし私の妻も、ハインリッヒ・ブリュッヒャーも少し控えめに振る舞っていた。というのは、彼らはハンナと私がときどき二人だけでいるのも好きなことを知っていたからである。しばしば彼女は、私をお茶に招待した。そして私たちは昔のように話し合った。しかし、のちに、私たちのあいだには大きな危機がもちあがった。しかも、『エルサレムのアイヒマン』という彼女の本をきっかけとしてなのである。この本は、およそ20年代から存在している、知的な野心をもった週刊誌である『ニューヨーカー』誌に連載された記事がもとになって生まれたものである[21]。雑誌はアドルフ・アイヒマンに対する訴訟について報告するために、1961年に彼女を通信員としてエルサレムに送った。彼女の記事は、エルサレムから国際通信で送られ日報として公表されたのではなく、毎週彼女が帰ってきたあとで初めて文書として仕上げられた形で登場した。彼女はエルサレムで彼女固有の確信を展開していた。その確信は、たんに人格および犯罪者個人としてのアイヒマンに関するものではなく、とりわけユダヤ人絶滅のシステム全体に関するものであった。このシステムは、たしかにナチによって計画されはしたが、部分的にはユダヤ人によって黙認されていたのであり、言い換えれば、強制されたり、しばしば進んで行われたりもした協力によって同時に可能になっていたのである。彼女は、ふたたび戻ってきたとき、次のように言った。「私が思うには、こうなってしまっては、私は、報告しなければならないことのせいで、ユダヤ人陣営のなかに大混乱を引き起こすことになるでしょう」[22]。混乱が起きることは彼女にとって明らかであった。彼女が私にそのことを言ったとき、私は何が起きるのかわからなかった。しかし、それはただちにはっきりするはずのことであった。最初の記事で私は愕然とした——第一に語り口について。第二に彼女の寄稿の明白な反シオニズム的なニュアンスについて。第三にユダヤ的なことに関するハンナの無知について。最後の点は私にはわかっていたことであった。というのは、彼女はユダヤ教 (judaicis) における権威であるとはけっして自称していなかったからである。ユダヤ教に関する彼女の知識は最低限のものであった。ユダヤ教の歴史に関する彼女の知識は、モーゼス・メンデルスゾーンまでであって、それより古くまでさか

のぼるものではなかった。彼女にとっては、ユダヤ教——といっても近代のユダヤ教、ドイツの、同化し解放されたユダヤ教のことだが——の歴史は根本的に18世紀の終わり頃に初めて始まるのである。それ以前のことはすべて、おおざっぱな曖昧さにおおわれて、過去の暗闇、彼女の知らない聖書の暗闇のなかで失われていた。彼女は新約聖書のことはよく知っていた。彼女はブルトマンのもとで新約聖書について学んでいたのだから。それに対して彼女は、私たちの聖書をおそらく読んではいなかった。このようにして、私にすぐに衝撃を与えるものが出版されたのである。

　まず第一に、ハンナがシオニズムについて書いたものがあった。それについては、彼女がかつてシオニズムにおいて短い客演俳優の役を演じていたことを言い添えなければならない。ヒトラーが権力の座に就いたとき、彼女には次のことが明らかであった。つまり、私たちは今やもうシオニズム的な側面からしかユダヤ的な事柄を支持することができないということである。なぜなら、他のすべてのこと——ユダヤ人の同化や解放の計画、寄宿民族への埋没の計画等々——は挫折に終わっていたからである。共産主義者として理解されていた彼女の当時の夫であるギュンター・シュテルンとは反対に、彼女にとっては、次のことが明らかだったのである。つまり、ナチ状況に対する有効な答えはもうシオニズムの文脈でしか与えることができないということである。ところで、それと同時に彼女は、もともとは自分の夫を通じて生じたドイツの左翼への彼女の結びつきをすぐには放棄しなかった。むしろ彼女は、ベルリンにある自分のアパルトマンに逃亡中の共産主義者の逃げ場を与えてやった——これは彼女の夫の大きな不安となった。彼女は勇気という点で夫をかなり凌駕していた。しかし、その際に重要であったのは、共産主義者のことではなくて、迫害された人間たちのことであった。当然、彼らをどうにかして助けなければならず、そのためにこの場合は、逃亡中の彼らに一時的な宿泊所を提供しなければならなかったのである。しかし、彼女自身のアンガージュマンはシオニズムのほうに向けられていなかった。それは、私のせいではなかった。彼女がそんなこと［私が彼女をシオニズムに転向させること］にまったく興味がないことは私には明らかだったので、私は彼女をシ

オニズムに転向させようと試みたことはまったくなかった。むしろ彼女のアンガージュマンは、ドイツのシオニズムのイデオロギー的な指導者であるクルト・ブルーメンフェルトと関連があった[23]。彼は才気に満ちた、賢い男であった。彼は彼女の近隣の出身であるが、ケーニヒスベルクそのものではなくて、インスターブルクの出身である。それゆえ、彼女と同じく東プロイセンのユダヤ人の出である。彼は彼女の家族を、たとえば彼女の亡くなった父親をまだ知っていた。講演でハイデルベルクにやってきたときに、彼は私を通じて彼女と知り合いになったのである。彼はハンナ・アーレントに惚れ込んだ多くの男たちのうちの一人であった。より高い知性と感受性をもった男たちがハンナによって魅惑されたことはほとんど自明のことであったし、彼女もそのことに慣れていた。しばしば中年の男性もいた——クルト・ブルーメンフェルトもそうであった。たしかに、彼はシオニズムに関して事態を放置しておくような男ではなく、むしろ彼女を説得した。だが、ヒトラーが初めて彼女をシオニズムに肩入れするように導いた[24]。私が推測するには、彼女をシオニズム活動の新しいネットワークに導き入れたのはブルーメンフェルトであった。彼女は最終的にユース・アリーヤにたどりついたが、そのまえには、次第にドイツ系ユダヤ人のすべての利益の中心的な機関になっていたドイツシオニズム連合 (Zionistische Vereinigung für Deutschland) のなかですでに協力者の活動を担っていた。それはハンナがみずから「シオニスト」と名乗っていた時期であった。この時期は長くは続かなかった。彼女がエルサレムにいる私を訪ねたとき——1936年のことだったと思う——彼女は次のように説明した。「私は現在シオニストです」。しかし、すでに戦争の終わりの頃であるが、私が彼女についてふたたび読んだ最初の論文は、アメリカのユダヤ系雑誌に載った「シオニズム再考」という題名の論文であったが、そのなかで彼女は、シオニズムの諸目的とは関わりがないことをまた表明していた[25]。そして、終戦、国際連合の分割決議、それに続くイスラエル国家樹立へと至るこれら数年をパレスチナで過ごしていた私たちは、彼女の思考がユダヤ的な案件のなかで行ってしまっていた方向転換によって愕然としたのであった。それは注目すべき根拠づけによるシオニズムに対する拒絶であっ

た。私たち――彼女を高く評価した友人、そのなかにはショーレムも含まれていたし、そのうえたとえば彼女と一緒にユース・アリーヤで働いていた若い女性も含まれていた――は、その拒絶に驚愕し、頭を横に振ることしかできなかった。しかし、私たちが再会したとき、私はそのことに言及しなかった[26]。シオニズムは、彼女の人生においてはまさに一つのエピソードであった。私は最終的にはユダヤ人国家からさえ立ち去ったし、そのために十分にシオニズムの唱道者になることができなかった。それだけに、いっそう私はそのことについて彼女と議論することができなかった。『ニューヨーカー』で彼女の連載記事が開始されるのとともに、これらすべてが初めて私たちの関係のなかで一つの役割を演じ始めた。私は次のように言った。「それだから、この事柄について語ることはできません」――この事柄ということで念頭に置かれていたのは、この記事においてもきわめて貧相で部分的にまちがっていることがふたたび示されたユダヤ教に関する彼女の知識、および彼女がユダヤ人の役割やヒトラー以前のシオニズムついて意見表明した際の痛烈で辛辣なやり方である。これらの記事の最初は、ヒトラー体制初期のドイツのシオニズムの反応を扱っているのであるが、そのなかで彼女は、「誇りをもって黄色いつぎ布をつけよ」という題名の、ロベルト・ヴェルチュの有名な論文[27]を、「誇りをもって黄色い星マークをつけよ」へと改称し、ヴェルチュがユダヤ人識別用の星マークのアイデアをナチに与えたのだと吹き込むということを、まんまとやってのけたのである。彼女は、黄色い布が中世の発明であったことを知りさえしなかったか、さもなければそのことを忘却することを選んだのである。彼女はむしろ、実際には私たちシオニストがナチを初めてそのようなアイデアに導いたかのように思わせたのである。迫害されたドイツのユダヤ人の自己意識を強化することを目標としていた［ヴェルチュの］あの論文は、彼女の視点からすると、ナショナリズムの点でナチと一致するようなものを反映していることになる。あたかもシオニズムと国家社会主義とが何かを共通にもっているかのように。私は、それを読んだとき、それについて彼女と話をしなければならない、と彼女に電話で言った。私は、何ページもの手紙を彼女に書き、彼女の記事からの引用文を使って彼女の逸

脱の幾つかをすでに指摘しておいた。そうすることで私は会話の準備をしたのである。ところが私は、彼女が自分の意見を早々とまとめてしまったからには、彼女と話し合う余地がないのだということを知ることになった。どんなに意見しても、どんなに説得しても、どんなに事実に関するまちがいを報告しても、彼女をその根本構想において揺るがすことはできなかった。あるいは、熟考させることすらできなかった。彼女は、この場合に有害であった独善を白日のもとにさらしたのである。この連載記事を続けないように、そうでないなら、文体に関して少しは変えるように、シオニズムとユダヤ人の歴史のある種の事実を別様に見ることを学ぶように、もっと大規模な知識を手に入れるように、私は彼女に懇願した。私は、彼女に次のように言ったことをまだ覚えている。

「友だちのあいだでは古くから有名な、あなたの »am-ha-arazut«【ユダヤの事柄に関する無知】があなたに危険な悪さをしています」。彼女は事実、反ユダヤ主義の永遠性というテーゼが19世紀終わりに由来するシオニズムの一発明である、と述べることができたのである[28]。彼女はペサハのハガダ*6すら知らなかった。そこにはこう書いてある。「代々、パロ以来、人はわれわれを絶滅するために立ち上がった」。これが一本の線のようにユダヤ人の歴史意識を貫いて伸びていることを、彼女は意識していなかった。むしろ、彼女が試みていたのは、自分と他人に次のことを信じ込ませることだった。つまり、反ユダヤ主義がある意味でユダヤ人の生活の本性的な構成要素であるという考え方は、シオニズムの発明とそれに取り憑かれていることの結果としてのみ生じたものであるということを、信じ込ませようとしていたのである。ようするに、私はユダヤ教に関するそのような無知に驚愕した。しかし、特に驚愕したのは、彼女が私たちに、とりわけシオニストに、しかもまたユダヤ人一般にさえもショアー*7の共犯という罪を与えたやり方である。彼女は、自分自身を絶滅することに協力するように強制されたことを悲劇的で恐ろしい事態として描く代わりに、そうしたのである。ハンナは、ショアーの場に自身が居合わせたプリモ・レーヴィのようにはショアーについて語らず、むしろ彼女は、この恐ろしい状況に置かれた人間の振る舞いに関して裁く者

へと自分を仕立て上げたのである——彼女は人間たちの事柄についてはひどく確信をもっていた。そして、それを明白に言うことはなかったけれども、もし彼女がその場にいたならば彼女ならまったくちがうように振る舞っていたであろうということを、彼女はほのめかしたのである。アイヒマンが結局は、自分が行ったことを正しく知ることはまったくなく、自分に課されたことをただ忠実に遂行しただけの罪のない人間であるかのように、「悪の陳腐さ」についてのテーゼを彼女はあとになってもなおも主張したので、私はいっそうそのことで彼女を許すことができなかった。彼女においては、そもそもアイヒマン自身の狂信は話題にならなかったのであり、むしろ彼女は彼の自己描写にひっかけられてしまったのである。しかし、彼の自己描写にもかかわらず、文書で明らかだったのは、すでにずっとまえに上から停止が命じられていたときに、アイヒマンはたとえばハンガリーにおけるユダヤ人絶滅をその後も続行したということである。彼はこの仕事を最後まで遂行したかったのである。彼は言っていた。「そして、もし私たちが戦争に負けるならば——私は一つのことを達成したいと思っている。ユダヤ人が絶滅されることを」[29]。ハンナはここで、ユダヤ人の側についてもナチの側についても、ひどく歪んだ像を描いたのである。

　その後、私が共通の友人に頼んで彼女に以下のことを伝えてもらう瞬間がやってきた。すなわち、私たちがお互いを人間的に理解することができた土台、私たちの交友関係の基礎が彼女のアイヒマン書によって壊されてしまったので、私は残念ながら私たちの関係を絶たなければならない、と。それに加えて、彼女が他の人の忠告にも耳を貸そうとしないという状況になった。ショーレムも当時、彼女にすばらしい手紙を書いていたのであるが、彼女は下劣にもその手紙に公開の形で答えた——下劣と言ったのは、ショーレムが、彼女を公にたしなめるように彼に依頼したユダヤの体制側の金銭づくのスポークスマンであるかのように、彼について歪曲したからである。ショーレムは、かつて私を通じてハンナと知り合った。それは、彼女がナチ時代にユース・アリーヤの移送される子供たちとともにパレスチナに来ていた頃のことである。そして、深い交友関係にはけっしてならなかったけれども、彼らの

あいだにはすぐに良好な関係が芽生えた。だが、いまではショーレムは彼女と完全に縁を切ったのである。そして、彼はあとになってもアイヒマン書のことで彼女を許すことはもうできなかった[30]。しかし、アーレントもまたこの事柄にとらわれていた。誰かが彼女に公に反対する者が現れると、その関係者は無知であるか、敵方によって金が支払われていた。すべてが突然に崩れ落ちてしまったのである。つまり、私を彼女と個人的にとても親密にさせていたもの、そして「よろしい、君はそのことについてそう考える、私は別に考える。でも私たち二人は立派な理由をもっているのであるし、このことについてまじめな態度をとっているし、それにもかかわらず異なった結論に達したのです」というように、すべてをお互いに告白することを可能にしていたもの、そうしたものすべてが崩れ落ちたのである。私はこうした関係をよしとすることは、もうできなかった。というのも、彼女の振る舞いはもはや尊敬できるものではなかったからである。ハンナは誰かに心中を打ち明け、「ハンス・ヨナスのような人でさえ、もう私と関わろうとしません」と言ったという。このことが、あとになって私にこっそりと伝えられた。彼女が私と絶交したのではなく、私が彼女と絶交したのである。当時、私たちはお互いに25キロ離れた場所で生活していた。彼女はニューヨークに、私はニュー・ロシェルに住んでいた。私は週に三、四回マンハッタンに行ったし、私たちには共通の知人と友人がいた。しかし、私たちはふたたび会うことはなかったのであり、言葉も手紙も挨拶も交わすことはなかった。その際に明らかだったのは、それがハンナの決断ではなく私の決断だったということである。この状態がどれくらい長く続いたかは、私にはもはや完全には思い出せない。およそ2年ぐらいだったと思う。とうとうローレが鶴の一声を発し、私に次のように言うまでになった。「ハンス、あなたがここでしていることはやはり愚かなことです。あなたがハンナとのあいだに結んでいるような交友関係を、私なら壊したりはしません。たとえ、最も深い意見の相違が原因であったとしても。ようするにそれはどのみち一冊の本にすぎないのです。やはり、あなたは人間としての彼女をあなたの人生から簡単に切り離すことはできないのです。あなたは彼女ともう一度親しくなるべきです」。そして、のちに

は私もそうした。どのようにしたかは覚えていない——推測するには、私は単純に電話をした。そしてハンナは、次のように言った。「もちろんです。こっちへ来て、こっちへ来て」。そして私たちはふたたび出会った。しかし明らかだったのは、私たちの葛藤についての話し合いを諦めなければならないということであった。ハンナは譲歩しないし、けっして撤回しないことを、私はすでに学んでいた。だから、そのことについてはまったく話さないという黙約が成立していた。このようにして、私たちの交友関係はふたたび急速にかつての交友関係となった——たとえ二人のあいだにはこのようにして回避された隙間があったとしてもである。交友関係については、その後のことは大部分を忘れてしまった。しかし、彼女に関する私のイメージのなかで何かが変わってしまっていた。私は内気な女の子としての彼女と知り合いになった。そうこうするうちに彼女は、非常に権威をもって表現することができるような、そしてとりわけある事柄に関しては忠告に耳を貸す気のないような、きわめて自負心の強い有名人になっていた。しかし、個人的なことにおいて彼女は、かつてそうであったのと同じように、人の心を打つ心のやさしい女友だちであった。

　ハンナ・アーレントについて私の抱くイメージには、また彼女が友人としての誠実さやまったく気負いのない親切心を示す仕方には、私があとになって初めて経験した別の事柄も含まれる。私が彼女の死後に追悼の辞において述べたように、彼女は交友の天才だった[31]。私に関係する一例が美しい仕方でそのことを教えてくれる。彼女の死後、一、二年して、私たちは、ケーニヒスベルク出身の彼女のいとこエルンスト・フュルストにスイスで会った。私は、マールブルク以来すでに彼のことを知っていた。彼は、法律家になっていてテルアビブで生活しており、しばらくのあいだ銀行業で活動していた。彼は彼女の家族のなかではただ一人、法律の教育を受けた人だったので、ハンナは繰り返し自分の遺言の件について彼と相談し、ときどきそれを変更していた。そして、この出会いの際、彼は私に言った。「彼女が遺言状で告白していたことを、あなたはそもそもご存じですか」。私は言った。「いいえ」。「これは、これは。かなりの時間が過ぎました。彼女は私に説明しました。ハン

ス・ヨナスという人がいて、彼は結婚していて3人の子供がいること。彼女が彼の環境、給料、とりわけひどい退職年金の権利について知っていること。彼が3人の子供を大学までやらなければならないこと。その点で彼は援助を必要とする、ということでした」。そのために、彼女は自分の遺言状のなかで比較的大きな遺贈を私に認めていたのである。私はそのことについて何も知っていなかった。のちに、テルアビブを訪れた際のある日、彼女はいとこに言っていた。「私たちは現在はその部分を変更してもいいです。その部分はもはや必要ありません。彼は今は認定されてドイツの退職年金を手に入れました。私はその額の高さを正確に知っています。というのも、私もそれを手に入れるからです」。このドイツの退職年金は、大学教育を受けた人に対する賠償法をドイツ連邦憲法裁判所が新しく解釈したことに基づいて実現したものであり、その年金で利益を得る数少ない人たちのあいだでは「アーレント法」と呼ばれていた。というのは、ハンナは7年にわたって弁護士の助けを借りて以下のことを勝ち取ったからである。すなわち、私たちはナチ時代に大学教授資格取得の直前の状態にいたわけであるが、そのような立場にある私たちが、大学教授資格をすでに取得しその結果として退職した公務員に対する補償法に該当している人たちと同じように取り扱われるという結果を勝ち取ったのである。彼女も該当したし、私も該当した。ひとつかみの他の人たちも該当した。だから、彼女は情報を正確に知っていたのである。しかも、このことは、彼女の人となりの重要な面を示している——彼女は、他人のために、彼女が好きな人たちのために同じように気遣う（Mitsorge）という面である。彼女はそのことについて口外しなかっただけである。二つ目の物語が、このような人間性をもっと目に見えるものにする。彼女にはお手伝いさんがいた。ニューヨーク出身の黒人女性でサリーという名前であった。彼女には息子が一人いたが、小さかったので彼女はしばしば仕事に一緒に連れてきた。ハンナは、その子が知性の高い小さな男の子であることをすぐに発見した。そして彼女は言った。「その子は公立学校に行くべきではありませんね」。こうして彼女は、生きているあいだ中、——彼女が支払った賃金とはまったく別に——その子が私立学校で教育を受けられるように配慮した

のである。彼女の葬儀で最もむせび泣いた女性は、サリーだった。ハンナは稀有な人であった。しかし彼女は、まさにその偉大な性質にもかかわらず、耐えるのが難しい何らかの弱点も抱えていた。この弱点は、彼女が公の人物になったときに初めて明らかになった。彼女は自分に反対する人たちの動機を疑った。彼女のこの点を許すことは、私にとって最も困難であった。彼女を批判した人たちの動機が信頼のおける信念によるものであって、それが多くの場合に事実上正しいものでもありえたことを、彼女は認めようとしなかった。

II
哲学と歴史

第11章　ハイデガーとの訣別

　戦後の私の哲学的な活動はまず、ハイデガーの実存主義哲学からの離反という印のなかに立っていて、私はそれにみずからの生命の哲学を対置した。その原動力の一つはたしかに、ナチ時代におけるハイデガーの振る舞い、1933年5月27日の彼のフライブルク大学総長演説[1]やフッサールに対する下品で恥ずべき態度[2]についてのショックだった。私はロンドン時代に、彼がナチになったことを聞いた。どうしてそんなことが可能だったのかを当惑して友人たちと語り合っていると、事情に精通しているある人が、私がたんに事態の進展に気づかなかっただけだと言って、こう私に尋ねた。「どうして君はそんなことになったのか。僕にはまだ理解できない。なぜそんなことが君をそれほど驚かせるのか。だって、そこに向かう性向はハイデガーの思考に見て取れたのだから。ハイデガーの思考の多くの特徴、たとえば血と土のロマン主義やそれに似たものからすれば、民族的覚醒は彼には肯定に値するものになるのだから、そんなことはけっして本当の不意打ちではない」。この人たちがただ後知恵で語ったにすぎないのか、それとも彼らの言うとおり、そんなことが彼らにはすでに以前から見て取れたのかは私には判定できない。いずれにせよ、ハイデガーから大きな影響を受けた[3]私にとっては、これは、残酷で苦い幻滅だった。しかも彼の人格に関わるだけでなく、そのようなことから人間を守る哲学の力にも関わる幻滅だった。思考の独創性については、ハイデガーは精神史の巨大な人物であり、新天地を開いた開拓者である。この時代の最も深い思想家が旋回して、荒れ狂う褐色の大隊に足なみを合わせたことは、哲学の破局的な敗北、世界史的な恥辱、哲学的な思考の

破産であると思われた。私は当時、哲学は精神をそのようなことから守り、そのようなことに対して不死身にするはずだと考えていた。それどころか、最高で最も重要な事柄に関わることによって、人間の精神は高貴になり、心もまた改善されると信じていた。ところが今や、哲学は明らかにそのようなことはしなかったこと、ヒトラーに貢献するという誤った道からこの精神を守らなかったこと、それどころか、もし私が話し合った人たちが正しいとすれば、この精神に対してその素地を作りさえしたことを私は認識したのである。これはあってはならないことだった。当時のすべての馴れ合いや無節操、便乗主義の理由として、いたるところに愚かさ、眩惑、弱さ、怠惰を挙げることができた。しかし、私の時代の最も重要で独創的な思想家もそれに与したことは私にとって途方もない打撃だった——たんに個人的な意味においてだけではなく、哲学史そのものにおける真剣に受けとめるべき出来事という意味においても。

　だから私は戦後、もうハイデガーとの結びつきを求めなかったし、哲学的にも彼と断絶した。1945年にマールブルクを訪れたとき、私は短時間ルドルフ・ブルトマンとハイデガーについて語り合った。ブルトマンはただ、1933年以来自分とハイデガーには何の結びつきもないと言っただけだった。われわれの会話で、このテーマはさしあたりほとんど何の役割も果たさなかった。しかしのちに、それがふたたびテーマになった。それは1959－60年の次の機会のときのことで、私は家族とともにミュンヘンでサバティカルを過ごし、またあちこちを旅行してドイツの幾つかの大学で講演を行った。そのとき私はハイデルベルクにも行った。そこでの講演は哲学部と神学部の共催だったが、これは珍しいことではなかった。私は、一方ではグノーシスについての仕事で神学者たちに名を知られていたし、他方では哲学者であって、その頃にはすでに、グノーシスの主題とは何の関係もない哲学的な仕事を公刊していたからである[4]。私はそのあいだに世俗的な哲学に戻っていた。ハイデルベルクで私を歓迎してくれた人たちのなかに、福音書神学者ギュンター・ボルンカムがいた。彼は、昔マールブルクでともに学んだ仲間で、ハイデガーの講義にも出ていたが、特にブルトマンのもとで研究し学位をとっ

た。われわれは互いによく知っていた。彼はそのあいだに、ハイデルベルク大学の新約聖書神学の正教授になっていた。私の講演が終わったあと、彼が私のところへやってきた。そして心からの挨拶をしてから、こう言った。「私は、忘れないようにくれぐれも頼まれていた委託を実行しなければなりません。14日前、マルティン・ハイデガーがここハイデルベルクで講演を行いました。そのとき私が彼に向かって、われわれがあなたを待っていることに触れると、彼は私に、あなたに彼からの心よりの挨拶をするように委託しました。そして彼は、私がこのことを忘れないことに大きな価値を置いていると念押ししました。そこで私は彼に、あなたに彼の挨拶を伝えることを約束しました」。

まったく予期していなかったことなので、私は息もつけなかった。私は戦後、ハイデガーとふたたび個人的なコンタクトをとろうと試みたことはなかったし、そう望んだことすらなかった。ハンナとはちがって、私は彼を許していなかった。ところがこの瞬間に、どう反応すべきかを文字通り立ったまま（stante pede）決めなければならなかったのである。30秒ほど沈黙したことを覚えている。脳裏を多くのことがよぎっていった。これが、たとえば「それでは、誰それさんによろしくお伝えください」というような、表面的な所作ではないことは明らかだった。自然発生的なこと、即席の（ex tempore）思いつきのようなことをハイデガーはけっしてしなかったから、この背後には明らかな意図が控えていた。すなわち、われわれがふたたび接触するようになれば、自分はそれを歓迎するということを彼は私にわからせようとしたのである。しかし問題は、差し出された手を私が握るべきかどうかだった。じっと考えたあと、私は結局「ありがとう」という一語からなる答えを出した。言い換えれば、私はこの伝言をもたらしてくれたことをボルンカムに感謝するとともに、「否」の意味も含ませたのである。むろん、これで事は終わりにはならなかった。それは私を安らかにしてくれず、たえず頭のなかをぐるぐるまわっていた。私の行為がはたして正しかったのかという疑いにさえ襲われた。何しろそれはけっして容易な決断ではなかったのだから。ハイデガーが、私の生涯におけるある本質的なものを意味したことは結局のところ消し

去ることなどできないのだから、私のなかの多くのことがその決断に反対したのである。

　そこで、その後まもなくマールブルクを訪れた折に、私はブルトマンに質問した。ボルンカムとのシーンを彼に語ってから、私は「親愛な友よ、どうかお考えを言ってください。私の行為は正しかったのでしょうか。自分自身で確信がもてないので、私はあなたの助言を聞きたいのです」と言った。それに対してブルトマンはこう答えた。「ある話で答えましょう。1948年か49年に、つまり戦争が終わって数年後に、私はチューリッヒに行きました。多くの講演をするようにそこへ招かれたのです。それは、私の戦後の最初の外国旅行で、私はホテルに泊まっていました。ある午後に、突然フロントから電話があって、『ハイデガー教授とおっしゃる方がこちらのロビーにいらしていて、お部屋のほうへお訪ねしてもよろしいか、お問い合わせするようにとのことです』と伝えられました」。たまたまハイデガーもこのときチューリッヒで講演をすることになっていて、ブルトマンがいることを知ったのである。そこでブルトマンは「どうぞどうぞ、その方をこちらに」と言った。そして、ブルトマンは話を続けた。「これが15年来われわれが再会した初めての機会でした。というのも、1933年からわれわれはもはや言葉を交わしていなかった——手紙でも——からです。彼がやってきて、話をしました。しばらくして、私は彼にこう言いました。『マルティン、今がその時期だよ、君はもう公式の説明をするのを延ばすことはできない。われわれは君にそれを期待している。君は、君自身とわれわれに対してそうする責任があるんだ。君が1933年に公式に表明したことに対して、今度もまた公式に君の考えを表明し、本当に撤回しなければならない』。ハイデガーはそうすると私に約束しました。ところが、親愛なるヨナスさん、親愛なる友よ、そのあいだに10年が過ぎましたが、彼はそうしませんでした。そうしますと、ハイデガーが当時言ったことから公式に距離をとっていない限りは、あなたの反応が唯一正しい反応だったのです。これが私の答えです」。

　ブルトマンはこのように話すことで、私——ユダヤ人としての——と彼とでは事情が異なるということ、そしてもし彼が私の立場だったら、彼も接触

を拒否したであろうということを言いたかったのである。ハイデガーは、ドイツの民族的高揚と国家社会主義のプログラムに一般的に賛成することによって、またフッサールに対する彼の扱い方やそれに似たことによっても、ユダヤ人排斥に関与したけれど、ブルトマンに対しては何か特別な非行を犯したわけではなかった。ブルトマンは、私よりもたやすく彼とふたたび手紙を交わし合うようになることができた。のちには、さらに「古きマールブルク人の会」が生まれるまでなった。年に一度、1920年代当時の人々、ハイデガー・ブルトマン時代をともに体験した神学者と哲学者がマールブルクに集まったのである。ハイデガーは通常そこにやってきたし、そのあいだにみな立派な地位のアカデミカーになった私の昔の学生仲間の多くもそうだった。もちろんブルトマンも参加したから、彼らはそこで再会した。たしかに、それはもはや昔の友情ではなかったが、それでもともかく関係は復活した。しかしブルトマンは、私の場合は事情が異なっていて、新たに会うまえにハイデガーの撤回を要求する権利があると感じていたのである。

　私は長年この助言を守ってきた。ハイデガーの80歳の誕生日が近づいてきたときに初めて、私は自分にこう言った。「彼は、今世紀の最も重要な思想家の一人であるばかりではなく、私が他のどの哲学者からもないほど学び、哲学的な影響を受けた男である。これは、私の生涯における、私の哲学的な実存における消すことのできない大きな事実なのだ。彼が死ぬまえに、やはりもう一度会いたい」。そこで私は、ドイツとスイスを訪れた際に、ベルンからフライブルクの彼へ手紙を出した。その後まもなく、彼がたまたま滞在していたチューリッヒから手紙の返事を受けとった。私の手紙の書き出しの言葉は「謹啓　ハイデガー様　あなたに私の手紙が友好的に受けとっていただけるとは思えません」となっていた。この言いまわしは、そのあいだにニュー・ジャージーのドリュー大学で行われた国際会議で、私がハイデガーに対して批判的な大攻撃を企てたことに関係していた。その機縁となったのは、解釈学の諸問題について、特に福音書神学の言葉に対する後期ハイデガーの役割について開かれた3日間の国際会議だった。ハイデガーははじめ出席を承諾したが、その後それを断ったので、彼の代りに私が開会講演を行うよ

う招かれた——ハイデガーとブルトマンの古い弟子である私は、このシンポジウムを開会するのに理想的な人物であるというまちがったイメージがもたれていた。私はこの委託を受け入れた。これはたしかに、私が非の打ち所なく率直というわけではなかったわずかなケースの一つである。というのも、この機会がハイデガーを肯定し彼に友好的な意図を示すデビューになるだろう、という印象を砕く結果になったからである。むしろ、私は「これこそ絶好の機会だ、仕返しの瞬間だ」と考えた。こうして私は「ハイデガーと神学」という題で講演を行い、それは1964年にドイツ語で出版された[5]。私の導入講演はセンセーションになった。私はスタンディング・オヴェーションを受け、全員が立ち上がり、そして後日「ニューヨーク・タイムズ」は、たった一つの講演で会議の空気が一変し、それ以後ハイデガーよりもヨナスが興味の中心に立ったという大きな報告を第一面に載せた。その翌日私は、「ニューヨーク・タイムズ」の神学担当報告者のインタビューに答えなければならなかったが、それはのちに文化部門の第一面に掲載された。第一面の大見出しつきの正面戦争事件。それはセンセーションであり、ハイデガーの挫折だった。アメリカの神学者たちが私に向かって歓声を上げているあいだは、ヨーロッパ、とりわけドイツとスイスから来ていたハイデガーの弟子たちは完全に打ちのめされた。

ドイツの神学者たちの主な代弁者の一人は、バーゼルの神学講座でカール・バルトを引き継いだハインリヒ・オットだった[6]。単純に言えば、論点となった問題は、ハイデガーの言葉、ただしブルトマンが解釈作業でおおいに利用した『存在と時間』の言葉ではなく、後期ハイデガーのあの神託のような言葉が、神学を分節するのに適切な表現手段であるかということだった。その国際会議のもともとの出発点はこの根本想定の肯定にあった。哲学と仲の良いドイツ語圏の神学者たちの見解によれば、自分たちのキリスト教神学を——新約聖書とバイブルの古びた言葉の代わりに——最新のしゃれた哲学の超モダンな言葉で表現する可能性を、この哲学的思考はもう一度彼らに与えていると言う。かつてヘーゲルに起こったことが、今度はハイデガーに起こるというわけだ。さて私は、この想定をはじめから破壊した。しかも、ハイ

デガーの哲学は、それが生み出した言葉も含めて本質的に深く異教的であり、そしてキリスト教神学者たちには自分たちが何に関わっているのかわかっていない、という反対テーゼで破壊した。そのうえ私は、キリスト教の大義に破滅しかもたらさないような結婚ないし同盟を神学者たちに思い留まらせなければならないのが、逆説的にもユダヤ人、非キリスト教的哲学者でなければならないことを強調した。私はこのことを、後期ハイデガーの言いまわしと思考過程を取り上げ、それに聖書の福音を対比しながら例解した。「神学はひょっとすると」ハイデガーの哲学によって「異質な土地におびき寄せられるのだろうか、その神秘的なヴェールや霊感的な雰囲気によって、端的に、また公然と世俗的である哲学の異教性よりもはるかにその異教性を見えがたくしているだけに、それだけいっそう危険な異質な土地に」と私は聴衆に問いかけた[7]。「神学者とキリスト教徒の友人諸君」と私は彼らに呼びかけた。「君たちは自分の関わっているものが見えないのか。ハイデガーの思考の深く異教的な性質を感じないのか。【中略】この敵が——たしかにけっして軽蔑すべき敵ではなく、世俗的思考と信仰を隔てる深淵について神学は彼に多くを学ぶこともできようが——神学の内奥の至聖所に入るのを、神学が許すことに私は驚く。あるいはもっと畏怖の念を含んだ言い方をすれば、それは私の理解を超えている」[8]。私はまた、ハイデガーの「存在の呼び声」について語ったときに、この呼び声がどれほど分裂的でありうるかを指示した。「哲学にとって不名誉なことに、ハイデガー自身の答えは文書で明らかである。私はそれが忘れられないことを望む」[9]。そしてとりわけ、「存在の牧者」[*1]というハイデガーの人間観を、聖書の素朴な要求ならびに現代における人類の挫折と対比した。「人間は存在の牧者——たとえば存在する被造物の牧者ではなく、存在の牧者だというのだ。神聖な呼び名のこの使い方がキリスト教徒とユダヤ教徒の耳に対してもたざるをえない涜神的な響きを別にしても、人間が自分の兄弟の番人であることにあれほど悲惨に失敗したのに、その人間が存在の牧者として讃えられるのを聞くのはまことに理解しがたい。自分の兄弟の番人であることこそ、聖書が人間に指定したことなのである」[10]。これは、私が行った講演のなかで、修辞的に最も効果的で、しかもまた思想的にもき

わめて入念に仕上げられた講演の一つだった。

　ドリュー大学における私の聴衆のなかに、ウィリアム・J・リチャードソンという名のイエズス会の神学者もいた。彼は当時マルティン・ハイデガーについての大著を仕上げたばかりで、ハイデガーとキリスト教はきわめてよく両立するという反対の結論に到達していた。それは有名な、まことに浩瀚な本である[11]。あの会議から一ヵ月以上経ったあと、ニューヨークのカトリックの大学の一つであるフォーダム大学で例年のスアレス講義[*2]が行われた。この大学で教えていたリチャードソンは、自分の本の出版を機縁としてこの講義シリーズのためにハイデガーについての講演——やや風刺的に言えば、彼の後期哲学のキリスト教的有用性、ハイデガーとキリスト教的神信仰の調停を論じる講演——を予告していた。私の講演のあと、彼は腰を据えて新しい講演を仕上げていた。私は招待を受けていなかったけれど、そのことを聞いて、スアレス講義にやや遅れて——駐車場が見つからなかったので——参加した。ローレと一緒に講堂に入っていくやいなや、私が聞いた第一声は「ヨナス」だった。リチャードソンはちょうど、もともと予定していたことを話したあと、それに続けて「しかしヨナスがこれをすべて変えてしまった」と言ったのである。そうして彼は、最近ドリュー大学で起きたことを報告し、続いて私のテーゼに対する自分の答えを提示した。その講演はのちに「ハイデガーと神。そしてヨナス教授」——このように高貴な社交の場に私が登場したのはこれっきりである——という題で、ある哲学雑誌に発表された[12]。そのなかで彼は、私がハイデガーを完全に誤解しており、正しく理解されたハイデガーは現在の神学的な言葉にとってきわめて重要であると私を非難した。それでもわれわれは、友好的な関係を育み続けた。観客席に私を見つけた彼は講演のあと、小さな部屋に私を招き、一緒に一杯のワインを飲んだ。そして彼はいささか不安げに、私が講演で気を悪くしたかと尋ねた。「ちっとも。とてもおもしろかったですよ」と私は言った。

　もちろん、私の講演はアメリカよりドイツで影響が大きかった。ほんの短期間にその知らせが広がり、私はドイツの幾つかの大学から、当地に来てドイツ語で講演をできないかという問い合わせを受けた。まもなく、大学から

大学へまわる旅行計画がまとまった。私は招待を受け、講演のドイツ語版を書き、そして旅立った。私は特にフランクフルトとハイデルベルクにいたが、ハイデガーの鼻先で講演をするつもりはなかったので、むろんフライブルクは避けた。今でも覚えているが、テオドール・W・アドルノが歓喜したのに対して、ガダマーは刺激は受けたものの、討議には参加せず、そしてのちに私にこう言った。「私はわれわれの友情を賭けたくはなかった。だから、黙っていたのです。けれども私的に、あなたのハイデガー批判はまったくまちがっていると言っておかなければなりません」。ガダマーはハイデガーを擁護した。

テュービンゲンでは講演のおかげで、講堂にいたエルンスト・ブロッホに初めて――そして残念ながら、同時に最後になった――会うことができた。彼は講演におおいに魅せられ、私の論述を喜んで聞いてくれた。翌日、彼は私を自邸に招き、そして私はその日の午後を良いワインとすばらしい会話で過ごした。彼は当時、機知のある老人で、おおいにユーモアをそなえていた。総じて私の講演は、どこでも大きな賛同――部分的には、他人の不幸を喜ぶ意地の悪い賛同もあった――を得た。人々は、ハイデガーに対するある種のルサンチマンをやっと発散することができた。ハイデガーに反対することも不作法ではなく、ふたたび許されるようになったのである。私の講演のことは新聞でも報じられたので、ハイデガーはもちろん知っていた。その年の秋リチャードソンは、ハイデガーをトットナウベルクに訪ねた――彼はその著書によってハイデガーに歓迎されていた――夏の訪問から、アメリカに帰ってきた。彼は、ハイデガーが自分にこう嘆いたと報告してくれた。「私の以前の弟子ヨナスが当地でこの夏か春に、私をおおいに攻撃しながら大学を回って歩いた」。しかし本来の嘆きは、「それなのに、私を擁護するために立ち上がった者が誰もいなかった」ということだったと言う。これはもちろん誇張だった。というのも実際、あちこちで立ち上がってハイデガーに味方した人がいたからである。私の「ハイデガーと神学」という講演の巡業はその後、この主題に関する論文を集めた本全体に名前を与えることになった[13]。

やがて1969年に、やはりもう一度ハイデガーと個人的に会うことになっ

た。私が和解を望んだので、私のほうから働きかけ、そして和解は根本的には成立した。私は当時ブルトマンに宛ててこう書いた。「私はマルティン・ハイデガーと、彼の80回目の誕生日が近づいた今やっと和解し、二、三日前にチューリッヒですばらしい会話をしたことをあなたにお伝えしたいと思います」[14]。われわれの再会はもちろん、本質的に言って、マールブルク時代の思い出の短い交換にすぎず、私にとって決定的な事柄は語られなかった。1933年以後の出来事について、ナチス・ドイツにおけるユダヤ人の境遇や私の母の運命について一言あるかもしれないと期待していたならば、私はあらためて苦い幻滅を味わったことだろう。私は自分に対して、この会見によってハイデガーとの関係をめぐる格闘に決着をつけたが、彼の側からの説明、いわんや遺憾の言葉はなかった。われわれ二人を長らく隔ててきたものは、沈黙におおわれて残ったのである。

第12章　生命の価値と尊厳
――有機体の哲学と責任の倫理学

　グノーシス書*¹と、これに補遺として添えた論文「グノーシス主義と現代ニヒリズム (Gnosticism and Modern Nihilism)」――この論文で私は、古代グノーシスと実存主義の世界・現存在理解とが同系であることを指摘した¹――は例外であるが、私がアングロサクソン圏で公表してきた最初の数々の著書で扱ったテーマは、それまでドイツ語で取り組んできたテーマとはまったく異質である。当時、英語への言い換え［の苦労］は、「ロンドン・タイムズ」を読み、デーヴィッド・ヒュームやジョン・スチュアート・ミルに代表される英語の哲学文献を講読することで準備ができていた。だから私がかつて、パレスチナで進行していたヘブライ語化の試みに遭遇し克服しなければならなかったいろいろな問題に比較すればたいしたことではなかった。ドイツには、深遠さと、文学としてはおぞましいばかりの複雑さとを混同してしまう文化意識が見られるのに対して、アカデミックな英語の散文には、単純さとわかりやすさをドイツに比べはるかに重視する伝統がある。この伝統が役に立った。だから私は著述にあたり、ドイツ語を使うときよりも、自分の思想を鋭利かつ明確に表現するためにいっそうの努力を払った。ドイツ語の著書の場合には、私はまだ気が向くままに、たとえばハイデガーやカントの隠語を使って自分の考えを表現していた。［英語による著述の］内容としては、私は引き続き自然科学に取り組んだ。その取り組みは戦争中に始まった。具体的には、自然科学が現実性、特に存在の本性［自然］について教えてくれる事柄に取り組んだ。エルサレムに在住したときにすでに私は、ブリティッシュ・カウンシル (British Council)*²が主催した講演シリーズに参加し、哲学と自然諸科

学との関係について語った。そして私は、イスラエルで過ごした比較的激動の少なかった時分にはまだ着手できずにいた一つのプランを携えて、戦争から戻った。カナダに落ち着いてから英語で著した最初の論文は、「神は数学者であるか」というタイトルであった。そのなかで私は、古典的な創造観念やユダヤ・キリスト教的な超越理解との対決を試み、哲学的な生物学へのアプローチを表現した。その論文はのちに、自著『生命の現象 (*The Phenomenon of Life*)』[2]の重要な一章となった。

　それ以来私は、いろいろな機関誌で個々に論文を公刊し、特に有機体の哲学に取り組んだ。1945年以降では最初になるヨーロッパ旅行に機会を与えてくれたブリュッセル国際哲学会議で私は、「動物的魂の原動力と情緒 (Motivity and Emotion on the Animal's Soul)」のタイトルで発表を行った。これは、植物存在や人間的なものから区別された、本来的に動物的なものの本質をテーマにする研究である[3]。それはほぼアリストテレス的と言ってよいようなテーマである。エルサレム出身であったナータン・ローテンシュトライヒ (ヘブライ大学の典型的なカント学者でフーゴー・ベルクマンの後継者) が私に尋ねたことをいまでも覚えている。すなわち「動物の魂に君が本当に関心をもつのはどうしてか。それは哲学のテーマなのか」という問いであった。動物の魂は、彼の目からすればまったくどうでもよいものであった。ボストンでのアメリカ哲学協会のある会合で私が行った最初の講演は、アルフレッド・ノース・ホワイトヘッドを批判的に扱ったものである。ホワイトヘッドは、私の哲学にとってますます重要になった。当時私は、決められた時間を守らなくてはならないとナイーブに信じ込んでいたので、「因果性と知覚 (Causality and Perception)」について簡潔で念入りに書き留めておいた論文を講述した。その論文は、私が新たに獲得した存在論的な手法でカント的な問題を扱ったもので、その手法は、ホワイトヘッドの哲学から手に入れたが、ある意味ではその哲学を飛び越えていた[4]。テキストはあらかじめ送付され、多数複写された。だいたい20人から30人になる聴衆のなかに、最前列に座ってテキストを手に、私の講演を熱心に聴き、講演後に祝辞を述べてくれた人がいた。あとでわかったことだが、その方はホワイトヘッドの弟子であり、その頃、アメリカ合衆

国ホワイトヘッド学派の正式の代表者であった。たしかにホワイトヘッドは、アメリカの哲学界で国民的な名誉ある地位を獲得してはいなかった。というのは、形而上学を真摯な哲学的テーマとするような輩は、実証主義的であると同時に分析論理的でもあるアメリカ哲学の風土のなかではよそ者であったからである。だが彼は、門弟グループがアメリカ全土に散らばっている有力な人物であった[5]。私自身も、ニューヨークに在住した頃は、ホワイトヘッドについてゼミナールや講習会を提供したアメリカでは少数の一人であった。

　私は、ニューヨーク内外での学術的な機会にいろいろな講演を引き受けることで有機体の哲学という私のパズルをさらにさきに進めた。重要な転機は1958年に訪れた。アルヴィン・ジョンソンの決断力と創造力に溢れるヴィジョンにより1933年に設立されていた亡命大学 (University in Exile)[*3] は、1958年に25周年記念祭を迎えることになっていた。私はその3年まえにやっと、ニュースクールの最新参者として参加したばかりであったが、私に学術記念講演をするようにと依頼があった。「理論の実用的効用 (The Practical Uses of Theory)」について話をすればよいと勧めたのは、たしかアルフレッド・シュッツであった。彼に神の祝福がありますように［彼がいなくなってせいせいしたよ］。つまり、そのテーマは私の思いつきではなかった。だが断る理由は何もなく、逆に「そのテーマは実に真剣に考え抜かなくてはならない」と考えた。そこで、私にとって一般的意味ではけっして新しくなかったが、まだ考え抜かれても概念として際立ってもいなかった事柄を、この記念式典を機会に初めて概念的に明確にした。古代的意味の認識と近代的意味の認識とのあいだには、役割の根本的な区別があることを明らかにした。アリストテレス、プラトン、そしてストア派が展開したような存在の観照には尊厳があった。今やこれに代わって、まえもって実用的な応用に、しかも自然支配に方向づけられてしまっているような認識が出現した。すなわち存在を認識することはもう、自然を理解することでも、事物の超時間的な秩序を観照することでもない。その認識が取り組むのはまったく逆に、何かをなすために自然を強要することである。その何かについて自然自身が思考することはまったくないであろう。だ

がわれわれは自然をその何かへと、自然から自然固有のやり方を学び取ることで、向かわせることができる。そこで私はこの講演を、二つの成句を対比することから始めた。一つは、アリストテレスの『霊魂論 (*De anima*)』にトマス・アクィナスが施した注釈に由来したものである。そこでトマスが語るのは、人間のさまざまな営みにはさまざまな尊厳があるということである。つまり、一方の実践的な活動は有用のためにあり、他方の理論的な活動は、それ自体のために生起する。だから理論的な活動に、いっそう高位の尊厳がそなわっている。私がこの成句に対比したのは、フランシス・ベーコンに由来するものである。ベーコンは、300年後に、知識の目的を示し、これを賛美した。すなわち、知識は人間に自然を支配するという目的のために見通しをつけてくれる。だがわれわれがこうした知識を獲得できるのは、まず自然から目を離さず、次に実験を試みながら、自然のやり方というものを奪い取るときに限られる。こうした知識が、地上に住まう人間の状態を高めるために自然を超え出ていく力を人間に与える。ベーコンの見方によれば、認識の本来の目標は、たとえばプラトンで認識のエロスが結局時間を超え出て永遠を指示するように、永遠なものを見るということにあるのではない。その目標は自然に対する支配を獲得することにある。人間の王国は、人間により支配された自然という王国である。そうした自然のおかげで、乏しい財しか割り当てられていなかったわれわれ人間の悲惨な状態に、われわれが自然から奪い取ることのできる贅沢がとって代わる。そうしたおかげで、人間の人間に対する支配が余計なものになる。なぜなら、人間が人間を支配する目標はいつも、他人を閉め出し、自然の乏しい贈り物を他人には与えないということにあったからである。続いて私は、近代科学が技術に導いたのはなぜなのかを示した。すなわち、その問題は、知識をわれわれの自由裁量により自然に応用するという問題ではなくて、近代の自然知識がそれ自身の傾向にしたがい技術的結果で効果を発揮しなければならないということを明らかにした。そうすることで初めて私は理論的に、近代技術の本質を近代自然科学の本質から導出した。そして明らかになったのはこうである。すなわち、近代自然科学とともに、休止することのない力学が始動してしまったのである。その

始動の結果として、今ではもう、人間とは古代の例で言われるように馬を駆り立てる御者であるのか、あるいは、たんにほかの力により一緒に無理やり引きずられているだけなのか、この二つの事柄が区別できなくなっているということである。こうして、近代技術の運命的意義と問題性というテーマが、近代自然認識と近代科学の特質という文脈につなぎとめられた[6]。

　この講演は評判になった。そのときシカゴから祝賀会にやってきたレオ・シュトラウスは、私に「この講演こそ、あなたがこれまで話したうちで最も哲学的である」と言ってくれた。さらに付け加えて言うには、「ところで、さきほどの講演は非常に盛りだくさんで凝縮していた。だから、私でさえ、ついていくことができないほどであった。あなたがその内容をもっとさらに練り上げなくてはならないのは、自明です」。この講演はある意味では、私の理論的著作の転換点となった。ところで、よりいっそう重要で、私のきわめて意義のある研究成果に数えられる講演と言えるのは、「見ることの気高さ——センスの現象学的研究 (The Nobility of Sight. A Study in the Phenomenology of Senses)」であった。アロン・グールヴィッチは、珍しくその講演を喜んでくれた。なぜなら、彼は少なくとも現象学の近辺に通じていたからである。そのなかで私が示したのは、われわれの精神的な業と可能性のいっさいを支える有機体的な基盤であり、最高次で最も抽象的でさえある精神性と有機体との結合である。なぜなら、私は、人間に固有である、見るという働きのなかに、触れたり聞いたりする働きのなかよりも、よりいっそうの抽象作用や概念性を見て取ったからである[7]。その講演を聴いたハンナ・アーレントは、講演終了後、私に次のように語った。「これはすてきです。とにかくあなたは長いあいだ生の全体を眺め見つめてきました。あなたの目が見たものを享受してきました。そして今あなたは、見るとは本来どういうことなのかを書き留めたのです」。

　だがローレは、有機体の哲学について著書を書きたいという私の事情をまちがいなく知っていたにもかかわらず、私に対しては不満だった。なぜなら、いつもただ個々の論文ができるだけで、それらの論文を一つの統一的な著作にまとめ上げないでもっぱら断面しか書き上げなかったからである。私は、

60歳を過ぎてようやく著書の原稿を脱稿して、これをシカゴ大学出版社に送った。度を超える綿密かつ慎重な態度をとった出版局は、専門家の審査を求め、2年後になって出版を断ってきた。この拒絶は不当ではなかった。このことを私は後日認めざるをえなかった。なぜならその著書は不必要に難解であり、引き締まった構成であり、しかも体系的哲学的な言葉で書き上げられている結果、その著書の読者層ははじめから限定されてしまっていたからである。

　私は、すでに多くの時間を費やしていたので、その著書を手直ししないで、それまでの数々の論文を事柄に即した観点で配置し直し、『生命の現象——哲学的生物学に向けて (*The Phenomenon of Life. Toward a Philosophical Biology*)』という表題で発刊するよう決意した。それらの論文というのは、そのあいだに豊かに多面的に展開してきた私の新しい哲学の個々別々の断面に手を加えたものである。それらはすでに発表済みのものもあれば、有機体理論の貴重な切子面でもあった。その著は1963年に英語版で、1973年になってようやくドイツ語版『有機体と自由 (*Organismus und Freiheit*)』というタイトルで刊行された[8]。この書は全体的な構想に欠けるから、著述家の目から見ると不完全な形に終わってはいるが、私にとっては哲学的に重要な自著である。なぜなら、そこには新しい存在論へのいろいろな手掛りが展開されているからである。その著書はある意味で、ホワイトヘッドによる『過程と実在 (*Process and Reality*)』[9]と同じような野心に導かれ、同じ基本的な問題性に寄与している。すなわち、事物の心臓部に向かい、存在の本性［自然］を問うという問題性である。現実の本質は有機体がもつ有機体的な存在様式において最も完全に表れるというのが、私のテーゼである。現実の本質は、原子や分子や結晶で表わされるのではないし、惑星や太陽等々で表わされるのでもない。それは生命のある有機体の形で表わされる。生命のある有機体は疑いなく物体 (Körper) であるが、だがそこには、物質のたんなる沈黙した存在より以上の何かが隠されている。一般的に言って、こうした観点から初めて、存在の理論を展開することができる。その際、私に明らかであったのは、そうした観点から問いをさらにさきへ押し進め、さまざまな帰結を跡づけなければならないということである。

そうしてその著書は、いったいどうして有機体の哲学が一種の倫理学に導かないではおかないのであるのか、その理由を説き明かす、そのようなあとがきで終わっている。その倫理学は基本的にはすでに有機体の哲学のなかで構想されており、そのあとで展開が求められている。そのあとがきは、有機体に基づいて基礎づけられるような倫理学が得られるよう、これから努めるという一種の約束であった[10]。

こうした倫理学的反省が現代技術の発展と連関せざるをえないという事情に、私を赴かせるきっかけとなったのは、ある講演への招待である。1967年にボストンのアメリカ芸術・科学アカデミーから、私に依頼があった。ハーバードで活躍する著名な法律家のパウル・フロイントの指示で、ヒト医学・生物学実験の問題についてのボストン会議の際、「ヒトを対象とする実験についての哲学的反省」をテーマに発表するように、との依頼であった。だから私は、私たちの友人であるマグナスがニューヨーク市近郊のキャッツキル山脈に夏の別荘を持っていたので、そこに引きこもり、その地で森の散策をしながら、当時私が直面していた新しい倫理学的問題領域について思索に耽った。この講演は、その後まもなく雑誌『ダイダロス』に発表された[11]。私はこの講演で、期待した以上の世間の評価を得た。つまり数年後に、当時、医の倫理問題も扱っていたハイデルベルク医学会大会で講演を行うように声がかかったほどである。ボストン会議のスピーチでは、私の一般存在論的な反省から具体的な実践倫理学へのいわゆる橋渡しが敢行された。私が注目されていたというのも、とりたてて言えば、会議の始まるに三ヵ月前に、ヘンリー・K・ビーチャーが議長役を務めるハーバード大学医学部特別委員会による見解が公表されていた[12]という事情に関連する。この特別委員会は、死の定義を新たに徹底的に考え直して、不可逆的な昏睡状態にある患者を死んだ人と言明できる基準として使えるような脳死概念を明確にするために、設置されていた。その報告書の見解によれば、死の新しい定義は次の二つの観点から要求されるという。すなわち、現在では、昏睡状態にある患者の生命が、現代の医学手段に支えられ患者の呼吸や循環を人工的に維持することで無制限に強制的に維持されうるのは、問題があるし、また従来の医の倫理や現行

の死の定義が、そうした人工的処置を中断して古来の定義による死を招くのを禁止するというのも、問題がある。だが委員会にとって新しい定義が必要に思われたのは、ヒト臓器への大きな需要があるためでもあった。なぜなら、今日ではほかでもない移植技術が開発されたからである。報告書が論じるには、死の時点を新しく定義して、こうした不可逆的昏睡状態の患者からその臓器をいわば生きた新鮮な状態で摘出できることで数多くのヒト生命を救うことができるというのである。私の講演は、本来のテーマから逸れて、権威ある委員会の手で作成された脳死をもって死の時点とするという新しい定義に対して簡潔に論争を挑んだ。そして、この定義には臓器移植をやりやすくするというどちらかと言うと外部からの関心が一緒に働いていたという点を指摘しながら、この定義に対する私の反対の姿勢を明確にした。私は、こうした［定義の］構想に隠されているかもしれない、いろいろな帰結を描き出して、次のような規則を定式として表した。すなわち、人間には自己の身体に対する絶対的な権利は存在せず、人は誰も他人の臓器に対する権利をもたないという規則である。

　私の寄稿論文が刊行されてまもなく、サンフランシスコ医師団から私に問い合わせがあった。移植医療にとり重要な脳死という定義に、何と言ってもやはり私から哲学的な祝福が与えられることが彼らには大切であった。医の倫理に真摯な考えを抱いているすばらしい医師のサークルにとって、彼らが偉大な進歩だと思ったことに対して一人の哲学者が懸念を表明するのはショックであった。これは問題であった。このサークルと私の出会いは、ヒトラー時代からずっと私と同じ亡命者であったオットー・グッテンタークの手紙のやりとりとともに始まっていた。彼は、哲学的な教養と考え方をもった医師であり、それまでこの医師団のために哲学的良心を具現する人物であったし、私の議論の筋立てに対してはさまざまな異論を直接寄せてくれた。この医師団は、私の考えの誤りを正し、疑念を払拭させることに関心があった。だから、彼らは私をサンフランシスコへ招待したのであるが、サンフランシスコにあるカリフォルニア大学医療センターで私は、とてつもなく実り豊かな一週間を過ごした。私は、医師と患者との、あるいは医師と臓器提供

者との話し合いに同行しただけではない。滅菌処置を受け外科医の手術着を着て、脳の切開手術にも立ち会った。それは無気味なことであった。私は、ある著名な腎臓移植の大家とも知り合いになった。その人は、スイス人サムエル・クンツ博士で、スイス人としては当時珍しいことであったが、アカデミックな医学でかなりの地位にのぼりつめていた。彼は、私に完璧な腎臓移植をまじまじと見学させてくれた。私は、死後に臓器提供者から取り出され空輸されてきた腎臓が、どのようにして血行が保たれるのかを見ることができ、手術を間近で観察することができた。肝心なときになると彼は「じゃ、ちょっと触ってみなさい」と言った。彼は私の手を取って、ポッカリと空いた腹腔のなかに導き、腎臓と膀胱の結合部を触らせながら言うには、「見てごらん。いま腎臓が働いていますよ」。実際に、液体が流れてゆくのを感じることができた。私たちは長い会話のときを過ごし、彼らに大変な苦労をかけた結果、彼らの行ったことが正しく善く高貴であり、基本的にはやはり是認せざるをえない、と私は確信した。職務に献身する医師団であった。彼らの関心事は、自分たちの行為が倫理的秩序にかなうということ、どこかまちがった道に陥ってしまうことはないということにあった。そうしたことがあって、ようやく私は、「時勢に逆らって」というタイトルの追補的な論文を執筆したのである。そこでは、この医師団と私のあいだで合意が成り立つために払われた努力が報告された[13]。彼らが行ったことがすばらしいのには、少しの疑いもなかった。とは言っても、これに対する私の本質的な異議は揺るがないままであった。医師により死亡を宣告された意識のない患者にも、利害関心というものがあるのでないかという異議である[14]。

　私は、ボストンでの講演のおかげで、まもなくヘイスティングセンターの設立特別会員になった。ヘイスティングセンターは1969年に生命倫理研究所として設立され、私がアメリカで公的活動を続けるのに重要な役割を果たした。この研究所で活動することで私は、研究倫理に関する反省を、政策・立法に向けて最高レベルの実践的な意思決定と最初に結びつけた公的団体の一員となった。その研究所が課題にしたのは、医学・生物学の進歩から生じたいろいろな問題をはっきりさせること、言い換えれば、医学実践や保健衛

生制度編成や立法に対する種々の倫理的帰結を定式化することである。重要なのは、そのグループが生物学者、医学者、法律家、社会学者、神学者、そして哲学者からなる学際的な団体であるという点である。そのグループは、作業部会という形で、当面するいろいろな問題を徹底的に検討して種々の助言を与えた。作業部会のメンバーには、ハーバード大学のパウル・フロイント、プリンストン大学の神学者ポール・ラムゼイ、ロバート・S・モリソン、カトリックの哲学者ダニエル・キャラハンがいた。キャラハンは管理職に就いていた。またセンター理事長は、コロンビア大学の心理学・精神分析学者であるユダヤ人ウィラード・ゲイリンであった。ヘイスティングセンターは、人間倫理に対する公的に意義深い利害関心を代弁するとみずから名乗り出た弁護人たちが参画している団体であった。その熱心なメンバーの一人になり、なみいる人々のなかで哲学の代弁者と見られていた私には、そのセンターは一目惚れの対象であった。また当研究所は、公共社会に深く食い込むような大事を実際に個々人のイニシアティブで組織することができるというあかしでもあった。時が経つにつれ、ヘイスティングセンターは、ワシントン議会で当研究所からの代弁者が招かれないことには倫理的問題についての委員会が開催できないほど、その名声を博するようになった。ちなみに、ヘイスティングセンターの最初のメンバーには、私が反対した死の新しい定義のためのハーバード大学委員会で議長役を務めたヘンリー・K・ビーチャーも加わっていた。彼は、医学の研究・実験に精力的に猪突猛進するタイプでは全然ない。病院での誤った実験を暴露することで多大の功績を得た御仁でもあった。付言すると、彼は研究所の創設後まもなくガンで亡くなったが、生前中にすでに、医の倫理への貢献に対してヘンリー・K・ビーチャー賞が創立されていた。彼の死後、この賞を受賞した最初の人は、ビーチャー報告を厳しく批判したハンス・ヨナスその人であった。このことは、この研究所の精神を表す好例である。

　現代科学技術の倫理的諸問題を私が注視するようになったのはヘイスティングセンターのおかげであった。そこで初めて私は、事実的かつ倫理的に私の主題設定に奥深く入り込んできたさまざまな形の技術的進歩の一つが医学

であるという意識を的確にもつようになった。その後に発表した医療倫理に関する私の多くの論文は、当研究所で私の活動が実を結んだ成果であり、ヘイスティングセンター・レポートのなかで刊行された[15]。『生命の現象』を執筆した当時は、私は自分の哲学に実践倫理的な意義があるとは自覚していなかった。私の講演と、これへの反響により、事情が一変した。今でも思い出されることがある。シカゴ出身のある女子大生が私に手紙をくれ、そのなかで彼女は私の論文に感激し、次のように綴っている。「これこそ、私がいつもイメージしていた哲学です。生命に食い込む哲学です。人はいかに生きるべきか、何をなし何を思い留まるべきかという問いに指針を与えてくれる哲学です」。つまり私は、自分の人生で哲学を最初に実践的観点で重要な事柄にさせた討論に巻き込まれた。その討論に加わることで、実際に活動的な人々からなるある種の一団が、哲学というものによって確認を得たり、激しく非難されたりするのを思い知った。彼らは少なくとも哲学により前途が開かれるのを期待した。私は、理論理性の領域から完全に立ち去ったわけではない。だが、このときから私は、カントとともに言うなら実践理性の領域に足を踏み入れ、その地で自分なりの仕方で活動分野を整えた。いずれにせよこれによって晩年に、哲学の役割に関する私の考えは、根本的に変わってしまった。それまで私は、有機体の哲学を携え「理論の実用的効用」という論文があったにもかかわらず、やはり本質的には、哲学がたんにそれ自体のための認識を求めて仕事をする哲学者にとっての何かでしかないという哲学元来の考え方にこだわっていた。それが今では、私は最終的に、次のような役割にずるずるとのめり込んでしまった。すなわち哲学者として、たんに注釈するだけではなくて、ときには当面の実践的な問題に指図や警告を与える態度で臨むという役割である。

　マルクス主義哲学者は、いつも上述のような見解をもっていた。だが、私の観点からすると、マルクス主義の考えでは精神や哲学が実践的利害のたんなる上部構造であるという第二次的な性格をもつのであるなら、マルクス主義哲学者が哲学による指揮への要求権という主権をもった代表者であるとは言えなかった。政治の決定が第一位にあり、そうした決定の哲学的な正当化

と意見表明が第二次的な性格をもつというのは明らかであった。私の場合には、特定の政治的な見解との結びつきはまったくなかった。カトリックあるいはプロテスタントを信奉する哲学者の場合は、そうした哲学者は宗教に結びつくことで、ある種の役割を担う責務がある、と［マルクス主義者の場合と］同じく言い添えることができよう。だが私の場合に問題であるのは、長いあいだ不適切であると考えられてきたこと、すなわち哲学がマルクス主義哲学者の言うように単純に政治的関心の表現であるのでなくて、独立した哲学の立場からこの世の物事や人間の事柄に寄与しなければならないということであった。その限りで私は、こうした私の理論的仕事の最終局面を、同時に、哲学一般の役割について私の考えが転換してしまったことの表れであると理解する。私が引き出した個々の結論がはたして支持し貫徹できるのかどうか、このことはそれ自体として問題である。だが私にとり決定的なのは、この最終局面で哲学に一つの使命――そうした使命を要求する勇気を哲学はとっくの昔に自分からなくしてしまっていた――がくだされるということである。結局、これはカントにあてはまることであった。最終局面では、哲学の自己理解の方向転換が問題である。私は、自分以上に適格な人たちがいつか現れて、そうした方向転換をおそらく続行するかもしれない、と一途に期待することができるだけである。

　私の確信によれば――この確信と同時に、私はある哲学的テーマにまで到達している――存在についての学説が当為についての学説を伴う。だが、その言はあたっているのであろうか。まえもってはじめから独自の前提により特定方向へと傾かないで、存在の客観的で中立的な学説を表しているような、そのような何か客観的な存在認識から、何か価値論とかさらには義務論とか言えるものを導出できるのか。存在から当為へと移行できるのか。こうした中心問題が私にとり哲学のテーマとなった。それ以来、私はいろいろと倫理の存在論的な基礎づけに取り組んできた。たしかに私は、存在から当為もまた生じることを証明した、と人々に納得してもらえるだけのことを語りえたとは思っていない。だが少なくとも私は、すでに決着済みと思われていたこと、また現代の分析的実証主義的な哲学が哲学的誤謬の一つに数え上げてい

たことを、ふたたび議題に上らせた。そうした誤謬を用いて、哲学の領域で不可能なことが始められた、と分析的実証主義的哲学は考えた。だが私は、あえてこうした危険を冒さなくてはならなかった。つまり、価値をたんなる主観的な決断を超えたものと見なし、存在から当為を導き出そうとする冒険である。なぜなら、私は決定的な点でまったく正しかったと確信しているからである。とはいえ、私の論述がおそらくまた不十分なままであるのは認めざるをえない。つまり、人はいかに生きるべきかについて、特にまた、知と自由をもって行為するわれわれ人間のような存在者が何に対して責任があるのかについて、存在が何かを語ることができるということ、そのことの立証は不十分であると言える。こうした問題が、いまでは地球的な規模をもつようになった。このことは、われわれの力の拡大と関連する。つまり、われわれは力を身につけるようになり、予測できない影響力をもった実に広範囲に及ぶ決断に対して責任を負うようになったということに関連する。そうした問題の哲学的な基礎は、それほど時代に制約されないで、純粋な存在の学説に置かれている。純粋な存在の学説から、「汝為すべきである」や「汝為すべきでない」や「善い」と「悪い」に関係する学説が取り出される。科学技術の時代のために新しい倫理学が求められる。この倫理学は、時代の挑戦に応じる倫理学である。たとえばハイデガーは、そのことを見て取っていたし、そのつぼを押さえようと試みた。だが私には、彼がさらに加えて次のように語らなくてはならなかったのはまったくまちがっているように思われる。つまり彼は、ソクラテス以前からずっと、本来の真理から遠ざかってしまったという西欧精神の運命に思索をめぐらしている。これはまちがっている[16]。だが、必然的なこととして認識されなくてはならないのは、何であるか。それは、人間の現実が変貌し、人間による世界の扱い方が変わってしまったことである。これには、人間の未来の脅威も含まれている。そうした認識を、私の思索は構想する。これに沿った哲学を最終的になしとげるには、さらに大物が出現しなければならないのはもちろんである。私のアプローチは、そのための最初の試みである。

　私は著書『責任という原理』の理論的核心になるはずの種々の哲学的理念

を定式化したが、これはその頃、作成中の原稿をお互いに見せ合うことをせずに、できあがった作品だけを見せ合うという、ハンナ・アーレントと取り交わしていたルールを破るきっかけを私に与えた。何しろ、親と子の関係の論述を含む責任理論を取り扱う章になったときは、私は助言を必要としたからである[17]。その章では、存在と当為との、存在論と倫理学との関連がテーマであった。だから私は、彼女にテキストを渡して「あなたはこれをどう思いますか。本当に聞きたいのです」[18]と述べた。そこである晩、私たちは彼女の家で会ったが、そのとき彼女からは記憶するべき発言があった。「細かいことをあなたにいちいち話し始めるまえに、ただ言っておきたいことがあります。私にはこれだけのことははっきりしています。これは、神があなたと一緒になって目論んだ書です。本当にすばらしく書き上げられています」。それは驚くべき返事であった。ちなみに彼女はいろいろ言いたいことがあった。そうしたことは、政治哲学者としての彼女の立場からすればしごくもっともなことであった。人間の根本的責任が、生物学的に自然秩序により基礎づけられうるというようなことは、彼女はおそらく完全に拒否するところであった。彼女の見方からすると、それ［人間の根本的責任］は、自由によって打ち立てられる関係であり、これは国家的あるいは政治的な共同生活から生まれてくるのであって、家族から生まれ出るものではなかった。彼女はアリストテレスを引き合いに出した。アリストテレスによれば、家族集団という私的な領域とポリス共同体という公的な領域とは明確に区別された。これに固執する彼女は、公共の福祉への責任のようなものは本質的に人為であり非自然であって、西欧的な伝統によると「社会契約 (contrat social)」に基づいているという意見であった。現代の技術が世界規模の危険に至るまでに増大し、われわれ人間は未来に対して責任があるという結論に至った点では、私たちの意見が一致した。だが、彼女の哲学的な基礎づけは、まったくちがっているように見えたであろう。その点で私たちは異なり、その相異について語った。だが彼女は「本当に、それ［『責任という原理』］はみごとです」と述べた。

私には当時すでに、自分の哲学的な信条を告白することで孤立し、おそらく少なくない人々から次のように嘲笑をかうであろうことは意識されてい

た。「それは、非常に時代遅れで、とっくの昔に論破されてしまっている。かつてアリストテレスは、そう考えた。まちがいなく彼は、存在を、より良い存在とそんなに良くない存在、完全性と不完全性、成功と失敗があるという仕方で理解した。だが、自然自身が目標に達するか否か、一般に自然のなかに目標があるという、そのような目的論的な見方は、もうすでに乗り越えられてしまっている。今になって、そのような時代遅れの見方を携えてヨナスがやってくる。まあ、近頃では誰でもあらゆる見方をもつことができる。もしヨナスが、とにかくそうした見方を選んだのであるなら、新アリストテレス主義があってはならない理由があろうか。それは彼の道楽なのだからしょうがない」。なるほど、アリストテレスが私自身の考察にあって重要な役割を演じたわけではない。だが、私の著書『責任という原理』が出版されてからすぐに二、三の人々から「あなたの思想にはアリストテレス的要素が隠れている」と言われた。このことは無視できない。この際、まったくの逸話として付け加えておきたい。『責任という原理』が1979年にドイツ語版で刊行されたとき、これに公然と支持を表明した最初の人たちの一人として、ガダマーがいた。彼はある日、一通の長い手紙を送ってきた。それは、「親愛なるヨナス様　私は、あなたの著書を感謝の念で拝読する読者でありますことを、この手紙で認めたいと思います」で始まっていた。ある箇所で、「あなたの著書により私に明らかになったのは、もともとアリストテレス的なものが、私たちにとってあらためてますます重要になってきたということです」と述べられている。その点はまったく本当のことである。また、ロベルト・シュペーマンは、ラインハルト・レーヴとの共著である『〈何のために〉という問い』が示すように[19]、明らかなアリストテレス的傾向をそなえたカトリックの哲学者であるが、その後、彼もまた私に賛辞を表してくれた。そうしたこともあり、私は自分が新アリストテレス主義に加え入れられることにほとんど抗弁できなくなった。自分自身ではこれに加わらなかったとしても、私が加わることに誰も抵抗はできない。いずれにしても、そこでの仲間付き合いは悪くはなかった。もっとも、その結果として、フランクフルト学派[*4]に数えられている人々のあいだでは、私は保守的な人物と見なされるように

なってしまった。私はドイツ哲学界の在庫にはまったく登録されず、よそ者として登場しただけになおさらである。このことが明るみに出る象徴的な事件は、私に好意的で、ある意味で尊敬の念を示していたユルゲン・ハーバマスが彼自身白状したことであるが、私のアドルノ賞獲得を邪魔立てしたということである。ハーバマスは、私はゲシュヴィスタ・ショル賞 (Geschwister-Scholl-Preis) [*5] を授与されるのがよいという思いであった。彼は、私を自宅に連れていって夕食の際に「そう、ぴったりです。あなたが代表するのは保守的な精神ですから」と漏らした。

　ちなみに、『責任という原理』が与えた驚異的な影響は、私が正しく評価するなら、その原理の哲学的な基礎づけについてではなくて、次のような一般の感情に負っている。すなわち、われわれ人類は何かうまくいっていないのではないか、人類はひょっとすると自然への異常なまでに増大した技術介入を進めるなかで人類自身の生存をまさに賭けようとしているのではないか、という感情である。当時すでに人々はそうした感情から、ある程度注意力のある観察者であるなら、ますます逃れられなくなっていた。そうこうしているうちに広まってきたのは、酸性雨や温室効果ガスや河川汚染や、その他多くの危険な開発に見られるように、われわれはすでに力ずくで自分たちの生命圏を破壊しようとしているという思いである。私は存在の哲学の効用に疑念を抱いているとはいえ、このように時代の脅威に対して生じた恐怖はきわめて理由のあるもので、これにより私の著書はそれなりの成果を獲得したと思われる。私はその著で、もちろん明晰判明にそうした恐怖にアピールしている。それどころか、私はほかでもない「恐れに基づく発見術」を定式化するよう努力している[20]。恐れは、たしかに人間を称揚する感情には属さない。だが、当然の不安や恐怖を感じ取り、この感情に心を開くのは必要なことである。それほど多くの人たちが私の著書に心を打たれたと感じたという事実は、ある種の人類の不安と結びついていると思う。それは、人類が第二次世界大戦ののちに人類自身の力を目の当たりにして肝を潰しているという不安である。大戦後の時代は、煎じ詰めれば、原子爆弾の衝撃と同時に始まった。私の著書が1979年に出版されたのが遅きに失していなかったのは

どうしてなのか、私は今でもわからない。なぜなら、知識人なら誰でも物事がどういう方向に進んでいたのかは、基本的には、10年前にすでに知りえていたであろうからである。今でも覚えている。私が受け取った最初の論評の一つは、ニュー・ロシェル出身のガールフレンドによるものであったが、彼女は「10年前に出版されていなかったのが、残念です」と述べた。彼女の言うとおりであった。なぜなら出版のための状況は当時すでに整っていたからである。諸般の情勢がどうなのかを認識し、そうした書を著述するために特に預言者的才能が必要なわけではなかったであろう。だが当時、私はまだそれほど用意ができていなかった。[自著が]効果を発揮したのは、時代の風潮であった。他方、[自著で]本当に独創的であり、哲学的視点についてある種の修正を意図した部分は、ほとんど注目を浴びなかった。

　私は当時、『責任という原理』をできるだけドイツ語で著述したが、もともと英語で書かれていた若干の部分を採用し、これらを改訂し各章に組み入れた。ドイツ語で著述しようという決意は、次の事情に関係があった。つまり、新たに修得した言語で同じように表現するには、私にとって母国語によるよりも相変わらず二、三倍の時間が必要であったという事情である。私は有機体の哲学のときのように、不完全な著作原稿を引き渡すつもりにはならなかった。当時、70歳代に入っていた私は、まだどれだけの余生があるのかわからなかった。だから、よりスピーディーに進める道を選んだ。ドイツ語で書くなら、私は、苦もなくすらすらと書き記すであろう。けれども、約7年の月日が経過した。1972年に初めて私は夏期休暇で引きこもり、自分のために休息場所として選んでおいたイスラエルに向かった。その地の別荘に招待されたが、そこは面倒見が良く、まったく心を乱されずに暮らせるような田舎であった。さらに言えばその地は、たえずいろいろな情報が私に押しよせてくるようなアメリカやニューヨークからずっと離れていた。別荘の所有者は、ゲルトルート・フォイアリングと呼ばれていた。夫の名であるイザーク (Isaak) にしたがい、その村は、ベート・イツハク (Bet Jizchak) と命名されていたが、彼女は、イザークの未亡人で富裕な婦人であった。イザーク・フォイアリングは、スウェーデンの大鉱山所有者で、彼の遺産をゲルトルートが

相続した。彼女は有能な女性実業家で、大慈善家でもあった。この村に彼女は知識人たちのためのゲストハウスを設立した。邪魔されずに自分たちの仕事に専念しようとする芸術家や学者たちのための施設であった。彼女はゲルショム・ショーレムを介して私を知っており、ある夏私を招待し、これを私は受け入れた次第である。そこで私は執筆を始めた。だが、原稿ができあがるまでには、イスラエルとスイスの俗塵から隔絶した仕事場で、もっとさらに滞在を続ける必要があった。

　その後、1978年に私の友人ドルフ・シュテルンベルガーが70歳の誕生記念日を迎えた。フランクフルト近郊にあるノイ・イーゼンブルクの結構なガスト・ホーフで盛大な祝宴パーティーが開かれた。屋外であったが、ドルフは私たちを紹介した。「この方は、私の出版社のジークフリート・ウンゼルトさんです。こちらは、私の友人ハンス・ヨナスです。ウンゼルトさん、ヨナスから何かを引き出したらよろしいですよ」。そこで、ウンゼルトは私に尋ねた。「あなたは今、論文を何か書いておられますか」。私は「はい、本当に。私は科学技術と倫理について論文を執筆中です」と答えたら、「それは興味がありますね」と彼は続けた。それから一ヵ月して、この夏の旅行から家に戻った私は、彼に一通の手紙を書き、私たちの出会いを思い出して、私は著書の一ないし二章と著書全体のアウトラインを送付できる状況にある旨を知らせた。その後、彼はこれを自分に送るよう要求してきた。それは、意欲満々の経営者とはどういうものかを示すものであった。というのは、一週間以内に私は、「はい、書物を受けとりました」という回答を得たからである。彼はすぐに私の著書に魅了された。彼は哲学者ではなかったが、勘があった。ウンゼルトだけでなく、彼の出版社の仕事仲間たちのあいだでも私の著書について、ある種の興奮が渦巻いた。出版社を私が初めて訪れたときは、すでに印刷が進行していた。ウンゼルトは、私たちを招き入れ、フランクフルター・ホーフに泊めてくれた。格別に高級なホテルである。彼にはきわめて有能な原稿審査担当者がついており、その担当者が彼に向かって「この書は残された20世紀のための私たちの倫理学である。だから、もちろん特段の努力を払わなければならない」と語るのを私は耳にした。その審査担当者は迅速な

出版、あるいは発行部数との関連でそのようなことを言ったのかどうか、私は知らない。だが、「おや、おや、それは何とまあおおげさなこと……」と、私は思った。その機会にジークフリート・ウンゼルトは、ローレと私を乗せたジャガーでフランクフルト中を乗りまわし、私たちに数々の名所を案内してくれたが、パウロ教会も含まれていた。そのとき彼が言うには「この教会で毎年、ドイツ書籍出版業界平和賞*6の授与が行われます」。このことを私たちは知っていた。なぜなら、私たちの友人であるパウル・ティリッヒがその教会でその賞を受賞していたからである。カール・ヤスパースがその賞を受けたときは、ハンナ・アーレントが空路はるばるやってきた。なぜなら、彼女が賛辞を述べることになっていたからである。彼女は、後日そのことを私にくわしく話してくれた。私たちがその教会を通り過ぎたとき、ウンゼルトは「いつか、ここであなたもスピーチをしてください」と付け加えた。私たちがホテルに戻り、彼が私たちに別れの挨拶をしたあと、「パウロ教会で彼が話したこと、あなた聞きましたか」とローレが私に話すのであった。私はもちろん、「うん、そんなのお世辞だよ」と答えておいた。だが、神の業とは何たることか。ウンゼルトは正しかった。なるほどパウロ教会ではなかったが、ドイツ書籍出版業界平和賞［の私の受賞］については預言が的中した[21]。

　1987年10月11日、この賞の授与にあたりロベルト・シュペーマンが賛辞を述べ、私は「技術、自由そして義務」という演題で人間の地球規模の責任について講演した[22]。この授与に関連して私は、母校であるギムナジウムを訪れるようにというメンヘングラートバッハ市からの招待を受け入れた。母校で私は過分の栄誉に浴した。1921年当時の私のアビトゥア［大学入学資格試験］論文が自分に手渡されたのは、私にとり何よりの喜びであった。その論文は、ヒトラーの時代とあらゆる爆撃をかいくぐり生き延びてきた書庫のなかで再発見されたものである。手書き原稿のままであった。それがいまでも目のまえに存在するのだ。教員のコメントも、「優秀」という最終評点も、一緒に添えられている。ギムナジウムで、私が優れたできの良い論文を書き上げたのを、私は思い出した。テーマは、「どこか遠くへ行きたいと憧れ、

急いで飛び立つつもりのようだが、あなた自身にも他人にも誠実であれ。そうすれば狭いところもたっぷり広い」であった。それは、ヨハン・ヴォルフガング・フォン・ゲーテの詩句であった[*7]。私はこの論文に、アルトゥル・ショーペンハウアーやとりわけカントにも言及し、それまでみずからのうちに吸収してきた哲学のいっさいがっさいを詰め込んだ。思索過程の全体が、ある長めのゲーテからの引用文に絡みついた。すなわち、盲目のファウストが作り出す新開地についての彼のスピーチに絡みついた。それは、ほかでもない、私が平和賞受賞演説の冒頭とした引用文でもあるのだ。その［引用文の］中心には、地上の主としての人間が所持する責任があった。アビトゥア論文で、私はすでに責任の概念をおおいに強調して使用していた。ファウストのこうした技術の勝利は次のとおりである。

「うちには　ここに楽園の地
外には　心の縁までも荒れ狂う高潮
潮が猛々しく侵入しようと食いついてみても
共通衝迫は空隙を塞ぐよう急き立てる
そう　私はこの衝迫に服する
これが知恵の最後の頼りだ　自由そして生命を得るのは
日毎に獲得に努める人だけなのだ
そのように　子供も男も年寄りも危険に囲まれ　有為に年を過ごす
そうした群れを私は眺め
自由な土地に自由な民と一緒に立っていたい
すぐさま　私は言うでしょう
どうか留まってくれ　あなたは美しいのだ
大地の日々の私の痕跡
永劫に滅びはしまい」[*8]等々。

私は、当時すでにこの詩句を暗唱していた。この部分を私はアビトゥア論文で引用したが、［平和賞受賞演説では］これにまったく異なる解釈を与えた。

すなわち私は、たんに、こうした自然支配がどのような危機に導きうるのか——これは『責任という原理』の根本テーマである——、これに対する不安に立ち入っただけではなかった。さらにまた、人間には途方もない責任が課せられているというモティーフをも論じた。66年経ってまったく同じ古芝居に立ち帰ったとは、ちょっと驚きであった。私はローレに語った。「ああ、いったい私の成長は止まったままなのか。数十年間ずっと、少しもさきに進まなかったのか。あのようなことを、当時私はすでに語っていたのか」。

ところで『責任という原理』に対しては、一様に肯定的な反響があっただけではなかった。振り返ってみると、私の思考には政治的な含意があるのではないかという問題、すなわちユートピアの断念や、未来の挑戦に対応する力がデモクラシーに欠けているのではないかという懐疑が、たしかに最も重大な議論の的になった[23]。だから、こうしたつながりで私は哲学と政治との関係について何かを語らなくてはならないであろう。哲学が、政治的影響を及ぼし（なぜなら政治は結局、理念が実践に移される領域であるからである）、そうすることで人間の状態を、人間が共同生活に基づくからには、同時に規定するというのが、おそらく以前からずっと哲学の憧憬の一部分をなしている。周知のように、これはすでにプラトンの夢であった。もっとも彼は、ここから現実に何かが生まれるかどうかについては、はなはだ懐疑的であった。だが、彼がシチリアの一青年、シラクスの僭主ディオニュシオスを教育するなかで、彼の抱く理念の幾つかを政治支配に転化する機会を得たとき、彼自身が企てた実験は有名である。この試みは、古典的意味では挫折した。なぜなら、そうした試みは基本的に挫折せざるを得ない運命にあったからである。もちろん、哲学が政治の歩みに繰り返し影響力を発揮してきたのは間接的である。皇帝位に就いた哲学者さえも存在した。その名はマルクス・アウレリウスで、一人のストア主義者であったが、彼は義務の遂行というおおいなる理想を除いてはこれといった政治哲学を主張しなかった。それは著しく個人的な哲学である。これは、彼の遺した哲学的著作のタイトルである『自省録 (*Eis emauton*)』[24]が表しているとおりである。彼は人間の魂の状態について瞑想に耽った。また、人間の義務には共同体に対する責任があり、彼自身が世界

の最大の政治共同体であるローマ帝国 (Imperium Romanum) に対する途方もない責任を担ったということに沈思黙考した。それは印象深い著作である。だが、そのなかで彼は政治哲学を構想している、と言うことはできない。その抽象的な反省は彼の道徳感情から生まれたし、また、彼がストア派から受け継いだ道徳基準から生まれた。ストア派の基準によれば、彼には一定の義務が課せられている。だが『自省録』では、民主制、僭主制、そして君主制のうち、どれが人間共同体の最良の形態であるのかということについて、よく考えられているわけではない。幾つもの世紀が変遷するうちに、統治に対する哲学の隠された効果がどのように示されているのか、私には判定するのが難しい。とはいえ、政治哲学を特別に研究していないとしても、私にわかることはこうである。すなわち、哲学は、ルネサンス以来再三再四、最良の統治形態への問題に発言を繰り返してきた。また、たしかに直接的な影響はまったくなかったが、少なくとも哲学的理念の副作用による影響は発揮した。一方にはニッコロ・マキアヴェリが、他方にはジャン・ジャック・ルソーがいる。哲学者には政治的な関心の長い歴史がある。そうした歴史には、現実の政治家や支配者のほうでは一般に、思索者に対する極端な無関心の態度が呼応する。

　哲学史の内部ではいつも、哲学者には実際の権力が備わるべきだというプラトンの理念に反対するような、さまざまな意見が表明されてきた。これについてはたとえば、次のようにわかりやすく書き出すカントの発言が記憶に留められてよい。すなわち、王が哲学者になるか、哲学者が王になるということは期待できないが、だが望むべきでもない、とカントは言う。なぜなら、権力を所有すれば堕落するのは必然であり、これを哲学者は警戒しなければならないからである。これに対して最高に望ましいのは、哲学者が生活でき、哲学を可能にするような共同体が存在することである。それはある意味で、[哲学者の権力] 放棄宣言であった[25]。ヘーゲルは、その点で何か別の考え方をした[26]が、事実上は、近代にあってはたんにフランス革命を提示するだけである。そしてマルクス主義運動の歴史は、哲学者が盾になったのか、あるいはある種の哲学思想が政治活動家の思考に影響を及ぼし歴史的な力と

なったのか、そのどちらかであるということの実例を提供してくれる。ところで、こうした大体において幾分哀愁の漂うような長い歴史の連関では、私の身には何か特異なことが降りかかった。ルソーの場合でもカール・マルクスの場合でも、彼らの政治的影響は意図しなかったことである、と主張することはできない。マルクスの場合には、いずれにせよ政治的なものが優位を占めているし、ルソーの場合でも、自分の理念が現実に影響を及ぼすだろうという考えは彼の思想の本質を構成する基本的部分であったと言える。それでも、いつも問われていた問題は、次のようである。最良の教育とは何であるか。最良の国家形態は何であるか。最良の法律とは何であるか。最良の統治形態とはどのようなものであるか。それらの哲学は、哲学者であれ、なみの市民であれ、臣民であれ、およそ人間はどのように共同生活するべきであるか、という問いに主に取り組んできたと言える。だが、そうした哲学にあっては、人間が自然に対してどのような態度をとるべきであるのか、という問題が浮上することはけっしてなかった。古代初期の地中海文化の最盛期から近代初頭に至るまで、この問題は哲学にとって疎遠であった。どのように人間は相互に振る舞うべきであるのか。この問いが、個人倫理学の対象であったし、ある意味で集団倫理学の対象でもあった。すなわち集団倫理学の道具立ては、人間に最も有益である統治・社会関係の形態はどうなのか、これについて思慮をめぐらす功利主義的な分別であった。

　私も自分の著書で、政治体制の問題に対して相当量の思索を費やした[27]。だが、ある点で私の著書は、政治哲学に新しい要素をもちこんでいる。すなわち、政治的なイデオロギーや綱領草案のいろいろな提示のなかで、どの提示がそれ自体として、人間とその未来にとって最良であるのかという問いは断念する。むしろ私は、そうした問いはどうでもよいものであると言明し、次のように要請した。すなわち、問題はいまでは、いろいろな政治的イデオロギーや綱領草案のうちで、どれが人間社会に対するまったく新しい挑戦を克服するのに最良のチャンスを提供するのか、という問いである。言い換えれば、われわれはいったいどうしたら自然とともに生きることができるのであるか、あるいは、自然はいったいどうしたらわれわれと一緒に共存できるの

であるか、が問われる。私の著書では、いまではもう人と人のあいだの関係が第一次的に問題なのではなくて、上述のような倫理的反省の新規の地平が問題なのである。私はその地平を開示したというのではない。なぜなら、私は、これについて考え始めた多くの人たちの一人にすぎなかったからである。私の著書が、その問題を明瞭かつ精確に提起した最初であったのは明らかである。それはそのとおりである。独裁体制と民主体制との、マルクス主義と自由市場経済との、資本主義と共産主義との相対的な功績とチャンスについて議論した結果、私はあるときは一方の陣営から、あるときは他方の陣営から、左翼の代弁者であるとか、あるいは右翼の代弁者であるとかと決めつけられた。特に、私はマルクス主義に、ひょっとしたら人間盛衰の良き代理人である特典を真剣に認めているのではないか、と非難された。そのように認めると言っても、「新しい人間」の完成という観点ではなくて、はるかに控えめで防御的な意味、つまり人類を破局から守るという意味としてではある。こうした意味こそ、私の判定基準となった。これに対して、ユートピアの問題とか、言うまでもなくプラトンがカントあるいは他の政治に関心のある哲学者と同じように提起した内的な価値問題とかは、［私にとり］副次的であった。たしかにアリストテレスは、種々さまざまな国家形態を議論するのに、どの形態に最も持続性があるのか、どの形態があれこれの基準に照らして他の形態よりも優先されうるのかをいつも熟慮するような、それほど十分に現実論者であった。だが、［アリストテレスの］いろいろな基準のなかには、次のようなまったく新しい基準は全然見あたらなかった。すなわち、さまざまな国家形態やイデオロギーや社会計画、あるいは既存の社会システムのうちで、どれが、以下の事態への最良の見通しを示してくれるのかという基準である。その事態というのは、われわれが脅威にさらされた生命を守るためには、目的論的な可能性の実現を断念するという苦渋に満ちた過程を引き受けるということである。そのかぎり私は、政治哲学それ自体に政治哲学固有の基準にかなうように関わり合うことはなかった。ただ次の［政治哲学にとり］外的な基準だけを強調した。すなわち、どの国家形態が、こうした新しい観点で最良の見通しを提供するのか、という基準である。この問いは未解決の

ままであったのだ。独裁体制はむしろ、われわれが大至急に捧げざるをえない生け贄を市民らに負わせることができる。このことがやすやすと判明したのは言うまでもない。だが、同時にわれわれは、ほかに独裁制に何かを予期しうるのか、どういう恐れが生じうるのかについては、いろいろな経験があった。特に、権力を手中にする者がいったい立場を正しく弁えているのかどうか、という根本問題はいつも残されていた[28]。哲学の新しい課題は突如として、生物学者にも物理学者や経済学者にも共通に引き受けられなければならないものとなった。それは、地球という大世帯の存続に関連した課題である。以上が私の態度であった。私が政治哲学について現実に拒絶した唯一のことは、ユートピア主義であった。人間の完成というユートピア、理想社会の究極的達成というユートピアをなしとげるようなことは、私たちにはできない。そこには危険さえも隠されている。第一に、それは不遜な目標である。第二にそれは、人間のいろいろな予想を緩和するどころか増幅するからには、今日の状況下では破滅に導くかもしれない。私はエルンスト・ブロッホの『希望という原理』に対して、このように反論しておいた[29]。

　私の著書の公的な影響について言うなら、ドイツでは圧倒的な成果を得たが、これに対しアメリカではまったくこうした反響がなかった。それは哲学書を読み、いろいろなテーマを哲学的に伝えるのをドイツ人たちはいとわないということに、部分的に関連している。こうした哲学的思索は、実用的・実証主義的な風土のアメリカではまれである。アメリカではまた哲学は、むしろ言語分析や形式的認識理論に取り組んでおり、世界とその状況と［の認識］をしばしば自然科学者たちに委ねる。このことを具体的に示してくれる一つの実例がある。ジョ・グリーンバウムは、当時ニュースクールの大学院院長であったが、かつて私に語ったことがある。グリーンバウムは、シカゴ大学の同僚に、シカゴではハンナ・アーレントや私の哲学の催しをどのように評価しているのかを尋ねたというのである。グリーンバウムの話し相手の一人は、ハンナと私が行っているのは全然哲学ではない、なぜなら哲学は精確に定義された主題領域をもつ実証科学であるからだと言った。彼が念頭に置いていたのは言語分析と形式論理学であった。私たち両人［ハンナ・アーレ

ントと私］は、こうした軌道で思考していないと。さらに彼は次のように言った。「哲学とはそうしたもの［私の行うようなこと］でありません。そうしたことに勤しむ学部があるべきだというのは興味深いし望ましいことです。これを私は肯定します。だが、何よりまず、それに対して名前を考え出す必要があります。それをどう名づけたらよいのか、私はわからないのですが」と。私は、これを伝え聞いたとき、爆笑した。みごとだ。だから、この地にはまだ、起源的にすなわちピタゴラス学派では一般に哲学という概念で特徴づけられていたことを営むような、そのような少数の化石は存在していた。今では、哲学のこうした根源的内容が流行遅れになってしまったので、今、哲学を営む人々は、私たちが試みたことにふさわしい概念を編み出すべき愉快な課題をみずからに課したのだ。だが、この滑稽なエピソードにはただならぬ象徴がある。アメリカにあっては、たとえばドイツやフランスで営まれるような意味で哲学が信頼されることはない。いずれにしても、私がアメリカにあってまじめに受けとられることは、ドイツの議論におけるよりもはるかに少ない。付け足すなら、エコロジーのテーマがアメリカでたしかに議論されるようになったが、ヨーロッパにおけるほどに緊急を要するテーマでないのは、今に始まったことではない。そのテーマが、ましてや政治的次元で議論されるには至っていない。

　『責任という原理』についての私の驚くべき経験は、私の著書に賛同した最初の反応がほとんど始めから政治的陣営から起こってきたということであった。ただちに公に意見を表明したのは、ヘルムート・シュミットとハンス・ディートリッヒ・ゲンシャーのような政治家であった。ある日、私にボンから電話があり、私がエーゴン・バールを迎えてくれるかどうか尋ねられた。私は彼がどういう人物なのかまったく知らなかった。なぜなら、私はドイツ連邦共和国の政策を遂行する立場には全然なかったからである。彼は私のところへやってきて、私への自己紹介の意味で30分間ほど自分自身について語った。そこで、ドイツ連邦議会の討論では私の名前があらゆる党派により利用されていること、またCDU［キリスト教民主同盟］と社会民主党員とは、それぞれ他党派にハンス・ヨナスの名が独り占めされるのを欲しなかっ

たことを、私は知った。私の著書が現実の政治的帰結に導いたのかどうかが問われているとするなら、私には見せびらかすものが何もない。だが、リップサービスに関わることとしては、ドイツでは次のような注目に値する事例が現れた。すなわち、突如として、哲学書がたんに哲学者だけにより討議され、講堂やゼミナール室で同意、拒絶あるいは疑念で迎えられるだけではなくて、実際の公共的な世界に顔を出したという事例である。それは、どの哲学も本質上願わずにはおれないことである。つまりそれは、哲学者が重要であると見なすある種の洞察を携えて影響力を増し、哲学自身は属さない権力の頂点——この点で私はカントに無条件に同意する——にあっても哲学が聞き届けられるということである。このことが、私にまったく予期しない形でかなえられた。そのようなことを私は、少しもあてにしてはいなかった[30]。思想というものは、頻繁に論評されることで力を増すものである、と私はごまかしはしない。ただ次のことだけはたしかである。思想は、論評されないなら、まったく影響力がないのは明らかである。それに対して思想が多くの人々の口に上るなら、思想が効果を発揮する可能性は、いつもある。その限りで私は、こう言ってよければ、私の「名声の高まり」をたいへん喜んだし、今も嬉しく思っている。虚栄心を否認するのは、もちろん馬鹿げている。どんなに虚栄心を慮ってみても、こうした思慮にまさって、嬉しい気持ちがある。というのもその名声は、次のような期待を私に抱かせたからである。すなわち、『責任という原理』が哲学の練習問題に留まるのではなくて、それが反響を呼び起こし、おそらく少なくない人々に進んで私のテーゼに耳を傾けさせ、それらテーゼを彼らの一般的な思考習慣として受け入れさせるという期待である。こうして、多くのことが得られた。とはいえ、いまのヨーロッパ世界を花盛りにしている体制が未来の脅威を克服するのに適しているのかどうかと問われるなら、私自身は懐疑的で、ときには悲観的な思いにかられる。言うまでもないことだが、私は少なくない人々に不人気となった。なぜなら私は、自由への干渉がないことには、ことがうまくいかない、とはっきり意見表明したからである。このことを一つの実例で示すなら、こうである。われわれはこの惑星上で、前世紀に生じてしまい、今では統計学的に測定可

能な速度で増大してしまったように、それほどまでにこれからさきも世界の人口をさらに増やし続けるようなことはできない。逆に、生態学的に見るなら、今でもすでに人口過剰の状態が、生物圏 (Biosphäre) にはあまりにも度をすぎた負担となっている。だから、人類の増殖を規制するには、あらゆる生活領域で最も私的で人格的な領域に対しても政治システムが干渉せざるをえない。それが自由の制限でないとするなら、何なのか。だが、民主制や個人主義がどんな状況でも現代の挑戦に最も適した支配・生活形態であるというわけでないと公言するなら、ファシズム独裁的の、あるいは権威主義的ヒエラルヒーの立場を主張しているのではないかと嫌疑をかけられるのは言うまでもない。私にそうした容疑をかけたのは、カール・ポッパーその人であった[31]。

第13章 「これらすべては言い淀むことである」——アウシュヴィッツと神の無力

　私のユダヤ教に対する関係は、以下のことについて独自に考え始めたとき以来続いている。すなわち、ユダヤ的遺産に対する現代の同時代のユダヤ人の関係をおそらく一般的に特徴づけているあの矛盾した性質についてである。この矛盾した性質は、私たちがユダヤ的遺産を単純に放棄したり忘却したりしない場合にはいつでも、その関係を特徴づけているものなのである[1]。私の心は聖書に深くとらえられていたが、同時に信心深くはなかった。私は、人格神に対する信仰や、紅海を割きシナイ半島から雷鳴をとどろかせた天地の創造者に対する信仰をもはやもってはいなかった。しかし私には、次のことがわかっていた。すなわち、聖書のある部分は、人間たちにとってきわめて重要であるもの、私が自分を後継者としてそれに結びつけられていると感じるものを秘めているということである。私にとっては、中心にあったのは預言者たちのエートスの発見である。預言者たちは私にとってユダヤ教のメッセージの本来的な体現者であって、彼らはその預言においてその都度の現在に向けて話しているのであり、しかもほとんどつねに、支配的なもの、通用しているものに対立して話しているのである。それによってユダヤ教は、宗教的意識の形成に多大の貢献をしたのである。そして、新しい正統信仰という台頭しつつある原理主義が勝利するかもしれないと考えると、私はめまいがするのだが、そのあいだも、ユダヤ教は未来をもっているのである。それゆえ私は、聖書の伝統をよく知っていた。そして、私は聖書以後のユダヤ教の精神的なさらなる発展についてかなり精通していた。しかし、私は熱心にタルムードを研究したことはけっしてなかったし、私が離散の長い歴史に

おけるユダヤ的思考のさらなる発展について知っていたことは、相当に貧弱で一般的な性質のものでしかなかった。私は中世のユダヤ教における——マイモニデス、ユダ・ハーレーヴィ、サロモ・イブン・ガビロルなどのもとでの——哲学的展開については、少しは知っていた。それにまた私は、近代のユダヤ教の歴史についてはもちろんよく知っていた。つまり、解放とか、同化とか、古いものを引き離さなければならないことを同時に意味する近代文化の習得とかといったものの歴史のことである。古いものを引き離さないように、私のシオニズム的な信条が私を守ってくれていた。これは、なるほど第一にヘルツル的な意味で政治的であったが、私にとっては、ユダヤ的遺産を捨てないという義務をつねに含むものであった。こうして、私の息子に割礼を受けさせることは、私にとっては自明のことであった。また、私たちの子供がユダヤ人であるという意識をもって成長するべきであり、この遺産についてできるだけ何かを経験するべきであるということについて、一瞬のためらいもなかった。

　このようにユダヤ教に帰属することが、私の一般的な世界像とどの程度結びついていたかは、たしかに私自身にはいつも少し不明瞭なままであった。一方で私は、近代の自然科学が世界に関して言わなければならなかったことについての知識を受け入れた。他方で私は、ユダヤ人の運命である結束的性格をますますたたき込まれた。しかし両者は並立していた。シュマア・イスラエル (schma' jisrael)、「聞け、イスラエル」*1 は私にとってつねに摩訶不思議な力をもっていた。私はニューヨークでの宗派間の対話をまだ覚えている。その場では、アメリカのプロテスタンティズムにおいて当時議論されていた「神の死の神学」*2 が話し合われた[2]。そこで私は言った。「私が『シュマア』を朗読するのを聞くと、いまだに私の背筋はぞくっとします」。その際、私がそのとき誰に対して義務を負っていると感じているのか、私には申し述べることができなかっただろう。「私たちの父たちの神」という人称的な言明を、私はもう正しく追体験することができなかった——私たちの先祖たちの信仰を参照しても、それは結局十分ではない。むしろ、事柄の内容そのものが問題なのである。すなわち、私は、ユダヤの歴史のうちに、そして1903年ラ

インの工業都市に生まれたハンス・ヨナスがユダヤの歴史という文脈に偶然帰属していることのうちに、比類のないもの、謎めいたもの、神秘的なもの、結びつけるもの——それどころか私のシオニズムの信条よりも相当深く決定的であるようなものを、何度も見たのである。私はみずからのシオニズムを修正することを想像することはできるかもしれない。だが、 >brit« ［ブリット・契約］〈——神とイスラエルの結びつき——を実際に見捨てることは、私には考えられないことのように思える。この契りの相手側である神のイメージは、私にとってまったく漠然としたままである場合でさえ、そう思えるのである。私たちが精神的、意識的に遂行している、時間に拘束された、私的、個人的な態度決定を超えて私たち全員を結びつけている秘密が存在するのである。

　ところで、ハンナ・アーレントもこのような結びつきを感じていた。私たちがそのことに関して話したとき、かつて彼女は私に以下のように言った。「とても注意に値します。ユダヤ人がいない世界を私は想像することができません。もちろん、私たちがユダヤ人であるとするなら、私たちはユダヤ人であり続けるでしょう」。ユダヤ人であることは、いわば、私たちのうちの誰も脱することを好まないような不滅の性格 (character indelibilis) である。彼女は、イスラエルにおいて国家が耐え抜くかどうかおおいに疑っていたが、私に対抗して、デビッド・ベン・グリオンがかつて言ったとされることを引き合いに出した。つまり、「私たちが建設したものがすべてふたたび崩壊するときでさえ——というのはそれはとても危険にさらされているからである——、私は確信している。ユダヤ人が存在し続けることは、現に生起することによって、次の千年にわたって保証されている、と」。彼女はこれを好意的に引用して言った。「そのような記憶をもった民族」。つまり彼女は自分をこの民族に数え入れていた[3]。私にとっては忘れられない会話が、その後、彼女の家で一度あった。ローレと私が彼女の家で、メアリー・マッカーシーならびに彼女の女友だちと一緒に一夜を過ごした。この女性はローマで生活しており、すぐに明らかになったように信心深いカトリック教徒であった。彼女は、私に対して強い興味をもち、「あなたは神を信じますか」という質問をして、私を挑発した。私は、まだそのようなことをそんなに直接的に質

問されたことがなかった——しかもほとんど見知らぬ人物からの質問である。私は、最初少し途方に暮れたように彼女を見つめ、じっくりと考え、そして——私自身が驚いたことに——「はい」と言った。ハンナはぎくりとした——私は、彼女がほとんど驚愕して私を見つめていた様子をまだ覚えている。「本当ですか」。私は答えた。「はい、結局のところ、はいです。たとえそれが何を意味するとしても、『はい』という答えは『いいえ』という答えより真理に近いのです」。

その後すぐに、私はハンナと二人だけになった。ふたたび会話は神に振り向けられた。彼女は言った。「私は人格神を疑ったことはありません」。それに対して私は言った。「しかしハンナ、私はそのことをまったく知りませんでした。さらに、どうしてあなたが今晩のあのとき、そんなに意外だというように反応したのか、私にはわかりません」。彼女は答えた。「私は、そのことをあなたの口から聞いてとてもショックを受けたのです。なぜなら、私はそのようなことを思いもしなかったからです」。つまり、私たちは二人ともお互いにこの告白に驚いたのである。

ところで、ある日、神学的に意見を述べることを私に強要するような課題が私のところにもちこまれた。私は1961年にハーバード大学の神学部で毎年のインガソル・レクチャー（Ingersoll Lecture）をするように招待を受けた。これは有名な連続講義であり、そこでは毎年一度誰かが——歴史的、神学的ないし哲学的な側面から——「不死」というテーマについて語ることになっていた。パウル・ティリッヒ、アルフレッド・ノース・ホワイトヘッド、ほかの多くの有名な人物たちもここで話しており、ここに招待されることは大きな栄誉を意味した。ところで、不死の問題が神の問題と連関することは明らかである。それゆえ、私は腰を据えて、一つのテクストを書いた。そのなかで私は、まずこのテーマに対する哲学的な困惑を話題にした。この困惑は、私だけを圧倒しているようなものではない。次に、プラトンが私たちに指し示した反省と討論の手段に、つまり神話という手段に助けを求めた。プラトンが言うように、ある種の問いに関しては哲学的なロゴスは何も言うことはできないが、神話はそれについて比喩的に語ることができる。神話という手

段に関して言えば、私はグノーシスの神話に関わった自分の経験を通して、その素養を身につけていた。直接的には言い表すことができない真理であっても、最終的には表現できるという可能性は、グノーシスの神話によって私にはよく知るところであった。こうして私は、自分の講義のために初めて神に関する神話を創作した。この神は、世界創造の過程で自分の力を奪われてしまい、世界の経過のなかでみずからをふたたび見つけ出した。これは、以下のような神の教説なのである。すなわち、神は世界創造の実験によって自分自身の絶対権力を放棄し、いわば生成する世界の手中に身を委ねてしまった。この世界冒険は、神の存在を豊かにしつつも、失敗に終わってしまうのである。それゆえ私は、自分の意志で無力になった神を神学的に構築することによって不死の問題に取りかかったのである。この神が期待していたのは、世界が [神の無力という] この大きなリスクを正当に評価するようになり、神の運命や神の被造物の運命に対しても責任を引き受けるようになることであった。当時、私の結論の内容は次のようであった。「永遠の命もこの場所 (Hier) の永遠の回帰も私たちを待ち受けているわけではないが、もし私たちが、私たちの短い期間に、脅えた可死の隣人の面倒を見、苦しむ不可死の神に対して協力者であるならば、私たちは不死を念頭に置くことができるのである」[4]。ところで、ルドルフ・ブルトマンはこの講義に魅了された[5]。フーゴー・ベルクマンは熱狂的な手紙のなかで私に次のように書いた。「そのことがヘブライ語で言われなかったことは残念なことです」。

　私が示唆したのは、神自身がアウシュヴィッツという出来事によって傷つけられたこと、殺戮のためにヨーロッパのユダヤ人においては、「涙を流すことが人間像の荒廃や神聖性剥奪を上回る高さにあった」[6] ことである。そのことを示唆することで私は、インガソル・レクチャーにおいてすでにアウシュヴィッツへのつながりをつけてはいた。しかし、かなりのちになって初めて、つまりテュービンゲン大学のレオポルト・ルーカス賞が私に授与された1984年になって初めて、私は「アウシュヴィッツ後の神概念」という講演のなかで、私が創作した神話とショアーへの結びつきをふたたび取り上げた[7]。いま、それに付け加えて言わなければならないことがある。これは私が哲学と

いう許された地盤を捨てた「脱線」であるが、この脱線に際しては、私はローレをほとんどいつも敵に回してしまったのである。なぜなら、私が神学的思弁というこの完全にコントロールのきかない領域であえてまえに出るということを考えると、彼女にはあまり良い感じがしなかったからである。誰も反証することができないような領域で公に意見を述べることは、許されていないことであり、どことなく責任が負えないことである、と彼女は見なしていた。彼女はインガソル・レクチャーの際に、すでに私たちの友人アドルフ・ローウェと同盟を結んでいて、私が不死概念を議論する際にアウシュヴィッツを引きずり込むことがないようにしていた。私は当時このテーマを完全に計画的に選んだのだが、それは彼女にとって少し不気味なことであった。なぜなら彼女は、そのテーマについてたしかに私的に熟考することは許されるが、公には許されないと考えていたからである。それは、**実際に**哲学者にはふさわしくない。それゆえに私は、自分の講演のなかでは、そのテーマが哲学者にふさわしいかどうかという問題を未決のままにしておいた。テュービンゲンの大講堂にいた何百人もの聴衆は、私が講演のあいだに感じた様子では、魅了されているようであった。しかし、私をレオポルト・ルーカス賞に推薦してくれた同僚、つまりリュディガー・ブプナーという名前の才能のある比較的若い哲学者は呆然としていた。そして彼は、私の妻に言った。「そのようなことを私は期待していませんでした。ちがうのです。私はそういうことを考えていませんでした」。彼は私を哲学者として推薦していたのであった。そして今や、突然この神概念が展開されたのである。私が１年か２年後にザルツブルクで哲学的人間学に関する講演[8]を行った際には、この同じブプナーがローレのほうを向き、「これは良い講演でした」と言ったときの様子を、私はまだ覚えている。それに対して彼女は「あなたはテュービンゲンの講演と区別して考えているのですね」と答えた。

　テュービンゲンでの公の告白によって、私は「君は神に対してどのような位置にあるのか」という問いを拒絶する可能性を基本的に断念したのである。私は今や語り答えなければならなかった。というのも、世界のなかで神ないし神的なものを信じることができるという深い欲求を、哲学的な洞察や確信

と調和させるほどに、私は小生意気だったからである。私は講演を「みなさん、これらはすべて言い淀むことです」という文章で終えた。そのように、私はのちになって、みずからの立場を弁護するように唆されたときは、つねに次のように答えた。「私は、誰も納得させようと思っていませんし、いま努力して勝ち取っていかなければならない神学的な理論を代表しようとも思っていません」。私は自分自身を納得させたのかどうかさえ自信がない。しかし、私にとって世界とは何かとか、宇宙とは何かとか、地上に生きるとはどういうことかとかについての私の学問的な知識を含めて、さまざまな物事を調べ上げた全調査結果と関係づけたときに、私がなおも神的なもの——それはかつて一度はすべてを光でおおっていたものであり、いまやそれを信じることの可能性がますます困難になっているもの——について受け入れることができる控えめな最大値が、私の言わんとしたことなのである。しかし、私は以下のことについて深く確信している。すなわち、純粋な無神論はまちがっているということ、今となっては私たちにはもしかしたら比喩の助けを借りてしか語ることができないものが、それがないとしたら存在の全体的視野が理解されないままであるようなものが、無神論を超えて存在しているということである。哲学的な形而上学は直接的な神概念を展開することができず、この道はカントの理性批判以来ずっと閉ざされている——それゆえに私の神話への立ち帰りがあるのだ——ように、私には思える。それにもかかわらず、私が信じているのは、世界における神的なものに関する「推測」を行うことが合理的ないし哲学的な形而上学には禁じられていないということである[9]。むしろ、哲学的な存在論は少なくとも神的なものに対する余地を残したままにしておく必要があるように私には思える。それは問うに値する手探りの試みである。この試みのために私は、真理要求を掲げたりはしない。私にとってこの試みがその妥当性を手に入れるのは、この試みが、かつては人類の歴史のなかに途方もない影響を及ぼしたものを簡たんに否認しないことによってなのである。そこには、すなわちたとえば預言者の言葉のなかには、たんなる世界や自然以上である根源に由来するまさに霊感が表現されているのである。以上に加えてその神話は、ある神概念を展開しようと試みる。それは、

この概念を用いることによって、そうでなければ耐えがたいであろうものが耐えられうるようになる神概念である。

　仮にアウシュヴィッツがなかったとしても、神概念に関する私の反省はそのような結果になっていたであろう。しかし、神の信仰とショアーという事件が調和するのかという問いが経験したような、そのような切迫さや鋭さはおそらく欠けていたであろう。ブルトマンがいつも特に格闘していたのは、神への信仰がどのようにして近代自然科学の調査結果と結びつけられるかということであった。そして、私は彼の死後の追悼演説において、そのための道を明示しようと試みた。その際に私も、神の直接的な介入が奇跡という意味で語られるべきであるという主張に対しては反論した。しかし、魂に関する介入は私にとっては思考可能であるように思えた。つまり、預言者のもとにある神の声——「主は私にそのように言った」——は、魂を呼び覚ますことができたのである。そして、神の世界への介入というものが、事物の物質的な推移に関する厳密な自然科学的説明と調和することが可能であるとするならば、魂に関する介入が神の介入の唯一のありようなのである[10]。ようするに、世界の内部で生じた何らかの出来事を神の警告と見なしたりしないよう注意しなければならないのである。

　一例を挙げよう。イタリアの大客船がアメリカの海岸近くで沈没したときの様子を、私は記憶している。ある女性が私に一人の男友だちの物語を語ってくれた。彼は、あの晩は眠ることができずにいて、デッキに行っており、そのせいで救出されたのであった。もし彼が船室のなかに留まっていたなら、彼は他の人たちと同じく溺れ死んでいたであろう。彼女は質問した。「このことを神の介入と見なすことはできますか」。私はそれに対して注意した。「介入する同じ神が他の人たちを溺れ死にさせたのですか」。最高度の緊急事態からの奇跡的な救出として現れる幾つかの出来事を、神のなせる業として叙述しないように注意しなければならない。それに対して、神が世界のなかでみずからを聞き取れるようにすることはありうるというテーゼは、それと別のものである。それは世界を運動させることとは別のことである。世界を運動させることは、物理的有機体であり世界の事物を運動させることができる

人間にのみ可能なことである。神は世界のなかでは人間の精神だけに働きかける。神は、人間の拒絶によって失敗することがありうるのと同じように、人間の精神を通じていわば力を回復するのである。神が魂のうちに聴力を見いだし、神によって啓示を与えられた預言者たちが勝利を収める、ということが言われているのではない——すなわち、とりわけアウシュヴィッツ以後にあっては、ブルトマンが戦ったあの問いとは別種の問題、いっそう悩ましい調和可能性の問題である。しかし、原則的に、超世俗的なものが世俗的なもののうちに入り込んで働きかけることができる、このような関門が存在する——私が神に対してまだ認めている唯一の因果性である。たしかに、預言者たちの歴史を考察するならば、このような仕方で世界のなかで作用するということは軽視すべき事柄ではないことがわかる。私の古くからの友人である無神論者ギュンター・アンダースのような人物が、アウシュヴィッツ以後、そもそも神の存在について語ることをけしからぬことだと感じているということは、私はもちろん知っている[11]。だが、私の思弁がどことなく彼の心をとらえたのだ、とある手紙のなかで彼でさえもが私に告白した。もしかしたら、それ［私の思弁］が、これらのことについて考えを表明するための、私たちにまだ開かれている唯一の道であるのかもしれない——暗示的で、真理要求を伴わないが、世界のなかの超世俗的なもののために余地を残す道である。というのも、人間精神というのは、超世俗的なものが世の忙しさのなかに存在するということの証明であるように私には思えるからである。

第14章　ローレ・ヨナスへの教説の手紙

Nr.1
30.1.44　PAL/8119 BDQ JONAS M
No 35　Ist PAL LAA BTY R.A.M.F.F. *1

　あなたの「哲学的に未熟な精神」が行った一つの異議は、哲学のうえでも十分に根拠のあるものだ。人間が世界に対し目覚めていて、世界を反映し、世界に新しい存在を付与するということを世界は人間に要求する、という命題にあなたは異議を唱える。あなたには、この要求が世界との関係に関する人間自身の要求であるように思われる——それは一つの要求、すなわち**人間が**世界に供与し、世界から人間のもとに戻ってくる要求である、と。いわば、あなたがあなた自身を表しているように、「二重の反映」なのだ。それだけをとればまったく正しい。そして私は、それを人間の側からの事実の描写として受け入れることをためらわないだろう。ただしそれが、別の思考に対抗して二者択一的にもちだされているのでなければだが。二者択一の閉鎖的な意味をまとうなら、あなたの解釈は、この数世紀以来哲学上身についた思考である一般的な前提に基づいている。その前提とは、「要求」はただ人間の自我を出発点としうるというものだ。その前提は、人間の諸現象の内在的な記述からはみだすもので、世界全体における人間の存在の存在論的な問題へと発展する。これに以下のような注釈を加えておく。

　観念論は、すべてを意識に結びつけ、少なくとも世界に意味が帰属する限り主観を世界の根拠に据えるが、その観念論は私にはかなり以前からもう決定権をもつものではなくなっている。世界の実在性は、二元論にまきこまれないなら、物質に次のような機能を貸与する。つまり、一連の進化する生命を、

感覚の活動を、人間を、そしてそれと同時に人間意識の物質——世界——に対する志向性をも、物質自身から生み出すというものである。人間に至るまでの生命の一続きの段階は、世界の明るさ、世界の知覚の高まり、最終的には最も自由でいて最も正確である客観化の広がり、そうしたものの度合のなかに厳密に示される。この過程を経るなかで世界の「映像」はますます完全になる。その映像は、下層動物世界における最もおぼろげな感覚に始まる。いや最も原始的な刺激感覚——そこでは何らかの方法ですでに世界と客体が経験される、つまり、主観的になっている——に始まるのだ。このようにまったく首尾一貫してその都度みずからを高めようとする過程は、次の意味で盲目に起こるようなことはありえない。つまり、その過程は質料的な要素の機械的な置換の結果であり、その置換がさまざまな実体を産出し、その偶然の副産物としてそれら実体に付着する主観的な現象を産出するという意味で、盲目であるということはない。むしろ、とにかく物質がこうした方向で自己を組織化したのなら、この可能性は、もともと物質に帰せられ、世界実体という概念のなかに納められているべきである。物質には力動的な（目的論的な）原因性が働いており、これが世界因果性という概念のなかに納められうるのと変わりがない。このことは存在論全体を変える。実体がこの方向に**自己を**組織化したとするなら、以下のような推論は避けられなくなるだろう。すなわち、実体はこのような方向性**でもって**組織されたという推論である。すなわち目的が実体のなかに置かれたのであり、目的が実体に属しているという推論、つまり「可能性」は実的な性質、実体に付着して作用する性質であるという推論、つまり生命、感覚、知覚、思考は実体のなかに用意されていたという推論、つまり、実体が人間を通じて客観化され、そのなかで実体の根源的な傾向が実現されるという推論、つまり——人間は実体の固有の産物なのだから——実体それ自身が人間において実現されるという推論である。あなたはもう今では理解できようか。世界が人間に……要求すると述べることは、意味がある（擬人観に**すぎない**のではない）ということを。だが、その考えは、可能性の実現とか現実化とかの概念がすでに認められていても、要求という概念を正当化するためには、もっと本質的に完備されることを必要とす

る。もう一度戻ろう。（以下次号）

　　Nr. Ⅱ
　　25.2.44.　PAL/8119 JONAS H
　　No 40　I PAL L.A.A. BTY. R.A.

　繊毛虫は、別の身体に出合うと、この別の身体からただ機械的にではなく、感覚器官において刺激を受ける。そしてそれに応じて、繊毛虫の反応は物理学的なものではなく、生物学的な反応、あるいは行動の反応である。その点で、すべての外的な（機械的な）物体あるいは力のあいだの作用関係は根本的に凌駕されている。感覚にあっては、刺激を与える何かが一緒に表されている。それとともに繊毛虫には客体としての新しい実在の地平が最も狭い隙間のなかに開かれる。その地平は、主観的反射、接触体験のなかでほのかに現れる。同時に刺激を受けるものは刺激のただなかで自分自身を感じる。刺激と反応のなかで、志向しつつあるいは逃げ去りつつ、受け入れつつあるいは拒絶しつつ、刺激を受けた自己は、自己でないものの周辺部に向かって点のように活性化される。それと同時に最も初期の生命関係の二元性が出現する。この出現の前提は、生きている実体である有機体あるいは最も小さな卵細胞さえも、根源的に世界の外に、そして世界に向かって個別化される、質料に対して自立する、ということだ。個別化とは次のようなことである。生命体にとって、それ自身が世界のひとかけらであるのだが、残りの世界は別のものであるということ、外から生命体に接近しながら、あるいは外へと逃げ去る外部のものであり、個々の遭遇においては他の身体（このようなものとして支援したり、侵害しながら）であるということ、全体としてそして地平としては外界であるということだ。ただ外界は、そのなかでみずからを守り通さねばならない生の過程、そして根本的にエゴイズムである生の過程への圧倒的な関心だけのために考慮される。しかしここにはすでに、結局、さらに進んだ生命の特徴のすべてが依拠する原初的な根拠が現れている。宇宙における

その根拠の出現が存在論的革命を特徴づける。そして、もう一度精神の登場において繰り返される。それ［その根拠の出現］は、質料に対する自由という事実である。

　物質の一定の集積として現存する生命ある存在は、これを構成する質料と同一ではない。そして質料の同一性に縛られない。生命ある存在は、それ自身を目的にもつ組織統合の形式である。その形式は、質料をたえず交換し、その交換一般を通じて形式自身の同一性を保つ。それほどまでに、生命ある存在の形式はその質料の存続に対して自立している。この驚くべき事態によって一つの原理が世界のなかへ入り込んだ。たんなる物質の物理学的な世界では前例がないことである。

　たんなる物質は、単純で直接的な同一性の存在、それ自体としてある同一性の存在である。空間−時間−位置の点では分離されうるような、どの量的部分 (Massenteil) も、それが何であろうと、それとは無関係に、ただ実体のカテゴリーの空虚な自己同一性のなかにある。量的部分の存続はたんなる維持である。その同一性は、空間と時間という広がりが連続的であることの一つの機能であり、その形式は、偶有性であり、質料に完全に付着している。つまり、固有の実在性をもたない。量的部分はこれであって、あれではない。なぜなら、**それ**は今ここにあり、あれは今あそこにあるのだから。それはこのものであり続ける、つまりそれはより遅い時点においても同じものである。なぜなら、それが今の場所から新しい場所へと通じているのは、すべての中間地点が不断に連なっているからだ。その連なりは、それを、ある中間地点から次の中間地点へと先へ渡してゆき、そしてどの瞬間においても中間地点の結びつきから解放しない。素粒子の過程の非連続性は、現代物理学の学説にしたがうと、(当該の) 基体の同定可能性を技術的な意味で止揚するだけではなくて、その同定可能性を同一性概念自体の妥当領域のらち外に据える。それというのも、その非連続性は、同一性概念が非生物に適用されるための次の条件を満たさないからである。つまりその内部で諸変化が生じるところの延長形式がいつも変らず安定しているという条件である。この外的な同一性原理を非生物に与えたり与えなかったりするのは、**個別化の原理**

(*principia individuationis*)（空間と時間）だが、この外的な原理以外のものを量的諸部分（Massenteile）はもたない。これが意味するのは、物質においては同一性も個別化も同様に外面的な性格であるということである。この外面的な性格は、物質がその部分をなしている物理学的な世界の全体から一つ一つのものに送り届けられ、この全体によって決定されるということである。

それに対して、生物の同一性は自己自身の不断の働きであり、その形式を活発にみずから作り上げる自己構成、そして自己更新の成果である。

生物の実在は機能であって、実体ではない。生物の持続は生成であって、維持ではない。だが、生物の自己創設が進行するあとに、たえずたんなる維持が残される。生物自身がたんに維持するだけのものになるなら、それは生物であることをやめる。量的部分の固定された質料的な同一性に対して、生物の動的で機能的な同一性が対立する。生成は、固定された同一性を支配下に置く（生成は同一性を縁にして起こる）。生成が力動的な同一性に特有の要素である。

このように生物の実在は、質料の実在のようにそれ自体として与えられたものではなく、どの瞬間にあっても生物自身の創造である。そうするとたしかに生物は、その身体の客体性（Vorhandenheit）からすれば、どの時間の断面をとってもその創造から生まれた具体的な産物であり、この面では諸事物のなかの一つの事物であるかのようである。しかし生物の存在は、産物がその都度あるような客体存在ではなく、究極的には、みずからを‐自分で‐作り出し続けること自身であり、その遂行を除いて何ものでもない。それゆえ、まったくみずからに委ねられており、ひとり立ちしている。そして、遂行がやむときには、即‐自‐存在のなかに、あるいは純粋な客体である実体の無差別のなかに、ふたたび沈み込む。

遂行としての存在は、そこから遂行が行われる中心を、そして多様性と境界を必要とする。多様な状態にあって、そして境界——境界がその存在の統一を外部へ向けて構成する（世界に立ち向かうその存在の特異性）——に至るまで、また境界の内部で、いっさい——有限の量——が、そしてそれぞれがその存在の部分的機能を担う点で、一つの遂行の担い手である。こうした基

本的な分節（それは原生動物の細胞核、原形質そして細胞膜で見られる）と一緒に、有機体の原理が与えられる。有機体の原理にあっては、量的諸部分の無差別的な並存は止揚され、有機体の形式の差異がそれに取って代わっている。有機体の形式の差異は、量的諸部分の無差別性に基づきながらも、存在のまったく新しい次元として、独自の統一と変化のカテゴリーをそなえている。基体の固定した同一性は、それ自体としては変化することがないが、有機体という生きた実体の部分としては、さまざまのグループに分けられることで、形成の原理というものにしたがうことになる。その原理はそれら基体を、有機体の動的な同一性の諸法則にしたがいながら、基体に基づく高次の形式のために利用する。こうした産物としての有機体の形式は、その存在という点では有機体をまとめ上げる形式である。

形式——ここで意味されているのは、自立した、それだけで現実的である形式である——は、生命の本質(Wesenscharakter)である。生命の現れと同時に、質料と形式の相違が存在の領域に初めて現実の相違——この相違は生命のないものに対しては一つの抽象的概念 (Abstraktion) である——として現れる。しかも、存在論的な関係の完全な裏返しを伴っている。つまり、形式が本質に、質料が偶有性になった。存在論的に表現するなら、有機体の構成にあっては質料的な要素は、実体である（質料的要素が特有の次元で引き続き実体である）ことをやめ、ただもう基体であるにすぎない。

生物の形式の独自性は、何よりもまず、次の点に現れている。つまり、その形式はその質料の在庫を一回きりにもつのではなく、質料をたえず受入れ排出して周囲の世界と交換する——その際しかも、形式はそれ自身であり続けるということである。つまり、その質料的な在庫はその都度のものであって、このことが生物の形式に固有の機能である。質料の固定した同一性から見ると、生命の形式は質料のたんなる通過点でしかない。質料がその形式を固有の法則にしたがって通過するのであり、そして形式の外見上の統一は多様な質料の配置にほかならない。しかし本当は、新しい範疇の次元である生命の観点から見ると、形式は関係における現実である。形式は、世界物質によって受動的に貫流されるままに身を任せているのではなくて、形式自身が、

物質を活発に自己自身に引きつけ、自己から追い出し、そして物質から自己を組み立てる。生命のないものにあって形式は、留まり続ける物質の変化する状態にほかならない。活動的な、有機体をまとめ上げる生命のある形式の場合には反対に、形式が同一であり続けるのであり、可変的な質料内容は、そうした形式の存在の状態である。質料内容の多様性は、形式の統一作用が及ぶ範囲である。そして次のように言うことが正しい。つまり、生命の形式が質料の通過点であるというのではなくて、その都度生命の形式を構成している質料在庫の移り変わりが形式の存在過程にとっての通過段階である、と。

　質料的な宇宙においては、宇宙の果てしない、沈黙した、無差別 – 量的な歴史、つまり原子と原子結合の歴史においては、生命もまた物質の「状態」でしかなく、加えてとてもはかない状態でしかないのはいうまでもない。しかし生命は、まさしく逆説的な状態なのだ。そこでは物質がみずからを、物質に基づくが物質とは異なる何か別のもの——生命の形式——の状態にしてしまう。そして物質は、その量的存在が従属させられるような質的な原理というものに活動の余地を与えるという逆説的な状態なのだ。要約すると、そこでは物質がみずからを超越するような状態である。物質の無差別の存在がこうしたことをみずからの母胎から生み出したという事実は、次のような原理が物質のなかに隠されているということを示している。すなわちその原理は、私たちが通常は物質の概念と結びつけていないが、しかし物質を掘り下げて解釈するなら受け入れざるをえない、そのような原理なのである。

　形式の自立性は切り離された存在を意味しない。その都度の質料と形式の具体的な統一は、止揚することのできない世界のありよう一般である。もちろんこの統一は、ここでも、つまり形式が瞬間瞬間に質料的基底と落ち合う場合でも成立している。有機体はつねに、つまりその都度、特定の多様な質料の形式である。しかし物質の領域においては、すでに述べたように、質料と形式を分離し形式をそれだけで措定すること (Für-sich-Setzung) は、実体に偶有する形式の存在からの抽象である。一方、生命の存在論的地平では反対に、質料と形式の相違は具体的なものである。また、[生命の] それぞれの瞬間を切断することで事実上起こりうるその都度の質料と形式の平衡状態は、

形式が生命全体に関連づけられるとたんなる抽象にすぎなくなる。なぜなら、まさに実在の時間経過を切断する個々の断面そのものが、生命体のもとでは純粋な抽象だからである。生命体の形式は、その形式が瞬間的な質料性を継承するなかで実現される。そうした継承が**その形式**を持続させる。そうしてこの継承だけが、その形式の統一の具体化である。ただしその統一は、論理的な属性としてではなく、生産的な遂行としての統一である。質料の総体の現時点は──どの現時点も──その総体を完全に与え、そして理論的な索引としては、どのほかの現時点とも置き換えられうる。これに対して、ある有機体を切断する場合には、物質的にどんなに完全な現‐断面であっても、それが与えるものはすべて、本来のものとしての生命以外のものである。生命の形式はただ時間的なものにおいてだけ、そして生命の機能全体においてだけ認められる。同一時の空間ではなくて、時間性が、生命体の形式全体を媒介する。そしてこうした時間性は、質料の運動や質料状態の継起にとっての時間である無差別の離れ離れ (Außereinander) ではなくて、生命形式そのものを描き出す質的な要素である。その時間性は、いわば生命形式の統一を [質料的な] 基体の多様性と結びつける手段である──このような結びつきが力動的に進行するのは、まさに生命である。

　したがって、質料から物質の形式を抽象化できるということから物質の形式を存在自体として実体化するように誘われるなら、つまり物質の形式の根本的な非自立性を忘れてしまい、抽象的な契機を具体的な存在へと置き換えるなら（多くの哲学の根底にある存在論的な誤解）、それはまちがいである、これとまったく同じように──反対に次のこともまちがっているだろう。すなわち、**生命のある**形式がその質料 (的) 実体とその都度同時に発生するということを同一性として理解することである。自己同一性は、生命のない存在にあっては純粋に論理的な特徴 (属性) であり、その命題はまさにトートロジーである。だが、自己同一性は生命のある存在にあっては、存在論的に内容の豊かな特徴であり、独自の機能として質料 (的) の他性に対してたえず実行される特徴である。

　これまで記述した構造をまとめてみよう。その際に観察された存在論的関

係の転倒を、一般的な世界実体の物質としての少なくとも形式所与に関する存在関係に対比して、評価してみよう——生物といえどもこの転倒**を帯びつつ**ふたたび完全に物質の領域に属している。そうするなら、存在論的な革命について語る権利が認められる。その革命は、質料の新しい存在形式である「生命」が物質の歴史のなかに出現することによって起きた。この革命の原理は、物質の内部における「形式」の独立化であり、すべての純粋に質料的な世界構造にしたがっていては「不可能である」形式の特殊な独立を可能にする——その独立の本質的な特徴、手段、変形について記述するのは生物学の事柄だ。そしてこの独立の展開と上昇が生命の全発展史の原理である。この原理はその経過のなかでさらに進んだ革命をもたらし、革命のどれもが一定方向の新しい一歩である。

　質料由来の直接的な同一性から形式を解放すること、質料の固定した自己同一性から形式を解放すること、質料における、そして質料に対する形式の力動的な固有の現実性。すなわち**自由の**原理は、物理的世界のとてつもない束縛、自己拘束のなかで、初めて光り輝く。太古の有機体的な実体の盲目の運動において、太陽、惑星、原子には未知のものである自由が光り輝く——自由の根源的な原初的な表出であるのは物質交代である。（次号に続く）

Nr. Ⅲ
1944年3月31日（No.52）
私たちの結婚の半年目に、
愛する人よ。のちの日々が
恵まれていますように！

　自由という概念のうちに、私たちは生命を解釈するための一つの中心概念を所有している。生成の秘密自体は、私たちには到達不能である。そこで、推測に留まるのだが——私個人にとっては強力な仮説であるのだが——、生命のない実体から生命のある実体への移行を基礎づける原理は、存在そのも

第14章 ローレ・ヨナスへの教説の手紙　321

のの深みにある自由と呼ばれてよいような傾向であった。だが、最も原初的な生命の構造を記述するなら、自由という概念が即座に適切であるのはたしかである[1]。この記述的な意味において「自由」は、生命そのものの存在論的な根本性格である。そしてまた「自由」は、明らかであるように、生命がより高い段階へと進展する原理——少なくともその都度の成果——でもある。その進展のたびに自由は自由に基づくが、より高いものはより低いものに、より豊かなものはより単純なものに基づいている。自由の概念という術語を使って、展開の全体は納得のいくように解釈することができる（それについてのちほど幾らかの素描を試みるつもりだ）。生命の序幕に現れる、この自由の両極性は、すでに示されたように、形式と質料である（のちに追加の両極性が層をなして重なる）。そして、自由の完全な活動ははじめには物質交代にあって成立している。

　しかし同時に認識しなければならないことがある。この自由が弁証法的であり、その構成には別の側面があるということだ。私たちが気づいたように、形式の自立性は剥ぎ取られた存在を意味するのではない。形式が基体と同一でないということは、形式が質料をもたないということを意味するのではない（質料がないなどということは、世界実体で機能する自由の度合いが問題となるような、そのような基礎づけの階梯の全体を見わたしてみても、どこにも見いだすことができない。なぜなら下方の基礎は、どんなに高く層が積み上げられても、つねに基礎であるからだ）。生命のある形式は、時間的に実在し、その都度質料的に具体的である——しかしこの一度だけの具体性のなかに、つまりこの特定の質料総和との一致のなかに、留まることはできない。生命のある形式にはそれは不可能だ。なぜなら形式の「自由」とは形式の必然性であり、「できる」は「なければならない」であるからである。なぜなら、その［なければならないことの］実行がそれ［形式］が「ある」ことの専一的様態であるからだ。だから、物質交代は、形式の際立った可能性、物質の世界での卓越した優位、同時にその［物質の世界の］必須の課題である。これは生命の根幹における、そして生命の最も原初的な形式における、生命の自由の二律背反である。繰り返そう。生命の形式のなかにはっきり現れる存在論的な自由は、その質料を取り換え

る能力である——「形式は～できる」。しかし形式は質料を、形式がある限り、取り換えないでいることができない。形式は、存在するためには、その能力を実行しなければならない。なぜならこのことがまさに形式の存在であるからだ。なすことの自由、だが、しないことの自由ではない*2。

　形式の質料を取り換えるために、形式は質料をもち、見つけ、これに到達しなければならない。生命形式の実在は新しい物質のたえまない出入りを要請する。この物質は、形式とともに与えられるのではなく、異他の世界に置かれている。そうすることで、生命形式は特別な仕方で世界と結ばれており、世界に出向くよう指示されている。必要に迫られて世界へと指示されながら、生命形式は世界に向けられている。向けられている（世界に対して開かれている）ことで生命形式は世界に関係する。世界に関係することで、生命形式は［世界に］出合う用意ができている。出合う用意があることで生命形式は経験する能力がある。みずからの存在の面倒をみずから見ることにより、第一義的には質料の供給をみずから行うことにより、生命形式はそれ自身から不断の出合いを生み出し、経験の可能性を現実化する。経験しつつ、それは「世界」を「もつ」。世界の所有、すなわち生命の超越——そうすることで必然的に生命はみずからを超えていき、そしてみずからの存在を地平というものへと拡大する——は、傾向としてはすでに、生命の有機体が質料を必要とするということと同時に生起している。生命が質料を必要とするということは、それはそれで生命の形式にそくした質料‐自由に基づいている。かくして生命の事実の弁証法は、存在論的自由（形式‐質料）という原肯定から生物学的必然性（物質交代）という否定へと導き、それを超えてふたたびまた、双方を一つにする超越のより高い肯定へと至る。こうした超越において自由は、必然性を奪い取って、これを世界を所有する能力のなかへと止揚した。

　私たちはまず、必然性の契機に留まろう。この契機は、生命に特有であり、この契機と相補的な関係にある自由と同様に生命の比類のない特徴である。生命の外側にある物質を頼りとせざるをえないということ、すなわち生命の存在論的な自由の裏側は、あの自由自体に劣らず、物理的な存在における新種の現象である。質料それ自体は自由を知らない。個々の質料的実在は、そ

の単純な自己同一性において成立しており、その存在において十分に足りている。それが存在するということ、およびそれが当のものであるところの当のもの［本質］は、たしかに、どの存在をも宇宙全体の部分として制約するような質料的総体の関数であるかもしれない。だから質料的実在が個々に遊離できるというのは、たださしあたっての抽象化にすぎない。しかし、こうした宇宙全体の制約の内部にありながらも、質料の部分的な実在は自足しており、隣接するものとのあらゆる相互作用にあってもこれら隣接のものとたえまなく異なっており、異他の質料を必要としない。生命の欠乏性はこれに対して、みずからの質料的在庫を超え出て、異他のものを潜在的に自分のものとみなしてこれに関係し、潜在的に異他のものでもある自分のものを条件つきでのみ所有する。こうした欠乏性を介した自己超越に、すべての生命の本質である超越性が基づいている。この超越性はより高い段階になると、自己に対してますます広い世界を開示する。［物質に］頼らざるをえないということは、超越の果しうるものの領域を指示し、すべての生命の根本的性格である志向性をもたらす。私たちはこの超越性の分析にのちほど立ち返る。

　私たちは今や、形式 - 質料 - 関係としての生命の自由の弁証法に含まれている二律背反、生命を深いパラドクスの存在にしている二律背反を見届ける。この二律背反は次のようにまとめることができるだろう。

　形式の解放とともに生命にとって根本的な欠乏性が同時に与えられる。その欠乏性は、形式の解放と一緒になって一つの不可分な事態をなしている。物質への関係における自由は、物質交代を営む形式の存在のなかで働いているが、それは事実上同時に物質を頼りにしていることを意味する。しかも、まさに形式による代謝推進力の尺度にしたがっている。しかしその尺度は、他方ではまさに形式の存在論的自由の指数である。みずからの質料との非 - 同一性——肯定的な側面から言うと、自由自体として存在する形式の独自性、ネガティヴな面から言うと、形式と同時に発生する、どの質料性も不十分であること——のために、生命はますます多くの質料と同時に発生する。したがってその非 - 同一性は、固定した質料方程式から解放された、かかるものとして「自由になった」形式の質料性を、総計すると減らすのではなく増や

す。物理学的な同一性の確実性（疑いのないこと）から独自性と自由の冒険のなかへと出て行くことで、生命形式は質料を凌駕している——そして同時にすべての質料にさらされている。この出現は［質料の］共時的な完全性を継時的な現実化のために犠牲に供することによって、［生命における］質料関係は一時的で、それゆえその都度の偶然的なものになっている——しかし、そのことで［質料関係が］ふたたび、広がりを示すことになった。これに劣らずに緊急事ともなった。［その関係は］時間のなかで、質料化を継承することにより重層化する。それぞれの今において、現時点の質料に潜在的質料を付加する地平によって拡張されるのであり、潜在的質料はまさに必要な質料である。無差別の所有から取得 – 必然へと質の面では一段と先鋭化する。生命の真正な性格のすべては、同じように両面的である。どのような概念で一つの事実を説明しようと、その事実のどのような局面をわれわれが強調しようと、そうである。かくして自然に対する［生命形式の］自立性は、有機体に固有な因果性、すなわち機械的でない自律という因果性のなかで獲得され主張されるものであるが、現実には自然に依存するという厳正な代価を払う。そうした依存性は生命のない質料の安定した存在にはまったく疎遠である。もう一度繰り返すと、機能全体が内側に閉じこもるということには、機能の遂行のただなかにあって世界へと開かれるということが[*3]相関するのである。個々の生命の自己は、外界あるいは他者というすべての他なるものにさらされている——しかしまさに対置は「超越」（超越は対置に基づき、そして対立の関係を自己から遂行する）を通じて、外界を——外界として——内界のなかへ受容することとして、あるいは内界が外界のもとで自己の外にあることとして実現される。生命の統一は個体としては世界の連関から抜け出して個別化されている——だが、まさしく個別化は多様な他者と接触する能力を意味する。しかも両者は直接に比例している。つまり、個別性、それゆえ個別化が生命形式の進展のなかで形成されることが決定的であればあるほど、ますます、そして同じ割合で生命 – 自我が接触できる活動範囲は延長と多様性の点で増大する。すなわち生命 – 自我がまさしくその都度中心化され、点結的であればあるほど、それだけその自我の周囲は広がる。そして**逆に**（vice versa）、生命 –

自我がなお自然全体のなかに埋め込まれていればいるほど、自我の差別化が
ふたしかになればなるほど、そしてその中心性が不明確になればなるほど、
それだけ生命‐自我が接触する世界の周辺領域は縮小する。生命は世界から
原理的に距離をとっている。世界の同種性を脱して［生命の］形式は自己を特
殊化し、みずからの特異性へ引きこもった。しかし、まさにこの距離が、世
界へと関連するための次元を与えてくれる。この次元は、いわば必然的とい
える実在関係に根ざしているが、実在関係と一致せずに、この関係を凌駕し
て普遍性（Universität）にまでたどり着くことができる。

　最後に、この実在の虚弱性。それは、実在の自己創設という卓越性の直接
的な裏面である。つまり、自己を構成する同一性は、瞬間瞬間に機能する産
物であって、存続する状態ではないために、不安定で、撤回可能な持続である。
同一性がみずから継続するための創造性は消滅の不断の防止である。その維
持がただ絶えざる修復においてだけあるような同一性は――質料への自由で
はあっても、質料からの自由ではない形式――、はじめからうつろいやすさ、
破滅、死の兆候を示している。生が死すべきものであるということは、たし
かに根本的な矛盾である。しかしこのことは生の本質に切り離しがたく属す
るのであり、生になくてはならぬものである。生は死すべきものである。生
が生であるにもかかわらずではなくて、生の最も根源的な構成の面で、まさ
に生であるがゆえに、そうなのである。なぜなら生命が基づいている形式と
質料の関係とは、このように撤回可能な、保証されていないたぐいのもので
あるからだ。生命の現実、逆説的に言えば機械的な自然にたえず矛盾すると
いうことは、結局危機が継続することである。危機の克服は、けっして確実
ではなく、毎回ただ危機の（危機としての）継続である。自己自身に委ね、み
ずからの業に完全に立脚し、しかしその業の遂行のためには、それ［生命の
形式］が自由に操れない条件、意のままになりえない条件に頼らざるをえな
い。だから外的現実の有利不利に左右されて、世界にさらされていて、世界
に対して、そして世界を通じて、それ［生命の形式］は同時に自己自身を主張
しなければならない。世界の因果性に対して独立していながら、しかし世界
にしたがわされている。質料との同一性から抜け出しながら、しかし質料を

必要としている。自由でありながら、しかし依存している。個別化しながら、しかし [世界と] 必然的な接触にある。接触を求めながら、しかし接触により破壊されやすい。他方、接触がなくなると少なからず脅かされる。したがって、二つの側面、すなわち世界の強靱さと壊れやすさによって危険にさらされて、そのあいだの狭い尾根に立っている。休止の許されない世界過程のなかでかく乱される。有機体としての世界の機能分化は全体としてだけ有効であるが、そのなかで傷つきやすい。世界の中心にありながら死にでくわし、世界の時間性に身を置いて今にも終わりを迎えるかもしれない——かくして生命の形式は、物質のなかでその不遜な特殊存在を、逆説的に、不安げに、ふたしかに、危険に、有限に、死に深く結びつけられて営んでいる。この実在の冒険は、死の不安でいっぱいになって、実体が有機体になることで企てた自由という根源的な冒険をはっきりと際立たせる。生命の始まりのときから支払われ、生命が高度に進化していくにつれ高まってくる不安という法外な代価は、この冒険の意味を問うことを停止させはしない。生命の夕暮れ時に [生命の] 形式を試す実体であるほどに生意気にも、人間がこの問いをもつが、それはただ、生命それ自体の根源的な疑問性が数百万年後に言葉を獲得するだけのことである。(以下次号)

Nr. IV
30.12.44　　PAL/8119 BDR JONAS
No.120　　P Bty., The Jewisch Field Regt.R.A.C.M.F.

　愛する人よ、書簡120。私がまちがっていなければ、私たちが離ればなれになってから、およそ2ヵ月のあいだに30通ほどの手紙を書いている。私はこれを誇らしく思う。君もそう思わないか。そして明日の夜は、多くのことを滞らせたままで1944年に別れを告げ、新年を迎える。1945年について私は何も書くつもりはない——私たちは二人とも、1945年に何を望んでいるかを知っている。今度こそ、私は信ずる。希望は実現されると。私のため

にもう一つ希望を付け加えたい。私の母が生きていて、彼女の息子たちにもう一度会えるという希望を。メンヘングラートバッハがふたたび大規模に爆撃された。ドイツの攻勢は、少なくともさしあたり、止められた。1918年にはドイツの攻勢はさすがにもっと強力だった。私に関しては目下報告すべきことはない。明日はまた旅行。そこで私は、ある目的を果たしたいと思っている。

　さて、精神と事実、そして、精神と有機体的なもの。私は残念ながら、これに関連するあなたの手紙を見つけることができない。あなたは次のように書いている。ただ精神のみが特殊なのであり、動物的なものは一般的なものだ。そして精神だけが興味深い。事実というものはたいがい記述する価値がなく、それ自身意味をもたないか、あるいは不必要である、と。「この観点に立てば、私の固有の実存もまた不要である。私の唯一の釈明は、私が精神的なものを愛しているということだ……」。記述する価値のない事実は、たとえば子供の歯が生えることである──この場合「事実」と「動物的なこと」のあいだを結びつける要素がある。あなたはもちろん正しい。人間の領域において精神は、人間の動物的な基盤よりも、より高度に個別的である。そして個々の個体について、個々の個体は──人間の尺度にしたがうと──ただ精神によるものなのだ、と言うことができる。けれども、生命の領域において、「人間」という有機体の現れは何かとても特殊なものだ。そして存在の領域においては、同様にまた「生命」という事実も、いわば何か比類のない特殊なもので、機械的な自然の数え切れないほどのたしからしいものごとに対比すれば、とてもありそうもないことである。たんに量的にすぎないものに対する質的なものだ。そしてその本質上、個別的である。つまり生命の根本的な構造とは、生命がみずからを中心に置いた統一体であるというありさまで組織化されているということだ。生命はただもろもろの個体の形式であることによってのみ存在 (existieren) していて、最も原始的な生命も最も高度に発展した生命もその点では同じである。つまりこのことを「有機体」という概念が含意している。私は、有機体としての個体について述べているのであり、精神としての個体についてではない。だが、前者は後者の前段階であり、

あるいは後者は前者の上部構造である。そして生命が埋め込まれている存在の領域、生命がみずからを非常に極端に例外的にそこから特殊化したところの存在の領域——物質の領域とは。この物質の領域もまた同じくそれ自体で、どれほど特殊なもので満ちあふれていることか。そして［物質の領域は］全体としておおいに特殊的である。つまり、私たちが個々の要素単位のあいだの差異やすさまじい緊張という純粋な事態を、普遍的な中立化、「エントロピー」に対比すれば、ありそうもないものだと見なすなら、そうである。これを徹底して考え抜くならば、以下のような成果が得られる。すなわち、まったく特殊でないもの、まったく一般的なものとは、実はたんに、差異のない仮定的な根源実体 (Ursubstanz) であるか、あるいは無であるかにすぎない、と。そしてこれ［物質の領域］は、みずからの無差別を守り通すことができなかった。このことは、存在の事実、つまり世界の事実が示しているとおりである、と。要素の段階に見られる特殊化が大量であることに、ここで惑わされてはならない。たしかに、要素的な諸単位が大量であるということ、それら単位を単独で認識できるという同一性が無際限に反復するということは、私たちに観察される質料的な世界というものを、格別に何か量的なものにしてしまう。しかし私は確信している。つまり、個々の電子、あるいは最も要素的な単位であるものが何であれ、それはエネルギー平均化の力に抗して、みずからの分離を不断に保持するという点では卓越した質的な状態を示す、と。ただ、私たちには気づかれないだけである。最終的に、その［最も要素的な単位の］実在とは均等な広がりに対して強奪を働くことである。その結果として、個々の、非常に類まれな濃密化のあいだに**空虚**な空間の巨大な拡張がとり残された。その［要素的諸単位の］莫大な量がこのことをおおい隠している。しかし私たちは、今や興味深い連関に遭遇する。この大量は、より複雑な有機的組織化でもある特殊化の高まりとあいまって減少するということ、そしていっそう個別的であるものはまたいっそうめったにないものであるということである。数十億のバクテリアは合計しても、原子あるいは分子あるいは死んだ自然のその他の形成物に比べれば数では微々たるものである。すべての多細胞有機体は、そのすべてを数えきれないとしても、すべてのバクテリアに対

して微々たるものである。すべての哺乳類は、それらに対して微々たるものである。そしてすべての精神的な個体は……。実際、すべてを眼下に収める量は、高次の質が現れるに伴い減退する——部分的には、[質の]現れのためには個々の場合に多くの量が必要とされるからだ（したがって量はより高い質の組織化に従属する）。そして個別性と稀少性のあいだには累進的な連関が成立する。[個別性の高まりと]同程度に形成物はより近づきやすく、より浸透可能に——「より興味深く」なる。

　さて有機体的なものに対する精神の関係——有機体的なものはただ存在の特別な事例にすぎないのであるから、私たちはその問いを普遍的な形で投げかけよう。諸事実に対する精神の関係。すると、ここでの根本的な真理は、精神は最初から最後まで事実と関係しているということだ。すべての事実と関係するのか。すべての事実以上のものと[関係する]。認識する精神としては、存在する事実と、創造的な精神としては、創出されうる事実と。存在するすべての事実と関係するのか。そうだ。しかし同じようにではない（これについてはのちに語ろう）。ただ事実のみとか。あとにもさきにも事実と関係する。つまり精神は事実を出発点としなければならず、事実のもとに再三再四、降りてこなければならない。そのあいだに精神は、独自の観念的な領域を、新しいけれども任意ではない秩序の事実を張りつめる。なぜなら、存在の認識あるいは描写が目指されているからだ。そしてこの目標には、精神の最も抽象的あるいは隠喩的な象徴が役立つからである。精神はつねに事実に立ち返らなければならない。無意味な遊戯のなかに紛れ込まないために。第一義的な所与、第一等級の事実は、唯一なのか。いやそうではない。なぜなら精神と事実の途切れのない対決、事実が入り混じって反映する総体は、追加の層を構成し——引き続いて層にはまた層が根源的な事実の上に重ねられ——、即座におのずから精神の対象になる一つの現実を構成するからである。精神はその現実において、自己自身に遭遇し、とりわけ進んでその現実のなかに、精神に固有で精神に親しい自然という媒体のなかにあるかのように留まる。この領域には精神のこうした自己関係性がともに与かるが、そうした領域は新しい層のたえまない増加により、それだけいっそう形の多様性、錯綜、

拡張が増大する。しかし、精神は自分の形成物への関心に呪縛されたあげくに、その**形成物**の最初のそして本来の対象が「事実」であり、第一等級の現実だということを忘れることはゆるされない。つまり、精神は忘れてはならない。精神の形成物は何よりもまず対象であるのではなくて、対象を**もち**、**対象のために**あるということを。層全体は志向的であり、多数の層は、古い層が新しい層を通して透けて見えるほど互いに透明であるように、最終的にそして全体として根本対象に対し透明であらねばならないということを。層がこの透過性を失う（しばしば起こったし、起こるように、これをあらわにする代わりに覆っている）なら、あるいは精神が層に気をとられて対象を忘れて**層**を完全に対象の代用物とし、事実そのものについてもはや気にかけないなら——精神は真理への、諸事物への関係を失う。精神は小理屈をこね、あるいはまったく耽美的になる。そして精神が夢中になっている形成物そのものの真理——本当の意味——**もまた**精神から逃れ去る。なぜなら最終的に形成物は諸事物や存在の現実を尺度に測られるのを**ほっしている**からである。形成物はすべて事実をほしがっている。神秘思想家の極端なヴィジョンや形而上学者の抽象的な思弁でさえも、みずから存在の事実を、真の現実——「世界」——を、可能なパラフレーズをつかって表現しようとする。天使の秩序や天の王国が、神秘思想家自身の精神による純粋な幻想であるということを彼に納得させるとしたら——それらは神秘家にとってすべての関心を失うことだろうし、それらについての仕事は彼にとってつまらないばかげたことに思われるだろう。それでは、それらの大部分、あるいは多くのことを本当にたんに幻想として認識してしまっている私たちにとってはどうだろうか。そのように認識することにより、それは私たちにとっては、反映と真実の試しとを振り返ってみることで、価値のないたわごとになったのだろうか。いや、それはやはり別の現実への証拠であり鍵であることには変りがない。その人とその人の精神の現実への証拠——最大の事実そのものの一つ、そして最も興味深い事実、ただ機能し顕現するだけで、明らかになる事実。世界のひとかけらにすぎないけれども、同時にすべての世界とみずからを対象にもちつつ、接近と破砕を無限に反復する。このような過程は、それだけで、すべてのテー

マのなかの一つのテーマである。だがまた私たちは、精神の解釈（客観化）の試みという大きく展開するドラマを演じている精神をともに体験しつつ、そうした精神に付き添っていき、そしてこの解釈の試みをただ精神自身の証拠として理解し、だから観念的なもののなかに留まっている。そのあいだでも私たちは、やはり再度また真理と実在に向けられている。人間という**事実**、人間の自然、人間の本質、そして人間の現実を、認識するように方向づけられる。私たちはふたたび「事実」と関係をもたなければならない——この場合、事実は三つの組み合わさった層をなしている。［第一に］証拠という事実、それは、偉大な作品におけるようにそれだけで力強く立つことができる。［第二に］証拠が関わる事実、つまり証拠の「テーマ」。それは志向としては結局、第一等級の現実としての「世界」である。そして、［第三に］背後に潜んでいる、歴史性に身を置く人間という事実。この後者が一「大事」だ。その把握のためには、何よりも最も広大で注意深い事物関係が要求される。なぜなら、ほかのすべてのものは、その一大事のなかに映し出されている——その一大事のまえに現れ、そのなかで姿を現す——からである。またその一大事［人間］は、ほかのすべてをかみ砕かれたものと思いなして、そしてみずからの解釈と再現の働きの点で幸運だったり不運だったりするものの、それらすべてを包み込んでいるからである。私たちにとって**世界へ**の一つの門であり、しばしばもつれた小道である。このような門であることが、そのあやまちもろともに精神の本質に属する。だから私たちは、真理に達しようとするなら、つまり主観としての主観の正しい、事実に忠実な認識に到達しようとするなら、私たちが美学的な直観や主観による創作の純粋な享受に立ち止まることは許されない。私たちには、主観の作用のメカニズムやその産出活動の隠された駆動装置を心理学的に「理解する」ことにみずからの営みを制限することはなおさら許されない（そのように制限するなら、それは、精神の独自の意図をあなどることを意味しよう。その場合たしかに私たちは、主観を——結局は不真面目な知識欲において——「見通した」かもしれないが、主観の要求を回避したことになろう。明らかに私たちは、主観を正しく評価しなかったことになろう）。むしろ次のように言うべきだ。すなわち、**人間の真理への関係——ゆえに事物そのものが人**

間の真理の**一部**である、と。このことを私たちは、今ちょうどここで見つけ出すにちがいない。このことがまた、精神の形成物を私たちが遍歴するのを導く糸であるにちがいない。精神の形成物が形作るのは、存在にかぶさる解釈の層であり、自己自身にとっての大きな現実である。しかし精神の形成物が解釈しようとする**当の**もの、客観的な存在は、**それ**を解釈する精神にとっても依然として重要でなければならない。そのものが精神の形成物にとって重要であったように。

　「精神的なものを愛する」（あるいは精神を愛する）ということは、存在を愛するということ以外に何を意味しうるだろうか。そしてこのことは、事実に興味をもつこと、つまり事実を考察に値すると見なすこと以外に何を意味するだろう。このことは、細部を重要に受けとめ、細部への畏敬の念をもち、細部に没頭するということ以外に何を意味するだろうか。これらすべては、現実にそれ相応の権利を認めよという要請にまとめられる。現実のために精神はある。現実が精神のためにあるのと同じだ。この双方が**互いに**そむき合うことは許されない。

　しかし、ただ精神だけを愛し精神の産物に感動する短絡的な推論は、現実という退屈なまわり道にいそしむにはあまりに尊大で、美味な食べ物のようである。それは、反対に質料的なもの（あるいは動物的なもの）にとらわれることよりもなるほど崇高であるが、どこかまた不道徳である——そして精神**と言えども**必要としている**いかなる**釈明も**ない**。精神は現実を規準にすることで、操を守る。だが、退屈さについてはのちほど。

　実際、地上の精神の進歩と更新のすべては、世界や自然の新発見あるいは再発見から生じてくる。精神という巨神は、ただみずからの母と交わることのみで、あらゆる空の嵐が去ってから、すべての放浪を続けるなかでつねに新しい力を獲得する——そして真理を。それがルネッサンスの意味である——それぞれの「ルネッサンス」の意味である。事の大小を問わず、現実を発見し、顧慮し、そして貫通することである。学問にとって、それは明白である。芸術でも、そうだ。どんなに多く、細部への深い直観がホメロスの比喩のなかに潜んでいることか。どんなに多く、人間の形態についての、人間

の解剖学的構造についての、その身振りの表現についての忍耐強い研究が、ミケランジェロのモーゼのなかに存在することか。どんなに多く、質料的な知識がどの美的な移調にも存在することか。新しい芸術と学問の揺籃期において、どんなに詳細にレオナルドが生涯を通じて、何千もの周囲をとりまく自然の、特に有機体的な自然の視覚的そして機能的な把握に没頭したことか――あなたがきっと言うだろうと思われるが、彼の偉大な天才をあますところなくあまたの「重要でない」些細なことに「分散させる」。だが、偉大な人たちにとって小さなものが小さすぎるということはけっしてない。それが偉大な人たちの秘密の一つであり、その名の根源である（そしてたしかにレオナルドは彼によって開始されたもの、未完のもののすべてによって、同時代のスコラ学者あるいはアリストテレス学者よりも偉大である。学者たちはその完成した概念から世界の完成した体系を構築することができたが、事実の観察者たるレオナルドはそうした体系にはけっして到達しなかった）。「対象性」はすべての精神的な業の法則である。ただ音楽のみが例外だ。音楽はもっぱら人間の自由な創造物だ。**音楽**は対象とも真理とも関係ない。音楽はいわば空間をもたない、すなわち世界をもたない時間の次元での純粋で卓越した造形である。

　この精神が現実に対して引き受ける無限の課題において人間は、人間の使命とは言わないまでも、使命の一つを果たす。その使命は、存在の歴史のなかに奥深く用意されており、まず生命の出現において初めて明白となった。つまり、物質が、生きている実体の最も暗い刺激感覚において初めてみずからを感じたときである。これは、私が自分の哲学で取り扱い始めた題材である。人間の精神のなかに存在する成果を、スピノザは最も完全に表現している。**神に対する知的愛**（*amor dei intellectualis*）[*4]、存在の知的直観は、無限（の）愛の一部である。この無限の愛によって神性はみずからを愛する。実在の意味、実体自身の意味は、その際、愛それ自身によって実行される。なぜなら、われわれは愛に由来するのであり、愛の一部であるからである。

　まず第一に存在を成就し観照して、それから存在を徹底的に究明し愛して、最後に存在を反映し証明する。それが完全な英知である。「残りのすべては注釈だ」[*5]。どうやって英知を発揮するのか。みながそれをできるわけでは

ない——完全なのはごくわずかにすぎない、と言ってみても、それは抗弁になっていない。それは理想——人間学上の命令——である。しかし、最初の部分は潜在的には誰もが実現することができる。それができる能力はホモサピエンスとしての種族的な身支度に属する。第二の部分は、真摯に努力すれば多くの人がそれをすることができるかもしれない——「徹底的に究明する」というのは、必ずしも独立した発見のみではなく、いくばくかのおおいなる道程についてすでに思索されていることを学ぶということをも含意するのであれば、そうである。第三の部分は、選ばれた人々、最大の難事にも取りかかる人類の証人のためのものだ。けれども、エリートがどんなにわずかであるとしても、エリートに対して一つの目標が定められていることは倫理にとって誤りであるのか。真の倫理のクライマックスはそこにあるに**ちがいない**。

　さて第一の部分をどのように実行するのだろうか。それはすべての基礎である。私は最初の叙述に戻る。（以下次号）

　　最も愛する人よ、今日、1月12日まで私は歩んで来た。大きな中断があった。私は好ましくない外的な条件のもとで書いている。そして目下私にとって個人的に喜ばしくない新しい情報でプレッシャーを受けながら書いている。しかしこれらすべてのことは実存の中心に触れることはない。実存の中心は自由人にあっては自己自身の行動に対してつねに自由である。
　　　あなたに心からくちづけする
　　　あなたの
　　　ハンス

Nr. V
26.1.45   PAL/8119 BDR.JONAS H.
No.134   B-Troop,   P-Battery
The Jewish Field Regt.R.A.
C.M.F.[*6]

最愛の人よ、私は今日は書簡120についての叙述を続けよう。

　存在はすべて、私たちが見たように、格別なことである。だから直観に質料が与えられ、そして——本来的に——直観されるにふさわしい。しかしここでは、数量的規模と大量という現象が現れる。存在の諸々の要素単位は数量的規模としては私たちの感覚の敷居にはるかに及ばないから、けっして直接の対象とはなりえない。同時にそれら諸単位はとても大量であるので、私たちは個々のものに留まることがまったくできないであろう。この二つの理由から私たちは、それら諸単位の化学反応を大量の塊としてしか観察することができない。つまり、私たちは諸単位の外的な相互作用を統計的に、桁の大きい数字の法則にしたがって把握するだけで、諸単位の内的な存在を把握するのではない。諸単位は私たちにとってなんら個体性や差異性をもたない。たしかに、はじめに述べたように、要素的な部分もその内的な質的な本質をもっている。そこで私たちがそこに入り込み、その作用と反応を内部から理解することができるなら、私たちはおそらく個々の電子を直観することで存在の秘密への鍵を手に入れただろう。そして、統計的な量というまわり道も、くすんだ皮相的代用物も必要とすることはないだろう。しかし、私たちにそれは不可能である。私たちは測ることのできる反応で満足しなければならない。たしかに、生物にあっては目に見える行動を観察（それは純粋な測定を超え出る）すれば、しばしば私たちは生きものの内的な生命の法則を理解するように導いてくれる——なぜなら、私たちはそうした理解への鍵を、私たち自身の多かれ少なかれ似通った存在を手掛かりにして所有しているからだ。しかし原子に対しては、私たちはそのような鍵をもっていない。

原子が私たちの感覚世界の数量的規模のうちに入るのは、ただ途方もない数の集まりの形においてだけである。つまり独特な集積においてであり、その集積が全体として私たちにとって要素的な物となる。砂粒、石、水滴、雲……それらはまたあまりにも数多く一様であるので、私たちはそれらを個体としてではなくただ量的に知覚するだけである（一部は、またそれらの感覚的な——物理学的ではないとしても——小ささの制約を受ける）。しかし、類似物の諸グループ間には著しい質的な種的差違がある——自然には、質料の面でも、その要素の現象形態の面でもかなりの豊かさが見られる。そしてここに、多くの場合、すでに**形**が、種としての同一性から抜け出して何か特殊なものとして際立ち始める。一つの石に特有の形態、色彩、模様があり、一つの水晶に純度があり、一つの雲に形態と照り映えがあり、空のもと海原にはうねりと色彩の戯れがある——それらすべては私たちの注意を引きつけ、形と質に飢えた私たちの感覚を魅了する。特にここでも、限定された量から独特に構成された多数のもの、すなわち「諸グループ」が、直観に対して、種的に等しい多数のものからなる疑似‐個別的な諸統一体として現れる。そしてそれらグループは、典型的な組み合わせにおいてある他の同様に独特なグループと一緒に自然の一コマのアンサンブルを創り出す——個別的な外観をもつ一つの整った世界断片を創り出す。それぞれのグループとはたとえば茂み、森、山々である。それらグループの見渡すことのできる、そして一緒に作用するアンサンブルは、一つの風景である。それらグループの額縁は、無限量の小さな個々の形態と実際の個体を包み込んでいる。それら個体のそれぞれはそれ自身で、直観の独立した、そして完全に有効な直観の対象である。しかし、もっと大きい対象を考察すると、それぞれが有効に働くのは、ただ全体の部分としてだけであり、それ自身としてではない。しかしこれは視点の問題、いわば注視のレンズの幅の問題である。注視はつねに、より広い概観から出発して個々のものへ向くことができ、個々のものは次にすぐさま注視にとってはたくさんの個々のものを自己のうちにもった全体となる。そして、同質の多数をなしている一般的な構成要素から、個体がそれ自体として生じる。森はたしかに、新たなる全体である。それは、構成部分である個々の木々を、

いわば自己のうちに吸収する。しかし森は、木の単一性を廃棄することはない。単一性［個々のものであること］は、多くのものが外見上同じものとして繰り返されるなかで、見えなくなっているだけである。「全体」のなかで個々の木が実際に機能を果たすのは、単一性によってではなく、その同一性によってのみである。その結果それらは、全体の性格を変えることなしに、全体の内部で交替可能であり、いわば除去可能である。しかし、私たちが個々のものに向かうなら、**その個々のもの**は「特徴」をもち、そして森は一般的な背景に後退する。そして**それは**、すなわちその個々のものは、今や完全な個体として現れる。完全にそれ自身を汲み尽くしえないという特徴をもって現れる。その特徴は、それぞれの感覚的事物の諸相が無限であることに基づいているし、そして個々のものが、典型的なものの限界内で可変的な多くの部分からなっているように、典型的でありながら同時に一回限りであるという構成に基づいている。単独で立つ木にあっては、この個別性は問題なく可視的である。そして私たちは、その木を知覚しながらこれに独自の意味を認める。森はその意味を忘れさせる。ゆえに諺「木を見て森を見ず」の代わりにむしろ「森を見て木を見ず」と言うべきだろう。完全な個別性に着目された木々も多くの部分からなっていて、また葉は、その単一性ではなくその集合において、特別な全体を構成する一様な形をした普遍的なものである。しかし個々の葉をそれだけとってみても、それはそれでその形態において、色、葉脈などにおいて、小さな感覚的な宇宙であり、多くの部分の総体である。等々である。このことが意味することは以下のことである。すなわち組み合わせられたものの世界のなかで私たちに注視される対象はみな、本質的に——より大きなものの一部として、そしてより小さなものからなる総体として——普遍的なもののなかに濃淡をつける二つの地平のあいだで、その都度特殊なものとして際立っている（あるいは、統合される）。すなわち一方には、上方へと向かうより包括的なグループという地平がある。その地平は、まさに目を向けられている個別的なものの観点から個体として現れるのではなく、いっそう大きな存在の枠のなかに引き継がれつつ、無差別な集合‐光環として現れる。他方には、下方へと向かう個体を形成する独自の諸部分という地平があ

る。それら諸部分はふたたびそれ自身としては現れず、一様で一般的な基礎物質として現れるのであるが、さらに小さな下位区分へと続いていく。このように個体を普遍的なものの二つの次元から統合することは（私たちがあとで見るであろうように、もっぱらではないが）、おおかたは私たちの形態学的注視の関数である。つまり意識の現象学的性格であり、現実性の組み合わされた構造の相関概念である。注視の視線は、それが出合う点から点へさまよい、客観化し、そして個体に**向かう**。ふち取りのあと、なかば光にさらされたもの、光にさらされないもの、それゆえ普遍的なものの光環は消え去る。

　全体と部分が、そして個別性と普遍性がこのように幾重にも相互に組み込まれている。この相互組み込みは、その都度相対的で、考察によって左右され、私たちの感覚的な世界の数量的規模のスパン全体を通じて広がっている。また複合体の段階ごとに繰り返される。そして、やっと顕微鏡でしか見えない小さいものの敷居を越えると、区別不可能な同じ要素的なものへと消え去る。これが下方の限界である。

　上方へ目をやると、私たちの世界を大宇宙が締めくくっている。大宇宙はその途方もない空間的、時間的そして量的な尺度によって、要素的に小さなものからなる世界と同様に私たちの受容性を超え出ている。感覚性の有意味な逆説によって、計り知れない大きさの世界が、同様に計り知れぬ隔たりの視野のなかでは、はてしなく小さな直観の単位という形で、私たちの目に見えてくる。たとえば、星々、純粋にほとんど質料のない光点。一つの塵の粒のほうが直観にはより多くの質料を与える。星々に対してはごく小さいものとの関係が繰り返される。星々は、そのごく小さなものに弁証法的にいわば回帰する。大量であることと一様であることの現象。したがって、私たちは個別の恒星（私たち自身の太陽は別だが）――どんなにそれがそれ自体ものすごい、圧倒的な現実であろうと――に取り組むのではない。そうではなくて、諸恒星の諸クラス――青、白、黄、赤――と、諸恒星からなる巨大で典型的な球形の塊――星の群れ、渦巻き星雲、銀河系――に取り組むのだ。ただこのような方法でしか、私たちはかの世界の膨大な尺度を処理できないのは、最も小さいものの無限小の尺度の場合と同様である。それゆえにまた、まる

で原子の世界におけるように、私たちは個々のものを理解することをやめ、個別化を断念し、量のメカニズムに、大きな数の外的な統計上の統合の結果に満足する。星たちについて、あたかもそれらが塵の粒、いや原子であるかのように語る。ここでもまた以下のことが妥当する。私たちがもつ直観と持続の範囲が、これら恒星のうちの唯一の恒星の生命を追究できるほど広がっているとしたら、私たちは恒星の内的なものに入り込み、その過程と推進力を私たちの表象手段で私たちに具象的にすることができただろう。――私たちはおそらく**一つの**星を、そのあり方のすべての位相において、**そしてその内的な法則**（この法則において、共‐存するすべての星全体が作用し合う、すなわち共に現れるのは、言うまでもない）において把握することで、すべての秘密への鍵を手にするかもしれない。私たちは大きな数の変性を必要としなかったであろう。しかしここでもあそこでも私たちはそうすることができない。だが、存在の反対の位置にある延長限界を扱うのに、統計学的な二つの量の方法は、すなわち下方へ向かう量の方法と上方へ向かう量の方法とがあり、それぞれそれ自身では延長単位の個別的な客観化を断念せざるをえないのであるが、その二つの方法の組み合わせ――したがって原子物理学と天体物理学との組み合わせ――は、私たちに星の「生命」への予期せぬ侵入を許し、天文学的な量測定の表面に、星の深部の認識に適う浮き彫りを初めて与える。こうして一方の最も一般的な存在の把握が他方のそれを補う――しかし両方一緒になってであり、それぞれはそれ自身では、純粋に量的なもの、質を伴わないもの、たんに測りうるものの領域に留まる。私たちには、ただ星をちりばめた夜空のさまざまなきらめきだけが質的な直観の対象として残る。

　これらの両方の極端なもののあいだに、すなわち下位‐小宇宙と大宇宙のあいだに、数知れぬ存在の無差別からなる小さな断片がある。そこにこの世の形態の世界、**私たちの**現実の直観の王国、固有の形態学的な存在があるのだ。

　　続きはすぐに。今日のところは千のくちづけを
　　愛のなかで
　　あなたの
　　ハンス

Nr. VI
Ⅲ.

　この世の世界が、私たちの世界である。私たちの世界は量的に見れば存在全体から切り取られたちっぽけな断片にすぎない。私たちの大きさの割合、私たちの時の長さ、私たちの感覚の受容能力は、宇宙のこのはかない片隅や一時の瞬間のなかに私たちを呪縛する。そしてそのなかですら、微細な元素や運動のいっさいは私たちに隠されている。道具や抽象作用がさまざまな私たちの境界を拡大して、私たちに直観の完全な対象性をそこでその都度供給することができるのでない限りは、私たちは上へ下へと、レンズの焦点を絞りながら生活する。こうして、私たちの取り組む相手はただ小宇宙をなす最も荒くておおざっぱな塊‐集積にすぎない。この塊‐集積は、大宇宙のアトムの数や一つのアトムのかすかに光る偶発事よりも少ない。——しかし知覚と精神は、私たちの世界のなかに本当に汲みつくすことのできないテーマを見いだす。そして実際に、私たちは少しも喪失のことで苦情を言う必要がない。実際に、この世の世界は、形式が多様であり、物質の自己顕示の細分化が著しいが、その点でこの世の世界は、計り知れない量をもつ宇宙空間の測定不可能な広大さが**通例**示すことができるいっさいをも凌駕している。最高に不気味な宇宙の偶然の成果は、このまれな世界偶然である地球であるが、これがいっさいの偶然の舞台である。質料の三つの凝集状態のすべては、地球で実現し、水の氷点をはさむ上下の摂氏百度（宇宙における貴重な例外）を超えない温度の差のおかげで共存している。そして相互に作用することができ、諸元素の相違を意味深くありありと現象させることができる。その現象は、太陽の白熱するガスの塊のなかにある諸元素の物理学的原初状態では明るみに出ない現象である——固定と変化のなかでの質と形態の無限の充実。潜在的多様性について宇宙の星雲が示す相違は、スペクトル線以上のものではない。本当に、私たちの世界はまさに形態学的に**特定の**世界であり、物質

の偶然の啓示なのである。この啓示においては、量的なものや混合したものの単調さが［私たちの世界に］特有の分離や圧縮で打ち破られている。私たちはこれを「自然」と名づける。

　これは別の仕方で言うと、私たちの世界、この世の世界は**諸事物**からなる世界であるということだ。それとともにすでに個体が出現する。質料の種類そのものやその結びつきの多様性だけではない。それに加えて私たちは、死んだ自然のなかにさえ、それぞれが個別化する凝集輪郭の予測できない相違をもっている。それぞれの凝集が一時的な形であったり、あるいは恒常的な形であったりする。それぞれが唯一であるのであって、ほとんど繰り返し不可能である。そして、それぞれの凝集がこの世の自然の狭い、あるいは広い枠のなかで占める空間時間的配置はまったく一回的である。そしてこの一回性は、可能な観点（視座）の無限性によって、もう一度、高い力へと高められる。どの一回性も、一回的なものの強められた一回性である（この力が自然に付加されるのは、知覚する存在の感性による）。すべては個別性で満たされている。

　しかし、この個別性は自己に由来しない。その個別性は観察者に対して存在している。さきに私は「普遍的なものからの個体の統合」について、その統合は──どこまでも──形態学的注視の関数である、と述べておいた。このことはすべての純然たる形態学的個別性にあてはまる（形の区別）。相違は、それ自体としてはまだ個別性ではない。生命のない自然はどんなに差別化されていようと、個別性に対する基体だけを提供する。個体の統一への本来（的な）統合は観察者によって、感覚知覚を起点に行われる──その統合は事物そのものの固有性ではないし、事物の存在あるいは生成のいかなる**因子**でもない。ただ、まなざしとの出合いのなかで事物に生じる質料的運命の成果にすぎない（結晶という形で自然はすでに、みずから実行した統一形態の限界すれすれに達しているのだが）。言い換えよう。私たちはこれまで個体の**現象学的な**概念と関わり合っている（主観による統合）。観察者の差別化するまなざしが、この概念にとって本質的な条件であるということだ。

　しかし、今や自然の王国のなかに新しいものが登場する。その新しいものにおいて、この世のものにつきものである世界偶然が想像不可能なまでにと

ことん押し進められる。多様の統一が直観に基づいてではなく、それ自身に基づいて存在するような、そのような質料の統一。その事物が存在することやこの事物であることが、事物それ自身に基づいていて、たえまなくその事物によって維持されるような、そのような事物（**エンテレケイア**）。特定の質料凝集の成果ではなくて、原因（**アルケー**）である形式——自己自身を指定する統一、自己自身を統合する形式、つまり生命をもった有機体。生命の個々の担い手における**自己統合**が初めて、個体のたんなる現象学的な概念に対比されるべき個体の存在論的概念を生み出す。どの生物も、存在することが自己自身の機能である自己中心的統一として個体であるのは、その根元的な本質の面で、即自かつ対自的にそうなのであって、結果として生じる形式によることではない。またどの生物も、現象学的な意味においてだけではなく、存在論的な意味において個体である。そのことは、生命が初めて個別性を宇宙のなかへ導入したということ、a)生物**だけ**が真正な個体であるということ、b) **すべて**の生物がそのような個体として存在するということを意味するのであって、それ以上を意味しない。

　これについて明確に説明しよう。このような存在論的個別性、みずからの諸形式の展開における生命の王国が、形態学的個別性の驚くべきほどの豊かさを世界のなかにもたらす。生命の諸形態の多様性は、生命のない自然の諸形態の多様性を目立たなくさせてしまう。その結果、諸形式の本来的明瞭さと構造の豊かさが比較上は生命にだけ見いだされるほどである。そしてどの個々の生命形式にも見られる構造の豊かさはそれだけで、その形式の存在論的個別性の成果——指標——として、みずからの座を占めるのに対して、生命のいろいろな**種**のなかに現れる諸形式の法外な**相違**は、個別的担い手を種で置き換えるような間接的等級の形態学的「個別性」の豊かさを構成する。形態学的見方が生命の差別化を最も強く感じ取り、種に特有の特徴を把握することに十分に努めなければならないのは、後者の場合である。ここでは存在論的個体がそれ自体としては洞察されない。特に、小さくて大量であるために、個体を観察するには多数のものの均一化が余儀なくされる場合はそうである。たとえば以下のことを考えてみよう。異なる蟻の種がおよそ5万と

存在するということ、それら種のなかでそれぞれ生命共同体という形で群をなしている数千、ときとして数万の個体が組織化されているということ、個々の個体はわれわれの目にはほとんど区別しえず、それら個体の行動についてはただ厳密に種にかなったものだけが認識されるということ、こうしたことを考えてみよう。そうすると明らかになるのは、ここでは本質的に、あるいはもっぱら、自然の「特殊性」がわれわれの対象だということである。だが、自然の多様性は汲みつくしえないので、われわれにとって典型的であるものが個体になるのである。それは、典型的なものが独自に差別化されることで個別性へのわれわれの志向をよりいっそう満足させるからである。

　証明はできないけれども、たぶんそうだと思えるのだが、以上のことは私たちの直観や判別力の制限を表すにすぎないのではなくて、客観的な事実をも反映していることなのだ。その限り低級な生命の諸段階においては種に典型的な行動が支配的であるので、個々の行動の「個性的な(persönlich)」要素は固有の質としてのいかなる意味ももたないのである。いずれにせよ［低級な生命の］個性的要素を私たちの生命秩序をたとえば蟻の生命秩序から引き離す遠い距離を乗り越えることで私たちが手に入れるというようなことは、まったく不可能である。そして、生物学的な親近性がある場合に限って生じる表現形式（身振り）の類似性も、了解の交わりを可能にはしない。

　しかし、生命の段階系列が私たち自身の秩序に近づけば近づくほど——より正確に表現すると、大型哺乳動物の領域では——、それだけいっそう私たちは外見と行動において個別存在を把握することができる。そして、それ自身と同一視することができる。そのことは、ますます私たちにとって存在論的な個体が現象学的な個体と結びついている、というように表現される。

　上述の私たちの推測が正しかったとするなら、こうした存在論的個体と現象学的な個体との主観的な接近に平行して、客観的に増加する事実的な個別性の現れが、生命の諸段階の上昇のなかで際立ってくる。馬や犬と関わり合う人は、知っている。馬や犬が種のタイプに属しながらも、個性という性格の意味で個別性をもっている、と。そして猛獣使いは誰も、彼らの動物について同じことを言うことができる、と私は想定する。

私たちが事実をはっきりと理解すれば、ここにおいてもう一度個体についての新しい——第三の——概念がかすかに現れていることに、私たちは気づく。存在論的意味において、ゾウリムシは最も進化した脊椎動物に劣らず個体である——この概念は比較変化形をもっていない。この概念は有機体的生命存在に基づくのであって、「個体の特性」の所有に基づくのではない。この後者は、生命の諸形式の高度な発達と差別化につれて段階的に生じるような、そのような個別性に固有のものである。その個別性は、おそらくおおいなる構成の明白な結果であり、そして最後には、人間において——そして人間においても同等の程度においてではなく——十分に実現されている行動の「個性的な」法則に至る。私たちは、精神的諸段階が実現する以前のこの個別性を「性格学上の個別性」と名づけることができる。そして「人格的個別性」の概念は精神的意識の段階にある人間に残しておくことができる。
　こうした個別性の概念の展開は、もちろんすべて**存在論的**概念のもとに属している。有機体的なものそれ自体に見られる存在論的個別性という事実一般が、その基本的な可能性のより高い諸段階としての個別性を支える。しかしそれら展開は、いっそうはっきりした現象学的個別性のうちにも反映されている。種の内部でこのような個体の現象を規定し、識別可能にし、再認識可能にするのは、外貌や形姿のなかに取りちがえることのできない自己がそなわっているからである。その自己性は、比較的高い段階へ発展した個別性の明白な証拠である。この個別性それ自体は、内的、存在論的原理のうちにある。
　最後に、生命と個別性のあいだには、さらに第三の関係がある。この関係において、ほかの二つの関係が互いに深く結びついている。生命は、自己をもつことで初めて存在論的な個別性を宇宙のなかへ導入しただけではない。そして生命は、ありとあらゆる現象学的個別性にふさわしく形態の宝庫を増大しただけではない。生命はまた、それに**とって**だけ、現象学、したがって現象学的個別性があるところの当事者なのである。おそらく厳密に提示されよう。すなわち生物たちが個別性を知覚するということは根本において、したがって第一の始まりから、生物そのものが生物として存在論的**個体である**

という原 – 事実と結びついている、と。ここでこの連関をいっそう正確に分析することをしなくても、このことから以下のことが暗示されるだろう。生命 – エス（ES）という自己中心的統一が、生命の外側の刺激 – 受容が「これだということ（Diesheit）」の条件であるということ、すなわち多方面に作用する世界質料（あるいは世界エネルギー）を拡散した地平から沈殿した統一へと集中することの条件であるということである。おそらく次のようである。拡散した刺激が、生命の複合体の広げられた感覚的表面から中心へと導かれ、そしてそこである種の屈折を経て類似物の密度へと一つにまとめられる。この密度が、究極の分析にあっては、感覚するエス（Es）の自己中心性の投影あるいは反映以外の何ものでもない。これが普遍的法則である。外的世界の印象の明白さと具体性の程度は中心的自己性の展開と直接に比例している。この中心的自己性はこのような客観性の主観であらねばならない。自由に運動する、特殊な感覚をそなえる動物の長い段ばしご（二つの属性がこの両サイドの相関関係の特徴を表している。すなわち一つには自己性が形成されればされるほど、知覚の明確さがより大きくなる。二つには、個別性が増すことは客観性の個別化が増すことに等しい）を超えると、この相関関係は、存在論的個別性のこれまでで最も完全な実現である人間精神のなかで、カントが「統覚の超越論的（あるいは総合的）統一」*7 と名づけたものへと、通じている。すなわち人間の世界についての視野のなかで十分に結晶した「対象」に対する主観的相関者へと、通じている。このすべてを結晶する客観性が世界観の最高の個別化を最高の普遍化能力と結びつけるというのは逆説である。この逆説は、精神が最も完全な感性をも超え出て、この［生命の個別化という］過程のなかに導入した追加要素のインデックスである。しかし覚えておく必要がある。すなわち人間は、人間が有する極端な自己 - 個別性に劣らず、対象化という超越論的な能力をもつことで、人間に先立つすべての生命の展開の遺産相続人でもある。さらに人間は、秀逸していることには、永劫をまえに暗闇に包まれ始めたものを収穫する。そして有機体化した物質に無限の労苦を負わせることで人間種族を人間自身の敷居にまでつれ出してしまったものを収穫するのである。これほど義務づける相続財産というものは、ほかにはない。

原 注

原注 第1章

1 戦争前夜におけるユダヤ共同体の状況と、1914年のユダヤ共同体の態度については、Egmont Zechlin, *Die deutsche Politik und die Juden im Ersten Weltkrieg*, Göttingen 1969, bes. S. 86-100 を参照せよ。戦争に対するユダヤ知識人の精神的態度に関しては、Ulrich Sieg, *Judische Intellektuelle im Ersten Weltkrieg. Kriegserfahrungen, weltanschauliche Debatten und kulturelle Neuentwicklung*, Berlin 2001 を参照せよ。

2 ユダヤ人はパーセント上は自由意志で申告したものはほとんどいないという非難に基づいていた、1916年の反ユダヤ主義に動機づけられた「ユダヤ人調査」とユダヤ共同体へのその影響に関しては、Egmont Zechlin, *Die deutsche Politik*, S.516-567 を参照せよ。

3 ヤーコプ・ホロヴィッツについては、*Krefelder Juden* (Krefelder Studien Bd.2), hrsg. v. Stadtarchiv Krefeld, S. 65 を参照せよ。ブレスラウのゼミナールの伝統に関しては、Guido Kisch, *Das Breslauer Seminar (Jüdisch-Theologisches Seminar, Fraenckel'scher Stiftung) in Breslau 1854-1938. Gedächtnisschrift*, Tübingen 1963（Bibliografie Horowitz S. 169）を参照せよ。Eleonore Stockhausen, 》Zur Geschichte der jüdischen Gemeinde Kresfelds im 19. Jahrhundert《, in: *Krefelder Juden*, Bonn 1981, S.63-65 を参照せよ。

4 ボルケンにおけるユダヤ共同体に関しては、*Leben und Schicksal der Juden in Borken. Eine Dokumentation aus Anlaß der Ausstellung im Stadtmuseum Borken vom 9. bis 27. November 1987*, hrsg. v. der Arbeitsgemeinschft 〉 Jüdisches Leben in Borken und Gemen〈, Borken 1989 を参照せよ。

5 異宗婚は世紀の変わり目以来明らかに増加した。Monika Richarz, *Jüdisches Leben in Deutschland*, Bd. 2: Selbstzeugnisse zur Sozialgeschichte im Kaiserreich, Stuttgart 1979, S. 17 によると、1901－05年帝国平均して全ユダヤ人の結婚中17パーセントが異宗婚だった。1906－10年数値は23.7パーセントに上昇した。1911年以降100人のユダヤ人の結婚で38人の異宗婚があった。1911－15年全ユダヤ人男性の22パーセントが、ユダヤ女性全体の13パーセントが異宗婚に入った。異宗婚についてのユダヤの議論やキリスト教徒‐ユダヤ教徒の異宗婚の社会史に関しては、Kerstin Meiring, *Die christlich-jüdische Mischehe in Deutschland 1840-1933*, Hamburg 1998 を参照せよ。

6 この時代における同化した市民階級のユダヤ人家族の生活の仕方や自己了解について生き生きとした印象を伝えているのは、Gerschom Scholem, 》Zur Sozialpsychologie der Juden in Deutschland 1900-1930《, in :Reinhold von Thadden (Hg.), *Die Krise des Liberalismus zwischen den Weltkriegen,* Göttingen 1978, S. 256-277 である。

7 Gerhart Hermann Mostar, *Friederike Kempner, der schlesische Schwan. Das Genie der unfreiwilligen Komik*, München 1980 を参照せよ。

8 Friederike Kempner, *Dichterleben, Himmelsgabe. Sämtliche Gedichte,* Berlin 1989, S.193-196.

9 Friederike Kempner, *Gegen die Einzelhaft oder das Zellengefängnis* (1869). 社会政策的プログラムの全体像を、彼女は *Büchlein von der Menschheit* (1985) で展開した。

10 全ドイツ運動のイデオロギーに関しては、Alfred Kruck, *Geschichte des Alldeutschen Verbandes 1890-1939,* Wiesbaden 1954 を参照せよ。

11 Heinrich Lersch, *Ausgewählte Werke*, Bd. 1（Gedichte）, Jena 1965, S. 56 を参照せよ。

12 Ders., *Herz! Aufglühe dein Blut*, Jena 1918. Ders., *Deutschland! Lieder und Gesänge von Volk und Vaterland,* Jena 1918 を参照せよ。レルシュの国家社会主義に対するのちの親近感に関しては、ders., *Deutschland muß leben,* Jena 1935 を参照せよ。彼の伝記に関しては、Fritz Hüser (Hg.), *Heinrich Lersch, Kesselschmied und Dichter 1889-1936*, Dortmund. 1959 を参照せよ。

13 Heinrich Lersch, *Ausgewählte Werke,* Bd. 1, S. 127f. を参照せよ。

14 Kurt Pinthus, *Menschheitsdämmerung. Symphonie jüngster Dichtung,* Berlin 1920. それに加えて、Horst Denkler, *Gedichte der 》Menschheitsdämmerung《. Interpretationen expressionistischer Lyrik,* München 1971 を参照せよ。

15 》Noëmi《という詩が挙げられる。Kurt Pinthus, *Menschheitsdämmerung,* S. 306-310 に所収。Margret A. Parmée, *Ivan Goll. The Development of his Poetic Themes and their Imagery,* Bonn 1981 を参照せよ。

16 ブーバーのシオニズム演説と彼のユダヤ青年運動への影響に関しては、Klaus Dawidowicz, 》Martin Buber und der deutsche Zionismus《, in: *Kairos 34/35 (1992/93), S.192-217;* Maurice Friedman, *Begegnung auf dem schmalen Grat. Martin Buber- ein Leben,* Münster 1999, S.47-66; und die Einleitung von Robert Weltsch in: *Martin Buber, Der Jude und sein Judentum. Gesammelte Aufsätze und Reden,* Darmstadt 1992, S. XIII-XL を参照せよ。以下も参照せよ。Eleonore Lappin, *Der Jude 1916-1928. Jüdische Moderne zwischen Universalismus und Partikularismus,* Tübingen 2000.

原注　第2章

1 Felix Dahn, *Ein Kampf um Rom. Historischer Roman,* Würzburg 1990【1876】.

2 Edward Gibbon, *Verfall und Untergang des Römischen Reiches,* Frankfurt a. M. 1992【1776】.

3 おそらく Wilhelm Gottlieb Soldan, *Geschichte der Hexenprozesse. An den Quellen dargestellt,* 3. neubearbeitete Aufl., Stuttgart/Tübingen 1911【1843】.

4 ドイツにおける同化したユダヤ人の代表者としてのラーテナウの人物に関しては、Peter Berglar, *Walther Rathenau. Ein Leben zwischen Philosophic und Politik,* Graz/Mien/Köln 1987 を参照せよ。

5 メンヘングラートバッハにおける共同体に関しては、Günter Erckens, *Juden in Mönchengladbach. Jüdisches Leben in den früheren Gemeinden M. Gladbach, Rheydt, Odenkirchen, Giesenkirchen-Schelsen, Rheindahlen, Wickrath und Wanlo,* 2 Bde., Mönchengladbach 1988/89 を参照せよ。

6 シナゴーグに関しては、*Feuer an Dein Heiligtum gelegt. Zerstörte Synagogen 1938 Nordrhein-Westfalen,* erarbeitet vom Salomon Ludwig Steinheim-Institut fur deutsch-jüdische Geschichte, hrsg. v. Michael Brocke, Bochum 1999, S. 381 ff. を参照せよ。

7 この時代のドイツ-ユダヤの正統信仰の特徴づけに関しては、Nordechai Breuer, *Jüdische Orthodoxie im Deutschen Reich 1871-1918. Die Sozialgeschichte einer religiösen Minderheit,*

Frankfurt am Main 1986 を参照せよ。ヴェストファーレンに関しては、Thomas Kollatz, 》Westfälisches Judentum zwischen Reform und Orthodoxie im 19. Jahrhundert《, in: Kirsten Menneken/Andrea Zupancic (Hg.), *Jüdisches Leben in Westfalen,* Essen 1998, S. 98-108 を参照せよ。

8 Carsten Colpe, *Die religionsgeschichtliche Schule, Göttingen* 1961; Gerd Lüdemann, 》Die Religionsgeschichtliche Schule《, in: Bernd Möller (Hg.), *Theologie in Göttingen. Eine Vorlesungsreihe,* Göttingen 1987, 325-361; ders./Martin Schroder, *Die Religionsgeschichtliche Schule in Göttingen. Eine Dokumentation,* Göttingen 1987. 宗教史学派とユダヤ教学者との対決に関しては、Christian Wiese, *Wissenschaft des Judentums und protestantische Theologie im Wilhelminischen Deutschland. Ein* 》*Schrei ins Leere*《?, Tübingen 1999, S.140-172 を参照せよ。

9 旧約聖書への注釈 Handkommentar が思念されている。

10 ヨナスのシオニズムの解釈にとっての預言の意味に関しては、Hans Jonas, 》Die Idee der Zerstreuung und Wiedersammlung bei den Propheten《, in: *Der Jüdische Student* 4 (1922), S. 30-43 を参照せよ。

11 Martin Buber, *Die Legende des Baalschem*, Zürich 1993; ders., 》Drei Reden über das Judentum《, in: *Der Jude und sein Judentum*, S. 3-140.

12 19世紀と20世紀におけるユダヤ知識人のカントに対する親近感に関しては、Julius Guttmann, *Kant und das Judentum*, Leipzig 1908; Heinz Moshe Graupe, 》Kant und das Judentum《, in: *Zeitschrift für Religions- und Geistesgeschichte* 13 (1966), S. 308-333 を参照せよ。回想記が基づいているインタビューのある箇所で、ヨナスは、彼にとって重要であるのはカントそれともプラトンかという問いに次のように答えている。「答えはもちろんプラトンである。カントは私たちになるほど多くのことではるかに直接的なことを言わなければならなかった。彼はしかし18世紀の人間でした。カントにおける認識批判と道徳哲学のあいだの結合は私たちにとってはるかに扱いやすいです。直接に引用することができます。それに対してプラトンにおいては人ははるかに遠い道を進まなければならない。それを現実に用いるためには。しかし、もちろんプラトンは天才である。何度も新しく研究し、発見しなければならない天才である。一方カントのことについては、最後には人が詳細を知ることができます。プラトンにおいてはけっして終わりがありません。それは西洋哲学の大きな基礎である」。

13 Immanuel Kant, *Grundlegung zur Metaphysik der Sitten*, hrsg. v. Bernd Kraft und Dieter Schönecker, Hamburg 1999, S. ll.

14 たとえば、Werner Jochmann, 》Die Ausbreitung des Antisemitismus《, in: Werner E. Mosse/ Arnold Paucker (Hg.), *Deutsches Judentum in Krieg und Revolution 1916-1923,* Tübingen 1971, 409-509 を参照せよ。

15 Ernest Hamburger, Hugo Preuss. Scholar and Statesman, in: *Leo Baeck Institute Year Book* 20 (1975), S.179-206 を参照せよ。

16 反ユダヤ主義によって強化された「同化後の」シオニズムの現象に関しては、Jehuda Reinharz, 》The Zionist Response to Antisemitism in Germany《, in: *Leo Baeck Institute Year Book* 30 (1985), S. 105-140 を参照せよ。

17 中央団体とそのイデオロギーに関しては、Abraham Barkai, 》*Wehr Dich!*《 *Der Centralverein deutscher Staatsbürger juüdischen Glaubens (C. V.) 1893-1938*, München 2002; Jehuda Reinharz, *Fatherland or Promised Land. The Dilemma of the German Jew 1893-1914*, Ann Arbor 1975 を参照せよ。シオニズムのこの同一の理解に対する対決に関しては、ders., *The German Zionist Challenge to the Faith in Emancipation 1897-1914* (Spiegel Lectures in European Jewish History), Tel Aviv 1982 を参照せよ。

18 Franz Werfel, *Dos lyrische Werk*, Frankfurt a. M. 1967, S. 86f.

19 *Im deutschen Reich. Zeitschrift des Centralvereins deutscher Staatsbürger jüdischen Glaubens* 1 (1895)-28 (1922).

20 ユリウス・ベルガー (Julius Berger, 1883-1948) は、中部ヨーロッパで》Keren Hajessod《-Arbeit に指導的に活動しながら、1924年以降パレスチナで生活した。

21 Adolph Asch/Johanna Philippson, 》Self-Defence at the Turn of the Century: The Emergence of the K.C.《, in: *Leo Baeck Institute Year Book 3* (1958), 122-139 を参照せよ。

22 ドイツシオニズムとその主要な慈悲深い伝達に関しては、Yehuda Eloni, *Zionismus in Deutschland. Von den Anfängen bis 1914*, Gerlingen 1987 (Zur ZVfD S. 73-219); Jehuda Reinharz (Hg.), *Dokumente zur Geschichte des deutschen Zionismus 1882-1933*, Tübingen 1981 (特に序文 S. XIX-IL) を参照せよ。

23 Theodor Herzl, *Der Judenstaat. Versuch einer modernen Lösung der Judenfrage*, Zürich 1996【1896】.

24 Leon Pinsker, 》*Autoemanzipation!*《 *Mahnruf an seine Stammesgenossen von einem russischen Juden*, Berlin 1882.

25 Achad Haam, *Am Scheidewege*, 2 Bde., Berlin 1913. Steven Zipperstein, *Elusive Prophet. Ahad Haam and the Origins of Zionism*, London 1993 を参照せよ。

26 ゲオルク・ランダウアー (Georg Landauer, 1895-1954)、シオニストの指導者、1929年以降ベルリンのパレスチナ局長、1934年パレスチナへ移住、エルサレムにあるユダヤ局のパレスチナへのドイツユダヤ人の移住のための中央事務所長になった。Georg Landauer, *Der Zionismus im Wandel dreier Jahrzehnte*, hrsg. v. Max Kreutzberger, Tel Aviv 1957 を参照せよ。

27 ヘブライ語：「若い労働党」——1906年、パレスチナで成立したユダヤ‐社会主義、非マルクス主義的労働党はディアスポラの条件のために農業労働から疎外されたユダヤの労働者（訳者注：ユダヤ人は国を失った民として土地に定着する仕事からはずされた）をパレスチナにおける農夫として定住することを望んだ。「労働の征服」によって彼らを道徳的に新しくすることを目指した。1917年以来ドイツにおける運動は活動的だった。そしてドイツのシオニズムへ強い影響を及ぼした。

28 Yosef Gorny, *Zionism and the Arabs 1882-1948. A Study of Ideology*, Oxford 1987 und Gideon Shimoni, *The Zionist Ideology*, Hanover, NH 1995 を参照せよ。

29 1929年のパレスチナにおける流血の戦いがドイツシオニズムに及ぼした影響に関しては、Jehuda Reinharz (Hg.), *Dokumente zur Geschichte des deutschen Zionismus*, S. 424-492 を参照せよ。

30 ヨナスはたぶんラサールの1840年2月2日の日記への記入を引き合いに出している。Ferdinand Lassalle, *Tagebuch,* hrsg. v. Friedrich Hertneck, Berlin o. J., S. 31:「実際に、私が儀式的な戒律を気にかけることなしに存在している最高のユダヤ人の一人だ、と私は思う。ユダヤ人を彼らの現在の重苦しい状況から自由にさせることに私の人生を賭けることができただろう。私自身は処刑台を恐れないであろう。私はユダヤ人たちをふたたび尊重された民族にすることができるだろう。ああ、私が子供じみた夢をいつまでも考え続けるならば、ユダヤ人の先頭で武器を手にして、彼らを独立させることが、つねに私のお気に入りの考えである」を参照せよ。

31 Sigmund Freud, *Die Traumdeutung* (Studienausgabe, Bd. II), Frankfurt a. M. 1972, S. 207f. を参照せよ。「この国のものでない種族に由来する血統上の諸結果に対する最初の理解が生じて、反ユダヤ主義の感情がクラスメートのあいだで態度を決めるよう促したとき、ユダヤ主義の将軍の姿が私の目のなかでますます大きく膨らんだ」。反ユダヤ主義の事件についてフロイトの父が物語ったことに目を向けて、フロイトは子供のときの彼の感情について書いている。その事件に対して、フロイトの父は冷静に反応した。「私は自分を満足させなかったこの状況に別の状況を対立させた。それは、私の感情によりよくふさわした場面である。すなわち、ハンニバルの父、ハミルカル・バルカス Hamilkar Barkas が、彼の子供を、家庭祭壇のまえで、ローマに復讐をすることを誓わせるという場面である。それ以来ハンニバルは、私の心を占領した」。

原注　第3章

1 マールブルクの新カント学派とコーヘンの役割に関しては、Ulrich Sieg, *Aufstieg und Niedergang des Marburger Neukantianismus. Die Geschichte einer philosophischen Schulgemeinschaft,* Würzburg 1994 を参照せよ。

2 フライブルクのシオニズムの組織に関しては、Ruben Frankenstein, 》Zionismus in Freiburg im Breisgau《, in: Heiko Haumann et a. (Hg.), *Der Erste Zionistenkongreß von 1897. Ursachen, Bedeutung, Aktualität,* Basel 1997, S. 239-242 を参照せよ。

3 Rudolf Bernet, *Edmund Husserl. Darstellung seines Denkens,* Hamburg 1996; Dermot Moran, *Edmund Husserl,* Oxford 2002; Friedrich Wilhelm von Hermann, *Hermeneutik und Reflexion. Der Begriff der Phänomenologie bei Heidegger und Husserl,* Frankfurt 2000 を参照せよ。

4 ヨナスの未公刊の講演「フッサールとハイデガー」(Leo Baeck Institute Archives, New York, AR 2241/MS 75) を参照せよ。「教師としてのフッサールの印象は力強かった。しかしある種の滑稽なところもあった。彼は典型的なドイツの哲学者だったと私はさしあたり言ってもよい。彼の学説は独白風のものだった。彼の真理は彼にとって不動だった。そして他の真理との現実的対立は、彼がみずからの真理を見つけたときからもはや彼にとっては生じようがなかった。また、そのような対立は彼にとってまったく興味がなかった。彼が与えなければならない真理への完全に一面的な、惑わされることのない集中は、彼の強さであり、弱さであった。ドイツの哲学者の多くもそうであるが、フッサールの場合には自己の真理の存在への信仰が結びついた道徳的パトスによってどこか冷淡さをかねそなえたような

独我論的特徴であった。一種の正統性を授けるある種の特徴が、あらゆるユダヤ的なものをまったく持ち合わせていないながらもどこかユダヤ的なものが、きわめて明白だった。フッサールのゲッティンゲン時代に、それはフライブルク時代に先立っていたのだが、彼は学生たちから「ゲッティンゲンのラビ」と呼ばれていた。【…】ドイツの正教授は義務としての講義をしなければならなかった。彼がみずからは選ばなかったであろうテーマについてもである。このような義務の講義の一つが近代哲学史についての講義だった。フッサールには哲学史ほど苦手なものはなかった。なぜなら真理は、過去の誤謬にはもちろん興味がなかったからである。しかし、デカルト以来の近代哲学についての講義はとても劇的で、私には忘れがたいものである。近代哲学者のそれぞれの論述は【…】決まり文句の文章で終わる。つまり「これらの問いに近代現象学が初めて本当の答えを見いだした」。【…】彼は完全にその点でナイーヴだった。自分の確信を完全に信じ込むという無邪気さ、すべての他の確信を完全に無視すること、そしてまったくの世間知らず」。

5 Edmund Husserl, *Logische Untersuchungen,* 2 Bde. (unveranderter ND der 2., teilw. umgearb. Aufl.), Den Haag 1993.

6 Aristoteles, *Von der Seele,* München 1996.

7 Martin Heidegger, 》Augustinus und der Neuplatonismus《(Sommersemester 1921), in: *Gesamtausgabe, II. Abteilung: Vorlesungen 1919-1944,* Bd. 60 (Phänomenologie des religiösen Lebens), Frankfurt a. M. 1995, S.160-299 を参照せよ。

8 Karl Löwith, *Mein Leben in Deutschland vor und nach 1933. Ein Bericht,* Stuttgart 1986, S. 1 ff. を参照せよ。

9 Margret Heitmann, *Jonas Cohn (1869-1947). Das Problem der unendlichen Aufgabe in Wissenschaft und Religion,* Hildesheim 1999; dies., 》Jonas Cohn. Philosoph, Pädagoge und Jude. Gedanken zu Werdegang und Schicksal des Freiburger Neukantianers und seiner Philosophie《, in: Walter Grab/Julius H. Schoeps (Hg.), *Juden in der Weimarer Republik,* Stuttgart 1986, S. 179-199 を参照せよ。

10 ユダヤ教に対するフッサールの関係については、Karl Schuhmann, 》Edmund Husserl (1859-1938)《, in: Hans Erler/Ernst L. Ehrlich/Ludger Heid (Hg.), 》*Meinetwegen ist die Welt erschaffen! Das intellektuelle Vermächtnis des deutschsprachigen Judentums*《, Frankfurt a. M. 1997, S. 112-117 を参照せよ。

11 Marvin Farber (Hg.), *Philosophical Essays in Memory of Edmund Husserl,* Cambridge, MA 1940; ders., *The Foundation of Phenomenology,* Cambridge 1943 を参照せよ。

12 Hans Jonas' Vortrag 》Husserl und Heidegger《(s. Anm. 4) を参照せよ。ヨナスはそこで以下のように語っている。ベルリンの夜の生活についてのある学生の報告を聞いた際に——そこでは「売春についても言及がなされた」——、フッサールは言った。「しかしヘーゲルやシュライエルマッヒャーの都市においてとんでもない！」。フッサールが、パリを「破廉恥な都市」として断定していることを一瞥してヨナスはさらに続ける。「しかしベルリンは、ヘーゲルやシュライエルマッヒャーの都市だ。そこでは売春などありえないだろう。この無垢と子供のような

素朴さと現実に疎いことのいっさいが、偉大な純粋さ、本ものの純粋さ、思索の理想への献身と結びついていた。おそらく他のどこにおいても可能でないし、もう二度と可能ではないであろう結合だった。それほどの無知と無垢は、おそらく理論家の最強の自己隔離においてさえももはや保持できない」。

13 Marianne Awerbuch, 》Die Hochschule für die Wissenschaft des Judentums《, in: Reiner Hansen/Wolfgang Ribbe (Hg.), *Geschichtswissenschaft in Berlin im 19. und 20. Jahrhundert. Persönlichkeiten und Institutionen* (Veröffentlichungen der Historischen Kommission zu Berlin), Berlin/New York 1992, S. 517-552; Heinz Hermann Völker, 》Die Hochschule für die Wissenschaft des Judentums in Berlin 1900-1942《, in: Hartmut Walravens (Hg.), *Bibliographie und Berichte. Festschrift für Werner Schochow,* München 1990, S. 196-230.

14 単科大学でのタルムードとラビ学講師は、Eduard Baneth (1855-1930) だった。

15 Jehuda Halevi, *Der Kusari,* neue, vollst.rev. Ausg. der 1853 erschienen dt. Übersetzung, Zürich 1990.

16 Julius Guttmann, *Die Philosophie des Judentums* (mit einer Standortbestimmung von Esther Seidel und einer biographischen Einführung von Fritz Bamberger), Berlin 2000 を参照せよ。

17 Ulrich Kusche, *Die unterlegene Religion. Das Judentum im Urteil deutscher Alttestamentler,* Berlin 1991 における二人の学者の神学の叙述を参照せよ。

18 Eduard Meyer, *Ursprünge und Anfänge des Christentums,* 3 Bde., Stuttgart/Berlin 1921-1923 を参照せよ。マイアーにおけるユダヤ教の叙述に関しては、Christhard Hoffmann, *Juden und Judentum im Werk deutscher Althistoriker des 19. und 20. Jahrhunderts,* Leiden 1988, S. 133-188; ders., 》Classical Scholarship, modern Anti-Semitism and the zionist project: The historian Eduard Meyer in Palestine (1926)《, in: *Studies in Zionism* 13 (1992), S. 133-146 を参照せよ。

19 Ders., *Juden und Judentum,* S. 200-245; David N. Myers, 》Eugen Täubler: The Personification of Judaism as Tragic Existence《 in: *Leo Baeck Institute Year Book* 39 (1994), S. 131-150 を参照せよ。

20 ユダヤの青年運動とその組織に関しては、Yehuda Eloni, *Zionismus in Deutschland,* S. 405-459 (zum 1912 Von Felix Rosenblüth gegründeten 》Blau-Weiss《 S. 449-459) を参照せよ。また、Chaim Schatzker, *Die jüdische Jugendbewegung in Deutschland von 1900 bis 1933* [hebr.] , Diss. Hebräische Universität Jerusalem 1969; Michael Brenner, 》Turning inward. Jewish Youth in Weimar Germany, in: ders./Derek Penslar (Hg.), *In Search of Jewish Community: Jewish Identities in Germany and Austria, 1918-1933,* Bloomington 1998, S. 56-73 を参照せよ。

21 Ernst Toller, *Masse Mensch. Ein Stück aus der sozialen Revolution des 20. Jahrhunderts,* Stuttgart 1998【1921】.

22 シュトラウスはこの時代に「政治的シオニスト」として、Vladimir Jabotinsky の「修正主義的な」方向の信奉者として理解されている。Leo Strauss, 》Why we Remain Jews: Can Jewish Faith and History Still Speak to us?《, in: ders., *Jewish Philosophy and the Crisis of Modernity. Essay and Lectures in Modern Jewish Thought,* hrsg. v. Kenneth Hart Green, New York 1997, S. 311-356, bes. S. 319f. を参照せよ。自伝的展開に関しては、Kenneth Hart Green, 》Leo Strauss as a Modern Jewish Thinker《, in: ebd., S. 1-84, bes. S. 3 ff. を参照せよ。

23 Leo Strauss, *Das Problem der Erkenntnis in F*【*riedrich*】 *H*【*einrich*】 *Jacobis's philosophischer Lehre,* Phil. Diss. Hamburg 1922.

24 David N. Myers, 》The Fall and Rise of Jewish Historicism: the Evolution of the Akademie für die Wissenschaft des Judentums (1919-1934)《, in: *Hebrew Union College Annual* 63 (1992), S. 107-144 を参照せよ。

25 非シオニスト的「仲間」の一つのグループはとりわけ「黒い群れ」と名づけられた。Stefanie Schüler-Springorum, 》Jugendbewegung und Politik. Die deutsch-jüdische Jugendgruppe 〉 Schwarzer Haufen〈《, in: *Tel Aviver Jahrbuch für deutsche Geschichte* 28 (1999), S. 159-209 を参照せよ。

26 ユダヤ青年運動の歌唱曲に関しては、Max Matter,「『……誇らしく私たちはまっすぐに叫びたい。ユダヤのために忠実に戦いたい』。……ユダヤ青年運動と彼らの歌」, in: Freddy Raphael (Hg.), 》 ... *Das Flüstern eines leisen Wehens...*《. *Beiträge zu Kultur und Lebenswelt europäischer Juden,* Konstanz 2001, S. 133-148 を参照せよ。

27 Michael Bühler, *Erziehung zur Tradition–Erziehung zum Widerstand. Ernst Simon und die jüdische Erwachsenenbildung in Deutschland,* Berlin 1986; Ernst Simon, *Entscheidung zum Judentum. Essays und Vorträge,* Frankfurt 1980; ders., *Sechzig Jahre gegen den Strom. Briefe von 1917-1984,* Tübingen 1998 を参照せよ。

28 ユダヤ青年運動の小さなグループ（》Jung-Juda《）の生徒と仲間としてすでにショーレムは1914年ベルリンでブラウ・ヴァイスのユダヤ的実体喪失に対してののしった。Gershom Scholem, *Von Berlin nach Jerusalem. Jugenderinnerungen,* Frankfurt 1977, S. 59-63 を参照せよ。Ders., 》Jugendbewegung《, in: *Die blauweiße Brille,* Nr. 1, im Ab 5657 (1914), hrsg. v. Erich Brauer und Gerhard Scholem (zit. in Yehuda Eloni, *Zionismus in Deutschland,* S. 455) を参照せよ。

29 Martin Buber, *Der Weg des Menschen mach der chassidischen Lehre,* Gütersloh 1999 を参照せよ。

30 Franz Rosenzweig, *Der Stern der Erlösung,* Frankfurt 1988【1921】．Stéphane Mosès, *System und Offenbarung. Die Philosophie Franz Rosenzweigs,* München 1985; ders., *Der Engel der Geschichte. Franz Rosenzweig, Walter Benjamin, Gershom Scholem,* Frankfurt a. M. 1994 を参照せよ。

31 Ernst Bloch, *Geist der Utopie* (Werkausgabe Bd. 3), Frankfurt 1985. ブロッホに関しては、Arno Münster, *Ernst Bloch. Eine Biographie,* Frankfurt a. M. 2003 を参照せよ。

32 ユダヤの説教所に関しては、Michael Brenner, *Jüdische Kultur in der Weimarer Republik,* München 2000, S. 81-113 を参照せよ。

33 たとえば、Leo Strauss, 》 Franz Rosenzweig und die Akademie für die Wissenschaft des Judentums《, in: *Jüdische Wochenzeitung für Kassel, Hessen und Waldeck* 13 (Dezember 1929) を参照せよ。

34 Felix A. Theilhaber, *Der Untergang der deutschen Juden. Eine volkswirtschaftliche Studie,* Berlin 1921.

35 「ドイツのユダヤ人がドイツ民族に、感謝の象徴的行為においてなお別離においてのちに残すことができたお土産」として翻訳をショーレムが特徴づけることを参照せよ。歴史的に見ると、それはアウシュヴィッツ後けっしてそうではなくて、「言語に絶する恐怖において消えた関係の墓石」である。「それらを翻訳した

原 注　355

ユダヤ人たちはもはやいない。この恐怖を逃れているユダヤ人の子供たちはもはやドイツ語を理解しないだろう。ドイツ語それ自体がこの世代においておおいに変貌した」。Gershom Scholem, 》An einem denkwürdigen Tage《, in: ders., *Judaica 1*, Frankfurt a. M. 1981, S. 207-215, Zitate S. 214f. を参照せよ。

36　Steven E. Aschheim, *Brothers and Strangers. The East European Jews in German and German-Jewish Consciousness, 1800-1923*, Madison, Wisconsin 1982; Trude Maurer, *Ostjuden in Deutschland 1918-1933*, Hamburg 1986 を参照せよ。

37　Sammy Gronemann, *Howdoloh und Zapfenstreich. Erinnerungen an die ostjüdische Etappe 1916-1918*, Leipzig 2000; ders., *Erinnerungen*, Berlin 2002 を参照せよ。

38　Peter A. Degen,》 Albert Einstein. Ein deutsch-jüdischer Physiker zwischen Assimilation und Zionismus 《, in: Ulrich Lilienthal/Lothar Striehm (Hg.), *Den Menschen zugewandt. Festschrift für Werner Licharz*, Osnabrück 1999, S. 147-158 を参照せよ。

39　Karl Kraus, *Die letzten Tage der Menschheit. Tragödie in 5 Akten mit Vorspiel und Epilog,* Wien 1919.

40　Sander Gilman, *Jüdischer Selbsthaß. Antisemitismus und die verborgene Sprache der Juden*, Frankfurt a. M. 1993 を参照せよ。クラウスに関しては、Robert S. Wistrich,》Karl Kraus. Jewish Prophet or Renegade《, in: *European Judaism* 9 (1975), S .32-38 を参照せよ。

41　Karl Kraus,》Der Neger《, in: ders., *Grimassen. Ausgewählte Werke* Bd.1 (1902-1914), Berlin 1971, S. 537ff. を参照せよ。

42　Karl Krau, *Gedichte,* Frankfurt a. M. 1989, S. 267f. 詩が引き合いに出しているカントの引用は次のとおりである。「自然の原因に基づいて人間の種を押し潰すさまざまな災いというよりはむしろ、人間が相互にみずから加えるさまざまな災いを眺める悲しいときにおいても、将来はもっと良くなるかもしれないという展望により心は晴れる。しかも利己的でない好意を失わない。たとえ、われわれがずっと長いあいだ墓にいて、われわれが部分的にみずから種をまいた果実を取り入れないだろうとしても」。(ebd. S. 267)

原注　第4章

1　Thomas von Aquin, *Über Seiendes und Wesenheit* (Lateinisch-Deutsch), hrsg. v. Horst Seidl, Hamburg 1988.

2　たとえば、Martin Heidegger,》Das Rektorat 1933/34-Tatsachen und Gedanken（1945)《, in: ders., *Gesamtausgabe, Bd.16: Reden und andere Zeugnisse eines Lebensweges (1910-1976)*, Frankfurt 2000, S. 372-391 を参照せよ。George Leaman,》Das politische Denken Martin Heideggers《, in: ders. (Hg.), *Heidegger im Kontext. Gesamtüberblick zum NS-Engagement der Universitätsphilosophen,* Hamburg 1993, S. 109-150; Gerhard Schmidt,》 Heideggers philosophische Politik 《, in: Gottfried Schramm (Hg.), *Martin Heidegger. Ein Philosoph und die Politik,* Freiburg 2001, S. 217-236 を参照せよ。

3　Elisabeth Young-Bruehl, *Hannah Arendt. Leben, Werk und Zeit,* Frankfurt a. M. 1991, S. 83-104; Elzbieta Ettinger, *Hannah Arendt, Martin Heidegger.Eine Geschichte,* München 1995 を参照せよ。

4 Hans Jonas, *Wissenschaft als persönliches Erlebnis,* Göttingen 1987, S. 16ff. を参照せよ。グノーシス研究に対するヨナスの貢献については特に、Christian Wiese, 》Revolte wider die Weltflucht《 -Nachwort,in: Hans Jonas, *Gnosis. Die Botschaft des fremden Gottes,* S. 401-429 と Walter Beltz, 》Der Religionswissenschaftler Hans Jonas《, in: *Zeitschrift für Religions- und Geistesgeschichte* 48 (1996), S. 68-80 を参照せよ。

5 Hans Jonas, 》Gnosticism and Modern Nihilism《, in: *Social Research* 19 (1952), S. 430-452【dt. 》Gnosis und moderner Nihilismus《, in :*Kerygma und Dogma* 6 (1960), S.155-171】を参照せよ。Micha Brumlik による解釈 *Die Gnostiker. Der Traum von der Selbsterlösung des Menschen,* Berlin 2000, S. 252-294. を参照せよ。

6 Hans Jonas, *Wissenschaft als persönliches Erlebnis,* S. 14-19.

7 Martin Heidegger, *Gesamtausgabe* Bd. 16: Reden und andere Zeugnisse eines Lebensweges (1910-1976), Frankfurt a. M. 2000, S.89 所収の推薦状を参照せよ。

8 Günther Anders, *Über Heidegger,* hrsg.v. Gerhard Oberschlick, München 2001 所収の諸論考を参照せよ。

9 Elisabeth Young-Bruehl, *Hannah Arendt,* S. 65ff. を参照せよ。

10 アーレントののちの政治的思想についてはとりわけ、A．Dana Villa, *Politics, Philosophy, Terror. Essays on the Thought of Hannah Arendt,* Princeton 1999 を参照せよ。

11 Hannah Arendt, *Der Liebesbegriff bei Augustin,* Berlin 1929. Ronald Beiner, 》Love and Worldliness: Hannah Arendt's Reading of Saint Augustine《, in:Larry May/Jerome Kohn (Hg.), *Hannah Arendt. Twenty Years Later,* Cambridge, MA 1997, S. 269-284 を参照せよ。

12 Max Weber, *Die protestantische Ethik und der* 》*Geist*《 *des Kapitalismus,* Düsseldorf 1992【Tübingen 1905】.

13 Ders., *Gesammelte Aufsätze zur Religionssoziologie,* 3 Bde.,Tübingen 1988.

14 Hans Jonas, 》Karl Mannheims Soziologie des Geistes《, in: *Schriften der Deutschen Gesellschaft für Soziologie* 1 (1929), S. 111-114 を参照せよ。

15 Reinhart Blomert, *Intellektuelle im Aufbruch. Karl Mannheim, Alfred Weber, Norbert Elias und die Heidelberger Sozialwissenschaften der Zwischenkriegszeit,* München 1999 を参照せよ。

16 *Briefwechsel zwischen Wilhelm Dilthey und dem Grafen Paul Yorck von Wartenburg 1877-1897,* Halle 1923. Karlfried Gründer, *Zur Philosophie des Grafen Paul Yorck von Wartenburg. Aspekte und neue Quellen,* Göttingen 1970 を参照せよ。

17 Marion Yorck von Wartenburg, *Die Stärke der Stille. Erzählung eines Lebens aus dem deutschen Widerstand,* München 1995 を参照せよ。

原注　第5章

1 ワイマール共和国のこの時期における、ドイツのユダヤ人共同体の状況については、George L. Mosse/Arnold Paucker (Hg.), *Entscheidungsjahr 1932. Zur Judenfrage in der Endphase der Weimarer Republik* (SchrLBI13), 2. rev. u. erw. Aufl., Tübingen 1966 を参照せよ。ユダヤ人共同体が脅かされていることが、1933年以降でもやっと段階的にしか認識されなかった原因については、Marion Kaplan, *Der Mut zum Überleben. Jüdische Frauen und ihre Familien in Nazideutschland,* Berlin 2001, S. 11-15 を参照せよ。

2 迫害の開始については、Wolfgang Benz (Hg.), *Die Juden in Deutschland 1933-1945. Leben unter nationalsozialistischer Herrschaft,* München 1988 所収の対応する諸論考、Arnold Paucker, *Die Juden im nationalsozialistischen Deutschland/The Jews in Nazi Germany 1933-1943,* Tübingen 1986 を参照せよ。

3 Hans Jonas, *Gnosis und spätantiker Geist. Erster Teil. Die mythologische Gnosis.* Mit einer Einleitung 》Zur Geschichte und Methodologie der Forschung《, Göttingen 1934【2.,unveränd. Aufl., 1954; 3.verb.u.verm.Auflage, 1964. *Ergänzungsheft zur ersten und zweiten Auflage.* S. 377-456, 1964】.

4 本書の第8章を参照せよ。

5 Marion Kaplan, *Der Mut zum Überleben,* S. 187-208 を参照せよ。

6 ユダヤとアラブの暴力とイギリス人の役割の問題については、Antia Shapira, *Land and Power. The Zionist Resort to Force, 1881-1948,* Oxford 1992 を参照せよ。

7 Yaacov Shavit, *Jabotinsky and the Revisionist Movement 1925-1948,* London 1988; Joseph. B. Schechtman, *The Life and Times of Vladimir Jabotinsky,* Silver Spring 1986 を参照せよ。

8 ここに言われているのは、Richard Lichtheim, *Das Programm des Zionismus,* Berlin 1911 のことである。リヒトハイムおよびドイツ・シオニストの修正主義については、ders., *Revision der zionistischen Politik,* Berlin 1930 を参照せよ。

9 Vgl. Richard Lichtheim, *Rückkehr. Lebenserinnerungen aus der Frühzeit des deutschen Zionismus,* Stuttgart 1970（トルコについては S. 215-334）.

10 彼のマルクス主義研究については、George Lichtheim, *Ursprunge des Sozialismus,* Gütersloh 1969; ders., *Kurze Geschichte des Sozialismus,* München 1975 を参照せよ。

11 Miriam Lichtheim, *Ancient Egyptian Literature. A Book of Readings,* Berkeley 1973; dies., *Moral Values in Ancient Egypt,* Fribourg 1997 を参照せよ。

12 Ruth Bondy, 》Der Dornenweg deutscher Zionisten in der Politik. Felix Rosenblüth in Tel Aviv《, in: *Menora* 9 (1998), S. 297-314 を参照せよ。

13 Eli Shai, 》Samuel Hugo Bergman. A Partial Portrait《, in: *Ariel* 57 (1984), S. 25-36; William Kluback, *Courageous Universality. The Work of Samuel Hugo Bergman,* Atlanta 1992; Hugo S. Bergman, *Jawne und Jerusalem. Gesammelte Aufsätze,* Königstein 1981; ders., *Tagebücher und Briefe,* 2 Bde., Königstein 1985 を参照せよ。

14 Carl Schmidt, *Ein Mani-Fund in Ägypten. Originalschriften des Mani und Seiner Schüler,* Berlin 1933.

15 Hans Jakob Polotsky, *Manichäische Handschriften der Sammlung A. Chester Beatty,* Bd. 1 (Manichäische Homilien), 1934; ders., 》Manichäismus《, in: August F. Pauly/Georg Wissowa (Hg.), *Real-Encyclopädie der klassischen Altertumswissenschaft* Suppl. VI, Stuttgart 1935, S. 240-271 を参照せよ。Marcel Erdal, 》Hans Jakob Polotsky (1905-1991). An Appreciation《, in: *Mediterranean Review* 8 (1994), S. 1-9 を参照せよ。

16 本書の私の後書きにおけるドキュメンテーションを参照【C. W.】。

17 1938年6月25日付ゲルショム・ショーレム宛ての手紙のなかで確認しているように、ヨナスのほうもブーバーから人格的にも哲学的にも強い印象を受けていた。「ブーバーの講義は輝かしく、内容的にも形式的にも満足だった。この人自身が、

これまで僕が遠くから思い描いていたよりも強い印象を与える。というのも、僕はこれまでほとんど彼が公式の場でしか彼のことを知らなかったのだが、こうした場面にはつねにいかがわしいものがつきまとうからだ。ところが、二人きりのまったく私的な対話では、不愉快なものがすべて抜け落ちて、まったく非凡な積極的な性質だけが純粋に現れてくる。彼の知識の驚くべき広さは言うまでもないが、僕はこの60代の人の思想的発展に驚いている。彼には哲学的な力と深さがある。そのうえ僕は、彼が僕の味方になってもらえるとあてにできる本当に能動的な奨励者であることを発見したのだ」(Nachlaß Gershom Scholem, JNUL, 4° 1599)。

18 Oswald Spengler, *Der Untergang des Abendlandes. Umrisse einer Morphologie der Weltgeschichte*, Munchen 1998【Wien 1918/23】.

19 Hans Lewy, *Chaldean Oracles and Theurgy: Mysticism, Magic and Platonism in the later Roman Empire*, Paris 1978.

20 Hans Jonas, 》Husserl und das Problem der Ontologie《【hebr.】, in: *Mosnajim* 7 (1938), S. 581-589 を参照せよ。1938年6月25日付ゲルショム・ショーレム宛ての手紙のなかでヨナスは、大学における講演(そしてフッサールについてのラジオ講演)を準備した苦労をいきいきと描いている。「僕は【…】大学における『デビュー』、少しまえに、ヘブライ語によるはじめてのラジオ講演をやった【…】。このすべてのために、事柄と言語の両面に関わる多大な準備作業をした。後者はほかに経験したことのない現象だったが、ヘブライ語の処女講演と大学の処女講演が重なったので、多くのものが絡まりあった。大学でフッサールについて記念講演を行う誘いをベルクマンから伝えられて、僕はまず、10日以内にもう一度フッサールの全著作を読み通すことから準備を始めた。それから、多くの草案を作っては放棄した末に、これらの草案のどれとも関係のないドイツ語のテクストをタイプライターで打ち出した。そしてイェルネンスキー【ヨナスのヘブライ語教師 -C.W.】と一緒に一週間かけてヘブライ語の仕上げに汗をかいた。講演の直接的な成功から読みとれる限りでは、結果は僕の期待を超えて良いものとなり、当地の将棋で使える若干の駒を僕にもたらしてくれた。僕はさらなる成果を期待しているが、理性的に期待できるものの限界は十分にわきまえている」(Nachlaß Gershom Scholem, Jewish National University Library (JNUL), 4° 1599). ラジオ講演は「エトムント・フッサールの思い出に」という表題で雑誌 *Turim* (1938)に掲載され、次の言葉で始まっている。「5月のはじめに、現代哲学の巨匠の一人であるエトムント・フッサールがフライブルクで亡くなった。彼はその地の大学において、1929年の引退に至るまで哲学的学派の頭として研究・教育を行った。多くの学生がそこに流れ込み、ドイツの哲学的生活に対する深い影響がそこから発していった。彼は思考において一世代を育て上げ、名声をかち得て、そして周りの世界が変化したなかで、孤独に死んだ。まわりの世界はもはや弔辞すら告げない。彼の活動の地におけるこの沈黙に対して、当地において彼を記念することはわれわれにとって徳義上の義務である。若き日にユダヤ教を捨て、ドイツの教授となり、自分を徹頭徹尾ヨーロッパ的学問の奉仕者として、西洋の文化遺産の擁護者として感じていた彼自身はたしかに、フライブルクで等閑にされたことがエルサレムで行われるなどとい

うことは考えてもみなかっただろう。何年も前に彼の足もとに座っていた一人の学生が今日、エルサレムの放送局からヘブライ語で、彼の記念のために語らせていただくという事実それ自体が現代のシンボルなのである」。

21 George Lichtheim, *Marxism in Modern France,* New York 1968.
22 Martin Jay, 》The Loss of George Lichtheim《, in: *Midstream* 19 (1973), S. 41-49.

原注　第6章

1　1938年7月25日付ゲルショム・ショーレム宛ての手紙のなかでヨナスはエルサレムの血なまぐさい事件を報告している。「先月、僕はエルサレムである事件を目撃して深く震撼させられた。あなたもきっと「血の火曜日」のことを聞いただろう。流血沙汰の一つが僕の部屋の窓のすぐ下で起こったのだ。朝の5時半頃、僕はその瞬間に窓のそばにいて、次の瞬間には外に跳び出していた。そして致命傷を負ったアラブ人を腕に抱えてハダサまで引きずっていった。請け合ってもいいが、これ以上恐ろしいことはほとんど考えられない」(Nachlaß Gershom Scholem, JNUL, 4° 1599)。

2　ユダヤ人の自衛のために出動したにもかかわらず、ヨナスはまたエルサレムの友人の若干——ゲルショム・ショーレムもその一人だ——と同じく、アラブ人の利害との調停を考慮する平和グループ、ブリト・シャロームのメンバーでもあった。この組織とそのドイツ・ユダヤ的背景については、Hagit Lavsky, 》German Zionists and the Emergence of Brith Shalom《, in:Jehuda Reinharz/Anita Shapira (Hg.), *Essential Papers on Zionism,* New York 1996, S. 648-670; Shalom Ratzabi, *Between Zionism and Judaism. The Radical Circle in Brith Shalom, 1925-1933,* Leiden 2002 を参照せよ。

3　この点については、ドイツからパレスチナへのチョコレートやアマンド菓子の送付が少なからぬ役割を果たしているゲルショム・ショーレムとその母の往復書簡を参照せよ。*Betty Scholem-Gershom Scholem. Mutter und Sohn im Briefwechsel 1917-1946,* hrsg. v. Itta Shedletzky in Verbindung mit Thomas Sparr, München 1989.

4　Hans Jonas, 》The Nobility of Sight. A Study in the Phenomenology of the Senses《, in: *Philosophy and Phenomenological Research* 14 (1953/54), S. 507-519【dt.unter dem Titel 》Der Adel des Sehens. Eine Untersuchung zur Phänomenologie der Sinne《, in: ders., *Das Prinzip Leben. Ansätze zu einer philosophischen Biologie,* Frankfurt a. M. 1994, S. 233-264】.

5　Lore Jonas, 》Mein Vater Siegfried Weiner (1886-1963)《, in:Regensburger Almanach 1989, S. 49 を参照せよ。

原注　第7章

1　コンスタンツ大学哲学文書館のハンス・ヨナスの遺稿には、この文書の予備草稿が含まれていて（handschriftlicher Entwurf HJ5-9-32; Typoskripte HJ5-9-1/2/3）、その段階的成立をかいま見させてくれる。呼びかけはもともと、次の言葉で始まっていた。「9月3日にイギリスとフランスがヒトラーのドイツに対して宣戦布告したとき、全世界のユダヤ人が瞬時に感じた、この戦争は——それに参与する人々にとって、それが他の何であるにせよ——**われわれの**戦争でもあるのだ、と。世

界と諸民族の他のいかなる責務がこの瞬間に含まれるにせよ、ユダヤの運命はそれに**われわれの**瞬間という刻印を押す。われわれの感情はただちにその瞬間をそのようなものと認め、政治的判断はそれを確証し、この戦争へのわれわれの完全な参加を要求する。われわれはこの戦争をユダヤ民族の大義と捉え、ユダヤ民族の名においてともに担わなければならない。この態度の前提と帰結について説明しよう」。最終的テクストのエクセンプラーはコンスタンツのヨナス遺稿（HJ5-9-40）とニューヨークのレオ・ベック研究所にある（AR2241addenda という記号のもとに）。最終的テクストは *Jüdischer Almanach 2001/5761 des Leo Baeck Instituts,* Frankfurt a. M. 2000, S. 79-91 に公刊されている。次の解釈を参照せよ。Christian Wiese, 》Ein bellum judaicum in des Wortes tiefster Bedeutung〈. Hans Jonas' Kriegsaufruf 1939 im Kontext seiner Biographie und seines philosophischen Denkens《, in: ebd., S. 92-107.

2　そのなかには、多数のドイツ・シオニズムの重要人物がいた。たとえば、ゲルショム・ショーレム、ザリー・ヒルシュ、ベンノ・コーン、アルフレート・ベルガー、ゲオルク・ランダウアー、ヴァルター・グロス、マックス・クロイツバーガー、ロベルト・ヴェルチュ、モシェ・スモイラ。

3　Elias Gilner, *War and Hope. A History of the Jewish Legion,* New York 1969; Matityahu Mintz, 》Pinchas Rutenberg and the Establishment of the Jewish Legion in 1914《, in: *Studies in Zionism,* 6 (1985), S. 15-26 を参照せよ。

4　戦争中のパレスチナにおけるイギリスの政策については、Bernard Wasserstein, *Britain and the Jews of Europe, 1939-1945,* Oxford 1979; Ronald W. Zweig, *Britain and Palestine During the Second World War,* London 1986 を参照せよ。

5　これらの亡命者たちの動機については、Yoav Gelber, 》Central European Jews from Palestine in the British Forces 《, in: *Leo Baeck Institute Year Book,* 35 (1990), S. 321-332 を参照せよ。決定的だったのは「生き延びた残りの者の解放者に属」したいという志向だった（S. 321）。

6　Michael Evenari, *Und die Erde trage Frucht. Ein Lebensbericht,* Gerlingen 1987.

7　ユダヤ旅団グループの前史と成立史については、Yoav Gelber, *Jüdische Freiwillige aus Palästina in der britischen Armee während des Zweiten Weltkriegs*【hebr.】, Bd. 1 (Freiwillige Meldung und ihre Rolle in der zionistischen Politik 1939-1942), Jerusalem 1979, Bd. 2 (Der Kampf um eine Jüdische Armee), Jerusalem 1981 を参照せよ。旅団の歴史については、Morris Beckman, *The Jewish Brigade. An Army with two Masters 1944-45,* Staplehurst 1998 を参照せよ。イギリスの意向の変化におけるチャーチルの役割については、特に S. 42-50 を参照せよ。

8　エンツォ・セレニとその思想的展開については、Ruth Bondy, *The Emissary: A Life of Enzo Sereni,* Boston 1977; Evelyn Wilcock, *Pacifism and the Jews,* Gloucestershire 1994, S. 61-71 を参照せよ。

9　1944年のハンス・ヨナスの「教説の手紙」は本書の第14章として初めて印刷された。

10　1945年3月12日付ゲルショム・ショーレム宛ての手紙のなかで、ローレ・ヨナスは夫について書いている。「他の点では、彼はうまくいっています。いまロー

マの近くにいます。ほとんどまる8日かけて到着し、もちろん感激しています。彼の手紙は（とりわけ）一方ではミケランジェロ賛歌、他方ではクァトロチェント賛歌です。彼の芸術との取り組みを明らかな享楽主義だとまえに叱責したのは、あなたではなかったでしょうか。いまは許してやるべきだと私は思います。ちがいますか」(Nachlaß Gershom Scholem, JNUL, 4° 1599)。

11 1993年1月30日にウディーネでプレミオ・ノニノを受賞した際のヨナスの最後の演説においてもまだ、ヨナスはイタリアにおけるさまざまな出会いを回想し、これらの物語を「私に委託された聖なる宝のように」全生涯を通じて担ってきたと強調した。Hans Jonas, 》Rassismus im Lichte der Menschheitsbedrohung《, in: Dietrich Böhler (Hg.), *Ethik für die Zukunft. Im Diskurs mit Hans Jonas,* München 1994, S. 21-29 を参照せよ。引用は S. 23 から。

原注　第8章

1 Primo Levi, *Die Untergegangenen und die Geretteten,* München 2002.［邦訳『溺れるものと救われるもの』竹山博英訳、朝日新聞社、2000年］。Aleksander Tisma, *Kapo. Roman,* München 1999 を参照せよ。

2 Lore Beyerlein (Hg.), *Von drei Reichen. Briefe des Malers Kurt Beyerlein aus den Jahren 1941-1945,* Reinbek 1947.

3 Hans Jonas, 》Origenes' Peri Archon–ein System patristischer Gnosis《, in: *Theologische Zeitschrift* 5 (1949), S. 101-119; ders., 》Die origenistische Spekulation und die Mystik《, in: *Theologische Zeitschrift* 5 (1949), S. 24-45.

4 のちに1954年に初めて、ヴァンデンヘック・ループレヒト社から『神話から神秘的哲学へ』という題名で、『グノーシスと古代後期の精神』の第二部が出版された――それには「私の母の思い出に。1942年、アウシュヴィッツで亡くなる。」という献辞が添えられた。ヨナスは第一巻のその後の版を父の思い出に捧げた。

5 Rudolf Bultmann, *Das Evangelium des Johannes,* Göttingen 1941.

6 Erich Dinkler, 》*Die christliche Wahrheitsfrage und die Unabgeschlossenheit der Theologie als Wissenschaft*《, in: Otto Kaiser (Hg.), *Gedenken an Rudolf Bultmann,* Tübingen 1977, S. 15-40.

7 Hans Jonas, 》 Im Kampf um die Möglichkeit des Glaubens. Erinnerungen an Rudolf Bultmann und Betrachtungen zum philosophischen Aspekt seines Werkes 《, in: Otto Kaiser (Hg.), *Gedenken,* S. 41-70. 重要であるのは、ブルトマンの人柄の感動的な回顧であり、そして「彼との対話、つまり神学者に対する哲学者の、キリスト教徒に対するユダヤ人の、しかしとりわけ友人に対する友人の対話」である。「私の人生のためには、私はずっとずっとまえから始まった生者とのこの会話をぜひとも続けていきたくてたまりません。でも、私はその会話をかけがえのない影としか交わすことができないのです。感動的な純粋さをもった一人の男がこの世を去ってしまいました。申し分のない人生、つねにそれ自身と一致した人生でした。彼は悲しまれるべきではありません。しかし、『一人の人間であるということは努力するだけの価値のあることである』というたえず脅かされてきた信念を、世界が彼らにすがることによって再建することができるような人物の一人を、世界はまたしても

失ってしまったのです」(ebd., S. 70)。

8 ブルトマンは自分の希望に、「著者のいつのまにか成熟した叙述力は読者をおのずと獲得するであろう」という表現を与えた。そして、ブルトマンは、自分自身がその人生の何年かをグノーシスの研究に捧げたものの、従来の研究のどれからも「この研究ほどにはグノーシスという精神史的現象の現実的な認識を学ばなかった」こと、それどころか彼にとっては「この現象の意義がその広がり全体においてここで初めて解明された」ことを強調した。彼は実存分析を援用したことを明白に是認した。そして、「この著作が多くの観点で精神史的な探求を豊かにし、新約聖書の解釈も少なからず豊かにするであろう」ということが、たしかに示されている（ハンス・ヨナス『グノーシスと後期古代の精神』第一部、1934年の序文）。移住の際にヨナスが成功するようにと、ルドルフ・ブルトマンが1933年12月12日に書いた所見においては、とりわけ次のように言われている。「ヨナス博士は優れた才能をもった学者であります。彼は体系的思考の能力と歴史的探求の天分とを調和させており、したがって特に精神史的現象を分析したり叙述したりする準備ができております。【中略】教養形成の過程の結果、彼は古代ギリシャの精神的伝統と同じくらいに旧約聖書、ユダヤ教、新約聖書の精神的伝統を熟知しています。【中略】私は【グノーシス書】を抜きん出た業績であると見なしています。グノーシスの研究はこれまで次のことによって規定されてきました。つまり、まずは、グノーシスを限定的な教会・教義史的な現象として理解することによって。次に、グノーシスをヘレニズムの宗教史の一現象と見なすことによって。その際には、関心は本質的に、グノーシスのなかで受容され変形された神話的伝統に向けられていました。ヨナス博士は、グノーシスが西洋の精神史全体の連関のなかでどのような意義をもっているかを初めて教えているのです。つまり、グノーシスにおいては、神と世界に関する古代の理解——オリエントの伝統の影響も、古代末期における一般的な歴史的条件の影響も受けている——が変形されており、しかも、キリスト教の概念的鋳造にとって、そして同時に古代以降の西洋の精神史全体にとって根本的な意義をもつような仕方で変形されているのです。この本は、並はずれた仕方で探求を豊かなものとするでしょう。その学問的仕事を継続することがヨナス博士に可能となることを、私は心から望んでいます。私はヨナス博士を人間としても尊敬し尊重するようになっただけに、そのことをいっそう望んでいます」(Nachlaß Gershom Scholem, JNUL 4° 1599)。

9 Hans Jonas, *Augustin und das paulinische Freiheitsproblem. Ein Beitrag zur Entstehung des christlich-abendländischen Freiheitsbegriffs,* Göttingen 1930.

10 以下を参照せよ。Hans Schmidt, *Jona. Eine Untersuchung zur vergleichenden Religionsgeschichte,* Göttingen 1907.

11 Wilhelm Bousset, Hauptprobleme der Gnosis, Göttingen 1907.

12 Hugo Koch, in: *Theologische Literaturzeitung* 55 (1930), Nr. 2, Sp. 466.「ヨナスが彼の論文において外来語の多用、名詞の偏愛、抽象性とイメージ欠如、傲慢さ、誇張と仰々しさによって示しているものは、いっさいの限度を超えている。【中略】その論文はブルトマン教授に捧げられている。そして、ブルトマン教授ならそのような言

葉を喜ぶかもしれない。別の人々は正当にもその論文のなかに粗野な狼藉を見るのであり、そのドイツの学者のせいで自分たちとドイツの学問がそれ以外の世界のまえで恥をかくのを見るのである。【中略】もし論文の内容が質の良さという点でその言葉の理解不可能さと匹敵するなら、その内容はまったく傑出したものであるにちがいない。しかし、私はこの難解な言葉をドイツ語と理解可能な言葉に翻訳する気はしない」(ebd.)。

13　Julius Ebbinghaus, *Zu Deutschlands Schicksalswende,* Frankfurt a. M. 1946, S. 45f.

原注　第9章

1　イッサウィーヤにおけるこれらのエピソードは、インタビューのあいだは語られてはおらず、エレノア・ヨナスの記事で言及されている。Eleanore Jonas, 》Two Years in an Arab Village. Peace and Neighborly Contact During the British Mandate 《, in: *Aufbau* 2000, Nr. 25（14. 12. 2000）。

2　Hans Jonas, 》Yiscor: To the Memory of Franz Joseph Weiner《, in: *The Chicago Jewish Forum* 9/1 (1950), S. 1-8 を参照せよ。

3　ローレ・ヨナスがファーニァ・ショーレムとゲルショム・ショーレムに宛てた1949年の一通の手紙は、モントリオールにおける最初の体験がどのようなものであったかをわかりやすく伝えている。「私たちはしばしばあなた方のことを考え、あなた方のことについて話します。そして、あなた方がいなくて私たちはさびしいのです。この新しい大きな国は、かなり未知の国でもあります。この国に到着したときの最初の興奮が過ぎ去り、少し我に返ると、そのあとでは、人はひどく孤独を感じるものです。たしかに多数のユダヤ人──7万5000人──がいます。しかも、私たちが今まで知ったユダヤ人はみなとても優しく親切です（そして豊かです）。しかし、それは完全には正確ではありません。先日、あるパーティーで次のような会話がありました。X夫人「あなたのご主人は何をなさっているのですか」。私、恥じ入りながら「哲学です」。X夫人「ご主人は哲学ではお金がそれほど儲からないでしょう」。私「まったくそのとおりです」［以上、会話は英文］。ハンスはまだ同僚の誰一人とも知り合いになっていません。全員がまだ休暇中だからです。それはそうと、パレスチナ的な考えにしては、受け入れは圧倒的なものでした。私たちは車で駅まで迎えに来てもらい、3部屋の住まいにつれていってもらいました。その住まいは私たちのためにあらかじめ借りてもらっていたものです。もちろん冷蔵庫、ガスオーブン、電話などすべてが含まれています。特に、小児用ベッドが引っ越し祝いとして贈られていたのです。それから卵とバターが冷蔵庫に送り届けられました。ハンスはたくさん仕事をしています。そして私は、彼がひどく長い中断ののち、仕事をふたたび手に入れていることにとても幸せを感じます。しかし、そのため、パーティーのとき彼はほとんどいなくなってしまいます。しかし、最終的には、それが私たちがここにいることの目的なのです」(Nachlaß Gershom Scholem, JNUL 4° 1599)。

4　マイケル・R・マーラスの伝記を参照せよ。Michael M. Marrus, *Samuel Bronfman. The Life and Times of Seagram's Mr. Sam,* Toronto 1991.

5 エドガー・M・ブロンフマンの自伝を参照せよ。Edgar M. Bronfman, *The Making of a Jew*, New York 1996（彼の父については S. 1-16 を参照せよ）。

6 1949年9月1日のゲルショム・ショーレムに宛てたヨナスの手紙を参照せよ。「私のフェローシップはすなわち『個人的なフェローシップ (individual fellowship)』です。つまり、大学のポストと結びついていませんし、特定の大学とつながってもいません。コネを作り最終的に大学に『たどり着く』ことが私に委ねられています。【中略】マギル大学はつながりを作ることができる良い中心地です。たしかに、マギル自体は哲学科が全部そろっていてかなり充実しているように私には思われます。その上、二人の正教授のうち一人はレイモンド・クリバンスキーです。つまり、すでにドイツ系ユダヤ人がなっているのです」(Nachlaß Gershom Scholem, JNUL 4° 1599)。

7 ローレ・ヨナスがショーレム家に宛てた1949年12月1日の手紙にある美しい描写を参照せよ。「ここドーソンでは、私たちは一種の栄光をたたえられたキブツ［イスラエルにおける集団農場］で生活しています。私たちは共同の部屋 (common room) で食事をします。しかし、私たちは一部屋の替わりに4部屋を持っています。そして共通の洗面所があります。あるいはヨナスが表現するように、『それは男子修道院のようです。ただし修道女も一緒にいますが』。私たちは都会とその誘惑からかなり離れたところにいます（25マイル）。この地域の誘惑はとても少ないです。スナックバーが一軒とファカルティークラブがあるぐらいです。それなので、明らかに仕事をする以外には何も残されていません。仕事という点では、私が洗濯物を洗い、ハンスが哲学論文を書くというように、私たちは分担しています。【中略】私たちがここで最初にしたことはデスクを購入することでしたので、ハンスには仕事をしない口実はありません。そしてデスクはとても高価でしたので、ハンスはデスクを減価償却しようと考えていますし、とても勤勉です。おわかりのとおり、すべてがとても都合よくいっています。愛しいファーニャよ、女性の運命はどこでも同じ運命です。アイロンがけ、すでに触れた洗濯、ストッキングの修繕などなど。女性はそうしたことをエルサレムと同じようにカナダでもやらなければなりません。もし私がとても俗物的であることが許されるとしたなら、この大陸の偉業のなかで私が一番気に入っているのは洗濯機です。ここの人々、つまり私たちがそのなかで生活している学生結婚した夫婦 (married student couples) は親切ですし、たいていは質素で、屈託がありません。全体として言えば、私たちがモントリオールで知り合いになったユダヤ人ブルジョアジーの代表者たちよりも彼らのほうが私はかなり気に入っています。私たちイスラエルのユダヤ人は、離散したユダヤ人たち (Golusjuden) よりもこれら異教徒たち (Gojim) と共通のものを持っています」(Nachlaß Gershom Scholem, JNUL 4° 1599)。

8 ローレ・ヨナスがショーレム家に宛てた1949年12月1日の手紙を参照せよ。「そうこうするうちに、評判の良くないカナダの冬が始まりました。私たちにはすでに骨身にしみる寒さです。でも、事情通は断言するのです。そんなのはまだまったく問題にもならない、もっと骨の髄まで凍らせるような寒さになるでしょう、と。したがって、あとになってから考えれば小さな Chamsin【熱い砂漠の嵐】は

とても美しいものでした。しかし、人は自分がもっている財産をけっして評価しないものなのです」(Nachlaß Gershom Scholem, JNUL 4° 1599)。

9 Cusanus-Texte I, *Predigten. Dies Sanctificatus*, hrsg. v. Raymond Klibansky (Heidelberger Akademie der Wissenschaften, Philosophisch-historische Klasse 1928-1929), Heidelberg 1929; Magistri Eckardi Opera Latina, hrsg. v. Raymond Klibansky, Dasc. I, *Super oratione dominica*, Lipsiae【Leibzig】1934; Magistri Eckardi Opera Latina, Fasc. XII, *Quaestines Parisienses*. Edidit Antonius Dondaine o.p., *Commentariolum de Eckardi Magisterio*, adiunxit Raymundus Klibansky, Lipsiae【Leibzig】1936 を参照せよ。

10 Raymond Klibansky, *Erinnerung an ein Jahrhundert. Gespräche mit Georges Leroux*, Frankfurt a. M. /Leibzig 2001 を参照せよ。

11 Ders., *The Continuity of the Platonic Tradition*, London 1939 und *Corpus Platonicum Medii Aevi*, Auspiciis Academiae Britannicae【…】edidit Raymundus Klibansky を参照せよ。

12 Père Faribault,》Un livre Jonas: Gnosis und spätantiker Geist《, in: *Etudes et Recherches* 2 (1937). I-II, 1.

13 Arthur Darby Nock, in: *Gnomon*, 3 (1936), S. 605-612. In dt. Sprache wiederabgedruckt in: Kurt Rudolph (Hg.), *Gnosis und Gnostizismus*, Darmstadt 1975, S. 374-386.

14 1950年7月28日に、ヨナスはゲルショム・ショーレムに宛てて次のように書いた。「私たちはうまくいっています。私たちは落ちついた夏を過ごしています（落ちつくということがとてもにぎやかになった家族について可能である限りで）。【中略】アヤラーは庭で遊んでいます。彼女は屈託がなく、とても積極的に世界に興味を示します。しかし、まだ言葉を話しません。彼女はフロイトを読んだことがないから、弟に対してとても優しいですし、弟の手にキスをしたり、小さな頭をなでたりします（私たち夫婦が彼女のいるときにはけっしてやったことのないことです）。そして、彼に哺乳瓶をとってあげようとします。つまり、彼女はひどく優越感を感じているのです。ヨナタンは彼女よりもおとなしいです——彼もイスラエル生まれ（Sabre）ではありません」(Nachlaß Gershom Scholem, JNUL 4° 1599)。

15 ヨナスがゲルショム・ショーレムに宛てた1950年4月24日の手紙を参照せよ。「カールトン・カレッジは、フランス的-聖職者的なオタワ大学に対抗して、非宗派的-イギリス的なライバルとして設立されたもので、まだ10年にも満たず、とても野心的です。このカレッジはもともと哲学のための新しい講師を探していました。私が一種の掘り出し物（bargain）として、しかし当然下級のポスト向きではないものとして市場に現れたとき、カレッジは相当骨を折ってくれました。【中略】それなので、給料は支払われますから、私はここでただちに最初の一年間、教育の仕事に入りました。私はそれをときどきみずからの仕事における妨害と感じたにもかかわらずです」(Nachlaß Gershom Scholem, JNUL 4° 1599)。

16 ヨナスがゲルショム・ショーレムに宛てた1951年2月18日の手紙を参照せよ。「ここでは私たちの状況は引き続きよいです。経済的には、ユダヤ国家の3年のあいだに一人のイスラエル人がもらえたものに比べて決定的によいです。【中略】私の同僚たちに対する関係はすばらしいものです。極度に刺激的ではないにしても（if not over-stimulating）。【中略】学生たちは哲学を不思議がっています。簡たん

にはすまされないですし、それゆえアメリカ的ではないからです。学生たちはいつもとはちがった苦労を『何かちがったもの (something different)』として歓迎しています。成果は別として (それは疑わしいものです)。しだいに明らかになってきているのは、私が何かまったく新しいこと、たまにしか起きないことをこの組織のなかで表しているということです——私の最も知的な学生たちは、私にそのことを間接的に、一部はとても直接的にも伝えてくれました。私のクラスの一つで、私が翌年もまだいるのかどうかという質問を受け、それに対して私が『イエス』で答えたときに、『ああよかった』というコーラスが沸き起こったのです。二、三人の本物の頭脳が、ステレオタイプの多数から次第に選りすぐられました。知的な学生がいるおかげで、他人の理解力をしのぐということにはやり甲斐があります。この『応答体験』は大きな満足です」(Nachlaß Gershom Scholem, JNUL 4° 1599)。

17　ヨナスがオタワの最初のゼメスターで講義したのは「アリストテレスまでの古代哲学史」、「デカルトからカントまでの近代哲学史」、「宗教哲学」である (ゲルショム・ショーレム宛ての7月28日の手紙を参照せよ。Nachlaß Gershom Scholem, JNUL 4° 1599)。

18　マルタ・カールヴァイス・ヴァッセルマン (1889-1965) は、そのまえに、幾つもの小説によって、さらに彼女の旅行記『一人の女性がアメリカを旅する (*Eine Frau reist durch America*)』(ベルリン、1922年)、彼女の夫の伝記——『ヤコブ・ヴァッセルマン。イメージ、戦い、作品 (*Jacob Wassermann. Bild, Kampf und Werk*)』(アムステルダム、1935年) によって世に登場していた。

19　Ludwig von Bertalanffy, *Theoretische Biologie,* Bd. 1: Allgemeine Theorie, Physikochemie, Aufbau und Entwicklung des Organismus, Berlin 1932; ders., *Biophysik des Fließgleichegewichts. Einführung in die Physik offener Systeme und ihre Anwendung in der Biologie,* Braunschweig 1953 を参照せよ。Lima Takao, *Der Begriff der Ganzheit und seine Anwendung bei Ludwig von Bertalanffy,* Kiel 2001 を参照せよ。伝記的叙述としては以下を参照せよ。Gerhard Nierhaus, *Ludwig Bertalanffy: 1901-1972,* o. O., o. J【1979】.

20　Ludwig von Bertalanffy, *Nikolaus von Kues,* München 1928.

21　ゲルショム・ショーレム宛ての1950年11月5日の手紙を参照せよ。「ここでは私の哲学的な論争相手は一人しかいません。ルートヴィヒ・フォン・ベルタランフィ教授 (ウィーン出身) です。彼は哲学する生物学者であり、【中略】私は彼とは Du で呼び合う仲間、飲み仲間、論争仲間の交友関係を結びました。彼は私を『古いアリストテレス主義者』と呼びますが、これに対して私は今までのところぴったりいくような対抗する罵倒の言葉を見つけてはいません」(Nachlaß Gershom Scholem, JNUL 4° 1599)。

22　ゲルショム・ショーレム宛の手紙が証明するところでは、この時期ヨナスは、シンシナティにあるリベラルなヘブライ・ユニオン・カレッジかニューヨークにある保守的なユダヤ神学校に長期間のポストを見つけることを望んでいた (1949年9月1日の手紙を参照せよ)。ローレ・ヨナスは1949年12月1日にその旅について書いている。「私たちはとても賞賛されたアメリカを、一度じっくりと見なけ

ればなりません。カナダはまだ完全にはアメリカではありませんから」(Nachlaß Gershom Scholem, JNUL 4° 1599)。

23　Samuel E. Karff (Hg.), *Hebrew Union College. Jewish Institute of Religion at One Hundred Years,* Cincinnati 1976 を参照せよ。

24　ショアー以前のドイツのユダヤ人にとってベックがもっていた意味については、とりわけ以下の諸論文を参照せよ。Georg Heuberger/Fritz Backhaus (Hg.), *Leo Baeck 1873-1956. Aus dem Stamme von Rabbinern,* Frankfurt a. M. 2001.

25　亡命地におけるレオ・シュトラウスの精神的発展については、特に以下を参照せよ。Peter Graf Kielmansegg et al., (Hg.), *Hannah Arendt and Leo Strauss. German Émigrés and American Political Thought after World War II,* Washington 1995.

26　シュトラウスの政治的思考に関する大量の文献のなかから以下を参照せよ。Kenneth L. Deutsch, *Leo Strauss: Political Philosopher and Jewish Thinker,* Lanham, Md. 1994; Shadia B. Drury, *Strauss and the American Right,* Basingstoke 1999; Harald Bluhm, *Die Ordnung der Ordnung. Das politische Philosophieren von Leo Strauss,* Berlin 2002.

27　Jacob Klein, *Die griechische Logistik und die Entwicklung der Algebra,* 2 Bde., Berlin 1934/1936.

28　1951年10月3日のヘブライ大学学長に宛てられたヘブライ語の手紙の文面（ゲルショム・ショーレム宛のコピー）は次のようなものである【クリスチャン・ヴィーゼの翻訳】。「51年9月3日のあなたのお手紙に対するお返事が遅れましたのは、私がお返事を長いあいだ吟味しなければならなかったからです。ヘブライ大学による招聘は私の古くからの希望がかなえられることを意味しますが、それは、アカデミックな領域のそとに存在し、私以外の人間にも関係するような問題のまえに私を立たせるようなタイミングでやってきます。ベルクマン教授は1950年の夏に、哲学のポストに立候補する用意があるかと私に尋ねられました。そのとき、私は──躊躇することなく──希望のとおりにお答えしました。そうであるにもかかわらず、明らかであったのは、そのポストを受け入れるならば、私の決定によって自分たちの運命が同時に決められてしまう人々全員にとっては、いわば深刻な断念を伴うだろうということなのです。私の観点からすれば、そのような犠牲は、他の人たちのあまりに多くの権利が私の決定によって困難な状況に陥れられない限りで正当化されるものです。当時、私はそうした犠牲がこの限界を超えないという印象をもっていました。この意味で、私は立候補に同意したのです。そして、すべての説明は、**このような状況下では**（*rebus sic stantibus*）という留保条件のもとにあったのです。そのとき以来、国の情勢がどの程度変化したのかを、私があなたに言うには及びません。また、大学が解決することを約束することができなかった住宅問題に始まる阻害理由──天秤の皿の上にのっている阻害理由を数え上げる必要もありません。もし私がイスラエルに滞在しており、そこで足場を固めていたとしたら、家族と私は、今日、すべての人の苦しみに対する私たちの分担分を分かち合っていたことでしょう。もし私が、大学のメンバーとして期限付きの期間その国を離れていたのだとしたら、今日、ふたたび私のポストにつくように強制されていたことでしょう。しかし、そのような関連が欠けているのですから、そのことに鑑みれば、この問題に対しては選択の自由という状

態で近づくことができますし、賛成と反対を——私の責任に関するさまざまな観点から十分に吟味することができます。私はすべての観点から、そして最善の知識と良心にしたがって状況を考慮し、次のような結論に達しました。つまり、普通の条件のもとで生活している一家族をきわめて異常な環境に置くことは正当化できないという結論です。この洞察は、状況の進展と並行して、最近になって初めて熟したものです。したがって、私は自分の心情の変化についてあらかじめあなたにお知らせすることができませんでした。そして、この否定的な決定は現在の状況の表現なのです。決定するにあたって役割を演じているのが私の側である限り、この否定的な決定が現在の状況と将来におけるその変化に左右されることに変わりはありません。このことが実際的に意味しているのは、1952年の秋には、いずれの場合も、私は行くことができないということです。この決定がなされたことで、最終的に、私の招聘が延期されるだけになるのか、あるいは完全に破棄されることになるのかは、私が決定することではありません。しかし私は、これによって大学に対する関係が終わらないことを、さらには、友人たちが私のことを理解し、この決定のことに気を悪くしないことを願っています。私は軽はずみではなく、進まぬ気持ちでこのように決定したのです。それゆえに、招聘に対する私の正直な感謝の気持ちを、大学の主要な委員会と関係者全員にお伝えいただくよう、また彼らが私に与えてくれた名誉を私が高く評価していることを彼らに確言していただくようお願いいたします。そもそもすでに悲惨である周知の状況がかなり激化してしまい、その結果、この状況がいまや私の心の望みを打ち砕き、現時点では招聘を断るように私を強いているということは、とても残念なことです」(Nachlaß Gershom Scholem, JNUL 4° 1599)。

29 エルサレム・ヘブライ大学のシオニスト的な特徴については以下を参照せよ。David N. Myers, *Re-Inventing the Jewish Past. The European Jewish Intellectuals Zionist Return to History,* New York 1995.

30 たとえば以下を参照せよ。Hans Jonas, 》Spinoza and the Theory of Organism《, in: *Journal of the History of Philosophy* 3 (1965), S. 43-57.

31 H. Jonas, 》Parallelism and Complementarity. The Psyco-Phisycal Problem in Spinoza and in the Succession of Niels Bohr 《, in: Richard Kennington (Hr.), *The Philosophy of Baruch de Spinoza,* Washington 1980, S. 121-130 (dt.: in: *Macht oder Ohnmacht der Subjectivität,* 1981, S. 101-116) を参照せよ。

32 Gershom Scholem, *Die Wissenschaft vom Judentum* (Judaica 6), Frankfurt a. M. 1997 を参照せよ。

33 のちに二人の思想家のあいだに生じる軋轢を証拠立てる内容上の根拠については、以下を参照せよ。Thomas H. Macho, 》Zur Frage nach dem Preis des Messianismus. Der intellektuelle Bruch zwischen Gershom Scholem und Jacob Taubes als Erinnerung ungelöster Probleme des Messianismus《, in: Stéphane Moses/Sigrid Weigel (Hg.), *Gershom Scholem–Literatur und Rhetorik,* Köln 2000, S. 133-152.

34 Jacob Taubes, *Abendländische Eschatologie,* Bern 1947. Richard Faber (Hg.), *Abendländische Eschatologie: ad Taubes,* Würzburg 2001 を参照せよ。

35 Philip Rief, *Freud: The Mind of the Moralist,* New York 1959.
36 Hans Jonas, *The Gnostic Religion: The Message of the Alien God and the Beginnings of Christianity,* Boston 1958; die dt. Ausgabe *Gnosis. Die Botschaft des fremden Gottes,* Frankfurt a. M. 1999 を参照せよ。
37 とりわけ以下を参照せよ。Jay MacPherson, *O Earth Return,* Toronto 1954; dies., *The Boatman,* Oxford 1957; dies., *Welcoming Desaster,* Toronto 1974. Weir Lorrain, *Jay MacPherson and her Works,* Toronto 1989/90 を参照せよ。
38 Northrop Frye, *Fearful Symmetry: A Study of William Blake,* Princeton 1947.

原注　第10章

1　1951年10月10日のゲルショム・ショーレムに宛てたヨナスの手紙を参照せよ。「夏のあいだ、私はニューヨークのニュースクール・フォア・ソーシャルリサーチの大学院の教授陣に客員教授として務めました。そして、『デカルト以降の存在論における有機体』(The Organism in the Theory of Being since Descartes)に関するコースを提供しました。このコースは、私自身が驚いたことに、とても評判が良かったのです。私自身は良い印象を与えられましたし、学生たちの成熟した様子と関心によって刺激を受けました。学生のなかには、とても熱心な博士号の候補者も若干名含まれていました。オタワは、そのような知的に活発な学生の人材を与えてくれません」(Nachlaß Gershom Scholem, JNUL 4° 1599)。

2　Michael Hanke, *Alfred Schütz: Einführung,* Wien 2002; Alfred Schütz, *Gesammelte Aufsätze,* 3 Bde., Den Haag 1971/1972 を参照せよ。

3　Ulrich Melle, *Das Wahrnehmungsproblem und seine Verwandlung in phänomenologischer Einstellung. Untersuchungen zu der phänomenologischen Wahrnehmungstheorie von Husserl, Gurwitsch und Merleau-Ponty,* Den Haag 1983 を参照せよ。

4　Richard Grathoff (Hg.), *Alfred Schütz-Aron Gurwitch. Briefwechsel 1939-1959,* München 1985 を参照せよ。1954年1月21日の手紙で、シュッツは彼の友人であるグールヴィッチに以下のように伝えている。「昨日**委員会**(*Committee*)と**学部会**(*Faculty Meeting*)があり、僕の予想に反して投票になりました。残念ですが、われわれは堂々と敗れました。【中略】ヨナスには、レオ・シュトラウスとその一派の強力な支持がありました。決定的だったのは、君はもっぱら完全な**在職権**(*tenure*)が得られる条件の場合に来る用意があり、他方ヨナスの場合はそうではない、この点に僕が当然言及しなければならなかったことです。1時間半の議論ののち、秘密投票に入り、君は7票を獲得し、ヨナスは9票でした。【中略】投票結果は僕の考えでは本当にもっぱら前述の事情に帰することができるでしょう。僕はヨナスを個人的に知りません。彼と一緒に仕事ができることを願っています。僕の記憶では、君は彼本人をたいへん高く評価しているような口振りではなかったかと思います」(ebd., S. 347 f. [リヒャルト・グラトホフ編著『亡命の哲学者たち――アルフレッド・シュッツ／アロン・グールヴィッチ往復書簡1939～1959』佐藤嘉一訳、木鐸社、1996年、370ページ])。1956年5月1日の手紙では、シュッツは、彼がヨナスとは「個人的にはあまり関係が良くない」(ebd., S. 390 [前掲書、413ページ])ということにつ

いて語っている。

5 Hans Jonas, 》Aron Gurwitsch《, in: *Social Research* 40 (1973), S. 567-569 を参照せよ。

6 1941年に、特に歴史家ジョン・U・ネフ（1899-1988）によって設立された社会思想委員会は、シカゴ大学の学際的な精神科学の機関であり、そこでは哲学者、歴史家、文学者、社会学者、政治科学者、宗教学者が共同研究をしていた。

7 残念ながら、ハンス・ヨナスは、ニュースクールにおける彼の活動の興味深い歴史を物語ることをインタビューでは断念した。ニュースクールの歴史の叙述としては、以下を参照されたい。Peter M. Rutkoff, *New School. A History of the New School for Social Research,* New York 1986; Claus-Dieter Krohn, *Wissenschaft im Exil. Deutsche Sozial- und Wirtschaftswissenschaftler in den USA und der New School for Social Research,* Frankfurt a. M. 1987.

8 「同盟」は、文化的な独自性を保証した上で、社会主義社会にユダヤ人を統合することを目的とする運動であった。Zvi A. Gitelman, 》A Centenary of Jewish Politics in Eastern Europe. The Legacy of the Bund and the Zionist movements《, in: *East European Politics and Societies* 11 (1997), S. 543-559 を参照せよ。

9 Viktor Sarris, 》Reflexionen über den Gestaltpsychologen Max Wertheimer und sein Werk: Vergessenes und wieder Erinnertes《, in: Marianne Hassler/Jürgen Wertheimer (Hg.), *Der Exodus aus Nazideutschland und die Folgen. Jüdische Wissenschaftler im Exil,* Tübingen 1997, S. 177-190 を参照せよ。

10 マグヌスの活動については次を参照せよ。William Abikoff, *The Mathematical Legacy of Wilhelm Magnus. Groups, Geometry and Special Functions,* Providence 1994.

11 Claus-Dieter Krohn, *Die philosophische Ökonomie.Zur intellektuellen Biographie Adolph Lowes,* Marburg 1996 を参照せよ。

12 シュテルンについては以下を参照せよ。Werner Deutsch, 》Im Mittelpunkt die Person: Der Psychologe und Philosoph William Stern（1871-1938）《, in: Marianne Hassler/Jürgen Wertheimer (Hg.), *Der Exodus aus Nazideutschland und die Folgen,* S. 73-90.

13 Hannah Arendt, *Rahel Varnhagen. Lebensgeschichte einer deutschen Jüdin aus der Romantik,* München 1959［邦訳『ラーヘル・ファルンハーゲン――あるドイツ・ユダヤ人女性の生涯』寺島俊穂訳、未来社、1986年］。

14 Eva Michaelis-Stern, 》Zu Henrietta Szolds 25. Todestag《, in: *Das Neue Israel* 33（1980), S. 288-291 を参照せよ。ユース・アリーヤについては以下を参照せよ。Yoav Gelber, 》The Origins of Youth Aliya《, in: *Studies in Zionism* 9 (1988), S. 147-171 und Sara Kadosh, 》Youth Aliya Policies and the Rescue of Children from Europe 1939-1942《, in: *Twelfth World Congress of Jewish Studies,* Jerusalem 2001, S. 95-103.

15 Bernd Neumann, *Hannah Arendt und Heinrich Blücher. Ein deutsch-jüdisches Gespräch,* Berlin 1988 を参照せよ。

16 たとえば以下を参照せよ。Günter Stern, 》On the Pseudo-Concreteness of Heidegger's Philosophy《, in: *Philosophy and Phenomenological Research* 3 (1948), S. 337 ff. Konrad Paul Liessmann, *Günther Anders,* München 2002, S. 203-207 のなかの文献目録を参照せよ。さらに、アンダースの伝記と哲学については、特に以下を参照せよ。Gabriele

Althaus, *Leben zwischen Sein und Nichts. Drei Studien zu Günther Anders,* Berlin 1989; Margret Lohmann, *Philosophieren in der Endzeit. Zur Gegenwartsanalyse von Günther Anders,* München 1996.

17　Konrad Paul Liessmann, *Günther Anders,* S. 53-78; Günther Anders, *Die Antiquiertheit des Menschen. Über die Seele im Zeitalter der zweiten industriellen Revolution,* Bd.1, München 1956 ［邦訳『時代おくれの人間（上）——第二次産業革命時代における人間の魂』青木隆嘉訳、法政大学出版局、1994年］; Helmut Hildebrandt, *Weltzustand Technik. Ein Vergleich der Technikphilosophien von Günther Anders und Martin Heiddeger,* Berlin 1990 を参照せよ。

18　ハンナ・アーレントとマルティン・ハイデガーのあいだの人間的かつ哲学的な関係についての対立した議論に関しては、とりわけ以下を参照せよ。Ingeborg Nordmann, 》Gegen Philosophie hilft nur Philosophie. Und ich habe keine eigene auf Lager.《 Hannah Arendts Auseinandersetzung mit Martin Heidegger《, in: Jutta Dick/Barbara Hahn (Hg.), *Von einer Welt in die andere. Jüdinnen im 19. und 20. Jahrhundert,* Wien 1993, S. 266-285; Dana Villa, *Arendt and Heidegger. The Fate of the Political,* Princeton 1996; Reinhard Mehring, 》Zwischen Philosophie und Politik. Hannah Arendts Verhältnis zu Heidegger《, in: *Zeitschrift für Religions- und Geistesgeschichte* 53 (2001), S. 256-273.

19　Hannah Arendt, *Besuch in Deutschland,* Berlin 1993 を参照せよ。

20　Dies., 》Konzentrationsläger《, in: *Die Wandlung* 3 (1948), S. 309-330; dies., 》Parteien und Bewegungen《, in: *Die Wandlug* 4 (1949), S. 459-473; dies., *Elemente und Ursprünge totaler Herrschaft,* Frankfurt 1955 を参照せよ。

21　Dies., *Eichmann in Jerusalem. Ein Bericht von der Banalität des Bosen,* München 2001 (1. Aufl. 1963). ［邦訳『イェルサレムのアイヒマン——悪の陳腐さについての報告』大久保和郎訳、みすず書房、1969年］。『ニューヨーカー』所収のこれらの論文は、1963年の2月と3月のあいだに5回に分けて連載された。

22　論争の資料としては以下を参照せよ。Friedrich Arnold Krummacher, *Die Kontroverse Hannah Arendt, Eichmann und die Juden,* München 1964. アーレントのアイヒマン書に関する議論についての多彩な文献のなかから、次を参照せよ。Dana Villa, 》The banality of Philosophy. Arendt on Heidegger and Eichmann《, in: Larry May/Jerome Kohn (Hg.), *Twenty Years Later,* S. 179-196; Richard J. Bernstein, 》Did Hannah Arendt Change her Mind? From Radical Evil to the Banality of Evil《, in: ebd., S. 127-146; Richard Wolin, 》The Ambivalence of German-Jewish Identity. Hannah Arendt in Jerusalem《, in: *History & Memory* 8 (1996), S. 9-34; Gary Smith (Hg.), *Hannah Arendt Revisited.* 》Eichmann in Jerusalem《 *und die Folgen,* Frankfurt 2000; Steven E. Aschheim (Hg.), *Hannah Arendt in Jerusalem,* Berkeley/Los Angeles/London 2001.

23　ブルーメンフェルトについては以下を参照せよ。Kurt Blumenfeld, *Erlebte Judenfrage. Ein Vierteljahrhundert Deutscher Zionismus,* Stuttgart 1962; Jochanan Ginat, 》Kurt Blumenfeld und der deutsche Zionismus《, in: Kurt Blumenfeld, *Im Kampf um den Zionismus. Briefe aus funf Jahrzenten,* hrsg. v. M. Sambursky und Jochanan Ginat, Stuttgart 1976, S. 7-36（この中には、ハンナ・アーレント宛ての手紙も含まれている）。

24　Ingeborg Nordmann, 》Zwischen Paria und Zionist. Die Freundschaft zwischen Hannah Arendt und Kurt Blumenfeld 《, in: *Babylon* 15 (1995), S. 86-98 を参照せよ。

25　Hannah Arendt, 》Zionism Reconsidered 《, in: Menorah-Journal 33 (1945), S. 162-196 (dt.: 》Der Zionismus aus heutiger Sicht 《, in: dies., *Die Krise des Zionismus. Essays & Kommentare* 2, Berlin 1989, S.7-60). Richard J. Bernstein, 》Hannah Arendt's Zionism? 《, in: Steven E. Aschheim (Hg.), *Hannah Arendt in Jerusalem,* S. 194-202; Moshe Zimmermann, 》Hannah Arendt. The Early Post-Zionism 《, in: ebd., S. 181-193 を参照せよ。

26　アイヒマン書の論争が始まる以前に、ヨナスがすでにアーレントの仕事を批判的に考察していたことを、1951年10月10日のゲルショム・ショーレム宛ての手紙のなかの次の章句が示している。「私が会いたかった多くの人は、もちろん真夏にはニューヨークにいませんでした。しかしハンナは、ニューヨークにいました。そして私たちの交友関係は、15年の中断の後、何事にも損なわれずに新たに始められました。私は、彼女の最近の機知に富んではいますが、そうであるがゆえにけっして正しくはない本である『全体主義の起源』におけるユダヤ問題に関する彼女の叙述を激しく（かつ、成果はまったくないが）論駁しなければならないにもかかわらずです」(Nachlaß Gershom Scholem, JNUL 4° 1599)。

27　Robert Weltsch, *Tragt ihn mit Stolz, den gelben Fleck. Eine Aufsatzreihe der* 》*Jüdischen Rundschau*《 *zur Lage der deutschen Juden,* Nördlingen 1988. ヴェルチュについては以下を参照せよ。Herbert A. Strauss, 》Zum zeitgeschichtlichen Hintergrund zionistischer Kulturkritik. Scholem, Weltsch und die Jüdische Rundschau 《, in: Peter Freimark/Alice Jankowsky (Hg.), *Juden in Deutschland. Emanzipation, Integration, Verfolgung und Vernichtung,* Hamburg 1991, S. 375-389.

28　Hannah Arendt, *Elemente und Ursprunge totaler Herrschaft,* S. 31.

29　アイヒマンの歴史的な役割については以下を参照せよ。Hans Safrian, *Eichmann und seine Gehilfen,* Frankfurt 1997.

30　アイヒマン書に関するショーレムとアーレントの手紙のやりとりについては以下を参照せよ。Gershom Scholem, *Briefe,* Bd. 2 (1948-1970), hrsg. v. Thomas Sparr, München 1995, S. 95-111. 解釈については以下を参照せよ。Stéphane Mosès, 》Das Recht zu urteilen: Hannah Arendt, Gershom Scholem und der Eichmann-Prozeß 《, in: Gary Smith (Hg.), *Hannnah Arendt Revisited,* S. 78-92.

31　Hans Jonas, 》Hannah Arendt, 1906-1975 《, in: *Social Research* 43 (1976), S. 3-5【dt. in: *Deutsche Akademie für Sprache und Dichtung Darmstadt. Jahrbuch 1975,* Heidelberg 1976, S. 169-171】; ders., 》Hannah Arendt in memoriam. Handeln, Erkennen, Denken: Aus Hannah Arendts philosophischem Werk 《, in: *Merkur 30,* Nr. 10 (1976), S. 921-935【engl. Acting, Knowing, Thinking: Gleanings from Hannah Arendt's Philosophical Work, in: *Social Rsearch* 44 (1977), S. 24-43】を参照せよ。

原注　第11章

1　Martin Heidegger, 》Die Selbstbehauptung der deutschen Universität 《 (1933), in:ders., *Gesamtausgabe,* Bd.16, S. 107-117. 総長演説とその影響の解釈として、とりわけ Victor Farias, *Heidegger und der Nationalsozialismus,* Frankfurt a. M. 1987, S. 151-168 を参照せよ。国家社会主義に対するハイデガーの関係という主題についてのおびただしい

文献の中から、Bernd Martin, 》Universität im Umbruch. Das Rektorat Heidegger《, in: Eckard John (Hg.), *Die Freiburger Universität in der Zeit des Nationalsozialismus,* Freiburg 1991, S. 9-24;ders., (Hg.), *Martin Heidegger und das* 》*Dritte Reich*《. *Ein Kompendium,* Darmstadt 1989; Rüdiger Safranski, *Ein Meister aus Deutschland. Heidegger und seine Zeit,* Frankfurt 1998 を参照せよ。

2 「フッサールとハイデガー」という講演におけるハンス・ヨナスの叙述を参照せよ（Leo Baeck Institute Archives, New York, AR2241/MS75）。「彼の先生である名声高い老フッサールとの関係について言えば、ハイデガーは、フッサールが後継者として彼をこの教授職に就けたにもかかわらず、あの権力奪取の瞬間以降フッサールにはもはや会わず、街頭でも挨拶せず、一言も声をかけなかった。そして、ほかならぬフッサールその人が哲学に対してその名を高まらしめたこの都市フライブルクで、フッサールを1938年まで孤独に生きさせ、また同様に孤独に死なせたのである。彼の総長文書のなかには、フッサールや他の非アーリア人の図書館入館と蔵書の利用を禁ずる告示書があった。この場合、重い告発がなされることになるから、正確を期すると、ハイデガーはのちに私的な会話において、この文書は彼の署名印を使ってルーティン・ルートで出されたもので、自分は知らなかったと説明した。そうかもしれない。それにしても、1938年にフッサールが死の床に病んでいたという事実は残る。【中略】特徴的なことに、夫に向かってこう言ったのは、もともと民族派のハイデガー夫人のほうだった。『マルティン、あの老人のところに行かなければいけないわ。病んでいて、亡くなるのだから』。ところがマルティン・ハイデガーは、病気に逃げ込んだ。彼は熱病を病み、フッサールが亡くなって、埋葬が終わるまで、ベッドに留まった。そして、フライブルク大学の講壇から、フッサールの弟子であり後継者である執務中の哲学者が、ドイツにおける過去の世代の哲学的生活の最も重要な人物が亡くなったことに一言たりと言及することはなかったのである。これは悲劇的な事実である」。

3 Richard Wolin, *Heideggers Children. Hannah Arendt, Karl Löwith, Hans Jonas and Herbert Marcuse,* Princeton 2001, S. 101-133 を参照せよ。

4 この点について、くわしくは本書の第12章を見よ。

5 Hans Jonas, 》Heidegger and Theology《, in: *The Review of Metaphysics* 18 (1964), S. 207-233 【dt.》 Heidegger und die Theologie 《, in: *Evangelische Theologie* 24 (1964), S. 621-642】.

6 Heinrich Ott, *Der Weg Martin Heideggers und der Weg der Theologie,* Zollikon 1959 を参照せよ。

7 Hans Jonas, 》Heidegger und die Theologie《, S. 624.

8 Ebd., S. 630f.

9 Ebd., S. 630.

10 Ebd., S. 639.

11 William Richardson, *Heidegger: Through Phenomenology to Thought,* The Hague 1963.

12 Ders., 》Heidegger and God-and Professor Jonas《, in: *Thought,* XL (1965), S.13-40.

13 Gerhard Noller (Hg.), *Heidegger und die Theologie. Beginn und Fortgang der Diskussion,* München 1967（ヨナスの論文は S. 316-340所収）。このテーマとの新しい取り組みとして、Pero Brkic, *Martin Heidegger und die Theologie. Ein Thema in dreifacher Fragestellung,* Mainz 1994 を

参照せよ。

14 Brief von Hans Jonas an Rudolf Bultmann vom 19.11.1969 (Nachlaß Rudolf Bultmann, Universitätsbibliothek Tübingen). ハンナ・アーレントは1969年8月8日付ヨナス宛ての手紙でこう書いている。「ハイデガーから短い知らせがありました。『ヨナスとの会話はとても楽しかった』と」(General Correspondence, 1938-1976, n.d. Hans Jonas, Hannah Arendt Papers, Manuscript Division, Library of Congress, Washington, D. C.). ハイデガーのもとのアーレント宛ての手紙（1969年8月2日付）にはさらに続きがある。「彼【ヨナス】は明らかに神学からまったく離れてしまった」——おそらく、ヨナスの講演「ハイデガーと神学」をほのめかしたのだろう。アーレントはこう答えた（1969年8月8日付）。「ヨナスはこちらでチューリッヒの再会に大喜びで、彼の流儀どおり、とてもくわしく報告してくれました。彼は神学よりはるかに多くのものから『まったく離れて』しまいました」。Hannah Arendt/Martin Heidegger, *Briefe 1925 bis 1975 und andere Zeugnisse,* Frankfurt a. M. 1998, S. 178 を参照せよ。

原注　第12章

1 Hans Jonas, 》Gnoticism and Modern Nihilism《, in: *Social Research* 19 (1952), S. 430-452【dt. 》Gnosis, Existentialismus und moderner Nihilismus《, in: ders, *Gnosis,* S. 377-400】.

2 Ders., 》Is God a Mathematician?《 in: *Measure* 2 (1951), S. 404-426. Ders., 》Ist Gott ein Mathematiker? Vom Sinn des Stoffwechsels《, in: ders., *Das Prinzip Leben,* Frankfurt a.M. 1997, S. 127-178 を参照せよ。

3 Ders., 》Motility and Emotion. An Essay on Philosophical Biology《, in: *Proceedings of the XIth International Congress of Philosophy,* Bd.5, Amsterdam/Louvain 1953, S. 117-122. Ders., Bewegung und Gefühl. Über die Tierseele, in: *Das Prinzip Leben,* S. 179-193 を参照せよ。

4 Ders., 》Causality and Perception《, in: *The Journal of Philosophy* 47 (1950), S. 319-324. Ders., 》Wahrnehmung, Kausalität und Teleologie《, in: ders., *Das Prinzip Leben,* S. 51-71 を、ここではまた Jonas' 》Bemerkungen zu Whiteheads Philosophie des Organismus《 (S. 176 ff.) を参照せよ。

5 Ivor Leclerc (Hg.), *The Relevance of Whitehead. Philosophical Essays in Commemoration of the Birth of Alfred North Whitehead,* London 1961 を参照せよ。

6 Hans Jonas, 》The Practical Uses of Theory《, in: *Social Research* 26 (1959), S. 127-166. Ders., 》Vom praktischen Gebrauch der Theorie《, in: *Das Prinzip Leben,* S. 313-341（アリストテレスとベーコンからの引用は、S. 313）を参照せよ。

7 Ders., 》The Nobility of Sight. A Study in the Phenomenology of the Senses《, in: *Philosophy and Phenomenologic Research* 14 (1953/54), S. 507-519. Ders., 》Der Adel des Sehens. Eine Untersuchung zur Phänomenologie der Sinne《, in: ders., *Das Prinzip Leben,* S. 233-264.

8 Ders., *The Phenomenon of Life. Toward a Philosophical Biology,* New York 1963; dt.: *Organismus und Freiheit. Ansätze zu einer philosophischen Biologie,* Göttingen 1973（のちになりタイトルは、*Das Prinzip Leben* である）。

9 Alfred North Whitehead, *Prozeß und Realität. Entwurf einer Kosmologie,* Frankfurt a. M. 2001.

10 Jonas' Nachwort zu *Das Prinzip Leben,* S. 401-403, 表題は》Natur und Ethik《を参照せよ。

11 Ders., 》Philosophical Reflections on Experiments with Human Subjects《, in: *Daedalus 98* (1969), S. 219-247【dt.:》Im Dienste des medizinischen Fortschritts: Über Versuche an menschlichen Subjekten《, in: ders., *Technik, Medizin und Ethik. Praxis des Prinzips Verantwortung,* Frankfurt a. M. 1987, S. 109-145】.

12 》A Definition of Irreversible Coma, Report of the *Ad Hoc* Committee of the Harvard Medical School to Examine the Definition of Brain Death《, in: *Journal of the American Medical Association 205,* Nr. 6 (5. August 1968), S. 337-340.

13 Ders., 》Against the Stream: Comments on the Definition and Redefinition of Death 《, in: ders., *Philosophical Essays. From Ancient Creed to Technological Man,* Chicago/London 1974, S. 132-140 (dt.:》Gehirntod und menschliche Organbank: Zur pragmatischen Umdefinierung des Todes 《, in: ders., *Technik, Medizin und Ethik,* S. 219-241).

14 のちの論文、》Techniken des Todesaufschubs und das Recht zu sterben《 in: ders., *Technik, Medizin und Ethik,* S. 242-268 を参照せよ。

15 ハンス・ヨナスの著書目録を参照せよ。センターへのヨナスの貢献については *Hastings Center Report 25*（1995）の別冊、Nr. 7（》The Legacy of Hans Jonas《）を参照せよ。

16 科学技術文明を展望するハイデガーとヨナスの構想のちがいについては、たとえば、Erik Jacob, *Martin Heidegger und Hans Jonas. Die Metaphysik der Subjektivität und die Krise der technologischen Zivilisation,* Tübingen 1995 を参照せよ。

17 Hans Jonas, *Das Prinzip Verantwortung. Versuch einer Ethik für die technologische Zivilisation,* Frankfurt 1983, S. 153-241（Kapitel 4）を参照せよ。さらには、Vittorio Hösle, Ontologie und Ethik bei Hans Jonas, in: Dietrich Böhler (Hg.), *Ethik fur die Zukunft. Im Diskurs mit Hans Jonas,* München 1994, S. 103-125 と、Bernd Wille, *Ontologie und Ethik bei Hans Jonas,* Dettelbach 1996 を参照せよ。

18 1972年7月23日付ハンナ・アーレントへの書簡を参照せよ。「親愛なるハンナ、ようこそ。私はあなたがここに居て幸せです。私たち二人はあなたに会えるのですよ。これをあてにできて幸甚です。同封のもの、あなたがたまに暇なときとか、眠れないときとかのために、まったくお好きなように。私の「倫理政治論考」（厳密には私的な表題）のうちで最初の二つの章、ここでは熱に浮かされたように筆をとっています。あなたから何か最初の反応があれば、それは私にとって最も重要です。まだ誰も知りません。この突拍子もない試みに私は3ヵ月間ずっと一人で取り組んでいます。私は一つの声が、あなたの声が必要なのです」(General Correspondence, 1938-1976, n. d. Hans Jonas, Hannah Arendt Papers, Manuscript Division, Library of Congress, Washington, D. C.)。

19 Robert Spaemann/ Reinhard Löw, *Die Frage Wozu? Geschichte und Wiederentdeckung des teleologischen Denkens,* München 1981.

20 Hans Jonas, *Das Prinzip Verantwortung,* S. 61-83; ders., The Heuristics of Fear, in: Melvin Kranzberg (Hg.), *Ethics in an Age of Pervasive Technology,* Boulder 1980, S. 213-221.

21 パウロ教会は当時改装され、賞の授与式に用いられていなかった。

22 Hans Jonas, 》Technik, Freiheit und Pflicht. Dankesrede anläslich der Verleihung des Friedenspreises des Deutschen Buchhandels am 11. Oktober 1987 in Frankfurt am Main《,

in: ders., *Wissenschaft als persönliches Erlebnis,* Göttingen 1987, S. 32-46.

23　ヨナスはのちの談話で、自分の説明を次の二つの面でいっそうさきに進め、つまびらかにした。すなわち、彼は一つに、断念の倫理学を展開するための力が大衆デモクラシーに欠けているという懐疑の面、今一つは、エルンスト・ブロッホのユートピア的思考に反対するという面である。放送出版、》Revolte wider die Weltflucht. Reden und Gespräche《, hrsg. v. Christian Wiese, München 2000（そこには Gespräch mit dem Philosophen Hans Jonas–Gesprächspartner Ingo Hermann が収められている）を参照せよ。

24　Marc Aurel, *Wege zu mir selbst* (griechisch-deutsch), hrsg. v. Rainer Nickel, Düsseldorf 1998.

25　Immanuel Kant, *Zum ewigen Frieden,* in: ders., *Werke in sechs Banden,* Bd. VI, Darmstadt 1983, S. 195.

26　Gonzalo Portales, *Hegels frühe Idee der Philosophie. Zum Verhaltnis von Politik, Religion, Geschichte und Philosophie in seinen Manuskripten von 1785 bis 1800,* Stuttgart/Bad Cannstatt 1994 を参照せよ。

27　Hans Jonas, *Das Prinzip Verantwortung,* S. 214-233 と S. 256- 310 を参照せよ。

28　専制政治が道徳を退廃させる作用についてのヨナスの考察は、同上同書、S. 298 以下を参照せよ。

29　Ernst Bloch, *Das Prinzip Hoffnung,* 3 Bde., Frankfurt a. M. 1983. Hans Jonas, *Das Prinzip Verantwottung,* S. 313-393（Kapitel 6: Kritik der Utopie und die Ethik der Verantwortung）を参照せよ。Horst Gronke, 》Epoché der Utopie. Verteidigung des 〉Prinzips Verantwortung〈 gegen seine liberalen Kritiker, seine konservativen Bewunderer und Hans Jonas selbst《, in: Dietrid Böhler (Hg.), *Ethik für die Zukunft,* S. 407-427 を参照せよ。

30　反響の原因については、以下を参照せよ。Christian Schütze, 》The Political and Intellectual Influence of Hans Jonas《, in: *Hastings Center Report* 25 (1995), Nr. 7（別冊）, S. 40-44.

31　カール・ポッパーとの対談は、*Die Welt* 8. 7. 1987 に所収。ヨナスとポッパーとの関係については、Waiter Szostak, *Teleologie des Lebendigen. Zu Karl Poppers und Hans Jonas' Philosophie des Geistes,* Frankfurt a. M. 1997 を参照せよ。

原注　第13章

1　以下における、哲学的思考とユダヤ的実存の緊張関係に関する印象的な自己反省を参照せよ。Hans Jonas' 》Interview《 in: Herlinde Koelbl, *Jüdische Portraits. Fotografien und Interviews,* Frankfurt a. M. 1998, S. 168ff. これに対しては以下の解釈を参照せよ。Christian Wiese, 》》Daß man zusammen Philosoph und Jude ist...〈 Zur Dimension des Jüdischen in Hans Jonas' philosophischer Ethik der Bewahrung der Schöpfung《, in: Johannes Valentin/Saskia Wendel (Hg.), *Jüdische Traditionen in der Philosophie des 20. Jahrhunderts,* Darmstadt 2000, S. 131-147.

2　1960年代の神の死の神学に関しては特に以下を参照せよ。Thomas J. J. Altizer/ William Hamilton (Hg.), *Radical Theology and the Death of God,* Indianapolis 1966; Klaus Rohmann, *Vollendung in Nichts? Eine Dokumentaion der amerikanischen Gott-ist-tot-Theologie,* Köln/

Zürich 1977; この現象がショアーによる誘発と結びついていることについては、以下を参照せよ。Stephan R. Haynes/John K.Roth (Hg.), *The Death of God Movement and the Holocaust*, Westport, Conn./London 1999 (このなかには、アウシュビィッツ以降に信仰することについてのこのようなキリスト教的な説明に対する、さまざまなユダヤ教的な態度表明も含まれている)。ショアー以降の神理解と世界理解のユダヤ教的な試みについては、たとえば以下を参照せよ。Christoph Münz, *Der Welt ein Gedächtnis geben. Geschichtstheologisches Denken im Judentum nach Auschwitz*, Gütersloh 1995.60年代からの出典文献としては、以下を参照せよ。Albert H. Friedlander (Hg.), *Out of the Whirlwind. A Reader of Holocaust Literature*, New York 1968 (この巻のなかには、ハンス・ヨナスの寄稿である》The Concept of God after Auschwitz《, S. 465-476 も含まれている)。

3　Edna Brocke, 》›Treue als Zeichen der Wahrheit‹. Hannah Arendts Weg als Jüdin《, in: *Kirche und Israel* 11 (1996), S. 136-156 を参照せよ。

4　Hans Jonas, 》Unsterblichkeit und heutige Existenz《, in: ders., *Zwischen Nichts und Ewigkeit. Zur Lehre vom Menschen*, Göttingen 1963, S. 44-62, Zitat S. 62. 英語版は以下の題名で刊行された。》Immortality and the Modern Temper《, in *Harvard Theological Review* 15 (1962), S.1-20.

5　ルドルフ・ブルトマンとハンス・ヨナスのあいだの興味深い手紙のやりとりを参照せよ。その一部は *Zwischen Nichts und Ewigkeit* の補遺 (S. 63-72) に印刷されている。

6　Hans Jonas, 》Unsterblichkeit und heutige Existenz《, S. 61.

7　Hans Jonas, *Der Gottesbegriff nach Auschwitz. Eine jüdische Stimme*, Frankfurt a. M. 1987.

8　Ders., 》Werkzeug, Bild und Grab. Vom Transanimalischen im Menschen《, in: *Scheidewege* 15 (1985/86), S. 47-58【wiederabgedruckt in: ders., *Philosophische Untersuchungen und metaphysische Vermutungen*, Frankfurt a. M. 1992, S. 34-49】.

9　Ders., *Materie, Geist und Schöpfung. Kosmologischer Befund und kosmogonische Vermutung*, Frankfurt a. M. 1988 (wiederabgedruckt in: ders., *Philosophische Untersuchungen*, S. 209-255). Theodor Schieder, *Weltabenteuer Gottes. Die Gottesfrage bei Hans Jonas*, Paderborn 1998 を参照せよ。

10　ヨナスは預言者のもとでの「超越の内在への侵入」について語っている。「そのようなことを体験し表現した人たちは隠された神の発見者ではなく、むしろみずからを知らしめ、彼らを**通じて**万人にみずからを知らしめることを**欲する**神の聞き手なのである。主導権は神のほうにある(われわれが彼らよりもそのことをよく知ろうとは思わない場合でも)。そして、神の主導権は以下のことを前提する。つまり、みずからを啓示する側の意志(同時にみずからを啓示するもの自身における時間的な側面)、および、みずからを啓示させようとする、すなわち世界のなかに**入り込んで**、しかも人間の魂を経由するという仕方で行動する力を前提とする」(ders., 》Im Kampf um die Möglichkeit des Glaubens《, S. 67)。

11　アウシュヴィッツ以後の**人間の条件** (condition humaine) に関する彼の解釈については以下を参照せよ。Günter Anders, *Besuch im Hades. Auschwitz und Breslau 1966. Nach* ›Holocaust‹ *1979*, München 1979; 神義論問題については以下を参照せよ。Ders., *Ketzereien*, München 1982, bes. S. 103ff.; ders., *Die Antiquiertheit des Menschen*, Bd. II: Über die

Zerstörung des Lebens im Zeitalter der dritten industriellen Revolution, München 1980, S. 385f. ユダヤ教に対する彼の関係規定は以下を参照せよ。Ders., 》Mein Judentum《, in: Hans Jürgen Schulz, *Mein Judentum,* Stuttgart 1978, S. 58-76 und Evelyn Adunka, 》Günter Anders und das jüdsiche Erbe《, in: Konrad Paul Liessmann（Hg.）, *Günther Anders kontrovers,* München 1992, S. 72-80.

原注　第14章

1　記述的妥当性から原因論的妥当性を推論することは、思弁の冒険である。われわれがこの冒険へとせき立てられるのは次のときである。その原理［自由］がますます大胆に、みずからを完全に示す形態において展開をまえへと進めて行くことには、首尾一貫性があるが、われわれがこの圧倒的な首尾一貫性を、その最初の未発達の出現のなかにすでに計算に入れるとき——われわれはそうせざるをえないように——、そしてそれとともにまた全体を支えるにちがいないその出現に先行する事柄に後ろへ戻って出合うときである。射程の広い過程の生産的で可視的な目的への志向性はその始まりに関して純粋な「目的の異常生殖（ヘテロゴニー）」を極度にありえないものにしてしまう。かくしてわれわれは、存在論的自由の概念については物質へと指し向けられているのがわかる。物質においては目標は可視的ではありえない。しかし物質は、その秘密の潜在性を生命の騒ぎ立てる奔放性のなかで現す。物質の凝固した不自由な自己同一性は、それが生命の証言によれば存在の最終の言葉でないのと同様に、存在の最初の言葉である必要もない。「実体」の隠喩的歴史は二つの側面でそのような自己同一性を超越するかもしれない。……かくしてわれわれは存在一般の思弁的解釈へと不可避的に余儀なくされるのであり、この解釈においては質料は存在の様態あるいは状態として、存在論的局面として、みずからの場所を見いだすのである。今まではわれわれは、生命の厳密に現象学的局面と関わり合っている。

訳 注

(特に出典が示されていない場合、人物に関しては『岩波西洋人名辞典』『岩波哲学・思想事典』を主として参照した)

訳注　序文

1 「驚異の情こそ知恵を愛し、求める者の情だからね」(プラトン『テアイテトス』155, D)。「けだし、驚異することによって人間は知恵を愛求し始めたのである」(アリストテレス『形而上学』)。これらを受けてヤスパースは、哲学することの根源として、「驚き」を、「懐疑」、「限界状況の経験」とともに挙げている(ヤスパース『哲学入門』草薙正夫訳、新潮文庫、1954)。

2 参照:『責任という原理』(加藤尚武監訳、東信堂、2000)、序文。

3 Lehrbrief　辞書では「徒弟修業証書」「通信教材」と訳されているが、「教説の手紙」のこと。本書14章参照。

4 ヘイスティングスセンター〔Hastings Center〕 1969年、哲学者キャラハンらによって創設された世界初の健康および医療に関する倫理研究所。不偏不党を唱え、倫理と実践における学際的研究と教育を通じて、医療、生物学及び環境学の分野での道徳的問題を広い知的視野と社会的文脈に即して解決することを目指している(『生命倫理事典』太陽出版、2002)。

5 Carleton〔カレッジ〕　カナダ、ケベック州のオタワにある大学。現在は総合大学(University)。

6 「生涯の日を正しく数えるように教えてください」(「詩篇」90章12節)。自分の人生が何であれ、一瞬の出来事だと知り、今日の一日を神の前に誠実に重ねていくことの意。

訳注　前書き

1 グノーシス〔Gnosis〕　ヨナスは次のように書いている。「グノーシス主義という名前はキリスト教初期の危機的な数世紀に、キリスト教内部あるいはその周辺に出現した多種多様な宗教の総称として用いられる。この語は「知識」を意味するギリシャ語グノーシスに由来する。知識を救済に至る手段さらには救済の形式として重視すること、および明確に表現された教説のなかにこの知識を所有していると主張すること――これが、グノーシスの運動の歴史的表現たる多数の宗教に共通する特徴である」(H.Jonas, The Gnostic Religion,1963. 邦訳『グノーシスの宗教』秋山・入江訳、人文書院、1986、54ページ)。

2 成長の限界　世界各国の科学者、経済学者、教育者、経営者等からなるローマクラブが、地球が有限であること、文明の成長に限界があることを史上初めて科学的に検証し、警鐘を鳴らした書。参照:ドネラ H. メドウス著『成長の限界――ローマクラブ人類の危機レポート』(ダイヤモンド社、1972)。

3 古風なフランケン語　フランケン方言とは、西ゲルマン方言の一つであり、古高ドイツ語の時代にフランク族が使用していた民衆語。転じて、古風なという意味で用いられるとともに、時代遅れという意味でも用いられる。

4　シオニスト　シオニズムを信奉している人。シオニズムとは、オーストリアのユダヤ系作家テオドール・ヘルツルによって19世紀末新たな生気を与えられたユダヤ人の民族的・宗教的運動。ユダヤ民族のために公法によって保証された一郷土をパレスチナに建設することを要求した。文化的シオニズム、政治的シオニズム、修正シオニズム、離散民族主義に分けられる。シオンの山（聖都）に神権確立される暁には聖き民イスラエルは世界の四方より呼び集められ、万民は裁かれ、神意に適ったものが救われると預言は教えている（小辻誠祐『ユダヤ民族』誠心書房、1968）。第一回シオニスト会議は（1897、バーゼル）は「ユダヤ民族のために公法によって保証された一郷土をパレスチナに建設すること」を要求した。この要求の実現は1917年のバルフォア宣言とともに始まり、1948年、パレスチナ委任統治停止に伴うイギリス軍の撤退と、イスラエル国家独立の宣言によって終結を見た。シオニズムはまたヘブライ語、ヘブライ文化の蘇生のためにも尽力した（ブーバー『ハシディズムへの道』みすず書房、注より）。

5　Pilegesch　詳しくは本書第5章114ページ以下を参照されたい。

6　New School for Social Research　1919年に、歴史学者C・ビアードとJ・ロビンソンによってニューヨークに設立された成人教育のための大学。社会学系を中心とする。1933年ナチスの政権奪取後アメリカに亡命したヨーロッパの知識人を受け入れた。フロム、シュッツ、アーレント、ヨナスなどもその一員である（『岩波哲学・思想事典』岩波書店、1998年、1224-1225頁）。大人のためのアメリカ最初の大学。7つの学術の部門からなるメジャーな都市大学に成長し、1997年、公式にNew School University と名づけられた。現在2万5000人以上の学生が毎年登録されている。

7　総長就任演説　1933年5月27日、ハイデガーはフライブルク大学総長の就任に際して行った演説が、「ドイツ的大学の自己主張」（清水多吉・手川誠士郎編訳『30年代の危機と哲学』平凡社ライブラリー、1999所収）である。1年後に辞職。

8　負い目の問題　ヤスパースは、1946年に Die Schuldfrage, Lambert Schneider（『責罪論』、橋本文夫訳、理想社、1956）を発表。ここで、負い目を、法的、政治的、道徳的、形而上的の四つに分類し、ドイツ人が負わなければならない負い目（われわれの負い目）について問題としている。

9　ヤマドリタケ〔Steinpilze　イグチ科〕　ずんぐりした形が特徴。非常に香り高く、軸は繊維質で歯ごたえがある。種類が幾つかあり、ポルチーニと呼ばれるイタリアのものが最も香りが良いと言われる（参照：http://www2.edu.ipa.go.jp/c1part/c1mshu/c1mshu/IPA-par450.htm）。

10　ビーダーマイヤー様式〔1815～1848の時代〕　1789年のフランス革命からナポレオン戦争終結の1814年までは、戦火と混乱の時代であった。ウィーン会議が終了し、厳重な検閲と密偵制度によってあらゆる革命の萌芽を抹殺しようとするメッテルニヒ体制がオーストリアでは始まった。政治的発言の場を閉ざされた上流・中流市民階級はプライバシーへと逃避し、インテリアからファッションに至る独特のスタイルを生み出した。ビーダーマイヤー様式は、いわば公的空間への出口を閉ざされた市民階級が、プライベートな日常空間を磨き上げることから成

立したスタイルなので、豪華な宮殿や教会などはほとんど存在しないが、清楚ななかに優雅な趣を湛える一般建築を生み出した（参照：http://www.a4j.at/theme/biedermeier.html）。

11　邦訳『哲学・世紀末における回顧と展望』尾形敬二訳、東信堂、1996年。

訳注　第1章

1　イギリスのホワイトスター社が北大西洋航路用に計画した豪華客船。1912年4月に、2200人以上の乗客を乗せて出航して5日後、氷山に衝突して沈没し、1500人以上の犠牲者が出た事件のこと。

2　ゲルマン神話伝説　ギリシャ・ローマ神話とともに、ヨーロッパの二大神話をなす。北欧神話。なお、アースの神々の父親 Wotan は普通 Wodan（ヴォーダン）と記されている。

3　ディッケ・ベルタ〔Dicke Berta 22センチ砲〕　おそらく第一次世界大戦の最も著名な武器。

4　ラビ　一般に教師の意味で、霊的指導者に対して用いられる敬称。ユダヤ教では律法研究を専門とする聖職を指す。ハシディズムの地方集団の指導者がラビ（わが師）と呼ばれている。

5　カシュルート（食餌法）　適正性の意。聖書の戒めによって、食べることが禁じられている食物、あるいは禁じられた屠殺法、定められた料理あるいは組み合わせなどの作法がある。その総称である。「レビ記」11章などの規定によって、動物、鳥類、魚類、昆虫のうちで、食していいものとそうでないものが決まっている。代表的なところでイノシシ（豚）、ラクダの類は禁じられている。また肉と乳製品と一緒に食べることは禁じられている。また乳（乳製品）は適正な動物のものに限られる（吉見崇一『ユダヤ教小辞典』リトン、1997）。

6　ゴイ〔Goj（Goi）〕　もとは「民族」の意。旧約ではイスラエルの民をも指す言葉であったが、のちにはユダヤ人以外の異教徒を指す言葉になった（吉見崇一『ユダヤ教小辞典』リトン、1997）。

7　ホーエンツォレルン〔Hohenzollern〕　ブランデンブルク選挙侯。プロイセン公国と合体し、プロイセン王国となる。プロイセンおよびドイツの王侯および皇帝の家系。11世紀から家名が生じた。

8　ナチス政府は1935年9月15日ドイツ系ユダヤ人の正式な権利停止を意味する「ニュールンベルク法」を発令した。この法により、ユダヤ教徒市民は、ドイツ人との結婚および結婚外の両者間の性交渉は刑罰をもって禁じられた。

9　シャバット〔Schabbat 安息日〕　ユダヤ教の象徴的な制度、また習慣。「創世記」の冒頭の創造物語に由来する7日目の安息の日。この日に慎むべきこととしてミシュナの『シャバット』の篇には39の労働が列記されている。安息日は金曜日の日没に始まって土曜日の日没に終わる（吉見崇一『ユダヤ教小辞典』リトン、1997）。

10　シナゴーグ　ユダヤ人の公共の礼拝と祈りの施設。「（ユダヤ教）会堂」とも言われる。

11　ローシュ・ハシャナ〔Rosch Haschana〕　「年のはじめ」の意。新年のこと。新年1日と2日の2日間を祝う。この日に来たるべき年に向けて、人々の運命が定まるとされる。したがって「裁きの日」とも言われる。10日後にくる贖罪の日（ヨム・キプール）と併せてヤミーム・ノライーム（畏れの日々）という（吉見崇一『ユダヤ教小辞典』リトン、1997）。

12　贖罪の日〔ヨム・キプール　Jom Kippur〕　ユダヤ歴の正月（太陽暦では9-10月）であるティシュリ（Tishri）の月の10日にあたる。この月の第1日から始まる祈年祭とともに「畏れの日」と呼ばれる厳粛な祭日。「レビ記」16章31節参照。ユダヤ人にとって年間で最も厳粛な日。古代においては大祭司がこの日に限り至聖所に入り贖罪を願い、身代わりの山羊がアゼザルのもとへ放たれた。現今は終日断食を守り、または安息日と同じように労働が禁じられる（吉見崇一『ユダヤ教小辞典』リトン、1997）。

13　ハガダ〔Haggada〕　古来ユダヤ教会においてはタルムードの内容を、二つの範疇のもとに分類してきた。その一つがハガダであり、教説・訓戒／視策・瞑想などの実際的部分を指す。他は、律法的部分を指し、ハラカと呼ばれる。

14　ペサハ〔過越祭　Pessach〕　春祭りであり、ユダヤ歴のニサン（太陽暦の3-4月）の月の15日から1週間にわたり、祝われる。別名、「除酵歳」とも言われ、2日目から1週間は絶対にパン種の入ったパンを食べない。パレスチナと改革派にあっては7日間、ディアスポラでは8日間の祭り。イスラエルの民のエジプト脱出を記念する。

15　イギリス国王の歌のメロディに歌詞をつけた。1871年帝国建設後1918年まで、ドイツ第二帝国の国歌となった。

16　第一次世界大戦後、およびワイマール共和国で無数の改作があり、ミュンヘンの文筆家 Albert Matthäi の改作である。

17　Blüthner-Flugel　Julius Ferdinand Blüthner（1824-1910）はライプツィヒのピアノ製造者。その手によるグランドピアノのこと（Meyers Enzyklopädischen Lexikon, 4）。

18　カバラ〔Kabbala〕　ヘブライ語で「受けること」すなわち「継承」を意味し、口伝によって継承された一種の神秘哲学である。7世紀頃からまとまり始め、13世紀に至ってついに一書をなすに至った。これを総称して『ゾーハル』と言う。その中心には新プラトン学派の影響による流出説がある。世界の創造を神の聖性の流出と見る。

19　バル・ミツバ〔Bar-Mitwa〕　「バル」はもとアラム語で男子を意味する。「ミツバ」はモーセ五書に含まれている神の命令を指す「戒め」を意味するヘブル語。「戒律の男子」を意味する。男子が13歳に達したときに行う宗教的な意味での成人式。これを境に宗教的には一人前と見なされる。バル・ミツバの儀式はたいていシナゴーグで行われ、少年はこの日のために勉強をする。なお、女性には「バット・ミツバ」が行われる（吉見崇一『ユダヤ教小辞典』リトン、1997）。

訳注　第2章

1　スパルタクス団　第一次世界大戦中、ドイツ社会民主党内に作られた急進左派

のグループで、ローザ・ルクセンブルク、カール・リープクネヒトなどを中心とする。社会民主党幹部の戦争協力方針に反対し、革命による労働者階級の権力奪取を主張する。ローマの奴隷反乱の指導者スパルタクスの名をとった機関紙「スパルタクス」を発行して以降、スパルタクス団と呼ばれるようになり、のちのドイツ共産党設立の母体となる。1919年1月のベルリン蜂起は弾圧された（参照：京大西洋史辞典編纂会編『新編西洋史辞典 改訂増補』東京創元社、1993年、408ページ）。

2　カップ〔Kapp, Wolfgang 1858-1922〕　法学者、政治家。1906–16年のあいだ、東プロシャの Genenrallandschaftsdirektor.1917年に極右政党を創設し、20年に帝国政府に対する無益な反乱の試みを企てた。この試みを Kapp-Putsch と言う。彼はこの反乱のあいだに死んだ（Meyers Enzyklopadischen Lexikon, 13）。

3　マカベア家の怒り　マカバイ、マカビーとも言う。前168年のセレウコス朝シリアに対する反乱の指導者ユダのあだ名。ユダ・マカバイと言い慣わす。ヘブライ語の「斧」を意味する言葉に似ており、彼の勇猛からきたともされるが、定かではない。また「鉄槌」の意で異教徒に鉄槌をくだす意でもある。のちにユダ出身のハスモン家の一族にも適用される。その王朝はハスモン朝、またはマカバイ朝といい、マカバイの反乱の次第を伝えるのが「マカバイ記」である。「マカバイ記」は二つの外典と二つの儀典からなる。

4　ミンハー〔Mincha-Gebete〕　三つの毎日の祈りの一つ。ミンハーは提供、捧げの意味。

5　ハフタラー〔Hftara〕「締めくくり」の意。安息日や祭日のシナゴーグでの礼拝で、トーラーの朗読ののちに読む預言者の箇所を言う。起源は定かではないが、アンティオコス・エピファネスの時代にトーラーの朗読が禁じられた折、これに代わり導入されたのではないかとされる。その日のトーラー箇所、すなわちパラシャと関係する箇所が預言書から選ばれている（吉見崇一『ユダヤ教小辞典』リトン、1997）。

6　タルムード〔タルムッド Talmud〕「学び」の意。一般には、ソフリームとタイナームらのトーラーに関する注解や議論をユダ・ハナスィが編纂したもの（これをミシュナと言う）、およびこれに関するアモライームの議論と注解（これをグマラと言う）を合わせたもの全体を指す（吉見崇一『ユダヤ教小辞典』リトン、1997）。聖書に次ぐ重要文書。

7　イエシヴォート〔Jeschiwot, Yeshivah〕　タルムードおよび、ラビ文学のための伝統的なユダヤ人の教学塾（『二十世紀のユダヤ思想家』サイモン・ノベック編、ミルトス、1996、解説）。

8　ヘブル語の「地の民」（'am ha'arez）を意味する語。一般に賤民の意味。トーラーについて無知な、素朴な一般大衆に対する軽視の言葉として解されてきたが、今日の研究によれば、特殊な社会階級、あるいは政治団体を指示するという解釈。

9　フマーシュ〔Chumasch〕　旧約の最初の五つの書物、すなわちモーセ五書の各書、また全体を意味する呼称（吉見崇一『ユダヤ教小辞典』リトン、1997）。

10　エレミヤ〔Jeremia〕　旧約聖書中の三大預言書の一つ。

11　イザヤ　前8世紀、南ユダに活躍した預言者。その預言は「イザヤ書」の39章までに集められている。旧約聖書の三大預言書中筆頭の書物 (『岩波キリスト教辞典』、2002)。

12　ニーベルンゲンの歌 [Nibelungenlied]　ドイツ文学の第一次黄金時代。中世における優れた英雄叙事詩「ニーベルンゲン族の災厄」とも呼ばれる。1200〜05年頃成立した。作者は不詳 (『世界大百科事典』23、平凡社)。

13　ハポエル・ハツァイール [Hapoel-Hazair ヘブライ語、若い労働者]　1905年に結成されたパレスチナのシオニスト労働党。その成因がデガニアに最初のクブツアを建設した (サイモン・ノベック『二十世紀のユダヤ思想家』ミルトス、1996、解説)。

14　バルフォア宣言　第一次世界大戦中の1917年11月2日、イギリス政府は全世界のユダヤ人の支持を得ようとして、時の外務大臣バルフォアにユダヤ国建設約束の宣言を行わせた。これがバルフォア宣言である (小辻誠祐『ユダヤ民族』誠心書房、1968)。

15　カストールとポルックス [Castor Pollux 双子座の名前]　カストールは乗馬の名手、ポルックスは剣とボクシングの名手。

16　シュタールヘルム [Stahlhelm]　第一次世界大戦参加者組織。

17　ガルート [Galut]　ディアスポラのこと。ディアスポラ (Diaspora) はギリシャ語。ユダヤ民族の発祥の地であるエレツ・イスラエルすなわちパレスチナの外にあるユダヤ社会を言う。ディアスポラは前6世紀のバビロン捕囚に始まり、以来ユダヤ国家イスラエルが1948年に独立した今日も存在する。ヘブライ語ではガルートあるいはトゥフツォットと言う。離散と訳す (吉見崇一『ユダヤ教小辞典』リトン、1997)。

18　アーリア人 [Arier]　ユーラシア中央部を出自とし、主にインド・ヨーロッパ語族に属する言語を話す民族。

19　セム族 [Semiten]　セムという名称は「創世記」10〜11章で、ハム、ヤペテとともにノアの息子であるセムが、いわゆるアッシリア人、アラム人、ヘブライ人、アラビア人等の先祖とされていることから、これら諸民族の総称として1781年にドイツの学者 A. L. von シュレーツァーが採用したものである。それらが語族名に転用された (『大百科事典8』平凡社)。セム種族の発祥については、バビロニア説、アラビア説等多種ある (小辻誠祐『ユダヤ民族』誠心書房、1968)。

訳注　第3章

1　タルミッド ハハム [talmid chacham]　chacham (chakham) は、「賢いもの」の意。複数ハハミーム。「賢者」と訳される。(1)ユダヤ社会をハラハの面で導いた指導者たちの総称。(2)ユダヤ学問の権威に贈られる称号 (吉見崇一『ユダヤ教小辞典』リトン、1997)。

2　クレープ・デ・シン　直訳すれば、広幅の薄手の縮緬。高級な、おしゃれな装飾を意味する。

3　『ハザルの書』[Sefer Kusari]　ユダ・ハーレーヴィ (ハーレーヴィについては、

人名索引参照）の主著。ハザルとはいまの南ロシア、カスピ海のあたりに住んでいたトルコ系部族。この部族の王がユダヤ教に入信し、ユダヤ教をハザル族の宗教として公認したという噂をめぐる伝記的物語（岩波講座『東洋思想第2巻、ユダヤ思想2』1988、参照）。

4 　バルバロッサ〔Barbarossa〕　バルバロッサは「赤ひげ」を意味する。神聖ローマ皇帝フリードリヒ1世（1125-90）のあだ名。

5 　ブラウ・ヴァイス　祈祷用ショールの色を旗にした。1913年に発足し、その全盛時代にはおよそ3000人の若者が参加したユダヤのワンデリング同盟。第一次世界大戦後、パレスチナへの仲間の移住に対する準備をしたが、世界観的、実践的困難で挫折した（Judisches Lexikon Bd. 3）。なお、ワンデリングとは20世紀に入って、青少年みずからがユーゲントという自意識を持って行動を起こすようになり、そのなかで有名になった運動で、徒歩旅行を通して生活を改善しようとするもの（『事典 現代のドイツ』大修館）。

6 　シナゴーグ〔Synagogue〕　ヘブライ語でベイト・クネセット。ユダヤ人の公共の礼拝と祈りの施設。「（ユダヤ教）会堂」と訳される。正統派にあっては、トーラーの巻物を収める聖櫃はエルサレムに面した壁に設けられる（吉見崇一『ユダヤ教小辞典』リトン、1997）。

7 　イディッシュ語は、中部ドイツ語方言にヘブライ語およびスラブ語の要素を加えて成立した混成語で、ヘブライ文字で綴る。西欧では19世紀はじめに消滅したが、東欧のユダヤ人の間では第二次世界大戦まで日常の通用語だった。現在は死滅しつつある。

8 　ハシディズム　ヘブライ語のハシド（Chassid）という言葉は「敬虔な人」という意味でる。捕囚後のユダヤ教においては、ハシディームという名をもった共同体が何度も現れた。

9 　東欧のユダヤ教徒　西・中央のユダヤ教徒が同化主義をとったのに対し、オーストリア、ハンガリー、ルーマニア、ロシア、ポーランドのユダヤ人たちは、昔ながらの服装とつりひげとジャルゴンというように、制度・習慣・言語においてしごく保守的だった。しかも、大半は貧しかった（小辻誠祐『ユダヤ民族』誠心書房、1968）。

10 　ゲットー〔(隔離窟) Ghetto〕　都市内の隔離されたユダヤ人居住区のこと。中世から近代にかけてヨーロッパの諸都市に作られたが、19世紀末にはほとんど消滅した。第二次世界大戦中に、ナチスが設立したユダヤ人強制収容所もゲットーの名で呼ばれた。中世の欧州はユダヤ人をゲットーに追い込んだ。ゲットーの起源については諸説区々であるが、形式そのものはすでに11世紀にヴェネツィアおよびサレルノにおいて Judaca または Judacaria と称するユダヤ人地区があった。この Judaicam が、イタリア語では Giudeica となり、Ghetto と転化したと言われているが、定かではない。不健康な地域に設けられ、他とは隔絶していたが、自治的環境に置かれていた（小辻誠祐『ユダヤ民族』誠心書房、1968）。

11 　シオン　ダビデが陥れたエブス人の町。のちに神殿の丘をシオンと呼び、またエルサレム全体、さらにはエレツ・イスラエル全体を指す象徴的な言葉となった。

近代のシオニズムというパレスチナへの帰還運動を意味する言葉もここからきた（吉見崇一『ユダヤ教小辞典』リトン、1997）。

12　ケレン・ハイェソッド〔Keren Hajessod (keren ha-Yesôd)〕　1902年に設立。英語では Palestine Foundation Fund と言われる。パレスチナ建設財団と訳すべきもので、植民のための家屋、工場、学校、その他設備万般の基金である。第二は、ケレン・カイエメス・リスラエルで、英語では Jewisch National Fund、ユダヤ民族財団とでも言うべきもので、土地購入、植林基金である。シオニストの財源ともなった（小辻誠祐『ユダヤ民族』誠心書房、1968）。

13　Weltbühne　雑誌『世界劇場』の発行部数は、1931年にわずか1万6000と少なかったが、非常な論争を巻き起こした。

14　I. Kant, Zum Ewigen Frieden, 1795.

15　Hachschara　役に立つことの意。パレスチナでの労働生活のために組織化された準備。

訳注　第4章

1　ツァディーク　カバラでは、ツァディークとは特別に神と結合した人間を意味し、それゆえに神の奥義を見るのみでなく、また神の全権として行為する人間を意味している。ハシディズムでは、そのうえに神に代わって会衆を導き、神と会衆との間を仲保する者となったのである（M・ブーバー『ハシディズム』平石善司訳、みすず書房、1969）。

2　ルバヴィッチ派　ユダヤ教の超正統派と称する彼らは、「ハラハー」と呼ばれるユダヤ教の慣例法規集の教えや立法に忠実にしたがうというもの。

3　オルデンブルク人　オルデンブルクはニーダーザクセン州の北海に面する地方であり、またその中心都市。北ドイツを代表する気風で、南のバイエルンと対比される。プロテスタントで冷たい気質。パネクーク『階級闘争と民族』によると、ドイツ人農民とドイツ人大資本家、バイエルン人とオルデンブルク人は、目立った性格のちがいを示しているとされる。このように、南の農民のバイエルンに対して、北の大資本家を意味する言葉としても用いられている。

4　手塚富雄訳による（『手塚富雄全訳詩集1』角川書店、1973）。

訳注　第5章

1　クリスタルナハト　ナチスがユダヤ人商店のショーウィンドーを大量に破壊した1938年11月9日の夜

2　ハガナ〔Haganah〕　イギリスの統治下のパレスチナにおけるユダヤ人の民兵組織。ハガナはその後発展し、イスラエル国防軍となった。1909年頃より、キブツには自警団が存在していたが、統一組織に編成された。http://ja.wikipedia.org/

3　セファルディム　15・16世紀に追放されたスペイン・ポルトガル系ユダヤ人の子孫。

4　ラディノ語〔Ladino〕　ユダヤ語の一つで、ユダヤ・スペイン語と言われるもの。「ラディノ」という呼称は「ラテン（語）」からきているが、基本的にはスペイン語。

1492年のイベリア半島からの追放以降、スペイン系のユダヤ人はラディノ語をもって地中海周辺と南北アメリカに散り、その先々でさらに独自の言語が発達した。ヘブライ文字で表す(吉見崇一『ユダヤ教小辞典』リトン、1997)。

5 ブラウ・ヴァイス(Blau-Weiß) 最初のシオニスト青年運動で、1912年ドイツに創設され、その多くのメンバーが、後にパレスチナのキブツ運動に加わった。

6 コプト語〔Coptic〕 古代エジプト語がヒエログリフ(神聖文字)からデモティック(民衆文字)を経て達した最終形態(『岩波キリスト教辞典』2002)。

7 マニ教〔Manicaeism〕 ササン朝ペルシア時代にマニ(216-276)によって始められた世界宗教で、古代グノーシス主義を集大成した体系。300年頃には、シリア、北アラビア、エジプト、北アフリカに伝播し、3世紀頃には地中海世界の全域に渡り、キリスト教会を脅かす勢力となった(『岩波キリスト教辞典』2002)。

8 フランク主義者 ヤコブ・フランク(1726-90)の創始した反律法主義的でニヒリスティックな宗派。G・ショーレム『ユダヤ神秘主義』などで取り上げられている。

9 エシューブ〔Jischuw〕 移住したユダヤ人。もとからいたパレスチナのユダヤ人住人に対して。一般に、古いエシューブと新エシューブに区別される。前者は、シオニズム運動以前に、あるいは後に宗教的動機からパレスチナに定住したユダヤ人、後者は1882-1914年のシオニズムの影響のもとで、そして戦後生じたもの(Jüdisches Lexikon Bd. 3)。

訳注　第6章

1 キブツ〔Kibbuzim〕 この組織は、第三回移民(1918-21)から存在したもの。イスラエル国ができて農業政策が完璧になるにつれ、減少している。集団を意味し、集団の防衛措置によらねば農業が営めなかった自衛手段が制度化したもの。精神的同志集団制度と言うべきもの(小辻誠祐『ユダヤ民族』誠心書房、1968)。

2 ヒトラー・アリヤ〔Hitler-Aliya〕 アリヤは原義が「上る」。より正確には、シナゴーグの礼拝でトーラーを朗読するために、壇上に上がること。(『ユダヤ小辞典』) 転じて「移民」を意味する。ここでは、パレスチナに来る移民の「波」を指す。第一次アリヤー(1882-1903)、第二次アリヤー(1904-1914)など(『二十世紀のユダヤ思想家』サイモン・ノベック編、ミルトス、1996、解説)。

3 チェルケス族〔Tschelkessen〕 カフカス諸語のアディゲイ・チェルケス語群諸語を用いるアディゲ、チェルケス、カバルダ三民族の総称。英語ではサーカシアン。チェルケス服をはじめ彼らの物質文化は、他のカフカス諸民族やコサックにも受容されている(『平凡社大百科事典9』)。

4 ハダサ〔Hadassah〕 パレスチナにおける衛生保険事業を目的とする婦人会で、病院経営などにはすばらしい業績を上げている。アメリカでは会員40万人を有し、全米最大の婦人シオニスト機構と言われている(小辻誠祐『ユダヤ民族』誠心書房、1968)。

訳注　第7章

1　ゴーラ〔Golah〕　パレスチナ以外の地で生きているユダヤ人を指すが、本来は第二神殿時代にバビロニアに住んだ人々を指す（『二十世紀のユダヤ思想家』サイモン・ノベック編、ミルトス、1996、解説）。
2　パリサイ的　前2世紀のマカバイ戦争のときに下層民により形成されたハシディームが起源。1世紀にはユダヤ教の主流となった。神の遍在性を認める立場からシナゴーグ礼拝をも認める。口伝立法も成分立法と等しい価値をもつものと見なし、学者により律法解釈を尊重。イエスもパウロも影響を受けたと言われる（『岩波キリスト教辞典』2002）。
3　サドカイ的　前2世紀に成立した貴族階級的なユダヤ教セクトサドカイ派の考え方。神の遍在を認めないためにシナゴーグ礼拝を否定し、神殿礼拝だけを認めた。トーラーのみに権威を置き口伝立法は認めなかった。祭司に権威を置き、家系と地位に価値を置いた、など（『岩波キリスト教辞典』2002）。
4　アンティセミティズム〔Antisemitismus〕　19世紀末反セム主義が台頭した。1880年に始まるアドルフ・シュテッカーとそのキリスト教社会主義の反セム主義の宣伝、および、アルトゥル・ゴビノウやチェンバレンの新しい人種主義理論の普及。
5　エレツ・イスラエル〔Eretz Israer〕　「イスラエルの地」の意。政治的概念ではなく、その土地を指す場合に使われる。特にディアスポラとの対比において使われる概念（吉見崇一『ユダヤ教小辞典』リトン、1997）。
6　パルジファル〔Parzival〕　中世ドイツの宮廷詩人ヴォルフラム・フォン・エッセンバッハの叙事詩16巻からなり、制作年代は1200年から1220年頃と推定される。ドイツ騎士文学の頂点をなす雄大な作品である。ドイツ文学特有の教養小説の始祖とされている。ワグナーの歌劇『パルジファル』はこの作品に基づくもの（『世界大百科事典25』平凡社、1975より）。
7　サーブラ〔Sabre〕　イスラエル生まれの生粋のイスラエル人。
8　教説の手紙　本書14章参照。

訳注　第8章

1　アウトバーン　ドイツ国内の高速道路。ナチス・ドイツ時代に建設され、ヒトラーの功績の一つと言われている。ジェームズ・テーラー、ウォーレン・ショー『ナチス第三帝国事典』吉田八岑監訳、三交社、1993年。
2　ダヴィデの星　キリスト教の十字架に対抗するユダヤ教のシンボルで、現在のイスラエル国旗の中央にも描かれている。正三角形を二つ交錯させた六角の星形。参照：『岩波キリスト教辞典』2002年、726ページ。
3　武装親衛隊　ナチ党の組織である親衛隊の中核をなす実戦部隊。親衛隊は1925年にヒトラー個人を保護するために設立された。当初はナチ党の準軍事組織である突撃隊の下部組織であったが、のちにそれに取って代わる。その後の親衛隊の主要機関には武装親衛隊のほかに、ナチスの人種理論を実現するための人種局、公安諜報機関である保安隊などがあった。参照：『日本大百科全書』小学館、長谷川公昭『ナチ強制収容所』草思社、1996年。

4 　監督囚人［Kapo］　もともとはイタリア語で親方の意味で使われていた。強制収容所の囚人役職者の一つ。収容所では全員が所定の作業隊に属したが、この作業隊の囚人側の頭。みずから労働する必要がない代わりに、配下の囚人たちに指示・監督した。カポを含め囚人役職者たちは囚人のなかでも特権的な位置にあり、また看守の代わりに囚人に制裁を加えたりしたため、ほかの囚人から妬まれたり恨まれたりした。参照：長谷川公昭『ナチ強制収容所』草思社、1996年。
5 　原文は英語。
6 　以上、指揮官とヨナスの会話の原文は英語。
7 　水晶の夜　1938年11月9～10日かけての夜に行われたユダヤ人に対するナチスの迫害のこと。ほとんどのシナゴーグが焼討ちにあい、多くのユダヤ人商店が破壊された。街路が割れたショーウィンドーのガラスでおおわれ輝いていたので、水晶の夜と命名された。参照：『日本大百科全書』小学館、「水晶の夜」の項。
8 　ゲシュタポ　ナチス・ドイツの国家秘密警察で、ナチス・ドイツへの敵対者や政治犯を摘発し、強制収容所への拘禁、拷問、処刑などを行った。参照：『日本大百科全書』小学館、「ゲシュタポ」の項。
9 　ユグノーはカルヴァン派の流れを継ぐフランスの新教徒のこと。カルヴァンの『キリスト教要綱』(1536年) 以降、新教徒は弾圧を受けながらもフランス社会に勢力を広げた。1560年代に入ると、新旧両派の対立に貴族間の抗争が絡んだユグノー戦争が始まる (1562-1598)。きっかけは、1562年のヴァシーにおける新教徒虐殺であるが、サン・バルテルミーの虐殺 (1572年) で両派の対立は頂点に達した。1594年のアンリ4世の発したナントの勅令により、信仰の自由が保障され、内乱は終息する。しかし、新教徒への弾圧や反乱はその後も続くことになる。ユグノー時代とはこうした時期を指す。参照：『日本大百科全書』小学館、「ユグノー」の項、『岩波キリスト教辞典』2002年。
10 　アーリア化　ユダヤ人による店舗や企業の営業を禁止したり、ユダヤ人の財産を没収してドイツ人の所有に移したりすること。参照：手島勲矢編著『わかるユダヤ学』日本実業出版社、193ページ。
11 　原文は英語。
12 　原文は英語。
13 　非ナチ化　旧ナチ党員を審査し、復活させること。特に、ここでは審査の手続きを指していると思われる。審査されたものは以下の5項目に分類された。
　① 　Hauptschuldige（犯罪者）
　② 　Belastete（活動家、軍国主義者、戦争犯罪関与さ、戦時不当利得者）
　③ 　Mindebelastete（軽犯罪者、たとえば若くしてナチ党に入党し、犯罪を犯したとは認められぬ者）
　④ 　Mitläufer（ナチ党共鳴者、職業のためあるいは忠誠心を示すためにナチ党に入党した者）
　⑤ 　Entlastete（無罪の者、反ナチと証明されたもの）」。
　　参照：ジェームズ・テーラー、ウォーレン・ショー『ナチス第三帝国事典』吉田八岑監訳、三交社、1993年。

14　ボーゲン　一般に書籍の16ページ分の紙。
15　原文では sie。
16　告白教会　ナチスの教会政策に反対し、ドイツ福音主義教会内に成立した教会。ナチズムは福音主義教会を国家体制に統合しようとしたが、これに抵抗する者が告白教会を結成した。カール・バルトは一時この闘争の神学上の指導者であった。参照：『日本大百科全書』小学館「告白教会」の項、『岩波キリスト教辞典』2002年。
17　ヘルンフート兄弟団 (Herrnhut Brüdergemeinde) のこと。敬虔主義の一派が作った共同体。ツィンツェンドルフ伯爵が、ザクセンのベルテルスドルフ周辺にある自分の領地に築き、この地をヘルンフート（主の守り）と名づけた。参照：『岩波キリスト教辞典』2002年、1023ページ、「ヘルンフート兄弟団」の項。
18　原文では sie。
19　原文では sie。

訳注　第9章

1　B'nai Brith. ユダヤ人の国際結社。1843年にニューヨークで結成され、現在は48カ国、50万人の会員を擁す。ブナイ・ブリスはヘブライ語で「契約の息子」の意。ロッジはフリーメーソンの集会所のことで、ブナイ・ブリスもそれを模した。
2　原文は英語。
3　長老派　プロテスタントの一派。教会の運営において、俗人信徒の代表である長老 (Presbyter) の発言権を重視する。この考えは、16世紀、ジュネーブの教会から広がった。一部は北アメリカ大陸に渡り、現在も影響力を保っている。参照：『日本大百科全書』小学館、「長老派」の項。
4　バプティスト派　プロテスタントの最大教派の一つ。幼児洗礼を否定し、信仰者の自覚的信仰に基づいた浸礼を主張する。聖書を信仰と生活の権威とする聖書主義、各個教会の自治、政教分離などの特徴をもつ。参照：『日本大百科全書』小学館、「バプティスト派」の項、および『岩波キリスト教辞典』2002年、892ページ。
5　ドミニコ会　1216年にドミニクスによって設立された托鉢修道会。真理であるイエスを観想すること、そしてそれを巡歴説教し広めることが会員の生活とされる。トマス・アクィナス、エックハルトなどがそのカリスマ的存在である。参照：『岩波キリスト教辞典』2002年。
6　Jürg Jenatsch のまちがいだと思われる。『ユルク・イエナッチュ』はコンラート・フェルディナント・マイヤーの1876年の作品。
7　モヘール　かつては割礼を行ったのは父親であったが、現代はモヘールという医学的知識と立法の知識をそなえた専門家が割礼を行う。参照：手島勲矢編著『わかるユダヤ学』日本実業出版社。
8　テレージエンシュタット　チェコスロヴァキアのテレジン（ドイツ語名がテレージエンシュタット）に作られた強制収容所。参照：長谷川公昭『ナチ強制収容所』草思社、1996年。
9　サウスウェスター　防水布でできた暴風雨よけ帽子。
10　Pilegesch サークル　本書114ページ以下を参照。

11　ユニテリアン派　キリスト教の根本である父なる神・子なる神・精霊なる神の三位一体 (trinity) 論を否定し、神の単一性 (unity) を主張する一派。そのためイエスの神聖を認めず、その贖罪を無意味とする。参照：『日本大百科全書』小学館「ユニテリアン」の項。『岩波キリスト教辞典』2002年。

訳注　第10章

1　人種恥辱罪　ユダヤ人がドイツ人と性的交渉を持つこと。
2　Goj　第1章訳注6参照。
3　ユース・アリーヤ　亡命ユダヤ人の青年たちをパレスチナに移送することを目的とした組織。アーレントはパリの事務局の事務長であった。ユース・アリーヤにおけるアーレントの活動については、以下にくわしい。エリザベス・ヤング・ブルーエル『ハンナ・アーレント伝』荒川幾男他訳、晶文社、1999年。
4　旧東ドイツのこと。ウルブリヒト (Walter Ulbricht 1893-1973) が60〜71年国家評議会議長（元首）を務めた。参照：『日本大百科全書』小学館、「ウルブリヒト」の項。
5　1948年にアーレントが2カ月ほど家を離れニューハンプシャーにいたとき、ブリュッヒャーと若いユダヤ人女性とのあいだに情事があった。参照：エリザベス・ヤング・ブルーエル『ハンナ・アーレント伝』荒川幾男他訳、晶文社、1999年。
6　Pessach-Haggada　「詩篇」や祝福の文言からなる冊子。過越祭であるペサハの宴で唱和されたり、朗読されたりする。参照：吉見崇一『ユダヤ教小辞典』リトン、1997年。
7　ショアー　ヘブライ語で「殺戮」の意。具体的には、ナチスによるユダヤ人の大量虐殺、つまりホロコーストを指す。しかし、ホロコーストはもともと「神への捧げもの、生贄」を意味するための、ユダヤ人知識人はこの言葉を用いることに違和感を表明している。参照：『岩波キリスト教辞典』2002年。

訳注　第11章

1　存在の牧者〔Hirten des Seins〕　ハイデガーは「人間は、存在の真理を見守るべく、存在によって投げ出された存在の牧人である」とする。参照：『「ヒューマニズム」について』渡邊二郎訳、ちくま学芸文庫、1997年。
2　スアレス講義〔Suarez-Lecture〕　哲学神学上有名な16世紀のイエズス会士フランシスコ・スアレスにちなんで名づけられるタイムリーな問題を取り扱う講義。

訳注　第12章

1　グノーシス書とは、*The Gnostic Religion: The Message of the Alien God and the Beginnings of Christianity*, Boston (1958) を指す。
2　ブリティッシュ・カウンシル〔British Council〕　海外でのイギリス文化と英語教育の普及・促進のために1934年に創設された英国の公的な機関である。エリザベス2世を総裁に英国外務省を通じ、世界110カ国で活動。
3　亡命大学〔University in Exile〕　アルヴィン・ジョンソンの構想により、慈善事業

家H・ハレ、ロックフェラー財団の支援を受け、1933年に設立。ヨーロッパの全体主義政権下で追放された学者たちを救出する歴史的な事業。救出された167名の人々のなかには、ゲシュタルト心理学の創始者である M・ヴェルトハイマー、経済学者 K・ブラントや G・コルムがいた。その大学の一期生であるF・モディリアーニは、のちにノーベル経済学賞を受賞。

4 フランクフルト学派　M・ホルクハイマーやT・W・アドルノにより築かれ、「批判的社会哲学」「批判理論」とも呼ばれ、この方面の最もよく知られた著書は両者の共著 Dialektik der Aufklarung (1947) である。1923年来の「フランクフルト社会研究所」に始まる同学派は、ナチの時代にジュネーヴ、そしてニューヨークに移動したが、1950年にフランクフルトに改めて本拠を移した。

5 ゲシュヴィスター・ショル賞〔Geschwister-Scholl-Preis〕　ドイツ書籍出版販売取引所組合バイエルン州団体とミュンヘン市文化局とが、共同で、市民的自由、道徳心、知性そして美意識を促進する著書に1980年以来、毎年与えている賞。ハーバマスが1985年に受賞しているが、ヨナスは受けていない。ヨナスが1987年に受賞したドイツ書籍出版業会平和賞とは別物である（訳注6を参照）。

6 ドイツ書籍出版業界平和賞〔Friedenspreis des Deutschen Buchhandels〕　この賞は、1950年以来、毎年、フランクフルト書籍見本市の開催中に、ドイツ書籍出版販売取引所組合により授与される。文学、学問、芸術の分野で、平和思想の実現に貢献した点で特に秀でた人物に与えられる。

7 Joham Wolfgang Goethe: Gedichte, 24. Zahme Xenien, Zweite Reihe IV. （『ゲーテ全集』第一巻　詩集　穏和なクセーニエ第四集より、飛鷹節訳、潮出版社(1979)、376ページを参照）。

8 Joham Wolfgang Goethe: Faust Teil II, GrosserVorhof des Palasts. （『ファウスト』第二部　宮殿の大きな前庭、相良守峯訳、岩波文庫(1958)、462ページを参照）。

訳注　第13章

1 聞け、イスラエル　ユダヤ人の信仰告白の祈り。「申命記」6章4-9節、11章13-21節、「民数記」15章37-41節の三つの句からなり、「聞け、イスラエル」で始まる。参照：吉見崇一『ユダヤ教小辞典』リトン、1997年。

2 神の死の神学　1960年代に北アメリカのプロテスタント内部で生じた神学の現代的展開。「神の死」という現代社会の無神論的傾向を神学内部で検討する。参照：『岩波キリスト教辞典』2002年。

訳注　第14章

1 30.1.44 = 1944年1月30日
　　PAL/8119=Palestina パレスチナ
　　BDQ=Brigadir?（伍長？）
　　JONAS M ＝ヨナス M.（なぜMか不詳）
　　No 35 ＝ 35中隊
　　1st PAL LAA BTY =First Palestine Light Anti Aircdaft Battery　第一パレスチナ対空

砲兵中隊
　　　R.A.=Royal Artillery?（英国砲兵隊？）
　　　MFF=Mechanized Field Force?（機械化された野戦部隊？）
2　人間の属性の自由ではないということ。ハイデガーは『真理の本質について』で「自由は為すこともでき、為さないこともできるという無拘束な状態ではない」と言う。また、「自由、人間の特性ではない、人間、自由の所有物」という。ヨナスもハイデガーに基づいて自由を存在論的自由として理解している。参照：ハイデガー『真理の本質について』、『人間的自由の本質についてのシェリングの論文』（『シェリング講義』（木田元他訳）参照）。
3　開放性（Offenheit）は当時起こった「哲学的人間学」の標語。動物は世界束縛性であるのに対して人間は世界開放性と言われる。
4　スピノザ『エチカ』5部、定理36。（畠中尚志訳、『エチカ』下、岩波文庫を参照）。
5　残りは注釈。2000年前に、ある非ユダヤ人が、ユダヤ教の本質を定義するように、その時代の指導者ラビ、ヒレル（Hillel）に尋ねたときに答えた言葉。「あなたに嫌いなことを、あなたの隣人にしてはいけない。これがトーラ（律法）の全部であり、その残りは注釈です。さあ、行って勉強しなさい」。それ以来、これはユダヤ教の本質を定義しているひな型の文章となっている。
6　Nr. V
　　　26.1.45 PAL/8119 BDR.JONAS H.（＝1945年1月26日　パレスチナ/8119　伍長ハンス・ヨナス）
　　　No.134　B－旅団，P－パレスチナ部隊
　　　The Jewish Field Regt.（＝ Regiment）ユダヤ野戦連隊 R. A.（英国砲兵隊？）
　　　C. M. F.（不詳）
7　カント『純粋理性批判』Ⅰ超越論的原理論、第二部門超越論的論理学、第一部超越論的分析論、第二版、第二節純粋悟性概念の超越論的演繹、第18項自己意識の客観的統一とは何か（I. Kant, Kritik der reinen Vernunft, B.139f.）を参照。

付　録

クリスチャン・ヴィーゼ[1,*1]による後書き

「だが世界は、私にとって敵地ではまったくなかった」

　この著書は、前置きでどれだけのことが記されたにしても、自叙伝ではまったくない。本書は対談からできあがったが、ここで書き留めたい回想はむしろ、私の心に格別に刻み込まれているもので、たいていは私が事件や時代的出来事のたんなる目撃者であったときのものである。言い換えるなら、それら回想は記憶するべき事件（Memorabilia）であるはずである。かなりの部分は、逸話の性格があって、軽快で興味あるエピソードを扱っている。私はどんな体系的な意図ももたず、年代順やテーマ別の手引きにもしたがわず、頭に浮かぶままを端的に物語る。何となく、あとになってからおそらく順序づけられる。だが、無計画であるというのが本書の企画の一部である、と私は言っておきたい。

　このような言葉でヨナスは対談を始めた。その対談については、ラッヘル・ザラマンデルが序文で鮮やかに述べている[*2]。その対談をもとに今、貴重な著書ができあがったが、ハンス・ヨナスが1993年2月5日に亡くなってから10年を経過している。本書に満ちあふれる生々しい追憶は、哲学者ヨナスの思索の深さを、そして驚くべき記憶力を映し出してくれる。その記憶力のおかげでヨナスは、なみはずれた明解さで対談を続けるなかで、個人的出来事、歴史的出来事、そして哲学思想を魔法のように作り出して見せ、どんな問題に対しても新しい連関を開いて見せた。すでにこれまで公刊された彼の多くのインタビューや対談で目立っていたことが、このたび対談のテープを聴いてたしかめられた。すなわちハンス・ヨナスは、物語の天才であっ

たということである。伝記に関わる些細な事柄を、信じられないほどの臨場感で思い出し、そのうえで自分の知識全体とそのきわめて複雑な連関を、明確で美的な言葉で展開する力をそなえた人物であった。また、ユーモアにあふれる語り手で、その声は聴衆を魅了した。そこから生まれたのが、最高の意味での「メモラビリア」「記憶するべき物事」であり、これが、記憶に値する一つの世界全体を蘇らせる。その世界は、ドイツ国に生まれ、亡命に追いやられた一人の哲学者の世界である。彼の著書や思想がドイツ国で読者を獲得する以前に、彼が自分の伝記に引き受けざるをえなかった大変革は、少なくない。彼の回想録が、母国語で語られた形で、いま刊行されるが、それは彼の生誕100年にちなんでであり、彼の精神を最も深く形成すると同時に、最も深く傷つけた国でまっさきに現れる。この著書が呼び覚ます世界は、ナチの時代に先立つドイツ・ユダヤ史の世界であり、ナチから逃れたエルサレムの亡命者たちの世界であり、ニューヨーク市民として亡命する知識人たちの世界である。さらに、今の世代はハンス・ヨナスのような証人のおかげでやっと気づくことができるような多くの世界である。だからこそ、この「記憶するべき物事」は、貴重な物事である。だが、ジャンルがいろいろであるという理由からも貴重である。その対談からいろいろなジャンルが生まれた。そしてそれらジャンルが、この著書のなかで一つの魅力的な姿で組み合わされる。すなわち、伝記物語、亡命文学、恋物語、哲学史、歴史的反省、そして**現場の**（*in actu*）哲学からなる組み合わせである。

　ハンス・ヨナスによる回想の魅力的特徴の一つは、彼は人間について、なんと集中的で開放的に、ときに皮肉を込めたり批判的であったり、だが特に愛を込めて物語る術を心得ていたかという点にある。彼の物語から生まれ出るのは、彼の人生で重みをもつあらゆる人々の生き生きとした人物像である。それは注意力と尊敬のまなざしの証しである。そうした目で彼は人々に出会いながら、彼らの弱点を口外しないわけではない。ドイツ・ユダヤ人の亡命史を見つめながら張りつめた哲学者の友情関係、ハンナ・アーレントやゲルショム・ショーレムとの友情関係は、ある意味で、ヨナスの「記憶するべき物事」で重要な役まわりを演じる劇的な危機によって無傷のままであったわ

けではない。幾つかの件は、彼が友情に天賦の才のあることを示しているが、自己と自己の信念に忠実であることが問われるとなると、彼は火花を散らす衝突に怖じ気をなすような人物ではなかったことも示している。ゲルショム・ショーレムとの強烈であったが、内的相克をはらんだ友情は、ヨナスの「シオニズムへの背信行為」――エルサレムの友人たちのあいだではそう呼ばれた――によって、また、学問的問題での意見の相違が増すにつれて重荷を背負った。そうした友情は、二人の強烈な個性のぶつかり合いを証明するが、まだこれからさきの解釈が待たれる事柄ではある[2]。ハンス・ヨナスは「ハイデガーにすっかり虜になった」マールブルク会以来ずっとハンナ・アーレントと長い親密な友情を交わした。これについては、彼自身が回想のなかで物語っていることにまさるような、もっと適切な表現はまず見当たるまい。すなわちヨナスは、やさしく、ときにやさしく批判的であり、ハイデガーと彼女の恋愛関係を敬い、また彼女が1945年以降ハイデガーをすぐさま赦した素早さをも敬い、彼女の人間性や感受性、友情への天性には敬意を払い、そして、彼女の豊かな思索と豊富な著作に最大の賞賛を与えている[3]。ヨナスは、仮に彼女があまり深く［伝統に］根づいていなかったとしたら、彼女の友情をほとんど破綻に陥れてしまっていたであろう。そうした一つの劇的な争いを隠し立てしなかった。それは、その哲学者を際立たせる無条件の誠実を特徴的に表している。回想は、こうした苦渋に満ちたエピソードを詳細に、またここであらためて解釈する必要のないほど明瞭に語ってくれる[4]。いろいろな友情や妻との愛情物語が語られる。この物語こそ、数々の関係に及ぶ彼の体験の世界へと読者たちを誘う。またその物語こそが、彼の人間味と実直さを表す感情へのまなざしをかなえさせてくれることで、哲学者ヨナスはある意味で人間として生き生きとした姿で現れる。だから、彼への追憶がすぐさま消えいくことがないよう期待できる。

　ヨナスは、対談でははっきりと非体系的なものや連想的なものを自分の原則にしており、「あとになってからひょっとして秩序立てる」かもしれない手口に信を置いていた。このように言うのは、たしかに大げさである。なぜなら、彼は、ラッヘル・ザラマンデルやシュテファン・ザットラーの問い

に導かれながら*3、鮮やかな導きの糸にうまくしたがっていたからである。だが、次のことが示唆されよう。すなわち、語られたことをもとに一冊の書物を編み出し、この豊かな回想全体を一つのまとまりあるテキストに仕上げて、それでいて「物語性」を台無しにしないような、そのような企ては、当初のうちは、本物の超人的な力業(Herkulesarbeit)であるように思われた。同時にまた、そのように言うことは、次のような出版者の企てを正当化するのに役立つ。すなわち出版者は、要約や言葉遣いの手入れに始まり、テキストを年代順に脈絡づけられた章へと分節構成し、そのために語りの節々を組み替えるというように、おびただしい介入を企てた。さらにたとえば「マルティン・ハイデガーとの訣別」の章のように、録音テープがだめになってしまい、テキストを部分的にほかの対談やエッセイを出典とする一次資料で満たし補足しなければならなかった場合には、急場しのぎの解決策が講じられた。こうしたことがすべて、ハンス・ヨナスの意向にうまく沿うように行われたのかどうか、その判断は出版者以外の人々の手に委ねられる。さらに言えば、一つの広範囲の注釈が補われたが、これは読者たちに、広がりのある背景を示し、いっそう先へと読書を進めるための手掛りを与え、未知の伝記資料が手に入るようにもしてくれるであろう。ハンス・ヨナスによる、あるいはハンス・ヨナスについてのテキストで、これまで広く知られていなかったもの、あるいはまったく知られていなかったものが、この著書に収められており、その一部は公文書によるが、一部はローレ・ヨナスの私有物によるものである[5]。そうしたものとして、特に、エルサレムのPilegeschサークル*4からの数々の詩、パレスチナの若者たちへナチ・ドイツと戦うようにと訴えたハンス・ヨナスの呼びかけ、[対談で]語られた内容を実例で説明し深める数多くの書簡が、挙げられる。特にこのことはまた、この書物のなかで本当の宝物であり初めて公になる「教説の手紙」にあてはまる。これら書簡は、軍人ハンス・ヨナスが1944年から1945年にかけてエルサレムに住む彼の妻宛てに書き送ったものである。それらは、彼の思考の決定的な分岐点を立ち入って見せてくれるし、「有機体の哲学」の「新しい思考」を最初に表現していると思われる。その事情は、フランツ・ローゼンツヴァイクが自著『救済の星』の最初の草

案を第一次世界大戦の終末の数ヵ月間でマケドニア戦線にありながら野戦郵便物で構想したという事情と似ている。

　この後書きでは、ハンス・ヨナスのさまざまな回想のあらゆる脈絡をテーマにすることは不可能である。実例で説明し解釈することができるような多くのことをただ蘇らせるだけである。力点は、ハンス・ヨナスの伝記と著作のユダヤ的側面に置かれる。そうした側面が哲学者の語りを通して多面的に新しく照らし出される。特にこの後書きは、テキストのきわめて個人的なくだりに見られる足跡を追う。ヨナスは、自分の生涯の明と暗とを回顧しつつ互いに天秤にかける。この試みで彼は次の判断にたどり着く。すなわち、「私は自分自身に臨んで、おおいに試みなければならない。私が自分の母を失ったこと——それはホロコーストに関わったユダヤ人なら、誰でも心を離れないことである——から目を転じるとしても、そのうえで、私の生涯のなかに、私の世界に対する関わりのなかに悲劇的な境涯を見つけ出すように試みなければならない。だが、たとえ世界に恐るべき物事が生起するのは言うまでもないことであっても、世界は私にとって敵地ではまったくなかった」(146ページ)。この感動的な告白、彼の回想の**根本命題**は、まぎれもない伝記的な性格を超え出るような次元を指し示し、彼の哲学する営みの根本動因の一つを予示する。すなわち、死や人災に脅かされた生命を、高い価値として肯定するということを予示する。チャンスと危機を伴う現代文明のただなかで責任を負って生きるという思索的で倫理的な努力が、そうした価値にふさわしい。だから[私の]以下の論述は、次の試みを企てる。すなわち、引用した文句は二重の意味があるように思えるが、その意味を、ハンス・ヨナスの思索をかたどるさまざまな彫面を通して跡づけながら、彼の語る生と脈絡づけるという試みである。

「人間蔑視の力の崇拝」に抗して

　「ユダヤ的な哲学」が存在するのか、あるとすればそれはどのような哲学として規定されるのか、たとえばユダヤ教の学の枠組みに収まった特別のア

カデミックな学科としてか、またはユダヤ的伝統の地平にある哲学的試みの特殊的形態としてか、あるいはユダヤ教に所属する哲学者たちの宗教・文化的な同一性の表現としてか[6]。こうした問いは、19世紀以来、賛否両論があったが、ハンス・ヨナスの自己理解に目を向けることでさしあたり明確に答えておく必要があろう。彼の包括的な著作は、ユダヤ教を一つの宗教的な全体現象として解釈することに捧げられるものでもなければ、彼はユダヤ的な哲学者として分類されるのを望みもしなかった。彼の最も重大な関心事であったのは、この惑星で危険にさらされている生命に対して、人間に地球的な責任があると説く倫理学を形あるものにすることであった。こうした倫理学の定式化は、神学や信仰の衣を脱ぎ捨ててしまった時代では、宗教的あるいは神学的なカテゴリーに立ち返らない仕方で、説得的、普遍的に基礎づけることができなければならず、それでいて独断的であったり陳腐であったりしてはならない。このように彼は確信していた。神学的なスペキュレーションは、カント的な伝統にしたがう彼には「理性の贅沢」と見られた。すなわち、それは、人間精神が問うように強いられているつもりでいながら、だが他方では判じ物を使ってしか答えようがないような問いの設定と見られた。そこでは、超越者の次元についての人間精神のいろいろな立言が、人間精神が自然に内在する証人に基づいて認識できることと合致するというのは、たかだか期待されるだけのことである。もっともヨナスは自分の思索を進めていく過程で、こうした贅沢を繰り返し要求はした。だから、また彼のユダヤ的な伝記を目の当たりにすると、彼が「ユダヤ的哲学者」ではなかったと主張して誤りではないが、彼の思索のユダヤ的な境涯を仔細に解釈する必要はある。一方ではユダヤ的な同一性が、他方では宗教史家・哲学者としての彼の普遍的な要求があるが、この両者のあいだには張りつめた相互関係がある。この相互関係が、ユダヤ的な伝統への近さと遠さについて反省するヨナスの数々の回想に反映している。そうした相互関係を彼が自分自身で最も適切に特徴づけるのは、彼がユダヤ教に深く根づいた伝記的事実を、純粋理性に恩義を負う哲学者のエトスに対置したときである。

哲学者は自分の本来の仕事、つまり思索を、そうしたいろいろな条件や譲り受けた前提から完全に解放してやりとげなければならない。哲学者は思索にだけ恩義を負う。哲学者は、方法では「無神論」でなければならない。これは、「神は存在しない」と独断的に主張することではない。だがこれは、神について信仰からは何事も語らせないということではある。哲学者であり同時にユダヤ人（教徒）でもあるというのは、そこに一種の緊張があるが、全然問題ではない。私の選び取った職分は、今では本当に、哲学的に成熟した思索であった。こうした思索に臨んで認められてよいのは、哲学という認識の手立てがそれ自身で示してくれるもの以外にはない[7]。

ヨナス自身は、実存経験と哲学とが密接に交差することを強調する[8]。このことを考慮に入れるなら、彼の著作でユダヤ的なものの次元を明るみに出す伝記的なものには、たしかに、決定的な意味がそなわっている。彼の哲学することの知的な目標設定には、裂け目があると同時に連続性もある。その連続性は、「創造」として理解される世界の生命に対して人間が責任を負うという彼の哲学の中核的なモチーフでたしかめられる。そうした目標設定は、ドイツ・ユダヤ的な経験の背景と亡命ドイツ・ユダヤ人としての彼の運命とを度外視しては把握できない。シオニズムへの彼の決断は反ユダヤ主義と疎外感情とに条件づけられているが、さしあたりその決断が彼の哲学の目標設定の一部である。彼の聖書講読から結実した最初の刊行文物は、「預言者たちの散漫と再集中の理念」（1922）の論文であるが、これは宗教史的なものを背景にしながら、「ガルート（Galuth）の夜」[*5]の苦悩を透視させるもので、ユダヤ人の国家再建に寄せる預言者たちの希望を強調する。「彼らがみずからを自分たちの神とどんなに同一化して見ても、彼らの民が永久に国家のカリカチュアとして生と死のあいだで宙ぶらりんの状態に置かれるべきであるという考え方は、彼らにとり堪えられなかった」。そしてその論文は、「ユダヤ国家」の創設というテオドール・ヘルツルの構想に関連することで亡命の終末について預言者が描いた未来像を打ち立てる[9]。青年ヨナスが描く**神の栄**

光の夢であれ、反ユダヤ主義者とのたび重なる衝突であれ、あるいは1933年の即座の亡命であれ、これらの背後にはいつも、彼がユダヤ人として譲ろうとしなかった繊細な尊厳の意識が察知できる。新しい故郷パレスチナと先駆的なシオニストとの出会いは、彼の生涯の10年を超える日々を規定した。先駆者シオニストのなしとげた業績は、彼が回顧したように「例の屈辱的なユダヤ人誹謗の全体に、安心して対峙できるものであった。つまり、そうしたユダヤ人誹謗は、人々がヨーロッパの反ユダヤ主義により馴染んできたもので、ナチの下等人種理論で最高潮に達した代物であった」[10]。彼は自発的に英国軍隊に志願し、これにより長い間ナチ・ドイツに対する戦いに身を置くことになった[11]。「この戦争へのわれわれの参加。ユダヤの男たちへの一言」という彼の感動的で眼力の鋭い呼びかけが、その戦いを特別に証ししている。

　この呼びかけは、ヨナスが自己批判して告げるように、狭い範囲の影響に留まらなかったにもかかわらず、肝心なのは、二つとない魅惑的な記録であるということである。この記録は、個人の決断に尋常でない政治的な明瞭性を与えている。またこの記録は、ドイツで〈ユダヤ人であること〉の尊厳が権利剥奪、恐怖政治、〈無力な状態に引き渡されていること〉により失墜するという事態に直面して、なお遅れまいとパレスチナへ脱出してきたドイツ・ユダヤ人亡命者たちの感情を深く傷つけるような語り口になっている。ヨーロッパのユダヤ人救済のために戦うのがまったくもってユダヤ人に固有の義務である、とヨナスは確信する。国家社会主義の「形而上学的な敵」としての〈ユダヤ人であること〉が、ドイツ勝利の際には存在しなくなるだろうということを、ヨナスは知っている。こうした彼の確信と知が、彼が次のように幻想から脱していたことの証拠である。すなわち彼は幻想をもたずに、たんに従来のナチ迫害を捉えきっていただけではなくて、ナチ迫害が全体的撲滅の政策へと、どんなに避けがたく突っ走ったかを、ヴァンゼー会議[*6]が始まるずっとまえに気づいていた。ヨーロッパのユダヤ人を目のあたりにして、「思い出そう、何千ものユダヤ人が殺され、何千ものユダヤ人の心が悲嘆にくれさせられ、何千ものユダヤ人が略奪され、痛めつけられ、追放された。自殺に追い込まれた。家畜のように荷積みされ、無に突き落とされた（154

ページ)」。彼はユダヤ人の自尊のために、ユダヤの民がゲットー飼育を放棄し、自立した歴史的実存の冒険に挑み、〈ユダヤ人であること〉の生存権のために戦うよう要求する。彼が、「語の最も深い意味で『ユダヤ戦争[*7]』」について語ったとき、彼は、「ナチ・原理」と「人間蔑視の力の崇拝」の勝利に対抗してユダヤの民の運命と西欧民主制の利害とのあいだに見定めていた深い連関を、けっして聞き漏らすことがないよう折に触れて言葉にした。ユダヤ戦争は、古代のそれとは対照的に「破局の戦争ではなく、ユダヤの破局からわれわれを救う戦争である。ユダが世界に対立するのではなく、ユダが世界とともに、世界の敵に対立する」(158ページ) のでなければならないのである。

彼のいとこでハワイへ逃亡したゲリーへの手紙で、ハンス・ヨナスは1941年の夏に、ある弁明を行った。それというのは、呼びかけを構想する際に彼を揺り動かした動機、つまり、ドイツ国を離れて以来の彼の政治的な確信と心境についての弁明である[12]。こうしたとても個人的な書き物(「告白のたぐい」)でヨナスは、魂に取り憑かれた過ぎし年を書き記そうと思ったが、そのなかで1939年のテキストの主要なモチーフが繰り返される。ユダヤの自尊を保持するための格闘、ユダヤの民の苦悩に苦しむこと、そしてこの戦争で西欧文明の基礎が危機に瀕しているという意識、これらがモチーフであって、憎悪・復讐・戦争の力・平和主義についてのさまざまな省察により補充されている。ナチ・ドイツに対する戦争を憧れ、この戦争はユダヤ人を欠いては行われない。このことがヨナスにとって、心の奥底では尊厳の問題であると思われた。

> 私は、ドイツに仕返しするよう切望しました。まったく気兼ねせずに個人的に語れば、私は、復讐への激しい願望が1933年から燃えさかっていたと言うことができます。私は次のように白状して恥ずかしいとは思いません。おぞましい悪夢が年々歳々ひどくなっていくなかで、われわれの民がますます苦しむようになり、無力という辱めに駆り立てられることによって、殴り返したいと思い、われわれ人間の尊厳を汚した人々

に仕返しをしたいという、こうした願望が、私の生命の圧倒的な情熱になったのです。私はこうした感情があったことを、その感情に対して私の心やさしい同胞や繊細な同胞たちの抱いていた偏見を私はけっして分かち合っていなかっただけに、それだけ進んで公表する気になります。その感情は、まったく自然な感情であるというだけではありません。褒められるべき道徳的な動機でもあります。ただし前提として、自己自身のリスクと負担を自己に引き受ける覚悟をもっているうえでの話です。その感情の激烈さは、受けた傷の深さと警戒心との反映です。その警戒心は、名誉の毀損を拒みます……。つまりは、害悪があります。もし世界がその害悪を被った人にとってふたたび許容できるようになるべきなら、報いを叫び求めるような害悪です。傷があります。もし傷つけられた人が自己自身の生をふたたび尊重し直すことができるべきであるなら、傷つけた張本人は根絶されなければなりません……。悪を被った人にとっては、そうした人に生命も幸福も認めないような悪人が引き続き存続することに対する戦いにあって自己の生命と幸福を賭するのが、義務であります。悪人からは個人的に逃れ去って、身を守り続けていることは、機会があれば、すぐに悪人に立ち向かってゆく、そのような義務を支えてくれる基盤です……。誰がいったい、息詰まる環境の戦争前の時期に生命の甘味を、たとえ望んだところで、本当に享受できるでしょうか。そうした時期には、病気がだんだんと広がり、われわれの避難所にまで、新しい故郷にさえ押し寄せてきました——権力が地上になお依然としてある限り、われわれにとって安全はないということ、そのことを忘却した人々に対してたえず喚起すること。

　ヨナスは、何よりも憎悪と復讐のあからさまな感情に主導されたのでない。彼を導いたのは何よりも、ナチ・ドイツの世界規模の勝利が民主制と人間性の基礎を長い目で見ると壊滅させるであろうという認識であった。ヨナスはこのことに格別の価値を置いていた。

降伏ははてしなく続くのであろうか。滔々たる流れがヨーロッパ全域を何の抵抗も受けずに飲み込むのであろうか……。1936年以降に民主制がたえず退行するという背景のもとで、私は1939年秋の戦争勃発を紛れもない安堵感で受け止めました。これは、この戦争がそのあいだにもたらした計り知れない驚愕と破壊を直視するなら、冒涜的な声のように響く。そうした驚愕と破壊は、苦渋の結末になるまでこの戦争が引き起こすであろう（苦渋に満ちるのは、勝利の代価自体であろう）。だが私は、そのとき抱いた感覚に、敗北が間近に思えた当時と同じように責任をもちます。私はこうした悲劇的な決断を安易な気持ちで受け入れていなかった、と神はわかってくれます。先の戦争［第一次世界大戦］のあいだに意識を目覚めさせた世代、「けっして繰り返すな」の精神で心底まで満たされた世代の人々は、戦争熱病に容易にはうかされません。その時代の平和主義とわれわれみなが対決しました。そのうえ私は、楽な勝利の幻想をまったく抱きませんでした。それどころか私は、勝利が訪れると一度も確信しませんでした。たしかに、いずれやって来るかもしれない破局が突如として劇的に起きて、壊滅的な拡がりを示すことを誰も予見できませんでした。だが、武運のいたずらに身をさらす人であれば、起こるかもしれない結果として考慮しなくてはならない挫折が本当に訪れたとしても、戦いながら滅びるほうが、無抵抗のうちに奈落に引きずり込まれるよりも、よりましである。そのような考えを私は主張しました。

手紙の個人的くだりの全体が、悲しみから無理して得られたヨナスの安堵感を表している。それというのは、彼の父は1938年1月に長く患っていたガンで亡くなったが、そのことで父はもう迫害を受けなくてすむだろうと記している。「ナチの地に捕えられていながらも、こうした悪魔的な状況から解放されることは、この時代、年老いた者たちにとっては良き打開策であり、多くの場合は本当の救済である」。同時にまた、ヨナスの母が亡命に失敗したことについて絶望感を表している。すなわち母は、自分のパレスチナ行き

の証明書を、一時的にダッハウに拘留されていた一番年下の息子であるゲオルクに譲り渡してしまった。ヨナスが戦後になって初めて知ったことだが、そのため母は1942年にユダヤ人居住区域ウッチ（Łódź）へ送られ、その後アウシュヴィッツで殺害された。ハンス・ヨナスの戦争への呼びかけ、そしてこうした背景で彼の解説的な手紙が表しているのは、「第三帝国」と第二次世界大戦中にパレスチナに住まった多くのドイツ・ユダヤ人たちがもっていた思想と感情を、時代史的に興味ある仕方でうかがい知るということ以上の意味をもっている。それらはむしろ、心を動かす**人間ドキュメント**（*document humain*）であり、これを欠いては、戦後に及ぶ彼の思想と哲学の展開を深くは理解できない。それらドキュメントは「国家社会主義の原則」の勝利とユダヤ人全体の撲滅とに決然たる抵抗を印象深く記す証言であり、ヨーロッパでのユダヤ人の運命に揺さぶられた人々の震撼の証言である。それら証言から生まれてくるものは、ヨナスのユダヤ人としての実存が彼の全著作に対してもつ意味をまったく新しい視点から問うことである。このことは、彼がユダヤ戦争を「現代の最初の宗教戦争」として解釈する記載部分についてもあてはまる。ヨナスは、この戦争が身の毛もよだつ戦争となることをはっきりと知りながら、その戦争を次の理由から支持する。すなわち彼は、その戦いに「二つの原理が争う戦争」を認識したからである。「一方の原理は、キリスト教的・ヨーロッパ的な人間性の形式をとり、**イスラエル**の遺産をも世界の手で管理する。他方の原理は、人間蔑視の力の崇拝を、ユダヤの遺産の絶対的な否認を意味する。ニヒリズム的な「深い意味での**異教**」である国家社会主義は、このことを理解していたと思う。なぜなら国家社会主義は、「キリスト教を、ヨーロッパの人間性のユダヤ化（Verjudung）として評価し、これをみずからの**形而上学的な**反ユダヤ主義のなかに取り込んだ」からである。キリスト教神学とキリスト教会とは、ナチ時代にはユダヤ教から一線を画し、ヨーロッパのユダヤ人をたいていは迫害されるままに黙認した。そうしたキリスト教の神学と教会が、このこと［大戦が二つの原理間の戦争であること］にやっと気づき始めるよりもはるかまえに、ヨナスはユダヤ教とキリスト教との相互の連帯関係を誓った。その連帯関係は、世俗的な「現代ヨーロッパの

合理的・人間的文明」を保持するために必須であり、次のようなパラドックスである。すなわち「キリスト教戦争が、同時にまたユダヤ戦争でもありうる」という逆説である。ヨナスがこうした文脈で強調したのは、たんに、「人類の倫理化」のために、すなわち人間の生命への尊敬という倫理的伝統の擁護のために、ユダヤ教の寄与が消滅時効にはなっていないというだけではない。彼はここで、ユダヤ教とキリスト教とに共通するヨーロッパ文化の基礎を要請することで、あらかじめ一つのモチーフが感じ取れるようにした。たとえば、そのモチーフは、責任の倫理に対するユダヤ的伝統の寄与について彼が晩年に行った諸反省のなかで、重要な役割を果たすはずである[13]。

　ユダヤ民族の「運命共同体」に帰属するという意識は、ハンス・ヨナスにとっては、国家社会主義ドイツに対する戦いの時代、そして1945年[14]以後になると、ヨーロッパのユダヤ民族の滅亡という全体像が目に見えるようになっただけに、深い実存的意味をもつようになった。彼は宗教史家の亡命者としての運命のただなかにあった。彼の種々の研究と学術的な希望とが突如として中断され、軍人としての社会参画が始まった。軍人ヨナスは、1944-1945年に「教説の手紙」のなかで、妻に宛てて、母の殺害に息子として苦悩する身にありながら、まったく新しく構想された生命の哲学の核心となるような思想の草案を書き記した。その哲学は、たんに世界が受けた衝撃だけではなくて、同時代の哲学的思考モデルが受けた衝撃にも立ち向かう。母については、およそ40年を経てから、『アウシュヴィッツ後の神概念』の考察が母への追憶として捧げられた。1944年から1945年への年の変わり目では依然として、ヨナスは「私の母が生きていて、彼女の息子たちにもう一度会える」(327ページ)のを、どんなにか強く望んでいたことか。「教説の手紙」に残されている数少ない個人的な文章が、そのことを表している。母の運命はいつまでも、彼の豊かで稔り多い人生に暗い影を落とす深い苦悩であり続けた。だが、また次のようにも言える。すなわちヨナスは、戦時の苦渋の経験に消沈したのではなくて（「これらすべてのことは実存の中心に触れることはない。実存の中心は自由人にあっては自己自身の行動に対してつねに自由である」(334ページ))、そうしたいろいろな衝撃に対して、人間存在の本質に深く迫る思索をめぐらすこ

とで立ち向かっていた。このことが、妻に宛てたこれらの手紙で感じ取れる。戦時のこうした知的認識に鼓舞されることでヨナスは、生涯にわたりニヒリズムと対決した。また、危機に瀕した有限な人間の生命を、精神に関与する尊い自然のただなかにあるものとして哲学的に肯定した。それは、非人道的なものの経験からえぐり取られた思索の行程である。この思索の行程がのちに、みずから引き起こした凶運に脅えるハイテク文明の諸条件下にあっても「世界がこれから先も住みやすいこと」に向けて、あえてその最終弁論を引き受けることへと合流した。1945年以降のヨナスの思索の全体を規定するのは、反ニヒリズムという突進方向である。彼が人間および被造物の生命の価値を不断に基礎づけるよう試みたのは、哲学の情熱である。そうした突進方向と情熱の源泉は、国家社会主義がショアー (Schoa)[*8]の途方もない出来事を頂点として人間的ないっさいがっさいを犠牲に供してしまったことに対して、彼の知性が対決したことにある。これは歴然としている。彼の戦争への呼びかけは、個人的には「ユダヤ旅団グループ」[*9]の戦闘に参加することで、その実が示された。その呼びかけは、ショアー以後の数十年間に培われた彼の思索の基層で働き続けた基本要素である。そのように解釈してみても、まちがってはいない。ヨナスは、亡くなる数日前、1993年1月30日にウディーネで最後の講演を行ったが、その講演は、戦争終結を味わった地へと彼をつれ戻してくれた。そのなかでも相変わらず彼は、感動的で印象深い言葉で次のように回想した。すなわち、人間性と寛容の未来を展望するとあまりにも欺瞞的に思える20世紀に、「われわれの誇るべき文化の中核国家 (Herzländer) の一つで」、あのような「地獄の黙示録」が示されたのであり、それは、先行するどの黙示録にもまさって「神の似姿としての人間の肩書きを問題視してしまう」。こうした言葉に現れているように、哲学者ヨナスは、この出来事のために、みずからの生全体に息つくいとまを与えられなかったし、みずからの生のうちに、根本的な倫理的責任を看破していた。その責任とは、非人間性という「これまでかろうじて休眠中であったこのような獣性」に対抗して、道徳教育と監視の総力を、彼自身の生涯をはるかに飛び越えるまでに結集するという責任である[15]。ヨナスは、その講演のなかで、過去に由来する

脅威であるナチの人間蔑視というものを、人間の科学技術の傲慢により地上の生命に向けられた現在および未来の脅威と内的に結びつける文脈で回想した。これが、彼の思索と全著作の特徴を表している。

「死すべきことの重圧と祝福」――ニヒリズムに抗して

　ヨナスは1964年「ハイデガーと神学」という論文で、彼の師であるハイデガーとの訣別を公にした。この訣別を回想する印象深いくだりからは、こうした張りつめた関係が哲学者の思索のなかに、どんなに深く食い込んでいたかという様子がうかがい知れる。リチャード・ウォーリンはヨナスを、ハイデガーのまわりに群がったユダヤ人哲学徒たちと同じように、ハイデガーの「子供たち」に数え入れている[16]としても、ヨナスの回想記が示すところによれば、やはりヨナスはとっくに、彼の哲学の「父」から疎遠になり、父の手には負えなくなっていた。彼は生涯を通じて、ハイデガーを傑出した独創的な哲学者として敬った。だが彼は、マールブルクの「奇跡のラビ」(82ページ)に対し、はじめから、ある種の批判的な距離を保っていただけではない。彼は1945年過ぎには次のようにも発言した。すなわち、ハイデガーを虜にしたもの、つまりヨーロッパ思索のヒューマニズム的で合理的な伝統をまったく新しい言葉を駆使して疑問視するというハイデガーの思索転覆の企て、そうしたものこそが1933年に国家社会主義と親和するように働いた、というのである。「この時代の最も深い思想家が旋回して、荒れ狂う褐色の大隊に足なみを合わせたこと」(265ページ)、それはヨナスにとっては当時なお「恐るべき謎」[17]であったが、これが彼の伝記で核心をなす転換点となった。またこれが、戦争およびショアーの経験に結びつきながら、1945年以降の自然主義的な「有機体の哲学」に向けて過激な新しい舵を取るための基礎を据えた。ヨナスが顧みて綴ったように、「それ[ハイデガーの旋回]は、ハイデガーの個人的な迷いであるだけではなくて、ある意味で彼の思索にやはりそなえ付けられていた。このことに、私は吐き気を催しつつはっきりと気づいた。そのとき私には、実存主義自体のいかがわしさが心に浮かび上がってきた。

すなわち、実存主義にはニヒリズムの基本要素がある。またその要素は、キリスト教の始まりの頃に見られるグノーシス主義的な不安という根本特徴として私が認識して置いたものとも、軌を一にした。キリスト教の始まりの頃には、強いニヒリズムの要素も共鳴していた」[18]。

　ヨナスは、彼本来の哲学的なハイデガー批判を、こともあろうに古代グノーシス主義の実存主義的な解釈を基礎に置いて展開した。その点に独特の弁証法がある。こうした解釈へ彼を鼓舞したのは、ハイデガーであるからである。ヨナスの初期の傑作である『グノーシス主義と古代後期の精神』への途上ではすでに、ほかでもないハイデガーの実存分析が、彼にとり馴染みのなかった古代宗教史の現象を一新させていた[19]。『存在と時間』(1927)を出典とするいろいろなカテゴリーとして、自己喪失 (Sichverlieren)、世界の無性への被投性 (Geworfenheit in die Nichtigkeit der Welt)、頽落存在 (Verfallensein)、喪失存在 (Verlorensein)、捕縛存在 (Verfangensein)、不安という根本気分 (Grundbefindlichkeit) が挙げられる。これらのカテゴリーを助けにして、彼はグノーシス主義の神話を解読し、別のいろいろな宗教に対抗するその運動の斬新で一回的な点、その運動に特異な現存在了解というものを把握した。彼の「実存主義的な判読」に特異であるのは、グノーシス主義的な、自己との関わりや世界との関わりを展開することにある。つまりそうした関わりの特徴は、［人間を］奴隷化する世界やコスモスの諸力にさらされた人間が感じる疎外、疎遠、そして苦悩によく表れている。被投性という実存に比べられるグノーシス主義のこのような根本気分は、魂を吹き込まれた、調和を保った、合理的な、保護された秩序としてコスモスを捉えているような古代ギリシャの現存在了解とは真っ向から対立する。このグノーシス主義の根本気分には、際立った二元論的な気分が刻み込まれている。この二元論的な気分というのは、世界を本質的に、闇、疎遠、「異郷性」の場と見て、これを恐れたり侮ったりする[20]。ヨナスの抽象化する「根本神話」は、世界が過激なまでに混乱した形而上学的な状況について物語る。そうした世界は、デミゥルゴス*10による被造物であり、威嚇するアルコン*11たちや**ヘイマルメネー** (*heimarmene*)*12 により虐げられた牢獄であって、人間を実存的なよるべなさにさらしてしまう。そし

てその「根本神話」は、世界に敵対する絶対的に彼岸にある神の力に向けられているような救済憧憬についても語る。そのような救済憧憬はまた、人間の魂が物質的な追放の地に住まいながらも、つまり世界の魔力に隷属しながらも、**聖霊** (pneuma) の力を借りることで関与する光の国に向けられている。解放は、とらわれの身である魂が光の世界へと回帰することとしてイメージされるなら、それはひとり**グノーシス**という方途によってだけ可能である。グノーシスとは、すなわち世界に固有の頽落性からの脱出の途についての秘められた啓示的認識であり、これにより可能な解放は、その倫理的な帰結として、意識的な「脱世俗化」を要求する。すなわち、過激な禁欲によるにせよ、蔑視的な無関心によるにせよ、いっさいの世俗的な諸条件からの解放を意味する[21]。

　ナチの非人間性に対しハイデガーが倫理的に無関心であるのは、その本質をなすなら、ハイデガーの実存主義的な世界感情につながっていることではないか、とヨナスは推測する。この推測のなかには、ヨナスのあとからの試みである「グノーシス主義の判読」にそなわっている、現代に関わる哲学の爆破力というものが露見される。ヨナスはこの爆破力を使って、視点を転換しながら、現代の実存主義を批判した。ヨナスが「宇宙的なニヒリズム」として特徴づけた精神的な潮流のなかには、グノーシス主義的な感覚を世俗化しつつ復帰させる試みが認められる、とヨナスは信じた。大戦後になって、古代後期のグノーシスと現代の実存主義とを関係づける試みが、ドイツ知識人の世代全体に見られた政治的な責任喪失に向けられるべき批判力を発揮するようになった。つまり、その試みは、国家社会主義運動という新グノーシス主義神話の誤りを遠慮なく指摘した[22]。ちなみに、そうした知識人のなかでハイデガーは、特に抜きん出る存在であった。ヨナスの哲学の師が抱いた世界感情には政治的な破滅をもたらす作用力があったが、これに対するヨナスの批判・反駁は、実存主義に対する彼自身の距離を明確に示している。実存主義は、たしかに彼には解釈学的な鍵として有意義に役立つものではあったが、同時に、彼の思索を挑発する中心、彼の思索に対する対極的なものとなった。

グノーシス研究と哲学的著作とのあいだをきわめて密接に結びつける結合項を具体的に示すのは、反実存主義の自然哲学である。そうした自然哲学をヨナスは1966年に『生命の現象——哲学的生物学に向けて』というタイトルで公刊した[23]。それと同時に彼は、次の連関に基づく結論を引き出した。彼は、一方では近代自然科学における、世界をあまりにニヒリスティックに脱価値化する自然像、価値を離れた中立的な自然像と、他方ではグノーシス主義者による人間・精神に敵対的な宇宙理解とのあいだに、連関があると考えた。「グノーシス、実存主義、そしてニヒリズム」の関係を彼が分析する際には、人間に対して敵対的である、少なくとも完全に無関心である宇宙（Universum）というモチーフが決定的な役割を果たしている。すなわち、神から遠ざけられた世界で疎んぜられ、故郷を失い、見捨てられているというモチーフが働いている。人間の孤独という他を圧倒する感情を伴う現代のニヒリズムでは、そうした状況が彼の見るところ、グノーシス主義の体験に比べて著しく過激であると思われた。というのも、グノーシスの神話は、神に逆らい敵意を抱いた自然というグノーシス主義の体験のうちに、最終的には少なくとも、神の本質に関与することで〈見捨てられていること〉を乗り越えることができるという希望を残して置いたからである。「自然は気遣わないというのが、ほんものの深淵である。ひとり人間だけが気遣い、限りのある身にあって死以外には何も気にかけず、ただひたすら、自己が偶然な存在であり、みずからの意味の投企に客観的な意味がないという思いを抱いている。それは、本当に先例のない事態である」[24]。ヨナスが希望したのはこうである。人間と自然との決裂に由来するような宿無し状態に震撼する実存感覚は、反二元論の自然哲学や有機体の哲学によって克服され得る。そうした哲学が、精神によって抜きん出ている人間に、自己を自然に欠かすことのできない自然の一部分として感得させてくれる。ただしここで自然は、無関心であったり魂を欠いたりすることはまったくなくて、自然自身を自己肯定する、価値に満ちた、精神に関与するような自然である。彼の成熟した哲学の原細胞である「教説の手紙」では、ヨナスの思索を突き抜け延びていくものが、鳴り響き、初めてたしかな方式に表されるまでになっている。それは、たえず「脆弱性」

に脅かされながらもそれ自体にあって価値のある生命を肯定するという考え方である。すなわち、身体をもつことで世界に絡み合う人間は、世界を、客あしらいの悪いよそ者としてはもう感じてはならない。そうではなく、人間は世界を、次のような場として受け入れて責任をもって形作ることが許される。すなわち、その場にあっては、いっさいの有機体の生命が、たえず非存在を黙らせて生き延びなければならないし、そして「物質のなかでその不遜な特殊存在」「逆説的に、不安げに、ふたしかに、危険に、有限に、死に深く結びつけられて」営んでいる（326ページを参照）[25]。

ヨナスの複雑な哲学的論証[26]が、結局は、人間と世界との「グノーシス主義の二元論」に異論を唱えるに至る。その異論は、身体的物質的な実在についての身体敵視的な絶望に対する異論である。また、物質の運命に拘束されることに苦悩するよう定めを受けている人間が「本来的な」本質に固執するということへの異論でもある。やがて、1970年代に彼の思索が倫理的なアクセントを帯びて遂行されるようになると、ミヒア・ブルームリク（Micha Brumlik）の見事な定式化に示されているように、「遁世に抗する反乱」[27]が繰り広げられた。脱世俗化へのどんな傾向にも、あるいは世界に起こりそうな絶滅に無関心であることへのどんな傾向にも反対して、社会参加の発言が開陳された。ヨナスは遁世よりもむしろ、この地上に住まう生命、しかも不運にも暗い空気に包まれた高度技術文明の諸条件のもとに生きる壊れやすい生命のために発言する。ヨナスは世界を少しも「敵対する場」として感じていない。このヨナスの実存的な発言を支える哲学的な基礎として、前述の彼の〔自然哲学的な〕思想を解釈するなら、われわれは誤解しなくてすむであろう。「死すべきことの重圧と祝福」という、死に先立つ二年まえに執筆されたすばらしい論文では、彼の解釈は、**死の黙想**（*meditatio mortis*）、死すべきことの意味付与、そして生命倫理のテーマに関する反省が一緒に深く根底的に直観されているという点で、頂点に達する。有機体の生命の本質的徴表である死の不可避性という重荷、それは「重たくて、同時に意味深長である」。その重荷はすなわち、自由や感覚能力やたえまのない想起のために支払われなくてはならないような代価である。有機体の生命は、自由や感覚能力や想起の

おかげで、無機物の感情欠如に比べものにならないほど傑出する。死すべきことの「祝福」は、死ぬことの対極である「出生 (Gebürtigkeit)」にある*13。これは、ヨナスがハンナ・アーレントから受け継ぐ概念である。その祝福で彼が言わんとするのは、こうである。死が進化の文脈では、生命の刷新と展開のための空間を生み出す。人間社会を視野にして言えば、新世代は世界を、「旧世代なら習性で鈍感であるのに、新しい眼で見つめて感嘆する。旧世代が到達してしまったところから、新世代は出発する」。そのようにして人類は、退屈やいつもの繰り返しに落ち込んで「生命の自発性」を失うことのないよう身を守る[28]。もしも「生命科学技術の魔法使い」が生命を限りなく引き延ばすのに成功したとするなら、これは祝福というよりも逃避であろう。すなわちそれは、われわれに、たえず膨らみ続ける過去を背負わせ、「もう目撃者の立場で理解させてくれなくなるような世界にわれわれを難破させることであろう。時代遅れに生き続け、あてどなく逍遙するアナクロニズム」。早い死──飢え、病、戦争、そして組織暴力──の原因と闘うのは、人類の義務である。これがたしかであるにしても、同じようにヨナスには重要と思われることがある。それは、死すべきであるという根本事実を、加えて彼岸存在へのかりそめのどんな慰めももたずに、ただ引き受けるというだけではなくて、この根本事実を肯定することである。「〈われわれは死すべきである〉というそのこと自体に関して言えば、われわれの悟性がこの点で天地創造と争うことは、まったくない。もっとも、われわれの悟性が生命自身を否定するのであれば話は別である」[29]。世界は、ヨナスが十二分に意識するように苦悩に満ちているにもかかわらず、次の場合には、恐れをなして逃げなければならないような「敵地」ではまったくない。それというのは人間が、思索し感得し、責任をもって行為するみずからの能力を、贈り物として受け取るときである。その贈り物は、〈このようにして生きること〉への貢ぎ物として、生きることの否定、死を自己のうちにのっぴきならない仕方ではらんでいる。

「世界がこれからも住みやすい状態であること」に対する責任

かつて、終末の最後の審判でわれわれを脅かしたのは、宗教であった。いまでは、そうした日の訪れを、何も天上からの口出しもなく予告するのは、苦しみ悶える地球である。最後の啓示は、シナイ山からのものではない。山上の垂訓からでもなく、仏陀の聖なる無花果からでもない。それは、口のきけないものたちの叫びであり、次のように告げる。すなわち、被造物を圧倒するわれわれの手にした力に自制を求めるために、われわれは力を合わせなければならず、そうしないと、われわれは、かつての被造物の姿であった不毛の地へともろとも滅び去ると告げている[30]。

ヨナスが、死をまえにし公言したこの最後の言葉のなかで、すなわち、ウディーネでノニノ賞[*14]受賞にちなんで行われた講演の締めくくりで、赤裸々に言い表したのは、こうである。この惑星・地球上の生命体系へ人間の科学技術が長期にわたり効果的に干渉してきたために、どんなにか自然と人間の生存が危険に瀕しているか、ということである。ヨナスは、神学的には「被造物」と名づけられるものに対して人間は責任がある、と情熱的に最終弁論を張った。哲学者が、「啓示」や「創造」のような神学的な概念を引き合いに出すことに意味がないわけではない。それら概念は、彼の目には、ユダヤ・キリスト教的伝統の本質を、また現代でも失われていない宗教・道徳的な実体を具象化しているように映った。ヨナスの作品には、綱領としては神学的な自己限定を受けているにしても、繰り返し繰り返し発揮されるような、ユダヤ的伝統の核心要素がある。「創造」というモチーフが、そうした核心要素であり、このモチーフには、人間という「被造物」に託されている〈創造の完全性への尊敬〉という要求が暗示されている。そのようなモチーフが、ヨナスの思索の発端をなす決定的な要素の一つである。倫理的な点では、この要素は「生命の神聖性」に凝縮する。『物質、精神、そして創造』というテーマの後期省察でヨナスは、彼の哲学の重要で隠されたモチーフとして、礼拝式での神尊称である *rozeh ba-chajim*（「生命を意欲する者」）[*15]を引き合いに出す。これに人間の側で対応するのは、どの生命にもそなわる尊厳と無傷性を尊重する被造物［人間］の自由と責任である[31]。こうした伝統的要素をキリスト教

は、その根底に核心としてあるユダヤ的なものに則り受容したし、西欧哲学のなかにまで延長させた。そこでヨナスは、この要素を、科学技術・エコロジーの危機的時代に対するユダヤ教の価値ある遺産として把握する。

その際、ヨナスの遺志を告げる神学的言葉とヨナスの哲学的論証とのあいだには、さしあたり、理解に苦しむ緊張関係があるように思われる。そうした論証をヨナスは、計り知れない影響力をもった倫理学の構想である『責任という原理』で展開する。その構想は、この世の仲間 (Weltgesellschaft) がみずからの行為により将来世代の生活条件を、それどころか生命一般の存続さえも取り返しのつかない仕方で傷つけたり破壊したりすることができるという、そうしたこの世の仲間の傷つきやすさを直視する。ヨナスは、そのように構想して、論証という武器を使って、エコロジーの危機に立ち向かう真剣な反作用を整えるための哲学的な基礎を提供しようとした。彼が手始めに目指すのは、ほかでもない、伝統的な倫理学の意味・妥当・基礎づけを深く掘り下げて検証することである。伝統的倫理学は、彼の見るところ、人間の直接的な相互作用にあまりに強く制限されていた。彼の「科学技術文明のための倫理学の試み」は、現在の社会的行為が未来に及ぼす長期にわたり蓄積された驚くべき結果に対する集団および個人の責任を認識することを目指す。この試みは、次の定言命法に凝縮される。すなわち「汝の行為のもたらす因果的結果が、地球上で真に人間の名に値する生命が永続することと折り合うように、行為せよ」。その責任の認識は、「恐れに基づく発見術」を要求する。その発見術は、直接に経験できないけれども「後世の人々の待ち受けている不幸」をありありと思い浮かべて、謙虚、断念、人間自由の自己制限、生への畏敬、そうしたものに対する戦略を展開してゆく資格を発揮するべき方法である。これにより、地球に対する人間による破局的で歯止めのきかなくなった搾取と荒廃を食い止めることができる[32]。彼の論証の傾向を特徴づけるなら、それは、初期の生命哲学の思弁を倫理的に先鋭化することで、生命自体に内在する客観的価値の行き届いた形而上学的な基礎づけを敢行する試みであると言える。そしてその基礎づけは、必然の帰結として、生への畏敬という心構えを要求する。どんな形態であれ、すべての世界否定に対し敵対する

というのが、ヨナスの全著作に際立つ特徴である。世界否定は彼岸の世界へのユートピア的憧憬という衣装をまとうこともあれば、より良い此岸の世界へのユートピア的憧憬という衣装をまとって現れることもある。こうした世界否定に対する敵対は、彼の冷厳な責任倫理学では、世界改善というマルクス主義のユートピア的夢想に向けられている。その世界改善は彼の見るところでは、格別の仕方でエルンスト・ブロッホの『希望という原理』が具体的に表している。ブロッホによる新しい本来的な人間についてのユートピア倫理学は彼には、現前する現実を、疎外を脱した将来の人間存在に先立つたんなる前史に還元するように思われた。だから彼は、そうしたブロッホの倫理学を根本的な意味批判にさらし、ブロッホの倫理学にはヨナス自身の生命理解を、つまり「現実性の尊厳」を忠実に対置した。ブロッホは、彼岸の慰めを失って生への不安に襲われている同時代の人々を、「これまでの生よりもより良い生」という白昼夢に誘い出そうとした。すなわち、疎外を脱した理想状態への希望を形成するよう導いた。その理想状態に基づいて、「万人の幼年期を照らし出すような何か、まだこれまで誰も住んでいなかったような何かが世に出現する。すなわち、故郷」[33]。これに対してヨナスが指し示す方向はこうであった。「意気を高揚させも消沈させもしない単純な真理、だが……畏敬すべき義務を生むような真理がある。それは、『本来的な人間』が、人間の高さと深さ、偉大さと惨めさ、幸せと苦しみ……ようするに人間と不可分の**二義性**をそなえるままに、以前から存在したという真理である」と言う[34]。人間の完全化を説くユートピア的な倫理学に対抗するこうしたポスト・マルキシズムの言いまわしの背景には、深い確信が隠されている。また、壊れやすく断片的で謎めいた生命、とりわけ自然のなかで自然とともに生きる人間という生命体を思いやり、守り続けることに、［ユートピアの］幻想を抱かず与する姿勢のなかには、深い確信が隠されている。すなわち、生命自体には、たとえ人間がどんな「本来的な」本質や目標をユートピアとして投企するにしても、それに優るより高い価値がそなわるという確信である。興味深いことに、ブロッホのユートピア的思考に向けられた根本批判は、ユダヤ・メシア思想的な伝統から明確な距離をとる姿勢に呼応する。ヨナスは聖書の

預言に彼自身愛着を抱きながらも、そうした伝統を、人間存在の二義性と脆弱性の肯定に目をつぶる終末論的な逃避としてあからさまに非難する[35]。ヨナスは1987年に、ドイツ書籍出版業界平和賞＊[16]を受賞した折に「技術、自由、そして義務」と題する講演を行ったが、その際、集まった聴衆に〈地上の生命と人類が生存するべきであるのはいったいどうしてか〉という問いを突きつけた。そのとき彼が「ショーペンハウエル、仏陀、グノーシス主義者、ニヒリストたちに反論して」主張したのはこうである。「休みなき生成の労苦のなかで生み出された生命の多様性は善として、あるいは『価値それ自体』として見なされるべきであり、その生成のなかから最終的に出現した人間の自由はこうした価値の冒険の頂点とされるべきである」[36]。とは言っても、ヨナスの責任倫理学も、ある種のユートピアを、つまり理性のユートピアを心得ている。このユートピアを彼は、宿命論の誘惑への反論として繰り返し差し出す。この誘惑は、彼には「大罪」に思われた。つまり「われわれを脅かす差し迫り来る運命は、われわれが地球に、いま目のまえで犯しているように、これからさきもずっと悪い管理を続けるなら、われわれが自分たち自身で招き寄せるだろう運命である。こうした不運は、これを避けがたいことだと思えば思うほど、それだけますますわれわれの手で確実なものにするであろう。だから私は、宿命論のなかにある危険に警戒する。その危険は、どっちみちわれわれが罪を犯すことで生じる外的な危険とほとんど同じくらい大きい。宿命論、すなわち運命を避けられないこと、方向転換できないことと見なすことは、自己完結しており、絶望という勧めが不可避と見なす事態を確実に成就するであろう」[37]。

　平和賞受賞講演でヨナスは、『責任という原理』に関する倫理的な思索の精髄を取り出して見せた。幻想を抱かない棚卸しは、今日まで、その迫力を少しも失っていないと言う。すなわち、「ファウスト的夢の多幸症」から、人類は「目覚めて、恐れの日の光を浴びている」[38]。核兵器の潜在的な惨劇による地球の脅威は度外視するにしても、それよりずっと重大な挑戦のまえに世界は立たされている。その挑戦とは、自然への科学技術による介入の結果を支配することにまだ成功する見込みがあるのか、という問いである。「幾

千もの方策をろうして忍び寄ってくる脅威を避けるのは、戦争という一回的で露骨な悪行を避けるよりも、難しい」[39]。ヨナスは責任倫理学の哲学的基礎づけに引き続き、80年代になると、ヒューマン・バイオロジーや医療倫理など、議論の多い領域全体にわたって倫理を具体化することに取り組んだ。いつも根底にある主導的な問いは、技術文化の可能性と限界を問うものである。「畏敬と慎慮」という原理が、とりわけ、現代自然科学の実践的な応用分野に対しても妥当するというのが、ヨナスの確信である。バイオテクノロジーや遺伝子テクノロジーそして臨床医学（優生学、出生前の選択、脳死判定後の臓器移植、延命措置、死に逝く権利の侵害）に対して妥当する。ここでヨナスは、原則的で主要な倫理的ガイドラインを定式化した。そのガイドラインは、研究を進める原則的な権利から出発しながら、だが同時に明確な境界線を設定する。そのための尺度は、人格の尊厳と人間像の不可侵性（Integrität）との保持に、誕生し死に逝くという自然らしさの尊重に、だから生命の侵してはならない根本現象の尊重に、置かれている。人間の科学技術の力が人間の自由のシンボルであるなら、ヨナスの視点からすると、とりたてて現代工業国家には、未来のために境界を設定し、短期的に得られる利益の成果を断念しなければならないという義務が課せられている。ヨナスはユートピアの未来像に反対し、また技術敵視や黙示録的な不安にも反対して、未来の危険と現実主義的に取り組むよう要求する。そのヨナスの要求にそなわる迫真性は、哲学者の遺産であり、それは現代でもアクチュアリティーを少しも失っていない。

　その際、責任の倫理学には目立った特徴がある。それは、こうである。「聖という範疇は、科学的啓蒙を通してこのうえなく徹底的に破壊された。われわれが今日所有する極端な能力を、手なずけることができる倫理学は、聖という範疇を復権することなしに可能かどうか」[40]、このことが著者自身にもたしかに問題と思われている。だが著者は、それにもかかわらず、みずからの未来倫理学をいっさいの神学的な論証を諦めたうえで基礎づけるよう試みる。『責任という原理』で提示された合理的な存在論が、倫理の命法を十分に説得的に引き立たせてくれているとしたら、このヨナスの見方からすると、他の著書で省察された神性の実在は、合理的な存在論を超えた次元で、哲学・

倫理学的にいったいどのような成果をあげるというのか。この厄介な問題には関わらなくとも、「ユダヤ的なもの」が「世俗的なもの」とどう関係するのかという問題は、彼の責任の哲学の内部で話題として出てくる。哲学者ヨナスの回想記がまちがいなく確証するように、彼は、宗教的なものの自証性や倫理的意義への信頼が動揺する事態に出くわして、世俗社会に対して普遍的に説得力のある倫理学を基礎づけようと思った。だが同時にその回想記によれば、彼が遅くとも70年代以来、アメリカ的な「神は死んでいるという神学」と対決するなかで集中的に携わってきたのは、神の問題であり、ここから帰結する人間学の問題および倫理学の問題であった。「アウシュヴィッツ後の神概念」と公然と対決する以前から、すでに彼は、別のいろいろな文脈で、たとえばユダヤ人聴衆をまえにして、ユダヤ的伝統の諸要素に立ち返りながら倫理学的思索のいろいろな視点を展開した。あらゆる生命の被造性のモチーフは、すなわち神の「見よ、良きかな」は、あらゆる生命の神秘、不可侵性 (Integrität)、自由、そして尊厳に尊敬を払えという要求をうちに秘めている。そうしたモチーフこそが、その［倫理学的思索の展開の］際に重大な役割を果たす。このように断言するなら、少なくとも、彼の自律的な未来倫理学の構想が優位を占めるという命題に異論を唱えるのは、理由のあることだと言えよう。［その命題によれば］自律的な未来倫理学には、あとになってようやく、「創造」という概念のような神学的暗号の使用が付け加わったのであり、それも、地球的な危機が広がっており、もとに引き返すことが緊急である事態に対して、敏感になるという目標のためである、とされる[41]。むしろ、いっさいの生命の被造性についての省察が、自己自身のユダヤ的伝統と語り合うなかであらかじめすでに発展していた。必要とされる謙虚の倫理学は、結局、生命の「神聖性」の認識への応答としてのみ考えられるというのが、彼の個人的な信念であった。そうした省察と信念とが、はじめから存続していたように思われるし、あとから、彼の［未来倫理学という］構想の普遍的な哲学的説得性を脅かさないために、それらの省察と信念が後方へと退いたというのが真相であるように思われる。言い換えれば、ヨナスの形而上学は、ユダヤの伝統に見られる創造思想を、生物の進化の内的な目的論の諸

前提に基礎を置きつつ非神学的に解釈するありさまを示している。このように言ってよければ、ヨナスの著作を解釈するに当たってはユダヤ的伝統の実体を一段と重く評価すること、そして彼個人のユダヤ的絆と彼の哲学する営みとのいっそう濃密な相互作用から出発すること、そうすることには、正当な根拠がある。

　「ユダヤ的な視点からする緊急の倫理的な問題」というテーマの論文でヨナスは、世界の被造性の理念を否定することに基礎を置くような科学もどきの世界・人間像への「信仰」を根本的に批判することから出発する。現代科学は、宇宙の神秘に畏敬の念を寄せる余地を残さない（「もろもろの天は、神の栄光をあらわし、大空はみ手のわざをしめす」（「詩篇」19章2節）。み手に代わって、「あなたがたは、生存競争で成功を収めなさい」というダーウィン主義の業が登場した）。現代科学の力で世界の神秘のベールが剥ぎ取られることにより、形而上学的な真空が発生したとヨナスは言う。現代の哲学的倫理学は、この真空に抗して何一つ対置しなかった[42]。とりたてて言えば、人間が神の似姿であることが否定され、超越的な責任（「あなたがたは、聖でありなさい。なぜなら、あなたがたの神、主なる私は、聖であるからです」（「レビ記」19章2節））から出てくる倫理的帰結が失われる。ヨナスによれば、こうした否定と喪失が赴くところは、こうである。すなわち、形而上学的な尊厳を剥奪された現代人は、いろいろな行為を可能にする節度なき力と基本的な倫理的方向性の喪失とのあいだで引き裂かれてしまい、とうとう最後には、道徳的に無差別の宇宙のなかで実在の保護をなくし、どうしようもない状態に引き渡されてしまったのである。自然へのどんな畏敬も抱かなくなった人間の「惨めさ」が、畏敬や恐れを打ち砕く科学技術の力に結びつく。その科学技術の力は人間に、あたかも創造者、「新しい世界の指導者」として神の足跡に踏み込んでしまったという感じを与える。そうした惨めさと力の結合が、現代の最重要な哲学的挑戦であって、「そこで、ユダヤ教がそれに対して沈黙することはできないし、許されもしない」[43]。ヨナスの視点からすれば、独特の宗教の遺産に目を向けるということ、純粋に自然科学的な世界説明に異論を唱えて、純然たる理性的説明では反論できない神話的コンセプトにまで手出しをするということ、これ

は由緒正しいことであった。神話的コンセプトでは、人間は不完全で死すべき定めにありながら、「神の描く像に基づいて」創造された。ヨナスは明確に、ユダヤ的伝統の価値をニヒリズムに抗する反論として肯定する。「ユダヤ的伝統のいっさいがっさいを絶対的で、あらゆる時代に拘束的である、と見なさなければならないというのではないが、ユダヤ教は、自然に対する畏敬の感情やわれわれ自身の最深奥にある本質の感情を取り戻すために役に立つ。同様に、われわれにとって、伝統に対する新たな畏敬と恭順を発展させる手助けとなりうる」[44]。ニヒリズムが伝統から切り離された人間の表現として登場するなら、そして、そうした人間が、神と人間とのあいだの「契約」のイメージで捉えられる対話を忘れてしまっているなら、ユダヤの伝統が、自由主義か保守主義かということとは無関係にユダヤ人に教えてくれること、自信をもって認めさせてくれること、それは、こうである。「ユダヤ教はいろいろな制限を課し」、地球の搾取とか科学技術の力の無制限の利用とかに対して、いっさいの生命の神秘・不可侵性・自由・尊厳に敬意を払うことを対置する。ユダヤの伝統に固執することで、見かけは古めかしい聖書の見方を犠牲にしないよう守ることができる。自己神格化と自己蔑視とが一緒になる致命的なたわむれにとらわれた人間は、被造性というユダヤ的な「知恵」を働かすことで、同時に人間の尊厳を取り戻すことができるであろう。ここに、制御のきかなくなった遺伝子技術への警告が、神学的な言葉をまとって発せられる。そうした技術が、ヨナスには「人間を含む創造のイメージ自体」を劇的な仕方で危険にさらすように思われた。「もしわれわれが人間本性を遺伝学・技術により手中に抑え込んでしまい、われわれ自身がゴーレム (Golem)[*17]からなる未来種族を生み出す魔法使い（あるいは魔法見習い）になるならば、古くからの慰みの信仰は、真理ではなくなるであろう。その古くからの信仰では、人間本性は同じであり続け、創造での神の似姿性が人間本性を『脱人間化する』いっさいの人間の骨折りから人間本性を守るであろうと信じられている」。ヨナスがユートピア的な「遺伝子を操る曲芸」に対抗して、人間の尊厳への素朴な聖書的洞察を持ち出すのには、激烈な調子がある。人間には、傷つきやすく死すべき運命にあるというありさまのままで、〈神の似姿であるというこ

と〉がふさわしい[45]。生命の脆弱性の哲学的な肯定が、人間の被造性への信仰告白と一つになって、延命への度をすぎた介入操作や不滅幻想や遺伝子技術を使った人間の「完全化」の夢に対する境界線を基礎づける。そうした夢には数々のリスクが伴うから、「生物学的技巧の増大し続ける力を人間に利用する際は、極端に臆病なほどに慎重であれ」と義務づけられる。「不幸を防止するということだけが、ここでは許容される。目新しい幸福を試みるようなことは許されない。目指すところは人間であって、超人ではない」[46]。

「神の世界冒険」に対する責任

ヨナスは、ユダヤ的伝統とユダヤ人の実存経験には倫理的な重要性があることを哲学的に反省する。この反省がようやく最高潮に達したのは、みずから晩年の著書で「形而上学的な憶測」と特徴づけたことへの責任を、つまり神と生命の被造性とに対する問いのために渾身の思索をこらしたことへの責任を、たんにすべての形而上学が近代になって疑問視されているという事態だけではなく、同時にまたショアーでの経験にも照らし合わせて見ることで、引き受けるよう試みたときであった。哲学者ヨナスが、母の運命に悲しみ、ナチによる民族虐殺に心の奥底から驚愕して、数十年間というもの、どのようにして紆余曲折を経ながらみずからの解釈を手探りで求めてきたのか。そのありさまを彼の回想記は、まざまざと映し出している。彼が告白するとおり、それは一種の「逸脱」であり、そうした態度で彼は「哲学に許されている土地をあとにした」(307-8ページ)。アウシュヴィッツ後のユダヤ信仰の理解について多音声で奏でられた神学・宗教哲学的な議論[47]にあって、1987年に出版された彼の論集『アウシュヴィッツ後の神概念——あるユダヤの声』は、独特無類の作品である。彼が「恐れおののきながら」[48]構想した省察は、殺された母を追憶して、1984年にテュービンゲンの地で講演したものだが、その省察が人を魅了するのは、次の理由による。すなわち、比類なき民族虐殺を目前に神が沈黙したことへの実存的震撼(「救いの奇蹟はまったく起こらなかった。アウシュヴィッツ・狂乱の年は、神の沈黙であった」)[49]、歴史の

全能の主という表象の破壊のただなかに立たされた哲学の厳格さ、生成し苦悩する神についての「仮定的神話」のもつ言葉および思想としての美しさと深み、そうしたものが混在しているという理由による。こうした神は、生命を創造するとき「己が神であるという衣を【脱ぎ捨てた】。これを時間というオデュッセイア*18 からふたたび奪い取るために。予測できない時間の経験という偶然の収穫を背負いながら、その収穫に顔は輝き、あるいはひょっとしたら歪むかもしれない」[50]。アウシュヴィッツのあと、神には想像もつかないことが明らかになった。その神は「絶対に善であると同時に絶対に全能でありながら、だがあるがままの世界に耐える」[51]。そこでヨナスは、神による力の放棄を思索し、人間に向かって「神の世界冒険」の結末に対する責任を呼び起こさせないわけにはいかなくなる。弁神論の異議申し立ての代わりに、たとえばエリー・ヴィーゼル[52]のように、ヨナスは、選ばれし自民族の滅亡を目前に神の沈黙することに苦悩するさまを話題にする。だがヨナスはその苦悩を、カバラの理念にさかのぼる宇宙発生論的思弁を使って弁人論 (Anthropodizee)*19 への問いへと、つまり神により自由な存在として創造された人間の正当化への問いへとラディカルに一変させる。そして、神の一つの像を構想する。その像は、創造者の善への信仰があとにもさきにも当を得た思索でありうることを示す。その際、悪が実在しないものと解釈するものではない。だが、グノーシス的意味での世界の創造者を、まるで正しくないかのように思わせもしない。たとえばテオドール・アドルノは、どのような弁神論の試みもきっぱりと拒絶し、「なぜなら、生起した出来事は、思弁的形而上学的思想の経験と結びつく基盤を打ち砕いたからである」[53]と言う。そうしたアドルノとはちがってヨナスは、殺害された人の「霊」に借りがある、すなわち「押し黙った神に向けた彼らの叫び、そのとっくに消え去ってしまった叫びに対して応答するというようなことを拒まないでいるという借りがある」[54]、と考えた。神のための殉教というヨブの問い、なかでも**キッドゥーシュ・ハシェム**(*Kiddusch-Haschem*)*20 の問いに対するあらゆる伝統的ユダヤの応答は、ヨナスにとっても、ナチによる破滅状態における想像を絶した規模の脱人間化を目のあたりにすると最終的には挫折したように思われた。「ア

ウシュヴィッツは、未成年の子供たちをも飲み込んだ全部について、何も事情がわからなかった、(……) 人間品位のほのかな光も、最終的解決[ユダヤ人の絶滅]の定めにある人々には、まったく与えられていなかったし、そうした光の何一つとして、解放された収容所で生き残った骨ばかりの妖怪たちにも認められなかった」[55]。粉々に砕かれてしまったのは、神を歴史の主と解する見方であった。ルリア (Luria) のカバラやその神の**自己収縮** (*Zimzum*) という考えにヨナスは鼓舞された。神の自己収縮とはそもそも最初に創造のための空間を創り出す。そこでヨナスは、みずから創案した神話のなかで、神発生論と宇宙発生論の過程を展開する。そこでは神が完全に自己自身に閉じこもり、みずからの全能を放棄する。そうして神は世界を、実にまた、生命の幸福と苦悩に深く触発された神自身の生成する神性の運命を、完全に自律的である人間の行為に委ねる。神はアウシュヴィッツでは沈黙した。なぜなら、神は生命が進化生成し人間が出現するうちにあらゆる力を放棄してしまい、人間に対して責任ある行為への自由を開示したからである。それ以来、神自身が人間の行為に引き渡されており、人間の歴史に付き従う。それも、「息を止め、期待と望みを持ち、喜びと悲しみを抱きながら」[56]である。

ヨナスは、不可侵性を犠牲にしてしまった無力で苦悩する神の神話を、「思弁むきだしの神学の一つ」「たえざる口籠もり」[57]であると理解した。またその神話を彼は、ショアーの完璧なまでの無意味さと絶望に出くわしながらも、無神論という予想される選択肢に対抗して、配慮する正義の神という観念を保持する手探りの試みであると理解した。だが、ヨナスの宇宙発生論的な思弁は、それ自体のためにではなく、あるいは慰めのためにでもなくて、明確な倫理的な目標に導かれて生まれた。肝心なのは、「神の冒険の運命」が人間の手中に委ねられているということである。そこでヨナスは次のように懐疑的に付言する。「そのときたぶん、神性に関わることが神性の気がかりとなるにちがいない。疑いもないことだが、われわれは、神性がわれわれとともに勝利の歓声を挙げるちょうどそのときに、その創造の意図を台無しにする力を手中に収めた。われわれはおそらくそれほど逞しいのである」[58]。だから神の無力についての思弁は、善にも悪にも向かう自由としての道徳的な

自由を人間にたたき込むのに格好の手立てになる。つまりその思弁は、生命に向かい合った責任を緊急事とするだろうし、次のように言挙げする。すなわち「われわれ［人間］はいまこそ、われわれにより危険にさらされた世界における神の一大事をわれわれから保護しなければならない。またわれわれは、己に対して無力となった神性を、われわれに逆らうことで手助けするよう赴かなければならない。そうすることは、知をもつ力に課せられた義務である。すなわち、宇宙的な義務である。なぜなら、それは宇宙的な実験であり、その実験にわれわれが失敗して、この失敗がわれわれのうちなる恥辱となるかもしれないからである」[59]。

　アウシュヴィッツの「文明瓦解」に挑むヨナスの神学的な格闘というものとヨナスの哲学的な倫理学とのあいだには、深い内的な連関がある。このことは、以下の次第が考慮されるなら明らかになる。すなわち、その神話は根源的には、人間の生に意味があることについての反ニヒリズム的な彼の反省との脈絡で成立したという次第である。その脈絡は「不死性と今日の実在」(1963)の論評に表されているが、そのなかで彼は、倫理的な世界情勢を具象的に基礎づけるという機能を描いてみせる。死後の永世への宗教的期待に説得力が失われてしまい、いっさいの有機体の生命がまちがいなく死ぬ定めにあるのを承認せざるをえない事態をまえに責任をもった形で、「不死性」の概念を新しく解釈し直すことの核心となるものが、この論評ですでに、ユダヤの伝統に由来する象徴との対話の姿となって現れた神話である。そのようにして登場した神話が初めて、人間の責任というものを、ただこの世に対してだけではなくて、その創造者に対しても基礎づける。人間の名と所業が記されている、高らかな祭日の象徴的表現に根づいた「生命の書物」の表象は、「所業の不死性」という意味に解釈し直された。その不死性は、個人の死すべき生命を超えた超越的意味が人間の行為にはあるという思想を表明するのに役立った。興味深いことに、さらに超えてヨナスは、マンダ教[*21]とマニ教[*22]の出典から知りえていたグノーシス主義のモチーフにまで立ち返った。すなわち「われわれの時間的な行いから一歩一歩生じてくる超越的な『形像』による」比喩にまでさかのぼった。特に、そうしたグノーシス主義のテキス

トに見える肖像による象徴的表現の集合的な演技法（「結局、世界の解消にあって、生命の思想がみずからを回収し、その魂を終局の像の形にまで創り上げるであろう」）、それは、いわば神の似姿性の逆転であると言えるが、これにより彼に可能になったのは、こうである。進化の過程にあって物質的宇宙の「生成の暗闇と脅威」にみずからを譲り渡すような神的な不死の存在者について思索を展開するということである。世界の時間的な出来事のなかに神の顔がゆっくり姿を現す。「神の顔の表情には喜びと苦悩とが、時間経験のうちでの神的なものの勝利と敗北が刻まれている……。たえず移ろいゆくいろいろな行為者ではなくて、そのさまざまな行為が、生成する神性となり、けっして確定的でない神性の像をたえず形成し続ける」。ヨナスがこうしたグノーシス主義的霊感を吹き込まれた象徴的表現を利用するのは、だが、次の目的のためである。すなわち、グノーシス主義の世界否定と倫理的無関心とに反対して、「われわれの行い、われわれの生の生き方がもつ超越的な意義」を引き立たせるためである。また、人間のたんに被造的な生命に対する責任だけではなくて、人間の不正に顔を歪める神性の運命に対する人間の責任のためでもある[60]。アウシュヴィッツで品位をおとしめられ殺戮された人たち、とりわけガス室に送られ焼死させられた子供たち——「彼らは生命の書物のなかにはまったく記帳されることがなかった」——彼らに面と向かうことでヨナスは、『アウシュヴィッツ後の神概念』が著されるすでに20年前に、ショアーの超越的作用について思索を凝らした。そのときヨナスは、犠牲者の苦悩が簡たんに忘却されはしないという希望を抱いていた（「そこで私はこのように信じたい。すなわち、人間像の荒廃と冒涜の全面を、高みで流された涙がおおった。気高くない苦悩の叫びが立ち上り、これに一つのうめきが答え、恐るべき不正に怒りが応えた。その不正は、それほど不埒にも犠牲に供されたそれぞれの生命の現実と可能性に加えられた不正である」）。そうした希望には、警告が結びついている。すなわち、アウシュヴィッツ以来、「永遠性が不機嫌にわれわれを見下し、みずからは心の奥底から傷つき動揺する」という警告である。そして生命に対する倫理的緊張と畏敬によって、永遠性と神の顔とをおおっている影を追い払うことが、人類の義務であるという警告である[61]。神が苦悩し傷つくとい

う思想を携えてヨナスは、ユダヤの信仰と相いれない、**害悪**（malum）への問いのマニ教的・二元論的な解釈へ逃避することを免れようとした[62]。そして明らかにしようとしたのは、こうである。すなわち、本来の挑戦であるのは、弁神論ではなくて、もっぱら人間がしでかした「アウシュヴィッツの恥辱」であるというのである。この恥辱を、「われわれは生命に対する倫理的緊張と畏敬によって、われわれの歪んだ顔、いな神の顔からふたたび洗い落とさなければならない」[63]。

神の無力について、彼は意識的に主観的・瞑想的な思弁を凝らしたが、この思弁はキリスト教の筆者からもユダヤ教の筆者からも批判を受けた[64]。そうしたあらゆる批判にもかかわらず、人間の実在に意味があるということに固執する印象深い試みが重要なのである、とわれわれは判断してよいであろう。そうした思弁は、脅威にさらされた世界に直面しての神に関する思惟（Nachdenken）の理性的・実践的な意味を言葉に表すという努力である。ハンス・ヨナスの哲学全体にとって決定的なことは、こうである。すなわち、現代の挑戦に対する彼の倫理学的・哲学的な解釈は、ユダヤ教の伝統に根づく生命の被造性と神聖性への信仰に魂を吹き込まれていながら、アウシュヴィッツでぽっかりと空いた非人道性の深淵に対する彼の実存的・知性的な対決と切り離されえないものであり、人間の超越的な責任に関する彼の確信を起点に理解されうるということである。世界および人間生命が実在し、それらを人間が形成し始めるとともに、集団虐殺（ジェノサイド）と科学技術的自己破壊力の時代になると、「神の似姿」も危険に陥る。このことが、ヨナスの哲学的倫理学的構想に、具象的な呪文で説伏する言葉を使ってそれほどまでも他を圧倒する力を授ける、そのような宇宙発生論的な「推測」に隠されたライトモチーフであることは明らかである。現代の神理解に対してショアーがもつ意味について、ヨナスは思惟する。その思惟は、こうした類のない犯罪行為のためにどのような神の語りも打ちひしがれるのを、神学的にわざと無視することはしないで、それでいて人間の実在に意味があるということに固執する印象深い試みである。彼の言葉による表現が最終的に目指すのは、生命の価値の引き下げと診断された無責任な試みやいっさいの宿命論に対抗する

情熱的な反論を言語化することである。宿命論は彼には、人間が神の似姿であると同時に託されている〈「神の世界冒険」に対する責任〉を裏切る行為であると思われた。「ここでは、時間的な出来事と一緒に永遠の大事もまた、危機に瀕しているということ。われわれの責任のこうした相が、宿命論の無関心 (Apathie) という誘惑や、「あとは野となれ山となれ (Nach uns die Sintflut)」といういっそうたちの悪い裏切りからわれわれを保護することができる。われわれのふたしかな手のなかに、文字通りわれわれは、地上における神の冒険という未来をもっている。われわれは、万一われわれ自身を見捨てようと思ったとしても、その場合でさえも、あの方 (Ihn) を見捨てることは許されない」[65]。

「哲学者であると同時にユダヤ人である……ということ」。この言い方に含まれている緊張は、解消できない。もちろんヨナスは、この緊張を破棄しようとはせず、自己の伝記の所与として真剣に受けとめようとした。彼の回想記は彼の著作と同様に、みずからの実存の二つの基調——ユダヤ教への結びつき（「私たちが精神的、意識的に遂行している、時間に拘束された、私的、個人的な態度決定を超えて私たち全員を結びつけている秘密が存在するのである」(305ページ)）と自律的理性・認識への知性的な努力と——を、たとえ完全に一致させることはできなくても、やはり彼の思索と感情のなかで両者が相互に魅惑的なありさまで響き合うように調和させることはできた。ヨナスの全著作に見られるユダヤ的伝統と哲学探究という二つの要素の対話は、20世紀のいろいろな破壊により規定された、強情な、ともすれば苛立ちを感じさるような非正統的な形式を帯びている。その際、そうした形式の対話が証拠立てているのは、基本的にはどうでもよい宗教的な伝統への純然たる私的な愛着というようなものではない。そうではなくて、彼がユダヤ教に神学的倫理的な力があると信じたことである。そしてその力が、最大の危機の時代にあって人間存在の尊厳を守るのに手を貸してくれる。すなわちその力は、何かのおかげを被っている生命や肯定されるべき死の定めについての「知恵」であり、ニヒリズム的な絶望という反駁に対抗する力の源泉であり、「被造物」の生き残りを目的にした核心的洞察の象徴的な濃縮であり、非人間性に対する異

議であり、「世界の生成の成り行きに」神が「悔やむことがあってはならない」ように生きるという責任を思い起こすことである[66]。

ヨナスは生涯の終わりに臨み、哲学の効果についてどんなにもっともな懐疑があるにせよ、これに惑わされないで理性の能力を信頼するという課題を哲学に課した。また、哲学自身が権力を展開するような不祥に対しては責任ある自己限定で対応するという課題を課した。「来るべき世紀はこのことに対する権利がある」[67]。ヨナスの思索の豊かさはさておいても、ヨナスは宗教的、文化的そして倫理的な枠をはるかに超え出て、普遍的に妥当する遺志を残している。その遺言には、次のような知をもちこたえよという挑戦がいつも添えられている。すなわち、諦念に耽ったり、世界を——「敵地」として——人間相互や地球の生態系に降りかかる不祥に委ねたりせずに、人類は「これから未来に向かってずっと安泰に、苦境の影におびえながらも生きていかなければならない（であろう）」という知である。現代が何かを緊急に必要としているとするなら、それは、ヨナスの「世界逃避に抗する反乱」である。限りある断片にすぎない生命にも意味があるという彼の確信である。また、責任ある行為を打ち立てる醒めた希望のために彼が行う最終弁論である。

　その影を十分に自覚すること、われわれは今ちょうど、そのただなかにある。その自覚は逆説的であるが、希望という光になる。すなわちその影は、責任の声を押し黙らせはしない。こうした光は、ユートピアの光のように輝きはしない。だが、その警告の光はわれわれの道を照らしてくれる。自由と理性への信念と一緒になって。そのようにして結局はやはり、責任という原理は希望という原理と落ち合う。地上のパラダイスへの仰々しい希望ではもうない。だが、世界の居心地の良さへの控えめな希望ではある。そして、人類に託された遺産、たしかに貧弱ではないが制限された遺産で、われわれ人類がこれから先も人間らしく生き続けることへの希望ではある。このカードに私は賭けたい[68]。

原注（後書き）

1 ここに挙げたテーマのくわしい叙述については、間もなく公刊される Christian Wiese, Hans Jonas- 》*Zusammen Philosoph und Jude*《, Frankfurt am Main 2003 を参照。

2 前掲書を参照。

3 1975年12月8日、彼の友人［ハンナ・アーレント］の墓標に捧げたヨナスの言葉が、このことを最も深く表現する。Hans Jonas, 》Hannah Arendt, 1906-1975《, in: *Social Research* 43 (1976), S. 3-5【dt. in: *Deutsche Akademie für Sprache und Dichtung Darmstadt. Jahrbuch 1975,* Heidelberg 1976, S. 169-171】を参照。弔辞で彼は彼女のことを、「20世紀という客船に乗り合わせた旅客、その客船の激烈な揺れの証人・犠牲者、その航行の運命をともにし、その星のもとにあった多くの人々の友人、そして磁力をもつ美しい女性」として描写した。そうして彼は、彼女の死の少しまえに起きた一つの出来事を思い出す。そのとき彼は彼女に尋ねた。「ハンナ、お願いだから私に話して。あなたは本当に私を愚か者だと思っているのですか」と。「『とんでもない』と彼女は、ほとんどぎょっとしたような目つきで答えて、付け加えた。『私はあなたをただ一人の男と見ているだけです』と。彼女は、この気持ちを変えるどんな願いもなかった」(Ders., 》Handeln, Denken und Erkennen. Zu Hannah Arendts philosophischem Werk《, in: *Merkur* 30 (1976), S. 921-935. 引用句は S. 921 以下）。

4 アイヒマン論争、二人のあいだの知的関係の文脈で解釈するには次の書を参照。Christian Wiese, 》Hannah Arendt und Hans Jonas–Geschichte einer Freundschaft《, in: ders./Eric Jacobson (Hg.), 》*Weiterwohnlichkeit der Welt*《. *Zur Aktualität von Hans Jonas,* Berlin 2003.

5 私がローレ・ヨナスに感謝しなければならないのは、たんに、彼女が私にこれら貴重なテキストの幾つかを届けてくれたことに対してだけではない。第一に私の感謝は、彼女が私に編集権を委ねることで寄せてくれた絶大な信頼に向けられている。私は、その信頼に応えることをひたすら期待できるだけである。感謝を込めて私は、たびたび話し合った対談のことや、彼女がニュー・ロシェルで私の多くの質問に答えてくれた忍耐を思い出す。私が、彼女の夫のいろいろなテキストに取り組むことで私が味わった喜びの念を表明したとき、彼女は「そうです。彼は本当に大切な人でした」と答えた。私の感謝は、ラッヘル・ザラマンデルとシュテファン・ザットラーにも向けられる。ヨナス家との彼らの友誼があればこそ、こうした企画が可能になったのであり、彼らの博識で的確な、そして思いやりのある質問が、たとえ見かけ上は「見えなく」なってしまったけれども、テキストのどの節々にも霊感を与え、その節々を「誘い出し」てくれた。ロミー・ランゲハイネ（Romy Langeheine）には、原稿を緻密にリストアップしてくれたことに対して、私は感謝する。

6 たとえば、以下を参照せよ。Kenneth Seeskin, *Jewish Philosophy in a Secular Age,* Albany 1990, p.1-29; Daniel H. Frank, 》What is Jewish Philosophy?《, in: ders. /Oliver Leaman (Hg.), *History of Jewish Philosophy* (Routledge History of Jewish Philosophy, Bd. 2), London 1997, p.1-10.

7 Ders., Interview., in Herlinde Koelbl, *Jüdische Portraits, Fotografien und Interviews,* Frankfurt am

Main 1998, S. 170f.
8　Ders., *Wissenschaft als persönliches Erlebnis,* Göttingen 1987, S. 11 を参照せよ。
9　Ders., Die Idee der Zerstreuung und Wiedersammlung bei den Propheten, in: *Der Jüdische Student* 4 (1922), S. 30-43, S. 41 と S. 35 とを引用。
10　Ders., *Erkenntnis und Verantwortung,* Göttingen 1991, S. 59f.
11　彼がパレスチナ英軍兵力の司令部に1939年9月7日に書き送った書簡に次のように綴られている。「大英帝国がナチ・ドイツに対する戦争に今や参戦しました。その戦争は、首相の言葉を引用しますと、『ヒトラー主義が瓦解するまで』続行されなければなりません。こうした事実を思いますと、一人のパレスチナ人で、かつてのドイツ・ユダヤ人の一人である私は、私の民の敵に対して武器を取る気持ちで溢れています。それは、パレスチナにおける英国の力に手を貸すだけではありません。ヨーロッパ西部戦線の一兵士として戦うためであります。私が軍事訓練を受けるためにどこに入隊したらよろしいのか、あなたが私にお知らせいただけるなら、私はありがたく思う次第であります」(Nachlass Hans Jonas, Philosophisches Archiv der Universität Konstanz, HJ 13-40-37)。
12　この手紙は、ハンス・ヨナスの遺稿集に収められている (HJ 13-40-38)。次に抜粋の形で再版されたテキストは、私により英語から翻訳された【C. Wiese】。
13　Hans Jonas, Jüdische und christliche Element in der philosophischen Tradition des Westens, in: *Evangelische Theologie* 28 (1968), S. 27-39 を参照せよ。
14　資料集が示すところによると、ドイツ敗北がはっきりしてイタリア出兵が終わったとき、ヨナスは、妻のところに戻り「正常な」生活に復帰し、軍人生活に別れを告げるという大きな憧れを感じた。ローレ・ヨナスは、ショーレム宛てに1945年3月12日付で書き送った手紙では、夫にパレスチナへ来るよう要請する試みが失敗したと記している。そして彼女はショーレムに、ユダヤ人庁 (Jewish Agency) に抗議してエルサレムから何らかの措置を講じるように頼んだ。手紙では、次のように述べた。「ハンス・ヨナスは兵役に就くという種を自分が播いたからには、それを自分一人で刈るべきである。私は、こうした意見がそちらで支配しているのを、大体は承知しています。(それでも、彼はすでにもう4年半の長い期間、刈り続けました)。あなたもあなたの愛妻も当局に属していないことは知っています。だから、あなたにご相談いたします」。ハンス・ヨナス自身は、1945年6月20日に、すでにドイツからショーレム宛てに手紙を送った。そこで、彼の捧げた犠牲の総括がなされた。「現在の生活について私はあなたにお知らせしようとは思いません。なぜなら、この生活を、私ははなはだ暫定的な生活だと見なしているからです。別なように見なそうとは思いません。このことが、私の生活で唯一注目すべき点です。最大の思いは、いつ家に戻れるかです。今でもなお、パレスチナの兵士には、その点の情報が差し控えられています。これは、かなり神経を悩ます試練です。だが私は、8月末までに除隊できるものと自分では個人的にかなりたしかなことだとあて込んでいます。すべてをあとにし、振り返る今となっては、私はこれまで行ったことを悔やんではいないと、まったく平静な心で自分自身と語り合うことができます。私は、同じ状況に立たされ、『永遠回帰

(Wiederkunft)』にあるとしたら、繰り返し同じように振る舞うであろうと。本当に私は、これまでよく考えて行ってきたことを、ときには行わなかったことを、全然悔いていません。あなたは、『失われた5年間』をあげつらう人々のなかに、私を見つけ出さないでしょう。私が、どんなにか根こそぎその5年間と関係を絶つつもりでいるにしても、またこれから、ほとんどまだ期待できないでいる新しいことに、どれほどきっぱりとした態度で取り組もうとしているにしても、そうなのです」(以上の二つの手紙は、Gershom Scholem 遺稿集、JNUL 4^01599 に所収)。それでも、ヨナスの「陰鬱で暗黒とも言えるヨーロッパ滞在」【227ページを参照】は、1945年11月に至るまで続くことになった。

15 Hans Jonas, 》Rassismus im Lichte der Menschheitsbedrohung《, in: Dietrich Boehler (Hg.), *Ethik für die Zukunft. Im Diskurs mit Hans Jonas,* München 1994, S. 19-29. 引用文は S. 24。

16 Richard Wolin, *Heidegger's Children. Hannah Arendt, Karl Löwith, Hans Jonas, and Herbert Marcuse,* Princeton 2001.

17 「ハイデガーとフッサール」についての未刊の講演 (Leo Baeck Institute Archives, New York, AR 2241/MS75) を参照。「ひとたび、哲学一般との関係でも、哲学本来の営みの可能性という点でも、ハイデガーが決定的な出来事であったような人々にとっては、ナチ時代のハイデガーの態度は、何かしら克服不可能なものである。しかも人間的な幻滅である。人間は群がるとだめになった。知的な人々も働かなくなった。片づけられないのは、こうしたことが哲学の悲劇であるということである。あるいは、われわれは哲学の恥辱と言うべきか。なぜなら、まぎれもなく偏見があり続けたからである。私はプラトンからフッサールに至るまで、次のようだと言いたい。精神にずっと留まること、真理を得ようと努めること、さらには真の存在を発見しこれに目を向けること、こうしたことが魂をより良くしてくれるのであり、高貴にしてくれ、人間を低俗や卑俗にならないように引きとめてくれると。ハイデガーが、哲学の歴史でこれまでもたらされなかったような証明をもたらした。すなわち、それ［プラトンからフッサールに至る哲学者の言］は何だかおかしいということを、思索家でありながら同時に低級な人間でありうるということを、立証した。そうしたことが、どうして可能であるのか、私はこの謎をまだ自分自身に対して解決できないでいる。だが、一つのことは言える。ハイデガーがわれわれに、このような恐るべき謎を遺していると」。

18 Hans Jonas, 》Heidegger's Entschlossenheit und Entschluss《, in: Günter Neske/ Emil Kettering (Hg.), *Antwort. Martin Heidegger im Gespräch,* Pfullingen 1988, S. 221-228. 引用は S. 228 である。

19 Ders., *Wissenschaft als persönliches Erlebnis,* S. 16 を参照せよ。

20 Hans Jonas, *Gnosis und spätantiker Geist,* Bd. 2, Göttingen 1993 (ND der 2. Aufl. 1966) への序章 (S. 1-23) を参照せよ。引用文は S. 10。

21 グノーシス教の存在了解についての彼の理解を体系的にまとめた的確な書としては、前掲書の S. 328-346 を参照せよ。ハンス・ヨナスによるグノーシス解釈の特異点については、Christian Wiese, 》Revolte wider die Weltflucht《, in: Hans Jonas, *Gnosis. Die Botschaft des fremden Gottes,* S. 401-429 を、また、Walter Belz, 》Der Religionswissenschaftler

Hans Jonas《, in: *Zeitschrift für Religions- und Geistesgeschichte* 48 (1996), S. 68-80 を参照せよ。

22 国家社会主義の世界観にそなわる「グノーシス主義のサイン」については、Harald Strohm, *Die Gnosis und der Nationalsozialismus,* Frankfurt a. M. 1997 を参照せよ。たとえば、ヨナスに見られる次の記述を比べてほしい。それは、「東側世界の存在情勢」についての記述であり、国家社会主義時代の知的現実に向けて見通しのきく記述となっている。「無力の冷淡、もう正当にはどんな未来も認められなくなった文明の死の感情。というのも、そのような文明はその担い手たちから文明を能動的にともに形成する機会を奪ったからである。人間性の理想の瓦解……。こうした滅亡する世界に見られる希望のなさのいっさいがっさいは、あのような迎合姿勢の方向へと働いた」。すなわち、次のようなグノーシス主義的世界像に迎合する姿勢である。「その世界像では、世界は疎ましい法則性のメカニズムとなって現れた。そのメカニズムは人間にとり、たしかに宿命であろうが、だが積極的な課題でも、自由の場でもありえない」。Hans Jonas, *Gnosis und spätantiker Geist,* Bd. 1, Göttingen 1988 (ND der 4. Aufl. von 1964), S. 69 以下を参照せよ。

23 Dt.: *Organisumus und Freiheit. Ansätze zu einer philosophischen Biologie,* 1973. その後、*Das Prinzip Leben,* Frankfurt am Main 1994 というタイトル。これについては、Reinhard Löw, 》Zur Wiederbegründung der organischen Naturphilosophie durch Hans Jonas《, in: Dietrich Böhler (Hg.), *Ethik für die Zukunft,* S. 68-79 を参照せよ。

24 Hans Jonas, *Gnosis. Die Botschaft des fremden Gottes,* S. 399.

25 Ders., *Das Prinzip Leben,* S. 21 をも参照せよ。

26 David J. Levy, *Hans Jonas, The Integrity of Thinking,* Columbia/London 2002, での叙述を、特に p. 35-61 を参照せよ。

27 Micha Brumlik, 》Revolte wider die Weltflucht. Zum Tode des Philosophen Hans Jonas《, in: *Frankfurter Rundschau,* 8. Februar 1993, S. 8 を参照せよ。

28 Hans Jonas, 》Last und Segen der Sterblichkeit《, in: ders, *Philosophische Untersuchungen und metaphysische Vermutungen,* Frankfurt am Main 1994, S. 81-100, 引用は 95 ページ以下。アーレントの著作である *Vita Activa oder Vom tätigen Leben* での「死亡率 (Mortalität)」の補足概念としての「出生率 (Natalität)」ついてのアーレントによる構想に関連しては、Hans Jonas, 》Handeln, Erkennen und Denken《, S. 924 以下を参照せよ。

29 Ders., 》Last und Segen der Sterblichkeit《, S. 98ff.

30 Hans Jonas, 》Rassismus im Lichte der Menschheitsbedrohung《, in: Dietrich Böhler (Hg.), *Ethik für die Zukunft,* S. 25.

31 Ders., *Materie, Geist und Schöpfung,* Frankfurt am Main 1988, S. 57.

32 Hans Jonas, *Das Prinzip Verantwortung. Versuch einer Ethik für die technologische Zivilisation,* Frankfurt am Main 1979, S. 36, S. 63ff.

33 Ernst Bloch, *Das Prinzip Hoffnung,* Bd.1, Frankfurt am Main[8] 1982, S. 1f.; Bd. 3, Frankfurt am Main[8] 1982, S.1628.

34 Hans Jonas, *Das Prinzip Verantwortung,* S. 364, S. 382.

35 Herlinde Koelbl, *Jüdische Portraits,* S.171 でのヨナスによる短評を参照せよ。「私はメシア信仰を分かちあっていません。反対に私は、人間と地上のありさまがいつま

でも不完全なままであり続けると確信します。善と悪、偉大と矮小、崇高と惨めとがいつも混ざり合っています。ユダヤの宗教が予告するには、あらゆる神的な諸力を携えて、正体不明なある人が突然、介入する。その諸力はその人の意のままになる。だからイザヤで言われるように『ライオンが子羊と肩を並べて』草をはむのでしょう。そうじゃないでしょうか。『そこで、童が彼らみなの番人となろう』。ところで、そんな事態があろうということ、このことを私は信じないのです。もちろん、キリスト教はこうしたジレンマから逃れました。すなわち、キリスト教は全体の救済を彼岸に据え直したことで、メシア思想を撤回します。だが、この点については端的には何も話せません」。世界内的なメシア思想に近い立場にあるユダヤの哲学とハンス・ヨナスの倫理学とを比較するのは、本当に、はらはらさせる大胆な企てとなろう。

36 Hans Jonas, 》Technik, Freiheit und Pflicht《, in: Hans Jonas., *Wissenschaft als persönliches Erlebnis,* S. 32-46. 引用は、S. 40 である。

37 Ders., 》Fatalismus wäre Totsünde《, in: Dietrich Böhler（Hg）, *Ethik für die Zukunft,* S. 456.

38 Ders., 》Technik, Freiheit und Pflicht《, S. 35.

39 Ebd., S. 33.

40 Ders., *Das Prinzip Verantwortung,* S. 57.

41 Dietrich Böhler, 》Hans Jonas-Stationen, Einsichten und Herausforderungen eines Denklebens《, in: ders.（Hg.）, *Ethik für die Zukunft,* S. 45-67, 特に S. 45f. を見よ。

42 Hans Jonas, 》Aktuelle ethische Probleme aus jüdischer Sicht《, in: *Scheideweg* 24（1994/95）,S. 3-15.（引用は S. 7 から）。

43 Ebd., S. 8.

44 Hans Jonas, 》Contemporary Problems in Ethics from a Jewish Perspective《, in: Daniel. J. Silver（ed.）, *CCAR Journal Anthology on Judaism and Ethics,* New York 1970, p. 31-48. 引用は、p. 37 から。

45 Ders., 》Aktuelle ethische Probleme aus jüdischer Sicht《, S. 14f.

46 引用の出典は、Ethische Fragen an die modernen Naturwissenschaften という題名での1986年のヨナスによるハイデルベルク講義である。その講演は、聴覚教本版として出版されているだけである。Ders., *Revolte wider die Weltflucht. Reden und Gespräche,* hrsg. v. Christian Wiese, München 2000 を参照せよ。

47 たとえば、Christoph Münz, *Der Welt ein Gedächtnis geben. Geschichtstheologisches Denken im Judentum nach Auschwitz,* Gütersloh 1995 を参照せよ。

48 Hans Jonas, *Der Gottesbegriff nach Auschwitz. Eine jüdische Stimme,* Frankfurt am Main 1987, S. 7.

49 Ebd., S. 41.

50 Ebd., S. 16f.

51 Ebd., S. 37.

52 Reinhold Boschki, *Der Schrei. Gott und Mensch im Werk vom Elie Wiesel,* Mainz 1994 を参照せよ。

53 Thedor W. Adorno, *Negative Dialektik,* Frankfurt am Main 1970, S. 352.

54 Hans Jonas, *Der Gottesbegriff nach Auschwitz,* S. 7.
55 Ebd., S. 12.
56 Ebd., S. 23.
57 Ebd., S. 7, S. 48.
58 Ders., *Philosophische Untersuchungen,* S. 246f.
59 Ebd., S. 247.
60 Ders., 》Unsterblichkeit und heutige Existenz《, in: ders., *Zwischen Nichts und Ewigkeit. Zur Lehre vom Menschen,* Göttingen. 1963, S. 44-62. 引用文は、S. 53ff. と S. 59 から。「われわれは、建造することも破壊することもできる。われわれは、救うことも傷つけることもできるし、神性を育むことも飢えで苦しめることもできるし、神性の像を完全にすることも歪めることもできる。一方の傷跡は他方の光輝と同じように持続する」(S. 59)。この論評に関するヨナスとルドルフ・ブルトマン(Rudolf Blutmann)とのあいだで交わされた張りつめた手紙のやりとり —— *Zwischen Nichts und Ewigkeit,* S. 63-72 に所収 —— を参照せよ。
61 Ders., *Der Gottesbegriff nach Auschwitz,* S. 60f.
62 Ebd., S. 43.「マニ教の二元論は、悪の説明には全然苦労しない。もっぱら人間の心のなかから悪はわき起こり、世界のなかで力を発揮する」。
63 Ders., 》Materie, Geist und Schöpfung. Kosmologischer Befund und kosmologische Vermutung《, in: ders., *Philosophische Untersuchungen und metaphysische Vermutungen,* Frankfurt a. M. 1994, S. 209-255. 引用は S. 243 から。
64 とりわけ以下の著書を参照せよ。Eberhard Jüngel, 》Gottes ursprüngliches Anfangen als schöpferische Selbstbegrenzung. Ein Beitrag zum Gespräch mit Hans Jonas über den ›Gottesbegriff nach Auschwitz‹《, in: Hermann Deuser (Hg.), *Gottes Zukunft–Zukunft der Welt. FS für Jürgen Moltmann zum 60. Geburtstag,* München 1986, S. 265-275; Arnold Goldberg, 》Ist Gott allmächtig? Was die Rabbinen Hans Jonas entgegnen würden《, in: *Judaica* 47 (1991), S. 51-58; Hans H. Henrix, 》Machtentsagung Gottes? Ein Gespräch mit Hans Jonas im Kontext der Theodizeefrage《, in: Johann B. Metz (Hg.), *Landschaft aus Schreien. Zur Dramatik der Theodizeefrage,* Mainz 1996, S. 118-143; Thomas Schieder, *Weltabenteuer Gottes. Die Gottesfrage bei Hans Jonas,* Paderborn u. a. ²1998.
65 Hans Jonas, 》Unsterblichkeit und heutige Existenz《, S. 62.
66 Ebd., S. 60.
67 Ders., *Philosophie. Rückschau und Vorschau am Ende des Jahrhunderts,* Frankfurt am Main ²1993, S. 42f.
68 Ders., 》Technik, Freiheit und Pflicht《, S. 46.

訳注(後書き)

1 Christian Wiese 1961年生まれ。エアフルト大学ユダヤ学研究助手を経て、英国のサセックス大学ドイツ・ユダヤ研究センター教授を務める。専門はユダヤ哲学、現代ヨーロッパ・ユダヤ史。
2 ラッヘル・ザラマンデルによる序文 本書 xxix-xxxix ページを参照。

3　Stephan Sattler　本書 xxxi-xxxii、xxxvi-xxxix ページ以下を参照。
4　PILEGESCH-Kreis　既出。本書第5章114ページ以下を参照。
5　Galuth　イスラエルから追放されたユダヤの民の流浪生活 (Diaspora)。70〜1948年までの時代には、ユダヤ人国家は存在しなかった。
6　ヴァンゼー会議　1942年1月、ナチのR・ハイドリッヒ中将を議長に、ユダヤ問題関係省庁の代表者たちが、ベルリンの国際刑事警察機構の建物（ヴァンゼー湖を見下ろすところにある）に集まり開催された会議で、ユダヤ人問題の最終解決という基本問題を明らかにするものであった。アイヒマンはこの会議で重要な決定に参加したとされる。
7　bellum Judaicum　本書第7章を参照。
8　Schoa　ヘブライ語でホロコーストのこと。
9　Jewish Brigade Group　第二次世界大戦中に英軍に仕えた、ユダヤ人から組織された独立の軍隊。主にパレスチナ (Eretz Yisrael) 出のユダヤ人により編成され、固有の紋章を持つ。ナチス・ドイツに対する戦争へのユダヤ人の明確な参戦を果たすためにシオニズム運動が果たした成果である。
10　Demiurgos（デミウルゴス）　ギリシャ語で、「製作者」を意味する。プラトンでは、デミウルゴスにより、永遠のイデアに模して世界が創造されたとされる。だが二元論的なグノーシス主義によれば、デミウルゴスはこの世の害悪世界の創造者であり、神意に背く者とされる。
11　Archont（アルコン）　古代アテネの最高の役職。貴族のなかから9名選出されたが、ペリクレスの時代には民衆からも選ばれるようになった。
12　Heimarmene（ヘイマルメネー）　ギリシャ語で、「運命」を意味する。ヘラクレイトスやストア哲学では、ロゴスが万物を決定することを「運命」と称した。
13　Gebürtigkeit については、Hanna Arendt, *Vita Active oder Vom tätigen Leben,* München 1981, S. 167.
14　Premio Nonino　ノニノ賞。イタリアのグラッパの有名な会社が主催する、国際的な文学、評論の賞。ヨナスは1993年1月30日にこの賞を受賞し、同年2月5日に亡くなった。
15　rozeh ba-chajim　rozhe とは、ツアイデすなわち、欲すること、そして ba-chaim とは生活のなかで、という意味。
16　ドイツ書籍出版業界平和賞　12章の訳注6を参照。
17　ゴーレム（Golem）とはヘブライ語で「まだできあがらない身体」の意。形なく混沌とした状態を言う。「胎児」を意味する。ユダヤ教の伝承では、一般に粘土から作られたゴーレムは、カバラの呪文で、命令のままに動き出すロボットのような存在となる。近代になっても、ゴーレム伝説はいろいろと翻案された。ユダヤの民間信仰で魔術により一定の期間だけ生命を与えられたと言われる粘土または木の人形（ブーバー）。
18　オデュッセイア [Odysee]　「イーリアス」とならび、詩人ホメロスの作とされる古代ギリシャの叙事詩。トロイア戦争のあと、英雄オデュッセウスが10年にわたって各地を放浪した冒険、および息子テレマコスが父を捜す旅を描いた。

19 Anthropodizee（弁人論）　弁神論（Theodizee）にカントが与えた定義（「世界創始者の至高の知恵を、理性が世界に見られる反目的的な物事を理由にその至高の知恵に向かって起こす訴えに対して弁護すること」(Kant, Akad. Bd. 8, S. 255)）をもじって次のように定義される。「人間の理性を、人間が世界に見られる反目的的な物事を理由に人間自身に向かって起こす訴えに対して弁護すること」(HISTORISCHE WÖRTERBUCH DER PHLOSOPHIE, Bd.1, S. 360-1 を参照)。

20　キッドゥーシュ・ハシェム〔Kiddusch-Haschem〕　ヘブライ語「御名の崇め(Heiligung des Namens)」で「殉難」を意味する。

21　マンダ教徒　部分的には旧約聖書に基づく一神教に帰依。マンダ語は東アラム語方言。紀元1〜2世紀に迫害のためシリアを越えイラクに移住したらしい。マンダ教は、ユダヤ教、キリスト教、グノーシス主義の要素を混合するが、洗礼者ヨハネが宗教改革者と見なされるに対して、イエスは偽りの預言者とされる。基本の秘跡は再洗礼による救済、非公開の死者ミサであり、聖典は Sidra Rabba である。

22　マニ教　混合主義的な世界宗教の一つであった。開祖、ペルシャのマニ (216-276) の名にちなむ。その二元的世界観では、神の光明の国と暗黒の国とが対立し、両者の力の闘争により光の部分が闇に捕われ閉じ込められてしまった。光を解放し神の国に復帰するには「選ばれし人々」が求められる。彼らは、性の交わりを断ち、人も動物も植物も殺さずに、閉じ込められた光をけっして傷つけない。

年　表

- 1903　5月10日にハンス・ヨナスは紡績工場主グスタフ・ヨナスと、クレーフェルトの上級ラビ、ヤーコプ・ホロヴィッツの娘であるローザ・ホロヴィッツの息子として、メンヘングラートバッハに生まれた。
- 1916　兄、ルートヴィヒの死。バール・ミツバ。
- 1918　11月革命。シオニズムに思いを寄せ、父の意に反してメンヘングラートバッハでのシオニズムのサークルへの参加。
- 1921　アビトゥア。夏のゼメスターでフライブルク大学でエトムント・フッサール、マルティン・ハイデガー、そしてヨナス・コーンのもとで哲学と芸術史の研究の許可。カール・レーヴィットとの出会い。シオニズムの学生運動IVRIAのメンバー。
- 1921　冬のゼメスターでベルリンへ引っ越し。1923年までフリードリッヒ・ヴィルヘルム・ベルリン大学で哲学の研究(とりわけ、エードゥアルト・シュプランガー、エルンスト・トレルチ、フーゴー・グレスマン、エルンスト・ゼリン、エードゥアルト・マイアー)そしてユダヤ教学大学でユダヤ教の研究(とりわけユリウス・グットマン、ハリー・トルチナー、エドゥアルト・バネーテ)に従事。レオ・シュトラウス、ギュンター・シュテルン(アンダース)と友情。マカベアシオニズム連合やユダヤ組合連合(KJV)に参加。
- 1923　3月に10月まで、パレスチナへの移住準備としてヴォルフェンビュッテルにおける農業養成教育(Hachschara)。ドイツでの研究の継続を決心。フライブルクでの1923／24年の学年。
- 1924　冬ゼメスターでマールブルク大学へ変わる。マルティン・ハイデガー、ルドルフ・ブルトマンのもとで研究。ハンナ・アーレントとの友情の始まり。二人は主としてゲルハルト・ネーベル、カール・レーヴィット、ハンス・ゲオルク・ガダマー、ゲルハルト・クリューガー、ギュンター・シュテルンらとハイデガーを中心とした哲学サークルを結成。グノーシスと取り組むことの開始。ドクターの学位のための決断後、その間ハイデルベルク、ボンそしてマイン河畔のフランクフルトで研究。
- 1928　マールブルクへ戻る。マルティン・ハイデガーのもとで、『グノーシスの概念』という仕事でドクターの学位。1928年から1929年の冬学期にパリのソルボンヌで研究。
- 1929　ゲルトルート・フィッシャーへの愛の関係の始まり。
- 1930　『アウグスティヌスとパウロの自由の問題――キリスト教的‐西洋の自由の理念の由来への哲学的寄与』。1933年までケルン、マイン河畔のフランクフルト、ハイデルベルクで私費での研究。そこで社会学者カール・マンハイムを中心としたサークルに所属。ドルフ・シュテルンベルガーと友情。教授資格の計画、そして私講師として働きながら準備。
- 1933　ヒトラーが「権力掌握」。反ユダヤ的ボイコットに面して、ヨナスはドイツを去る決意。8月末ロンドンへ移住。そしてグノーシスの著作の出版に従事。オランダ、スイス、そしてパリのハンナ・アーレントとギュンター・アンダースのところへ旅行。
- 1934　ゲッティンゲンにあるヴァンデンヘック・ループレヒト社において『グノーシスと後期古代の精神　第一部　神話上のグノーシス』の刊行。

1935 パレスチナのペサハ (Pessach) に到着。ゲルショム・ショーレム、ハンス・レヴィ、ハンス・ヤコブ・ポロツキー、ゲオルゲ・リヒトハイム、そしてシュムエル・ザムブルスキーとの友情の始まり。Pilegesch・サークルの創設。

1936 両親のエルサレム、ペサハへの訪問。シオニストたちの移住問題に反対するアラブの蜂起の始まり。ヨナスはみずからの意志でハガナの自己防衛組織に加入。

1937 プリム祝日にローレ・ヴァイナーとの初めての出会い。秋からロドス島に滞在。そしてグノーシス本の2部に従事。

1938 1月に父の死についての知らせ。エルサレムへ戻る。11月の迫害後、ローザ・ヨナスはダッハウで拘留されていた息子ゲオルクに自分のパレスチナへの移住証明書を与えた。1939年のイギリス人たちによるユダヤ人移住の制限の強化は、ドイツからの母の出国を妨げた。ヘブライ大学での講義委嘱。エトムント・フッサールの死後、ヨナスはヘブライ大学でアカデミックな追悼演説催す。

1939 9月1日に戦争の勃発後すぐにヨナスは**この戦争へのわれわれが参加すること——ユダヤの男たちへの言葉**という戦争声明を表明し、みずからの意思でイギリス軍に志願。

1940 イギリスの演習場サラファント (Sarafant) で専門的訓練。イギリス軍のパレスチナ第一対空砲兵中隊のメンバー。引き続きダマスコスとベイルートからの空襲に対してハイファで出撃。

1942 母のウッチ・ゲットーへの抑留。のちにアウシュヴィッツへ、そしてそこで母は殺された。

1943 ハイファでローレ・ヴァイナーと結婚。

1944 ヨナスは新たに形成されたユダヤ旅団のメンバーとなる。とりわけアレキサンドリアで訓練。そのときから戦争の終わりまで南イタリアで出撃。この時代に、妻へみずからの哲学上の新たな芽生えについての「教説の手紙」。

1945 7月にヨナスは彼の部隊とともにドイツ中を移動。フェンローで駐屯。メンヘングラートバッハとの再会。初めてここでヨナスは彼の母の殺害について聞き知る。ゲッティンゲン、マールブルク、ハイデルベルクへの旅。カール・ヤスパース、ルドルフ・ブルトマンとの再会。11月にパレスチナへ戻る。

1946 アラブの村イッサウィーヤ (Issawyje) に住む。エルサレム・ヘブライ大学で講師。イギリス高等研究機関で非常勤講師。

1948 イスラエル国家の独立宣言。戦争の勃発。エルサレムのアルファシ (Alfasi) 通りへ引っ越し。ヨナスはイスラエル軍の砲兵隊将校として動員させられる。ローレの兄フランツのジェニン (Dschenin) での死。娘アヤラーの誕生。

1949 軍からの帰休。レディー・デーヴィス基金の特別研究員としてモントリオール・マギル大学 [カナダ] への移住。そこのドーソン・カレッジで教師活動。

1950/51 さしあたり、客員教授。のちにオタワにあるカールトン・カレッジで哲学助教授。息子ヨナタンの誕生。ルードヴィヒ・フォン・ベルタランフィと友情。この時代にニューヨーク、シカゴ、シンシナティへ旅行。ハンナ・アーレントとギュンター・アンダース、カール・レーヴィットとの再会。

1952 エルサレム・ヘブライ大学への哲学教授としての招聘を断る。ヨナスの「シオニズム

への裏切り」についてゲルショム・ショーレムと論争。ブリュッセルでの国際哲学会のために最初のヨーロッパ旅行。ミュンヘンへより道し、ゲルトルート・フィッシャーと再会。キール大学への招聘を断る。
1954　『グノーシスと後期古代の精神　第2部1. 神話から神秘的哲学へ』
1955　娘ガブルエルの誕生。ニューヨークにある社会調査のためのニュースクールへ教授として招聘。(ヨナスは1976年までそこで教える。この時代に、とりわけプリンストン大学、コロンビア大学、シカゴ大学で客員教授)。ニュー・ロシェルで居住。クルト・フリードリックスとネリー・フリードリックスと、ヴィルヘルム・マグヌスとトルーデ・マグヌスと交友。ニューヨークでハンナ・アーレントやハインリッヒ・ブリュッヒャーを中心とした交友サークルに所属。とりわけアドルフ・レーヴェ、アロン・グールヴィッチ、パウル・ティリッヒ。
1958　『グノーシスの宗教──異邦の神の福音とキリスト教の端緒』。「理論の実践的使用」についてのニュースクールで学術記念講演。現代技術との対決の始まり。
1959/60　ヨナスはミュンヘンでサバティカルを過ごす。ドイツでの講演の旅。
1961　ハーバート大学の神学部で「不道徳性と現代気質」についてインガソル・レクチャー講義。
1963　エルサレムにおけるアイヒマン裁判についてハンナ・アーレントの本が原因で彼女と衝突。和解に至るまでにほとんど2年が過ぎる。
1964　ニュージャージーにあるドリュー大学で「ハイデガーと神学」についてヨナスの講演は熱狂的興奮を生み出す。ドイツへの講演旅行。1969年初めてチューリッヒでハイデガーとの短い個人的出会いに至る。
1966　『生命の現象学──哲学的生命論へ向けて』
1967　「人間の主体を使用する実験についての哲学的反省」ボストンにあるアメリカ科学技術アカデミーで。脳死や臓器移植のような具体的生命–医学倫理的テーマへ移行。
1969　ハドソン河畔にある学際的ヘイスティングスセンターの創設メンバー。
1973　『有機体と自由──哲学的生命論への試み』
1974　『哲学的エッセイ──古代の信条から技術的人間へ』
1976　マールブルクでのルドルフ・ブルトマン追悼式で演説。定年退職。
1978　『信仰、理性、責任について──6つのエッセイ』
1979　『責任という原理──科学技術文明のための倫理学への試み』がドイツでめざましい成果を得る。
1982/83　ルートヴィヒ・マクシミリアン・ミュンヘン大学でエリク・フェーゲリン客員教授。
1984　エバーハルト・カールス・テュービンゲン大学プロテスタント神学部のレオポルト・ルーカス賞を受賞。「アウシュヴィッツ後の神概念──ユダヤの声」について受賞演説。
1985　『技術・医学・倫理──責任という原理の実践へ向けて』
1987　ドイツ書籍出版業界平和賞の授与。「技術、平和、そして義務」について演説。ドイツ連邦共和国の大連邦功労十字賞、そしてメンヘングラートバッハ市の名誉市民の称号を受領。
1988　『物質、精神そして創造──宇宙論的所見、宇宙進化論的推測』

1991　コンスタンツ大学の名誉博士号。
1992　ベルリン自由大学の名誉博士号。
1992　『哲学的探求と形而上学的推測』
1993　『哲学——世紀末における回顧と展望』。1月30日にイタリアのウディーネでノニノ賞（Premio Nonino）の受賞。2月5日にハンス・ヨナスはニューヨーク、ニュー・ロシェルで死去。ニューヨーク州にあるヘイスティングスの世界教会墓地のユダヤ地区に埋められている。

文献目録

ハンス・ヨナスの著作の文献目録は以下の文献目録からの報告に基づいている。
Stuart F. Spicker (Hg.), *Organism, Medicine, and Metaphysics. Essays in Honor of Hans Jonas on his 75th Birthday, May 10, 1978,* Dordrecht/Boston 1978, S. 317-324; Barbara Aland (Hg.), *Gnosis. Festschrift für Hans Jonas,* Göttingen 1978, S. 508-514; Dietrich Böhler, *Ethik für die Zukunft. Im Diskurs mit Hans Jonas,* München 1994, S. 460-466（für eine Liste der Interviews von Hans Jonas, die hier nicht aufgenommen wurden, sei auf S. 465 f. verwiesen）。ヨナスの著作は、きわめて多くの言語に翻訳されたため、すべてを挙げるとあまりにも膨大になりすぎる。そこで、報告はドイツ語や英語のタイトルにしぼる。D・ベーラーの本で挙げられたハンス・ヨナスに関する文献（467-476頁）から比較的範囲の広いタイトル（個別研究書、著作集そして比較的大きな論文）が選択された。ヨナスの著作への比較的短い寄稿、評論や新聞記事は、D・ベーラーの本における文献目録ではいずれも記載されている。1994年以降新しく出版されたものは──完全とは言わないが──補充されている（C・W・〔クリスチャン・ヴィーゼ〕）。

ハンス・ヨナスの著作や刊行物
【本】
―*Der Begriff der Gnosis. Inaugural-Dissertation zur Erlangung der Doktorwurde der Hohen Philosophischen Fakultät der Philipps-Universität zu Marburg,* Göttingen 1930（Teildruck）.

―*Augustin und das paulinische Freiheitsproblem. Ein philosophischer Beitrag zur Genesis der christlich-abendlandischen Freiheitsidee,* Göttingen 1930【2., neubearbeitete. u. erweiterte Auflage mit einer Einleitung von James M. Robinson unter dem Titel *Augustin und das paulinische Freiheitsproblem. Eine philosophische Studie zum pelagianischen Streit,* Göttingen 1965】.

―*Gnosis und spätantiker Geist. Erster Teil. Die mythologische Gnosis.* Mit einer Einleitung 》Zur Geschichte und Methodologie der Forschung《, Göttingen 1934【2., unveränderte Auflage, 1954; 3. verbesserte und vermehrte Auflage, 1964. 》Ergänzungsheft zur ersten und zweiten Auflage《, S. 377-456, 1964】.

―*Gnosis und spätantiker Geist. Teil II, 1. Von der Mythologie zur mystischen Philosophie,* Göttingen 1954【2., durchgesehene Auflage, Göttingen 1966】.

―*The Gnostic Religion: The Message of the Alien God and the Beginnings of Christianity,* Boston 1958【2., erweiterte und überarbeitete Auflage, Boston 1963】. 邦訳：秋山さと子・入江良平訳『グノーシスの宗教』（人文書院、1986年）

―*Zwischen Nichts und Ewigkeit. Zur Lehre vom Menschen* (Kleine Vandenhoeck-Reihe 165), Göttingen 1963【2. Auflage 1987】.

―*The phenomenon of Life. Toward a Philosophical Biology,* New York 1966【2. Auflage Chicago 1982; Neuauflagen New York 1968; Westport 1979; Chicago/London 1982】.

―*Wandel und Bestand. Vom Grunde der Verstehbarkeit des Geschichtlichen* (Wissenschaft und Gegenwart. Geisteswissenschaftliche Reihe 46) Frankfurt am Main 1970【gleichzeitig erschienen in:

Vittorio Klostermann (Hg.), *Durchblicke. Martin Heidegger zum 80. Geburtstag,* Frankfurt am Main 1970, S.1-26; wiederabgedruckt in: *Philosophische Untersuchungen,* 1992, S. 50-80; engl. Übersetzung in: *Social Research* 38 (1971), S. 498-528】.
―*Organismus und Freiheit. Ansätze zu einer philosophischen Biologie,* Göttingen 1973.
―*Philosophical Essays. From Ancient Creed to Technological Man,* Englewood Cliffs 1974【Neuauflage Chicago/London 1980】.
―*On Faith, Reason and Responsibility: Six Essays,* San Francisco 1978【Neuauflage des Institute for Antiquity and Christianity, Claremont Graduate School 1981】.
―*Das Prinzip Verantwortung. Versuch einer Ethik für die technologische Zivilisation,* Frankfurt am Main 1979【Taschenbuch, Frankfurt am Main 1984】．邦訳：加藤尚武監訳『責任という原理――科学技術文明のための倫理学の試み』(東信堂、2000年)
―*Macht oder Ohnmacht der Subjektivität? Das Leib-Seele-Problem im Vorfeld des Prinzips Verantwortung,* Frankfurt am Main 1981【die englische Originalfassung erschien unter dem Titel, 》On the Power or Impotence of Subjectivity《, in: Stuart F. Spicker/H. Tristam Engelhard (Hg.), *Philosophical Dimensions of the Neuro-Medical Sciences,* Boston 1976, S. 143-161】．邦訳：宇佐美・滝口訳『主観性の復権』(東信堂、2000年)
―*The Imperative of Responsibility: In Search of an Ethics for the Technological Age,* Chicago 1984.
―*Technik, Medizin und Ethik. Zur Praxis des Prinzips Verantwortung,* Frankfurt am Main 1985【2. Auflage 1987】．
―*Der Gottesbegriff nach Auschwitz. Eine jüdische Stimme,* Frankfurt am Main 1987【zuerst erschienen in: *Reflexionen in finsterer Zeit. Zwei Vorträge von Fritz Stern und Hans Jonas,* hrsg. v. Otfried Hofius, Tübingen 1984; erste Fassung des zunächst in englischer Sprache entworfenen Essays in: *Harvard Theological Review* 55 (1962), S. 1-20; wiederaufgenommen als Abschluß von *The Phenomenon of Life,* 1966】．
―*Was für morgen lebenswichtig ist. Unentdeckte Zukunftswerte,* Freiburg/Basel/Wien 1987 (mit Dietmar Mieth)【wiederabgedruckt in: *Technik, Medizin und Ethik,* 1985, S. 53-75】．
―*Wissenschaft als persönliches Erlebnis. Drei Reden,* Göttingen 1987.
―*Materie, Geist und Schöpfung. Kosmologischer Befund und kosmogonische Vermutung,* Frankfurt am Main 1988 (wiederabgedruckt in: *Philosophische Untersuchungen und metaphysische Vermutungen,* 1992).
―*Philosophische Untersuchungen und metaphysische Vermutungen,* Frankfurt am Main 1992.
―*Dem bösen Ende näher. Gespräche über das Verhältnis des Menschen zur Natur,* hrsg. v. Wolfgang Schneider, Frankfurt am Main 1993.
―*Gedanken über Gott. Drei Versuche,* Frankfurt am Main 1994.邦訳：品川哲彦訳『アウシュヴィッツ以後の神』(法政大学出版局、2009年)
―*Philosophie. Rückschau und Vorschau am Ende des Jahrhunderts,* Frankfurt am Main 1993. 邦訳：尾形敬次訳『哲学・世紀末における回顧と展望』(東信堂、1996年)
―*Das Prinzip Leben. Ansätze zu einer philosophischen Biologie*【Neuausgabe von *Organismus und Freiheit*】, Frankfurt am Main 1994. 邦訳：細見和之・吉本陵訳『生命の哲学――有機体と自由』(法政大学出版局、2008年)
―*Mortality and Morality. A Search for the Good after Auschwitz,* hrsg. v. Lawrence Vogel, Evanston/

Illinois 1996.

—*Die gnostische Religion. Die Botschaft des fremden Gottes,* hrsg. und mit einem Nachwort vers. v. Christian Wiese, Frankfurt am Main 1999.

雑誌、新聞、アンソロジー刊行物

—Die Idee der Zerstreuung und Wiedersammlung bei den Propheten, in: *Der Jüdische Student* 4 (1922), S. 30-43.

—Karl Mannheims Soziologie des Geistes, in: *Schriften der Deutschen Gesellschaft für Soziologie* 1 (1929), S. 111-114.

—Husserl und das Problem der Ontologie [hebr.], in: *Mosnajim* 7 (1938), S. 581-589.

—In Memoriam Edmund Husserl [hebr.], in: *Turim* (1938).

—Rezension: *Karl Barth, Eine Schweizer Stimme, Yedioth,* Tel Aviv, Nr. 38, S. 5f.

—Origenes' Peri Archon-ein System patristischer Gnosis, in: *Theologische Zeitschrift* 5 (1949), S. 101-119.

—Die origenistische Spekulation und die Mystik, in: *Theologische Zeitschrift* 5 (1949), S. 24-45.

—Problems of 〉Knowing God〈 in Philo Judaeus, in: *Sefer Jochanan Lewy,* Jerusalem 1949, S. 65-84.

—Causality and Perception, in: *The Journal of Philosophy* 47 (1950), S. 319-324 [erweiterte Fassung in: *The Phenomenon of Life,* 1966; dt. in: *Organismus und Freiheit,* 1973].

—Yiscor: To the Memory of Franz Joseph Weiner, in: *The Chicago Jewish Forum* 9/1 (1950), S. 1-8.

—Materialism and the Theory of Organism, in: *University of Toronto Quarterly* 21 (1951), S. 39-52.

—Is God a Mathematician?, in: *Measure* 2 (1951), S. 404-426 [endgültige Fassung in: *The Phenomenon of Life,* 1966; dt. in: Organismus und Freiheit, 1973].

—Comment on Bertalanffy's General System Theory, in: *Human Biology* 23 (1951), S. 404-426.

—Gnosticism and Modern Nihilism, in: *Social Research* 19 (1952), S. 430-452 [dt. Gnosis und moderner Nihilismus, in: *Kerygma und Dogma* 6 (1960), S. 155-171].

—A Critique of Cybernetics, in: *Social Research* 20 (1953), S. 172-192 [endgültige Fassung in: *The Phenomenon of Life,* 1966; dt. in: *Organismus und Freiheit,* 1973].

—Motility and Emotion. An Essay on Philosophical Biology, in: *Proceedings of the XIth International Congress of Philosophy,* Bd. 5, Amsterdam/Louvain 1953, S.117-122 [endgültige Fassung in: *The Phenomenon of Life,* 1966; dt. in: *Organismus und Freiheit,* 1973].

—The Nobility of Sight. A Study in the Phenomenology of the Senses, in: *Philosophy and Phenomenologic Research* 14 (1953/54), S. 507-519 [endgültige Fassung in: The Phenomenon of Life, 1966; dt.: in: *Organismus und Freiheit,* 1973].

—Rezension: Leon Roth, Jewish Thought as a Factor in Civilization, in: *Review. UNESCO Publications Committee* (*Canada*) 3 (1954), S. 6f.

—Bemerkungen zum Systembegriff und seiner Anwendung auf Lebendiges, in: *Studium Generale* 10 (1957), S. 8-94 [dt. Fassung eingegangen in: *Organismus und Freiheit,* 1973].

—Artikel: Gnosticism, in: *A Handbook of Christian Theology,* New York 1958, S. 144-147.

—The Practical Uses of Theory, in: *Social Research* 26 (1959), S. 127-166 [endgültige Fassung in: *The Phenomenon of Life,* 1966; dt. in: *Organismus und freiheit,* 1973].

—In Memoriam: Alfred Schutz, 1899-1959, in: *Social Research* 26 (1959), S. 471-474.
—Kurt Goldstein and Philosophy, in: *American Journal of Psychoanalysis* 19 (1959), S. 161-164 〔wiederabgedruckt in: *Social Research* 32 (1965), S. 351-356〕.
—Gnosis und moderner Nihilismus, in: *Kerygma und Dogma* 6 (1960), S.155-171 〔endgültige Fassung in: *Zwischen Nichts und Ewigkeit*, 1963 und *Organismus und Freiheit*, 1973〕.
—Rezension: Michel Malinine/Henri-Charles Puech/Gilles Quispel (Hg.), Evangelium Veritatis, in: *Gnomon* 32 (1960), S. 327-336.
—Homo pictor und die differentia des Menschen, in: *Zeitschrift für Philosophische Forschung* 15 (1961), S. 161-176 〔endgültige Fassung in: *Zwischen Nichts und Ewigkeit*, 1963 und *Organismus und Freiheit*, 1973; engl. in: *Social Research* 29 (1962), S. 201-220; endgültige Fassung in: *The Phenomenon of Life*, 1966〕.
—Immortality and the Modern Temper (The Ingersoll Lecture 1961), in: *Harvard Theological Review* 55 (1962), S. 1-20 〔endgültige Fassung in: *The Phenomenon of Life*, 1966; dt. in: *Zwischen Nichts und Ewigkeit*, 1963 und *Organismus und Freiheit*, 1973〕.
—Evangelium Veritatis and the Valentinian Speculation, in: Frank L. Cross (Hg.), *Studia Patristica VI* (= *Texte und Untersuchungen zur Geschichte der altchristlichen Literatur 81*), Berlin 1962, S. 96-111.
—Plotin über Zeit und Ewigkeit, in: Alois Dempf et al. (Hg.), *Politische Ordnung und menschliche Existenz. Festgabe für Eric Voegelin*, München 1962, S. 295-319.
—Plotins Tugendlehre. Analyse und Kritik, in: Frank Wiedmann (Hg.), *Epimeleia. Die Sorge der Philosophie um den Menschen. Festschrift für Helmut Kuhn*, München 1964, S. 143-173.
—Philosophische Meditation über Paulus, Römerbrief, Kapitel 7, in: Erich Dinkler (Hg.), *Zeit und Geschichte. Dankesgabe an Rudolf Bultmann zum 80. Geburtstag*, Tübingen 1964, S. 557-570.
—The Anthropological Foundation of the Experience of Truth, in: *Memorias del XIII Congreso Internacional de Filosofia*, Bd.V, Mexico 1964, S. 507-517 〔erweiterte Fassung in: *The Phenomenon of Life*,1966 ; dt. in: *Organismus und Freiheit*, 1973〕.
—Heidegger and Theology, in: *The Review of Metaphysics* 18 (1964), S. 207-233 〔dt. Heidegger und die Theologie, in: *Evangelische Theologie* 24 (1964), S. 621-642; auch in: Gerhard Noller (Hg.), *Heidegger und die Theologie. Beginn und Fortgang der Diskussion*, München 1967, S. 316-340〕.
—Spinoza and the Theory of Organism, in: *Journal of the History of Philosophy* 3 (1965), S. 43-57〔auch in: Stuart F. Spicker (Hg.), *The Philosophy of the Body*, Chicago 1970, S. 50-69; und in: Marjorie Grene (Hg.), *Spinoza. A Collection of Critical Essays*, Garden City, New York 1973, S. 259-278〕.
—Life, Death and the Body in the Theory of Being, in: *The Review of Metaphysics* 19 (1965), S. 1-23 〔endgültige Fassung in: *The Phenomenon of Life*, 1966; dt. Das Problem des Lebens und des Leibes in der Lehre vom Sein. Prolegomena zu einer Philosophie des Organischen, in: *Zeitschrift für philosophische Forschung* 19 (1965), S. 185-200; endgültige Fassung in: *Organismus und Freiheit*, 1973〕.
—Response to G. Quispel's 》Gnosticism and the New Testament《 : 1. The Hymn of the Pearl. 2. Jewish Origins of Gnosticism?, in: J. Philip Hyatt (Hg.), *The Bible in Modern Scholarship*, Nashville 1965, S. 279-293 〔endgültige Fassung in: *Philosophical Essays*, 1974〕.
—Delimination of the Gnostic Phenomenon. Typological and Historical, in: Ugo Bianchi (Hg.), *Le*

Origini dello Gnosticismo, Leiden 1967, S. 90-108 [dt. in: *Gnosis und Gnostizismus,* Darmstadt 1975, S. 626-645].
—Jewish and Christian Elements in the Western Philosophical Tradition, in: *Commentary* 44 (Nov. 1944), S. 61-68 [dt. in: *Evangelische Theologie* 28 (1968), S. 27-39; erweiterte endgültige Fassung in: *Philosophical Essays,* 1974].
—Contemporary Problems in Ethics from a Jewish Perspective, in: *Central Conference of American Rabbis Journal* (Januar 1968), S. 27-39 [überarbeitete Fassung in: *CCAR Journal Anthology on Judaism and Ethics,* 1969; endgültige Fassung in: *Philosophical Essays,* 1974].
—The Concept of God after Auschwitz, in: Albert H. Friedlander (Hg.), *Out of the Whirlwind,* New York 1968, S. 465-476 [auch in: *On Faith, Reason and Responsibility,* 1978].
—Biological Foundation of Individuality, in: *International Philosophical Quarterly* 8 (1968), S. 231-251.
—Philosophical Reflections on Experiments with Human Subjects, in: *Daedalus* 98 (1969), S. 219-247 [überarbeitete Fassung in: Paul Freund (Hg.), *Experimentation with Human Subjects,* New York 1970, S. 1-31; endgültige Fassung in: *Philosophical Essays,* 1974].
—Economic Knowledge and the Critique of Goals, in: Robert L. Heilbroner (Hg.), *Economic Means and Social Ends,* New York 1969, S. 67-88 [endgültige Fassung in: *Philosophical Essays,* 1974].
—Myth and Mysticism. A Study of Objectification and Interiorization in Religious Thought, in: *The Journal of Religion* 49 (1969), S. 315-329 [eingegangen in: *Philosophical Essays,* 1974].
—On the Meaning of the Scientific and Technological Revolution, in: *Philosophy Today* 15 (1971), S. 76-101.
—Origen's Metaphysics of Free Will, Fall and Redemption. A 〉Divine Comedy〈 of the Universe, in: *Journal of the Universalist Historical Society* 8 (1969/70), S. 3-24 [eingegangen in: *Philosophical Essays,* 1974].
—Change and Permanence. On the Possibility of Understanding History, in: *Social Research* 38 (1971), S. 498-528 [s. *Wandel und Bestand,* 1970].
—Philosophical Meditation on the Seventh Chapter of Paul's Epistle to the Romans, in: James M. Robinson (Hg.), *The Future of our Religious Past. Essays in Honor of Rudolf Bultmann,* New York et al. 1971, S. 45-53 [eingegangen in: *Philosophical Essays,* 1974].
—The Soul in Gnosticism and Plotinus, in: *Le Néoplatonisme,* Paris 1971, S. 45-53 [eingegangen in: *Philosophical Essays,* 1974].
—Technology and Responsibility. Reflections on the New Tasks of Ethics, in: *Social Research* 40 (1973), S. 31-54 [eingegangen in: *Philosophical Essays,* 1974; dt. in: *Evangelische Kommentare* 6 (1973), Heft 2, S. 73-77].
—Aron Gurwitsch, in: *Social Research* 40 (1973), S. 567-569.
—Hannah Arendt, 1906-1975, in: *Social Research* 43 (1976), S. 3-5 [dt. in: *Deutsche Akademie für Sprache und Dichtung Darmstadt. Jahrbuch 1975,* Heidelberg 1976, S. 169-171].
—Responsibility Today. The Ethics of an Endangered Future, in: *Social Research* 43 (1976), S. 77-97.
—On the Power of Impotence of Subjectivity, in: Stuart F. Spicker/H. Tristam Engelhardt (Hg.), *Philosophical Dimensions of the Neuro-Medical Sciences,* Dordrecht/Boston 1976, S. 143-161 [erweiterte Fassung in: *On Faith, Reason and Responsibility,* 1978].

—Freedom of Scientific Inquiry and the Public Interest. The Accountability of Science as an Agent of Social Action, in: *The Hastings Center Report* 6 (1976), S. 15-17 【auch in: *Biomedical Research and the Public. Prepared for the Subcommittee on Health and Scientific Research of the Committee on Human Resources,* Washington (U. S. Senate: U. S. Government Printing Office), May 1977, S. 33-38; dt.: Freiheit der Forschung und offentliches Wohl, in: Scheidewege 11 (1981), S. 253-269; wiederabgedruckt in: Oskar Schatz (Hg.), *Brauchen wir eine andere Wissenschaft? X. Salzburger Humanismusgespräch,* Graz/Wien/Köln 1981, S. 101-116】.

—Hannah Arendt in memoriam. Handeln, Erkennen, Denken: Aus Hannah Arendts philosophischem Werk, in: *Merkur. Deutsche Zeitschrift für europäisches Denken* 30, Nr. 10 (1976), S. 921-935 【engl.: Acting, Knowing, Thinking: Gleanings from Hannah Arendt's Philosophical Work, in: *Social Research* 44 (1977), S. 24-43】.

—Im Kampf um die Möglichkeit des Glaubens. Erinnerungen an Rudolf Bultmann und Betrachtungen zum philosophischen Aspekt seines Werkes, in: *Gedenken an Rudolf Bultmann,* hrsg. v. Otto Kaiser, Tübingen 1977, S. 41-77 【engl.: Is Faith Still Possible? Memories of Rudolf Bultmann and Reflections on the Philosophical Aspects of His Work, in: *Harvard Theological Review* 75 (1982), S.1-23】.

—The Concept of Responsibility. An Inquiry into the Foundations of an Ethics for our Age, in: H. Tristam Engelhardt/Daniel Callahan (Hg.), *Knowledge, Value, and Belief,* Hastings-on-Hudson 1977, S. 1-15 【wiederabgedruckt in: *On Faith, Reason and Responsibility,* 1978】.

—A Retrospective View, in: Geo Widengren (Hg.), *Proceedings of the International Colloquium on Gnosticism (Stockholm, August 1973),* Stockholm/Leiden 1977, S. 1-15 【wiederabgedruckt in: *On Faith, Reason, and Responsibility,* 1978】.

—The Right to Die, in: *Hastings Center Report* 8 (1978), Nr. 4, S. 31-36 【dt. Das Recht zu sterben, in: *Scheidewege* 14 (1984/85), S. 242-268; wiederabgedruckt in: *Technik, Medizin und Ethik,* 1985, S. 242-268】.

—Straddling the Boundaries of Theory and Practice. Recombinant DNA Research as a Case of Action in the Process of Inquiry, in: John Richards (Hg.), *Recombinant DNA. Science, Ethics and Politics,* New York/San Francisco/London 1978, S. 253-271 【dt. Freiheit der Forschung und öffentliches Wohl, in: *Scheidewege* 11 (1982), Heft 2 und in: *Technik, Medizin und Ethik,* 1985, S. 90-108】.

—Toward a Philosophy of Technology, in: *Hastings Center Report* 9 (1979), S. 34-43 【dt.: Philosophisches zur modernen Technologie, in: Reinhard Löw/Peter Koslowski/Philipp Kreuzer (Hg.), *Fortschritt ohne Maß? Eine Ortsbestimmung der wissenschaftlich-technischen Zivilisation,* München 1981, S. 73-95; *Technik, Medizin und Ethik,* 1985, S. 15-41】.

—Parallelism and Complementarity. The Psycho-Physical Problem in Spinoza and in the Succession of Niels Bohr, in: Richard Kennington (Hg.), *The Philosophy of Baruch de Spinoza,* Washington 1980, S. 121-130 (dt.: in: *Macht oder Ohnmacht der Subjektivität,* 1981, S. 101-116).

—The Heuristics of Fear, in: Melvin Kranzberg (Hg.), *Ethics in an Age of Pervasive Technology,* Boulder 1980, S. 213-221.

—Response to James N. Gustavson, in: H. Tristam Engelhardt/Daniel Callahan (Hg.), *Knowing and*

Valuing: The Search for Common Roots, Hastings-on-Hudson 1980, S. 203-217.
—Reflections on Technology, Progress and Utopia, in: *Social Research* 48 (1981), S. 411-455.
—Im Zweifel für die Freiheit?, in: *Nachrichten aus Chemie, Technik und Laboratorium* 29 (1981) 〔wiederabgedruckt in: *Technik, Medizin und Ethik*, 1985, S. 90-108〕.
—Technology as a Subject for Ethics, in: *Social Research* 49 (1982), S. 891-898 〔dt. in: *Technik, Medizin und Ethik*, 1985, S. 42-52〕.
—Laßt uns einen Menschen klonieren: Betrachtungen zur Aussicht genetischer Versuche mit uns selbst, in: *Scheidewege* 12 (1982) 〔wiederabgedruckt in: *Technik, Medizin und Ethik*, 1985, S. 162-203〕.
—Ärztliche Kunst und menschliche Verantwortung, in: *Renovatio* 39 (1983) 〔wiederabgedruckt in: *Technik, Medizin und Ethik*, 1985, S. 146-161〕.
—Forschung und Verantwortung (Aulavorträge, XXI, Hochschule St. Gallen), St. Gallen 1983 〔wiederabgedruckt in: *Technik, Medizin und Ethik*, 1985, S. 146-161〕.
—Evolution und Freiheit, in: *Scheidewege* 13 (1983/84), S. 85-102 〔wiederabgedruckt in: *Philosophische Untersuchungen*, 1992, S. ll-33〕.
—Ontological Grounding of a Political Ethics: On the Metaphysics of Commitment to the Future of Man, in: *Graduate Faculty Philosophical Jourrml* 10 (1984), S. 47-62.
—Warum wir heute eine Ethik der Selbstbeschränkung brauchen, in: Elisabeth Ströker (Hg.), *Ethik der Wissenschaften? Philosophische Fragen,* München 1984, S. 75-86.
—Ethics and Biogenetic Arts, in: *Social Research* 52 (1985), S. 491-504.
—Technik, Ethik und biogenetische Kunst. Betrachtungen zur neuen Schöpferrolle des Menschen, in: *Communio* XII, Nr. 6/84 (1984), S. 501-517 〔wiederabgedruckt in: Rainer Flöhl (Hg.), *Genforschung- Fluch oder Segen? Interdisziplinäre Stellungnahmen,* Frankfurt am Main/ Munchen 1985, S.1-15; und in: *Technik, Medizin und Ethik,* 1985, S. 204-218〕.
—Werkzeug, Bild und Grab. Vom Transanimalischen im Menschen, in: *Scheidewege* 15 (1985/86), S. 47-58 〔wiederabgedruckt in: *Philosophische Untersuchungen,* 1992, S. 34-49〕.
—Prinzip Verantwortung. Zur Grundlegung einer Zukunftsethik, in: Thomas Meyer/Susanne Miller (Hg.), *Zukunftsethik und Industriegesellschaft,* Frankfurt am Main/Munchen 1986, S. 3-14.
—The Concept of God After Auschwitz: A Jewish Voice, in: *The Journal of Religion* 67 (1987), S. 1-13.
—Warum unsere Technik ein vordringliches Thema für die Ethik geworden ist, in: Horst Krautkrämer (Hg.), *Ethische Fragen an die modernen Naturwissenschaften* (Zukunftsethik 3) Frankfurt am Main 1987, S. 16-21.
—Technik, Freiheit und Pflicht, in: *Frankfurter Rundschau,* Nr. 236, 12. 10. 1987 und in *Frankfurter Allgemeine Zeitung,* 12. 10. 1987 〔wiederabgedruckt in: *Wissenschaft als persönliches Erlebnis,* 1987, S. 32-46〕.
—Heideggers Entschlossenheit und Entschluß, in: Günther Neske/Emil Kettering (Hg.), *Antwort. Martin Heidegger im Gespräch,* Pfullingen 1988, S. 221-229.
—Geist, Natur und Schöpfung: Kosmologischer Befund und kosmologische Vermutung, in: *Scheidewege* 18 1988/89), S. 17-33 〔Erweiterte Fassung in: *Philosophische Untersuchungen,* 1992, S.

209-259,. S. *Materie, Geist und Schöpfung,* 1988】.
—Warum die Technik ein Gegenstand für die Ethik ist. Fünf Gründe, in: Hans Lenk (Hg.), *Technik und Ethik,* Stuttgart 1989, S. 81-91.
—Vergangenheit und Wahrheit. Ein später Nachtrag zu den sogenannten Gottesbeweisen, in: *Scheidewege* 20 (1990/91), S. 1-13【wiederabgedruckt in: *Philosophische Untersuchungen,* 1992, S.173-189】.
—Fatalismus wäre Todsünde, in: *Freie Universitat -Info* (Berlin), Nr. 7/ 1992, S. 2-3【wiederabgedruckt in: Dietrich Böhler/Rudi Neuberth (Hg.), *Herausforderung Zukunftsverantwortung. Hans Jonas zu Ehren,* Münster/Hamburg 2. erweiterte Auflage 1993, S. 49-51】.
—Last und Segen der Sterblichkeit, in: *Scheidewege* 21 (1991/92), S. 26-40 【wiederabgedruckt in: Philosophische Untersuchungen, 1992, S. 81-100; engl.: the Burden and Blessing of Mortality, in: *Hastings Center Report* 22 (Januar 1992), S. 34-40】.
—The Consumer's Responsibility, in: Audun Øfsti (Hg.), *Ecology and Ethics. A Report from the Melbu Conference, 18-23 July 1990,* Trondheim 1992, S. 215-218.
—Interview: Der ethischen Perspektive muß eine neue Dimension hinzugefügt werden, in: *Deutsche Zeitschrift für Philosophie,* 41 (1993), S. 91-99.
—Philosophy at the End of the Century: A Survey of Its Past and Future, in: *Social Research* 61 (1994), S. 812-832.
—Rassismus im Lichte der Menschheitsbedrohung, in: Dietrich Böhler (Hg.), *Ethik für die Zukunft. Im Diskurs mit Hans Jonas,* München 1994, S. 19-29.
—Aktuelle ethische Probleme aus jüdischer Sicht, in: *Scheidewege* 24 (1994/95), S. 3-15.
—No Compassion Alone: On Euthanasia and Ethics, in: *Hastings Center Report* 25（1995）(Sonderausgabe zum Erbe von Hans Jonas), S. 44-50.
—Interview, in: Herlinde Koelbl (Hg.), *Jüdische Portraits. Fotografien und Interviews,* Frankfurt am Main 1998, S. 168-171.
—Unsere Teilnahme an diesem Kriege. Ein Wort an jüdische Männer (September 1939), in: *Jüdischer Almanach 2001,* Frankfurt am Main 2000, S. 79-91.

ハンス・ヨナスに関する二次文献（選択）

—Aland, Barbara (Hg.), *Gnosis. Festschrift für Hans Jonas,* Göttingen 1978【Bibliographie S. 508-514】.
—Albert, Claudia, 》Jonas, Hans《, in: Bernd Lutz (Hg.), *Metzler-Philosophen-Lexikon,* Stuttgart 1989, S. 399-403.
—Apel, Karl-Otto, 》Verantwortung heute-nur noch ein Prinzip der Bewahrung und Selbstbeschränkung oder immer noch der Befreiung und Verwirklichung von Humanität?《, in: Thomas Meyer/Susanne Miller (Hg.), *Zukunftsethik und Industriegesellschaft,* Frankfurt am Main/ München 1986, S. 15-40.
—Ders., 》 The Problem of Macroethics of Responsibility to the Future in the Crisis of Technological Civilization. An Attempt to Come to Terms with Hans Jonas' ›Principle of Responsibility‹《, in: *Man and World* 20 (1987), S. 3-40.

—Baum, Wolfgang, *Gnostische Elemente im Denken Martin Heideggers? Eine Studie auf der Grundlage der Religionsphilosophie von Hans Jonas,* Neuried 1997.
—Bernstein, Richard J., *Radical Evil. A Philosophical Interrogation,* Cambridge/Oxford 2002 (darin zu Jonas S. 184-204).
—Betz, Walter, 》Hans Jonas, der Religionswissenschaftler《, in: *Zeitschrift für Religions-und Geistesgeschichte* 47 (1995), S. 68-80.
—Böhler, Dietrich (Hg.), *Ethik für die Zukunft. Im Diskurs mit Hans Jonas,* München 1994 【Bibliographie S. 460-478】.
—Ders./Rudi Neuberth (Hg.), *Herausforderung Zukunftsverantwortung. Hans Jonas zu Ehren,* Münster/Hamburg² 1993.
—Ders./Frewer, Andreas (Hg.), *Verantwortung für das Menschliche. Hans Jonas und die Ethik in der Medizin,* Erlangen/Jena 1998.
—Culianu, Ion Petru, *Gnosticismo e pensiero moderno. Hans Jonas,* Rom 1985.
—Depré, Olivier, 》Philosophie de la nature et écologie. A propos de Hans Jonas《, in: *Etudes Phenomenologiques* 10 (1994), S. 85-108.
—Dewitte, Jacques, 》Préservation de l'humanité et image de l'homme《, in: *Etudes Phénoménologiques* 4 (1988), S. 33-68.
—Donneley, Strachan, 》Whitehead and Hans Jonas. Organism, Causality, and Perspective《, in: *International Philosophical Quarterly* 19 (1979), S. 301-315.
—Ders., 》Hans Jonas, la philosophie de la nature et l'éthique de la responsabilité《, in: *Etudes Phénoménologiques* 4 (1988), S. 69-90.
—Fleischer, Margot, 》Verantwortung und Sinnbewahrung: zur Zukunftsethik von Hans Jonas《, in: Carl F. Gethmann/Peter L. Oestreich (Hg.), *Person und Sinnerfahrung. Philosophische Grundlagen und interdisziplinäre Perspektiven. Festschrift für Georg Scherer zum 65. Geburtstag,* Darmstadt 1993, S. 149-169.
—Foppa, Carlo, 》L'analyse philosophique jonassiene de la théorie de l'évolution. Aspects problématiques《, in: *Laval Théologique et Philosophique* 50 (1994), S. 575-593.
—Frogneux, Nathalie, *Hans Jonas ou la vie dans le monde,* Brüssel 2000.
—Gethmann-Siefert, Annemarie, 》Ethos und metaphysisches Erbe. Zu den Grundlagen von Hans Jonas' Ethik《, in: Herbert Schnädelbach/ Geert Keil (Hg.), *Philosophie der Gegenwart -Gegenwart der Philosophie,* Hamburg 1993, S. 171-215.
—Goldberg, Arnold, 》Ist Gott allmächtig? Was die Rabbiner Hans Jonas entgegnen würden《, in: *Judaica* 47 (1991), S. 51-58.
—*Hans Jonas: Ansprachen aus Anlaß der Verleihung* (Friedenspreis des deutschen Buchhandels, 1987), Frankfurt am Main 1987.
—*Hans Jonas zu Ehren: Reden aus Anlaß seiner Ehrenpromotion durch die Philosophische Fakultät der Universität Konstanz am 2. Juli 1991* (Konstanzer Universitätsreden 183), Konstanz 1992.
—Henrix, Hans Hermann, 》Machtentsagung Gottes? Ein Gespräch mit Hans Jonas im Kontext der Theodizeefrage《, in: Johann Baptist Metz (Hg.), *Landschaft aus Schreien. Zur Dramatik der Theodizeefrage,* Mainz 1996, S. 118-143.

—Hermann, Ingo (Hg.), *Hans Jonas. Erkenntnis und Verantwortung* (Gespräch mit Ingo Hermann in der Reihe 》Zeugen des Jahrhunderts《), Göttingen 1991.
—Hirsch Hadorn, Gertrude, *Umwelt, Natur und Moral. Eine Kritik an Hans Jonas, Vittorio Hösle und Georg Picht,* Freiburg/München 2000.
—Hösle, Vittorio, *Die Krise der Gegenwart und die Verantwortung der Philosophie,* München 1990.
—Ders., *Philosophie der ökologischen Krise,* München 1991.
—Hottois, Gilbert, *Aux fondements d'une éthique contemporaine. H. Jonas et H.T. Engelhardt en perspective,* Paris 1993.
—Ders./Marie-Geneviève Pinsart (Hg.), *Hans Jonas. Nature et responsabilité,* Paris 1993.
—Jakob, Eric, *Martin Heidegger und Hans Jonas. Die Metaphysik der Subjektivität und die Krise der technologischen Zivilisation,* Tübingen/Basel 1996.
—Jüngel, Eberhard, 》Gottes ursprüngliches Anfangen als schöpferische Selbstbegrenzung. Ein Beitrag zum Gespräch mit Hans Jonas über den ›Gottesbegriff nach Auschwitz‹《, in: Hermann Deuser (Hg.), *Gottes Zukunft-Zukunft der Welt. Festschrift für Jürgen Moltmann zum 60. Geburtstag,* München 1986, S. 265-275.
—Kajon, Irene, 》Hans Jonas and Jewish post-Auschwitz Thought《, in: *Journal of Jewish Thought & Philosophy* 8 (1998), S. 67-80.
—Kettner, Matthias, 》Verantwortung als Moralprinzip? Eine kritische Betrachtung der Verantwortungsethik von Hans Jonas《, in: *Bijtragen* 51 (1990), S. 418-439.
—Lesch, Walter, 》Ethische Argumentation in jüdischem Kontext. Zum Verständnis von Ethik bei Emmanuel Levinas und Hans Jonas《, in: *Freiburger Zeitschrift für Theologie und Philosophie* 38 (1991), S. 443-469.
—Levy, David J., 》Politics, Nature and Freedom: On the Natural Foundation of the Political Condition《, in: *Journal of the British Society for Phenomenology,* 15 (1984), S. 286-300.
—Ders., *Hans Jonas. The Integrity of Thinking,* Columbia/London 2002.
—Löw, Reinhard, 》Jonas, Hans《, in: Waiter Killy (Hg.), *Literaturlexikon. Autoren und Werke deutscher Sprache,* Bd. 6, Gütersloh 1990, S. 128-142.
—Marzahn, Christian (Hg.), *Wissenschaft und Verantwortung. Hans Jonas im Gespräch mit Rainer Hegselmann u. a.,* Bremen 1991.
—Matheis, Alfons, *Diskurs als Grundlage der politischen Gestaltung, Das politisch-verantwortungsethische Modell der Diskursethik als Erbe der moralischen Implikationen der kritischen Theorie Max Horkheimers im Vergleich mit dem Prinzip Verantwortung von Hans Jonas,* St. Ingbert 1996.
—Monaldi, Marcello, *Tecnica, vita, responsabilità. Qualche riflessione su Hans Jonas,* Neapel 2000.
—Mucci, Giandomenico, 》 Dopo Auschwitz. Il Dio impotente di Hans Jonas 《, in *Viviltà Cattolica* 3587 (1999), S. 425-438.
—Müller, Dennis/Baertschi, Bernard (Hg.), *Nature et Descendence. Hans Jonas et le principe* 》*Responsabilité*《, Genf 1993.
—Müller, Wolfgang E., *Der Begriff der Verantwortung bei Hans Jonas,* Frankfurt am Main 1988.
—Ders., 》Zur Problematik des Verantwortungsbegriffs bei Hans Jonas《, in: *Zeitschrift für evangelische Ethik* 33 (1989), S. 204-216.

—Ders., 》Weltverantwortung und Schöpfungsglaube. Zur theologischen Auseinandersetzung mit Hans Jonas《, in: *Evangelische Kommentare* 23 (1990), S. 396-399.
—Ders. (Hg.), *Hans Jonas. Von der Gnosisforschung zur Verantwortungsethik,* Stuttgart 2003.
—Niggemeier, Frank, *Pflicht zur Behutsamkeit? Hans Jonas' naturphilosophische Ethik für die technologische Zivilisation,* Würzburg 2002.
—Oelmüller, Willi, 》Hans Jonas. Mythos -Gnosis-Prinzip Verantwortung《, in: *Stimmen der Zeit* 206 (1988), S. 343-351.
—Poliwoda, Sebastian, *Versorgung von Sein. Die philosophischen Grundlagen der Bioethik bei Hans Jonas,* Diss. Phil. München 1993.
—Prieri, Alberto, *Hans Jonas,* Florenz 1998.
—Rath, Matthias, *Intuition und Modell: Hans Jonas' ›Prinzip Verantwortung‹ und die Frage nach einer Ethik für das wissenschaftliche Zeitalter* (Europäische Hochschulschriften, Reihe 20: Philosophie, 231), Frankfurt am Main/Bern/New York 1988.
—Redeker, Robert, 》Dieu après Auschwitz. La théodicée faible de Hans Jonas《, in: *Les Temps Modernes* 582 (1995), S. 134-150.
—Richardson, William J., 》Heidegger and God -and Professor Jonas《, in: *Thought* 40 (1965), S. 13-40.
—Ricot, Jacques, 》Vulnérabilité du monde, vulnérabilité de Dieu selon Hans Jonas《, in: *Sens* 50 (1998), S. 163-178.
—Ricoeur, Paul, 》La responsabilité et la fragilité de la vie. Ethique et philosophie de la biologie chez Hans Jonas《, in: *Le messager européen* 5 (1992), S. 203-218.
—Roser, Andreas, 》› Das Prinzip Verantwortung‹ und seine Probleme. Kritische Anmerkungen zum Entwurf einer Zukunftsethik《, in: *Prima Philosophia,* Sonderheft 1 (1990), S. 25-52.
—Rubinoff, Leon, 》Perception, Self-making and Transcendence《, in: *Philosophical Quarterly* 7 (1967), S. 511-527.
—Schieder, Thomas, *Weltabenteuer Gottes. Die Gottesfrage bei Hans Jonas,* Paderborn et al. ²1998.
—Schubert, Jörg, *Das 》Prinzip Verantwortung《 als verfassungsrechtliches Rechtsprinzip. Rechtsphilosophische und verfassungsrechtliche Betrachtungen zur Verantwortungsethik von Hans Jonas,* Baden-Baden 1998.
—Scott, Charles E., 》Heidegger Reconsidered. A Response to Professor Jonas《, in: *The Harvard Theological Review* 59 (1966), S. 175-185.
—Sève, Bernard, 》Hans Jonas et l'éthique de la résponsabilité《, in: *Esprit* 10 (1990), S. 72-87.
—Sikora, Jürgen, *Hans Jonas, Vittorio Hösle und die Grundlagen normativer Pädagogik,* Eitorf 1999.
—Simon, René, *Ethique de la responsabilité,* Paris 1993.
—Song, Ahn-Jung, *Organismustheorie im ethischen Diskurs. Eine Untersuchung zur Philosophie des Lebens bei Hans Jonas,* München 2000.
—Spicker, Stewart F. (Hg.), *Organism, Medicine and Metaphysics: Essays in Honor of Hans Jonas,* Dordrecht/Boston 1978.
—Szostak, Walter, *Teleologie des Lebendigen. Zu Karl Poppers und Hans Jonas' Philosophie des Lebendigen,* Frankfurt am Main 1995.
—Theis, Robert, 》Dieu éclaté: Hans Jonas et les dimensions dune théologie philosophique après

Auschwitz《, in: *Revue Philosophique de Louvain* 98 (2000), S. 341-357.
—Tönnies, Sabine, 》Hans Jonas zwischen Sein und Sollen《, in: *Rechtstheorie* 22 (1991), S. 370-381.
—Vogel, Lawrence, 》Hans Jonas' Exodus: From German Existentialism to Post-Holocaust-Theology《, in: Hans Jonas, *Mortality and Morality. A Search for the Good after Auschwitz,* Evanston/Illinois 1996, S. 30-36.
—Wendnagel, Johannes, *Ethische Neubesinnung als Ausweg aus der Weltkrise? Ein Gespräch mit dem* 》*Prinzip Verantwortung*《 *von Hans Jonas,* Würzburg 1990.
—Wetz, Franz Josef, *Hans Jonas zur Einführung,* Hamburg 1994.
—Ders., 》 Hans Jonas (1903-1993)《, in: Hans Erler/Ernst Ludwig Ehrlich/ Ludger Heid (Hg.), 》*Meinetwegen ist die Welt erschaffen*《. *Das intellektuelle Vermächtnis des deutschsprachigen Judentums,* Frankfurt am Main S. 78-83.
—Weyemberg, Maurice, 》La critique de l'utopie technique chez J. Ellul et H. Jonas《, in: *Tijdschrift voor de Studie van de Verlichting en van Het Verije denken* 17 (1989), S. 63-136.
—Wiese, Christian, 》Revolte wider die Weltflucht《, in: *Die gnostische Religion. Die Botschaft des fremden Gottes,* Frankfurt am Main 1999, S. 401-429.
—Ders., 》》Daß man zusammen philosoph und Jude ist...‹ Zur Dimension des Jüdischen in Hans Jonas' philosophischer Ethik der Bewahrung der ›Schöpfung‹《, in: Joachim Valentin/Saskia Wendel (Hg.), *Judische Traditionen in der Philosophie des 20. Jahrhunderts,* Darmstadt 2000, S. 131-147.
—Ders., 》Ein ›Bellum Judaicum‹ in des Wortes tiefster Bedeutung -Hans Jonas' Kriegsaufruf 1939 im Kontext seiner Biographie und seines philosophischen Denkens《, in: *LBI-Almanach* 2001, Frankfurt am Main 2000, S. 92-107.
—Ders. (Hg.), Hans Jonas: *Revolte wider die Weltflucht. Reden und Gespräche,* München 2000 (Hörbuch-Edition).
—Ders., Hans Jonas- 》Zusammen Philosoph und Jude《, Frankfurt am Main 2003.
—Ders./Jacobson, Eric (Hg.), *Weiterwohnlichkeit der Welt. Neue Perspektiven zu Hans Jonas,* Berlin 2003.
—Wille, *Ontologie und Ethik bei Hans Jonas,* Dettelbach 1996.
—Wolf, Jean-Claude, 》Hans Jonas. Eine naturphilosophische Begründung der Ethik 《, in: Anton Hügli/Paul Lübcke (Hg.), *Philosophie im 20. Jahrhundert,* Bd. 1, Reinbek 1992, S.214-236.
—Wolin, Richard, *Heidegger's Children. Hannah Arendt, Karl Löwith, Hans Jonas, and Herbert Marcuse,* Princeton 2001. 邦訳：木田元他訳『ハイデガーの子供たち』(新書館、2004年)

人名索引

・数字は本文ページ数。
・特に出典が示されていない場合、人物に関しては『岩波西洋人名辞典』『岩波哲学・思想事典』を主として参照した。

Adorno, Teodor W.（テオドール・W・アドルノ　1903-69）　ドイツの哲学者、社会学者、美学者。20世紀中葉を代表する思想家。ナチス政権把握とともに、オックスフォードへ亡命。その後渡米。1950年代以降ドイツへ帰り、フランクフルトの社会研究所の再興に努める。『啓蒙の弁証法』『否定弁証法』『美の理論』の三部作が後期アドルノの代表作。
.... 273, 392, 426.

Allenby, Edmund Henry Hynman（エドマンド・アレンビー　1861-1936）　イギリスの軍人。第一次世界大戦ではエルサレムを占領、トルコ軍を小アジアへ追いつめた功により、元帥に昇進。戦後エジプト駐在高等弁務官として勤務。
.... 110.

Amos（アモス　前750年頃活動）　十二小預言者の一人。弱者や貧者を虐げる社会的不正義によっても民族は滅びると訴え、ミカ、イザヤ、エレミヤなどにも影響を与えた。アモス書。
.... 44.

Anders, Günther（ギュンター・アンダース　1902-92）　ブレスラウに生まれる。本名、ギュンター・シュテルン。ペンネームは、ギュンター・アンダース（アナス）。なぜアンダースと名づけられたかは、本文246-247ページ参照。ハンナ・アーレントの最初の夫。フッサールのもとで学位を取得したのち、マールブルクで教授資格論文のためにハイデガーに師事し、そこでアーレントに出会う。1933年にパリへ亡命、1936年にはアメリカへ亡命。アメリカでは工場労働を経験する。参照、ギュンター・アンダース『異端の思想』青木隆嘉訳、法政大学出版局、1997年、訳者解説。
.... xxix, xxxv, 83, 246-9, 311, 370, 441-2.

Arendt, Hannah（ハンナ・アーレント　1906-75）　現代の最も優れた女性政治思想家。ユダヤ人の家庭に生まれ、マールブルクでハイデガーに師事、哲学を学ぶ。1933年ナチスの迫害を逃れてフランスへ、1941年にはアメリカへ亡命。20世紀の全体主義を生み出した現代大衆社会の病理と対決することを生涯の課題とした。著書に『全体主義の起源』、『イエルサレムのアイヒマン』『人間の条件』などがある。（ちくま学芸文庫より）
.... iv-v, xviii, xxix, xxxiv, 82-8, 94-6, 102, 134, 226, 232, 240, 246-54, 256-61, 267, 279, 288, 293, 299, 305-6, 356, 371-2, 374-5, 380, 391, 398-9, 416, 433, 436, 441-3.

Arian, Inna（インナ・アリアン）
.... 125.

Aristoteles（アリストテレス　前384-322）　ソクラテス、プラトンとならぶギリシャ

哲学の巨人。マケドニア王の侍医の息子。プラトンのアカデメイアに入学し、学園の頭脳と呼ばれた。プラトン死後、アレキサンダー王子の家庭教師となり、東方に遠征。アテナイに戻り学園リュケイオンを開く。『形而上学』『ニコマコス倫理学』など著書多数。
.... 57, 63, 82, 223, 276-8, 288-9, 298, 379.

Aschaffenburg, Hermann（ヘルマン・アシャッフェンブルク）
.... 181.

Aurelius, Marcus（マルクス・アウレリウス　121-180）ローマ皇帝でいわゆる5賢帝の5人目。最後の著名なストア哲学者。ゲルマン諸民族との戦い。『自省録』の著者。
.... 295.

Bacon, Francis（フランシス・ベーコン　1561-1626）イギリスの哲学者、政治家。検事総長、枢密顧問官、大法官など歴任。一時ロンドン塔に幽閉。「知識は力である」とし、実用的な知識、科学的知識を求めた。経験論の祖。『学問の進歩』など。
.... 278.

Baeck, Leo（レオ・ベック　1873-1956）20世紀ユダヤ世界で最も代表的な宗教的人物の一人。精神的勇気と聖徒らしさを兼ねそなえた人物。ラビの家庭に育った。ナチスのユダヤ人迫害が激しくなった1933年から、ドイツ・ユダヤ人全国代表団議長、1939年初頭、シンシナティからの招聘があったが、さらに2年間ベルリンに留まり、アカデミーで講義。1943年収監。1943～45年にはテレージェンシュタット強制収容所にいた。そこで腐敗したユダヤ人の管理に抵抗。1945年解放。戦後は、リベラル派ユダヤ人の最も尊敬された代表の一人で、「進歩的ユダヤ人の世界連盟 Weltvereinigung des Fortschrittlichen Judentums」の名誉会長。アメリカ、イギリスで生活。(『二十世紀のユダヤ思想家』サイモン・ノベック編、ミルトス、1996、『アーレント・ヤスパース往復書簡1926-1969』みすず書房、2004、注記)
.... 62, 223, 233, 367.

Bahr, Egon（エーゴン・バール　1922-　）ドイツのSPDに所属する政治家。連邦政府の特殊問題担当相、経済協力相を歴任し、1984～94には、ハンブルク大学平和・安全保障政策研究所研究部長を務めた。
.... 300.

Bamberger, Fritz（フリッツ・バンベルガー　1902-84）ベルリンで哲学とドイツ学を学ぶ。ベルリンのユダヤ学大学で講師。1939年アメリカへ移住。シカゴ大学で教えた後、ニューヨークで生活し、最後はニューヨーク・レオ・ベック研究所の副学長。メンデルスゾーン全集の編集。(Biographische Enzyklopadie deutschsprachiger Philosophen, K.G. Saur, 2001)
.... 69.

Baneth, Eduard（エドゥアルト・バネーテ）
.... 441.

Barbarossa, Friedrich（フリードリヒ・バルバロッサ）3章訳注4（385ページ）参照。
.... 64.

Barbusse, Henri（アンリ・バルビュス　1873-1935）フランスの詩人、小説家。第一

次世界大戦に従軍し、小説『砲火』を発表して社会主義的傾向を明らかにした。共産党に入り、反戦運動、国際文化運動に協力した。
.... 76.

Barth, Karl（カール・バルト　1886-1968）改革派の神学者、弁証法神学の主導者。1921-35年、ドイツ各地で教授歴任、1935年からはバーゼル大学教授、ヤスパースに対しては皮肉を込めた距離のある関係にあった。
.... 270, 390.

Baruch バルク（祝福された者の意）は、預言者エレミヤの弟子（「エレミヤ書」45章1節、36章4-8節）。バルクは、ネブカドネザル2世によるエルサレム占領（前586）前後にエルサレムにあってエレミヤの友人、または秘書であった。
.... 44.

Becher, Johannes R.（ヨハンネス・R・ベッハー　1891-1958）ドイツの詩人。第一次世界大戦後共産主義者となり、表現主義的スタイルで多くの熱狂革命文学を書いた。ナチス政権下で亡命、戦後ベルリンへ帰り左翼作家として活躍。
.... 30.

Beecher, Henry K.（ヘンリー・K・ビーチャー　1904-76）ハーバード大学メディカル・スクールの麻酔学の歴史に名を刻むとともに、彼の業績は医療倫理、患者の権利や死の定義に関する社会的基準づくりに多大な影響を与えた。
.... 281, 284.

Beers, Lippmann（リップマン・ベアース　1914-　）ラトビアのリガに生まれる。1938年、プラハ大学で博士号取得。アメリカ数学会会長（1975-76）。ドナルド・アルバース他『アメリカの数学者たち』青土社、1993。
.... 243.

Ben Gurion, David（デビッド・ベン・グリオン　1886-1973）イスラエル首相。ポーランドに生まれ、シオニズム運動に参加し、1906年パレスチナに定住。
.... 305.

Benjamin, Else（エルゼ・ベンヤミン）ヨナスの初恋の女性
.... 48.

Berger, Alfred（アルフレート・ベルガー　1853-1912）
.... 360.

Berger, Julius（ユリウス・ベルガー　1883-1948）2章原注20（350ページ）参照。
.... 49, 350.

Bergman, Escha（エシア・ベルクマン）
.... 119.

Bergman(n), Hugo Shmuel（フーゴー・ベルクマン　1883-1975）プラハで生まれ、エルサレムで死。1935年ヘブライ大学教授。ヘブライ語でカントやマイモン、20世紀哲学者について著書を著し、1954年に、イスラエル賞を受賞。宗教的にはR・シュタイナー、M・ブーバー、F・ローゼンツヴァイク、さらにキリスト教、インド思想家の影響を受けた彼は、みずからの信仰を「神との出会い」として生きようと努めた。『思索の人と信仰の人』『信仰と理性』がある。

.... 114, 119, 228, 230-1, 276, 307, 358, 367.

Berkeley, George（ジョージ・バークリー　1685-1753）　アイルランドの哲学者。物質の外的実在性を否定し、観念の一元論を説いた。『存在することは知覚されることである』と言う命題からもわかるように、バークリーの言う観念とはわれわれの感官に与えられる知覚のことである。
.... 56.

Bertalanffy, Ludwig von（ルートヴィヒ・フォン・ベルタランフィ　1901-72）　オーストリア生まれの理論生物学者。第二次世界大戦後、オーストリアを離れる。シカゴ大学、オタワ大学教授を歴任。一般システム理論を提唱し、その視点から生物を考察しようとした。『生命—生体論の考察』飯島衛・長野敬訳、みすず書房、1954、『人間とロボット—現代世界での心理学』長野敬訳、みすず書房、1970、『一般システム理論』長野敬、太田邦昌訳、みすず書房、1973など。小学館『日本大百科全書』「ベルタランフィ」の項。
.... 221-2, 366, 442.

Beyerlein, Kurt（クルト・バイアーライン）
.... 184-5.

Blake, William（ウィリアム・ブレイク　1757-1827）　イギリスの詩人、画家、神秘思想家。
.... 238.

Bloch, Ernst（エルンスト・ブロッホ　1885-1977）　ドイツの哲学者。グノーシスやカバラの神秘思想とマルクス主義とを結合したユートピア思想。ナチスが政権をとると、ヨーロッパを経て、アメリカへ移住。戦後ライプツィッヒ大学へ。1961年ベルリンの壁構築を機にテュービンゲン大学教授。主著『希望の原理』(1954–59)。
.... xix, 72, 273, 299, 355, 376, 419.

Blucher, Heinlich（ハインリッヒ・ブリュッヒャー　1899-1970）　独学者。1919年にドイツ共産党に入党。ハンナ・アーレントに出会ったのは、パリに亡命していた1936年で、1940年に結婚。1950年からはニューヨークのニュースクール・フォア・ソーシャルリサーチで芸術哲学を講じ、1952～68年には、ニューヨーク州のバード・カレッジの哲学教授。（『アーレント・ヤスパース往復書簡1926-1969』みすず書房、2004、注記）パリにおけるアーレントとブリュッヒャーの関わりついては、エリザベス・ヤング・ブルーエル『ハンナ・アーレント伝』荒川幾男他訳、晶文社、1999。
.... 247, 249-50, 252, 391, 443.

Blumenberg, Hans（ハンス・ブルーメンベルク）
.... 225-6.

Blumenfeld, Kurt（クルト・ブルーメンフェルト　1884-1963）　ドイツのシオニズム運動の指導者。ハンナ・アーレントとごく親しかった。アーレントとブルーメンフェルトとの関係については以下を参照。エリザベス・ヤング・ブルーエル『ハンナ・アーレント伝』荒川幾男他訳、晶文社、1999。
.... viii, 74, 254, 371.

Bohr, Niels Henrik David（ニールス・ボーア　1885-1962）　デンマークの理論物理学者。彼を中心とするコペンハーゲン学派は量子力学の発展に大きく寄与した。1922年にノーベル物理学賞を受賞。
　　　　　　　　　　　　　　　　　　　　　　　　　　　　　　　　　　　230.

Bornkamm, Günther（ギュンター・ボルンカム　1905-90）　現代ドイツのプロテスタント神学者。ハイデルベルク大学新約聖書学教授で新約聖書の批判的解釈者。
　　　　　　　　　　　　　　　　　　　　　　　　　　　　　　　　　　　266-8.

Bousset, Wilhelm（ヴィルヘルム・ブセ　1865-1920）　ドイツのプロテスタント神学者。宗教史学派の代表者の一人。後期ギリシャおよび東方の密儀宗教の、ユダヤ教および原始キリスト教に対する影響を証明しようとした。
　　　　　　　　　　　　　　　　　　　　　　　　　　　　　　　　　　　202.

Brasse, Ernst（エルンスト・ブラッセ　1865-1923）　ポツダム生まれ。ハレで歴史学で博士号取得。1895年からメンヘングラードバッハのギムナジウムで教師。メンヘングラートバッハの歴史を詳細に記述した。
http://www.antiquariat-am-st-vith.de/Brasse.htm
　　　　　　　　　　　　　　　　　　　　　　　　　　　　　　　　　　　26-7.

Brentano, Franz（フランツ・ブレンターノ　1838-1917）　独墺学派の創始者。アリストテレスの哲学とコントの実証主義に指針を据え、記述心理学に基づく哲学の構築を目指した。
　　　　　　　　　　　　　　　　　　　　　　　　　　　　　　　　　　　114.

Bröcker, Walter（ヴァルター・ブレッカー　1902-92）　ハイデガーの弟子で30年代に彼の助手を務め、1937年にフライブルクの私講師となり、1940年にロストックへ招聘され、キール大学で哲学を教えた。(『アーレント・ヤスパース往復書簡1926-1969』みすず書房、2004、注記)
　　　　　　　　　　　　　　　　　　　　　　　　　　　　　　　82-3, 225-6.

Bronfman, Edgar（エドガー・ブロンフマン）
　　　　　　　　　　　　　　　　　　　　　　　　　　　　　　　　　　　211-2.

Bronfman, Samuel（サミュエル・ブロンフマン　1891-1971）　カナダのアルコールと石油王。第二次世界大戦を通してカナダ-ユダヤ会議援助委員会を創設した。(Dictionary of JEWISH Biography, continuum, 2005)
　　　　　　　　　　　　　　　　　　　　　　　　　　　　　　　　　　　209-12.

Brumlik, Micha（ミヒア・ブルームリク　1947- ）　ユダヤの難民としてスイスで生まれた。1952年以降ドイツで生活し、またイスラエルで哲学を学び、キブツで労働した。ハイデルベルク大学の教育学教授。フランクフルトのユダヤグループのジャーナリスト。著書は Kein Weg als Deutscher und Jude, 1996 など。http://www.uni-mainz.de/Organisationen/israel-ag/symp2000_refbio_brumlik.htm
　　　　　　　　　　　　　　　　　　　　　　　　　　　　　　　　　　　415.

Buber, Martin（マルティン・ブーバー　1878-1965）　ウィーン生まれ。フランクフルト大学宗教学およびユダヤ教倫理教授。ハシディズムとは、ヘブル語の「敬虔なるもの」を意味する Hasid に由来し、広くユダヤ宗教史上に現れた敬虔主義の運

動を指して言う。ブーバーとハシディズムの出会いは子供の頃であるが、青年時代のシオニズム運動のなかで、ふたたびハシディズムに捉えられ、研究に献身。こうした研究を通して彼の主著『われとなんじ』1923が生まれた。
.... xv, xxxiii, 30, 45, 71-2, 117-8, 219, 229, 348, 357.

Bupner, Rudiger（リュディガー・ブプナー　1941-　）　ドイツの哲学者。『弁証法と科学』加藤尚武・伊坂青司・竹田純郎訳、未来社、1983、『ことばと弁証法』伊坂青司・鹿島徹訳、晃洋書房、1992など。
.... 308.

Buddha（仏陀）
.... 41, 417, 420.

Bultmann, Antje（アンチェ・ブルトマン）　ブルトマンの娘。
.... 200.

Bultmann, Rudolf Karl（ルドルフ・ブルトマン　1884-1976）　カール・バルトとならぶ20世紀神学の巨星。マールブルク大学教授。聖書本文の背後にある実存理解に迫るための積極的方法として〈非神話化〉の必要性を唱えた。
.... xiii, xxvii, xxxiv, xxxvi, 84, 89-90, 197-9, 200-4, 253, 266, 268-70, 274, 307, 310-1, 361-2, 377, 438, 441-3.

Cajetanus（カエタヌス　1469-1534）　イタリアの神学者。ドミニコ会総会長・枢機卿などを歴任。第二のトマス・アクィナスと言われる。
.... 81.

Callahan, Daniel（ダニエル・キャラハン　1930-　）　1989-96年、ヘイスティングスセンター理事長。同センターの国際プログラム所長。ハーバード大学メディカル・スクール客員教授。著者、編者となる著書は35冊を超える。
.... 284, 379.

Carnap, Rudolf（ルドルフ・カルナップ［カールナプ］1891-1970）　ドイツの哲学者。シカゴ大学教授。記号論理学、言語の論理的分析の著書がある。
.... 81.

Cassirer, Ernst（エルンスト・カッシーラー　1874-1945）　ドイツの哲学者。H・コーヘンに学ぶ。ハンブルク大学教授。次第にカント主義を脱して、独自の文化哲学を構築し、『シンボル形式の哲学』を著す。1929年ドイツ最初のユダヤ人総長としてハンブルク大学に就任するが、1933年ナチス政権成立を見て、亡命。1941年アメリカに渡米、1945年急逝。
.... 69.

Chamberlain, Arthur Neville（チェンバレン　1869-1940）　イギリスの政治家。蔵相、保健相を経て、1937年に首相となったが、ナチス・ドイツの勃興に伴う国際危機に直面し、首相の地位をチャーチルに譲り、枢密院議長となるが、病気のため辞職。
.... 104, 131, 388.

Chaplin, Charlie（チャーリー・チャップリン　1889-1977）　イギリスの映画俳優。「黄金狂時代」「モダン・タイムズ」「殺人狂時代」などが代表作。
.... 248.

人名索引　463

Churchill, Winston（ウィンストン・チャーチル　1874-1965）　イギリスの政治家。1940年にチェンバレンの跡を継いで首相となり、ダンケルク撤退後の難局に際し、比類なき統率力をもって国民を指導、ソ連、アメリカの参戦とあいまって戦争を勝利に導いた。1951年ふたたび首相となったが、引退。優れた文章に対しノーベル文学賞を受賞。
　　　　　　　　　　　　　　　　　　　　　　　　　　　　　　104, 170, 243, 360.

Cicero（キケロ　前106-前43）　ローマの政治家、雄弁家、道徳哲学的エッセイスト。
　　　　　　　　　　　　　　　　　　　　　　　　　　　　　　　　　　　　xxv.

Cohen, Hermann（ヘルマン・コーヘン　1842-1918）　新カント学派の一つであるマールブルク学派の創始者であるとともにユダヤ思想家。マールブルク大学退職後、ベルリンユダヤ教学院で教える。重要な弟子としてカッシーラーとローゼンツヴァイクがいる。
　　　　　　　　　　　　　　　　　　　　　　　　　　　　　　　　　　　　　55

Cohn, Benno（ベンノ・コーン）
　　　　　　　　　　　　　　　　　　　　　　　　　　　　　　　　　　　360.

Cohn, Jonas（ヨナス・コーン　1869-1947）　ドイツの哲学者。フライブルク大学助教授。西南ドイツ学派。批判的弁証法を必要とするとした。バーミンガムで歿。
　　　　　　　　　　　　　　　　　　　　　　　　　　　　　viii, 59-60, 441.

Cohnen, Karl（カール・コーネン）　メンヘングラートバッハの画家。本文参照。
　　　　　　　　　　　　　　　　　　　　　　　　　　　　　　　　　　27-8.

Colombe, Ludovico della（ルドヴィコ・コロンベ(デレ) 1565-?）　1565年1月20日、フィレンツェに生まれる。フィレンツェ・アカデミーに加入し、フランチェスコ・ノリに励まされて、1598年に「ファンタジアについて」を朗読し、そのときから「著名な数学者」となった。彼について知られていることはほとんどない。
　　　　　　　　　　　　　　　　　　　　　　　　　　　　　　　　　　　　33.

Courant, Richard（リチャード・クーラント　1888-1972）　ドイツ生まれのアメリカの数学者。1907年にゲッティンゲン大学に入学し、頭角を現す。ヒルベルトと知り合いになり、のちにその助手となる。1934年に国籍を移し、アメリカに移住する。その組織力、管理者としての能力で有名。参照、D・アボット編『世界科学者事典5　数学者』斎藤正彦監訳、原書房、1987年。
　　　　　　　　　　　　　　　　　　　　　　　　　　　　xxvi, 242-3, 245.

Cullmann, Oscar（オスカー・クルマン　1902-99）　現代フランスの新約聖書学者。初期教会史家。
　　　　　　　　　　　　　　　　　　　　　　　　　　　　　　　　　　　192.

Cusanus, Nicolaus（1401-64）　Kues, Nikolaus von を見よ。

Dahn, Julius Sophus Felix（フェリックス・ダーン　1834-1912）　ドイツの歴史家、法律学者、作家。ブレスラウ大学教授。当時流行した「教授小説」の代表者。
　　　　　　　　　　　　　　　　　　　　　　　　　　　　　　　　　　　　32.

Daladier, Edouard（エドゥアール・ダラディエ　1884-1970）　フランスの政治家。歴史教師から政界に入り、陸相、国防相、首相を務め、急進社会党総裁として人民

戦線に参加。フランス降伏後逮捕されるが、戦後釈放され、急進社会党名誉総裁となった。
.... 131.

Darwin, Charles Robert（チャールズ・ダーウィン　1809-82）　イギリスの博物学者・進化論者。代表的著作として、『種の起源』(Origin of species by means of natural selection)、1859がある。
.... xxvi.

Descartes, René（デカルト　1596-1650）　フランスの哲学者、数学者。近代哲学の父と言われている。近代形而上学の創始者。学問を絶対に疑うことのできない基盤の上にのせようと、少しでも疑いの余地を残すものを排除するという徹底的な懐疑を用いて、真なるものを偽なるものからふるい分け、『我思う故に我あり』という命題に至る。『方法序説』1637。
.... 56, 352.

Dilthey, Wilhelm（ヴィルヘルム・ディルタイ　1833-1911）　ドイツの生の哲学の代表者の一人。たんなる理性だけの抽象的な人間ではなく、意欲し、感情をもち、思惟する全体としての生から、外界の実在性、他者の存在へのアプローチ。その方法が、理解の分析としての解釈学である。
.... 97.

Dinkler, Erich（エーリッヒ・ディンクラー　1909-81）　ドイツの神学者。新約聖書学、古代教会、キリスト教考古学、キリスト教美術の分野で活躍。マインツ大学、ボン大学、ハイデルベルク大学教授。（『キリスト教人名辞典』日本基督教団出版局、1986）
.... 201.

Dionysius von Syrakus（ディオニュシオス）　プラトンが哲人王の理想を実現するために教育にあたったディオニュシオス2世のことであろう。しかしその試みは失敗に終わったとされている。
.... 295.

Dorsch, Käte（ケーテ・ドルシュ　1890-1957）　ドイツの女優。ベルリン、ウィーンで名声を博した。映画にも出演。
.... 67.

Ebbinghaus, Julius（ユリウス・エビングハウス　1885-1981）　現代ドイツの哲学者。ロストク大学、マールブルク大学教授。
.... 203.

Ebert, Friedrich（フリードリヒ・エーベルト　1871-1925）　ドイツの政治家、社会民主主義者。党首となり、第一次世界大戦開始後は参戦論を導く。ドイツ革命の際には首相になり、ドイツ共和国が成立するや、ワイマール共和国初代大統領（1919–25）となった。
.... 35.

Eckhart, Meister Johannes（マイスター・エックハルト　1260頃-1328頃.）　中世ドイツのスコラ学者、神秘主義思想家。参照、『日本大百科全書』小学館。

.... 215, 390.

Eichmann, Karl Adolf（アドルフ・アイヒマン　1906-62）　ナチス・ドイツにおけるユダヤ人虐殺の担当責任者。戦後アルゼンチンに逃亡し、1960年に捕らえられ、1961年からイスラエルのエルサレムで裁判にかけられた。ハンナ・アーレントは新聞社の特配員としてこの裁判を傍聴し、『イエルサレムのアイヒマン』を著し、ヨナスと絶縁状態となった。
.... xxxiv, 232, 252, 257-8, 371-2, 433, 439, 443.

Einstein, Albert（アルバート・アインシュタイン　1879-1955）　ドイツ生まれのユダヤ人。アメリカの理論物理学者。プリンストン大学高等研究所名誉教授。特殊相対性理論を発表。ノーベル物理学賞受賞。
.... viii, 31-2, 75.

Elbogen, Ismar（イスマール・エルボーゲン　1874-1943）　ドイツのユダヤ人学者。ベルリン大学のユダヤ学教授となり、晩年アメリカに移住して、シンシナティで、歿。
.... 62, 69.

Engels, Friedrich（フリードリヒ・エンゲルス　1820-95）　ドイツの経済学者、哲学者、社会主義者、革命家。マルクスとともにマルクス主義の共同創始者。第一インターナショナル、第二インターナショナルを指導。マルクスとの共著『ドイツ・イデオロギー』『共産党宣言（1848）』。
.... 111.

Evenari, Michael（ミハエル・エヴェナリ［ヴァルター・シュヴァルツ　Waletr Schwarz］1904-89）　植物研究。1933年に移民を決意。http://cms.ifs.tu-darmstadt.de/index.php?id・643
.... 168-9.

Farber, Marvin（マーヴィン・ファーバー　1901-?）　アメリカの哲学者。ドイツに留学し、フッサールの弟子。ニューヨーク市立大学教授。アメリカにおける国際現象学会の中心人物。
.... 62.

Faribault, Pere（ペール・ファリボー）
.... 216-7.

Feuerring, Gertrud（ゲルトルート・フォイアリング）
.... 291.

Feuerring, Jizchak（イザーク・フォイアリング）
.... 291.

Fischer, Gertrud（ゲルトルート・フィッシャー）
.... 133-8, 226-7, 441, 443.

Fischer, Johannes（ヨハンネス・フィッシャー）　ゲルトルートの父、民主主義的政治家。
.... 134.

Freud, Fania（ファーニァ・フロイト）　Scholem, Fania を見よ。
.... 131, 144.

Freud, Sigmund（ジークムント・フロイト　1856-1939）　ウィーンの神経学者、精神

分析の創始者。1938年ナチスのウィーン占領でロンドンに亡命し翌年死去。
.... 53, 237, 351.

Freund, Paul（パウル・フロイント　1908-92）　ハーバード大学ロー・スクール教授。当校で1939年以来、大陸法を教えた。ルーズベルト政権下で財務省に仕える。主著に On Law and Justice（1968）などがある。
.... 281, 284.

Friedrich, Carl J.（カール・フリードリヒ　1901-84）　ドイツ生まれのアメリカの行政学者。ハーバード大学教授。
.... 236.

Friedrichs, Kurt Otto（クルト・フリードリックス　1901-82）　ドイツのキール生まれの数学者。参照、http://www-gap.dcs.st-and.ac.uk/~history/Mathematicians/Friedrichs.html
.... 242-5, 443.

Friedrichs, Nelly（ネリー・フリードリックス）
.... 242-3, 443.

Frye, Northrop（ノースロップ・フライ　1912-91）　カナダの文学批評家。『批評の解剖』（海老根宏訳、法政大学出版局、1980）で、独創的な批評理論を構築する。参照、『シェイクスピアを読む——ノースロップ・フライのシェイクスピア講義』石原孝哉他訳、三修社、2001、「あとがき」。
.... 238.

Fürst, Ernst（エルンスト・フュルスト）　ハンナ・アーレントのいとこ。
.... xviii, 259.

Gabirol, Salomo Ibn（サロモ・イブン・ガビロル　1021?-58?）　スペインのユダヤ系哲学者・詩人。ラテン名はアヴィケブロン（Avicebron）。中世ヨーロッパ思想に影響を与える。参照、http://www.christen-heute.de/ARC/3-7-03.html
.... 304.

Gadamer, Hans-Georg（ガダマー　1900-2002）　哲学的解釈学の首唱者でその主著『真理と方法』1960は哲学だけでなく、いろいろな学問分野に大きく広い影響を与えた。ハイデガーに近い立場に立っていて、ハイデルベルク大学のヤスパースの後継者。（『アーレント・ヤスパース往復書簡1926-1969』みすず書房、2004、注記より）。
.... xxi, 92, 94, 273, 289, 441.

Galilei, Galileo（ガリレオ・ガリレイ　1564-1642）　イタリアの物理学者、天文学者。ピサの聖堂の吊堂を見て振り子の等時性を発見。落体実験で近代的力学成立の基礎を置く。望遠鏡を発明し、コペルニクスの地動説に一証を与えた。
.... 33.

Gaylin, Willard（ウィラード・ゲイリン　1925- ）　コロンビア大学精神医学教授、臨床精神科医。ヘスティング・センター創設に参画した一人。
.... 284.

Geiger, Abraham（アブラハム・ガイガー　1810-74）　19世紀のドイツ改革派の指導者。正統派の論敵サムソン・R・ヒルシュが、ユダヤ教の戒律を時間的影響から逃れ

た永遠の法と見なすのに対して、ガイガーは、さまざまな法を聖書から演繹したとしても、それは歴史的状況に影響された解釈であり永遠性をもたないとした。参照、手島勲矢編著『わかるユダヤ学』日本実業出版社。
.... 233.

Genscher, Hans-Dietrich（ハンス・ディートリッヒ・ゲンシャー　1927- ）ドイツの政治家、外相。第二次世界大戦で捕虜。戦後、法律、経済学を勉強し、西ドイツ自由民主党に参加。冷戦を終わらせる努力をした。
.... 300.

George, Stefan（シュテファン・ゲオルゲ　1868-1933）ドイツの詩人。当時の自然主義的傾向に強固に反対した。1892年に『芸術草紙』を発刊。『魂の四季』(西田秀樹訳、東洋出版）など。参照、『日本大百科全書』小学館。
.... 215.

Geyer, Florian（フローリアン・ガイアー　1490?-1525）ドイツの騎士、外交官。15世紀中頃起こった農民運動で歌われた。農民の履く靴の旗印のもとに戦われた。
.... 70.

Gibbon, Edward（エドワード・ギボン　1737-94）イギリスの歴史家。古典的名著『ローマ帝国衰亡史』6巻、1776–88を完成。
.... 32.

Gier-Lünenburg, Hetty（ヘッティ・ギーア‐リューネンブルク）
.... 186.

Goebbels, Joseph Paul（ゲッベルス　1897-1945）ドイツの政治家。生来野心が強く、1922年にナチスに加入。1926年ベルリンの党指導者となる。ヒトラー直属の助言者として、国民啓蒙宣伝相となった。ユダヤ人迫害の実行者。1945年自殺。(『世界大百科事典』平凡社9)
.... 100.

Goethe, Johann Wolfgang von（ヨハン・ヴォルフガング・ゲーテ　1749-1832）ドイツの詩人、作家、古典派の代表者。『若きヴェルテルの悩み』『ファウスト』『西東詩集』など。
.... xxvi, xxxii-iii, 20, 46, 98, 294.

Goll, Ivan（イヴァン・ゴル　1891-1950）フランスの詩人、文学者。現代世界文学に関する研究。
.... 30.

Grabenhorst, Richard（リヒャルト・グラーベンホルスト）ヨナスがハフシャラー組織において派遣された農家の主人。
.... 78-9.

Greenbaum, Jo（ジョ・グリーンバウム）
.... 299.

Gressmann, Hugo（フーゴー・グレスマン　1877-1927）ドイツの旧約聖書学者。宗教史学派の代表者の一人。ベルリン大学ユダヤ研究所長。
.... 42, 63, 441.

Gronemann, Sammy（サミー・グローネマン 1875-1952） ストラスブルクでラビの息子として生まれた。法学を学ぶ。世紀の変わり目にシオニストになった。弁護士として働く。1920年、『無秩序』を出版。1933年フランスへ、そしてパレスチナへ移住。弁護士として活動する傍ら、若干の戯曲を書いた。
....73.

Gross, Lola（ローラ・グロス）
.... 167.

Gross, Walter（ヴァルター・グロス 1904-?） 芸人、俳優。
.... 166-7, 360.

Grun, Nelly（ネリー・グリュン） Friedrichs, Nelly を見よ。
.... 242.

Gundolf, Friedrich（フリードリヒ・グンドルフ 1880-1931） ドイツの文学者。ハイデルベルク大学教授。ディルタイ、ジンメル等につながる哲学的文芸学の代表者。
.... 55.

Gunkel, Hermann（ヘルマン・グンケル 1862-1932） ドイツのプロテスタント神学者。旧約聖書の文学的形式に関する研究がある。
.... 42, 202.

Gurwitsch, Aron（アロン・グールヴィッチ 1901-73） 1919年にベルリンで数学と物理学の勉強を始めるも、新設されたフランクフルト大学に転じ、ゲシュタルト心理学の現象学的方法による彫琢という刺激を受け、ゲシュタルト心理学の現象学的基礎づけやクルト・ゴルトシュタインの有機体論的生物学に取り組む。1933年に妻とともにドイツからパリに亡命し、ソルボンヌで教え、メルロ・ポンティは彼の講義を早くから聞きに来ていた。1940年にアメリカに移住。グールヴィッチの生涯については、リヒャルト・グラトホーフ編著『亡命の哲学者たち――アルフレッド・シュッツ／アロン・グールヴィッチ往復書簡1939〜1959』佐藤嘉一訳、木鐸社、1996を参照。1939年アメリカに来てから、ジョンズ・ホプキンス大学やニュースクールでアカデミックな地位に就く。フランス語で出版された Theory of the Field of Consciousness（1957）は、アメリカでのヨーロッパ現象学者による最も独創的な作品とされる（cf. H. Spiegelberg: The Phenomenological Movement, vol. 2）。
.... 230, 240, 245, 279, 369, 443.

Guttentag, Otto（オットー・グッテンターク 1900-92） ドイツ生まれの医学者。1933年に「カリフォルニア・ホメオパシー財団」の招聘を受け、サンフランシスコの同研究所長となり、アカデミックなドイツ医学を導入した。1936年からはカリフォルニア大学医学校で、研究・教育に加え大学・病院の運営にも携わるなかで、医療倫理という新しい研究分野でのリーダーとしてのキャリアを積む。1951年UCSF（カリフォルニア大学サンフランシスコ校）で開かれた、ヒト医学実験の問題に関するシンポジウムに関与した。
.... 282.

Guttmann, Julius（ユリウス・グットマン 1880-1950） 宗教哲学者。1910年ブレスラウ大学私講師、1919年以来、ベルリンユダヤ教大学講師。（Jüdisches Lexikon B. 3）

人名索引　469

··· 63, 233, 441.

Ha-Am, Achad（アハード・ハーアーム　本名アーシェール・ギンツベルク Ascer Ginzberg 1856-1927）ヘブライ語での評論家。文化的（精神的）シオニズムの提唱者。「ヒバート・ジオン」、すなわちシオンへの愛というスローガンを立て、ユダヤ教の窮状を救おうとした。たんに情緒的にすぎないものではなくて、現実にパレスチナに精神的中心となる機関を創設することを目指した。（小辻誠祐『ユダヤ民族』誠心書房、1968）

·· 50.

Haas, Adorf（アドルフ・ハース）ヨナスの父の長姉の夫。

··· 9.

Haas, Berta（ベルタ・ハース）ヨナスの父の長姉。

··· 9.

Haas, Erich（エーリッヒ・ハース）ベルタの息子。

·· 9, 24, 38, 65.

Haas, Lisl（リスル・ハース）ベルタの娘。

·· 24, 135, 226.

Habermas, Jürgen（ユルゲン・ハーバマス　1929-　）フランクフルト学派第二世代の哲学者、社会学者。ハイデルベルク、フランクフルト大学教授。「批判理論」を代表するドイツ哲学者。社会理論・認識論の基礎づけ、高度資本主義的工業社会やデモクラシーや法秩序の批判・分析に焦点を据える。社会理論と哲学の包括的枠組みのなかに、カント、シェリング、ヘーゲルなどのドイツ哲学、マルクス主義理論、ヴェーバーなどの社会学理論、ヴィトゲンシュタインなどの言語哲学、アメリカのプラグマティズム、社会システム論などを統合した。

·· 127, 290, 392.

Haldane, John Scott（ジョン・ホールデン　1860-1936）イギリスの生理学者。従来の機械論的生命観に反対し、全体論的新生命観を主張した。

··· xxvi.

Halevi, Juda（ユダ・ハーレーヴィ　アラビア名　Abul Hassan Allawi. 1083-1145）彼は人生の終わりの成果として哲学的著作クザーリ（アラビア名　Al-Chazari）を書いた。（Judisches Lexikon B. 3）中世イスラム・スペイン時代を代表するヘブライ詩最大の古典的詩人で宗教哲学者。その哲学的著作 Kusari は中世ハザーレン民族の王と一ユダヤ学者とのあいだの対話の形で、詩人哲学者としてみずからのユダヤ的魂の精髄を表現している（ショーレム『ユダヤ神秘主義』法政大学出版局、訳注）。主著は『見下された宗教を擁護するための議論と論拠』。啓示と哲学の一致という当時の合理主義的思潮に反し、人間は理性のみでは神と合一できないと主張する。参照、手島勲矢編著『わかるユダヤ学』日本実業出版社。

·· 63, 304, 384.

Hannibal（ハンニバル　前247-183）カルタゴの将軍。ローマに対する激しい復讐心。

·· 53, 351.

Hasenclever, Walter（ヴァルター・ハーゼンクレーファー　1890-1940）ドイツの作家。

青年の革命的な疾風怒濤をうたった詩集や戯曲、悲劇等によって表現主義の代表的作家として登場したが、のちに神秘主義的傾向を加えた。
.... 30.

Hegel, Georg Friedrich Wilhelm（ゲオルク・ヴィルヘルム・フリードリヒ・ヘーゲル　1770-1831）　ドイツ観念論の思潮の頂点に立つ哲学者。
.... 203, 270, 296, 352, 373.

Heidegger, Elfriede（エルフリーデ・ハイデガー　1893-1992）　ハイデガーの夫人。ナチス党員。
.... 94.

Heidegger, Martin（マルティン・ハイデガー　1889-1976）　20世紀ドイツの代表的哲学者。メスキルヒで生まれる。神学部に入学するが、のちに哲学部に転学、フッサールのもとで学ぶ。代表的著作は『存在と時間』。ヨナス、アーレントら多くの学生をとりこにするが、1933年フライブルク大学総長就任演説で、ナチス・ドイツに荷担する演説。そのためユダヤ系学生が彼のもとを去る。戦後はフランス軍当局により教職禁止。
.... vi-vii, xxvii, xxxiv-vi, 57-9, 63, 67, 81-3, 86-94, 99, 109, 201-4, 240, 249-50, 265-75, 287, 371-5, 380, 391, 393, 399-400, 411-13, 435, 441, 443.

Heine, Heinrich（ハインリヒ・ハイネ　1797-1856）　ユダヤ人。ドイツの詩人、エッセイスト。1825年にキリスト教を受け入れる。のちにパリでジャーナリストとして活躍。
.... xxxii, 29.

Hersch, Jeanne（ジャンヌ［ジーネ］・ヘルシュ［エルシュ］1910年生まれ）　1956年からジュネーブ大学の体系哲学の教授。ヤスパース夫妻と親しかった。（『アーレント・ヤスパース往復書簡1926–1969』みすず書房、2004、注記）
.... xxxv.

Herzl, Theodor（テオドール・ヘルツル　1860-1904）　オーストリアのユダヤ人文筆家、政治家。1878年以来、ウィーンで法学を学び、1884年哲学博士、1891〜95年パリの「自由新聞」特派員。政治的シオニズムの創始者であり、1897年、バーゼルの第一回シオニスト世界会議を招集し、シオニスト世界機構の初代大統領に選出された。東欧でのユダヤ人大衆運動を基盤に独立国家建設を要求した。
.... 50, 109, 157, 304, 403.

Heuss, Theodor（テオドール・ホイス　1884-1963）　ドイツの政治家。はじめナウマンのもとで雑誌の主筆を務め、のちドイツ民主党の代議士。戦後ドイツ初代大統領（1949〜59年）となる。
.... 134.

Hilbert, David（ダヴィッド・ヒルベルト　1862-1943）　ドイツの数学者。1895年にゲッティンゲン大学教授となり、同大学を数学の世界的拠点とすることに貢献した。1900年にパリで行われた第二回世界国際数学者会議で23の未解決の数学問題を提起して、20世紀の数学の発展に大きな刺激を与えた。
.... 242.

Hirsch, Sally（ザリー・ヒルシュ）
.... 360.
Hitler, Adolf（アドルフ・ヒトラー　1889-1945）　ドイツの政治家。国家社会主義ドイツ労働党（ナチス）の党首となり、ドイツ民族の優秀性とドイツの世界征服の正当性のもとに、第二次世界大戦を引き起こした。
.... xxvi, xxix, xxxv, 95, 97-101, 104, 117, 122, 130-2, 151-3, 155-7, 160-8, 174, 185, 190, 193, 196, 215, 224, 247, 249, 253-5, 266, 282, 293, 388, 441.
Hobbes, Thomas（トマス・ホッブス　1588-1679）　イギリスの哲学者。自然権と社会契約説に基づく近代国家論の創始者。「人は人に対して狼」とし、自然権を国家という共通権力へ譲渡する必要性を『リヴァイアサン』で説いた。
.... 61.
Homer（ホメロス　前8世紀末頃）　古代ギリシャの叙事詩『イリアス』『オデュッセイア』の作者。
.... xxv-vi, xxxii, 6, 169, 332, 439.
Horkheimer, Max（マックス・ホルクハイマー　1895-1973）　フランクフルト学派の総帥。ナチスの政権把握とともに亡命、戦後フランクフルト大学の学長を務めた。ユダヤの工場主の息子として生まれ、ショーペンハウアーの哲学に親しむ。マルクスの資本主義批判と世紀末芸術の市民文化批判を組み合わせて批判理論を展開した。
.... xxix, 81, 392.
Horowitz, Dora（ドーラ・ホロヴィッツ）　ヨナスの母の兄の妻（伯母）。
.... 32.
Horowitz, Hans（ハンス・ホロヴィッツ）　レオ・ホロヴィッツの息子。
.... 106, 108.
Horowitz, Jakob（ヤーコプ・ホロヴィッツ）　ヨナスの母の父（祖父）。
.... iii, 11, 223, 347, 441.
Horowitz, Leo（レオ・ホロヴィッツ）ヨナスの母の兄（伯父）。
.... 11-4, 21, 23, 31-2, 34, 39, 45, 106, 109, 223.
Horowitz, Lotte（ロッテ・ホロヴィッツ）　レオ・ホロヴィッツの娘。
.... 106.
Horowitz, Rosa（ローザ・ホロヴィッツ）　ヨナスの母。
.... ii, 441.
Hugenberg, Arfred（アルフレート・フーゲンベルク　1865-1951）　ドイツの政治家、実業家。ドイツ国民党の領袖。ヒトラーに資金を提供し、その政権獲得を支援し、ヒトラーのもとで閣僚となる。ナチス党員にはならなかったが、1933年に経済相兼農業食料相としてヒトラー政権形成に関わった。
.... 101.
Hume, David（デーヴィッド・ヒューム　1711-76）　スコットランド出身のイギリスの哲学者。ロック、バークリーのあとを受け、狭義のイギリス経験論の棹尾を飾る。『人性論』『人間知性に関する哲学論集』がある。後者はカントに大きな影響を与えた。

.... 56, 275.

Husserl, Edmund（エトムント・フッサール　1859-1938）　現象学の創設者。オーストリア生まれのユダヤ人。数学者としてスタートするが、ブレンターノに師事し、哲学教授資格をとり、ハレ・ゲッティンゲン・フライブルク各大学の教授を歴任。代表的著作は『イデーン』など。
.... vi-vii, xxvii, xxxiv-v, 55-7, 59-63, 75, 81, 94, 97, 99, 114, 123, 265, 269, 351-2, 358, 373, 435, 441-2.

Huxley, Aldosu（アルドス・ハクスリー　1894-1963）　イギリスの小説家・批評家。生物学者トーマス・ハクスレイの孫。現代文明の不安と知識人の不安定な生活を描いた小説や、科学の発展に促進された未来社会を予想した Brave New world, 1932（『すばらしい新世界』、松村達雄訳、講談社文庫、1974）がある。
.... xxvi.

Jabotinsky, Vladimir（ウラディミール・ヤボチンスキー［ジャボテンスキー］1880-1940）　黒海沿岸のユダヤ人の都市、オデッサ出身。作家、演劇愛好家。戦闘的で攻撃的なシオニスト。ハガナの萌芽となる自衛組織を創設。逮捕され重労働15年の判決。修正シオニスト。かつて日露戦争で片手を失う。
.... 109.

Jaeger, Werner Wilhelm（ヴェルナー・イェーガー　1888-1961）　ドイツの古典学者。特にアリストテレスの研究家。バーゼル、キール、ベルリンの各大学教授。ヒトラー政権をさけて渡米し、シカゴ、ハーバードの各大学教授。現代に対する古代の超時間的価値を強調する。
.... 113.

Jaspers, Karl（カール・ヤスパース　1883-1969）　1883年2月23日北ドイツのオルデンブルクで生まれる。法学を勉強ののち、医学に移り、『世界観の心理学』が評価されて1922年ハイデルベルク大学教授となる。1937年ユダヤ女性ゲルトルートと結婚していたため、ナチス政権により教職解任、出版禁止。45年ナチス崩壊とともに復職。戦後ドイツの良心、ドイツの教師として、哲学を政治において確証しようとするが、理解されず、48年バーゼル大学の招聘に応じ、ドイツを去る。6歳下のハイデガーとドイツの「大学教授連の哲学」に対し反乱し、哲学の刷新を求め「戦友」となる。しかし「哲学は退位すべきでない」とするヤスパースと「哲学を終わらせ、思惟の始まり」を説くハイデガーとは同床異夢。ヨナスが戦後ドイツへ入ったときすぐに訪れたのがヤスパースである。ハンナ・アーレントはハイデルベルク時代の弟子。
.... xxxv-vi, 55, 99, 116, 134, 249-50, 293, 379-80, 442.

Jeremia（エレミヤ）前650年頃〜550年頃、ヤハウェの預言者として活動。旧約聖書中の三大預言書の一つ。
.... 44, 383.

Jesaja（イザヤ）　前8世紀、南ユダに活躍した預言者。
.... 44, 384.

Johnson, Alvin（アルヴィン・ジョンソン　1874-1971）　ネブラスカ生まれの経済学者。

1918年、ニューヨークにニュースクール・フォア・ソーシャルリサーチを設立。1930-1940年代には、多くの中央ヨーロッパ学者たちをナチスから救出することに尽力し、彼らをニュースクールの特別部門として創設した亡命大学 University in Exile に招いた。
.... 241, 277, 391.

Jojakim（ヨアキム）　アンナの夫で、聖母マリアの父。
.... 44.

Jonas, Ayalah（アヤラー・ヨナス）　ハンス・ヨナスの娘。
.... xvi, xxv, 208, 218-9, 365, 442.

Jonas, Benjamin（ベンジャミン・ヨナス）　ハンス・ヨナスの祖父の父（曾祖父）。
.... 38.

Jonas, Gabrielle（ガブルエル・ヨナス）　ハンス・ヨナスの次女。
.... xxv, 443.

Jonas, Georg（ゲオルク・ヨナス）　ハンス・ヨナスの弟。
.... 107, 408, 442.

Jonas, Gustav（グスタフ・ヨナス）　ハンス・ヨナスの父。
.... 14, 48, 54, 441.

Jonas, Herz（ヘルツ・ヨナス）　ハンス・ヨナスの祖父。
.... 38.

Jonas, Jonathan（John）（ヨナタン・ヨナス）　ハンス・ヨナスの息子。
.... xxv, 365, 442.

Jonas, Jonas Benjamin（ヨナス・ベンジャミン・ヨナス）　ハンス・ヨナスの祖父の弟。
.... 38-41.

Jonas, Klara（クララ・ヨナス）　マックス・ヨナス叔父の妻。
.... 16.

Jonas, Lore（ローレ・ヨナス）　ハンス・ヨナス夫人。
.... xxii, xxv, xxxi-ii, xxxiv, xxxvi, xxxviii-ix, 86, 123,
139-44, 146-8, 168, 171, 173-4, 205-9, 213-4, 219, 227, 229, 249, 251, 258,
272, 279, 293, 295, 305, 308, 312, 360, 363-4, 366, 400, 403, 433-4, 442.

Jonas, Ludwig（ルートヴィヒ・ヨナス）　ハンス・ヨナスの兄。
.... 23-4, 441.

Jonas, Max（マックス・ヨナス）　ハンス・ヨナスの父の弟（叔父）。
.... 15.

Jonas, Otto（オットー・ヨナス）　ハンス・ヨナスの父の弟（叔父）。
.... 12-4.

Jonas, Rosa（ローザ・ヨナス）　Horowitz, Rosa を見よ。
.... 117.

Jünger, Ernst（エルンスト・ユンガー　1895-1998）　ドイツの作家。第一次世界大戦の体験を小説にし、戦争の形而上学的解明を求めた。第二次世界大戦で、反ヒトラー運動に参加したため追放。

Jung, Carl Gustav（カール・グスタフ・ユング　1875-1961）　フロイトの影響を受けたスイスの精神病理学者・心理学者。
.... 221.

Jusspow, Felix（フェリックス・ユスポフ）
.... 221.

Kahn, Ludwig（ルートヴィヒ・カーン　1907-81??）
.... 61.

Kant, Immanuel（カント　1724-1804）　近代第一の哲学者。ケーニヒスベルクで生まれ、育ち、学び、そこで大学教授となる。哲学の問いは、「何を知りうるのか」「何をなすべきか」「何を望んでよいのか」そして「人間とは何か」の四つあるとし、それぞれについて考察し著作を著した。
.... xxx, 45, 56, 60, 76-7, 203-5, 275-6, 285-6, 294, 296, 298, 301, 309, 345, 349, 355, 366, 393, 402, 440.

Kempner, Friederike（フリーデリーケ・ケムプナー　1825 (36) -1904）　詩人。ユダヤ人。彼女は自分の人生を社会の目的のために使った。彼女の時間の一部をヴィルヘルム1世へ願いの手紙を書くために使用した。
.... 21-2.

Kerr, Alfred（アルフレート・ケル　1867-1948）
.... 21.

Kierkegaard, Søren Aabye（キェルケゴール　1813-55）　デンマークの著述家、実存哲学者。ニーチェとともに、ヤスパースやハイデガーに強い影響を与えた。主著として『死に至る病』など。
.... 185.

Klein, Jacob（ヤーコプ・クライン）
.... 225.

Klibansky, Raymond（レイモンド・クリバンスキー　1905-?）　1905年パリに生まれる。イギリスの哲学史家。クザーヌス、エックハルトなどの著作集の編者。参照、レイモンド・クリバンスキー他『土星とメランコリー』田中英道他訳、晶文社、1991、「訳者解説」。
.... xxi, 215-6, 364.

Klopfer, Eugen（オイゲン・クロッパー　1886-1950）　俳優、劇場支配人。
.... 67.

Koch, Hugo（フーゴー・コッホ　1869-1940）　ドイツのカトリック教父学者。近代主義の代表的人物の一人。テュービンゲン大学、ブレスラウ大学教授であったが、批判的研究のため解職。『キリスト教人名辞典』日本基督教団出版局、1986。
.... 202.

Kopernikus（コペルニクス　1473-1543）　ポーランドの天文学者。地動説を主張した。
.... 33.

Kortner, Fritz（フリッツ・コルトナー　1892-1970）　オーストリアの俳優、演出家。

1933年、ロンドン経由でアメリカへ移住、1945年ふたたびドイツへ戻り、ドイツ語の劇場の重要な演出家の一人として国際的承認を得た。(Meyers Enzyklopädisches Lexikon, 14)
.... 67.

Kountz, Samuel（サムエル・クンツ　1930-81）　メディカル・スクールに入学許可された最初のアフリカ系アメリカ人の一人。1967～70年、カリフォルニア大学准教授。ニューヨーク州立大学外科学教授、キングスカウンテイ病院外科部長などを務める。1959年、西部海岸では最初の腎臓移植に関与したクンツは、移植腎臓の拒絶反応を発見・治療する新しい技法を開発したことで有名である。
.... 283.

Kraus, Karl（カール・クラウス　1874-1936）　オーストリアのユダヤ人詩人。洗礼を受けてキリスト教に改宗。攻撃的、闘争的な評論雑誌『Fackel（炬火）』1899～1936の編集者。その矛先は、近代シオニズム運動の唱道者、ヘルツル、フロイトに向けられていた。戯曲『人類の最後の日』1922.
.... 76-7, 355.

Krause, Hans（ハンス・クラウゼ）
.... 140-1.

Kreutzberger, Max（マックス・クロイツバーガー）
.... 360.

Kristellar, Paul Oskar（パウル・オスカー・クリステラー　1905-99）　哲学史家、特にルネッサンス期が専門。1939年以降は在アメリカ（『アーレント・ヤスパース往復書簡1926-1969』みすず書房、2004、注記）。
.... 93.

Kroker, Gertrud（ゲルトルート・クローカー）　Fischer, Gertrud を見よ。
.... 226.

Krojanker, Gustav（グスタフ・クロヤンカー）　著書『ドイツ文学におけるユダヤ人』
.... 163.

Krüger, Gerhard（ゲルハルト・クリューガー　1902-72）　ドイツの哲学者。マールブルク、ミュンスター、テュービンゲン、フランクフルト各大学教授。哲学史、歴史哲学、形而上学の研究。(Meyers Enzyklopädischen Lexikon, 14)（『アーレント・ヤスパース往復書簡1926-1969』みすず書房、2004、注記）
.... 94, 441.

Krupp, Alfried（アルフリート・クルップ）
.... 8, 9.

Krupp, Berta（ベルタ・クルップ）
.... 8, 9.

Kues, Nikolaus von（ニコラウス・クザーヌス　1401-64）　クースという町のニコラウスという意味。ドイツの偉大な哲学者にして神学者。教説の根本概念は「知ある無知」と「反対の一致」である。主著『知ある無知』。
.... 215, 222.

Landauer, Georg（ゲオルク・ランダウアー　1895-1954）　2章原注26（350ページ）参照。
……………………………………………………………………… 50-1, 350, 360.

Laotse（老子）
……………………………………………………………………………… 41.

Lasker-Schuler, Else（エルゼ・ラスカー・シューラー　1876-1945）　ドイツの女流詩人。抒情詩の他に小説・戯曲を作った。ナチス政権の確立とともにエルサレムへ亡命。
……………………………………………………………………………… xxxiii.

Lassalle, Ferdinand Johann Gottlieb（フェルディナント・ラサール　1825-64）　ドイツの社会主義者、労働運動指導者。ヘーゲル哲学に傾倒し、ヘーゲル左派に属した。三月革命に参加し、禁固刑。全ドイツ労働者同盟の初代総裁。恋愛事件をめぐる決闘で歿。
……………………………………………………………………………… 53.

Leibnitz, Gottfried Willhelm（ライプニッツ　1646-1716）　ドイツ・バロック期の万能人。哲学をはじめ諸分野に通じ、理論・実践両面にわたり活躍した。単子論。
……………………………………………………………………………… 56.

Lersch, Heinrich（ハインリヒ・レルシュ　1889-1936）　ドイツの詩人、職工の出。労働と戦争をテーマにしたが、のちに偏狭なナチス的民族主義に堕した。
……………………………………………………………………… 28-9, 348.

Levi, Primo（プリモ・レーヴィ　1919-87）　イタリアの小説家。ユダヤ人の家庭に生まれる。レジスタンス活動中に捕らえられ、アウシュヴィッツ強制収容所に送られる。1945年に救出された。強制収容所での体験を記録した作品などで有名である。『アウシュヴィッツは終わらない』竹山博英訳、朝日新聞社、1980年、『溺れるものと救われるもの』竹山博英訳、朝日新聞社、2000など。参照、『日本大百科全書』小学館。
……………………………………………………………………… 182, 256.

Levin, Josef（ジョセフ・レヴィン）　Nevo, Josef（ジョセフ・ニーヴォー）を見よ。
……………………………………………………………………………… 168-9.

Levinas, Emmanuel（エマヌエル・レヴィナス　1905-95）　リトアニア生まれのユダヤ系哲学者。フッサール、ハイデガーのもとで現象学を研究。1930年フランスに帰化。現象学ならびにタルムードと呼ばれるユダヤ教釈義双方に依拠しつつ、独特の倫理学を築いた。83年カール・ヤスパース賞を受賞。代表的著作『時間と他者』1948など。
……………………………………………………………………………… xxxv.

Lewy, Hans（ハンス・レヴィ　1904-88）　古典文献学者。
………………………………………… xxxiii, 113-5, 119, 122-3, 133, 442.

Lichtheim, George（ゲオルゲ・リヒトハイム）　ハンス・ヨナスの友人。新聞記者。
…………… xi, xxxiii, 109-13, 117, 122, 124-5, 127, 129, 131, 150, 167, 233, 442.

Lichtheim, Irene（イレーネ・リヒトハイム）　ゲオルゲの母。
……………………………………………………………………………… 110, 113.

Lichtheim, Miriam（ミリアム・リヒハイム）　ゲオルゲの妹。

.... 110-1.

Lichtheim, Richard（リヒャルト・リヒトハイム　1885-1963）　ドイツにおけるシオニストのリーダーでシオニズムのイデオロギストの一人、ジャーナリスト。第二次世界大戦中、ジュネーブでシオニストの組織のネットワーク作りをした。戦後エルサレムに戻った（Judisches Lexikon Bd. 3）。ゲオルゲの父。
.... xi, xxxiii, 109-10, 112, 357.

Liepknecht, Karl（カール・リープクネヒト　1871-1919）　ドイツの政治家、共産主義者。ドイツ共産党の創始者の一人。ローザ・ルクセンブルクとともにスパルタクス団を組織して、革命運動を指導。ベルリンで逮捕、暗殺された。
.... 35, 383.

Locke, John（ジョン・ロック　1632-1704）　イギリス古典経験論の創始者として知られる。シャフツベリー卿の秘書となり、暴動に連座して、オランダへ亡命。『人間知性論』を完成。名誉革命後帰国し、新政府の顧問役を果たす。『統治二論』などを著した。
.... 56.

Löb, Sally（ザリー・レープ）
.... 48.

Löw, Reinhard（ラインハルト・レーヴ　1949- ）　ドイツ・ハノーバー大学哲学教授、主著に、*Philosophie des Lebendigen*, Suhrkamp（1980）がある。
.... 289.

Löwenstein, Adolf（アドルフ・レーヴェンシュタイン）
.... 112.

Löwith, Karl（カール・レーヴィット　1897-1973）　ドイツのユダヤ系哲学者。ハイデガーに師事。ナチスを逃れて来日。その後アメリカを経て、ハイデルベルク大学教授。歴史哲学そのものの可能性に疑義を唱え、自然に対する観想であるべきと説く。
.... xxxiv, 58, 94, 235, 239, 242, 441-2.

Lowe, Adolph（Löwe）（アドルフ・ローウェ　1893-1995）　ドイツのシュトゥットガルト出身の経済学者。ドイツ名はレーヴェ（Löwe）。キール学派の主導者。ナチス時代にアメリカに亡命する。参照、経済学史学会編『経済思想史辞典』丸善、2000年。
.... 241, 245, 308, 443.

Lucas, Leopold（レオポルト・ルーカス）
.... 307-8, 443.

Luria, Isaac（イサク・ルリア　1534-72）　ユダヤ教史において、最も影響力をもった神秘主義者の一人とされる。ツィムツーム（zimzum）思想が中心にあり、神の「集中」「収縮」によって世界が形成されるという。（『ユダヤ教神秘主義』G・ショーレム、法政大学出版局、1985参照）
.... 427.

Lunenburg, Hans（ハンス・リューネンブルク）
.... 185, 187.

Luxemburg, Rosa（ローザ・ルクセンブルク　1870-1919）　ユダヤ人女性革命家。ポーランド出身の東方ユダヤ人。社会民主党へ入党し、左派の理論家として活躍、第一次世界大戦勃発とともに共産主義急進派グループ、スパルタクス団を結成し、非合法な革命反戦運動を展開、カール・リープクネヒトらとドイツ共産党の結成を実現したが、ベルリンで政府の義勇軍に虐殺。
....34-5, 95, 383.

Machiavelli, Niccolò（ニッコロ・マキアヴェリ　1469-1527）　イタリアの政治学者、歴史家。フィレンツェ共和国十人委員会の書記局長として、共和国民兵制確立に努力した。『君主論』の著者。
....296.

MacPherson, Jay（ジェイ・マクファーソン）
....237.

Magnus, Trude（トルーデ・マグヌス）
....244-5, 443.

Magnus, Wilhelm（ヴィルヘルム・マグヌス　1907-90）　ドイツのベルリン生まれの数学者。参照、http://www-history.mcs.st-andrews.ac.uk/Mathematicians/Magnus.html
....244-5, 370, 443.

Maimonides, Moses（マイモニデス　1135-1204　本名は、モーシェ・ベン・マイモン [Rabbi Moseh ben Maion]）　中世を代表するユダヤ教学者、哲学者。『迷える者への手引き』をアラビアで著し、ユダヤ教の信仰と人間の理性が矛盾しないと解いた。カイロのユダヤ教団を主宰し、同地に歿。その墓は今なお巡礼者があとを絶たない。参照、『岩波キリスト教辞典』。
....63, 233, 304.

Mani（マニ）
....114, 440.

Mann, Thomas（トーマス・マン　1875-1955）　ドイツの小説家。『ブッデンブローク家の人々 Die Buddenbrooks　2巻、1901』『魔の山 Der Zauberberg　2巻、1924』。ノーベル文学賞・ゲーテ賞など受賞。
....xxxiii, 29, 75-6.

Mannheim, Karl（カール・マンハイム　1893-1947）　社会学者。1930〜1933年、フランクフルト大学の教授、イギリスへ亡命。ヤスパースは『現代の精神的状況』（第5版、8刷、Berlin/New York1979, pp. 155ff.）のなかで彼を典型的ソフィストとして描いている。
....96-7, 112, 245, 441.

Marcuse, Herbert（ヘルバルト・マルクーゼ　1898-1979）　ドイツの哲学者、社会理論家。フッサール、ハイデガーのもとで、マルクス主義と実存主義の統合を目指す。その後ハイデガーと訣別し、フランクフルトの社会研究所に参加。「フランクフルト学派」第一世代に属し、ナチス政権把握後、アメリカに亡命。1960年代にはニューレフトの教祖的存在。1964年に、バイブル的書物となる『一次的人間』を発表。

.... xxxv.

Marx, Karl（マルクス 1818-83） ドイツの科学的社会主義の創始者、革命運動の指導者。エンゲルスの協力のもとで『資本論』を刊行。
.... 111, 124-5, 285-6, 297.

McCarthy, Mary（メアリー・マッカーシー 1912-89） アメリカの評論家、作家。マッカーシーとアーレントの往復書簡は以下を参照。キャロル・ブライトマン編『アーレント・マッカーシー往復書簡―知的女性のスカウトたち』佐藤佐智子訳、法政大学出版局、1999。
.... 305.

McConnell, Howard（ハワード・マコーネル）
.... xxvii.

McOdrum, Maxwell（マクスウェル・マコドラム）
.... 219-20, 239.

Mendelssohn, Moses（モーゼス・メンデルスゾーン 1729-86） ドイツのユダヤ人哲学者。レッシングの友人、カントと文通した。イギリスおよびドイツの啓蒙思想とユダヤ思想とに基づいて神の存在、霊魂不滅の論証を主要問題とした。また彼は、従来ユダヤ人がゲットーの所産であるイディッシュだけに固執しているのに対し、トーラーをドイツ語に翻訳して与え、これが近世におけるユダヤ人の文学会における活躍の端緒となった。（小辻誠祐『ユダヤ民族』誠心書房、1968）
.... 36, 69, 252.

Merleau-Ponty, Maurice（モーリス・メルロ・ポンティ 1908-61） フランスの哲学者、現象学者。パリ大学教授、コレージュ・ド・フランス教授を歴任。『知覚の現象学』（みすず書房、1967）『行動の構造』（みすず書房、1964）など。
.... 240.

Meyer, Conrad Ferdinand（コンラート・フェルディナント・マイヤー 1825-98） ドイツ系スイスの詩人、小説家。抒情詩人でもある。
.... 187, 218, 390.

Meyer, Eduard（エードゥアルト・マイアー 1855-1930） ドイツの歴史学者。ブレスラウ、ハレ、ベルリンの各大学教授を歴任。実証史学の代表。主著『古代史 5巻 1884-1902』。
.... 63-4, 441.

Michaelis-Stern, Eva（エーファ・［ミヒャエリス］シュテルン）
.... 247.

Michelangelo（ミケランジェロ）
.... 333, 361.

Mill, John Stewart（ジョン・スチュアート・ミル 1806-73） イギリスの哲学者、経済学者。自由主義の父とも言われる。幼児から父親により、英才教育。『論理学大系』1843、『経済学原理』1848、『功利主義論』1863、『自由論』1859など。
.... 275.

Mörike, Eduard（エードゥアルト・メーリケ 1804-75） ドイツの詩人。テュービン

ゲン大学を卒業後、牧師をし、長年宗教界にあったが、篤信な聖職者ではない。シュヴァーベン詩派最高の詩業を成就。ゲーテ以降の最も純粋な生得の詩人と言われている。
....30.

Morison, Robert S.（ロバート・S・モリソン）
....284.

Moses（モーゼ） レビ人。前15世紀にエジプトで生まれ、王の圧制下に脱出する途中、シナイ山の頂上で神の声を聞く。
.... 43, 50, 333.

Mussolini, Benito（ムッソリーニ）
.... 70, 174, 225.

Napoleon Bonaparte（ナポレオン・ボナパルト）
....98.

Natorp, Paul（パウル・ナトルプ 1854-1924） ドイツの哲学者。カント哲学への還帰、並びにその継承的発展を唱道した新カント学派に属す。H・コーヘンとともにマールブルク学派の代表者。
....55.

Naumann, Joseph Friedrich（フリードリヒ・ナウマン 1860-1919） ドイツのプロテスタント神学者、政治家、評論家。ドイツを中心とする中央ヨーロッパ統合案の主唱者。ドイツ民主党を結成し党首となる。
....134.

Nebel, Gerhard（ゲルハルト・ネーベル） ハンス・ヨナスの友人。
.... 76, 81, 83, 94, 109, 116, 441.

Nef, John U.（ジョン・U・ネフ）
....370.

Nevo, Josef（ジョセフ・ニーヴォー）
....168-9.

Nietzche, Friedrich Wilchelm（ニーチェ 1844-1900） 19世紀後半のドイツの思想家。キェルケゴールとともに、実存思想へ大きな影響を与えた。異例の若さで、バーゼル大学の古典文献学の教授となるが、学界から孤立。代表作として『悲劇の誕生』『ツァラトゥストラはこのように語った。』『力への意志』など。
....42.

Nock, Arthur Darby（アーサー・ダービー・ノック）
.... 217, 236.

Norden, Eduard（エードゥアルト・ノルデン 1868-1941） ドイツの古典学者。ブレスラウ、ベルリンの各大学教授。特に古代散文の文体と宗教史の研究の大家。
....113.

Noske, Gustav（グスタフ・ノスケ 1868-1946） ドイツの政治家。ベルリンの軍司令官となり、スパルタクス団の蜂起を鎮圧し、国防相となる。ヒトラー暗殺事件に連座してナチスに捕らわれ、強制収容所に投ぜられたが、イギリス軍により解放。

人名索引　481

Offenbach, Jacques（ジャック・オッフェンバック　1819-80）　フランスの軽歌劇作曲家。 .... 35.

Origenes（オリゲネス　184/185-253/254）　ギリシャ教父の一人。多くの著作を残したが、万物復興において万人が救済されるというアポカタスタシスの思想のゆえに553年に異端を宣告されたため、わずかな作品が現存するにすぎない。参照、『岩波キリスト教辞典』2002。 .... 67.

Ott, Heinrich（ハインリヒ・オット　1929-）　スイスの神学者。K・バルトの後任としてバーゼル大学組織神学教授。主要著書に『思考と存在——M・ハイデガーの道と神学の道』がある（『キリスト教人名辞典』日本基督教団出版局、1986）。 .... 192.

Papen, Franz von（フランツ・フォン・パーペン　1879-1969）　ナチス・ドイツの軍人、政治家。ヒトラーと結託して、彼を首相にし、彼のもとで副首相となる。ニュルンベルク軍事裁判にかけられたが、無罪の判決で釈放。しかしのちにドイツ非ナチス化裁判で8年の労働刑。 .... 270.

Pannenberg, Max（マックス・パネンベルク） .... 101.

Pinchas Rosen（ピンチァス・ローゼン）　Rosenbluth, Felix を見よ。 .... 67.

Pinsker, Leon（レオン・ピンスカー　1821-91）　ポーランドに生まれる。ロシア系ユダヤ人。言語学者の息子。政治的シオニズムの先駆者。ユダヤ国の建設を説き、ユダヤ民族財団の観念を暗示した。「自力的解放」という論文（小辻誠祐『ユダヤ民族』誠心書房、1968）。 .... 112.

Pinthus, Kurt（クルト・ピントゥス　1886-1975）　表現主義の最も重要な出版者。1919年に「人類の黄昏」という表現主義の詩集を編纂し、出版した。 .... 50.

Piscator, Erwin（エルヴィン・ピスカートル　1893-1966）　ドイツの演出家。ケーニヒスベルクで劇団を創設した。青年民衆部隊を率いて活動。ナチス政権下で亡命。 .... 30.

Platon（プラトン　前428/427-348/347）　古代ギリシャの哲学者。古代哲学のみならず、西洋哲学全体の原点としての位置に立つ。ソクラテスの弟子として、ソクラテスの言説を『対話編』として表した。ソクラテス刑死後、メガラやエジプトを遍歴し、ピュタゴラス学派などの影響を受ける。アテナイに戻ってから、郊外に学園アカデメイアを開設。 .... xxx, 59, 216, 277-8, 295-6, 298, 306, 349, 379, 439.

Plessner, Helmut（ヘルムート・プレスナー　1892-1985）　ドイツの哲学者、哲学的人

間学の代表者。1952年から62年までゲッティンゲン大学教授。人間は身体で「ある」ことによって動物と同じように環境に拘束されるが、同時に人間は身体を「もつ」存在として、環境に対して脱中心的であり、世界に開かれているとした。参照、『岩波　哲学・思想事典』岩波書店、1998、1414ページ。
.... 195.

Plotinos（プロティノス　205-270）　新プラトン主義の実質的始祖。彼の著作は弟子のポリピュリオスによって編纂され、『エネアデス』として知られる。プロティノスのグノーシス派批判については、以下を参照。『エネアデス』第二論集、第九論文（Ⅱ 9)、『世界の名著　続2』(プロティノス、ポルピュリオス、プロクロス)、中央公論社、1976、所収。
.... xxxii, 192.

Polotsky, Hans Jakob（ハンス・ヤコブ・ポロツキー　1905-91）　エジプト文法やコプト文法への現代理論は彼の研究に負っている。1934年ドイツを去り、エルサレムにエジプト言語学の機関を建てた。
.... xxxiii, 111, 114-5, 117, 120, 122-3, 130, 194, 442.

Pontikos, Euagrios（エウアグリオス・ポンティコス　345/346-399）　ヨナスの原文では、ラテン語表記され、Euadrius Ponticus となっている。Euadrius は Euagrius の誤植だと思われる。砂漠の修行者。エジプトのニトリアやケリアの砂漠で厳しい修行をした。『修行論』『認識者』『認識の摘要』が三部作をなす。参照、『岩波キリスト教辞典』2002。エウアグリオス・ポンティコス『修行論』佐藤研訳、上智大学中世思想研究所編訳『中世思想原典集成3 後期ギリシャ教父・ビザンティン思想』平凡社、1994、所収。
.... 191.

Popper, Karl（カール・ポッパー　1902-94）　オーストリア生まれの英国哲学者。20世紀の偉大な科学哲学者の一人とされるが、傑出した社会・政治哲学者でもある。みずから「批判的合理主義者」と称して、科学や人間事象についての懐疑主義、慣例主義、相対主義に徹底して反対するとともに、いっさいの全体主義を容赦なく批判した。科学哲学上は方法論的反証主義の立場を貫き、社会・政治哲学上は自由民主主義を擁護するとともに、「開かれた社会」を堅持する社会批判の原理を説いた。
.... 302, 376.

Porphyrios（ポルピュリオス）　新プラトン主義の哲学者で、プロティノスの弟子。『世界の名著　続2』(プロティノス、ポルピュリオス、プロクロス)、中央公論社、1976を参照。
.... 192.

Porzelt, Karl（カール・ポルツェルト）
.... 26, 35.

Preuss, Hugo（フーゴー・プロイス　1860-1925）　ドイツの政治家、法学者。ベルリン商科大学教授、ベルリン市参事会員、内相などを歴任。起草した憲法草案は、ワイマール憲法の基礎となった。

人名索引　483

....46.

Proklos（プロクロス　412-485）　新プラトン主義者。19歳頃アテナイに出て、アカデメイアに入る。アカデメイアの学頭となる。
.... 150.

Raffaelson, Paul（パウル・ラファエルソン）
.... 180-3.

Ramsey, Paul（ポール・ラムゼイ　1913-88）　プリンストン大学宗教学教授。アメリカの代表的なプロテスタント神学者。*The patient as person*（1970）は、その面での医療倫理の記念碑的著書として有名。
.... 284.

Rasputin, Grigorii Efimovich（グリゴリー・エフィモヴィチ・ラスプーチン　1872-1916）　ロシアの修道僧で、帝政末期に宮廷に影響を与えほどの政治力をもった。シベリア貧農の出。30代に異端宗教に接近し各地を遍歴する。その預言や祈禱により首都ペテルベルクの上流貴族に知られるようになり、ついにはニコライ2世と皇后アレクサンドラの信頼を得ることになる。その政治的影響力や放蕩を排除しようとする貴族により暗殺される。この暗殺の実行者が既出のフェリックス・ユスポフ公爵（Felix Yuspow）であった。参照、『日本大百科全書』小学館、等。
.... 221.

Rathenau, Walter（ヴァルター・ラーテナウ　1867-1922）　ドイツの実業家、政治家、著述家。1921年に復興相、1922年に外相。アンティセミティズムに苦しむが、同化を信じていた。暗殺の犠牲となった。
.... 37, 65, 348.

Reinhardt, Max（マックス・ラインハルト　1873-1943）　ドイツのプロデューサー、監督。1894年にベルリンへ行き、1905年にドイツ劇場のディレクターになった。ナチスが力を握ったとき、彼はドイツを去り、ヨーロッパをまわってアメリカへ渡った（Dictionary of JEWISCH Biography）。
.... 67.

Richardson, William J.（ウィリアム・J・リチャードソン）
.... 272-3.

Rickert, Heinrich（ハインリヒ・リッケルト　1863-1936）　西南ドイツ学派に属するドイツの哲学者。ヴィンデルヴァントとの出会いを通じて超越論的観念論に転向、ハイデルベルク大学教授。価値哲学。
.... 55.

Rief, Philip（フィリップ・リーフ）
.... 237.

Risk, Samuel（サミュエル・リスク）
.... 209, 211.

Rockefeller, John D.（ジョン・D・ロックフェラー）
.... 210, 224, 392.

Rosenblüth, Annie（アニー・ローゼンブリュート）

.... 112.

Rosenblüth, Felix（フェリックス・ローゼンブリュート　1887-1978）　クルト・ブルーメンフェルトとともに、ドイツにおける国際ユダヤ若者文化の先駆者。彼らの目標は、ユダヤ国家の実現を彼らの時代の文化的突出と結びつけた。ブラウ・ヴァイス (1913-27) の代表者。www.rzuser.uni-heidelberg.de/~f25/juden-hd/B10-058.html
.... 112, 245.

Rosenzweig, Franz（フランツ・ローゼンツヴァイク　1886-1929）　ユダヤ哲学者である彼は、F・マイネッケの弟子であり、H・コーヘンの影響を受けたヘーゲル研究者であるが、第一次世界大戦中、ベルギーの衛生兵として従軍した。そのあいだに、彼の宗教哲学の主著である『救済の星』の草案をドイツに書き送った。ここで観念論哲学を非難し、神、人間そして世界とのあいだの対話で啓示、創造そして救済が明らかになる「新しい思索」を発表する。
.... 71-2, 400.

Rotenstreich, Nathan（ナータン・ローテンシュトライヒ　1913-93）　エルサレムのヘブライ大学哲学教授。著書はユダヤ哲学とカント、ヘーゲルのドイツ哲学研究に及び、イスラエルアカデミー会員に選出された。
.... 230, 276.

Rousseau, Jean-Jacques（ジャン・ジャック・ルソー　1712-78）　フランスの作家、思想家。自学自習で教養を学んだ。「結んで開いて」のメロディーは彼の手による。『人間不平等起源論』『社会契約論』『エミール』などの著書がある。
.... 296-7.

Ruprecht, Helmut（ヘルムート・ルーブレヒト）
.... 194-7, 199.

Ruprecht, Wlhelm（ヴィルヘルム・ルーブレヒト）
.... 191-2, 194 201-3.

Salamander, Rachel（ラッヘル・ザラマンデル）
.... xxix, 397, 399, 433, 438.

Samburski, Hans (Shmuel)（ハンス・[シュムエル] ザムブルスキー）　物理学者。
.... xxxiii, 115, 117, 119-20, 122, 127, 130, 442.

Samburski, Miriam（ミリアム・ザムブルスキー）
.... 124, 128.

Sattler, Florian（フローリアン・ザットラー）
.... xxxi.

Sattler, Stephan（シュテファン・ザットラー）　編者ラッヘル・ザラマンデルの夫。
.... xxxi-ii, 399, 433.

Schiller, Johann Christoph Friedrich von（シラー　1759-1850）　ドイツの詩人、劇作家。処女作『群盗』1781 は、シュトルム・ウント・ドラングの代表作。のちにワイマールに定住し、悲劇『オルレアンの少女』1801、戯曲『ヴィルヘルム・テル』1804 など多数の作品を発表、貴族に列せられた。
.... xxxii, 20, 29.

Schleiermacher, Friedrich（フリードリヒ・シュライエルマッヒャー）
.... 352.

Schmidt, Carl（カール・シュミット　1868-1938）　ドイツの古代教会史家、およびエジプト学者。ベルリン大学教授。コプト教会史の専門家。（『キリスト教人名辞典』日本基督教団出版局、1986）。
.... 114.

Schmidt, Hans（ハンス・シュミット　1903-　）　ドイツの新約聖書学者。ボン、ウィーン、エアランゲン各大学教授。新約聖書学、組織神学。（『キリスト教人名辞典』日本基督教団出版局、1986）。
.... 202.

Schmidt, Helmut（ヘルムート・シュミット　1918-　）　ドイツの政治家、社会民主党員。第五代連邦首相（1974-82）。1945年、捕虜。戦後、経済学、政治学を学び、社会民主党に入党。ブラント政権のもとでの国務大臣を皮切りに、1974年連邦首相。ヨナスの『責任という原理』を絶賛した。
.... 300.

Scholem, Betty（ベティ・ショーレム）　ゲルショム・ショーレムの母。
.... 359.

Scholem, Fania（ファーニァ・ショーレム）
.... 131, 144, 363-4.

Scholem, Gershom（ゲルショム・ショーレム　1897-1982）　ベルリン生まれのイスラエルのユダヤ学者。ドイツの大学で数学・物理学・哲学を学ぶシオニズム青年運動のグループに加わりパレスチナへの道を志向。1923年以降はエルサレムに移住。1933〜1965年エルサレムのヘブライ大学のユダヤ神秘主義およびカバラ学教授。この分野の世界的権威。訳書として、『カバラとその象徴的表現』（小岸・岡部訳、法政大学出版局、1985）、『ユダヤ神秘主義』（山下、石丸訳、1985）がある。
....　x, xxv, xxviii, 22, 71, 117, 119-20, 122-3, 131-2, 144, 192, 219, 228-9, 231-5, 255, 257-8, 292, 354, 358-60, 363-7, 369, 372, 387, 398-9, 434, 442-3.

Schopenhauer, Arthur（アルトゥル・ショーペンハウアー　1788-1860）　ドイツの生の哲学者。物自体を盲目の生への意志として捉え、この意志からの脱却を唱える。
.... 294.

Schütz, Alfred（アルフレッド・シュッツ　1889-1959）　ウィーンに生まれる。社会科学と法律を学ぶ。大学卒業後、実務につく傍らM・ヴェーバーの理論社会学とE・フッサールの超越論的現象学の研究を続け、主著『社会的世界の意味的構成』を出版。アメリカへ亡命、ニュースクールで教授を務めた。『現象学的社会学の応用』（中野監修、御茶の水書房、1980）
.... xxix, xxxiv, 239-40, 277, 369, 380.

Schwab, Gustav（グスタフ・シュヴァーブ　1792-1850）　ドイツの詩人で、シュヴァーベン詩派の代表者の一人。ドイツの伝説や古い物語を平明高雅な文章で書いた Die deutschen Volksbücher やギリシャ、ローマ伝説を新しく簡潔に表現した Die schönesten Sagen des klassischen Altertums, 3Bd., 1838-40 は不朽の業績である。

.... 6.

Schwarz, Walter（ヴァルター・シュヴァルツ）　Evenari, Michael を見よ。
.... 168.

Sellin, Ernst（エルンスト・ゼリン　1867-1946）　ドイツの旧約聖書学者。ウィーン、キール、ベルリンの各大学教授を歴任。パレスチナで大規模な発掘を行った。
.... 63, 441.

Sereni, Enzo（エンツォ・セレニ　1905-44）　現代イタリア第一のシオニストの指導者。1930年代数年海外にいた。米国でキブツ運動を紹介した。1931年から1934年まではヨーロッパで若者のアーリア志願者を準備した。第二次世界大戦のあいだイギリスの軍隊と組んでエジプトで反ファシズム宣伝の流布に従事した。ダッハウで撃たれた。http://www.jewishvirtuallibrary.org/jsource/biography/sereni.html
.... 172, 360.

Shakespeare, William（ウィリアム・シェークスピア　1564-1616）　イギリスの劇作家・詩人。作品として『リヤ王』『マクベス』『ヴェニスの商人』など。
.... 67.

Simon, Elfriede（エルフリーデ・シモン）
.... 16, 105.

Simon, Ernst Akiba.（エルンスト・シモン　1899-?）　ユダヤの教育学者、歴史哲学者。パレスチナへ行き教師として働く。1938年以降ヘブライ大学で哲学と教育史の教授。M・ブーバーの密接な協力者。パレスチナへ移住する前にドイツでユダヤ・ルネッサンスに大きな役割を果たす（Meyers Enzyklopädischen Lexikon, 21）。
.... 70-1, 212, 232.

Simon, Heinz（ハインツ・シモン）　ハンス・ヨナスの従兄弟。
.... 105-6.

Simon, Hermann（ヘルマン・シモン）
.... 16.

Smoira, Moshe（モシェ・スモイラ）
.... 360.

Sontag, Susan（スーザン・ソンタグ　1933-2004）　現代アメリカを代表する作家、批評家。『隠喩としての病い』富山太佳夫訳、みすず書房、1982など。
.... 125, 237.

Spaemann, Robert（ロベルト・シュペーマン　1927- ）　ミュンヘン大学哲学科名誉教授。著書に、*Moralische Grundbegriffe*, München 1994. *Philosophische Essays,* Leipzig 1994. *Personen. Versuch über den Unterschied zwischen 'etwas' und 'jemand',* Stuttgart 1996 など。
.... 289, 293.

Spengler, Oswald（オスヴァルト・シュペングラー　1880-1936）　ドイツの文化哲学者。主著『西洋の没落』。
.... 118-9.

Spinoza, Baruch（バルフ・スピノザ　1632-77）　オランダの哲学者。ユダヤ人。神に対する知的愛が最高の善であり、最高の徳であると説く。

․․․ 230, 333, 393.

Spranger, Eduard（エードゥアルト・シュプランガー　1882-1963）　ドイツの哲学者、教育学者。ライプツッヒ大学、ベルリン大学、テュービンゲン大学教授を歴任。精神諸科学、文化と生の哲学を、精神科学的心理学により基礎づける。
․․ 60, 63, 441.

Stern, Eva（エーファ・シュテルン）　Michaelis-Stern, Eva を見よ。
․․ 247.

Stern, Günther（ギュンター・シュテルン）　Anders, Günther を見よ。
․․․․․․․․․․․․․․․․․․․․․․․․ v, 60-1, 81, 94-5, 101-2, 134, 245-7, 253, 441.

Stern, William（ウィリアム・シュテルン　1871-1938）　ドイツの心理学者、哲学者。ハンブルク大学教授。人格学。ナチス政権確立とともにアメリカに亡命し、デューク大学教授。
․․ 60, 246, 370.

Sternberger, Dolf（ドルフ・シュテルンベルガー　1907-89）　ドイツのジャーナリストで政治学者。第二次世界大戦後のドイツ政治学を創始した一人とされている。1934〜43年には『フランクフルト新聞』主筆、1945年以降は、『ヴァンドルング』の発行責任者、1963年からはハイデルベルク大学の政治学教授。1964〜70年、西ドイツのペンクラブ総裁。ハンナ・アーレント、およびカール・ヤスパースと親交があった（『アーレント・ヤスパース往復書簡1926-1969』みすず書房、2004、注記）。
․․ 116, 245, 250, 292, 441.

Stifter, Adalbert（アーダルベルト・シュティフター　1805-68）　オーストリアの作家。病苦のあまり発作的に自殺。細密着実な自然描写と自然および人生を貫く荘厳にして温和な法則を畏敬する敬虔と克己諦念との融合した、緩徐にして静寂な文学。
․․․ 29.

Storm, Theodor（テオドール・シュトルム　1817-88）　ドイツの詩人、小説家。弁護士、裁判所判事、州知事など歴任。優れた抒情詩人として文学活動、珠玉の短編小説を書いた。
․․․ 29.

Strauss, Bettina（ベッティーナ・シュトラウス）
․․ 109.

Strauss, Leo（レオ・シュトラウス　1899-1973）　ドイツの哲学者。正統派ユダヤ教徒として教育される。ドイツではカッシーラー、ハイデガーのもとで研究。1938年以降はアメリカに定住、1949年まではニュースクール、1968年までシカゴ大学で哲学史と古典的テクストの解釈で著名な教授。
․․․․․․․․․․․․․․․․․․․ xxix, 67-9, 72, 109, 208, 224-5, 239, 279, 353, 367, 369, 441.

Stresemann, Gustav（グスタフ・シュトレーゼマン　1878-1929）　ドイツの政治家、首相兼外相を務めた。
․․ 46, 94.

Szold, Henrietta（ヘンリエッタ・ゾールド　1860-1945）　ドイツ系ユダヤ人を祖先に

もつユダヤ人女性。1933年に開催された第18回シオニスト会議において、ユース・アリーヤの設立を託された。参照、エリザベス・ヤング・ブルーエル『ハンナ・アーレント伝』荒川幾男他訳、晶文社、1999年。
.... 247.

Täubler, Eugen（オイゲン・トイプラー　1879-1953）　歴史家。チューリッヒ大学、ハイデルベルク大学教授。アメリカへ移住し、シンシナティにあるヘブライ・ユニオン大学でユダヤ史を教えた。
.... 64, 223.

Taubes, Jacob（ヤーコプ・タウベス　1923-87）　ユダヤ人哲学者。ヘブライの大学やプリンストン大学で教師をしたのち、コロンビア大学に宗教史と宗教哲学の教授として招聘された。代表的著作として『西洋の終末論』(Metzler Lexicon Jüdischer Philosophen, J. B. Metzler, 2003）。
.... xv, 234-7.

Thales（タレス　前624頃-546頃）　小アジアの港町ミレトス出身で、アリストテレスによって「哲学の創始者」と呼ばれた。ミレトス学派の始祖。万物の根源アルケーは、水だと言ったといわれている。
.... xxvii.

Theilhaber, Felix（フェリックス・タイルハーバー）
.... 72.

Thomas von Aquinas（トマス・アクィナス　1225頃-74）　イタリアの盛期スコラ学最大の哲学者、神学者。ドミニコ会士、教会博士、天使的博士。アルベルトゥス・マグヌスに師事、第一回、第二回パリ大学神学部教授。「信」と「知」の立場を明確に区分し、両者の有機的関係を基礎づけた。『神学大全』が代表的著作。
.... 81, 278, 390.

Tillich, Paul（パウル・ティリッヒ　1886-1965）　ドイツ・アメリカのプロテスタント神学者、哲学者。ドイツのいろいろな大学で教鞭をとったが、1933年公職追放され、アメリカに亡命。1955年ハーバード大学を経てから、1962年以来、シカゴ大学教授。啓示と人間現実との関係への神学的問いを、弁証法的神学と自由・人間主義との葛藤を克服することで存在論的な方向に方式化するよう試みた。
.... 246, 293, 306, 443.

Toller, Ernst（エルンスト・トラー　1839-1939）　ドイツの劇作家。ミュンヘン革命に指導的役割を果たし、禁固刑。ナチス政権下にアメリカへ亡命。自殺。
.... 67.

Torczyner, Harry（ハリー・トルチナー　1886-?）　言語科学者、聖書研究者。ウィーン大学、ベルリンユダヤ教学大学で講師 (Jüdisches Lexikon B. 5)。
.... 63, 441.

Troeltsch, Ernst（エルンスト・トレルチ　1865-1923）　ドイツの神学者、ハイデルベルク大学教授。宗教史学派を創設し、その理論的代表者となった。大著『キリスト教会と諸集団の社会教説』(1912) を著し、多大な影響を与えた。
.... 63, 441.

Tucholsky, Kurt（クルト・トゥホルスキー　1890-1935）　1929年に『世界に冠たるドイツ』を発表。司法、教会、警察、大戦の英雄、社会民主主義者から労働組合に至るまで、まんべんなく攻撃。
.... 76.

Unseld, Siegfried（ジークフリート・ウンゼルト）
.... xxix, 292-3.

Varnhagen, Rachel（ラーエル・ファルンハーゲン）
.... 247, 369.

Vinci, Leonardo da（レオナルド・ダ・ヴィンチ　1452-1519）　イタリアの画家。ルネッサンスを代表する万能人。「最後の晩餐」が代表作。
.... 333.

Voegelin, Eric（エリック・フェゲリン　1901-85）　ドイツ生まれの法学者。1938年アメリカへ移住。ルイジアナ大学教授、ミュンヘン大学教授を経て、1969年以降スタンフォード大学教授。政治史。宗教的世界像の歴史。(Biographische Enziklopädie deutsch sprachiger Philosophen, K. G. Saur, 2001.)
.... xxxi.

Voltaire, François Marie Arouet（ヴォルテール　1694-1778）　フランスの文学者、啓蒙思想家の代表者。
.... 32.

Wassermann, Jakob（ヤーコプ・ヴァッセルマン　1873-1934）　ドイツの作家。ユダヤ系商人の子供として、早くからユダヤ人の苦悩を体験。ユダヤ人の苦悩、社会正義をみずからの文学的課題とした。参照、『日本大百科全書』小学館。
.... 221.

Wassermann, Marta（マルタ・ヴァッセルマン）
.... 221, 366.

Weber, Alfred（アルフレート・ヴェーバー　1868-1958）　ドイツの社会学者。マックス・ヴェーバーの弟。ハイデルベルク大学教授。その文化社会学はナチスに忌まれ強制停職に処せられた。
.... 55, 96.

Weber, Max（マックス・ヴェーバー　1864-1920）　ドイツの社会学者、思想家。フライブルク、ハイデルベルク大学の教授となるが、重い神経症のため退職。「社会科学的認識における客観性」をはじめとする科学的論文を次々と発表。そのキーワードが「価値自由」と「理念型」である。
.... 96.

Weiner, Franz（フランツ・ヴァイナー）　ローレの兄弟。
.... 168, 442.

Weiner, Lore（ローレ（エレオノーレ）・ヴァイナー）　Jonas, Lore を見よ。
.... 133, 139-41.

Weiner, Siegfried（ジークフリート・ヴァイナー）　ローレの父。
.... 140.

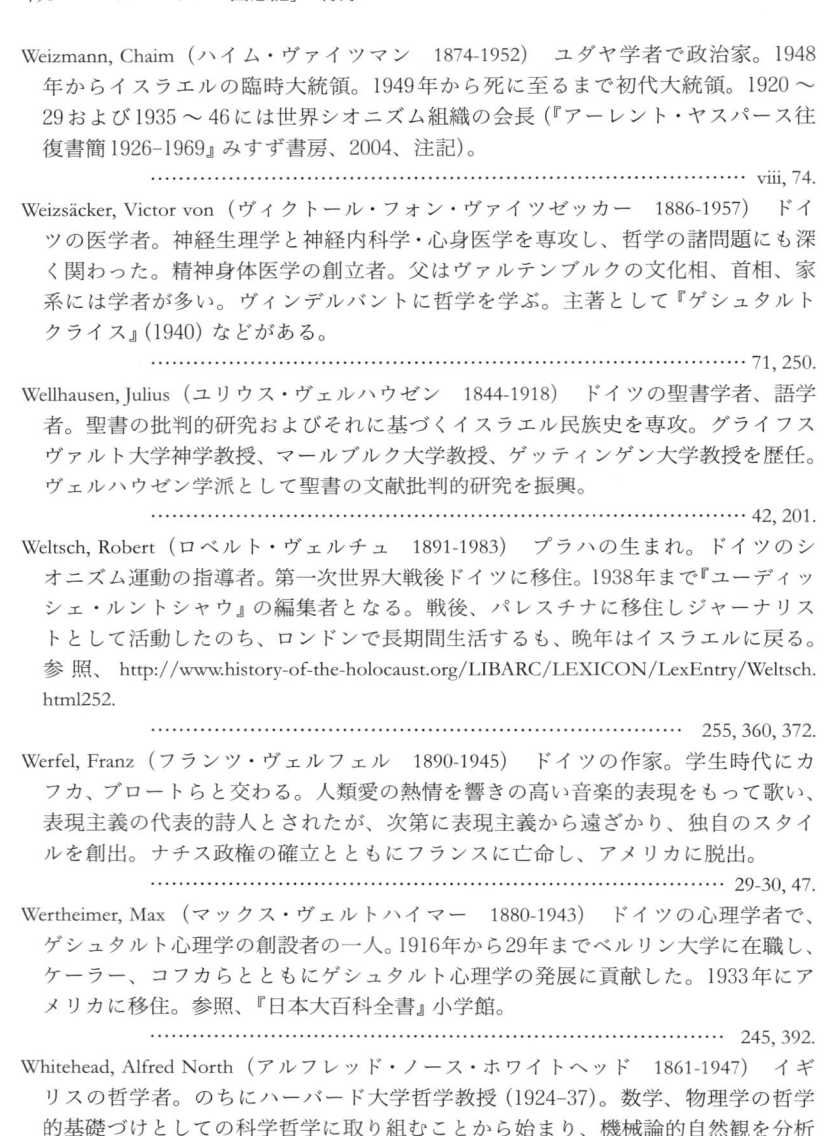

Weizmann, Chaim（ハイム・ヴァイツマン　1874-1952）　ユダヤ学者で政治家。1948年からイスラエルの臨時大統領。1949年から死に至るまで初代大統領。1920～29および1935～46には世界シオニズム組織の会長（『アーレント・ヤスパース往復書簡1926-1969』みすず書房、2004、注記）。
.... viii, 74.

Weizsäcker, Victor von（ヴィクトール・フォン・ヴァイツゼッカー　1886-1957）　ドイツの医学者。神経生理学と神経内科学・心身医学を専攻し、哲学の諸問題にも深く関わった。精神身体医学の創立者。父はヴァルテンブルクの文化相、首相、家系には学者が多い。ヴィンデルバントに哲学を学ぶ。主著として『ゲシュタルトクライス』(1940) などがある。
.... 71, 250.

Wellhausen, Julius（ユリウス・ヴェルハウゼン　1844-1918）　ドイツの聖書学者、語学者。聖書の批判的研究およびそれに基づくイスラエル民族史を専攻。グライフスヴァルト大学神学教授、マールブルク大学教授、ゲッティンゲン大学教授を歴任。ヴェルハウゼン学派として聖書の文献批判的研究を振興。
.... 42, 201.

Weltsch, Robert（ロベルト・ヴェルチュ　1891-1983）　プラハの生まれ。ドイツのシオニズム運動の指導者。第一次世界大戦後ドイツに移住。1938年まで『ユーディッシェ・ルントシャウ』の編集者となる。戦後、パレスチナに移住しジャーナリストとして活動したのち、ロンドンで長期間生活するも、晩年はイスラエルに戻る。参照、http://www.history-of-the-holocaust.org/LIBARC/LEXICON/LexEntry/Weltsch.html252.
.... 255, 360, 372.

Werfel, Franz（フランツ・ヴェルフェル　1890-1945）　ドイツの作家。学生時代にカフカ、ブロートらと交わる。人類愛の熱情を響きの高い音楽的表現をもって歌い、表現主義の代表的詩人とされたが、次第に表現主義から遠ざかり、独自のスタイルを創出。ナチス政権の確立とともにフランスに亡命し、アメリカに脱出。
.... 29-30, 47.

Wertheimer, Max（マックス・ヴェルトハイマー　1880-1943）　ドイツの心理学者で、ゲシュタルト心理学の創設者の一人。1916年から29年までベルリン大学に在職し、ケーラー、コフカらとともにゲシュタルト心理学の発展に貢献した。1933年にアメリカに移住。参照、『日本大百科全書』小学館。
.... 245, 392.

Whitehead, Alfred North（アルフレッド・ノース・ホワイトヘッド　1861-1947）　イギリスの哲学者。のちにハーバード大学哲学教授 (1924-37)。数学、物理学の哲学的基礎づけとしての科学哲学に取り組むことから始まり、機械論的自然観を分析し有機体論的自然観を主唱する科学的宇宙論の体系を構築した。
.... 276-7, 280, 306.

Wiese, Christian（クリスチャン・ヴィーゼ）　1961年生まれ。エアフルト大学ユダヤ学研究助手を経て、英国のサセックス大学ドイツ・ユダヤ研究センター教授。

.... 367, 397, 445.

Wiesel, Elie（エリー・ウィーゼル　1928-　）ユダヤ教、ホロコースト、人種差別、ジェノサイドと戦う人類の道徳的責任について論じた多くの著書がある。アウシュヴィッツで生き残った。ホロコーストに関する大統領委員会の議長を務めた。1986年ノーベル平和賞を受賞。http://xroads.virginia.edu/~CAP/HOLO/ELIBIO.HTM
.... 426.

Wilamowitz-Möllendorf, Ulrich von（ウルリヒ・フォン・ヴィラモーヴィッツ・メレンドルフ　1848-1931）ポーランド生まれのドイツの古典学者。ゲッティンゲン、ベルリン各大学教授。ギリシャ学の権威、ギリシャ悲劇の最も優れた翻訳者。
.... 113.

Wilhelm I.（ヴィルヘルム1世　1797-1888）プロイセン王、ドイツ皇帝。ベルリン革命を鎮圧して国民の憎悪をかい、一時イギリスに逃れたが、帰国してバーデンの暴動を鎮定した。ビスマルクを任用、普墺戦争、普仏戦争で勝利し、ドイツ皇帝に即位。
.... 22.

Wolff, Christian（クリスチャン・ヴォルフ　1679-1754）中期ドイツ啓蒙思想を代表する哲学者。ハレ大学教授。ライプニッツ—ヴォルフ哲学と言われている。
.... 56.

Wolin, Richard（リチャード・ウォーリン）1952年生まれ。カナダのヨーク大学で博士号。現在はニューヨーク市立大学大学院の歴史学・比較文学教授。ハイデガーの政治思想だけではなく、近代ヨーロッパ政治思想史全体に関して旺盛な執筆活動を展開している（リチャード・ウォーリン『ハイデガーの子供たち』村岡・小須田・平田訳、新書館、2004）。
.... 411.

Yorck von Wartenburg, Hans（ハンス・ヨルク・フォン・ヴァルテンブルク）
.... 97-8.

Yorck von Wartenburg, Marion（マリオン・ヨルク・フォン・ヴァルテンブルク）
.... 97-8.

Yorck von Wartenburg, Paul（パウル・ヨルク・フォン・ヴァルテンブルク）
.... 97-8.

Zweig, Stefan（シュテファン・ツヴァイク　1881-1942）オーストリアの作家、評論家。富裕なユダヤ系商人の子。新ロマン派風の抒情詩人として出発。第一次世界大戦は、ロランらと結んで自由と平和のために闘い、それよりのち広く世界の知識人と交わり文化の価値とその維持発展のために努力した。ヒトラー政権後、長い漂泊に疲れ自殺。ヨーロッパ文化の美質とその崩落の運命を象徴。
.... 29.

地名索引

(ABC順。＊印のあるものは地図上に符号を記した。なお、一般に周知の主要な都市は地図上にその都市名を記したので、省略した。なお、アメリカおよびカナダの都市で一般に周知のものは省略した。『世界地名大事典7』朝倉書店、『大百科事典13』平凡社、『コンサイス外国地名事典第3版』(三省堂)、『日本大百科全書』(小学館)、Meyers Enzyklopadischen Lexikon, ウェブページなどを参照した。地名の綴りは、原著どおりとした。

Armenia アルメニア……小アジアとカスピ海とのあいだに挟まれた地域の一般的名称。またヨーロッパ南東部の内陸国〈アルメニア共和国〉および民族アルメニア人の名称。1991年に旧ソ連から独立。
.... 156.

Augsburg アウグスブルク……紀元前15年にローマ皇帝アウグストゥスが興し統治したドイツ南中部の都市。＊1
.... 177.

Auschwitz アウシュヴィッツ……ポーランド名はオシフィエンチム。はじめポーランドの政治犯を収容するために作られたが、のちにユダヤ人絶滅作戦の主要な場となった。門には、ダッハウ強制収容所の標語である「Arbeit Macht Frei」という標語が掲げられていた。＊2
xxxiii, 178, 183-4, 303, 307-8, 310-1, 354, 361, 377, 408-9, 422, 425-30, 442-3.

Bat Yam バト・ヤム……イスラエル中部のテルアビブヤフォの南に連なる衛星都市。地中海岸の砂丘上に建てられた町で、イスラエルの独立後急速に膨張した。＊3
.... 143.

Bologna ボローニャ……イタリア北部の都市。＊4
.... 173.

Borken ボルケン……オランダの国境近く、ノルトライン・ヴェストファーレンにある郡庁所在都市。＊5
.... 12-5, 20, 347.

Braunschweig ブラウンシュヴァイク……ドイツ北部における大都市。＊6
.... 242.

Breslau ブレスラウ……ヴロツワフ (Wroclaw) のドイツ名。ポーランド南西部、下シロンクス地方の中心都市で、同名県の県都。現在 (2000年) は人口62万のポーランド第四の都市。第二次世界大戦中は大きな被害を受けた。＊7
.... 12, 147.

Briey ブリー……ロートリンゲンにある鉱業、産業都市。＊8
.... 26.

Dachau ダッハウ……バイエルン州郡庁所在都市。国家社会主義の最初の強制収容所がある。1933年3月にすでにSSにより政治的反対者のために建設された。33年から45年のあいだにヨーロッパの24の国からおよそ20万人の抑留者が収容さ

れた。そのうち、40年から43年の間に少なくとも3万4千人が命を落とした。[*9]
....107, 172, 408, 442.

Eschweiler エシュヴァイラー……ノルトラインヴェストファーレン州西南部のアーヘン郡にある都市。[*10]
....15, 20.

Forli フォルリ……イタリア北部、エミリア・ロマーニュ州の同名県の首都。ボローニャの南東65キロ。古くから交通の要地。ルビコン川はこの町の東方20キロの地点を流れている。[*11]
....174.

Galizien ガリチア……ヨーロッパ東部、ポーランド南東部からウクライナ北西部にまたがる地方名。[*12]
....19, 131.

Garmisch-Partenkirchen ガルミッシュ・パルテンキルヘン……ドイツ南部の商業都市。ヒトラーが二つの都市を1936年の冬季オリンピックのために統合した。ドイツの最高峰ツークスピッツェに鉄道で結ばれている。[*13]
....177.

Havel ハーフェル川……ベルリン市内を流れるエルベ川の右の支流。[*14]
....66.

Hifa ハイファ[*15]
....104, 142, 144, 167, 169, 171, 442.

Hildesheim ヒルデスハイム……ニーダーザクセン州にある、ハンザ同盟都市。9世紀に建てられたユネスコ世界遺産のヒルデスハイム大聖堂がある。[*16]
....236.

Jaffa ヤッファ（ジャッファ）……現在はテルアビブ（テルアヴィヴヤフォ Tel Aviv-Yafo）。1909年にヤッファに住んでいたユダヤ人移民の団体が世界シオニスト機構の経済的援助のもとにその北隣の海岸砂丘地に建設した。1949年にジャッファを合併してイスラエルの地中海岸にある最大の都市となった。[*17]
....xiv, 109, 113.

Kassel カッセル……ドイツ中部、フルダ川沿いの都市。名前は、ローマ時代からこの地域に住んでいた種族に由来。[*18]
....178.

Königsberg ケーニヒスベルク……現在のロシアのカリーニングラード。カントの生誕の地で、2004年はカント没後200年の催しがなされた。[*19]
....xxxiii, 77, 81, 85-6, 92, 254, 259.

Krakau クラーカウ（Krakow クラクフ）……ポーランド南部にある都市。ワルシャワの南方240キロ。古くからの学術都市。[*20]
....12.

Landsberg ランツベルク……レヒ川の麓に広がる町。紀元前1800〜1200年頃から人が住み始め、紀元300〜400年頃には古代ローマの要塞があった。その後12世紀になると、ランツベルグは塩の交易路上にあったため城塞が建築され、宿駅とし

494　ハンス・ヨナス「回想記」 付録

て、また塩税にておおいに繁栄した。*21
.... 177.
Le Havre ル・アーヴル……フランス　ノルマンディー地方、セーヌ川河口の北岸に位置する港町。*22
.... 212.
Lechenich レッヘニッヒ……ノルトライン・ヴェストファーレンにある都市。1969年7月1日より、エルフトシュタット（Erftstadt）の一部。*23
.... 16, 34, 105.
Lille リール……ベルギーとの国境にある北フランスの都市。*24
.... 179.
Litzmannstadt リッツマンシュタット……ルージ（Lodz）ともに、ポーランドの都市ウッチ（Łódź）の別名。ワルシャワの南西にある都市。第一次世界大戦前までロシア領であったが、大戦時にポーランド領となった。1939年ドイツが占領してドイツ化政策を進めたが、1945年1月ソ連軍により解放された。第二次世界大戦までは約25万人のユダヤ人が住んでいた。*25
.... 108, 183.
Longwy ロンウィー……ルクセンブルクの近くにある、フランスの都市（Meyers Enzyklopädischen Lexikon,15）。*26
.... 26.
Lüttich（独） リエージュ……ラテン名 Leodium、現在は Liège（仏・英）、Luik（蘭）。ベルギー東部の工業都市。*27
.... 7-9.
Marc Brandenburg マルク・ブランデンブルク……ベルリンを中心とするかつてのプロイセン王国の中核部。*28
.... 7-8.
Marburg マールブルク……ハイデガーが助教授として招聘された。*29
.... xxxiv, xxxvi, 55, 67, 81-3, 85-6, 91, 94, 96, 191,
197-200, 203-4, 259, 266, 268-9, 274, 351, 399, 411, 441-3.
Meßkirch メスキルヒ……ハイデガーの生地。町の中心に教会があり、それに面してハイデガーの生家がある。町の入口の案内板には、UNOKE というローマ字が記載されている。哲学者の町として西田幾多郎を生んだ宇ノ気と姉妹都市になっているからだ。郊外の墓地の入口には、日本語でハイデガーの墓の場所が記されている。*30
.... 83.
Metz メッス……フランス北東部にある都市。モーゼル川とセイユ川の合流点にある。*31
.... 168.
Mönchengladbach メンヘングラートバッハ……ヨナスの誕生の地。ノルトライン・ヴェストファーレン州の特別地方都市。ドイツのマンチェスターと言われるぐらい織物工業が盛んだった。ハンス・ヨナスは名誉市民に1989年に選ばれている。*32
.... i, iii, ix, xxiii, xxxii, 7-9, 13, 27-8, 35, 37-8, 41, 48-50, 65, 83, 106,

地名索引　495

................112, 136, 179-84, 186-7, 189, 196, 222, 293, 327,348, 441-3, 504-5.

Negev ネゲヴ……南イスラエルにある砂漠。ネゲヴは南を意味する。*33

.... 168.

New Rochele ニュー・ロシェル……ニューヨークにある都市。

................xx,xxvi,xxxvii–viii, 117, 148, 242-5, 249, 258, 291, 433, 443-4.

Odenkirchen オーデンキルヘン……オーデンキルヘンはメンヘングラートバッハの南にある市区で、デュッセルドルフからは35キロ西に位置している。およそ住民は2万人。1734年以来市の門がある。*34

.... 30, 37, 46-7.

Pforzheim プフォルツハイム……黒い森の西側にある都市。名前は黒い森の門番に由来。*35

.... 178.

Prag プラーク（プラハ Praha）……チェコスロバキアの首都で、チェコ共和国の主都。中央ボヘミア地方の中心都市。政治、経済、文化、交通の一大中心地。*36

.... 114, 243.

Ravenna ラヴェンナ……イタリアのエミリア—ローマーニャ地域の歴史的都市。*37

.... 174.

Rheydt ライト……ノルトライン・ヴェストファーレン州にある自立的独立市。現在はメンヘングラートバッハの一部。*38

.... 30, 37, 46-8,.

Saarbrücken ザールブリュッケン……フランスに近く、豊富な地下資源を持つ、ドイツ連邦共和国の都市。*39

.... 179.

Sarafant サラファント……テルアビブ近郊。*40

.... 142, 167, 442.

Schlesische シュレージェン地方……ポーランド南西部オーデル川の上中流域の一体を指す地方名。*41

.... 15, 19, 21, 97.

Spessart シュペッサルト地方……西ドイツ中部、Oldenwald の北東にある山地で、黒い森で知られる。ヘッセンとバイエルンにあるマインとキンツィヒの間の山地。*42

.... 137-8.

Spree シュプレー川……ベルリン市内を流れるエルベ川の支流。ハーフェル川に合流。*43

.... 66.

Todtnauberg トットナウベルク……フライブルクからおよそ15キロ。ここにハイデガーの山荘があり、ハイデガーはここにこもり研究し著述した。*44

.... 90, 92, 273.

Taranto タラント……タラントは紀元前のギリシャ時代からある古都。現在はイタリア海軍の軍港と、製鉄所などがある産業都市である。*45

.... 171.

Treblinka トレブリンカ……ワルシャワの北東80キロのところにある寒村。アウシュ

ヴィッツとともにポーランドにおける絶滅収容所として有名。＊46
.... 178.

Tournai トゥールネ……ブリュッセルの南西にあるベルギー第二の古都。世界遺産に登録されたロマネスク様式の大聖堂と鐘架がある。＊47
.... 179.

Trieste トリエステ……アドリア海北部、イタリアと旧ユーゴスラビアとの境界地帯にある港、およびその周辺地域。＊48
.... 105, 174-5.

Tübingen テュービンゲン……ドイツ中央部の大学町。ヘルダーリン、シェリング、ヘーゲルが学んだ大学があり、またヘッセが店員をしていた本屋もある。＊49
.... 273, 307-8, 425, 443.

Udine ウディーネ……イタリア北東部、ヴェネチアの北東約100キロにあり、工業・交通の中心をなす。＊50
.... 174-5, 177, 361, 410, 417, 444.

Venlo フェンロー……オランダ南東部の都市。＊51
.... 179, 190, 442.

Westfalen ヴェストファーレン……古くはザクセン部族の一支族およびその居住地域の総称。12世紀から19世紀に至るまで東はウェーザー川、西はライン川、南はロートハール山脈、北はフリースラントの沼沢地帯に囲まれた地域。ウイーン会議後、非ヴェストファーレンも加え新たにヴェストファーレン州として、プロイセン王国に編入。工業化とプロイセン化により新しい概念が形成された。ミュンスターを州都とする。＊52
.... 12, 14, 41, 349.

Wolfenbüttel ヴォルフェンビュッテル……ニーダーザクセン州の郡庁所在都市。＊53
.... 36, 54, 60, 78, 80-1, 441.

498　ハンス・ヨナス「回想記」　付録

```
0       200      400 km
```

ハンブルク

アムステルダム

オランダ

ドイツ

・5

　16・　・6
　　　・53

51・　[52]
　　38
　32・34
　27・・23
ブリュッセル　10・
　　　　　　ボン○　　・18

・47
・24　ベルギー　　　・29

　　　　　　　　　　フランクフルト
・22　　　　　　　　　　○

　　　　　ルクセンブルク

　　　　　　39・
　　・26　　　　　　　　ハイデルベルク
○パリ　8・・31　　　　　○

フランス
　　　　　　　　　　　・49　　・1
　　　　　　フライブルク・35　　・21
　　　　　　　　　　・30
　　　　　　　　　・[42]
　　　　　　　　44

地名索引（地図） 499

ポーランド
・19
28 ベルリン
・14 ○ ・43
・46
○ ワルシャワ
・25
41
ドレスデン ○
・7
・2
・36
・20
12
チェコスロヴァキア
○ ブダペスト
・9
○ ミュンヘン
○ ザルツブルク
ハンガリー
・13
オーストリア

イタリア

500　ハンス・ヨナス「回想記」　付録

```
0    200   400 km
```

ベイルート

レバノン

・15

・17
・ ・
3 40

イスラエル

[33]

地名索引（地図）　501

| 0 | 200 | 400 km |

ミラノ
50
48
ヴェネツィア
4 37
11
イタリア
ローマ
45

あとがき

　本書は、ハンス・ヨナスの "Erinnerungen (Insel, 2003)" の全訳である。原著に付録として収録されている、新進気鋭のクリスチャン・ヴィーゼ氏による「後書き」も訳出してある。だからここで再度「後書き」を書くことは、屋上屋を重ねることになる。そこでここではごく簡単に訳者の一人が感じた「本書の面白さ」等について簡潔に記すにとどめる。

＊　＊　＊　＊　＊

　ヨナスの思想は、通例、『グノーシスと後期古代の精神』、『有機体と自由』、『責任という原理』という代表的著作にあわせて、3つの時期に区分される。さらに、『有機体と自由』の時期が「アウシュビッツ体験」と「カナダ・アメリカの時期」に二つに分けられたりもする。そこでこれらの関連が問われることになる。本書でも、ヨナス夫人であるローレの「序文」やヴィーゼ氏の「後書き」にもその点は述べられている。

　過日イタリアのパオロ・ベッキ教授による『ハンス・ヨナスの《責任という原理》における理論と実践』と言う講演（2004年10月31日、於・芝浦工大）が催された。内容は、ヨナスの責任論の理論と実践の間には分裂があり、その実践のほうからは現代の生命倫理の問題を考える上で有益な主張を読み取ることが出来るというものであった。しかしヨナスが試みている存在論的基礎付けそのものについては懐疑的な立場をとるものであった（応用倫理学研究第2号、応用倫理学研究会刊、2005年7月, 75-87を参照されたい）。確かにヨナスの思想に対する社会的な評価はベッキ教授の指摘する点にこそあるのかもしれない。しかし、それでは、「存在しなければならない」と言う第一の命法が基

礎づけられないままである。ヨナス自身もそのことをこの回想記において述懐している（第12章286-7ページ）。わたしは、たとえヨナスの基礎付けが成功しているかどうかが疑われるとしても、この存在論的基礎付けを理解しようとすることこそ、ヨナスの思想の真髄を理解することだと考えている。その意味で、この回想記はそれを理解するための貴重な資料になりうると言えるだろう。この本の面白さの第一点はここにある。

＊　＊　＊　＊　＊

また、この回想記は、「哲学者であると同時にユダヤ人である……ということ」に対して、答えてくれる。特にヨナスのユダヤ教に対する信仰の態度と、ヨナスのユダヤ教がかれの哲学にどのような影響を与えているかということを明らかにしてくれるだろう。そして、母をアウシュビッツで亡くしたヨナスが、ニヒリズム的な絶望のなかで、それにも関わらず「存在することがよい」と結論するにいたったのはなぜか。これらのことを学ぶためにも、この回想記は貴重な資料だといえる。

＊　＊　＊　＊　＊

さらにこの回想記は、ヨナスの思想を理解する上で重要であるだけではない。この著作は、時代の渦の中で当時のドイツの有様や哲学者たちの生き様を髣髴とさせてくれるスケッチでもある。ふだんわたしたちが著作を通して思想としてしか出会うことがなかったフッサール、ハイデガーといった第二次世界大戦前後の哲学者や思想家たちが、日常の生活場面で、ありのままにある性格を持った人物として描き出されている。わたしたちは、まるでその人物を私たち周囲にいる人間の一人として、彼の語りのなかで体験することができるのである。この回想記は第二次世界大戦前後を知る歴史的な資料としても貴重な資料だといえる。

＊　＊　＊　＊　＊

ドイツの都市のなかではどこか殺風景な感じがするメンヘングラートバッハに降り立ったのは２度目である。前回は、とっさの思いつきで、夕暮れ時に小一時間ほど訪れたがヨナスの生家を探し当てることはできなかった。出会う人々にヨナスの生家はどこかと尋ねたのだが、ヨナスという名前すら知

らないようだった。市立図書館の司書の方ならご存じであろうと最後に尋ねたが、日本では手に入らないようなメンヘングラートバッハ市で刊行した非売品の本を探して持ってきて、見てくれて、たぶん、ビスマルク通りだという。しかしその名の通りを何度も歩いたが見つけることはできずに暗くなり、断念して宿のあるマインツに戻った。日本に帰ってから、ヨナスの回想記を開くとモーツァルト通り9番地とちゃんと出ている。何だ、司書の方もあてずっぽうを言ったのかと思った。

　2年後、再びメンヘングラートバッハを訪れる機会を得た。今度は、すぐにモーツァルト通りを探した。9番地。閑静な住宅地。本に掲載されている写真の通りの家が今もあるのを確認した。クリーム色で塗られた家だった。しかし、そこには「ここでヨナスが生まれ、育った」というレリーフはなかった。通りを犬を連れて散歩している初老の人に尋ねたが、ヨナスについてはやはり知らないようだった。ヨナスの家を後にして、再び市立図書館を訪ねた。前のとき答えてくれた司書の方がいた。でも私のことなどさらさら覚えていないようだった。今度は、自分で書棚へ行き、メンヘングラードバッハ市の歴史シリーズ15巻目、「ハンス・ヨナス」の本を手にすることができた。すると、そこには、冒頭でヨナスの生まれた家はビスマルク通りと出ていた。それなら、モーツァルト通りの家は何なのかと思って読むと、「1910年7歳の時にモーツァルト通りに引っ越した」と書いてあった。だから、モーツァルト通りの家はまさに Vaterhaus（父の家）なのだ。しかも、その家は、グラートバッハの著名な建築家ロバート・ノイハウスが建てたと書いてあった。当時のヨナス家が裕福な織物業の工場主だったということがそのことからも窺い知られた。

　地図にはハンス・ヨナス公園がのっている。そこも訪れた。小さな閑静な公園で、うっそうと木が茂っている。入り口には、ヨナスが散歩する姿の像が建立されていた。しかし、像があまりにも小さいので、ヨナスが貧弱に見えた。しかも頭と顔は残念ながら青銅が雨で溶けて流れていた。

　戦前はドイツのマンチェスターといわれた織物業の町も、今は記念館が残っているものの、繁栄した往時の姿を忍ばせるものはあまりない。戦火で

破壊されたのであろう。ドイツにしては殺風景な町である。

＊　＊　＊　＊　＊

　原著が公刊されて、はや6年以上がたった。はじめは2年で公刊する予定だった。しかし、諸般の事情で大幅に遅れたのは、すべて訳者の一人である私の責任である。ここに深くお詫び申し上げる。

　私どもが果たして『回想記』を訳すのに適しているのかどうか、不安である以上に、赤面せざるを得ないことおびただしい。だから、このような文体の翻訳に慣れていない武骨な訳で、読者をいらだたせることがたびたびあるかも知れない。どうかご海容をお願いしたい。また、何か翻訳等でご不審な点がある場合は、どうかご指摘下さればと思う。検討を加え、今後の訳の参考にさせていただきたい。

　最後に、謝辞を述べさせていただく。秋田大学教育文化学部の立花希一教授には、ヘブライ語のカタカナ表記等について大変貴重なご助言をいただいた。ここに厚く感謝する次第である。

　また、本書の翻訳の話をわたしどもに持ってきて下さり、最後までいろいろとご配慮・ご尽力頂いた東信堂社長の下田勝司氏には、いつもながら厚く感謝したい。

　この『回想記』がこれから長い間読み継がれ、この世の遺物となることを期待して

訳者の一人　盛永審一郎

　2009年11月末日

追記

　私どもの翻訳が出そろい、初校ゲラが刷り上ったのは、2006年2月であり、そして再校ゲラの刷り上がりが8月で、同年中には出版の予定であった。だが編集部より、訳文・訳語の不統一が否めず、刊行のためには全体の校閲が必要であるとの指摘を受け、私に相談をもちかけられたのは、その年の秋のことである。だから、再調整の作業が始まって以来、すでに丸3年が過ぎたことになる。今やっと公刊の運びとなったが、訳文の不ぞろいを手直しし、口語体で分かりやすくするという要求に、どれだけ応えることができたのか、正直いって心もとない。いずれにせよ、私どもの翻訳に不首尾があるとすれば、最終の責任は山本にある。最大の難所は、やはり第14章「教説の手紙」である。ヴィーゼの「後書き」にあるように（本書400ページ）、戦場からヨナス夫人・ローレ宛てに送り届けられたこれらの私信は、「有機体の哲学」という「新しい思考」への「決定的な分岐点」を表している。『回想記』の翻訳がこの章を欠くことになったら、その翻訳刊行の意義は半減してしまう。切羽詰った思いで取り組み、どうにか訳し終えたが、特に、読者のご叱正を仰ぎたい部分である。

　訳の分担は下記のとおりであるが、もともと盛永氏を中心に進められ、氏の熱意と推進力があってこそ日の目を見た訳業である。詳細な人名索引、地名索引、すべて盛永氏の作成によるものである。

　最後に、刊行にまで導いてくださった東信堂社長の下田勝司氏に厚く感謝を申し上げる。

　　　2009年12月12日

　　　　　　　　　　　　　　　　　　　訳者を代表して　山本　達

訳者分担・略歴

ローレ・ヨナスの序文		盛永 審一郎
ラッヘル・ザラマンデルによる前書き		盛永 審一郎

I．体験と出会い

第1章	戦争時代のメンヘングラートバッハでの青年時代	盛永 審一郎
第2章	栄光の夢	盛永 審一郎
第3章	哲学とシオニズムのあいだ	盛永 審一郎
第4章	マールブルク	木下　喬
第5章	亡命、逃避、そしてエルサレムの友人たち	木下　喬
第6章	戦争の時代の愛	木下　喬
第7章	「最も深い語義におけるユダヤ戦争（bellum judaicum）」	木下　喬
第8章	破壊されたドイツを旅する	馬渕 浩二
第9章	イスラエルから新世界へ	馬渕 浩二
第10章	ニューヨークにおける交友と出会い	馬渕 浩二

II．哲学と歴史

第11章	ハイデガーとの訣別	木下　喬
第12章	生命の価値と尊厳	山本　達
第13章	「これらすべては言い淀むことである」	馬渕 浩二
第14章	ローレ・ヨナスへの教説の手紙	盛永 審一郎・山本　達

付　録

クリスチャン・ヴィーゼによる後書き	山本　達

訳者一覧

盛永　審一郎（もりなが・しんいちろう）

1948年千葉県生まれ。1975年東北大学大学院文学研究科博士課程中退。富山大学大学院医学薬学研究部・哲学教授。『新版増補 生命倫理事典』[共編・共著]（太陽出版、2010年）、H・ヨナス／加藤尚武監訳『責任という原理』[共訳]（東信堂、2000年）、ヤスパース『真理について 4』[共訳]（理想社、1997年）、The Current Debate on Human Embryo Research and Human Dignity. *Journal of Philosophy and Ethics in Health Care and Medicine* 3, 3-23, 2008, 他。

木下　喬（きのした・たかし）

1947年仙台市生まれ。1975年東北大学大学院文学研究科博士課程単位取得退学。富山大学人文学部教授（哲学専攻）。「間主観性と社会」（『哲学の再構築』南窓社、1987年）、「視覚と触覚」（『新岩波講座哲学』第9巻、岩波書店、1986年）、ヴァルデンフェルス他『現象学とマルクス主義』第2巻[共訳]（白水社、1982年）、他。

馬渕　浩二（まぶち・こうじ）

1967年岩手県生まれ。1998年東北大学大学院文学研究科博士課程修了、博士（文学）。中央学院大学商学部准教授（倫理学・社会哲学）。『倫理空間への問い――応用倫理学から世界を見る』（ナカニシヤ出版、2010年）、熊野純彦編『現代哲学の名著』[共著]（中央公論新社、2009年）、ドイツ連邦議会審議会中間答申『人間らしい死と自己決定――終末期における事前指示』[共訳]（知泉書館、2006年）、「イデオロギーと想像的なもの――アルチュセールのイデオロギー論をめぐって」（『倫理学年報』第46集、1997年）、他。

山本　達（やまもと・たつ）

1941年福井県生まれ。1970年東北大学大学院文学研究科博士課程中退。福井大学名誉教授、福井医療短期大学教授（倫理学、生命倫理）。ドイツ連邦議会審議会中間答申『人間らしい死と自己決定――終末期における事前指示』[監訳]（知泉書館、2006年）、H・レンク『テクノシステム時代の人間の責任と良心』[共訳]（東信堂、2003年）、H・ヨナス／加藤尚武監訳『責任という原理』[共訳]（東信堂、2000年）、「ヒトゲノム解析・遺伝子医療での人間の尊厳という問題」（『理想』第668号、2002年）、他。

ハンス・ヨナス「回想記」	定価はカバーに表示してあります。

2010年10月30日　初　版第1刷発行　　　　　　　　　〔検印省略〕

著者Ⓒハンス・ヨナス　　　　　　　　　　　　　　　印刷・製本／中央精版印刷
訳者Ⓒ盛永審一郎、木下喬、馬渕浩二、山本達／発行者 下田勝司　装幀 桂川　潤

東京都文京区向丘1-20-6　　郵便振替00110-6-37828　　　　　　　発　行　所
〒113-0023　TEL (03) 3818-5521　FAX (03) 3818-5514　　　株式会社 東 信 堂
Published by TOSHINDO PUBLISHING CO., LTD.
1-20-6, Mukougaoka, Bunkyo-ku, Tokyo, 113-0023 Japan
E-mail : tk203444@fsinet.or.jp　http://www.toshindo-pub.com

ISBN978-4-88713-998-5 C3010　Ⓒ S. Morinaga, T. Kinoshita,
　　　　　　　　　　　　　　　　　K. Mabuchi, T. Yamamoto

東信堂

ハンス・ヨナス「回想記」	H・ヨナス 盛永・木下・馬渕・山本訳	四八〇〇円
責任という原理——科学技術文明のための倫理学の試み（新装版）	H・ヨナス 加藤尚武監訳	四八〇〇円
空間と身体——新しい哲学への出発	桑子敏雄	二五〇〇円
環境と国土の価値構造	桑子敏雄編	三五〇〇円
森と建築の空間史——近代日本	千田智子	四三八一円
メルロ＝ポンティとレヴィナス——他者への覚醒	屋良朝彦	三八〇〇円
堕天使の倫理——スピノザとサド	佐藤拓司	二八〇〇円
〈現われ〉とその秩序——メーヌ・ド・ビラン研究	村松正隆	三八〇〇円
省みることの哲学——ジャン・ナベール研究	越門勝彦	三二〇〇円
カンデライオ（ジョルダーノ・ブルーノ著作集 1巻）	加藤守通訳	三三〇〇円
原因・原理・一者について（ジョルダーノ・ブルーノ著作集 3巻）	加藤守通訳	三六〇〇円
英雄的狂気（ジョルダーノ・ブルーノ著作集 7巻）	加藤守通訳	三六〇〇円
ロバのカバラ——ジョルダーノ・ブルーノにおける文学と哲学	加藤守通訳	三六〇〇円
〈哲学への誘い——新しい形を求めて 全5巻〉		
自己	松永澄夫編	三一〇〇円
世界経験の枠組み	松永澄夫編	三一〇〇円
社会の中の哲学	松永澄夫編	三一〇〇円
哲学の振る舞い	松永澄夫編	三一〇〇円
哲学の立ち位置	松永澄夫編	三一〇〇円
哲学史を読むⅠ・Ⅱ	松永澄夫	各三八〇〇円
言葉の働く場所	松永澄夫	三二〇〇円
食を料理する——哲学的考察	松永澄夫	二〇〇〇円
言葉の力（音の経験・言葉の力第Ⅰ部）	松永澄夫	二五〇〇円
音の経験（音の経験・言葉の力第Ⅱ部）	松永澄夫	二八〇〇円
環境——言葉はどのようにして可能となるのか	松永澄夫編	二〇〇〇円
環境 安全という価値は…	松永澄夫編	二三〇〇円
環境 設計の思想	松永澄夫編	二三〇〇円
環境 文化と政策	松永澄夫編	二三〇〇円

〒113-0023　東京都文京区向丘1-20-6　TEL 03-3818-5521　FAX 03-3818-5514　振替 00110-6-37828
Email tk203444@fsinet.or.jp　URL:http://www.toshindo-pub.com/

※定価：表示価格（本体）＋税

東信堂

【世界美術双書】

バルビゾン派　井出洋一郎　二〇〇〇円
キリスト教シンボル図典　中森義宗　二三〇〇円
パルテノンとギリシア陶器　関隆志　二三〇〇円
中国の版画——唐代から清代まで　小林宏光　二三〇〇円
象徴主義——モダニズムへの警鐘　中村隆夫　二三〇〇円
中国の仏教美術——後漢代から元代まで　久野美樹　二三〇〇円
セザンヌとその時代　浅野春男　二三〇〇円
日本の南画　武田光一　二三〇〇円
画家とふるさと　小林　忠　二三〇〇円
ドイツの国民記念碑——一八一三—一九一三年　大原まゆみ　二三〇〇円
日本・アジア美術探索　永井信一　二三〇〇円
インド、チョーラ朝の美術　袋井由布子　二三〇〇円
古代ギリシアのブロンズ彫刻　羽田康一　二三〇〇円

【芸術学叢書】

芸術理論の現在——モダニズムから　藤枝晃雄編著　三八〇〇円
絵画論を超えて　尾崎信一郎　四六〇〇円
美術史の辞典　谷川渥　三八〇〇円
バロックの魅力　藤枝晃雄　二六〇〇円
新版 ジャクソン・ポロック　藤枝晃雄　二六〇〇円
美学と現代美術の距離——アメリカにおけるその乖離と接近をめぐって　小穴晶子編　二六〇〇円
ロジャー・フライの批評理論——知性と感受性の間で　要真理子　四二〇〇円
レオノール・フィニ——境界を侵犯する新しい種　尾形希和子　二八〇〇円
いま蘇るブリア＝サヴァランの美味学　川端晶子　三八〇〇円
ネットワーク美学の誕生　川野　洋　三六〇〇円
——「下からの綜合」の世界へ向けて
イタリア・ルネサンス事典　J・R・ヘイル編／中森義宗監訳　七八〇〇円
福永武彦論——『純粋記憶』の生成とボードレール　西岡亜紀　三三〇〇円
雲の先の修羅——『坂の上の雲』批判　半沢英一　二〇〇〇円

〒113-0023　東京都文京区向丘1-20-6　TEL 03-3818-5521　FAX 03-3818-5514　振替 00110-6-37828
Email tk203444@fsinet.or.jp　URL:http://www.toshindo-pub.com/

※定価：表示価格（本体）＋税

東信堂

《未来を拓く人文・社会科学シリーズ〈全17冊・別巻2〉》

科学技術ガバナンス	城山英明編	一八〇〇円
ボトムアップな人間関係──心理・教育・福祉・環境・社会の12の現場から	サトウタツヤ編	一六〇〇円
高齢社会を生きる──老いる人／看取るシステム	清水哲郎編	一八〇〇円
家族のデザイン	小長谷有紀編	一八〇〇円
水をめぐるガバナンス──日本、アジア、中東、ヨーロッパの現場から	蔵治光一郎編	一八〇〇円
生活者がつくる市場社会	久米郁夫編	一八〇〇円
グローバル・ガバナンスの最前線──現在と過去のあいだ	遠藤乾編	二二〇〇円
資源を見る眼──現場からの分配論	佐藤仁編	二〇〇〇円
これからの教養教育──「カタ」の効用	鈴木佳秀編	二〇〇〇円
「対テロ戦争」の時代の平和構築──過去からの視点、未来への展望	黒木英充編	一八〇〇円
企業の錯誤／教育の迷走──人材育成の「失われた一〇年」	青島矢一編	一八〇〇円
日本文化の空間学	桑子敏雄編	二二〇〇円
千年持続学の構築	木村武史編	一八〇〇円
多元的共生を求めて──〈市民の社会〉をつくる	宇田川妙子編	一八〇〇円
芸術は何を超えていくのか？	沼野充義編	一八〇〇円
芸術の生まれる場	木下直之編	二〇〇〇円
文学・芸術は何のためにあるのか？	吉岡洋編	二〇〇〇円
紛争現場からの平和構築──国際刑事司法の役割と課題	城山英明・遠藤乾編	二八〇〇円
〈境界〉の今を生きる	荒川歩・川喜田敦子・谷川竜一・内藤順子・柴田晃芳編	一八〇〇円
日本の未来社会──エネルギー・環境と技術・政策	城山英明・鈴木達治郎・角和昌浩編	二三〇〇円

〒113-0023 東京都文京区向丘1-20-6
TEL 03-3818-5521 FAX 03-3818-5514 振替 00110-6-37828
Email tk203444@fsinet.or.jp URL:http://www.toshindo-pub.com/

※定価：表示価格（本体）＋税